Maîtrisez EXCEL 2013

Cathy Monier
Frédéric Le Guen

PEARSON

Pearson France a apporté le plus grand soin à la réalisation de ce livre afin de vous fournir une information complète et fiable. Cependant, Pearson France n'assume de responsabilités, ni pour son utilisation, ni pour les contrefaçons de brevets ou atteintes aux droits de tierces personnes qui pourraient résulter de cette utilisation.

Les exemples ou les programmes présents dans cet ouvrage sont fournis pour illustrer les descriptions théoriques. Ils ne sont en aucun cas destinés à une utilisation commerciale ou professionnelle.

Pearson France ne pourra en aucun cas être tenu pour responsable des préjudices ou dommages de quelque nature que ce soit pouvant résulter de l'utilisation de ces exemples ou programmes.

Tous les noms de produits ou marques cités dans ce livre sont des marques déposées par leurs propriétaires respectifs.

Publié par Pearson France
Terra Nova II
74, rue de Lagny
93100 MONTREUIL
Tél. : +33(0)1 43 62 31 00
www.pearson.fr

Mise en pages : Compo-Méca

ISBN : 9-782-7440-2568-6

Introduction

Excel est le logiciel le plus utilisé au monde. Sa simplicité d'utilisation et ses nombreuses applications dans la vie professionnelle en ont fait un produit incontournable pour la réalisation de tableaux de bord, de graphiques ou de gestion analytique.

Nouveautés d'Excel 2013 en bref

L'arrivée d'Excel 2013 s'accompagne de toute une série de nouveaux outils essentiellement à destination du néophyte. Ces outils simplifient l'utilisation de certaines fonctions complexes, et de simples glisser-déplacer vous permettront de créer en toute simplicité vos tableaux de bord.

Parmi les nouveautés, l'outil Remplissage instantané est l'une des plus importantes. Avec lui vous pourrez réaliser des extractions ou des corrections de données dans vos listes, en montrant simplement l'exemple à Excel dans une ou deux cellules. Nous soulignons également l'arrivée des applications du Microsoft Store, qui permettent d'ajouter des contenus dynamiques sur les documents. Notez enfin l'ajout de cinquante nouvelles fonctions.

Excel 2013 est également accompagné de trois compléments puissants pour la gestion de vos données : Power View pour créer facilement des tableaux de bord dynamiques, Power Pivot pour analyser des données externes multiples et Inquire pour analyser et comparer vos fichiers.

Excel 2013 est totalement intégré au Cloud. Vous pouvez ainsi accéder à vos classeurs de n'importe où, et depuis n'importe quel ordinateur, pour partager vos données facilement avec vos groupes d'utilisateurs. Vous avez également la possibilité d'ouvrir et de modifier vos classeurs depuis un navigateur récent.

Excel 2013 est l'un des logiciels présents dans la suite d'Office 2013, quelle qu'en soit la version : Famille & Étudiant, Famille & Entreprise, Professionnel. Ces différentes versions sont disponibles sous forme de licences traditionnelles (volume ou boîte) mais également, et c'est une grande nouveauté, sous forme d'abonnement avec Office 365, que vous pouvez vous procurer en ligne.

Office 2013 peut s'installer sous Windows 7 ou Windows 8, en version 32 ou 64 bits selon celle de votre Windows. La version Windows 8 RT comprend la version Office 2013 Famille & Étudiant RT. Cette dernière est gratuite mais ne contient pas, actuellement, certaines fonctionnalités : les macros, l'envoi de courrier électronique, la synchronisation SkyDrive, l'éditeur d'équation, le téléchargement des fichiers Lync et la création de modèles de données.

À qui s'adresse cet ouvrage ?

Ce livre s'adresse à tous. Que vous soyez débutant absolu ou que vous pensiez bien connaître Excel, vous y trouverez des techniques, astuces, exemples, formules et raccourcis clavier qui vous feront progresser dans l'utilisation du logiciel Excel au quotidien. Vous pourrez utiliser la plupart des fonctionnalités décrites même si vous utilisez la version 2007 ou 2010. Lorsqu'une partie dans l'ouvrage parlera d'une nouveauté d'Excel 2013, elle sera systématiquement signalée par un pictogramme. Certaines astuces ou techniques sont spécifiquement adressées aux utilisateurs réguliers d'Excel 2003 pour les aider à s'adapter aux versions plus récentes.

Vous pourrez utiliser cet ouvrage dans l'objectif de vous former par vous-même, en complément d'une formation traditionnelle, ou encore pour vous y référer ponctuellement afin de comprendre ou approfondir une manipulation particulière. Chaque chapitre est composé des fonctionnalités de base destinées aux débutants et des fonctionnalités avancées pour les lecteurs en recherche d'optimisations. À la fin de chacun des chapitres, vous trouverez des exercices originaux conçus sur la base de problèmes concrets, correspondant à des situations professionnelles (facturation, format automatique des cellules, calculs de remboursement d'emprunt, tableau de bord...).

Site compagnon

Cet ouvrage est accompagné d'un site web, adapté pour les PC et les supports mobiles, sur lequel vous pourrez vous entraîner en ligne et retrouver tous les corrigés d'exercice en vidéos. Pour cela, vous devez vous rendre à l'adresse **http://moneformation.pearson.fr**.

Vous devrez vous y inscrire pour activer un compte, et accéder aux corrigés des exercices. Vous aurez besoin de consulter le présent ouvrage pour créer votre compte et répondre à la question de sécurité.

À chaque fois que vous voudrez réaliser un exercice de l'ouvrage, vous pourrez vous référer à la page correspondante de l'exercice sur le site web.

Les auteurs

Cet ouvrage a été écrit par Cathy Monier et Frédéric Le Guen, deux experts reconnus Microsoft MVP (Most Valuable Professional) Excel. Ils ont participé avec les équipes de développeurs aux tests d'Excel 2013 depuis les premières versions bêta proposées par Microsoft. De fait, ce livre vous présente des astuces et des fonctionnalités que vous ne trouverez nulle part ailleurs.

Frédéric Le Guen travaille sur Excel depuis la version 97. Il collabore à de nombreux projets de développement d'applications Office et de conseil et gestion des données sur le logiciel. Il est également formateur en entreprises et enseignant à l'ESSEC. Il est le concepteur du site pédagogique **www.excel-exercice.com**.

Cathy Monier est formatrice depuis quinze ans, en particulier sur les produits Microsoft Office. Elle conseille de multiples entreprises, de la TPE aux grands comptes, et développe des applications VBA pour Excel, Word, Access et PowerPoint. Elle est également la conceptrice du site **www.cathyastuce.com**. Dans ce dernier, Cathy propose des astuces et informations sur Office et surtout Excel et le VBA depuis 1999.

Remerciements

Cathy Monier

Merci à mes amis, anciens membres de la MJC de Saint-Baudille, mes premiers élèves avec qui j'ai appris à former.

Merci à Michel Martin, de MediaForma, sans qui je n'aurais osé présenter ma candidature en tant que MVP.

Merci à Martine Tiphaine, notre MVP lead chez Microsoft, pour son soutien, et l'ensemble des équipes de Microsoft Office à Seattle et en France pour tous nos échanges.

Mais surtout un grand merci à ma petite famille, Philippe, Aurélie, Céline, Étienne et Gérôme qui ont supporté des retards et une cuisine parfois brûlée lorsque je restais " scotchée " sur mon ordinateur à tester une nouvelle fonctionnalité d'Excel.

Table des matières

Introduction III

1. Nouveautés dans Excel 2013 1

Nouvelle interface de démarrage 1

Interface Modern UI 2

Animation améliorée 3

Le mode Tactile 3

Meilleure accessibilité aux outils 4

Le remplissage instantané 6

Les relations 6

Travailler en mode connecté 7

Single Document Interface (SDI) 11

Les applications 11

Les nouveaux compléments 12

2. Le ruban 17

Organisation 17

Utilisateur d'Excel 2003 19

Un ruban dynamique 19

Personnaliser le ruban 21

La barre d'outils d'Accès rapide 23

Exercices 24

3. Le mode BackStage 27

Nouveau 27

Ajout de nouveaux modèles 28

Ouvrir 30

Enregistrer sous 32

Imprimer 36

Partager 37

Exporter 42

Compte 42

4. Fonctionnalités d'Excel 49

La barre d'état 49
Les feuilles 50
Thèmes 76
Formule 78
Impression et mise en page 89
Analyse rapide Nouveaute EXCEL 2013 95
Les Sparklines 98
Exercices 103

5. La mise en forme conditionnelle 109

Principe de base 109
Gérer les règles 111
Effacer les règles 116
Règle de mise en surbrillance des cellules 117
Règles des valeurs Plus/Moins élevées 122
Barres de données 126
Nuances de couleurs 127
Jeux d'icônes 128
Nouvelles règles 129
Utiliser une formule 145
Exercices 152

6. Gérer des données 155

Tableau de données 155
La validation des données 156
L'outil Tableau 163
Suppression des doublons 166
Trier 166
Filtrer 169
Exercices 177

7. Analyse des données 181

Importation de données 181
Relations entre les tables Nouveaute EXCEL 2013 190
Tableaux croisés dynamiques 192
Power View Nouveaute EXCEL 2013 216
Exercices 236

8. Les fonctions 241

Les fonctions mathématiques 241
Les fonctions conditionnelles 260
Les fonctions de recherche 271
Les fonctions de référencement 281
Les fonctions Dates 289
Les fonctions Texte 299
Fonctions financières 304
Calculs matriciels 311
Web Catégorie 320
Exercices 323

9. Graphiques 327

Introduction 327
Choix du type de graphique 327
Insertion d'un graphique 330
Mise en forme 332
Comment faire pour... 350
Graphique croisé dynamique 365
Exercices 368

10. Macro 373

L'enregistreur de macro 373
Sécurité des macros 376
Le Visual Basic Editor 376
Votre première macro avec l'enregistreur 379
Exécution du code 380
Lecture du code 381
Quelques objets usuels 383
Données variables 384
Boucles 386
Bibliothèques de fonction 388
Exercices 389

Index 391

1

Nouveautés dans Excel 2013

Nouvelle interface de démarrage

La nouvelle page d'accueil est la première chose qui interpelle lors de l'ouverture d'Excel.

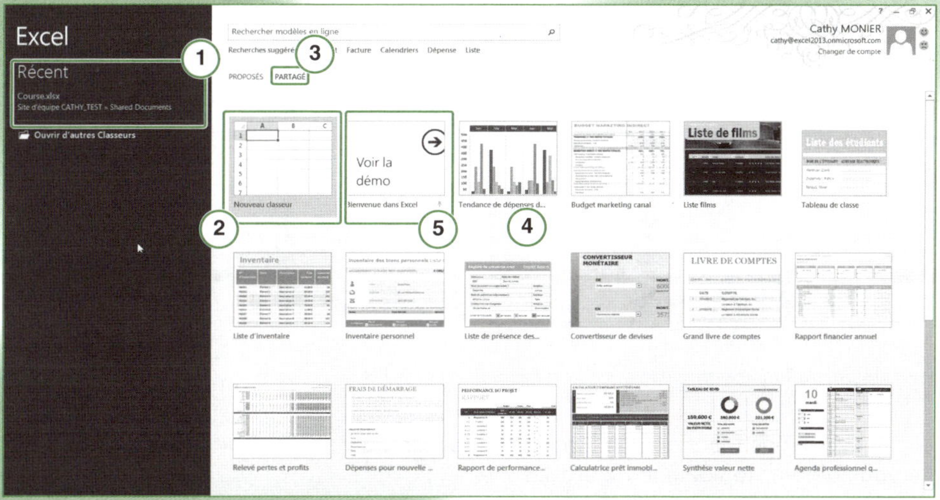

Figure 1.1
Nouvelle page d'accueil lors de l'ouverture d'Excel 2013.

Dès l'ouverture d'Excel 2013, vous êtes dans l'efficacité. L'affichage systématique d'un classeur vide a disparu, mais vous avez le choix entre :

1. ouvrir vos fichiers récents ;
2. créer un nouveau classeur vierge ;
3. créer un nouveau classeur à partir de vos modèles ;
4. créer un nouveau classeur à partir des modèles d'Office Online ;
5. ouvrir un classeur vous présentant quelques nouveautés de cette version.

Cette nouvelle interface de démarrage offre un plus grand choix de modèles que les versions antérieures d'Excel.

Interface Modern UI

Autre modification majeure : la charte graphique. Toute la suite Office 2013 a été conçue autour d'une interface commune dénommée Modern UI. L'idée principale est d'identifier d'un coup d'œil votre travail.

Dans cette interface, seules 24 couleurs sont utilisées. Toute l'interface a été épurée : moins de gris, d'arrondi ou de biais. Chaque zone de travail d'Excel est rectangulaire et blanche ou grisée et elles sont séparées les unes des autres par un espace, comme les barres de défilement, les onglets ou les titres de lignes et de colonnes.

Figure 1.2
Différence de présentation entre les versions d'Excel 2010 et 2013.

Toutes ces évolutions n'ont qu'une finalité : le contenu est plus important que l'interface, comme vous pouvez le voir à la Figure 1.3.

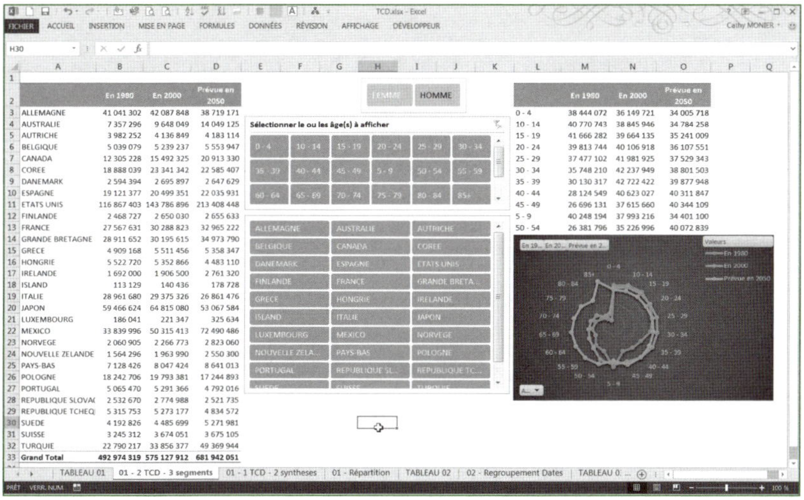

Figure 1.3

Un tableau de bord mis en valeur grâce à l'effacement des outils d'Excel 2013 en faveur des données présentées.

Animation améliorée

L'interactivité entre les actions a été améliorée par une meilleure fluidité dans la sélection de vos plages de cellules. Un léger fondu dans les transitions entre vos sélections caractérise maintenant votre travail dans Excel 2013.

De plus, lors des phases de recalcul, une animation de type "bandeau déroulant" vous indique les cellules impactées par la modification de vos paramètres de calcul.

À titre d'exemple, saisissez deux valeurs quelconque en A1 et A2 et écrivez en A3 la formule =A1+A2. Modifiez ensuite l'une de vos valeurs en A1 et/ou A2 et regardez l'animation en A3 lors de la modification du résultat.

Le mode Tactile

Excel 2013 intègre une interface Tactile pour répondre aux nouveaux supports de communication comme les tablettes ou les smartphones.

Sur la barre d'accès rapide, vous trouverez un bouton *Mode tactile/souris*.

En activant cette option, les boutons du ruban et de la barre d'accès sont plus espacés pour permettre une meilleure utilisation d'Excel en mode Tactile.

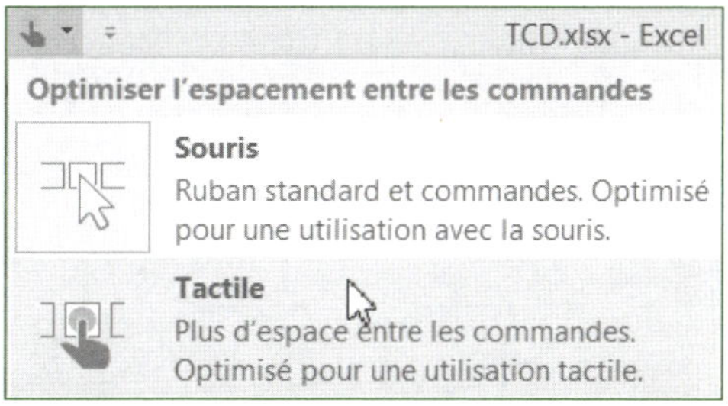

Figure 1.4

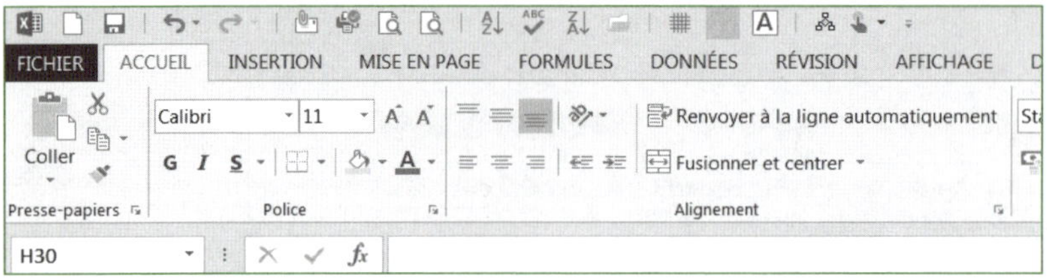

Figure 1.5

Ruban en mode Souris.

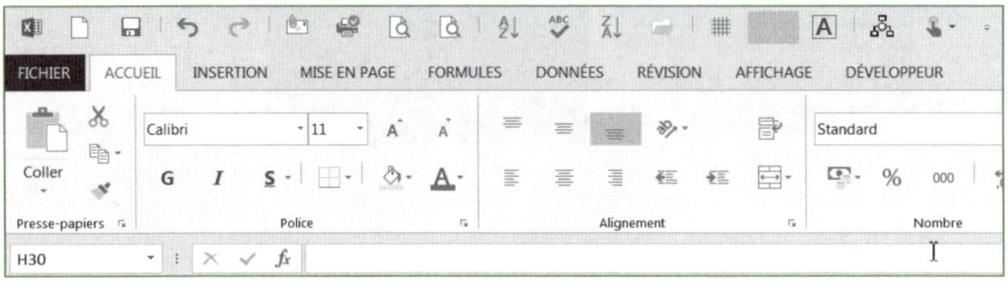

Figure 1.6

Ruban en mode Tactile.

De plus, les commandes les plus utilisées sont directement accessibles :

- menu contextuel et minibarre d'outils après un clic-droit ;
- la loupe d'analyse rapide dès la sélection ;
- des options sur les graphiques.

Meilleure accessibilité aux outils

Un des grands reproches qui pouvait être fait à Excel dans les versions précédentes concernait la difficulté de trouver les outils adaptés à la réalisation de vos travaux. Maintenant, ces reproches sont à ranger dans un tiroir car Excel 2013 a été conçu pour vous proposer les meilleurs outils en fonction des tâches que vous accomplissez.

La loupe d'analyse rapide

Quand vous sélectionnez dans Excel 2013 une plage de données, une nouvelle icône apparaît en bas à droite de cette sélection ; il s'agit de la *loupe d'analyse rapide* (voir Figure 1.7).

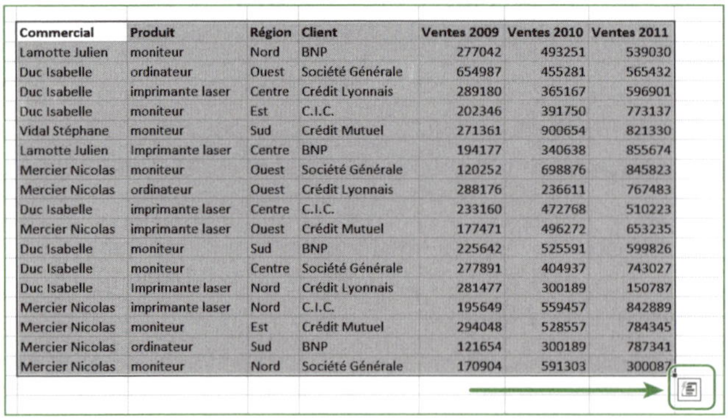

Commercial	Produit	Région	Client	Ventes 2009	Ventes 2010	Ventes 2011
Lamotte Julien	moniteur	Nord	BNP	277042	493251	539030
Duc Isabelle	ordinateur	Ouest	Société Générale	654987	455281	565432
Duc Isabelle	imprimante laser	Centre	Crédit Lyonnais	289180	365167	596901
Duc Isabelle	moniteur	Est	C.I.C.	202346	391750	773137
Vidal Stéphane	moniteur	Sud	Crédit Mutuel	271361	900654	821330
Lamotte Julien	Imprimante laser	Centre	BNP	194177	340638	855674
Mercier Nicolas	moniteur	Ouest	Société Générale	120252	698876	845823
Mercier Nicolas	ordinateur	Ouest	Crédit Lyonnais	288176	236611	767483
Duc Isabelle	imprimante laser	Centre	C.I.C.	233160	472768	510223
Mercier Nicolas	imprimante laser	Ouest	Crédit Mutuel	177471	496272	653235
Duc Isabelle	moniteur	Sud	BNP	225642	525591	599826
Duc Isabelle	moniteur	Centre	Société Générale	277891	404937	743027
Duc Isabelle	Imprimante laser	Nord	Crédit Lyonnais	281477	300189	150787
Mercier Nicolas	imprimante laser	Nord	C.I.C.	195649	559457	842889
Mercier Nicolas	moniteur	Est	Crédit Mutuel	294048	528557	784345
Mercier Nicolas	ordinateur	Sud	BNP	121654	300189	787341
Mercier Nicolas	moniteur	Nord	Société Générale	170904	591303	300087

Figure 1.7

Dès que vous sélectionnez une plage de données, Excel 2013 affiche la loupe d'Analyse rapide.

En cliquant sur cette icône, Excel affiche tout une gamme d'outils qui peuvent vous aider dans l'analyse ou la présentation de ces données :

- mise en forme conditionnelle ;
- graphiques ;
- totaux ;
- tableaux et tableaux croisés dynamiques ;
- graphiques Sparklines.

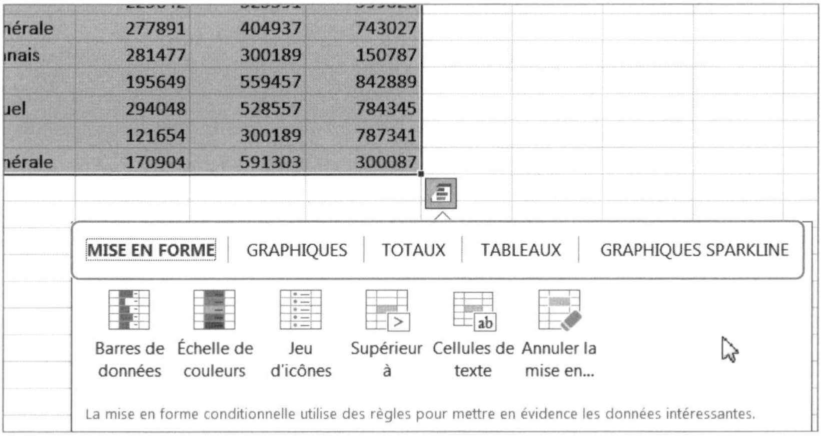

Figure 1.8
Excel affiche tout une gamme d'outils qui peuvent vous aider dans l'analyse de vos données.

Son fonctionnement sera étudié plus en détail dans cet ouvrage.

Graphiques recommandés

Faire des graphiques dans Excel n'a jamais été bien difficile tant les assistants d'aide à la création de graphiques se sont améliorés au fil des versions. Ce n'est pas tant la conception d'un graphique qui pose problème que trouver le graphique qui s'adapte le mieux à vos données pour avoir le rendu le plus lisible possible.

C'est en partant de ce constat que les équipes de développement d'Excel ont conçu les graphiques recommandés.

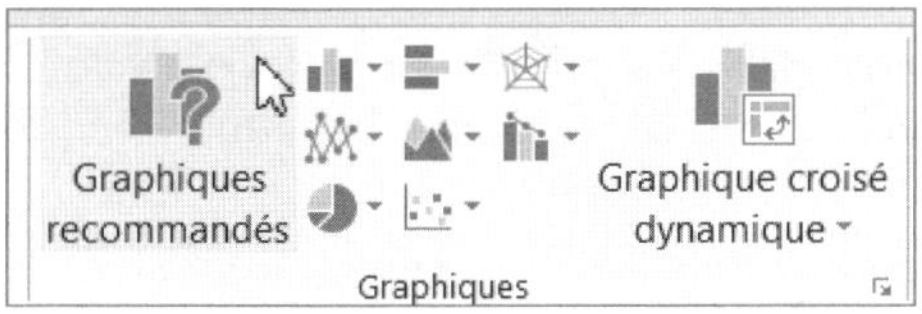

Figure 1.9
Nouvel outil dans la zone Graphique du ruban : les graphiques recommandés.

En cliquant sur cette icône, une boîte de dialogue vous propose tout une gamme de graphiques basés sur vos données (cela nécessite que des données aient été sélectionnées préalablement avant de cliquer sur l'icône).

Nous reviendrons sur cette nouveauté au chapitre sur les graphiques, qui vous expliquera également toutes les nouveautés de gestion et mise en forme des graphiques.

Les tableaux croisés dynamiques recommandés

Les tableaux croisés dynamiques (ou TCD) sont des outils remarquables pour analyser vos données. Pour autant, peu d'utilisateurs d'Excel les utilisent, pensant vraisemblablement que leur mise en œuvre est complexe.

Selon le même principe que les graphiques recommandés, Excel vous propose de simplifier la conception de vos TCD en cliquant simplement sur l'icône suivante.

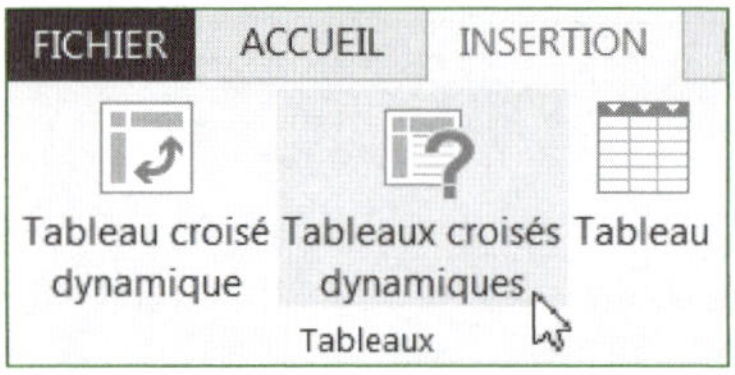

Figure 1.10

Sur l'onglet **Insertion**, *un nouveau bouton vous aide dans le choix du tableau croisé dynamique.*

Il ne vous reste qu'à choisir celui que vous souhaitez concevoir et à valider pour l'intégrer dans votre classeur.

Bien sûr, la conception d'un TCD ne saurait se limiter aux seuls choix proposés. Nous verrons dans un chapitre spécifique comment concevoir et personnaliser les TCD.

Le remplissage instantané

La très grande nouveauté dans Excel 2013 concerne l'arrivée de l'outil **Remplissage instantané**. Cet outil est incontestablement une des meilleures innovations dans Excel depuis ces dix dernières années.

Un des problèmes fréquemment rencontrés dans Excel consiste à extraire des données à partir d'une chaîne de caractères en plusieurs tronçons. Par exemple, vous avez en colonne A une liste de noms et de prénoms et souhaitez séparer les noms des prénoms dans deux colonnes distinctes. Inévitablement se pose le problème des noms composés de deux mots ou plus (Le xxxx, De yyyyy...) ainsi que des prénoms composés (Jean-Paul, Jean-Claude, Anne-Marie...).

De la même manière, si vous souhaitez regrouper (ou concaténer en langage informatique) plusieurs colonnes en respectant une séquence cohérente, grâce au remplissage instantané et SANS UTILISER LA MOINDRE FORMULE Excel va réaliser ce travail à votre place, sans le moindre effort.

Comment ? Tout simplement en montrant l'exemple dans les premières cellules de votre série. Sur la base de ces éléments, Excel va comprendre de lui-même la séquence que vous êtes en train de créer et vous proposera un résultat pour les cellules restantes.

Pour plus de détails sur son fonctionnement, reportez-vous à la sous partie "Remplissage instantané".

Les relations

Jusqu'à cette version d'Excel, si vous deviez faire une analyse de données (tableau ou graphique croisé dynamique) à partir de plusieurs tableaux, vous deviez au choix :

1. Recréer un seul et même tableau en utilisant :
   – les copier-coller ;
   – les fonctions RECHERCHEV, EQUIV et INDEX pour afficher des données sur un tableau provenant de l'autre tableau.
2. Importer ou lier les données dans Access puis les réunir avec une requête que vous exportiez ensuite sous Excel.

Dans cette nouvelle version, nous pouvons enfin mettre deux tableaux d'Excel en relation à l'aide d'un champ qui sera unique dans un des tableaux et multiple dans l'autre. Nous pouvons ainsi établir des tableaux et graphiques croisés dynamiques basés sur plusieurs tableaux. Nous détaillerons ce fonctionnement au chapitre sur le traitement des données.

Travailler en mode connecté

Nouveaux outils de travail collaboratif

Depuis quelques années, de nouveaux termes ont vu le jour dans la gestion de projets informatiques comme le Cloud, le travail collaboratif... Et de nouvelles applications ont été développées pour répondre aux contraintes du travail à distance (SkyDrive, Sharepoint, Office 365).

Là où pendant des années le travail collaboratif se limitait à échanger des fichiers Excel par e-mail ou clé USB, aujourd'hui il est possible de partager un espace de travail à plusieurs (un peu comme si vous aviez un répertoire commun mais sur Internet) et également de travailler à plusieurs sur un même document.

Accéder à toutes ces innovations n'est possible que si vous êtes vous-même connecté. Voilà pourquoi dès l'installation d'Office 2013 un compte personnel (compte Microsoft) ou professionnel (Office 365 ou compte Sharepoint de votre organisation) vous est demandé. D'ailleurs, si vous avez opté pour une installation en ligne depuis Office 365, vous serez automatiquement connecté avec votre identifiant Office 365.

Astuce

Une fois que vous êtes authentifié, vous êtes reconnu dans toutes les applications Office 2013.

Figure 1.11

Office et le Cloud

SkyDrive

Microsoft, avec un compte Microsoft (Windows Live ID), met à notre disposition gratuitement plusieurs outils :

- **Courrier.** Gestionnaire de messagerie.
- **Contacts.** Gestionnaire de contact.
- **Calendrier.** Votre agenda.
- **SkyDrive.** Un espace de stockage pour vos documents et photos dans le Cloud.

Figure 1.12

SkyDrive : Un espace de stockage et de partage pour vos documents et photos dans le Cloud

Vous disposez de 7 Go gratuits auquel vous pouvez ajouter 20, 50 ou 100 Go en réglant un montant annuel.

Vous pouvez déposer tous types de documents dans cet espace, mais les fichiers Excel, Word, OneNote et PowerPoint ont un avantage par rapport aux autres fichiers : ils peuvent s'afficher directement dans le navigateur de votre choix (il n'y a aucune obligation d'utiliser Internet Explorer).

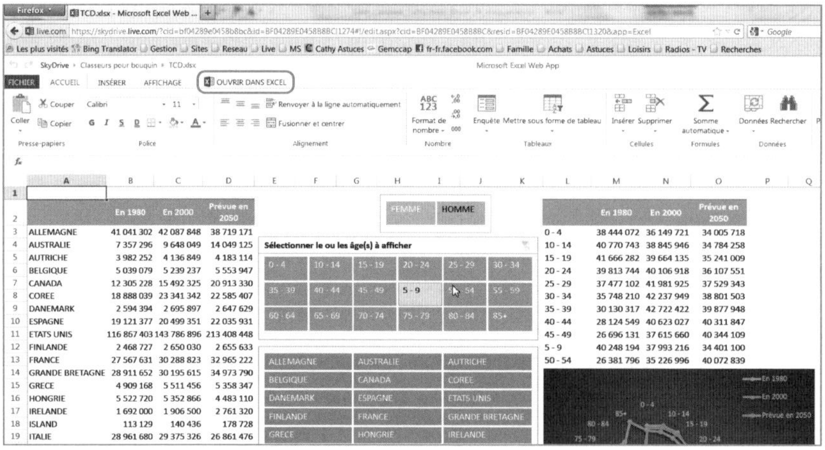

Figure 1.13

Un fichier Excel ouvert dans le Navigateur Firefox. Le classeur peut être directement modifié dans le navigateur ou ouvert dans Excel.

Comme vous le constatez à la Figure 1.13, en ouvrant un classeur Excel depuis un navigateur, vous retrouvez la même interface que celle sur votre ordinateur et vous disposez des fonctionnalités de base pour créer des classeurs. Vous pouvez ainsi modifier le contenu des données, des mises en forme de base, effectuer des filtres et des tris, insérer des fonctions, insérer des graphiques, etc.

Pour effectuer des modifications non réalisables dans l'interface web, vous avez toujours la possibilité d'ouvrir le fichier dans Excel 2013 grâce au menu situé à droite.

Que vous travailliez depuis l'interface web ou Excel 2013, les modifications s'enregistreront dans votre emplacement SkyDrive. Lorsque vous êtes en modification dans votre navigateur, les modifications sont automatiques, il n'y a donc plus d'icône *Enregistrer*.

Avec un espace de stockage sur le Web, vous pouvez avoir accès à vos fichiers sur tout matériel connecté au Web et disposant d'un navigateur récent. Il existe également des applications SkyDrive pour les WinPhone, iPhone et Android ainsi que les tablettes iPad et Windows.

Tout ce qui est stocké sur SkyDrive est privé par défaut afin que seul le détenteur du compte puisse y accéder. C'est vous qui gérez et définissez l'accès à vos fichiers et dossiers aussi bien que le degré de partage.

Vous pouvez ainsi partager des fichiers ou dossiers de cet espace avec :

- toute personne à qui vous transmettrez un lien spécifique par message électronique ;
- toute personne à qui vous transmettrez un lien spécifique pour consulter uniquement, consulter ou modifier ces fichiers partagés ;
- tout utilisateur d'un compte Facebook, Linkedin ou Twitter après publication d'un lien sur l'un de ces réseaux sociaux.

Astuce

Vous avez autorisé une ou plusieurs personnes à consulter ou à modifier des fichiers sur votre espace SkyDrive. Ces personnes désirent retrouver ces fichiers dans leur espace Partagés (voir la Figure 1.14) de leur propre SkyDrive. Choisissez d'envoyer le lien de partage par message électronique et sélectionnez l'option ***Les destinataires doivent se connecter pour accéder à l'élément partagé*** sur la fenêtre de partage.

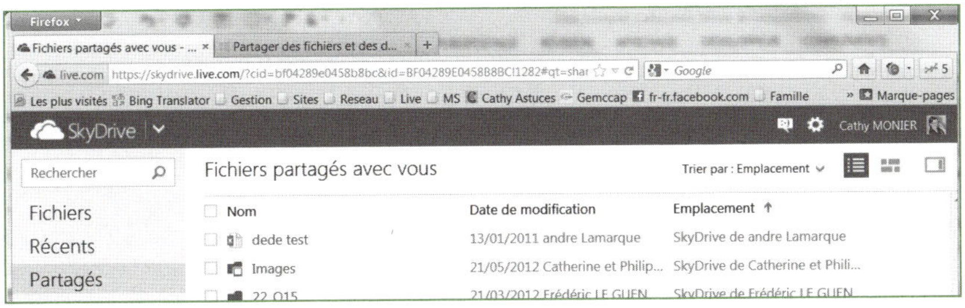

Figure 1.14
Exemples de documents partagés dans un espace SkyDrive.

Déposer ses fichiers sur un serveur qui ne nous appartient pas peut sembler risqué en terme de sécurisation des données. Pour autant, le risque est bien moindre que de conserver des données sur une clé USB ou un disque dur externe.

En effet, il arrive malheureusement que ces supports subissent des chocs avec le risque d'endommager les composants et donc de perdre vos données. De plus, il est fréquent d'égarer les clés USB et, dans ce cas, rien n'empêche la personne qui la retrouve de copier tous vos documents sans le moindre contrôle de votre part. Avec un accès sur un serveur tel que SkyDrive, ces problèmes n'existent plus.

Pour la sécurité de vos fichiers, l'intégralité de SkyDrive est sous URL sécurisée : HTTPS. Cela signifie que tous les échanges de données entre votre ordinateur et le site sont cryptés.

Microsoft précise que l'utilisation de SkyDrive est soumise à une politique très stricte sur le respect de la vie privée. Vous pouvez consulter cette charte à l'adresse suivante : **http://privacy.microsoft.com/FR-FR/fullnotice.mspx**.

Si vous installez l'application Windows SkyDrive, vous aurez dans votre explorateur un dossier supplémentaire affichant la totalité de votre espace SkyDrive, comme vous le montre la Figure 1.15 Cette application synchronisera automatiquement le dossier SkyDrive de vos ordinateurs et celui contenu sur le serveur de Microsoft.

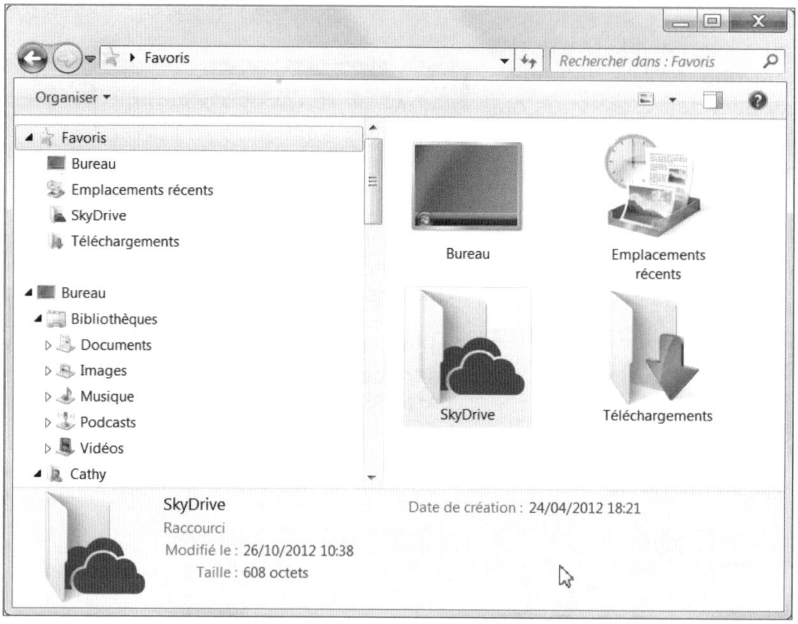

Figure 1.15
Dossier SkyDrive sur votre poste après l'installation de l'application SkyDrive.

Office 365

Office 365 est un ensemble de services online réunissant plusieurs outils de collaboration :

- **Exchange Online.** Un compte de messagerie électronique, calendriers et contacts partagés. Ce type de compte permet une connexion à vos messages quel que soit le support (navigateur web, iPhone, WinPhone, Android, BlackBerry, iPad...) sans problème de synchronisation.
- **Lync Online.** Un service de messagerie instantanée et de conférences audio-vidéo.
- **Skype.** Un service de téléphonie par IP.
- **Sharepoint Online.** Un espace offrant un site web, un site d'équipe et 25 Go d'espace de stockage.
- **SkyDrive Pro.** Un espace de stockage par utilisateur de 7 Go.

- **Office Web Apps.** Ces applications allégées d'Excel, Word, OneNote, PowerPoint et Outlook Online ouvrent vos documents ou messages dans un navigateur web sans licence d'Office.
- **Office 2013.** Licence comprenant les mises à jour le temps de l'abonnement.

Ces services sont délivrés sous forme de package selon l'utilisation, à la maison ou au bureau, et contiennent plus ou moins d'options selon votre choix. Ces packages sont payants selon un abonnement mensuel et le nombre d'utilisateurs.

L'intérêt de travailler avec Office 365 est de pouvoir partager simplement tous vos éléments de travail avec vos collaborateurs ou des tiers extérieurs à votre organisation ou à la famille, documents Office, contacts, agenda..., selon les services choisis et ce sans avoir à s'échanger des documents par e-mail.

Ce partage s'effectuera en changeant les droits d'accès aux éléments que vous souhaitez partager (des messages, un site, des fichiers Excel, Word, OneNote, PowerPoint...).

Single Document Interface (SDI)

L'architecture d'Excel a été complètement revue pour ouvrir chaque classeur dans une instance différente. Quand vous travaillez avec plusieurs classeurs ouverts en même temps, chacun d'eux apparaît dans des tâches distinctes dans le gestionnaire de tâches de Windows.

Cette évolution technique vous permet de déplacer des objets (feuilles de calcul, colonnes...) d'un classeur à l'autre par simple glisser-déposer. De plus, vous pouvez maintenant travailler aisément en multi-écran et afficher les fichiers à votre convenance sur chaque écran.

Les applications

Pour étendre les possibilités d'Office, Microsoft propose aux développeurs de concevoir des applications à insérer dans Excel, Word, Outlook et Sharepoint. Vous pourrez acheter ces applications sur le Store Office. Elles sont écrites en HTML5, CSS3 et JavaScript. Dans Excel 2013, elles sont de deux types :

- **Volet.** Une fenêtre est ancrée sur la droite de l'application ; par exemple un panneau qui permet de faire une recherche sur un dictionnaire à partir du texte de la cellule active et affiche sa définition dans ce même panneau (voir Figure 1.16).
- **Contenu.** L'application est incorporée dans une feuille et manipule Excel pour se mettre à jour ; par exemple une carte Bing affichant vos données comme à la Figure 1.17.

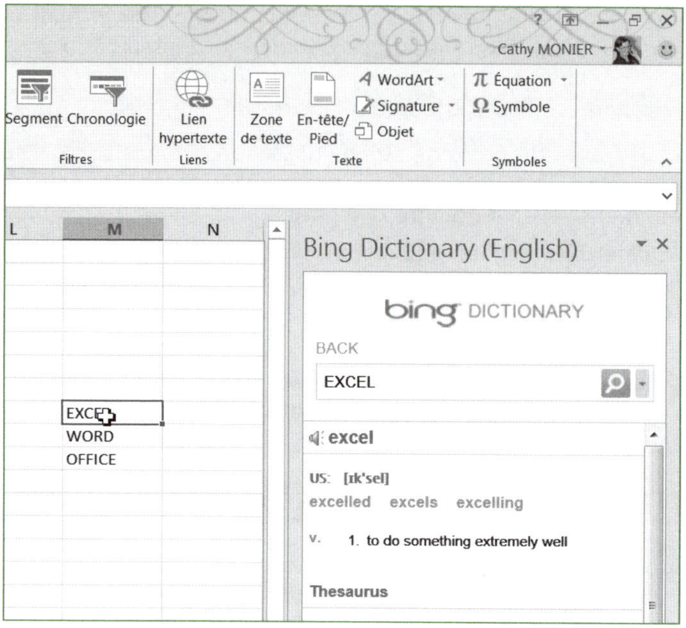

Figure 1.16

L'application "Bing Dictionnary" intégrée dans un volet d'Excel 2013.

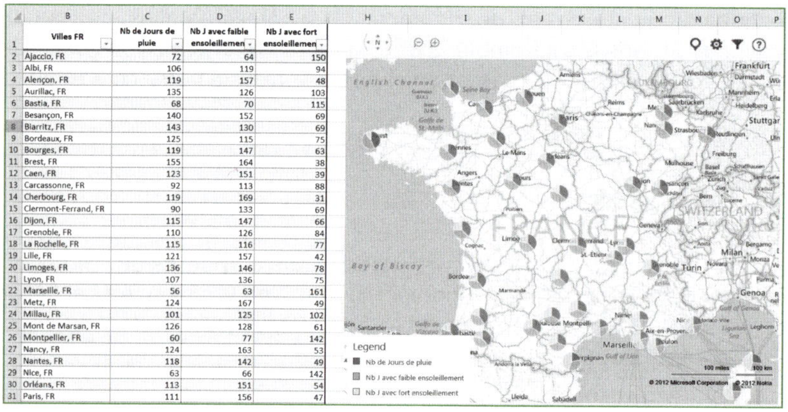

Figure 1.17

L'application "Bing Map" intégrée directement dans une feuille d'Excel afin de visualiser vos données sur une carte.

Les nouveaux compléments

Ces compléments ne sont pas activés par défaut. Vous devez donc dans l'onglet ***Fichier*** cliquer sur le menu *Options*. Dans cette fenêtre d'options, cliquez sur le bouton *Compléments* puis, en bas de cette fenêtre, sélectionnez *Compléments COM* dans la liste *Gérer*.

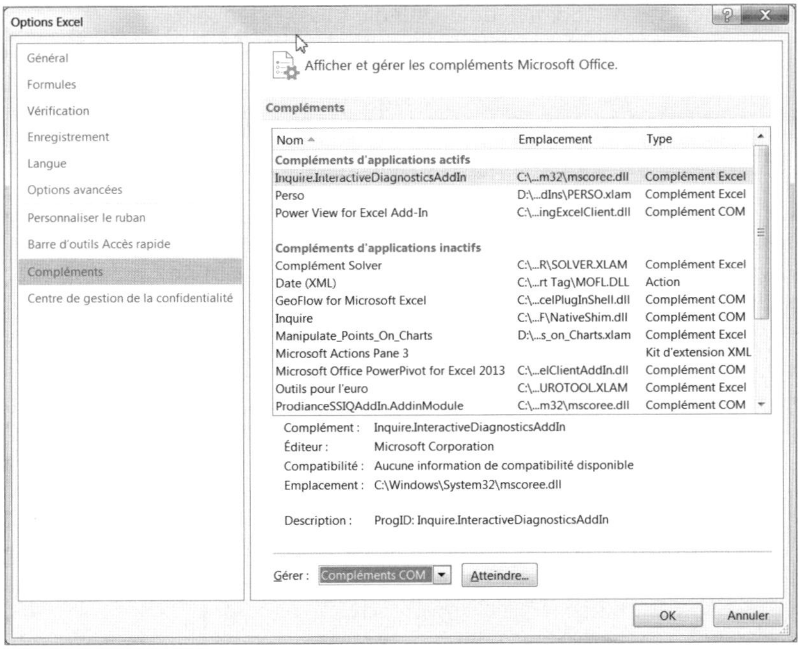

Figure 1.18

Dès que vous aurez cliqué sur *Atteindre*, une fenêtre vous proposera de cocher les compléments que vous voudrez utiliser (voir Figure 1.19).

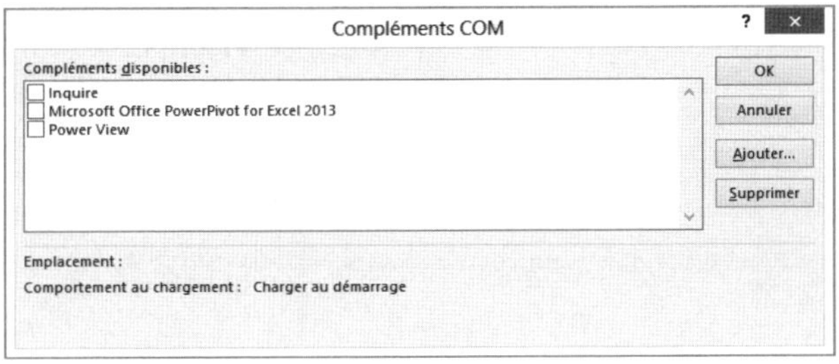

Figure 1.19

PowerPivot

Dans la version 2010, il existait déjà un complément PowerPivot pour Excel, mais il fallait le télécharger et l'installer avant de l'utiliser. Dans cette version 2013, ce complément est déjà installé dans Microsoft Office Professional Plus et Office 365 Entreprise (sauf Office 365 Petite Entreprise Premium).

Il se connecte au même modèle de données que celui créé avec les relations dans Excel, mais il fournit un environnement de modélisation plus riche. Ainsi, vous pouvez entre autres :

- Importer différents types de données et les mettre en relation.
- Filtrer les données lors de l'importation. En effet, lors de l'importation de données externes dans Excel, l'ensemble des données est importé ; avec PowerPivot, vous pouvez filtrer les données inutiles.
- Renommer les tables et colonnes que vous importez dans PowerPivot.

■ Gérer le modèle et créer des relations avec un simple glisser-déposer.
■ Définir vos propres champs calculés, réutilisés ensuite dans le classeur.

Si vous désirez avoir des informations complémentaires sur ce composant il serait préférable que vous vous reportiez vers un livre qui traite exclusivement du sujet.

PowerView

Excel est un très bon outil de saisie et d'analyse de données, mais établir un bon tableau de bord est parfois compliqué pour certains d'entre nous. Regrouper une synthèse sous forme de tableaux, accompagnés de graphiques pertinents et animés (voir Figure 1.20), devient aisé à réaliser grâce à ce composant que nous détaillerons dans un chapitre spécifique.

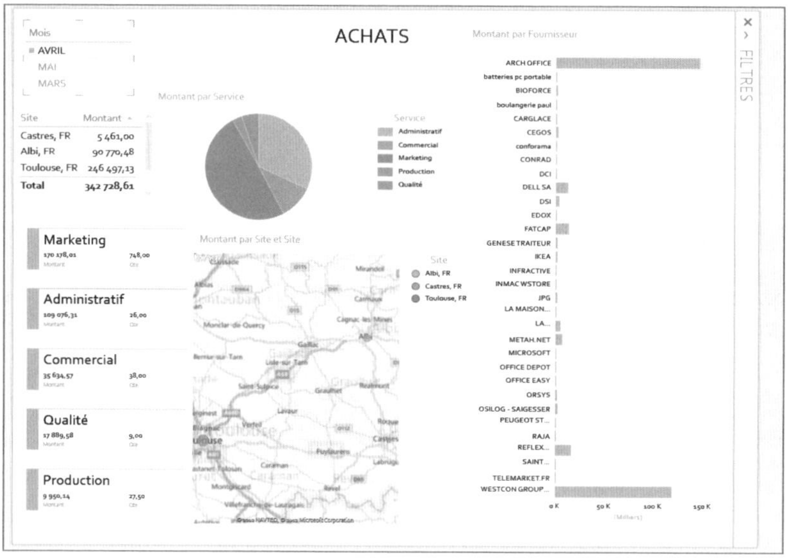

Figure 1.20
Un tableau de bord PowerView regroupant des tableaux de synthèses, cartes et graphiques.

Inquire

Cet outil est destiné à ceux qui sont amenés à analyser des classeurs Excel liés à un projet informatique.

Dans de nombreuses entreprises, les classeurs Excel sont utilisés comme base de données et sont appelés par de nombreux autres classeurs. Rapidement, il est très difficile de comprendre l'interaction entre les différents classeurs.

Le menu Inquire vous permet d'inspecter le contenu d'un classeur sur 51 points d'analyse. Vous trouvez notamment :

■ les liens externes contenus dans le classeur ;
■ les liens DDE ;
■ les connexions à des bases externes ;
■ les feuilles visibles ;
■ les feuilles masquées ;

- les formules contenant des erreurs ;
- les formules sans référence à des cellules ;
- les références vides ;
- nombre de lignes et de colonnes masquées ;
- nombre de plages nommées ;
- nombre de plages nommées avec erreurs ;
- etc.

Vous pouvez également voir toutes les relations d'une cellule, d'une feuille ou d'un classeur. Mais plus que l'outil audit, qui existe depuis longtemps sur les versions antérieures d'Excel, ici vous pouvez visualiser toutes vos relations internes ou externes dans un même diagramme.

Inquire vous permet aussi de nettoyer votre classeur des formats ou des cellules en excès (très utile pour les fichiers enregistrés au format .xls).

Enfin, vous disposez d'un outil de comparaison de deux versions de document. Cet outil vous permet de suivre les différences jusqu'au format ou code en VBA modifié.

2

Le ruban

Organisation

Le ruban contient l'ensemble des commandes disponibles pour travailler dans Excel. Il comprend différents onglets : ***Fichier***, ***Accueil***, ***Insertion***, ***Mise en page***, ***Formules***, ***Données***, ***Révision***, ***Affichage*** ; et, pour les utilisateurs avancés : ***Développeur*** et ***Compléments***.

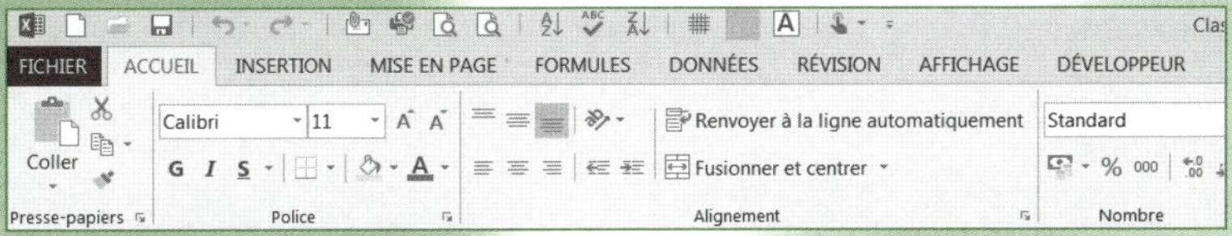

Figure 2.1
Le Ruban d'Excel 2013.

- L'onglet ***Fichier***, appelé également mode BackStage, s'affiche maintenant à l'ouverture d'Excel. Il vous sera détaillé au chapitre suivant.
- L'onglet ***Accueil*** contient les commandes les plus couramment utilisées :
  - toutes les options de collage (collage/collage spécial) ;
  - mises en forme du texte ;
  - alignements dans les cellules ;
  - mises en forme des nombres ;
  - mises en forme des cellules et des styles de cellules ;
  - insertion et suppression de cellules, de lignes, de colonnes ;
  - l'édition et la recherche.
- L'onglet ***Insertion*** permet d'insérer des objets sur vos feuilles :
  - images ;
  - graphiques ;
  - en-têtes et pieds-de-page ;
  - tableaux ;
  - tableaux croisés dynamiques ;
  - SmartArt et forme ;
- L'onglet ***Mise en page*** propose les options principales pour la mise en forme de vos feuilles :

  - thèmes ;
  - couleurs ;
  - orientation de votre feuille à l'impression ;
  - marges d'impression ;
  - sauts de page ;
  - mise à l'échelle ;
- L'onglet ***Formules*** regroupe l'ensemble des commandes utiles pour écrire ou analyser vos formules :
  - l'assistant d'insertion d'une fonction ;
  - les bibliothèques de fonctions ;
  - la gestion des noms de cellules ;
  - l'audit de vos formules ;
  - les options de calcul ;
- L'onglet ***Données*** propose les commandes indispensables pour analyser vos tableaux de données :
  - importation de données externes ;
  - gestion des connexions ;
  - tris et filtres ;
  - supprimer les doublons ;
  - validation de données ;
  - les outils d'analyse (solveur, valeur cible) ;
  - la gestion d'un plan.
- L'onglet ***Révision*** permet la vérification orthographique, le suivi des modifications et la protection des feuilles et classeurs.
- L'onglet ***Affichage*** permet de personnaliser l'affichage :
  - trois modes d'affichage ;
  - le zoom ;
  - la gestion des volets dans une fenêtre ;
  - la gestion des fenêtres et de l'espace de travail.
- L'onglet ***Développeur*** regroupe :
  - les commandes d'enregistrement et d'édition des macros ;
  - les contrôles qu'il est possible d'ajouter sur une feuille ;
  - les outils XML.

Info

Pour afficher l'onglet ***Développeur,*** consultez le chapitre "Personnaliser le ruban".

- L'onglet ***Compléments*** ne s'affiche qu'après l'installation de certaines macro complémentaires ou de compléments COM.

Utilisateur d'Excel 2003

Si vous travailliez précédemment sur Excel 2003 et que vous ouvrez maintenant Excel 2013, vous pouvez être dérouté par cette présentation des menus. Pour autant, il est assez facile de comprendre la disposition des menus dans le ruban.

Sur chaque onglet, les commandes sont logiquement organisées par groupes (tels Presse-papier, Police, Mise en page, Données externes...). Ces groupes sont présentés de gauche à droite selon la fréquence d'utilisation ou l'ordre d'utilisation.

Par exemple, vous effectuez plus souvent des copier-coller que des recherches, le groupe *Presse-Papier* se trouve donc à gauche de l'onglet ***Accueil*** et le groupe *Edition,* tout à droite de ce même onglet. De même, sur l'onglet ***Formules***, vous commencerez par insérer l'une des formules de la bibliothèque de fonctions (à gauche) et ferez seulement ensuite appel à l'audit de formules (à droite) lors de la recherche d'erreurs. Comme vous le voyez, ces commandes se trouvent donc bien dans un ordre logique d'utilisation.

En bas à droite de certains de ces groupes, une petite flèche appelée *Lanceur de boîte de dialogue* (voir Figure 2.2) vous permet d'afficher une fenêtre spécifique proposant toutes les options du groupe tout comme les boîtes de dialogue dans Excel 2003.

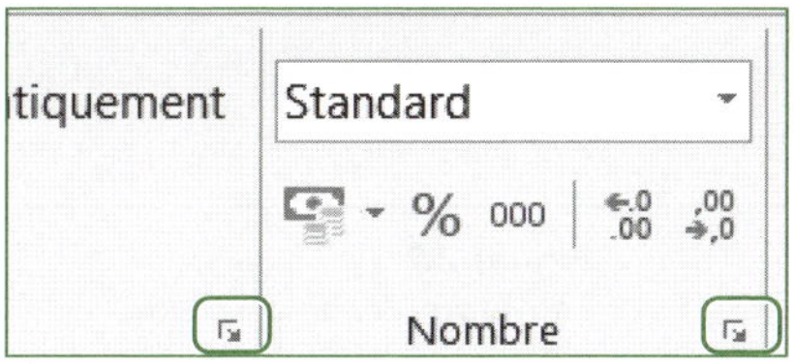

Figure 2.2
En bas à droite de certains groupes, une petite flèche affiche une fenêtre spécifique proposant toutes les options du groupe.

Un ruban dynamique

Le ruban ne s'affiche pas en permanence par défaut. Un onglet se déploie dès que vous l'activez en cliquant sur son nom. Si vous préférez avoir l'ensemble du ruban toujours à votre disposition, cliquez sur la petite épingle à droite du ruban (voir Figure 2.3), ou double-cliquez sur l'un des titres d'onglets.

Pour le réduire à nouveau vous pouvez au choix :

- cliquer sur la petite flèche située dans le coin inférieur droit du ruban (voir Figure 2.4).
- double-cliquer sur l'un des titres d'onglets.
- effectuer un clic-droit sur ce ruban et cocher *Réduisez le ruban* (voir Figure 2.5).

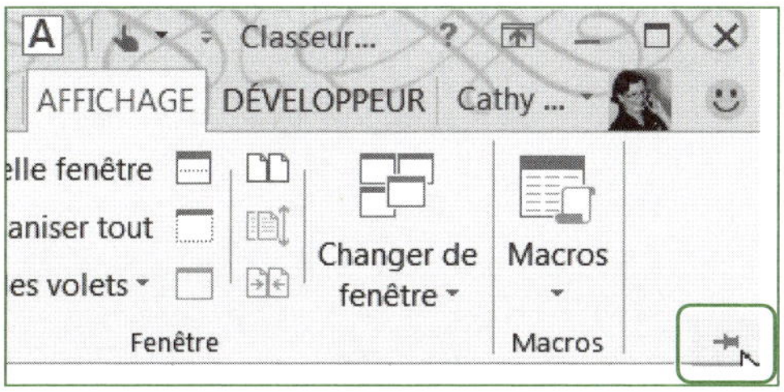

Figure 2.3

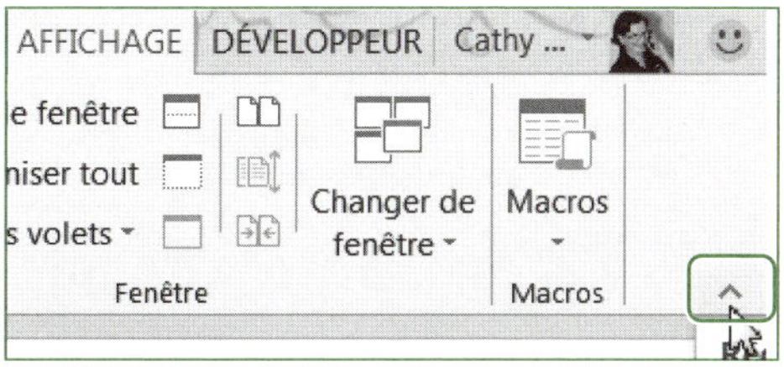

Figure 2.4

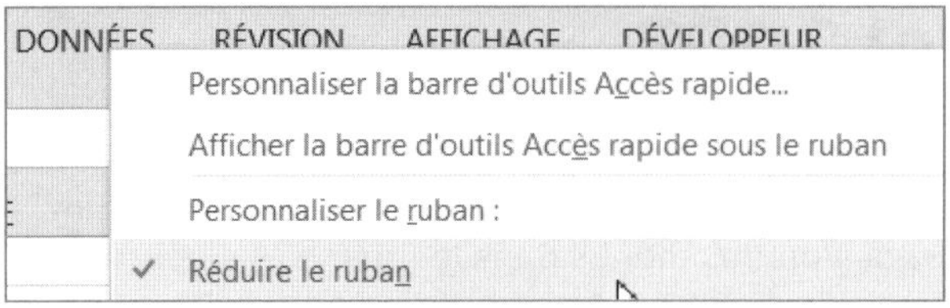

Figure 2.5

Les menus d'Excel sont dynamiques dans le sens où la taille des icônes s'adapte en fonction de la taille de votre fenêtre. Selon la taille de la fenêtre d'Excel, certaines commandes affichent une grande icône, ou une petite icône, voire un nouveau menu les regroupant.

Figure 2.6
Le ruban affiche de grosses icônes.

Figure 2.7
Le ruban affiche de petites icônes.

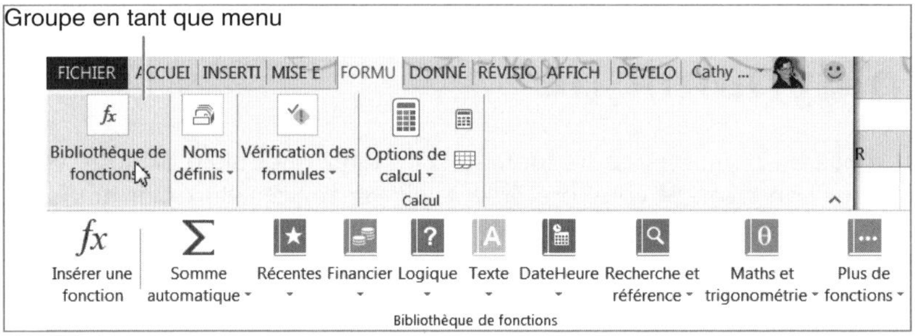

Figure 2.8
Le ruban affiche un menu à la place des icônes par manque de place.

En fonction de l'objet sélectionné dans une feuille de calcul (un tableau, un tableau croisé dynamique, un graphique, une forme, un SmartArt, etc.), de nouveaux onglets contextuels apparaissent à droite des autres onglets de base (voir Figures 2.10 et 2.11). Dès que l'objet n'est plus sélectionné, ces onglets d'outils disparaissent (voir Figure 2.9).

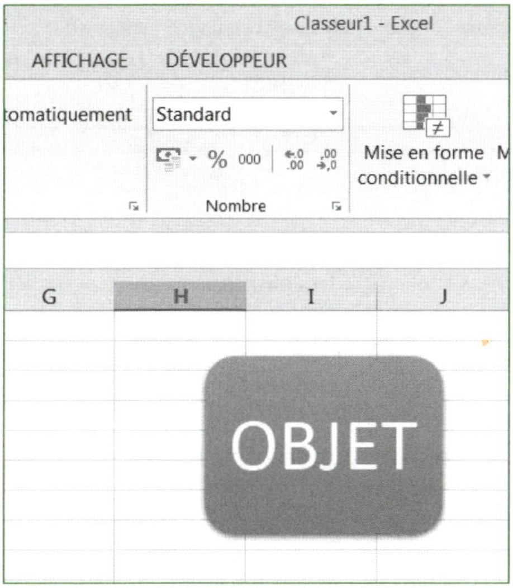

Figure 2.9
Aucun onglet supplémentaire n'est affiché car aucun objet n'est sélectionné.

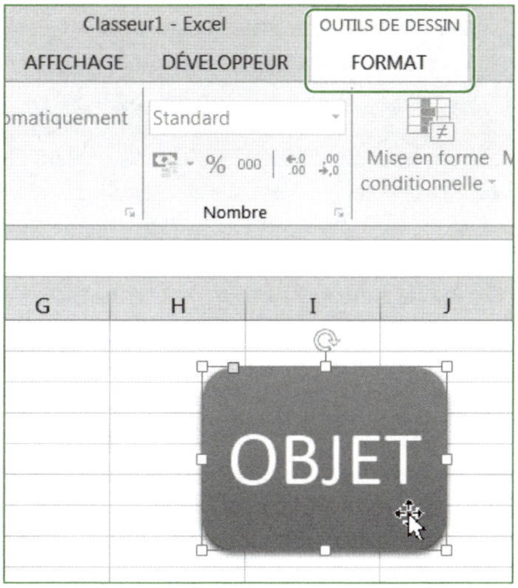

Figure 2.10
Un objet est sélectionné, ici une forme. Un onglet d'outils de dessin, **Format**, *est aussitôt affiché après les onglets standards.*

Les commandes utiles pour travailler sur l'objet y sont regroupées selon la même logique que les autres onglets, de gauche à droite selon le sens du travail ou selon la fréquence d'utilisation.

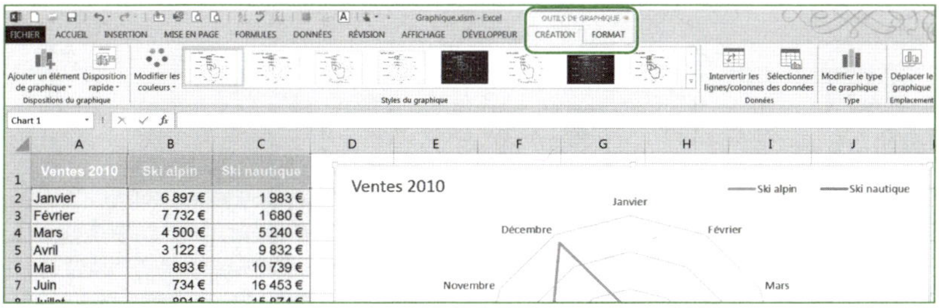

Figure 2.11
Dès qu'un graphique est sélectionné, deux onglets d'outils s'affichent : **Création** *et* **Format.**

Personnaliser le ruban

Le ruban est personnalisable, vous pouvez y ajouter des commandes supplémentaires soit sur les onglets existants, soit sur un nouvel onglet personnel.

> **Info**
>
> Il est impossible de supprimer une des commandes de base des menus.

Pour ajouter un nouveau menu dans un des onglets, effectuez un clic-droit sur le ruban pour faire apparaître un menu contextuel et choisissez *Personnaliser le ruban* (voir Figure 2.12).

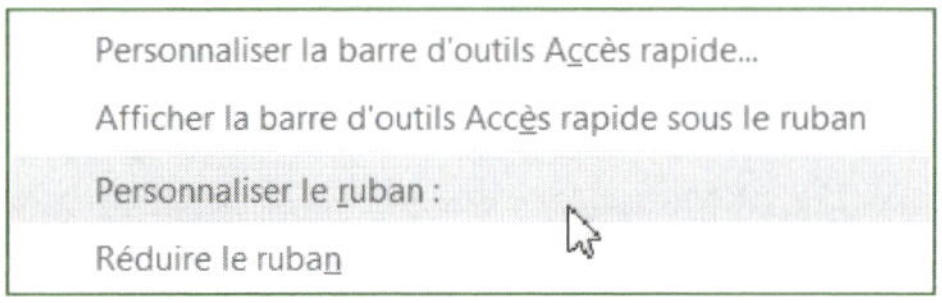

Figure 2.12

Figure 2.13

Pour ajouter une commande à votre ruban, respectez les étapes suivantes (voir Figure 2.13) :

1. Créez un *Nouvel onglet* que vous renommez ensuite, un nouveau groupe est automatiquement ajouté. Renommez-le également. Cette étape est facultative si vous voulez ajouter votre commande dans un onglet existant.
2. Créez un *Nouveau groupe* sur l'onglet de votre choix et renommez-le. Cette étape est facultative si vous avez déjà un groupe personnalisé.
3. Sélectionnez un groupe personnalisé (il est impossible d'ajouter une commande à un groupe de base) dans la liste de droite (**B**).
4. Dans la liste de gauche (**A**), sélectionnez la commande et cliquez sur *Ajouter*.
5. Cliquez sur *Supprimer* pour retirer une commande.

Par défaut, la liste de gauche (repère **A** à la Figure 2.14) affiche les commandes situées sur le ruban, mais vous pouvez choisir un autre type de liste de commandes, tel que ***Toutes les commandes***, ***Commandes non présentes*** dans le ruban ou ***Macro***. Dans ce cas, ouvrez la liste *Choisir les commandes...* dans les catégories suivantes (repère **C** à la Figure 2.14).

Utilisez les touches **HAUT** et **BAS** (situées à droite de la liste avec le repère **B** à la Figure 2.14) pour changer l'ordre de vos commandes, de vos groupes ou onglets personnalisés dans le ruban.

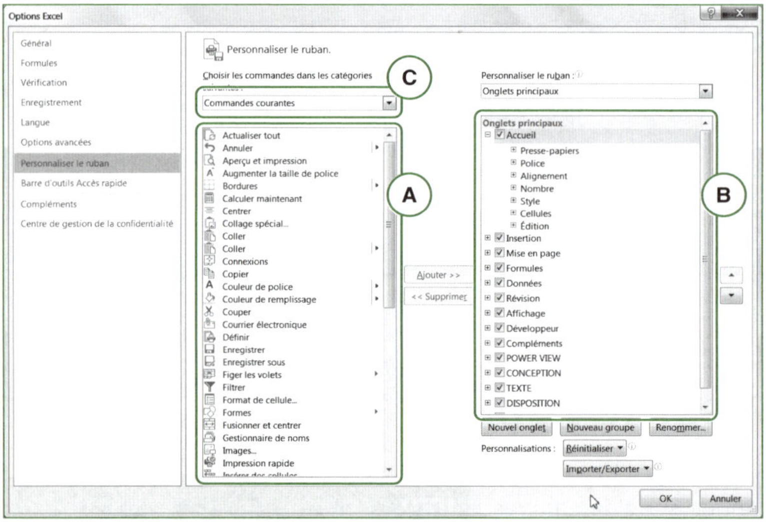

Figure 2.14
Pour ajouter une commande, choisissez une catégorie dans la liste C, puis une commande dans la liste A. Sélectionnez sa destination dans la liste B et cliquez sur le bouton Ajouter.

Astuce

Pour afficher en permanence l'onglet ***Développeur***, cochez cette option dans le volet de droite, repère B de la Figure 2.14.

La barre d'outils d'Accès rapide

Si vous utilisez régulièrement une commande, il peut être utile de l'avoir à disposition dans cette barre d'outils d'accès rapide.

Pour ajouter une commande, vous avez trois possibilités :

1. Ajouter une commande déjà définie dans cette barre après un clic sur la flèche à droite de la barre.
2. Cliquer sur *Autres commandes* et procéder comme pour le ruban dans la fenêtre qui s'affiche :
   - Sélectionnez dans la liste de gauche votre commande et cliquez sur *Ajouter*.
   - Cliquez sur *Supprimer* pour retirer une commande.
   - Utilisez les touches *Haut* et *Bas* pour changer l'ordre de vos commandes. La commande Séparateur ajoute une petite barre de séparation sur la barre.
3. Effectuer un clic-droit sur une commande du ruban, puis choisir *Ajouter à la barre d'outils d'accès rapide*.

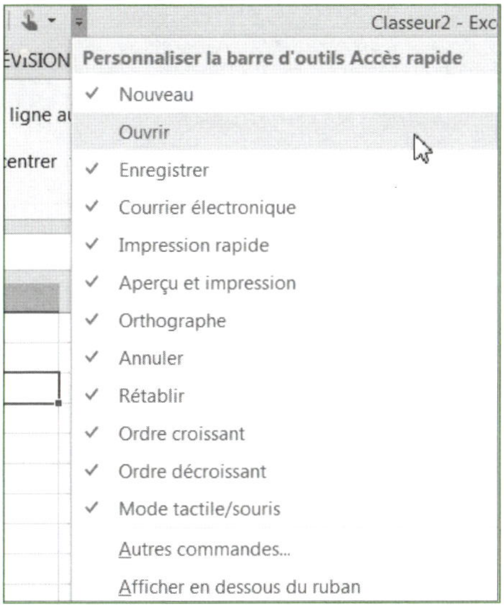

Figure 2.15

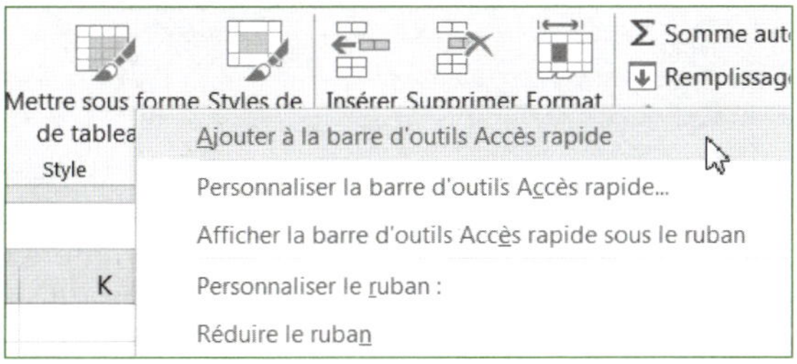

Figure 2.16

Exercices

Retrouvez les fichiers d'exercices et leurs corrigés sur le site compagnon **http://moneformation.pearson.fr**

Adapter Excel

Ajoutez sur la barre d'outils d'accès rapide les commandes suivantes, selon la Figure 2.17 :

- Nouveau ;
- Ouvrir ;
- Enregistrer ;
- Enregistrer sous ;
- Un séparateur ;
- Annuler ;
- Recommencer ;
- Un séparateur ;
- Impression ;
- Aperçu ;
- Aperçu en plein écran ;
- Un séparateur ;
- Orthographe & Grammaire ;
- Tri croissant ;
- Tri décroissant ;
- Un séparateur ;
- Cellule verrouillée ;
- Protéger la feuille ;
- Un séparateur ;
- Style de trait ;
- Couleur de ligne ;
- Tracer la bordure extérieure ;
- Tracer les bordures de grille.

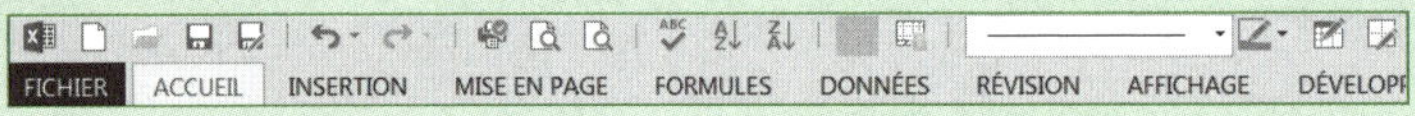

Figure 2.17
Ajoutez ces commandes sur la barre d'outils d'accès rapide.

Un onglet personnel

Ajoutez un onglet personnel, nommez-le "PERSO". Ajoutez un groupe que vous nommerez "Sélections". Sur ce groupe ajoutez les commandes illustrées à la Figure 2.18 et modifiez leur image.

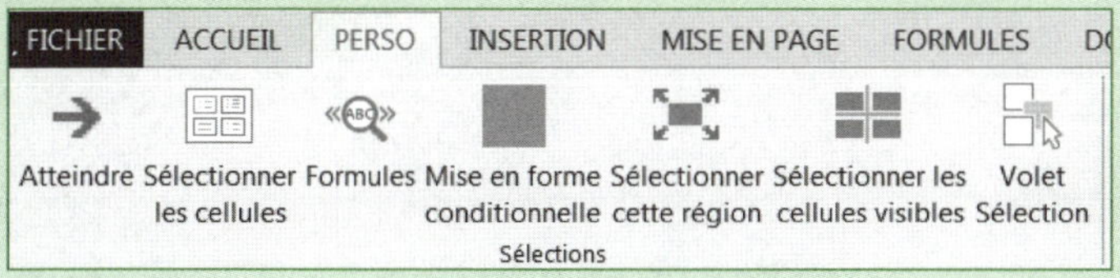

Figure 2.18
Créez cet onglet dans le ruban.

Une carte affichant vos données

Téléchargez le classeur "2-03 Ensoleillement France.xlsx" ; ce classeur comprend un tableau contenant le nombre de jours de pluie et d'ensoleillement de certaines villes de France. Ajoutez à ce classeur une carte depuis l'application Bing Maps pour représenter graphiquement vos données.

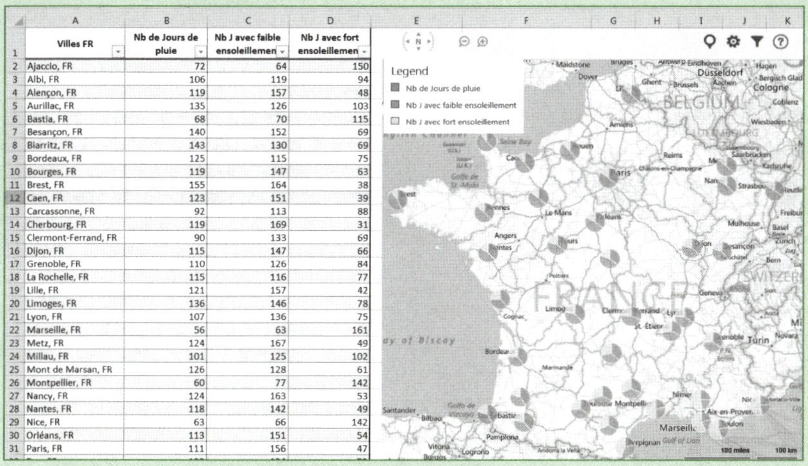

Villes FR	Nb de Jours de pluie	Nb J avec faible ensoleillement	Nb J avec fort ensoleillement
Ajaccio, FR	72	64	150
Albi, FR	106	119	94
Alençon, FR	119	157	48
Aurillac, FR	135	126	103
Bastia, FR	68	70	115
Besançon, FR	140	152	69
Biarritz, FR	143	130	69
Bordeaux, FR	125	115	75
Bourges, FR	119	147	63
Brest, FR	155	164	38
Caen, FR	123	151	39
Carcassonne, FR	92	113	88
Cherbourg, FR	119	169	31
Clermont-Ferrand, FR	90	133	69
Dijon, FR	115	147	66
Grenoble, FR	110	126	84
La Rochelle, FR	115	116	77
Lille, FR	121	157	42
Limoges, FR	136	146	78
Lyon, FR	107	136	75
Marseille, FR	56	63	161
Metz, FR	124	167	49
Millau, FR	101	125	102
Mont de Marsan, FR	126	128	61
Montpellier, FR	60	77	142
Nancy, FR	124	163	53
Nantes, FR	118	142	49
Nice, FR	63	66	142
Orléans, FR	113	151	54
Paris, FR	111	156	47

Figure 2.19
Représentez vos données dans une carte Bing.

3

Le mode BackStage

Avec l'ensemble des commandes sur les onglets décrits précédemment, vous pouvez travailler **dans** votre classeur. Par contre, le mode BackStage (autre nom du menu ***Fichier***) propose toutes les commandes pour faire des actions **avec** votre fichier (***Enregistrer***, ***Ouvrir***, ***Envoyer***, ***Partager***, ***Imprimer***), ainsi que les commandes pour gérer vos connexions avec le Cloud (Compte) et paramétrer Excel (***Options***). Le fonctionnement de ce mode a été fortement amélioré dans cette version.

Nouveau Nouveaute EXCEL 2013

Plus qu'un simple choix entre un nouveau classeur vide et une banale liste de modèles, Excel affiche directement un aperçu de ces modèles, qu'ils soient situés sur :

- votre poste dans le dossier modèle d'Excel, ***Personnaliser*** ;
- le réseau dans le dossier modèle du groupe de travail, ***Partager*** ;
- le Web et mis à disposition par Microsoft, ***Proposés***.

Figure 3.1
Plus qu'un simple choix entre un nouveau classeur vide, et une liste de modèles, Excel 2013 affiche directement un aperçu de ces modèles.

Si vous ne trouvez pas ce qui vous convient dans cette liste de modèles, il vous reste la possibilité d'effectuer une recherche sur les modèles d'Office Online en saisissant un ou plusieurs mots clés dans la zone de recherche (voir Figure 3.2). Vous pouvez également effectuer votre recherche à l'aide des catégories.

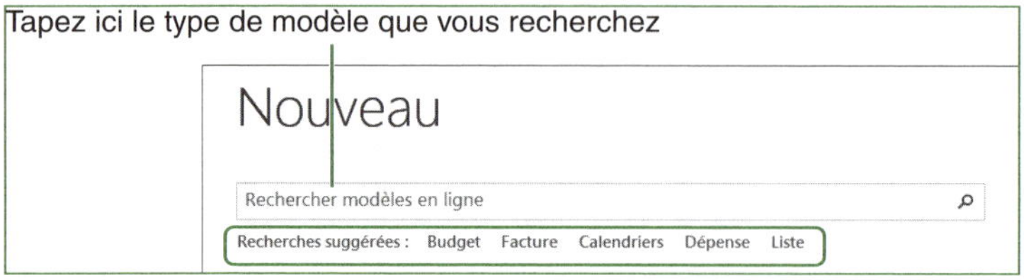

Figure 3.2
Recherchez des modèles en saisissant un ou plusieurs mots clefs dans la zone de recherche ou utilisez une catégorie.

Dès qu'Excel vous affiche les modèles qu'il a trouvés, vous pouvez limiter la liste en cliquant sur l'une des catégories. Pour revenir sur l'affichage par défaut du menu *Nouveau*, cliquez sur le bouton *Accueil* (voir Figure 3.3).

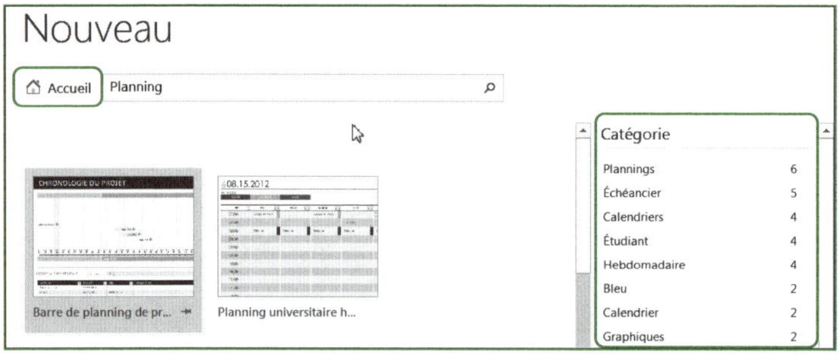

Figure 3.3

Ajout de nouveaux modèles Nouveauté EXCEL 2013

Si vous utilisez souvent les mêmes modèles, vous pouvez ajouter ceux-ci dans la liste des modèles proposés.

Passez la souris sur le modèle ; une épingle apparaît en bas à droite. Cliquez sur cette épingle, le modèle est immédiatement ajouté à la liste en vedette. Effectuez la même manipulation sur un modèle installé pour l'ôter de cette liste.

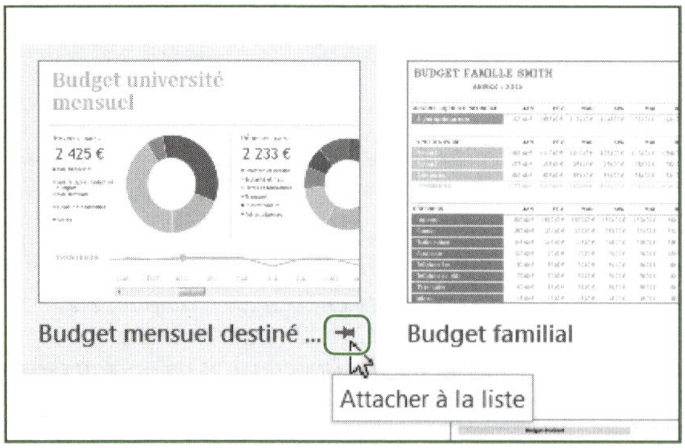

Figure 3.4
Épinglez des modèles afin de les retrouver en haut de la liste de la page Nouveau.

Pour gérer vos propres modèles dans la liste proposée dans ce menu *Nouveau*, vous devez procéder différemment selon le type de modèle. Vous pouvez avoir un dossier de modèles personnels et un dossier de modèle commun au groupe de travail (en général un dossier partagé sur le serveur).

Dès que vous aurez renseigné l'adresse de ces dossiers (voir ci-après), un menu ***Partager***, ***Personnel*** ou ***Personnaliser*** s'affiche au-dessus de la liste de modèles. Il vous suffit de cliquer sur ces menus pour afficher vos propres modèles et/ou ceux du groupe de travail (voir Figure 3.5).

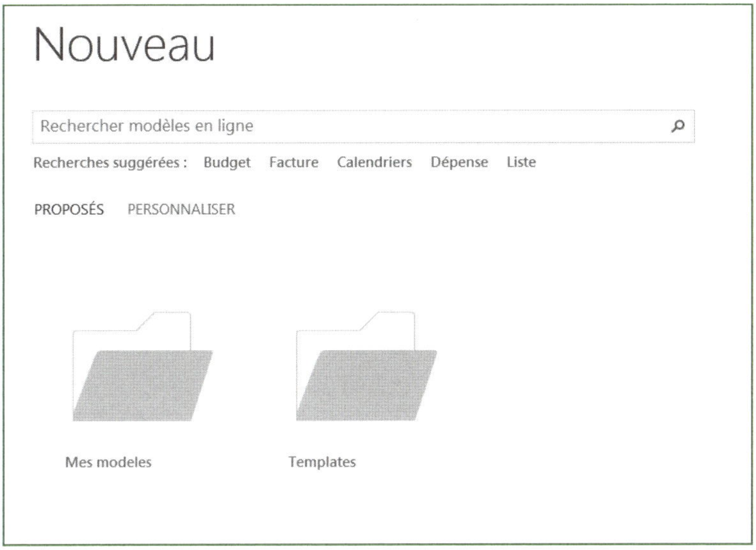

Figure 3.5
Retrouvez vos propres modèles, personnels ou partagés.

Modèles personnels

Créez un dossier sur votre poste et enregistrez vos classeurs dans ce dossier puis indiquez à Excel où se trouve ce dossier :

1. Onglet ***Fichier***, puis cliquez sur *Options*.
2. Dans le menu *Enregistrement*, sous la zone *Enregistrer les classeurs*, renseignez le paramètre *Emplacement des modèles personnels par défaut*.

Attention

Vous n'avez pas de bouton "Parcourir" pour sélectionner un dossier. Vous devrez donc saisir ou coller le chemin de votre dossier.

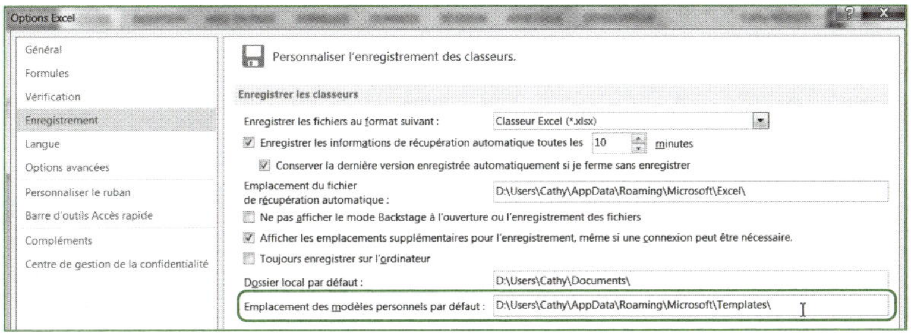

Figure 3.6
Emplacement des modèles personnels par défaut.

Modèles partagés

Enregistrez vos classeurs dans le dossier des modèles du groupe de travail. Pour renseigner ou connaître ce dossier, il vous faut ouvrir les options de Word (il n'y a pas d'options dans Excel pour le renseigner) :

1. Onglet ***Fichier*** dans Word, puis cliquez sur *Options*.
2. Cliquez sur le menu *Avancé*.
3. En bas de la liste des options, dans le groupe *Général*, cliquez sur le bouton *Emplacement des fichiers*.
4. Dans la nouvelle fenêtre, sélectionnez le dossier des modèles du groupe de travail.
5. Cliquez sur *Modifier…*
6. Sélectionnez votre dossier modèle.

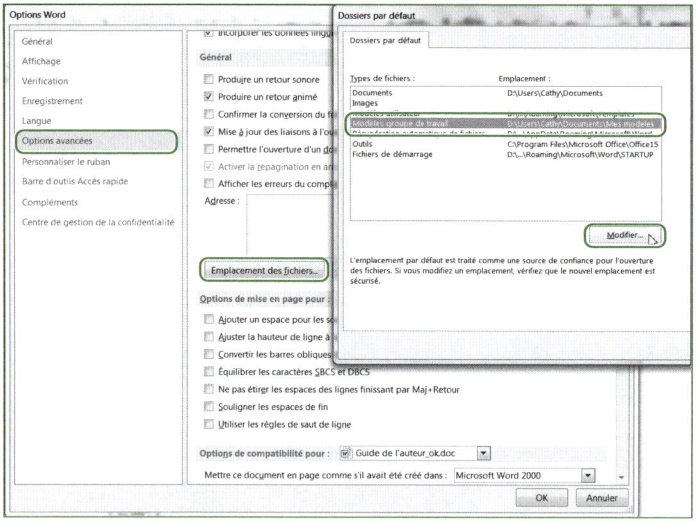

Figure 3.7
Emplacement des modèles partagés.

Ouvrir Nouveauté EXCEL 2013

Le menu ***Ouvrir*** d'Excel 2013 est une fusion entre les menus ***Ouvrir*** et ***Récents*** des versions précédentes : 2007 et 2010. Il vous propose d'ouvrir :

- l'un de vos fichiers récents (voir Figure 3.8) ;

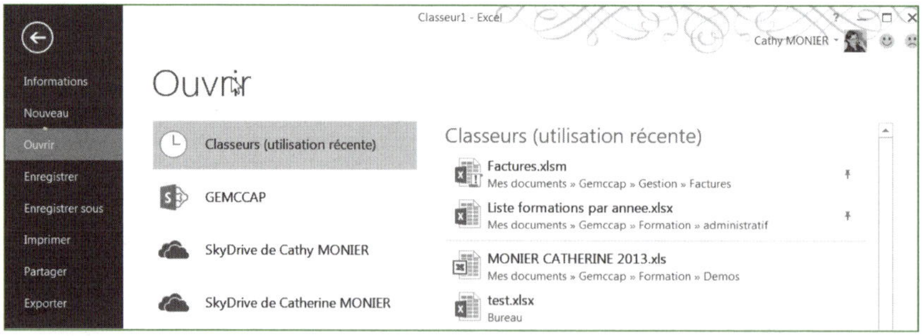

Figure 3.8
Liste des fichiers récemment ouverts.

- l'un de vos fichiers depuis les différents emplacements dans le Cloud (Espace Sharepoint et SkyDrive) (voir Figure 3.9) ;

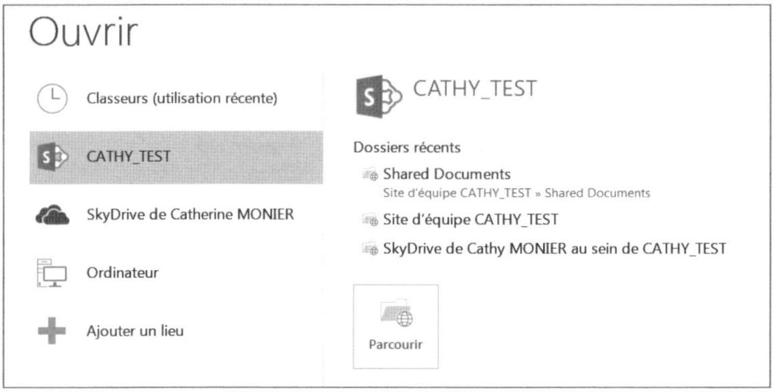

Figure 3.9
Vous êtes directement connecté à votre espace SharePoint ou Office 365.

- l'un de vos fichiers sur votre poste (voir Figure 3.10).

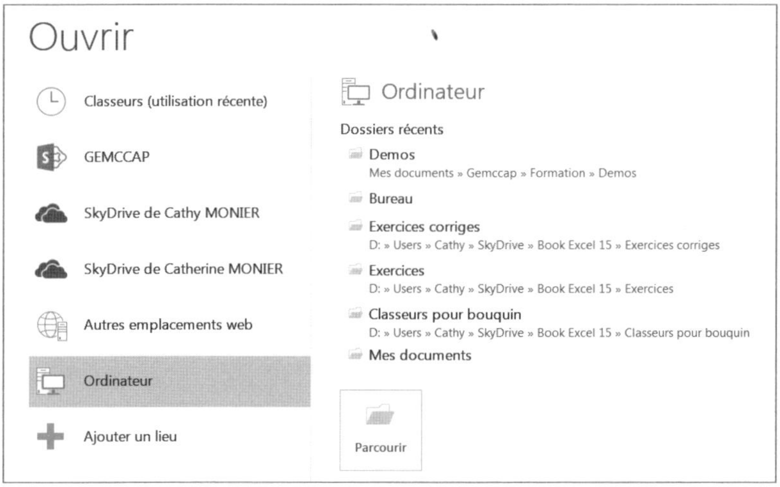

Figure 3.10
Vous pouvez toujours ouvrir des fichiers situés sur votre poste ou votre réseau.

Dès que vous sélectionnez l'un de ces emplacements (Cloud ou votre poste), Excel affiche les dossiers récemment ouverts et un gros bouton pour parcourir cet emplacement (SkyDrive, Office 365, votre Poste...).

Le bouton *Ajouter un lieu* vous permet d'ajouter un emplacement SkyDrive ou Office 365 et vous propose la fenêtre de connexion.

Lorsque vous passez votre souris sur l'un des fichiers proposés dans la liste des fichiers récents, une petite épingle s'affiche à droite (voir Figure 3.11). En cliquant dessus, votre fichier **s'affichera en permanence** au-dessus de la liste des fichiers récents. Recliquez sur cette épingle pour retirer votre fichier de la zone des favoris.

Figure 3.11
Épinglez un fichier afin qu'il s'affiche en permanence au-dessus de la liste des fichiers récents.

Tout en bas de la liste des fichiers récents, le bouton ***Récupérer les classeurs non sauvegardés*** (voir Figure 3.12) vous propose de récupérer un classeur non sauvegardé et enregistré automatiquement.

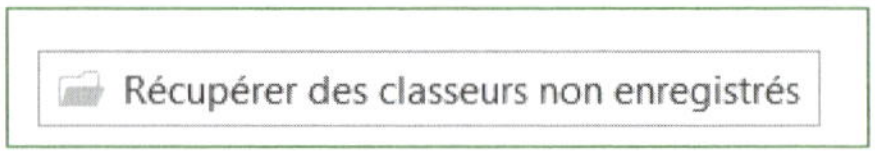

Figure 3.12

À ne pas confondre avec les fichiers qui se sont fermés inopinément avant que vous ayez eu le temps d'enregistrer votre travail. Vous pourrez rouvrir ces derniers en cliquant sur le lien correspondant, au-dessus de la liste des fichiers récents sur la fenêtre d'ouverture d'Excel.

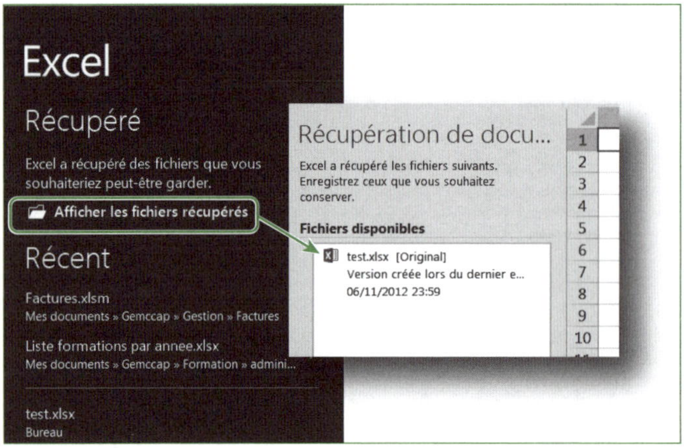

Figure 3.13

Enregistrer sous Nouveauté EXCEL 2013

Avec cette version d'Excel, vous avez le choix entre plusieurs emplacements d'enregistrements :

- **Ordinateur.** Votre poste.
- **SkyDrive de ...** Un espace personnel dans le Cloud (plusieurs comptes peuvent être connectés).
- **Office 365.** Ces espaces affichent le nom du compte Office 365 (à la Figure 3.15, Excel est connecté à deux comptes Office 365). Ils comprennent le site d'équipe et votre SkyDrive pro (voir Figure 3.14).

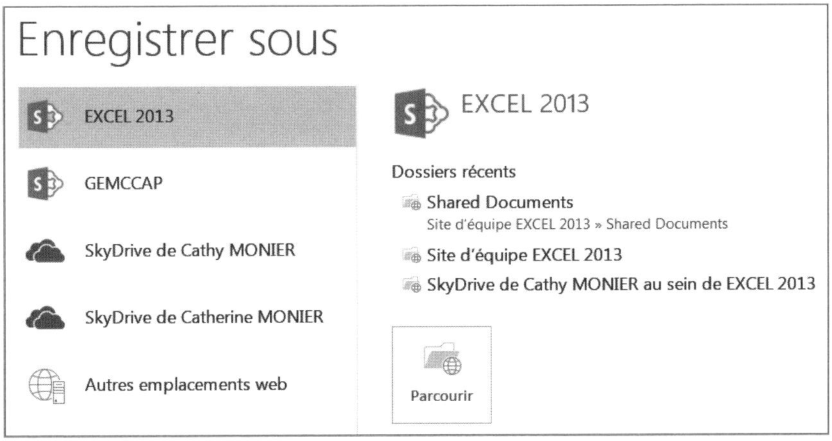

Figure 3.14

Pour chacun de ces emplacements, vous pouvez enregistrer directement dans :

- le dossier courant ;
- un dossier récemment utilisé.

Ou vous pouvez cliquer sur le bouton *Parcourir*. Ce dernier ouvre la traditionnelle fenêtre d'*Enregistrement sous*.

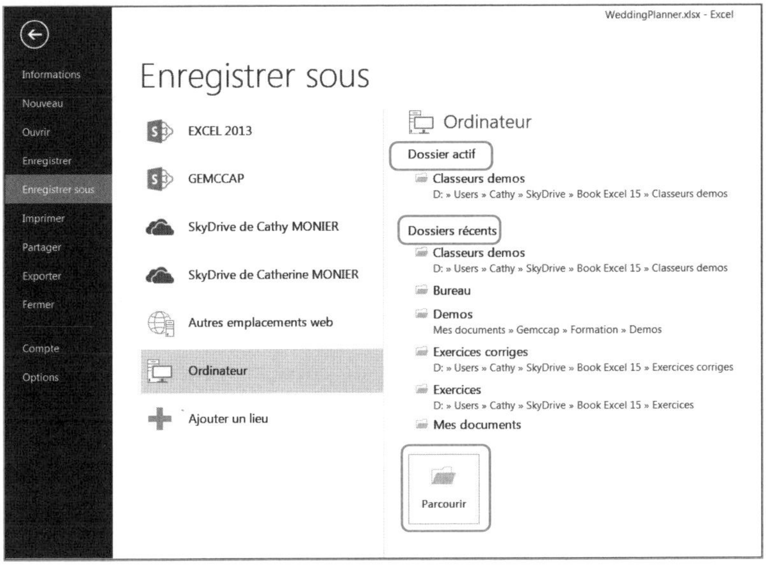

Figure 3.15
Quel que soit l'emplacement choisi, la page Enregistrer sous vous propose le dossier actif, les dossiers récents et un bouton Parcourir...

Aujourd'hui, une majorité de documents de travail, et plus particulièrement les classeurs Excel, sont collaboratifs. Il est donc important de pouvoir les ***tagger*** avant de les diffuser. Dans les versions précédentes, il était peu aisé d'associer des mots-clés ou un résumé à un classeur mais, dans cette version, la tâche est plus aisée.

Sur la fenêtre d'enregistrement vous avez les possibilités suivantes :

- Modifier le nom de l'auteur.

- Ajouter des mots-clés (vous devez les séparer par un point-virgule). Ces mots-clés sont utilisés par Windows Search pour l'indexation et la recherche de vos documents dans votre ordinateur.
- Indiquer un titre.
- Indiquer l'objet de votre classeur.
- Enregistrer une miniature ; celle-ci s'affichera dans votre explorateur (voir Figure 3.16).

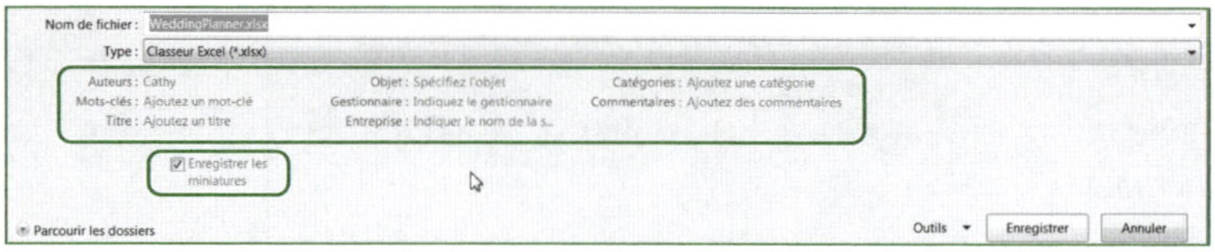

Figure 3.16
Vous pouvez compléter les propriétés de votre fichier lors de son enregistrement.

De plus, lorsque vous enregistrez votre classeur dans un emplacement web (SkyDrive, Office 365 ou Sharepoint), vous avez la possibilité de choisir les différentes ***Options d'affichage du navigateur*** (voir Figure 3.17).

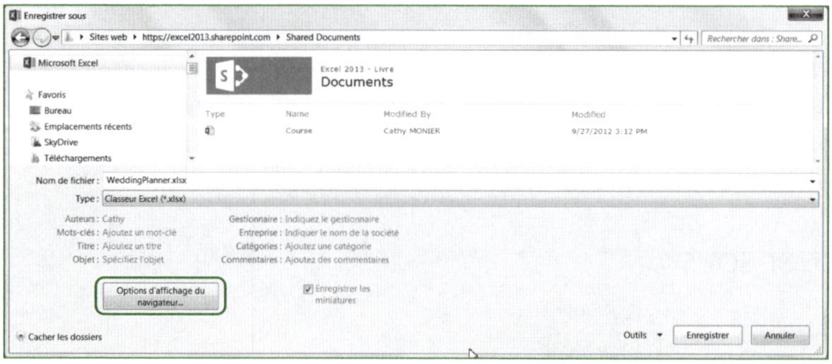

Figure 3.17
Choisissez les différentes options d'affichage du navigateur, lorsque vous enregistrez votre classeur dans un emplacement web.

Les options de publication web

Lorsque vous partagez un classeur sur votre espace SkyDrive ou un site Sharepoint (celui de votre entreprise ou d'un compte Office 365), vous pouvez préciser au préalable quelques paramètres de visualisation. Avec ces options de publication web, vous pouvez agir comme suit :

1. Choisissez les feuilles affichées dans un navigateur après sa publication sur le Web (voir Figure 3.18).
2. Un classeur partagé s'affiche dans le navigateur en mode lecture seule par défaut, et seules les personnes que vous aurez autorisées pourront l'éditer pour le modifier. Afin de laisser un peu d'interactivité lorsqu'il est en lecture, vous pouvez permettre aux utilisateurs de modifier certaines valeurs de ce classeur. Pour ce faire, vous devez spécifier au préalable les cellules modifiables :
   - Avant l'enregistrement de votre classeur, nommez chaque cellule qui doit devenir disponible dans le navigateur. Vous ne pouvez rendre modifiables que des cellules uniques, pas des plages de cellules.
   - Lors de l'enregistrement en ligne, cliquez sur le bouton ***Options d'affichage du navigateur***.
   - Dans l'onglet ***Paramètres***, cochez les cellules nommées, Figure 3.19.

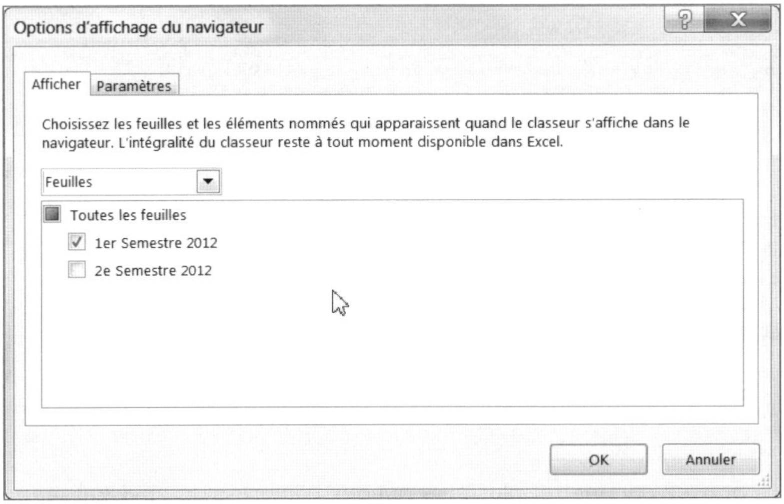

Figure 3.18
Sélectionner les feuilles affichées dans le navigateur.

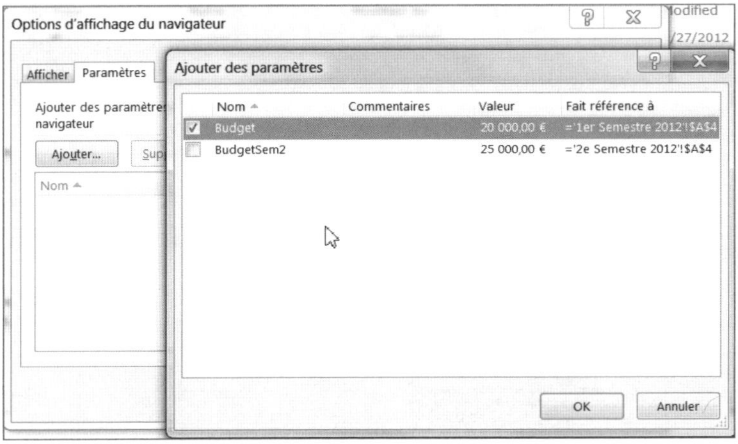

Figure 3.19
Le volet Paramètres *permet la saisie de valeurs afin de modifier rapidement le classeur lorsqu'il est affiché dans un navigateur.*

Attention !

Ces cellules ne seront pas modifiables directement dans le classeur mais par l'intermédiaire d'un volet affichant les différents paramètres du classeur. Les paramètres s'affichent avec les noms que vous aurez donnés à ces cellules (voir Figure 3.20). L'utilisateur saisit ses valeurs dans la zone du paramètre, puis clique sur le bouton ***Appliquer.***

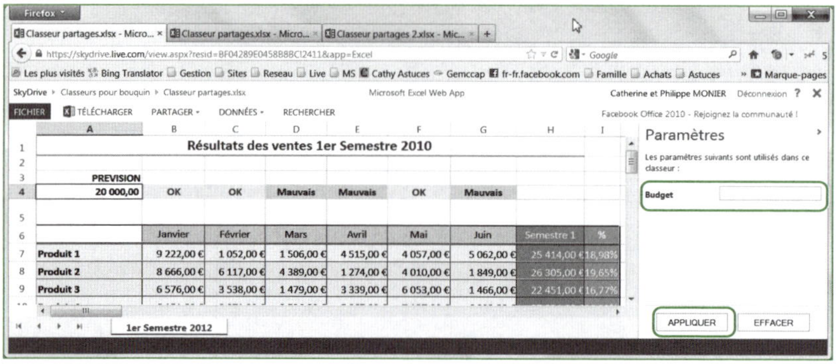

Figure 3.20

Imprimer

Sur cette page, vous pouvez paramétrer plusieurs options d'impression et visualiser un aperçu écran. Pour afficher plus de paramètres, cliquez sur *Propriétés de l'imprimante* ou *Mise en Page*.

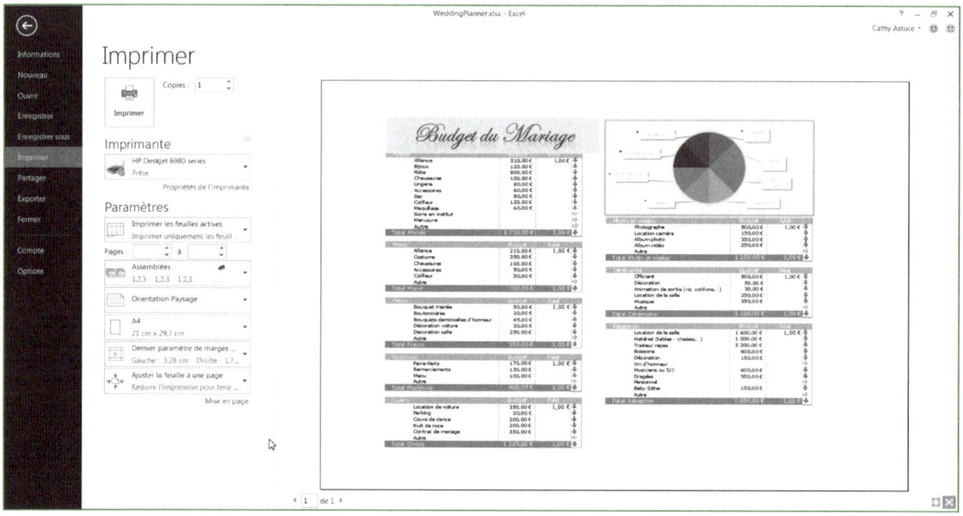

Figure 3.21

Astuce

Pour retrouver l'aperçu écran traditionnel (voir Figure 3.22), ajoutez la commande *Aperçu avant impression plein écran* à votre barre d'outils *Accès rapide*. Vous trouverez ce bouton dans la liste des commandes non présentes sur le ruban (voir section "La barre d'outils d'accès rapide").

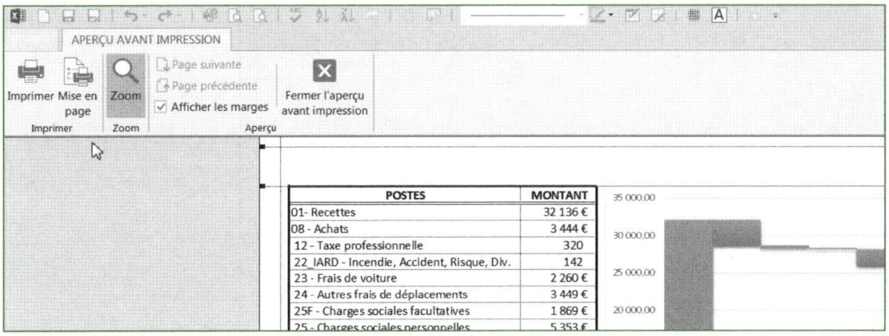

Figure 3.22

Partager

Nouveaute EXCEL 2013

De nos jours, le travail est plus collaboratif (plusieurs intervenants sur un même fichier) qu'individuel. Nous échangeons tous au sein de l'entreprise, avec des clients ou fournisseurs, les amis, la famille... D'une part, Excel 2013 vous permet d'enregistrer facilement vos classeurs sur un espace de partage tel que SkyDrive ou Sharepoint (Office 365 ou Sharepoint de votre entreprise). D'autre part, Excel 2013 étant maintenant connecté à ces espaces, vous pouvez partager ces classeurs, en lecture ou écriture, directement depuis ce menu.

Invitation personnelle

Avant de partager un classeur avec d'autres personnes, vous devez au préalable l'enregistrer sur votre espace SkyDrive ou sur un site Sharepoint (celui de votre entreprise ou d'un compte Office 365).

1. Dans le menu ***Fichier***>*Partager*, choisissez la commande *Inviter des personnes*.
2. Ensuite, indiquez l'adresse des personnes que vous autorisez à éditer ou à lire ce classeur.
3. Choisissez le type de partage : *Peut modifier* ou *Peut afficher*.
4. Ajoutez un message.
5. Cliquez sur ***Partager*** ; une invitation lui sera envoyée avec le message que vous aurez éventuellement précisé. Vous pouvez également rendre obligatoire la connexion des destinataires avec un compte Windows Live pour un espace SkyDrive ou Office 365 avant d'y accéder.

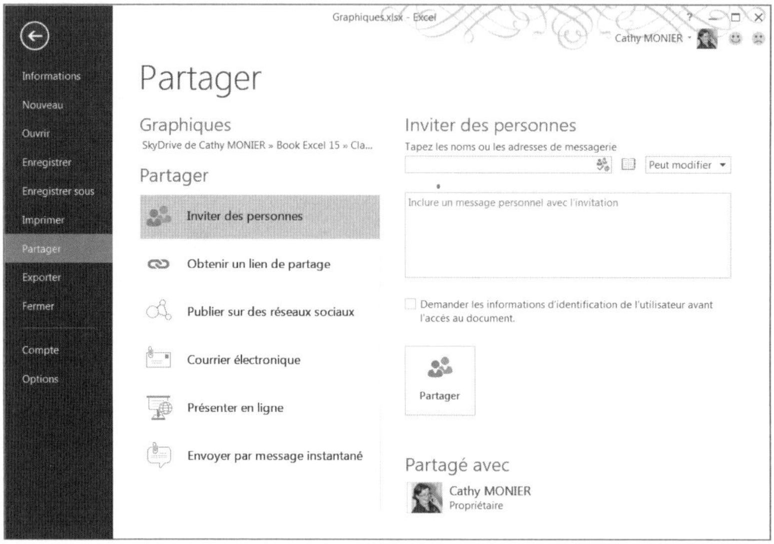

Figure 3.23
Vous pouvez directement envoyer un message d'invitation pour partager un fichier.

Envoyer un lien

Vous pouvez également obtenir un lien de partage permettant la lecture ou l'édition de votre document. Seules les personnes ayant le lien et vous pourrez ouvrir en lecture ou modification ce classeur.

1. Dans le menu *Partager*, choisissez la commande *Obtenir un lien de partage* (voir Figure 3.24).
2. Cliquez sur un des boutons *Lien de création*. L'un permet le partage en lecture, l'autre autorise les modifications.
3. Envoyez ensuite ce lien sur le support que vous voulez : e-mail, messagerie instantanée, etc.

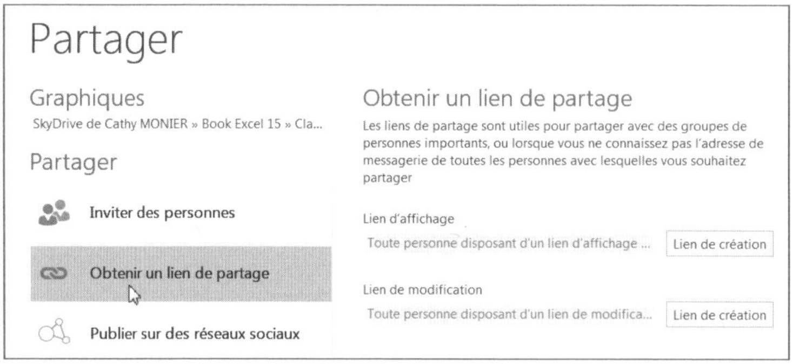

Figure 3.24
Choisissez le type de partage que vous voulez obtenir et transmettez le lien obtenu comme vous l'entendez.

Poster sur un réseau social

Si dans la gestion de votre compte vous avez connecté un service de réseau social, vous pouvez envoyer directement sur l'un de ces réseaux un lien vers votre classeur enregistré dans un emplacement SkyDrive ou Office 365. Pour publier ce lien, vers votre classeur, sur l'un de ces réseaux, procédez de la façon suivante :

1. Dans le menu *Partager*, choisissez la commande *Publier sur des réseaux sociaux*, (voir Figure 3.25).
2. Cochez le ou les réseaux.
3. Choisissez s'il peut être affiché ou modifié.
4. Indiquez un message d'accompagnement de votre publication.
5. Cliquez sur *Publier*.

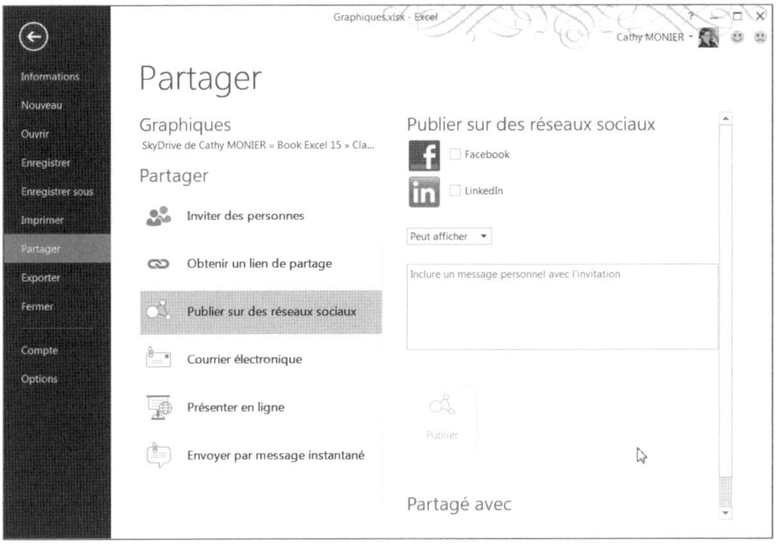

Figure 3.25
Vous pouvez partager votre classeur sur le réseau Facebook ou LinkedIn.

Envoyer par messagerie électronique

Traditionnellement, pour envoyer un classeur dans un message électronique, vous ouvrez votre gestionnaire d'e-mail, rédigez votre message et joignez votre classeur Excel en pièce jointe. **Que celui qui n'a jamais envoyé un e-mail en oubliant la pièce jointe lève la main.**

En utilisant ce service d'Excel, vous n'oublierez plus jamais votre pièce jointe. De plus, il n'est pas nécessaire d'enregistrer votre classeur sur votre ordinateur avant de l'envoyer. Si votre classeur est enregistré dans un dossier partagé (réseau, SkyDrive ou Sharepoint), vous pouvez *Envoyer un lien* vers votre classeur dans le message électronique.

Vous pouvez également créer un PDF ou un XPS et ajouter ce dernier en pièce jointe. Ce format XPS proposé par Microsoft est semblable au PDF mais plus rarement utilisé.

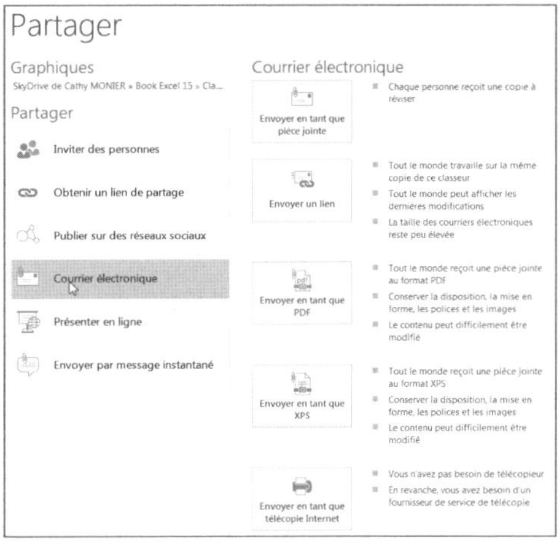

Figure 3.26
Envoyer un classeur par message électronique depuis cette fenêtre est un bon moyen de ne pas oublier la pièce jointe. Vous pouvez également directement le convertir en PDF.

Le dernier bouton propose l'envoi un tant que fax. Cette commande n'est disponible que si vous utilisez un fournisseur de service de télécopie ; malheureusement, les fournisseurs proposés par Microsoft sont américains et ne vous fournissent pas de numéro de fax français.

Présenter en ligne

Lync, logiciel professionnel de messagerie instantanée, propose entre autres de communiquer en audio et vidéoconférences. Lors d'une session, vous pouvez partager un tableau blanc, votre écran ou un programme.

Sans activer Lync au préalable, vous pouvez, depuis Excel, partager votre classeur en cliquant sur le bouton *Présenter* du menu *Présenter en ligne* (voir Figure 3.27).

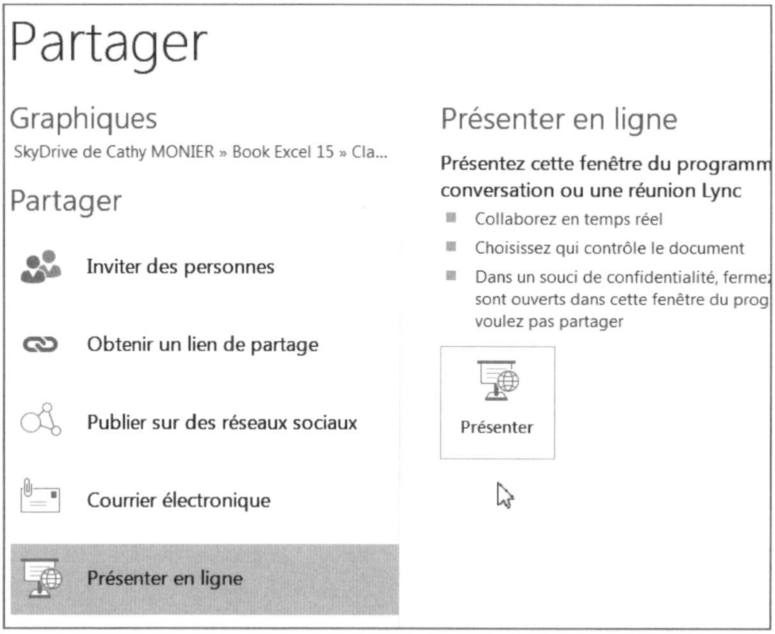

Figure 3.27
Si vous utilisez Lync, vous pouvez présenter votre classeur en démarrant directement de cette page une audio ou vidéo conférence.

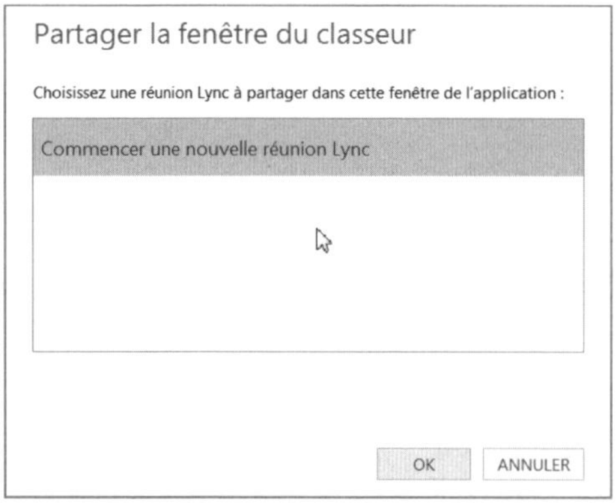

Figure 3.28

Une nouvelle fenêtre (voir Figure 3.28) vous propose alors de démarrer une conférence Lync. Vous n'avez plus ensuite qu'à inviter d'autres personnes (voir Figure 3.29). Pour plus d'informations sur l'utilisation de Lync, n'hésitez pas à vous reporter vers un livre spécialisé.

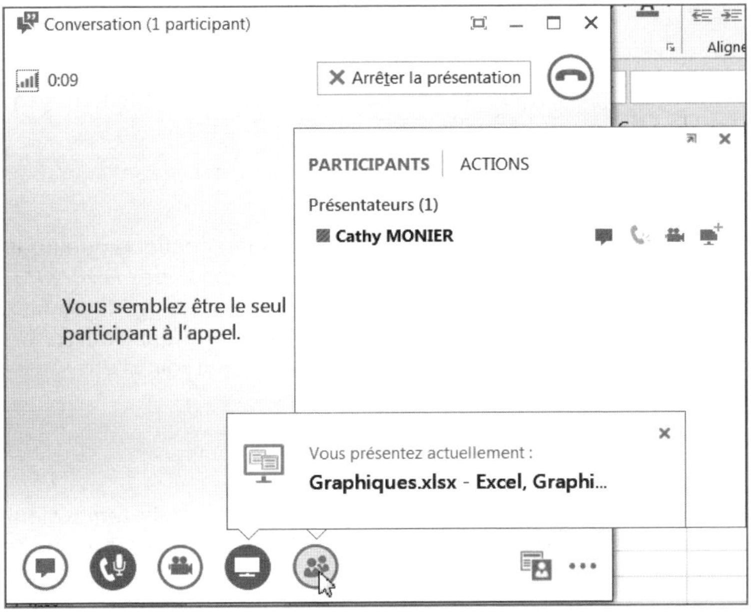

Figure 3.29
Dès que la conférence Lync est démarrée, invitez les autres participants afin qu'ils puissent visualiser votre classeur.

Vous pouvez également partager un document Excel en utilisant la messagerie instantanée de Lync (voir Figure 3.30).

1. Indiquez les destinataires (ceux-ci doivent se trouver parmi vos contacts Lync).
2. Précisez l'*Objet*.
3. Ajoutez éventuellement un *Message* d'accompagnement.
4. Cliquez sur le bouton ***Envoyer MI***.

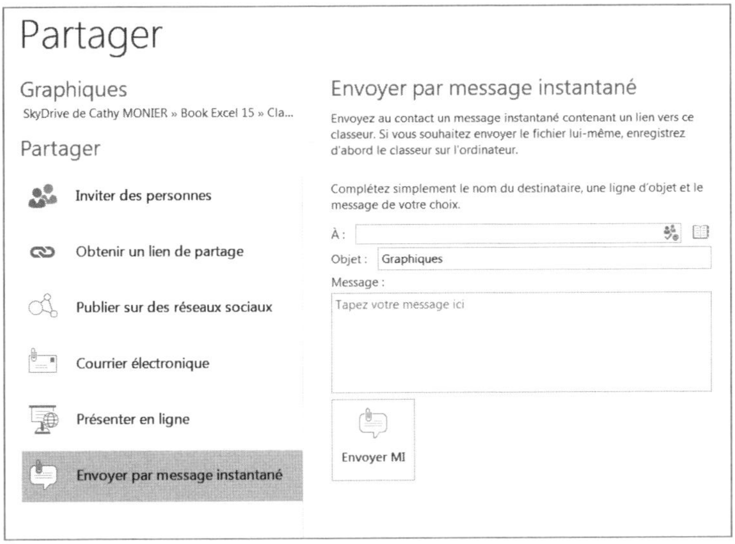

Figure 3.30
Si votre interlocuteur est aussi connecté à Lync, vous pouvez lui transférer votre classeur par message instantané.

Exporter

Dans ce menu, vous pouvez modifier le type de votre classeur, créer un document PDF ou XPS, régler les options de publication de votre document.

Créer un PDF

Transformer votre classeur Excel en document PDF est un service très pratique que nous propose Excel depuis la version 2007. Cliquez simplement sur le bouton *Créer PDF/XPS*. Par défaut, l'enregistrement de votre classeur se fait au format PDF, mais vous pouvez opter pour le format XPS en modifiant le type de fichier dans la fenêtre qui s'ouvre. Ce format XPS proposé par Microsoft est comparable au PDF mais il est loin d'être aussi populaire que ce dernier.

Modifier le type de fichier

Ce menu propose d'effectuer une copie de votre classeur dans le type choisi (équivalent à un ***Enregistrer sous***). Double-cliquez sur le type qui vous intéresse, vous pourrez alors changer le nom et l'emplacement de votre fichier.

Compte

Nouveauté EXCEL 2013

Excel est très orienté vers le partage et le travail collaboratif (SkyDrive, Office 365, Sharepoint), comme vous avez pu le voir dans tous les paragraphes précédents.

Dès son intallation, Excel est connecté à un compte, mais vous pouvez ensuite vous connecter à d'autres comptes soit en ajoutant un service, soit en commutant vers un compte personnel ou professionnel.

Regrouper ses comptes

Pour regrouper vos différents comptes professionnels et personnels, cliquez sur le menu *Ajouter un service*. Vous avez alors le choix entre un espace de stockage (voir Figure 3.31) :

- *Office 365 Sharepoint* ;
- *SkyDrive*.

Figure 3.31 *Regroupez vos différents espaces de stockage sur un seul compte.*

Si vous désirez profiter des services tels que LinkedIn, Facebook, Windows live, Flickr, Twitter, vous devez vous connecter avec un compte Windows Live (voir Figure 3.32) :

1. Cliquez sur le menu *Ajouter un service*.
2. Choisissez le menu *Autres sites*, puis *Windows Live Connect*.
3. Suivez simplement les instructions.
4. Dès que vous êtes connecté, le menu *Ajouter un service* vous propose d'autres services (voir Figure 3.33).

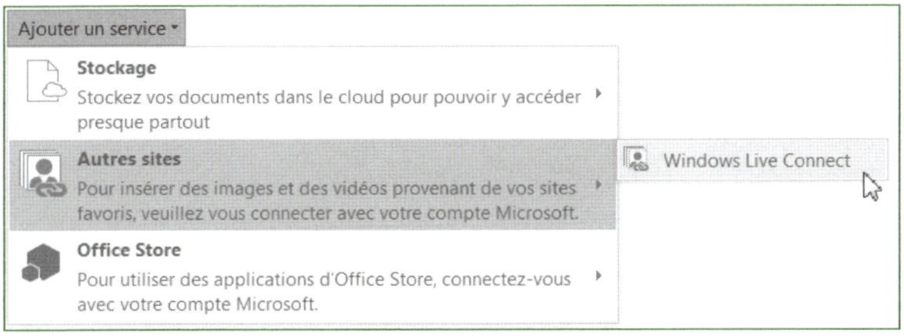

Figure 3.32

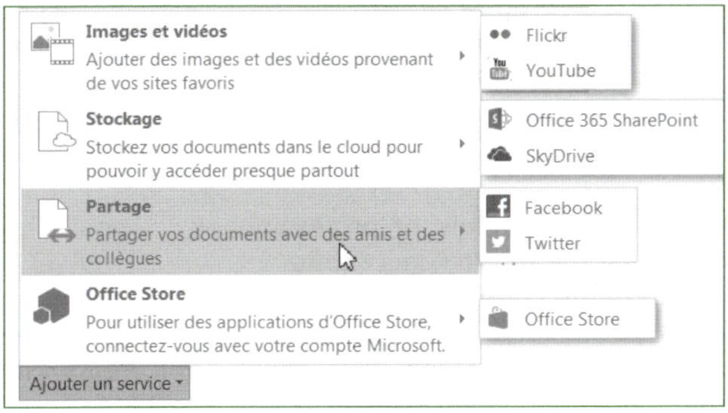

Figure 3.33
La liste des services proposés par Microsoft pour Office lors de la rédaction de ce livre. Cette liste peut évoluer.

Dans Excel 2013, vous pouvez ajouter des applications (voir section sur Les applications au Chapitre 1). Pour bénéficier de ce service, vous devez au préalable vous connecter avec un compte Microsoft :

1. Cliquez sur le menu *Ajouter un service* (voir Figure 3.33).
2. Choisissez le menu *Office Store*, puis *Office Store*.
3. Suivez simplement les instructions.

Info

Si vous n'avez encore aucun compte Microsoft ou Windows Live, ces deux commandes (Autres sites et Office Store) vous proposeront de créer un compte (voir Figure 3.34).

Figure 3.34
Si vous n'avez encore aucun compte Microsoft ou Windows Live, n'hésitez pas à en créer un, afin de bénéficier de toutes les possibilités d'Excel 2013.

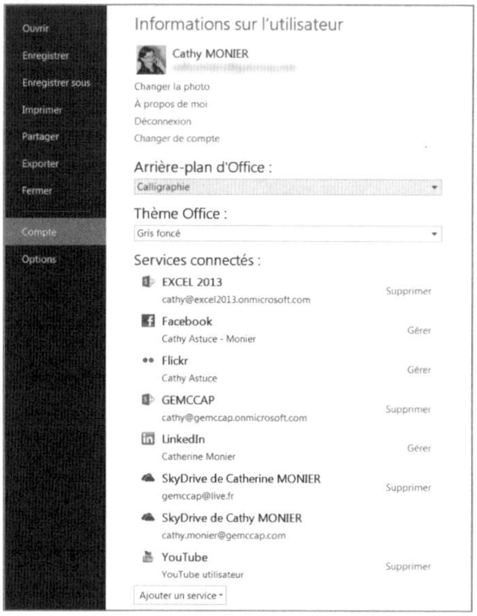

En regroupant tous vos comptes et services, vous obtenez une page *Compte* semblable à la Figure 3.35.

Figure 3.35
Sur cette page, vous pouvez gérer votre compte et les services connectés.

Différencier vos comptes

Plutôt que regrouper tous ces comptes personnels et professionnels, il peut être préférable de les différencier et de pouvoir passer de l'un à l'autre.

1. Cliquez simplement sur le lien ***Changer de compte***.
2. ***Ajouter un compte*** (voir Figure 3.37).
3. Choisissez le type de compte auquel vous voulez vous connecter : ***Personnel*** (Windows Live) ou ***Professionnel*** (Office 365 ou Sharepoint) (voir Figure 3.38).

Figure 3.36
Vous pouvez vous connecter à plusieurs comptes et basculer de l'un à l'autre.

Figure 3.37

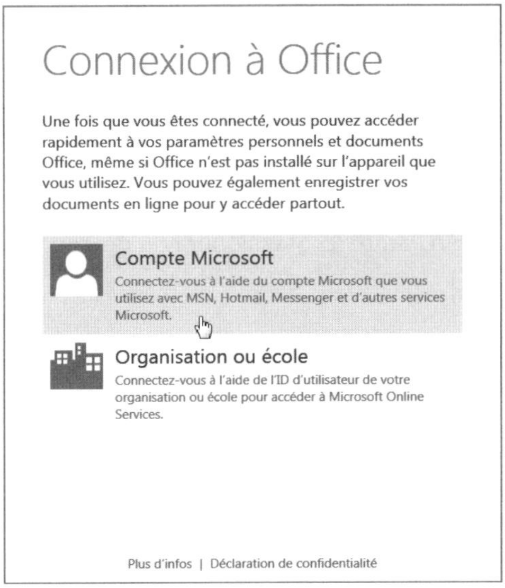

Figure 3.38
Un compte Microsoft est un compte personnel qui vous connecte à un SkyDrive. Un compte Organisation ou école vous connecte à un SharePoint ou Office 365.

Paramétrer son compte

Vous retrouverez l'ensemble des paramètres de votre compte sur n'importe quel poste (PC ou tablette) dès que vous vous connecterez avec celui-ci dans un des logiciels d'Office 2013.

L'un de ces paramètres permet de personnaliser l'arrière-plan du ruban et le thème de couleur d'Office (voir Figure 3.39) :

1. Sélectionnez dans la liste *Arrière-plan d'Office* celui que vous préférez.
2. Sélectionnez l'un des thèmes, *Blanc*, *Gris clair* ou *Gris foncé* dans la liste des *Thèmes Office*.

Ce réglage fait dans Excel se répercute dans tous les logiciels d'Office 2013.

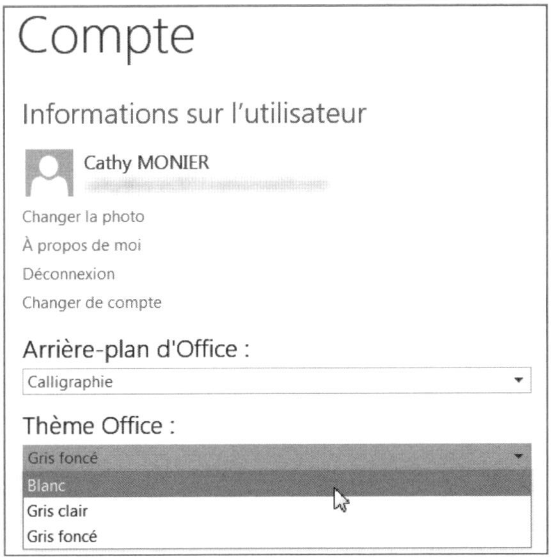

Figure 3.39
La personnalisation effectuée dans Excel 2013, se répercute dans toutes les applications d'Office.

Dans le coin supérieur droit d'Excel 2013, au-dessus du ruban, votre nom et votre photo s'affichent. En cliquant dessus, vous visualisez le compte avec lequel vous êtes connecté, ainsi que quatre liens :

1. ***Modifier la photo.*** Vous serez directement dirigé vers votre compte Office 365, Sharepoint ou Windows Live afin de modifier votre photo.
2. ***Informations personnelles.*** C'est exactement le même comportement.
3. ***Paramètres de compte*** vous envoie dans le menu ***Fichier*** > **Compte**.
4. *Changer le compte* pour passer d'un compte à l'autre (professionnel ou personnel).

Figure 3.40
En haut à gauche de tout logiciel d'Office 2013, vous pouvez atteindre le compte connecté.

Supprimer ou déconnecter un compte ou service

Pour vous déconnecter d'un service, cliquez simplement sur le lien *Supprimer* s'affichant à droite de ce service dans la liste de tous les services connectés (voir Figure 3.41).

Figure 3.41

Pour se déconnecter d'un compte :

- Cliquez sur le lien *Changer de compte*.
- Cliquez sur le menu ***Déconnexion***, puis sur l'un des boutons *Déconnexion* (voir Figure 3.42).

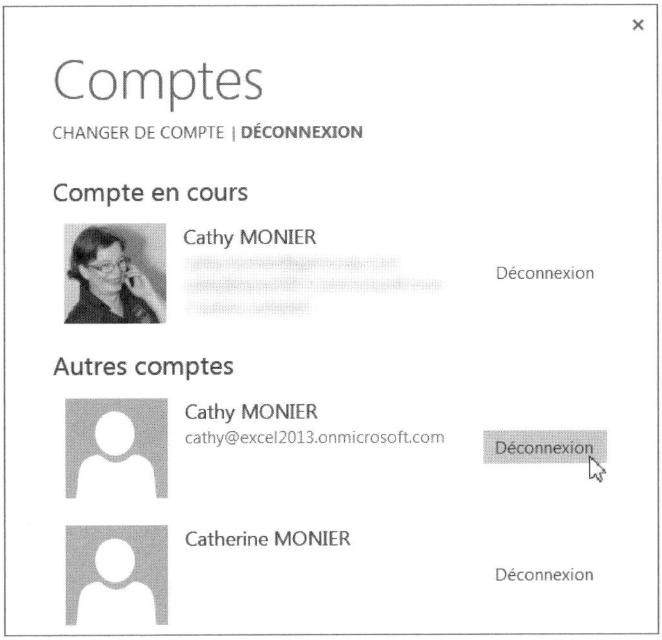

Figure 3.42
Vous pouvez déconnecter votre Excel de tout compte Microsoft, SharePoint ou Office 365.

4

Fonctionnalités d'Excel

La barre d'état

Cette barre située en bas de la fenêtre est très utile car elle affiche plusieurs informations :

- L'état d'Excel (Prêt, Entrer, Calcul...).
- L'état du clavier (Majuscule verrouillée ou Verrouillage numérique).
- L'enregistrement ou non d'une macro.
- Le mode d'affichage avec trois boutons (voir Figure 4.1) permettant de basculer d'un mode à l'autre :
  - *Normal* ;
  - *Mise en page* ;
  - *Aperçu des sauts de page.*

Figure 4.1
Les 3 modes d'affichage d'Excel : Normal, Mise en Page, Aperçu des sauts de page.

- Le zoom actuel avec un curseur permettant de rapidement le modifier (voir Figure 4.2). Vous pouvez également cliquer sur le chiffre indiquant le zoom pour afficher une fenêtre avec des zooms prédéfinis (voir Figure 4.3).

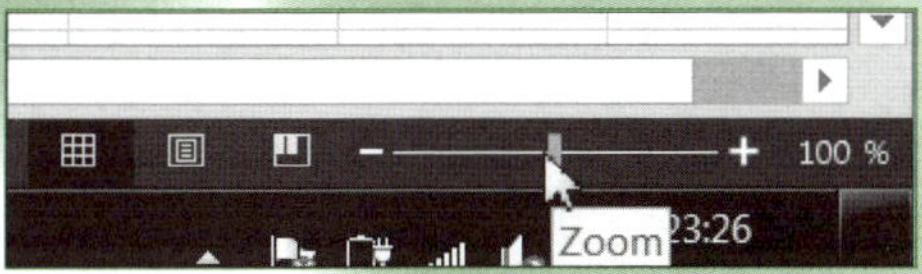

Figure 4.2

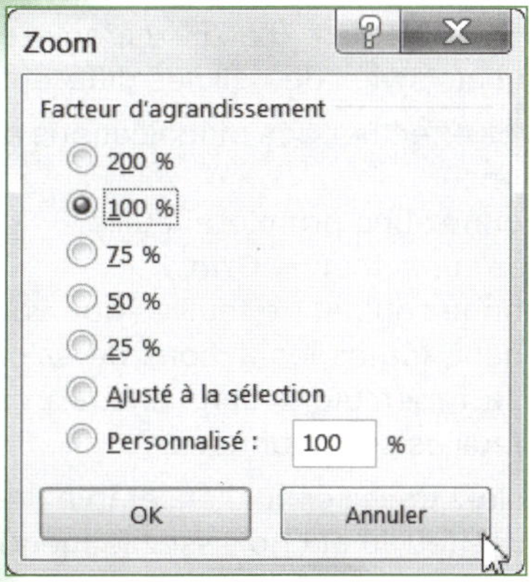

Figure 4.3

- Des calculs de synthèse sur la sélection (voir Figure 4.4), tels que :
  – la moyenne ;
  – le nombre de cellules non vides ;
  – le nombre de cellules contenant un nombre ;
  – la valeur minimale ;
  – la valeur maximale ;
  – la somme.

En effectuant un clic-droit sur la barre d'état, vous affichez une liste des paramètres que vous voulez visualiser ou non dans cette barre. Si un paramètre est coché, il s'affiche selon le contexte. Par exemple, vous passez votre clavier en Majuscule, le texte "Verr. Maj." apparaît à gauche de la barre d'état.

Figure 4.4

Les différentes informations que l'on peut afficher dans la barre d'état.

Les feuilles

Un classeur Excel 2013 peut contenir autant de feuilles que la mémoire de votre ordinateur vous le permet ; il n'y a plus de limite comme dans les versions précédentes. Chaque feuille contient 16 384 colonnes et 1 048 576 lignes. La largeur d'une colonne est de 255 caractères, 32 767 caractères sont possibles dans une cellule, ainsi que 64 000 formats/styles de cellules différents et 64 niveaux de fonctions imbriquées, etc.

Vous pouvez effectuer des modifications ou des ajouts sur plusieurs feuilles en une seule manipulation :

1. Sélectionnez une première feuille.
2. Appuyez sur la touche **Ctrl**.
3. Sélectionnez autant de feuilles que vous voulez.
4. Maintenant, toutes les actions de saisies et mises en forme effectuées sur la feuille active se répercutent dans chaque cellule, de même adresse, sur l'ensemble des autres feuilles sélectionnées.

Si vous désirez travailler sur l'ensemble des feuilles du classeur, effectuez un clic-droit sur l'onglet d'une feuille et choisissez le menu *Sélectionner toutes les feuilles*.

Pour désactiver le travail en groupe, sélectionnez une feuille non située dans le groupe ou effectuez un clic droit sur l'un des onglets et choisissez *Dissocier les feuilles*.

Les onglets Nouveaute EXCEL 2013

Jusqu'à présent, dans toutes les précédentes versions d'Excel vous pouviez vous déplacer entre les onglets de votre classeur grâce aux quatre flèches de déplacement (voir Figure 4.5). Excel 2013 n'affiche plus que deux flèches pour ce déplacement (voir Figure 4.6).

Pour atteindre la première feuille de votre classeur, maintenez appuyée la touche **CTRL** tout en cliquant sur la flèche de gauche ou maintenez le clic de votre souris sur cette même flèche. Pour afficher la dernière feuille, procédez de la même façon en utilisant la flèche droite.

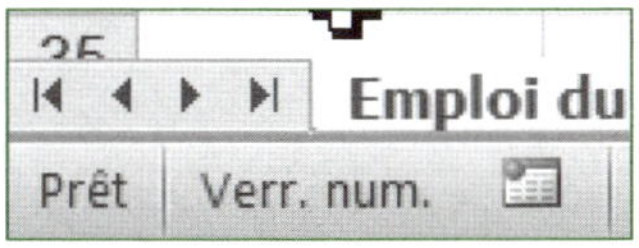

Figure 4.5
Les boutons de déplacement dans les feuilles d'Excel jusqu'à la version 2010.

Figure 4.6
Les boutons de déplacement dans les feuilles d'Excel 2013.

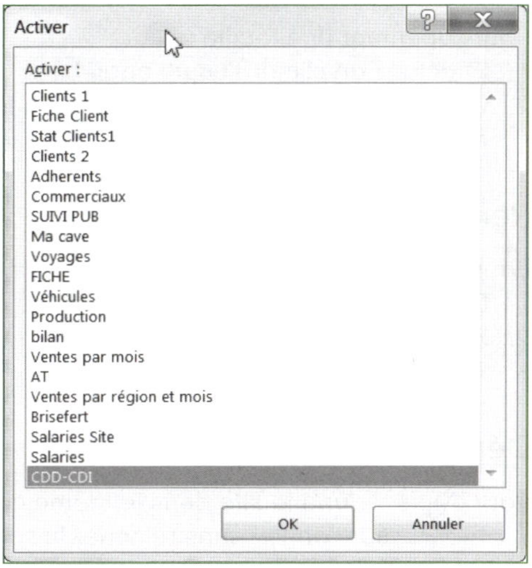

Figure 4.7

Astuce

Pour sélectionner directement une feuille, effectuez un clic-droit sur l'une des flèches de déplacement ; la liste des feuilles s'affiche. Double-cliquez sur l'une d'elles, ou sélectionnez-la puis cliquez sur *OK*.

Ajouter une feuille

Pour ajouter une feuille, vous avez le choix entre :

- un clic-droit sur un onglet, puis sélectionner *Insertion* et enfin double-cliquer sur *Feuille de calcul ;*
- utiliser le bouton *Insérer une feuille* dans le groupe ***Cellules*** de l'onglet ***Accueil*** ;
- un clic sur le ***plus*** situé à droite des onglets.

Figure 4.8

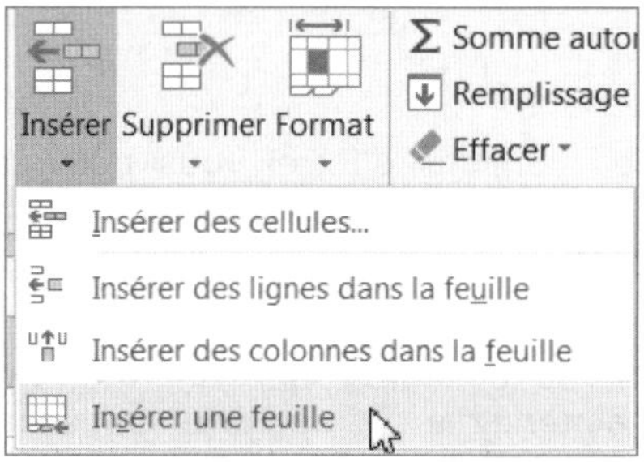

Quelle que soit la méthode, la nouvelle feuille est ajoutée à droite de la feuille active alors que dans les deux versions précédentes d'Excel la nouvelle feuille était toujours ajoutée en dernière position.

Figure 4.9
Cliquez sur ce bouton pour ajouter une feuille à droite de la feuille active.

Supprimer une feuille

Pour supprimer une feuille :

1. Effectuez un clic-droit sur l'onglet.
2. Cliquez sur *Supprimer*. Au cas où la feuille contient des données, une confirmation de suppression vous est demandée.

Renommer une feuille

Pour renommer une feuille :

1. Double-cliquez sur le nom de l'onglet.
2. Saisissez le nouveau nom.
3. Validez avec la touche **ENTRÉE**.

Déplacer une feuille

Pour déplacer une feuille dans le même classeur :

1. Cliquez sur l'onglet sans relâcher la souris.
2. Glissez la feuille jusqu'à la position désirée (un petit triangle vous indique le futur emplacement de la feuille).
3. Relâchez le bouton de la souris.

Vous pouvez également utiliser le clic-droit sur un onglet et choisir l'option *Copier ou déplacer*.

Nouveauté EXCEL 2013 Pour déplacer une feuille dans un autre classeur :

1. Mettez vos classeurs en vis-à-vis.
2. Sélectionnez la feuille à déplacer.
3. Glissez-déplacez la feuille de calcul vers l'autre classeur.

Dupliquer une feuille

La duplication d'une feuille est très pratique car cela permet de conserver non seulement le contenu mais également toute la mise en page (largeur des colonnes notamment). Pour dupliquer une feuille dans le même classeur (voir Figure 4.10) :

1. Cliquez sur l'onglet sans relâcher la souris.
2. Maintenez la touche **CTRL** enfoncée (le curseur affiche un +).
3. Glissez jusqu'à la position désirée, relâchez le bouton de la souris après la touche **CTRL**.

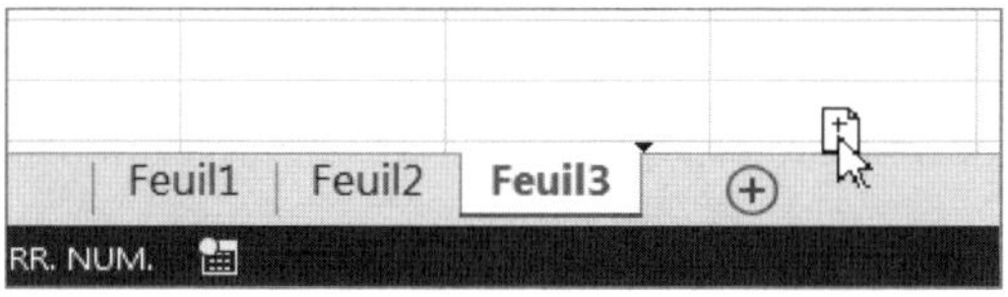

Figure 4.10
Glissez l'onglet d'une feuille tout en maintenant la touche **CTRL** *enfoncée afin de copier cette feuille.*

Vous pouvez également utiliser le clic-droit sur un onglet et choisir *Copier ou déplacer*, mais n'oubliez pas de cocher l'option *Créer une copie*.

Changer la couleur d'un onglet

Pour colorer un onglet :

1. Effectuez un clic-droit.
2. Choisissez le menu *Couleur d'onglet*.
3. Sélectionnez une couleur.

Lorsque l'onglet n'est pas sélectionné, il affiche sa couleur. Dès que l'onglet est actif, son texte est mis en gras et son arrière-plan affiche un dégradé du blanc vers sa couleur.

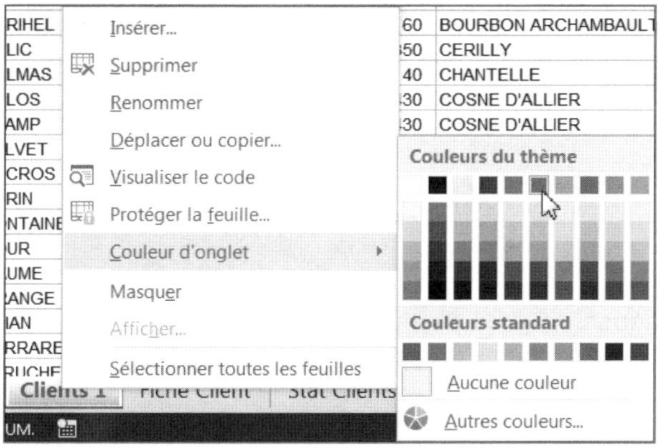

Figure 4.11

Figure 4.12
Exemple de coloration des feuilles dans un classeur.

Afficher/masquer une feuille

Pour masquer une feuille dans le classeur :

1. Effectuez un clic-droit sur l'onglet de la feuille.
2. Cliquez sur le menu *Masquer*.

Pour afficher une feuille masquée dans le classeur :

1. Effectuez un clic-droit sur n'importe quel onglet de feuille du classeur.
2. Cliquez sur le menu *Afficher...*
3. Sélectionnez la feuille à afficher et confirmez en cliquant sur *OK*.

Les colonnes et les lignes

Vous pouvez agrandir, diminuer, ajouter, supprimer, masquer et afficher une colonne ou une ligne.

Agrandir ou réduire

Pour modifier la largeur d'une colonne

1. Placez votre souris entre deux en-têtes de colonnes (entre la lettre A et B, par exemple).
2. Le curseur apparaît.
3. Cliquez-glissez votre souris vers la droite pour augmenter la largeur de la colonne et vers la gauche pour la diminuer.

Pour modifier la hauteur d'une ligne, il suffit de procéder de la même façon mais en tirant vers le bas pour l'agrandir et vers le haut pour la diminuer.

Attention ! Si vous réduisez la taille de votre colonne à 0 pixel, vous masquez votre colonne.

Régler en centimètres la largeur des colonnes

Passez en affichage Mise en page. Placez le curseur entre deux colonnes, l'affichage de la largeur s'affiche en centimètres. Effectuez un clic-droit sur une colonne et choisissez *Largeur de colonne*, la largeur se règle également en centimètres. Vous pouvez effectuer les mêmes réglages sur les lignes.

Masquer

Pour masquer des lignes ou des colonnes, vous pouvez :

1. Effectuer un clic-droit sur les numéros de lignes ou les lettres de colonnes.
2. Choisir *Masquer*.

Mais vous pouvez également réduire la largeur de vos colonnes ou la hauteur des lignes à 0 pixels.

Afficher

Pour afficher des lignes ou colonnes masquées :

1. Sélectionnez les lignes ou les colonnes situées avant et après celles qui sont masquées.
2. Faites un clic-droit sur les numéros de lignes ou les lettres de colonnes, puis choisissez *Afficher*.

Mais vous pouvez également réafficher les lignes et les colonnes en utilisant la souris :

1. Passez votre souris à droite de la colonne masquée ou en dessous de la ligne masquée.
2. Le curseur suivant apparaît.
3. Décalez votre souris un petit peu plus à droite, sans cliquer, et le curseur suivant s'affiche.
4. Cliquez-tirez pour réafficher vos colonnes masquées.

Insérer

Pour insérer une colonne ou une ligne :

1. Effectuez un clic-droit sur le numéro de colonne ou le numéro de ligne.
2. Sélectionnez la commande *Insérer*.

La nouvelle colonne s'insère systématiquement à gauche de la colonne ou au-dessous de la ligne sélectionnée.

Pour réaliser la même action avec les touches de raccourci :

1. Sélectionnez votre colonne avec la combinaison de touches **CTRL+BARRE ESPACE** ou votre ligne avec **SHIT+BARRE ESPACE**.
2. Insérez avec la combinaison de touches **CTRL++**.

Pour ajouter plusieurs colonnes ou lignes contiguës :

1. Sélectionnez au préalable le nombre de colonnes ou lignes que vous voulez ajouter.
2. Effectuez un clic-droit sur les numéros de colonne ou les numéros de ligne.
3. Sélectionnez la commande *Insérer*.

Supprimer

Pour supprimer une colonne ou une ligne avec la souris :

1. Effectuez un clic-droit sur le numéro de colonne ou le numéro de ligne.
2. Sélectionnez la commande *Supprimer*.

Pour réaliser la même action avec les touches de raccourci :

1. Sélectionnez votre colonne avec la combinaison de touches **CTRL+BARRE ESPACE** ou votre ligne avec **SHIT+BARRE ESPACE**.
2. Supprimez avec la combinaison de touches **CTRL+-**.

Vous pouvez effectuer une suppression sur plusieurs lignes ou colonnes en même temps après avoir sélectionné ces lignes (ou colonnes) au préalable.

Faire un plan

Un plan permet de visualiser ou de masquer rapidement des données afin de les afficher de manière hiérarchisée.

Ce plan peut se créer automatiquement dès que vos données sont synthétisées à l'aide de formules (sous-totaux, somme, moyenne, etc.) :

1. Sélectionnez vos données.
2. Sur l'onglet ***Données***, cliquez sur le bouton *Grouper* puis sur la commande *Plan automatique* (voir Figure 4.13).

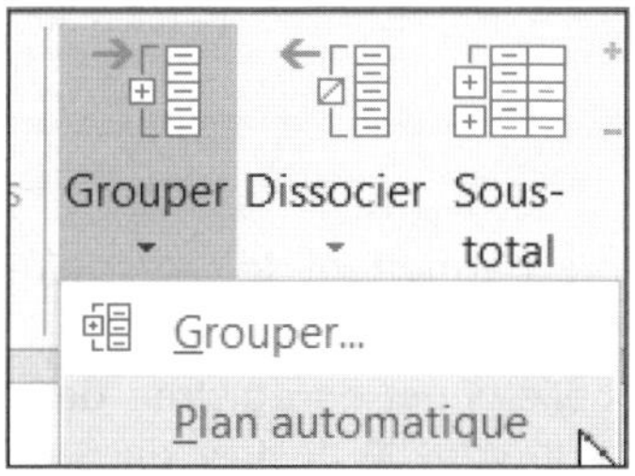

Figure 4.13
Dès que vos données sont synthétisées à l'aide de formules (sous-totaux, somme, moyenne, etc.), vous pouvez créer un plan automatique.

De nouveaux boutons apparaissent comme à la Figure 4.14. Les boutons 1, 2, 3, etc. permettent d'afficher un niveau de votre plan, les boutons + ou - permettent d'afficher ou de masquer le détail d'un groupe.

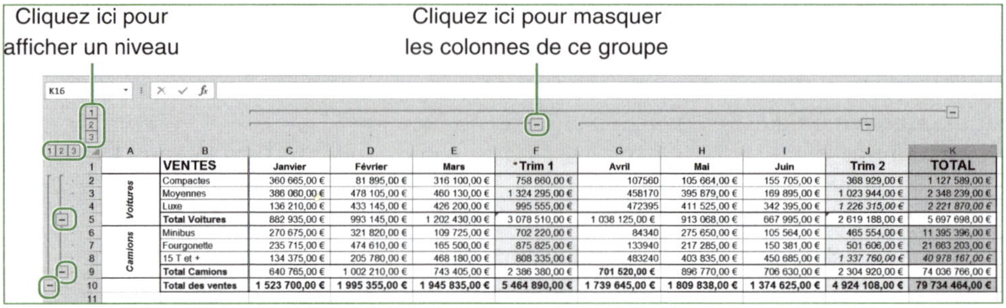

Figure 4.14

Le bouton + déploie le plan, le bouton – le réduit, les nombres 1-2-3 affichent les niveaux de plan.

Vos tableaux ne permettront pas toujours d'élaborer un plan automatiquement. Vous devrez alors créer votre plan manuellement de la façon suivante :

1. Sélectionnez les lignes ou les colonnes à grouper.
2. Sur l'onglet ***Données***, cliquez sur le bouton *Grouper* puis sur la commande *Grouper...* (voir Figure 4.13).

Vous pouvez aussi utiliser le raccourci clavier **ALT+SHIFT+FLÈCHE DE DROITE** pour créer un plan.

Pour supprimer un plan :

1. Sélectionnez une cellule de votre tableau.
2. Sur l'onglet ***Données***, cliquez sur le bouton *Dissocier* puis sur la commande *Effacer le plan* (voir Figure 4.15).

Vous pouvez également supprimer uniquement l'un des groupes de votre tableau :

1. Sélectionnez les lignes ou les colonnes à dissocier.
2. Sur l'onglet ***Données***, cliquez sur le bouton *Dissocier* puis sur la commande *Dissocier...* (voir Figure 4.15).

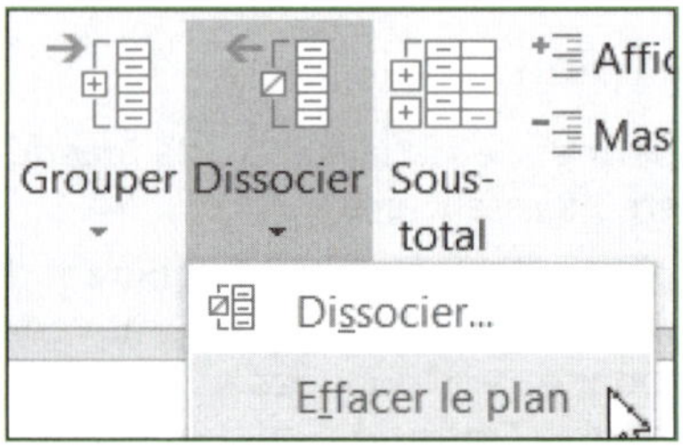

Figure 4.15

Les cellules

Couper, Copier, Coller

Dans Excel, les actions de Copier-Coller ou Couper-Coller vous permettent de reproduire ou de déplacer des valeurs, des formules, des formats, des graphiques, etc.

Lorsqu'une cellule, ou une plage de cellules, est copiée, celle-ci est enregistrée dans le Presse-papier et peut ensuite être collée autant de fois que vous le désirez dans un classeur Excel ou d'autres logiciels tels que Word, PowerPoint...

Si vous coupez une cellule, le fonctionnement est semblable à la copie mais, dès que vous effectuez un premier collage, la cellule disparaît de son emplacement d'origine et sera remplacée par une cellule vierge.

Dans Excel, ce fonctionnement peut être appelé :

- soit depuis l'onglet ***Accueil*** dans le groupe *Presse-Papier* ;
- soit en effectuant un clic-droit ;
- soit en utilisant des raccourcis clavier, **Ctrl+X** pour couper, **Ctrl+C** pour copier, **Ctrl+V** pour coller ;
- soit avec un déplacement de la souris.

Vous pouvez copier une seule cellule et en sélectionner plusieurs avant de coller. Conséquence : la cellule initiale sera dupliquée dans toute la plage de cellules sélectionnée.

Collage spécial

Lorsque vous collez une cellule, Excel dans son fonctionnement de base colle la totalité de la sélection initiale :

- le contenu ;
- la valeur ou formule ;
- la mise en forme.

Mais Excel vous propose également de ne coller qu'une partie des informations de votre cellule source à l'aide des commandes de collage spécial.

Après avoir effectué la copie d'une cellule ou d'une plage de cellules, vous pouvez appeler le menu ***Collage spécial*** de l'une des façons suivantes :

- Sur l'onglet ***Accueil***, bouton *Coller*, déployez le menu *Coller* (voir Figure 4.16).
- Utilisez la lentille d'option qui apparaît après avoir effectué le collage "normal" (voir Figure 4.17).
- Effectuez un clic-droit sur la cellule de destination et développez le menu *Collage spécial* (voir Figure 4.18).

Figure 4.16
Les options de collage spécial accessibles depuis le ruban.

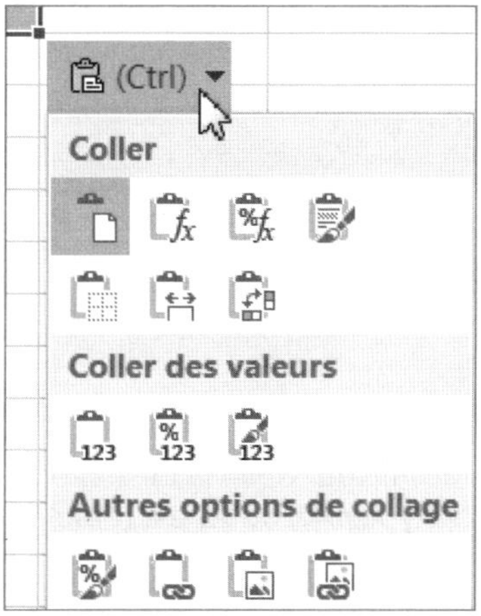

Figure 4.17
La lentille d'options qui apparaît après avoir collé vos données.

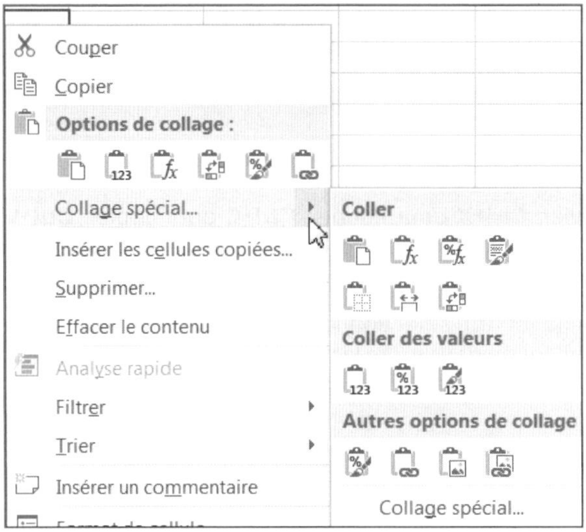

Figure 4.18
Les options de collage du menu contextuel (clic-droit).

En bas de ces menus, vous avez la commande *Collage spécial* (raccourci clavier **CTRL+ALT+V**), qui affiche une boîte de dialogue vous proposant toutes les options de collage spécial existantes dans Excel.

Dans l'ensemble de ces menus, vous trouvez les options de collage telles que :

- la formule seulement ;
- la valeur seulement ;
- la formule et uniquement le format nombre.

Les bulles d'info, qui s'affichent lors du passage de la souris sur les icônes, sont explicites quant au collage qui va s'appliquer. Mais quelques-unes sont moins évidentes à comprendre :

- *Conserver les largeurs de colonnes sources.* Permet de reproduire en plus de la copie la largeur de la colonne de la plage source.
- *Transposer.* Colle en ligne une plage dont la source est en colonne (et inversement).

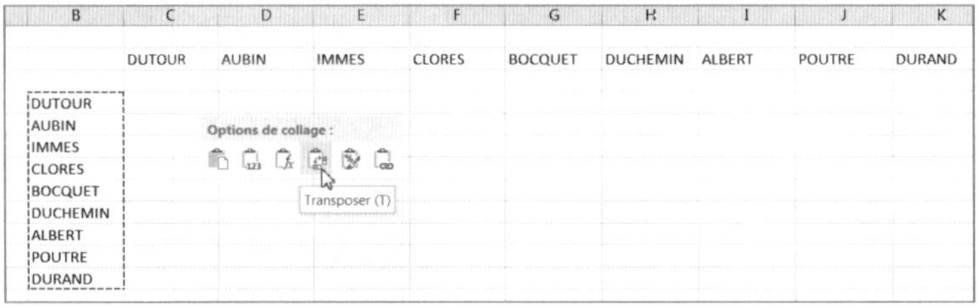

Figure 4.19
Avec la transposition, vous pouvez coller horizontalement une plage copiée verticalement et inversement.

- **Coller avec liaison.** Colle la mise en forme et remplace le contenu de la cellule par une formule de type *=A1*, où A1 est remplacée par l'adresse de la cellule source.

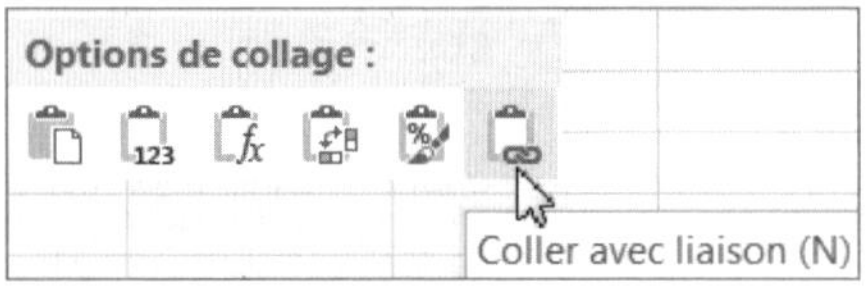

Figure 4.20
Collage avec liaison : pour écrire la référence des cellules au lieu de leur valeur.

■ *Coller en tant qu'image* et *Image liée*. Crée une image à partir de votre plage source. Dans la seconde option, l'image est liée à la source et sera mise à jour si la source est modifiée.

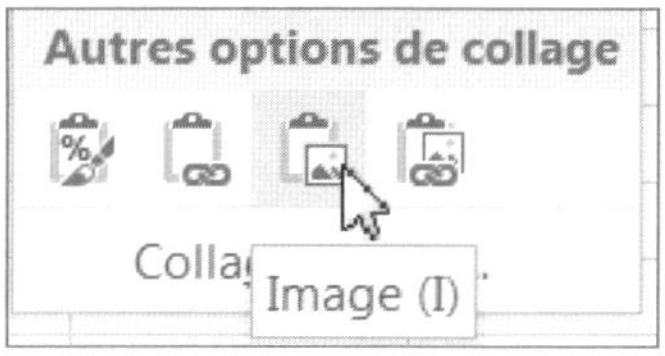

Figure 4.21

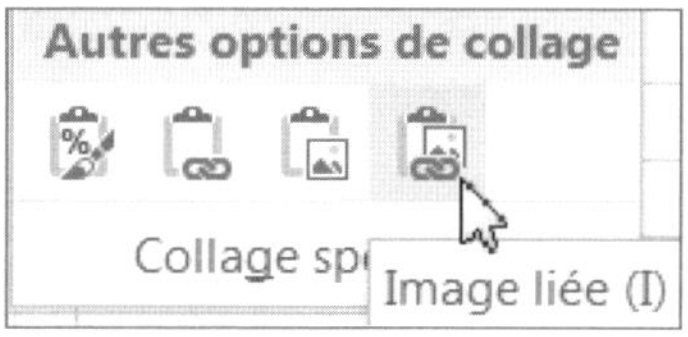

Figure 4.22
Collage – image liée avec liaison : Permet de mettre à jour l'image quand la source est modifiée.

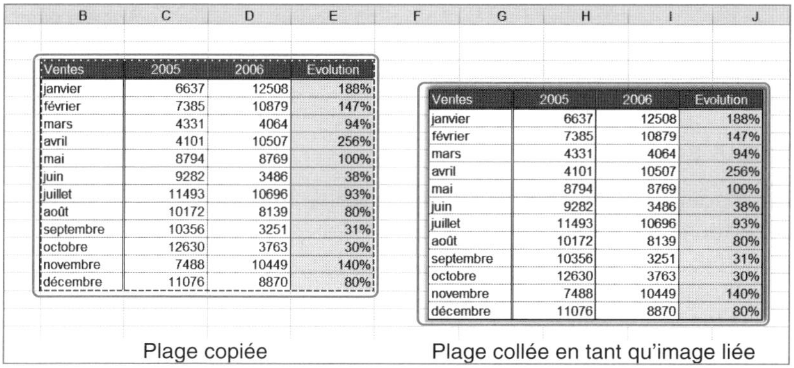

Ventes	2005	2006	Evolution
janvier	6637	12508	188%
février	7385	10879	147%
mars	4331	4064	94%
avril	4101	10507	256%
mai	8794	8769	100%
juin	9282	3486	38%
juillet	11493	10696	93%
août	10172	8139	80%
septembre	10356	3251	31%
octobre	12630	3763	30%
novembre	7488	10449	140%
décembre	11076	8870	80%

Figure 4.23
Plage copiée. Plage collée en tant qu'image liée.

Ces options de collage sont les plus courantes, mais en utilisant la boîte de dialogue **Collage spécial** vous pouvez également effectuer des calculs mathématiques.

Par exemple, vous avez une plage de prix sur vos articles et désirez augmenter tous ces prix de 2,5 %.

1. Saisissez 1,025 (soit l'équivalent de 102,5 %) dans une cellule vierge en dehors de votre tableau de référence.
2. Copiez cette cellule.
3. Sélectionnez votre plage de prix de référence.
4. Ouvrez la boîte de dialogue *Collage spécial* (raccourci **Ctrl+Alt+V**).
5. Choisissez *Valeurs* pour ne pas modifier la mise en forme.
6. Ainsi que l'option *Multiplication* pour multiplier chaque valeur par le contenu de la cellule copiée (soit 1,025, ce qui revient à appliquer une augmentation de 2,5 %).

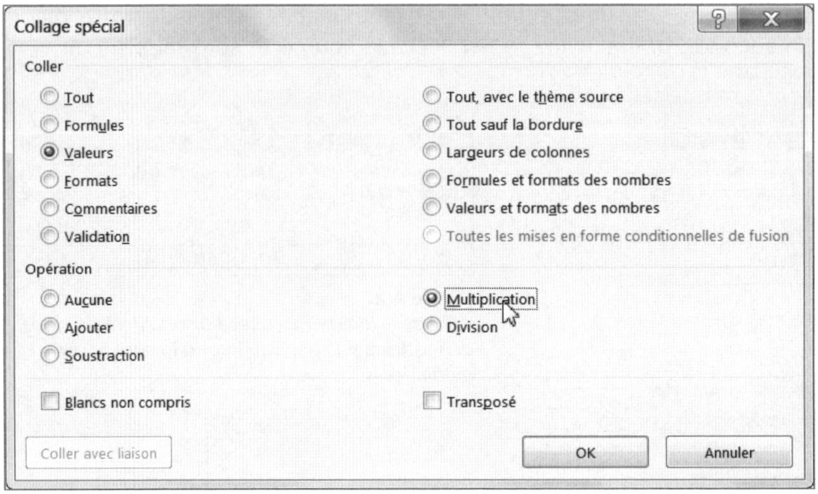

Figure 4.24
Boîte de dialogue standard de collage spécial (toutes versions d'Excel).

Déplacer/copier à la souris

Lorsque vous avez besoin de déplacer une cellule dans votre feuille de classeur et que les zones source et destination sont proches, il est inutile d'effectuer un couper-coller. Vous serez plus efficace en utilisant un glisser-déplacer à l'aide de votre souris :

1. Sélectionnez votre plage source.
2. Placez votre curseur sur l'un des bords de cette plage ; il prend alors la forme de flèches sur une croix.

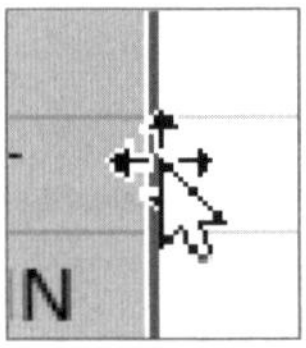

Figure 4.25
Le curseur prend la forme d'une croix fléchées quand il est positionné sur le bord de votre sélection.

3. Cliquez sans relâcher et déplacez votre curseur.

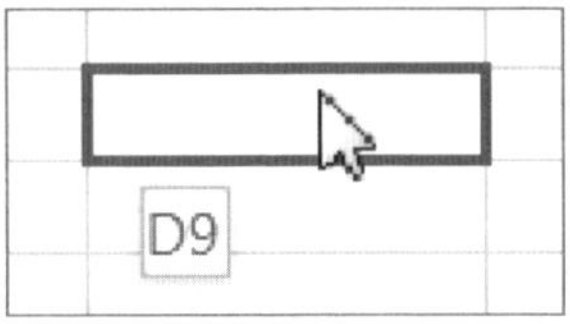

Figure 4.26
Lorsque vous déplacez une cellule, une bulle d'aide affiche l'adresse de la cellule de destination.

4. Relâchez le clic lorsque vous êtes à destination.

Si vous déplacez votre sélection sur une cellule ou une plage de données contenant déjà des informations, ces données seront écrasées.

Si pendant votre déplacement vous maintenez la touche **Ctrl** enfoncée, vous effectuerez une copie au lieu d'un déplacement.

En utilisant la touche **Maj** simultanément au glisser-déplacer, vous pourrez insérer votre plage source entre deux autres plages. Un grand trait vert indique la zone d'insertion.

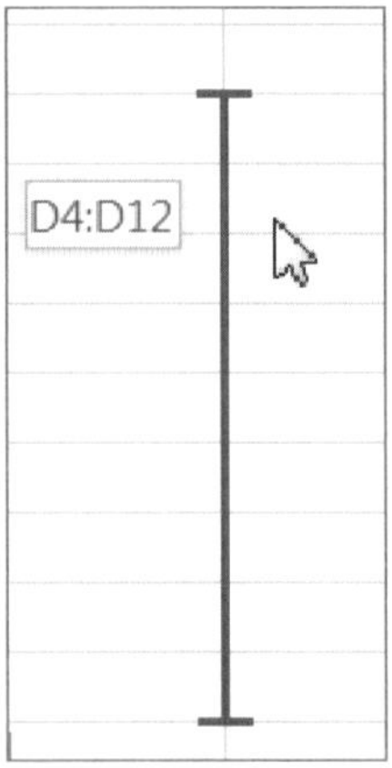

Figure 4.27
Un grand trait vert indique la zone de destination lorsque vous utilisez la touche **Maj** *simultanément au glisser-déplacer.*

La poignée de recopie

Pour recopier une cellule ou une plage de cellules vous pouvez également utiliser la poignée de recopie.

Dès que vous sélectionnez une cellule, un carré vert s'affiche dans le coin inférieur droit de la cellule, **ce carré représente la poignée de recopie**.

Figure 4.28
La poignée de recopie s'affiche dans le coin inférieur droit de la cellule.

1. Cliquez sur la poignée de recopie sans relâcher le bouton gauche de la souris.
2. Glissez dans une direction (haut, bas, gauche ou droite).

Vous recopiez alors la cellule avec son format.

Astuce

Si la cellule que vous voulez recopier se situe à droite ou à gauche d'une colonne de données existantes, vous pouvez alors double-cliquer sur ce carré, la recopie se fera automatiquement sur la hauteur de la colonne déjà saisie.

Selon le contenu de votre cellule, la recopie aura un fonctionnement différent :

- **Texte** ou **Nombre.** Le contenu est recopié.
- **Texte avec un nombre au début ou à la fin de ce texte.** Le texte est recopié et le nombre est incrémenté de 1.
- **Date.** Incrémentation d'une journée.
- **Heure.** Incrémentation d'une heure.
- **Jour de semaine** (en lettres). Le jour est incrémenté.
- **Mois.** Le mois est incrémenté.

Après la recopie d'une série, une lentille (nom donné à l'icône qui s'affiche après que vous avez relâché le bouton de votre souris) vous propose différentes options. Selon le contenu de votre cellule source (texte, nombre, date), les options proposées seront différentes.

Pour tous les types de données, vous pourrez opter entre :

- *Copier les cellules ;*
- *Ne recopier que la mise en forme ;*
- *Recopier les valeurs sans la mise en forme*, qui recopie une formule sans modifier la mise en forme existante.

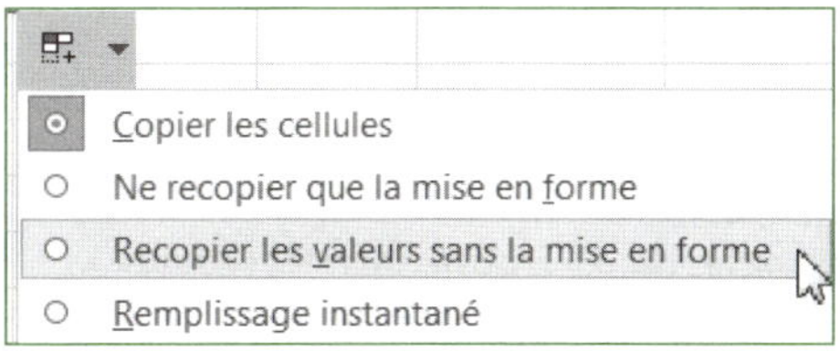

Figure 4.29
Avec la saisie intuitive, Excel vous propose de remplir le reste de votre liste à votre place.

Dès que la donnée à recopier est une date, une heure, un nom de jour, un nom de mois, Excel proposera des options de recopie supplémentaires, tels le jour ouvré, le mois, l'année, etc. À vous de choisir l'option qui correspond à vos besoins.

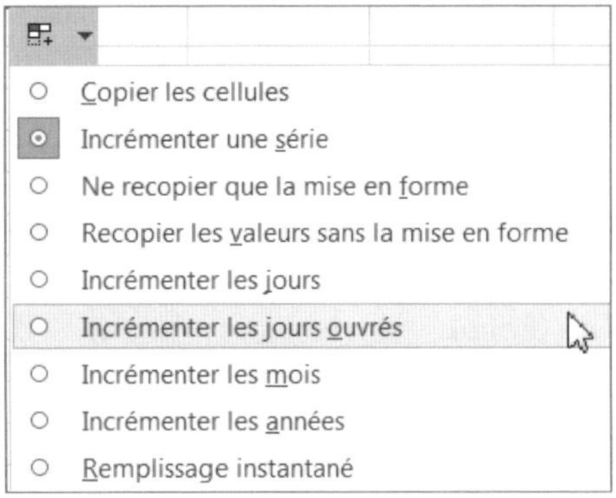

Figure 4.30

Le remplissage de série

Excel possède toute une gamme d'astuces pour vous éviter des saisies répétitives ou fastidieuses.

Saisie intuitive

Vous avez saisi en colonne une liste de données. Si vous saisissez les premières lettres d'une valeur déjà présente dans votre liste de données, Excel vous propose de remplir à votre place le reste du nom en appuyant sur la touche **ENTRÉE**.

Excel n'active cette option que si le résultat est unique. Si plusieurs valeurs distinctes correspondent à vos premières lettres, la saisie intuitive ne s'appliquera pas.

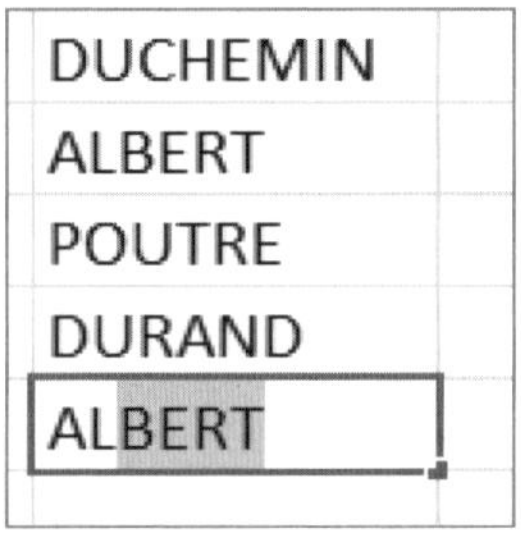

Figure 4.31

Si vous ne souhaitez pas accepter la saisie intuitive, continuez simplement votre saisie pour créer une nouvelle valeur dans votre liste.

Pour remplir votre cellule d'une des valeurs déjà existantes dans votre liste, vous pouvez également activer le menu contextuel (menu s'affichant après un clic-droit) et sélectionner *Liste déroulante de choix* ou utiliser le raccourci clavier **ALT+FLÈCHE DU BAS** pour afficher un menu déroulant contenant les données de votre liste.

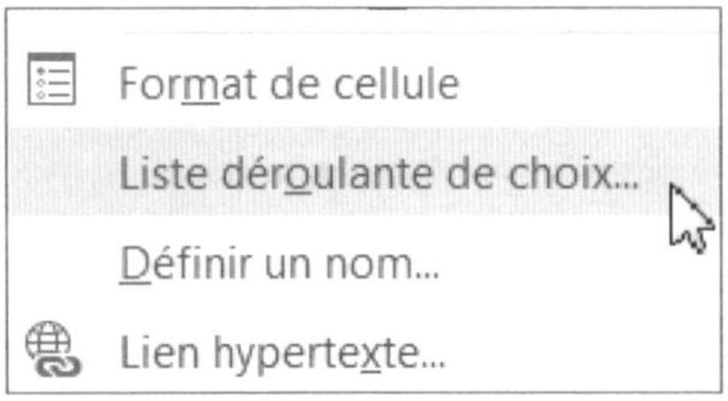

Figure 4.32

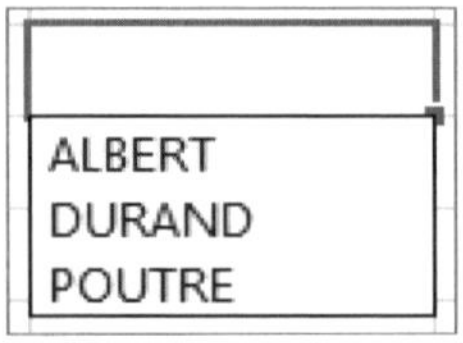

Figure 4.33
Utilisez le raccourci clavier **ALT+FLÈCHE DU BAS** *pour afficher un menu déroulant contenant les données de votre liste.*

Dupliquer la saisie

Excel vous permet de dupliquer une même valeur sur une plage de cellules sans avoir à réaliser un copier-coller :

1. Sélectionnez la plage à remplir.
2. Saisissez votre donnée.
3. Vous avez maintenant le choix entre trois méthodes :
   – Validez avec **ENTRÉE**, puis sur l'onglet ***Accueil***, dans la zone *Edition*, cliquez sur le bouton *Remplissage* puis indiquez la direction pour le remplissage.
   – Validez avec **ENTRÉE**, puis utilisez les raccourcis clavier **CTRL+B** pour remplir vers le bas et **CTRL+D** pour remplir vers la droite.
   – Validez avec la combinaison de touches **CTRL+MAJ+ENTRÉE.**

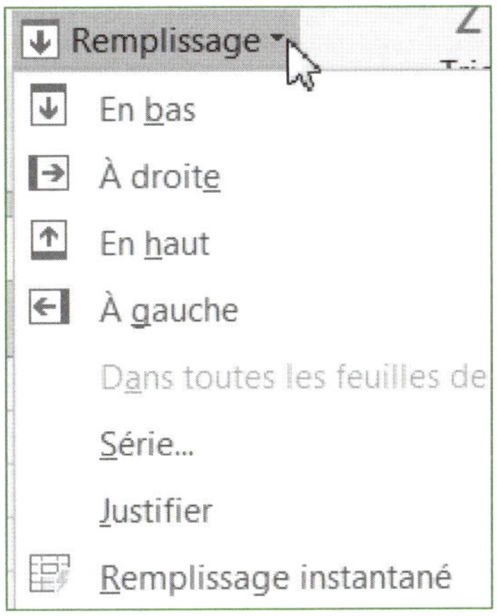

Figure 4.34

Créer une série

Nous avons découvert l'incrémentation en série d'une donnée avec la poignée de recopie. Cette méthode est très rapide mais, dès que l'incrémentation doit se faire sur une très grande plage ou selon un pas autre que 1, il est plus aisé d'utiliser la boîte de dialogue *Séries*.

1. Saisissez votre donnée dans la première cellule de votre plage.
2. Sur l'onglet ***Accueil***, dans la zone *Edition*, cliquez sur le bouton *Remplissage*, puis sur la commande *Séries*
3. Dans la boîte de dialogue qui s'affiche (voir Figure 4.36), indiquez :
   – le sens de votre série (*Lignes* ou *Colonnes*). **Attention !** L'option est positionnée par défaut sur *Lignes*, or vous effectuerez plus souvent des séries en colonnes ;
   – le type de la série ;
   – l'unité si vous avez saisi une date ;
   – le pas de l'incrémentation ;
   – la dernière valeur de votre série.
4. Validez en cliquant sur *OK*. Votre série de données est alors insérée sur votre feuille.

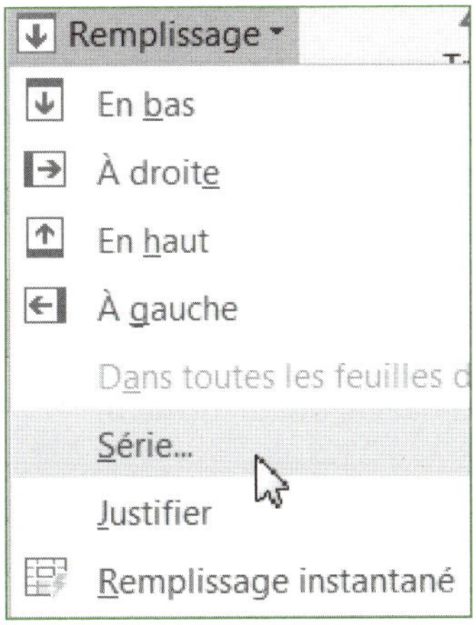

Figure 4.35

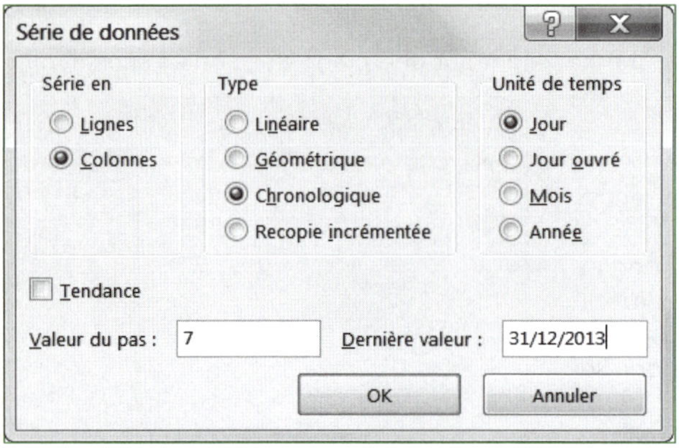

Figure 4.36
Boîte de dialogue standard pour remplir tout type de séries (linéaire, chronologique, ...)

Remplissage instantané

Nouveauté EXCEL 2013

Nous venons de voir les possibilités d'incrémentation qui existent dans toutes les versions d'Excel, mais Excel 2013 propose une nouvelle possibilité de remplissage : le **remplissage instantané**. Cet outil détecte la règle que vous voulez appliquer par l'exemple. Il permet :

- de décomposer rapidement les données d'une colonne ;
- de concaténer sans formule les données de plusieurs colonnes ;
- de mettre en forme en ajoutant certains caractères.

Décomposition des données situées dans une même colonne

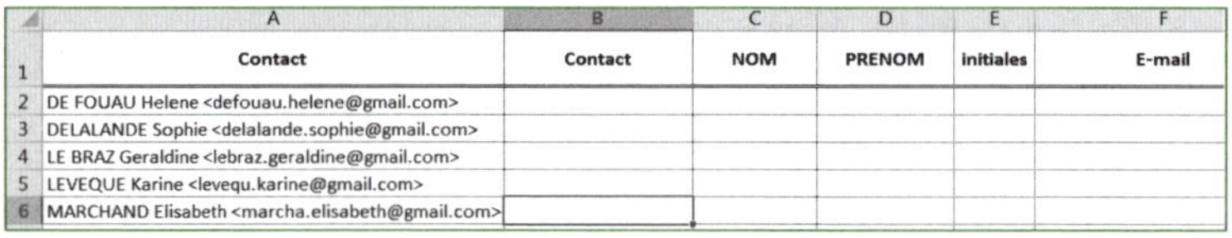

	A	B	C	D	E	F
1	Contact	Contact	NOM	PRENOM	initiales	E-mail
2	DE FOUAU Helene <defouau.helene@gmail.com>					
3	DELALANDE Sophie <delalande.sophie@gmail.com>					
4	LE BRAZ Geraldine <lebraz.geraldine@gmail.com>					
5	LEVEQUE Karine <levequ.karine@gmail.com>					
6	MARCHAND Elisabeth <marcha.elisabeth@gmail.com>					

Figure 4.37
Un exemple de données à décomposer avec le remplissage instantané.

Vous avez une colonne qui contient des données à décomposer, comme à la Figure 4.37. Dans les colonnes adjacentes, saisissez les informations que vous souhaitez. Dans le cas exposé, nous voulons décomposer le nom du contact et l'adresse de messagerie :

1. Saisissez dans la première cellule de votre colonne le nom du contact de la même ligne.
2. Recommencez sur la deuxième cellule. Instantanément, Excel vous propose une liste de valeur correspondant à la règle que vous avez saisie.

Vous aurez parfois besoin de répéter sur trois ou quatre cellules la règle pour qu'Excel comprenne exactement ce que vous voulez.

Si vous constatez qu'Excel n'a pas compris votre règle, vous pouvez vous positionner dans une cellule erronée et y saisir la valeur que vous désirez récupérer. Recommencez cette action jusqu'à ce qu'Excel ait entièrement compris la règle de décomposition.

	A	B
1	**Contact**	**Contact**
2	DE FOUAU Helene <defouau.helene@gmail.com>	DE FOUAU Helene
3	DELALANDE Sophie <delalande.sophie@gmail.com>	DELALANDE Sophie
4	LE BRAZ Geraldine <lebraz.geraldine@gmail.com>	LE BRAZ Geraldine
5	LEVEQUE Karine <levequ.karine@gmail.com>	LEVEQUE Karine
6	MARCHAND Elisabeth <marcha.elisabeth@gmail.com>	MARCHAND Elisabeth
7	MARTIN Mathilde <martin.mathilde@gmail.com>	MARTIN Mathilde

Figure 4.38
Résultat obtenu avec le remplissage instantané après la saisie de deux règles.

Adresse	Rue
10 Impasse de Manoir, 84000, AVIGNON	Impasse de Manoir
12 Allée de Mauve, 84000, AVIGNON	Allée de Mauve
12 rue de Dobrée, 13630, EYRAGUES	Dobrée

Figure 4.39

Pour vous aider à sélectionner les cellules qui viennent d'être modifiées ou celles qui sont restées vides, vous pouvez utiliser la lentille qui s'affiche dès qu'un exemple de remplissage est proposé.

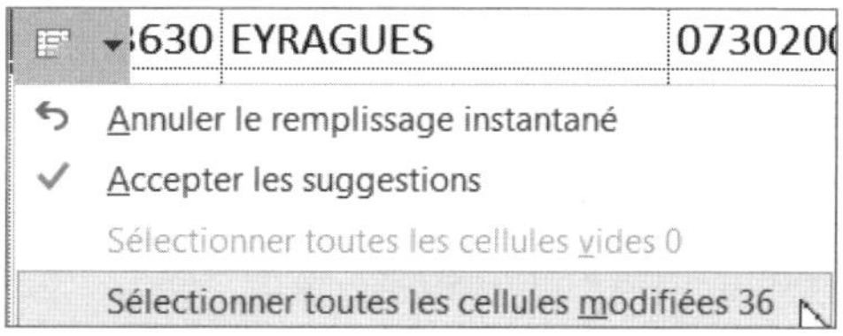

Figure 4.40

Vous pouvez également travailler avec le remplissage instantané de la façon suivante :

1. Saisissez le premier exemple dans la première cellule.
2. Utilisez le raccourci clavier **CTRL+E.**

Ou :

1. Double-cliquez sur la poignée de recopie.
2. Cliquez sur la lentille de choix de recopie.
3. Choisissez *Remplissage instantané*.

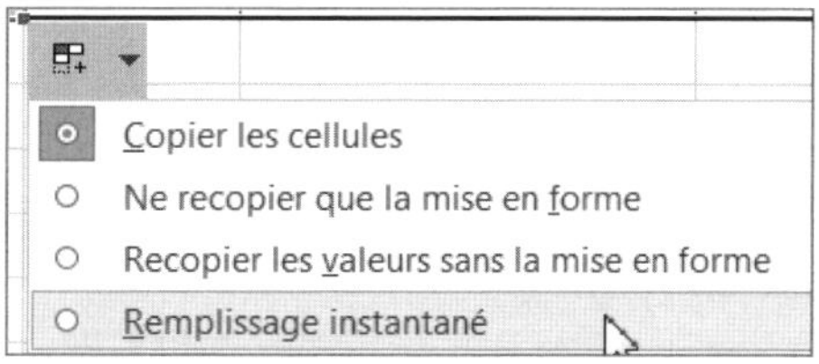

Figure 4.41

Vous pourrez alors décomposer des données telles que les suivantes (voir Figure 4.42) :

- un nom et un prénom à partir d'une seule colonne même si le nom est composé de plusieurs mots ;
- récupérer les initiales de chaque mot d'une colonne ;
- récupérer le jour ou le mois ou l'année d'une date ;
- transformer une colonne contenant du texte et un chiffre au format texte contenant des points et virgules en un nombre ;
- etc.

Montant texte	Montant chiffre
15,371.00 €	15 371,00 €
1,585.00 €	1 585,00 €
12,324.00 €	12 324,00 €
7,146.00 €	7 146,00 €
7,749.00 €	7 749,00 €
2,858.00 €	2 858,00 €
15,372.00 €	15 372,00 €
9,992.00 €	9 992,00 €

Date texte (JJMMAAAA)	Date FR
08012004	08/01/2004
09012006	09/01/2006
02022008	02/02/2008
10022008	10/02/2008
12022008	12/02/2008
03032003	03/03/2003
03032003	03/03/2003

Adresse	N°	Rue	CP	Ville
9 rue de Verne, 13300, SALON DE PROVENCE	9	rue de Verne	13300	SALON DE PROVENCE
3 rue de Charmilles, 13400, AIX EN PROVENCE	3	rue de Charmilles	13400	AIX EN PROVENCE
route de Vannes, 13800, ISTRES		route de Vannes	13800	ISTRES
	96	rue de Convention	13140	MIRAMAS

date de naissance	JOUR	MOIS	ANNEE
09/12/1935	9	12	1935
13/06/1936	13	6	1936
26/06/1936	26	6	1936
23/09/1938	23	9	1938
04/07/1939	4	7	1939

Contact	Contact	NOM	PRENOM	initiales	E-mail
AUBRY Melanie <aubry.melanie@gmail.com>	AUBRY Melanie	AUBRY	MELANIE	AM	aubry.melanie@gmail.com
BAZIER Laure <bazier.laure@gmail.com>	BAZIER Laure	BAZIER	LAURE	BL	bazier.laure@gmail.com
BIGOT Herve <bigot.herve@gmail.com>	BIGOT Herve	BIGOT	HERVE	BH	bigot.herve@gmail.com
BLANDIN Louis <blandi.louis@gmail.com>	BLANDIN Louis	BLANDIN	LOUIS	BL	blandi.louis@gmail.com
BLOUIN Yannick <blouin.yannick@gmail.com>	BLOUIN Yannick	BLOUIN	YANNICK	BY	blouin.yannick@gmail.com
CADIOU Pierre <cadiou.pierre@gmail.com>	CADIOU Pierre	CADIOU	PIERRE	CP	cadiou.pierre@gmail.com

Figure 4.42

Quelques exemples de décomposition effectuée grâce au remplissage instantané.

Concaténation de plusieurs colonnes

Pour concaténer plusieurs éléments répartis sur plusieurs colonnes, le procédé est exactement le même que celui vu précédemment. Vous pouvez ainsi concaténer le contenu de plusieurs colonnes, ou une partie de plusieurs colonnes. Par exemple, comme à la Figure 4.43 :

- réunir le nom et le prénom ;
- créer des initiales en récupérant la première lettre de chaque mot ;
- créer un code en cumulant plusieurs colonnes.

Nom prénom
ABINHAM CHANTAL
ABSCHIN JACQUELINE
ADAMO MARIE-REINE
AGAPOF HENRIETTE
ALIMBIRT LAURENT
AMARA CLAUDE

NOM PRENOM (année)	H/F	Date d'embauche
ABINHAM Chantal (1987)	F	28/01/1987
ABSCHIN Jacqueline (1990)	F	29/07/1990
ADAMO Marie-Reine (1987)	F	27/11/1987
AGAPOF Henriette (1989)	F	22/02/1989

CODE (initiales-3 lettres Service-2 derniers chiffres naissance)	SERVICE	date de naissance
AC-CFS-35	CFS FSC	09/12/1935
AJ-CFS-36	CFS AG	13/06/1936
AMR-CFS-36	CFS FSC	26/06/1936
	CFS FSC	23/09/1938

Figure 4.43

Mise en forme

SSN	xxx-xx-####
905622240	905-62-2240
338510610	338-51-0610
634830177	634-83-0177
906567330	906-56-7330
840110940	840-11-0940
197952566	197-95-2566
38219334	382-19-334

Vous pouvez ajouter un ou plusieurs caractères à une colonne pour la présenter différemment, comme à la Figure 4.44.

Figure 4.44

Formatage rapide des nombres à l'aide du remplissage instantané.

Pour mettre en forme vos tableaux, vous pouvez modifier :

- la police de caractères ;
- les alignements ;

- les bordures ;
- le format des nombres.

Police et alignement

Les commandes principales pour modifier la police de vos cellules (forme, taille, gras, italique...) se trouvent sur l'onglet ***Accueil***, groupe *Police* (voir Figure 4.45).

Les commandes les plus utilisées pour l'alignement du contenu des cellules se trouvent sur l'onglet ***Accueil***, groupe *Alignement* (voir Figure 4.46).

Pour afficher plus d'options liées à la police de caractères ou à l'alignement, vous pouvez cliquer sur le lanceur de boîte de dialogue, pour ouvrir la fenêtre *Format de cellule* (onglet ***Police*** ou onglet ***Alignement****)*.

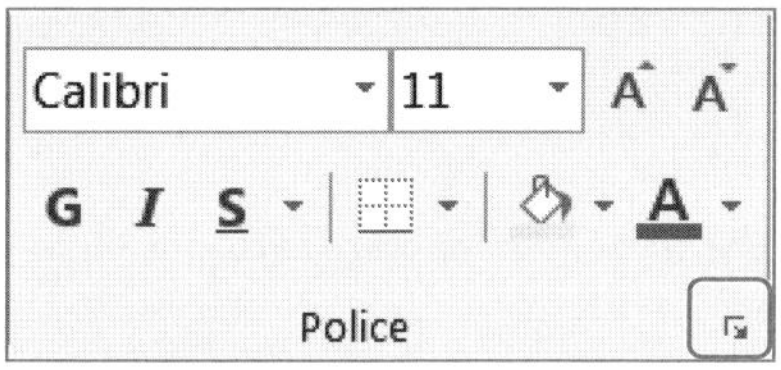

Figure 4.45

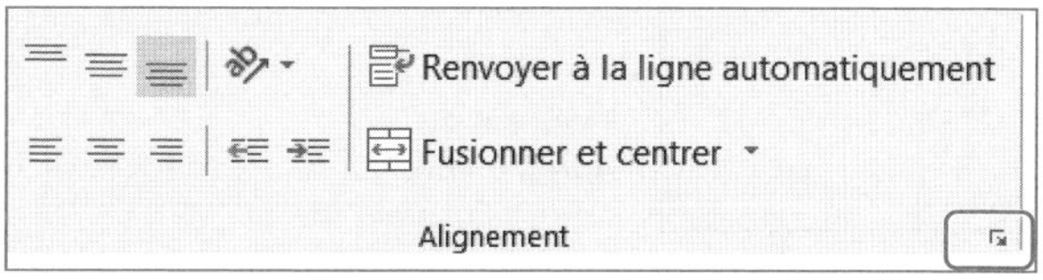

Figure 4.46

Les bordures

Pour ajouter ou modifier les bordures de la plage sélectionnée, vous pouvez utiliser sur le menu *Bordures* du groupe *Police* de l'onglet ***Accueil :***

- les bordures prédéfinies ;
- le traçage des bordures ;
- la boîte de dialogue *Format de Cellules*, onglet ***Bordures***.

Figure 4.47
La commande Bordures, *de l'onglet* **Accueil**, *propose plusieurs options pour ajouter des bordures à votre plage.*

Bordures prédéfinies

Pour appliquer ces bordures prédéfinies :

1. Sélectionnez votre plage.
2. Cliquez sur la bordure à appliquer.

Traçage des bordures

Pour appliquer une bordure avec ces outils de traçage :

1. Cliquez sur le menu *Style de trait* et choisissez le trait que vous voulez appliquer. Le curseur prend la forme d'un crayon.
2. Choisissez éventuellement une *Couleur de trait* avec le menu correspondant.
3. Glissez votre curseur sur une ou plusieurs bordures.

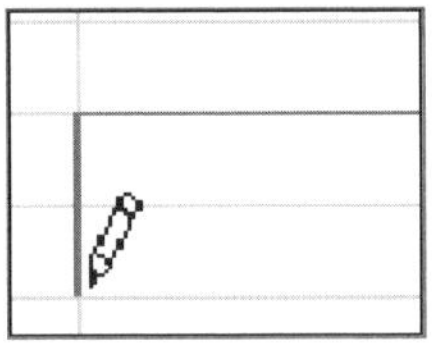

Figure 4.48
Après un clic sur le bouton Tracer les bordures, *glissez votre curseur sur une bordure pour la tracer.*

Pour tracer une grille (contour et bordures intérieures) :

1. Cliquez sur le menu *Style de trait* et choisissez le trait que vous voulez appliquer.
2. Choisissez éventuellement une *Couleur de trait* avec le menu correspondant.
3. Cliquez sur la commande *Tracer les bordures de grille*. Le curseur prend la forme d'un crayon avec une grille.
4. Glissez votre curseur sur une plage.

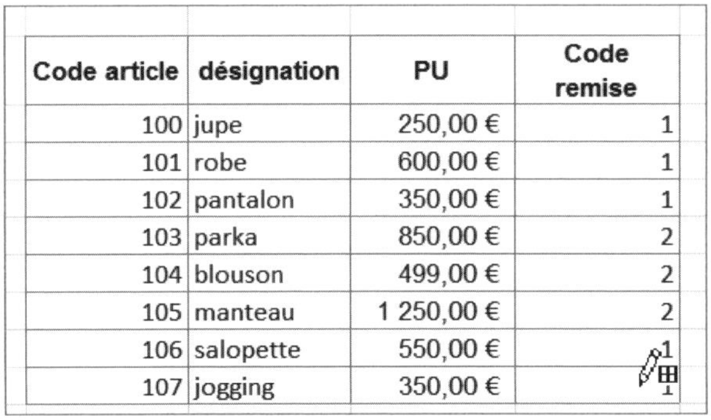

Code article	désignation	PU	Code remise
100	jupe	250,00 €	1
101	robe	600,00 €	1
102	pantalon	350,00 €	1
103	parka	850,00 €	2
104	blouson	499,00 €	2
105	manteau	1 250,00 €	2
106	salopette	550,00 €	1
107	jogging	350,00 €	1

Figure 4.49
Après un clic sur le bouton Tracer les bordures de grille, *glissez votre curseur sur une plage.*

Pour arrêter le traçage des bordures, cliquez sur le bouton de traçage actif (***Tracer les bordures*** ou ***Tracer les bordures de grille***).

Pour supprimer une bordure :

1. Cliquez sur le menu *Effacer les bordures*. Le curseur prend la forme d'une gomme.
2. Glissez votre curseur sur la bordure à effacer.

Figure 4.50
Après un clic sur le bouton Effacer les bordures, *glissez votre curseur sur la bordure à effacer.*

Astuce

Si vous trouvez cette méthode plus pratique, ajoutez les commandes *Tracer les bordures*, *Tracer les bordures de grille*, *Effacer les bordures*, *Couleur de trait*, *Style de trait* sur la barre d'accès rapide.

Boîte de dialogue

Pour afficher la traditionnelle boîte de dialogue de mise en forme des bordures, vous pouvez au choix :

- cliquer sur la commande *Plus de bordures...* du menu *Bordures* du groupe *Police* de l'onglet ***Accueil.***
- cliquer sur le lanceur de boîte de dialogue du groupe *Police,* du groupe *Alignement* ou du groupe *Nombre* de l'onglet ***Accueil.***
- effectuer un clic-droit sur votre plage et sélectionner *Format de cellule.*

Sur cette fenêtre :

1. Sélectionnez d'abord un style de ligne.
2. Sélectionnez éventuellement une couleur.
3. Cliquez sur le bouton correspondant aux bordures que vous voulez ajouter à votre plage. Vous pouvez appliquer un style différent pour chaque bordure.

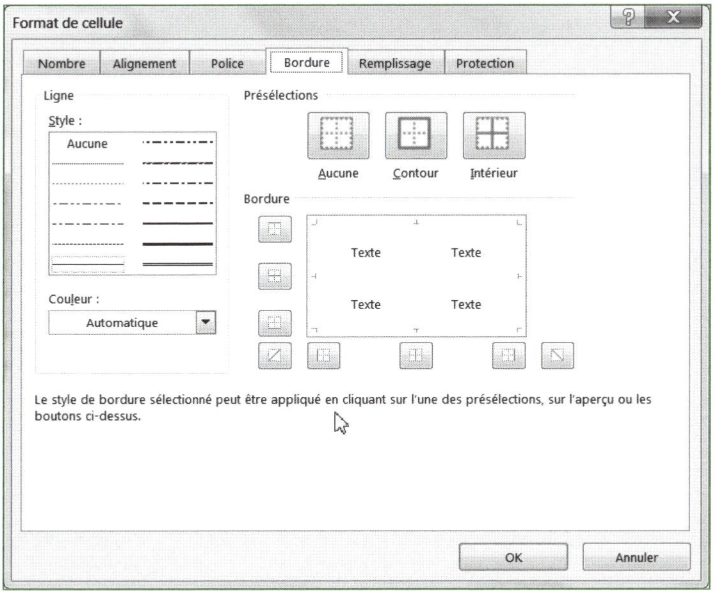

Figure 4.51
Boîte de dialogue standard de mise en forme des bordures.

Format Nombre

Pour la mise en forme rapide de vos nombres, il est recommandé d'utiliser les commandes du groupe *Nombre* sur l'onglet **Accueil** (voir Figure 4.52). Vous y trouvez les formats usuels :

- *Monétaires* ;
- *Pourcentage* ;
- *Séparateur de millier* (pour avoir une espace entre les milliers et deux décimales), *ajout* et *suppression* d'une *décimale* (1 clic = 1 décimale).

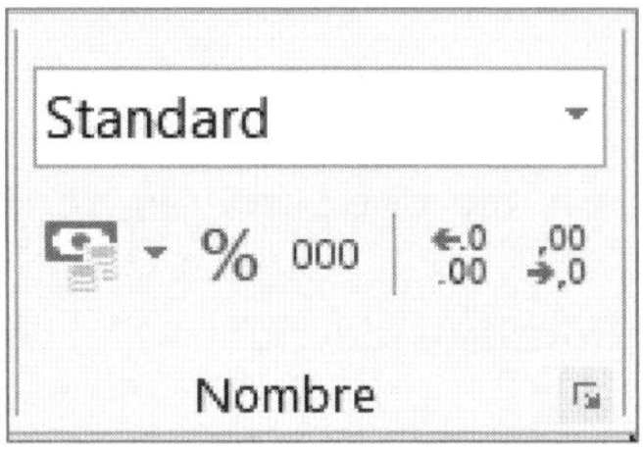

Figure 4.52
Pour la mise en forme rapide de vos nombres, il est recommandé d'utiliser les commandes du groupe Nombre sur l'onglet **Accueil.**

La liste déroulante propose d'autres formats régulièrement utilisés :

- Standard ;
- Date courte ;
- Date longue ;
- Fraction ;

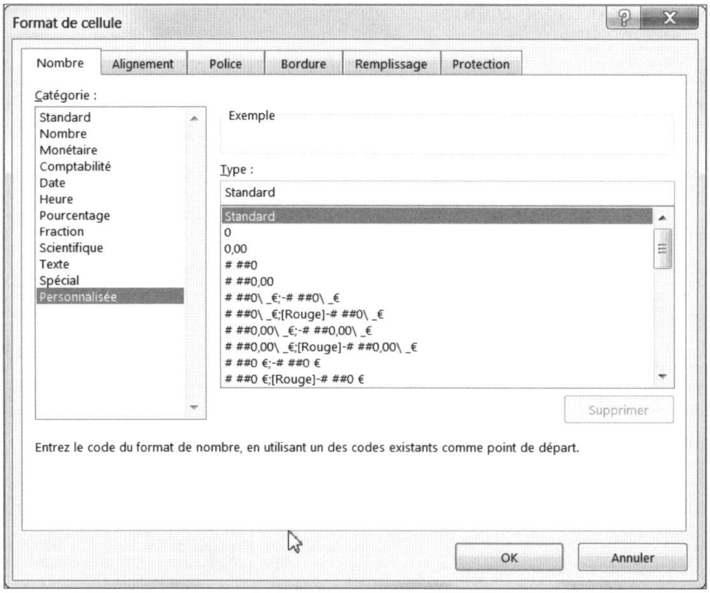

Figure 4.53
L'option Personnalisé *de la boîte de dialogue Format de Cellule vous permet de créer votre propre format de nombre.*

Vous pouvez aller plus loin en créant vos propres formats de nombre :

1. Cliquez sur le *Lanceur de boîte de dialogue.*
2. Dans la boîte de dialogue qui s'affiche, sélectionnez l'option *Personnalisé* (voir Figure 4.53).

3. Utilisez les symboles suivants pour créer votre format :

Nombres

Symbole	Affiche	Exemple
0	1 chiffre obligatoire	00 affiche 01 pour le chiffre 1
	(affiche 0 si aucun chiffre n'existe)	
#	1 chiffre uniquement s'il existe	# ##0 affiche 1 000 au lieu de 1000

Dates

Symbole	Affiche	Exemple
Jours		
j	Le jour sur 1 chiffre	1 à 31
jj	Le jour sur 2 chiffres	01 à 31
jjj	Le nom du jour en abrégé	lun, mar, mer...
jjjj	Le nom du jour en entier	lundi, mardi...
Mois : fonctionne comme pour le jour mais avec le symbole m		
m	Le mois sur 1 chiffre	1 à 12
mm	Le mois sur 2 chiffres	01 à 12
mmm	Le mois du jour en abrégé	janv, févr...
mmmm	Le mois du jour en entier	janvier, février...
Année		
aa	L'année sur 2 chiffres	12
aaa ou aaaa	L'année sur 4 chiffres	2012

Heures

Symbole	Affiche	Exemple
h	L'heure sur 1 chiffre	1 à 23
hh	L'heure sur 2 chiffres	01 à 23
m	Les minutes sur 1 chiffre	1 à 59
mm	Les minutes sur 2 chiffres	01 à 59
s	Les secondes sur 1 chiffre	1 à 59
ss	Les secondes sur 2 chiffres	01 à 59
[]	Si vous entourez un des symboles pour les heures (h, m ou s) par des crochets, vous obligez Excel à afficher un temps cumulé de plus de 23 h ou plus de 59 min ou 59 s	Exemple pour afficher 45:00:00
		[h] affiche 45
		[m] affiche 2700 (45*60)
		[s] affiche 162000 (45*60*60)

Texte

Symbole	Affiche	Exemple
@	Quel que soit le contenu de la cellule, celui-ci sera considéré comme du texte	

Les règles suivantes vous permettent d'aller encore plus loin :

- Un format est décomposé en quatre zones séparées d'un point-virgule. Vous pouvez donc créer un format complètement différent selon la valeur numérique de la cellule.

<VALEUR POSITIVE>;<VALEUR NÉGATIVE>;<VALEUR ZÉRO>;<TEXTE>

- Pour ajouter du texte à votre nombre, placez-le entre guillemets. Exemple : ***0"km"*** pour afficher le texte ***km*** à la fin de vos nombres. Faites bien attention à coller le texte entre guillemets au format nombre. Les symboles monétaires, les opérateurs (+, -, <, >, = et &), quelques ponctuations (: et !), les parenthèses et accolades, l'apostrophe, l'accent circonflexe, la barre diviser /, le tilde ~ et une espace n'ont pas besoin d'être mis entre guillemets.
- Pour ajouter un espace correspondant à la largeur d'un caractère spécifique, ajoutez le trait de soulignement devant le caractère. Exemple : _) affiche un espace de la même largeur qu'une parenthèse fermante.
- Pour répéter un caractère jusqu'au bout de la cellule, ajoutez une * devant ce caractère. Par exemple, "*." va ajouter des points à droite du nombre afin de remplir entièrement la cellule (ne pas mettre les guillemets).

> **Astuce**
>
> Pour aligner deux points à droite de votre cellule, alors que le texte de votre cellule est aligné à gauche, choisissez le format *@* :*
>
> Attention à ne pas oublier l'espace entre l'étoile et les deux-points.

- Pour diviser un nombre par mille, ajoutez une espace après son format. Par exemple, *# ##0* (il y a une espace après le 0) affiche 1 000 au lieu de 1 000 000.

Ainsi pour afficher **Le dimanche 25 mars 2012 :** :

1. Tapez la valeur 25/03/2012.
2. Appliquez le format de nombre personnalisé suivant, en respectant les règles citées ci-dessus :
   "Le "jjjj j mmmm aaaa :*

Styles de cellules

Utilisation des styles prédéfinis

Gagnez du temps en utilisant les styles de cellules pour mettre en forme vos tableaux. Dans l'onglet ***Accueil***, groupe *Style*, vous trouvez les styles prédéfinis illustrés à la Figure 4.54.

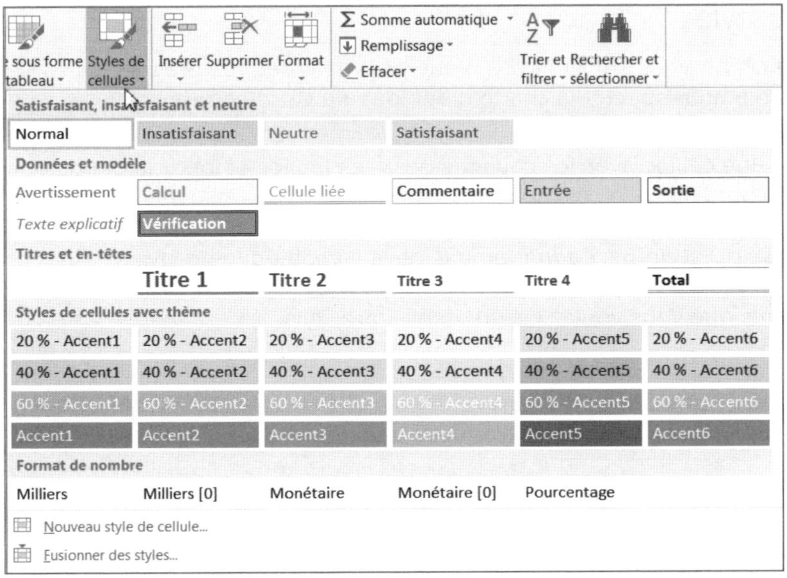

Figure 4.54
Exemple de styles standards pour mettre en forme vos tableaux rapidement et simplement.

Prenons l'exemple de la Figure 4.55 pour mettre en valeur ce tableau. Quatre clics suffisent :

1. Sélectionnez d'abord les cellules.
2. Utilisez les styles de cellules :
   – *Accent4* pour les titres ;
   – *60% - Accent4* pour les totaux ;
   – *40% - Accent4* pour les moyennes ;
   – *20% - Accent4* pour les noms d'étudiants.

ETUDIANT	Français	Math	Anglais	Science	Total	Moyenne
Jean	2	14	13	18	47	11,75
Lucien	7	12	9	10	38	9,50
Marie	8	10	11	11	40	10,00
Vincent	9	15	14	13	51	12,75
Sybille	9	7	6	10	32	8,00
Josiane	13	15	12	14	54	13,50
Total	48	73	65	76	**262**	
Moyenne	8,00	12,17	10,83	12,67		**10,92**

Figure 4.55
Avant la mise en forme.

ETUDIANTS	Français	Math	Anglais	Science	Total	Moyenne
Jean	2	14	13	18	47	11,75
Lucien	7	12	9	10	38	9,50
Marie	8	10	11	11	40	10,00
Vincent	9	15	14	13	51	12,75
Sybille	9	7	6	10	32	8,00
Josiane	13	15	12	14	54	13,50
Total	48	73	65	76	262	
Moyenne	8,00	12,17	10,83	12,67		10,92

Figure 4.56
Après l'application de styles.

Création de vos styles

Si les styles prédéfinis ne vous suffisent pas, vous pouvez créer vos propres styles de cellules, par exemple pour respecter la charte graphique de votre entreprise.

Pour créer un style :

1. Mettez en forme une cellule avec les couleurs désirées (police et fond), la police et la taille voulues, les bordures.
2. Sélectionnez votre cellule contenant votre style de référence.
3. Cliquez sur *Nouveau style de cellule* en bas de la bibliothèque de styles.
4. Donnez un nom à votre style.
5. Cochez les formats que vous voulez inclure dans votre style.
6. Validez.

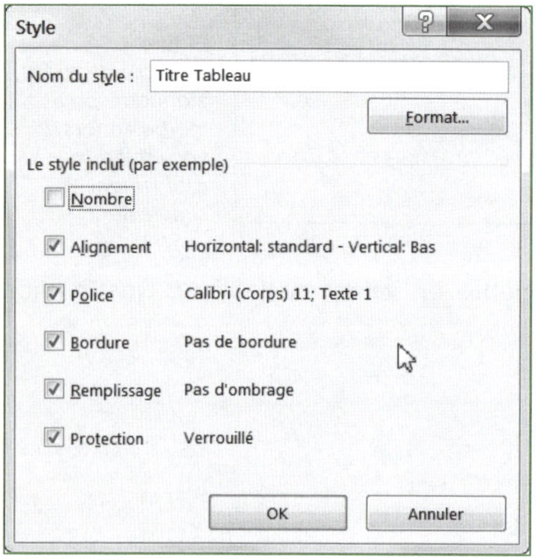

Figure 4.57
Options de personnalisation des styles de tableaux.

Vous pouvez également créer un style à partir d'un existant :

1. Effectuez un clic-droit sur un style existant.
2. Choisissez *Dupliquer*.
3. Renommez le style.
4. Cliquez sur le bouton *Format...* pour effectuer des modifications sur le style.

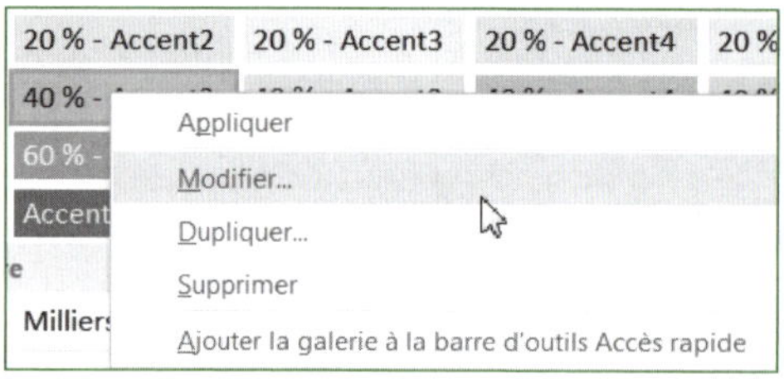

Figure 4.58

Astuce

Le style que vous créez est uniquement contenu dans le classeur où vous l'avez créé. Si vous voulez retrouver ce style dans d'autres classeurs, créez vos styles dans un classeur vide que vous enregistrez ensuite où vous le désirez. Dès que vous en aurez besoin, ouvrez votre classeur, puis cliquez sur le bouton *Styles de cellule* et enfin *Fusionner des styles* et sélectionnez le classeur dont vous voulez récupérer les styles.

Le clic-droit

Dès que vous effectuez un clic-droit sur une cellule, les commandes les plus utilisées sont à votre disposition sur :

- La **minibarre d'outils** (voir Figure 4.59), pour mettre en forme rapidement vos cellules. Vous y retrouvez des commandes situées sur l'onglet ***Accueil***.

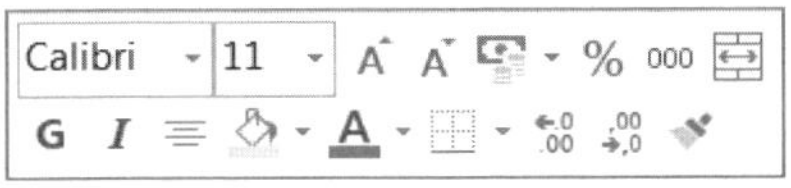

Figure 4.59
Mini barre d'outils de mise en forme des cellules.

- Le **menu contextuel** (voir Figure 4.60), pour manipuler aisément les données, les cellules, les lignes ou colonnes. Ce menu affiche deux types de commandes très pratiques et à utiliser sans modération :
  - Les couper-copier-coller. Les options de collage sont démultipliées ; passez votre souris sur chaque bouton pour découvrir sa fonction (voir Chapitres Couper, Copier, Coller et Collage spécial).
  - *Format de cellule…*, qui lance la boîte de dialogue comprenant tous les paramètres de mise en forme d'une cellule.

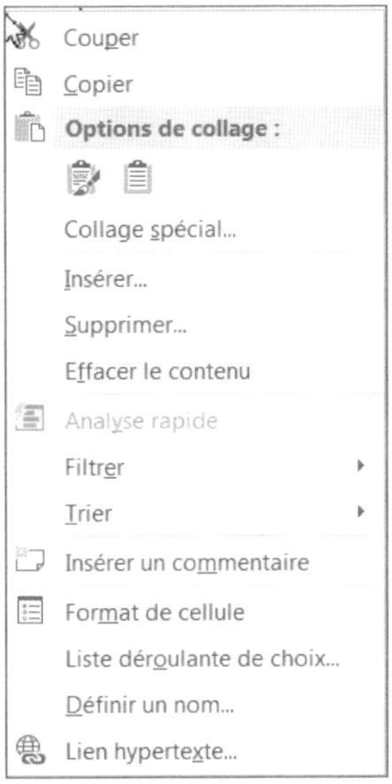

Figure 4.60
Menu contextuel pour manipuler aisément les données, les cellules, les lignes ou colonnes.

- L'**analyse rapide** (voir Figure 4.61), qui vous propose divers assistants pour valoriser rapidement vos données à l'aide de formats conditionnels, graphiques, totaux, tables et TCD et enfin Sparkline.

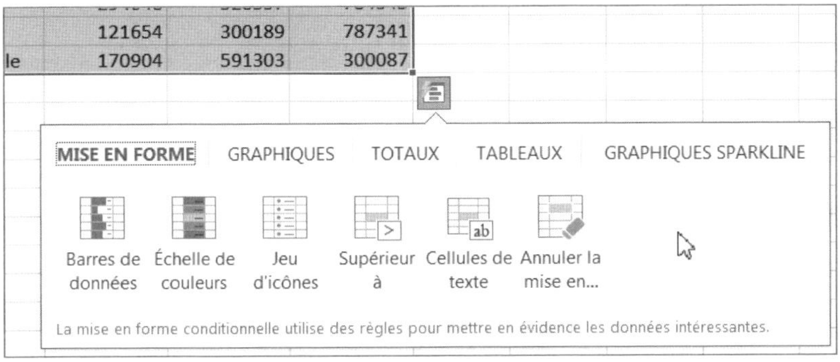

Figure 4.61
Outils proposés par l'analyse rapide.

Thèmes

Lorsque vous mettez en forme votre classeur, Excel propose par défaut une palette de couleur et un jeu de deux polices. De plus, pour mettre en forme rapidement des formes (rectangle, cercle, etc.) ou éléments de graphiques, vous pouvez utiliser les styles de formes. Les trois dernières lignes de ces styles de formes dépendent du jeu d'effet (voir Figures 4.62 et 4.63).

L'ensemble de ces jeux de couleurs, de polices de caractères, de traits et d'effets de remplissage est regroupé dans un thème. Les thèmes sont communs à tous les logiciels d'Office.

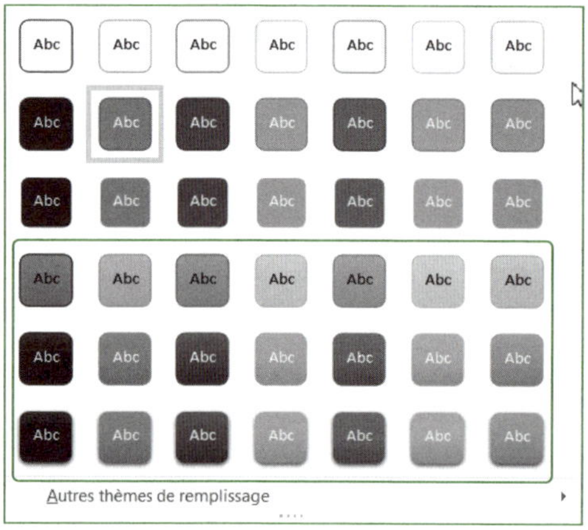

Figure 4.62
Effets Office.

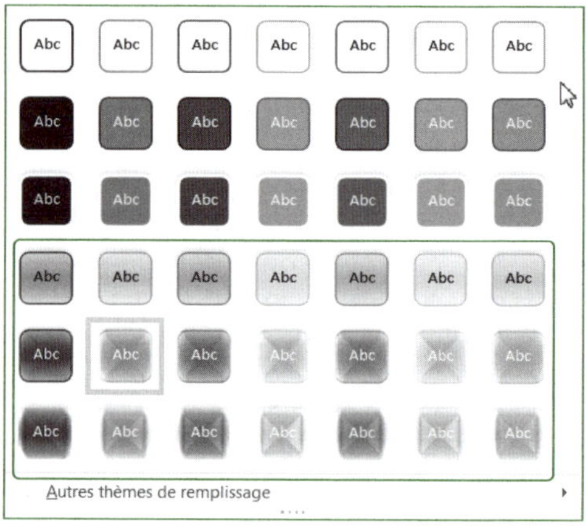

Figure 4.63
Effets Ruisseau.

Appliquer un thème

En changeant le thème de votre classeur, vous changerez donc automatiquement les jeux de couleurs, de polices de caractères, de traits et d'effets de remplissage.

1. Dans l'onglet ***Mise en page***, cliquez sur l'icône *Thèmes* pour afficher la liste des thèmes disponibles.
2. Sélectionnez l'un d'eux.

Ainsi, l'ensemble des éléments de votre classeur, comme les cellules, les graphiques ou les tableaux, sera instantanément mis à jour avec les nouvelles couleurs, polices et effets.

Création de votre propre thème

Afin d'obtenir une présentation uniformisée à l'ensemble de vos classeurs Excel et également de vos documents Word, PowerPoint, vous pouvez créer votre propre thème.

Pour créer un thème :

1. Sélectionnez un thème existant.
2. Personnalisez ce thème en modifiant :
   – le jeu de *Couleurs ;*
   – le jeu de *Polices ;*

– les *Effets*.

3. Cliquez à nouveau sur le bouton *Thèmes*.
4. Sélectionnez l'option *Enregistrer le thème actif*. Celui-ci est enregistré dans le dossier "Thèmes de document" et est automatiquement ajouté à la liste des thèmes personnalisés d'Excel.

Pour récupérer un thème enregistré non présent dans la liste :

1. Cliquez sur *Rechercher les thèmes*.
2. Dans la boîte de dialogue, sélectionnez un thème ou un document Office qui contient le thème que vous voulez appliquer, puis cliquez sur *Ouvrir*.

Pour personnaliser totalement votre thème, afin de respecter la charte graphique de votre entreprise, vous pouvez créer vos propres jeux de couleurs et de police. Les effets ne sont pas personnalisables.

Pour créer un jeu de couleurs :

1. Au bas du jeu de couleurs, cliquez sur *Nouvelles couleurs de thèmes*.
2. Donnez un nom à votre jeu.
3. Modifiez les couleurs comme vous le désirez (voir Figure 4.64).
4. Cliquez sur *Enregistrer*.

Pour créer un jeu de polices :

1. Au bas de la liste des différents jeux de polices, cliquez sur *Nouvelles polices de thèmes*
2. Choisissez deux polices de votre choix, l'une pour les titres et l'autre pour le corps du texte (voir Figure 4.65).
3. Cliquez sur *Enregistrer*.

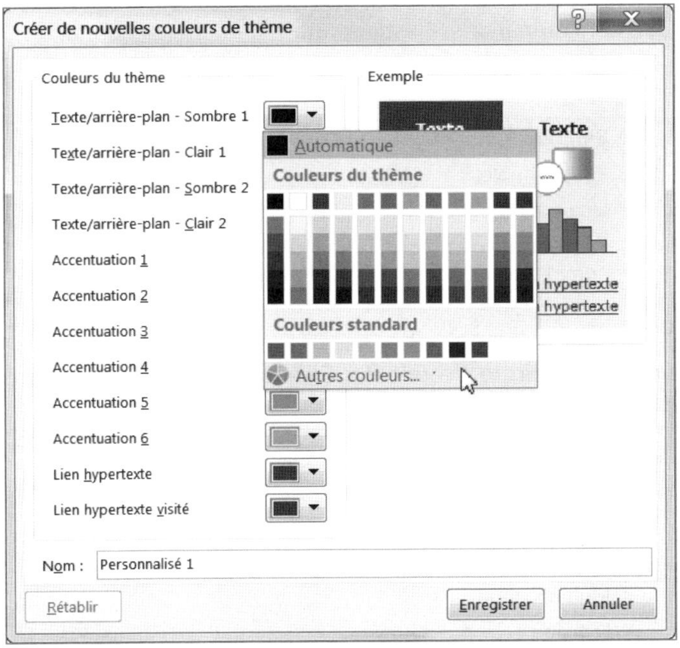

Figure 4.64
Créez votre propre jeu de couleur pour respecter une charte graphique.

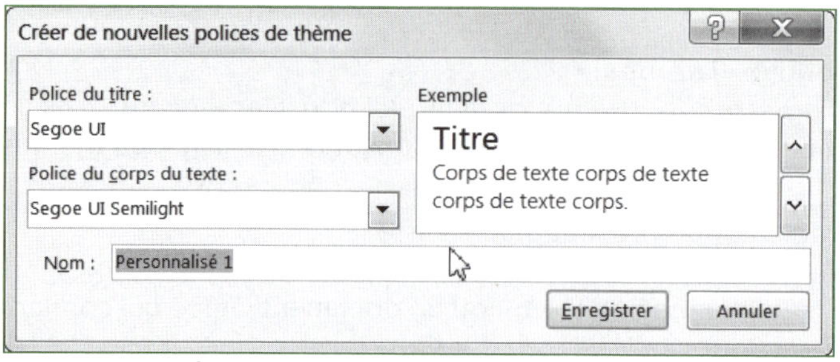

Figure 4.65
Créez votre jeu de polices personnel.

Formule

Une formule doit **toujours commencer par le signe égal** =.

Elle comprend également au moins deux des composants suivants :

- **Constante.** Une valeur de type nombre, texte ou date saisie directement au clavier.
- **Variable.** La référence à une ou plusieurs cellules.
- **Opérateur.** Voir le détail ci-après.
- **Fonction.** Formules prédéfinies dans Excel faisant référence à des nombres, des dates ou du texte.

Les opérateurs

De nombreux symboles sont utilisés par Excel pour réaliser différentes opérations arithmétiques, comparaisons ou concaténations. Il est important de bien les connaître.

Délimitation de zone

Opérateur	Exemple	Signification
:	B3:B7	Plage simple
;	B3:B7;C4:F12	Union de plages
Espace	B3:C7 C4:F12	Intersection de plages. Ici le résultat est C4:C7 (elles sont communes aux deux plages)

Opérateurs arithmétiques

Les opérateurs mathématiques ont un ordre de priorité. Excel effectue les opérations dans l'ordre indiqué dans le tableau ci-après.

Opérateur	Exemple	Signification
-	-5	Négation
%	10%	Pourcentage
^	5^2	Puissance
*	5*2	Multiplication
/	5/2	Division
+	5+2	Addition
-	5-2	Soustraction

Si une formule contient des opérateurs de même priorité, Excel traite les opérations de gauche à droite. En conséquence, si vous ne voulez pas vous tracasser, utilisez les parenthèses, qui permettent d'isoler les calculs, par exemple : =(4+3)*(8-5).

Texte

Opérateur	Exemple	Signification
&	B3&B7	Concaténation de texte
		Si en B3 vous avez "Bon" et en B7 "jour", le résultat sera "Bonjour"

Comparaison

Opérateur	Exemple	Signification
=	B3=B7	Égal
<>	B3<>B7	Différent
<	B3<B7	Inférieur
<=	B3<=B7	Inférieur ou égal
>	B3>B7	Supérieur
>=	B3>=B7	Supérieur ou égal

Les références

Dans vos formules, vous pouvez faire appel au contenu d'autres cellules :

- En les sélectionnant dans la même feuille (exemple : A1).
- En les sélectionnant dans une autre feuille de votre classeur (exemple : 'nom de la feuille'!A1).
- Ou encore en les sélectionnant dans un autre classeur (exemple : '[nom du classeur] nom de votre feuille'!$A$1).
- Mais également en utilisant des références nommées. Utilisez la touche **F3** (voir Figure 4.66) ou la commande *Utiliser dans la formule* du groupe *Noms définis* sur l'onglet ***Formules*** (voir Figure 4.67).

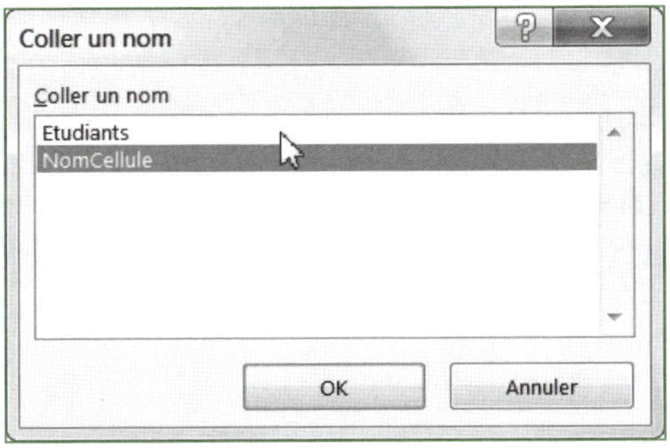

Figure 4.66
Utilisez la touche **F3** *pour insérer un nom de plage dans vos formules.*

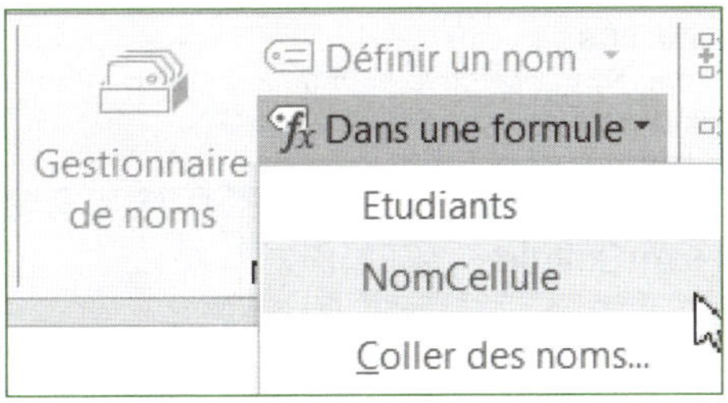

Figure 4.67

Saisie des références

Pour saisir des références dans une formule, vous pouvez :

- saisir la référence manuellement ;
- utiliser la souris pour sélectionner la ou les cellules.

Astuce

La saisie des références à la souris évite les erreurs de frappe. Si vous préférez la saisie manuelle, tapez votre formule en minuscules. Ainsi, vous pourrez vérifier les erreurs de saisie lors de la validation de la cellule : les références et fonctions passeront automatiquement en majuscules.

La gestion des références nommées

Faire référence à des plages nommées dans une formule est très utile dans Excel surtout depuis l'arrivée des tableaux et d'Excel Web App. En effet, en faisant référence à un nom de plage, vous n'avez pas à gérer les modifications d'ajout ou de suppression de lignes ; c'est votre plage nommée qui s'en charge.

Créer une plage nommée

Pour nommer une cellule ou une plage de cellule :

1. Sélectionnez vos cellules.
2. Saisissez le nom voulu (voir les règles de nommage) dans la *zone Nom* de la barre de formule (voir Figure 4.68).
3. Validez en appuyant sur la touche **ENTRÉE**.

Si votre nom est bien créé, il se trouve maintenant dans la liste des noms. Cliquez sur la flèche de la *zone Nom* pour visualiser tous les noms affectés à vos cellules (voir Figure 4.69). Vous pouvez agrandir cette zone un peu étroite en effectuant un cliquer-glisser sur les trois petits points situés à droite de la zone (voir Figure 4.70).

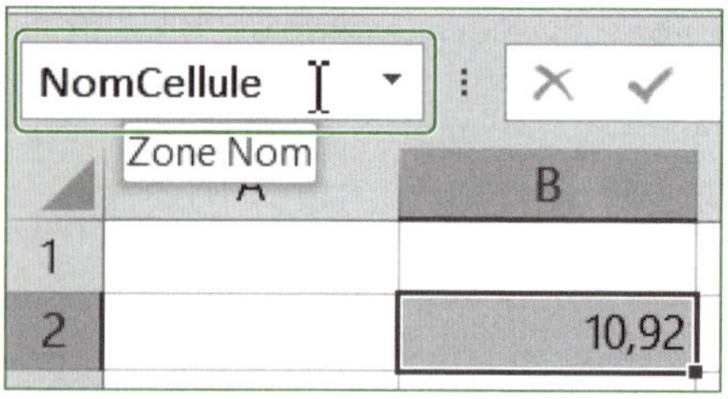

Figure 4.68
La zone Nom *affiche le nom de la plage au lieu de l'adresse de la cellule active.*

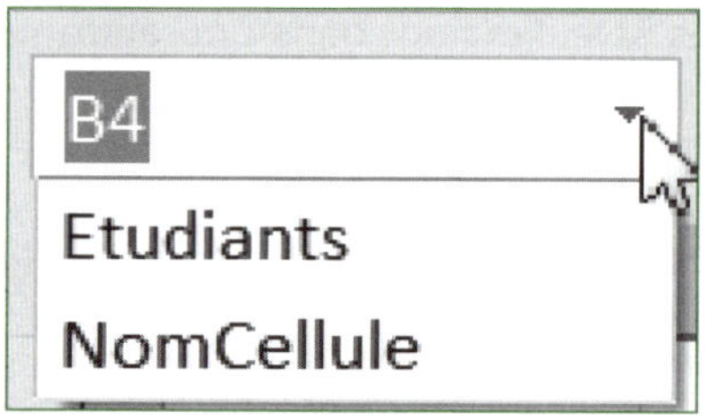

Figure 4.69

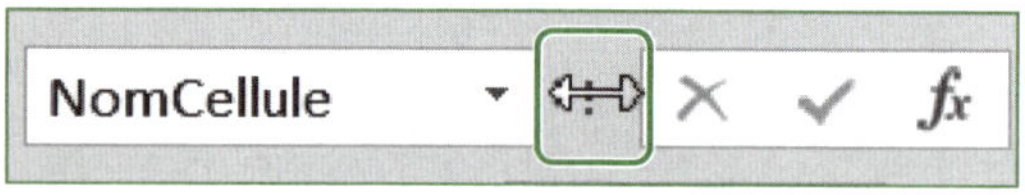

Figure 4.70
Vous pouvez agrandir ou diminuer la largeur de la zone Nom.

Boîte de dialogue Définir un nom

La boîte de dialogue ***Définir un nom*** propose plus de paramètres (voir Figure 4.71).

1. Sélectionnez la cellule ou la plage de cellules.
2. Cliquez sur *Définir un nom* (groupe *Noms définis* sur l'onglet ***Formules***).

3. Précisez la *Zone* de portée : *Classeur* (par défaut) ou une feuille du classeur. Si la zone que vous choisissez est une feuille de votre classeur, ce nom ne sera visible et utilisable que dans cette feuille.
4. Saisissez éventuellement un commentaire.
5. Dans la zone *Se réfère à* saisissez une référence de cellules, une formule ou une valeur. Cette zone **doit toujours commencer par le signe** =.

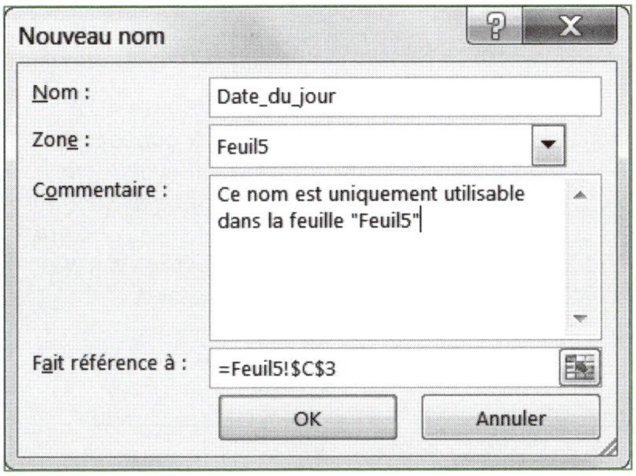

Figure 4.71
Lors de la création d'un nom de plage, si la zone que vous choisissez est une feuille de votre classeur, ce nom ne sera visible et utilisable que dans cette feuille.

Règles de nommage

Règle de syntaxe pour les noms :

- Le premier caractère doit être une lettre, un trait de soulignement (_) ou une barre oblique inversée (\).
- Les caractères suivants peuvent être des caractères alphanumériques (en minuscule ou majuscule), des points, des barres obliques inversées et des traits de soulignement.
- **Il ne doit pas y avoir d'espace**.
- Ils ne doivent pas être semblables à une adresse de cellules (A1 ou R1C1).
- Le nombre de caractères maximal est de 255.

Modification d'un nom

Pour modifier la référence d'un nom (voir Figure 4.72) :

1. Cliquez sur le bouton *Gestionnaire de noms* du groupe *Noms définis* (l'onglet ***Formules***).
2. Modifiez votre référence dans la zone *Se réfère à*.
3. Confirmez votre modification en cliquant sur le bouton de validation.

Vous pouvez également supprimer un nom grâce au bouton *Supprimer* de la boîte de dialogue de la Figure 4.72.

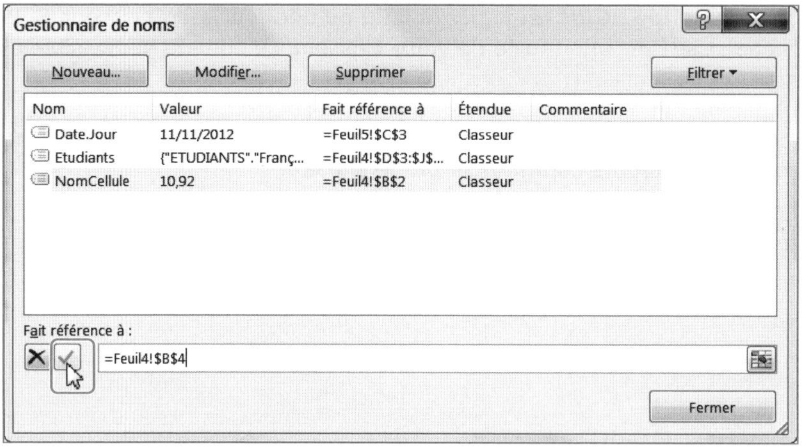

Figure 4.72
N'oubliez pas de valider la modification de la référence de votre nom de plage.

Les références relatives et absolues

Lorsqu'une cellule contenant une formule est copiée, Excel modifie instantanément les références utilisées.

Prenons l'exemple illustré à la Figure 4.73 ; ce tableau affiche les ventes sur plusieurs pays par trimestre. La cellule G3 représente la somme des ventes pour l'Italie. Lorsque la cellule G3 est recopiée sur la plage G4:G8, les références de la formule =SOMME**(C3:F3)** sont automatiquement ajustées. Ce qui nous permet d'avoir une formule cohérente pour chaque ligne.

Cette sorte de référence est appelée "référence relative", elle correspond en fait à un chemin par rapport à la cellule contenant la formule :

- En G3, faire référence à C3 indique que nous nous référons à la cellule située sur la même ligne et quatre colonnes à gauche.
- En G3, faire référence à F3 indique que nous nous référons à la cellule située sur la même ligne et une colonne à gauche.

Reprenons notre exemple et la formule de la cellule I3 ; celle-ci permet de connaître la part des ventes de l'Italie par rapport à l'ensemble des ventes.

Recopions cette cellule I3 sur la plage I4:I7 comme précédemment. Vous constatez cette fois que l'adaptation automatique des références de cellules ne convient pas du tout et provoque des erreurs.

En fait, pour chaque cellule de la plage I3:I7 le diviseur devrait toujours être la cellule G8. Nous devons donc figer la référence à cette cellule afin qu'elle ne se modifie pas lors d'une copie. Cette sorte de référence figée est appelée "référence absolue" et s'obtient en ajoutant le symbole $ devant la lettre de la colonne et/ou le numéro de ligne.

	Trim 1	Trim 2	Trim 3	Trim 4	Année	Année	Repartition	Repartition
Italie	1 256,00 €	2 560,00 €	1 394,00 €	3 152,00 €	8 362,00 €	=SOMME(C3:F3)	11,97%	=G3/G8
Espagne	4 562,00 €	3 658,00 €	4 250,00 €	1 850,00 €	14 320,00 €	=SOMME(C4:F4)	#DIV/0!	=G4/G9
Portugal	3 247,00 €	1 520,00 €	5 003,00 €	5 881,00 €	15 651,00 €	=SOMME(C5:F5)	#DIV/0!	=G5/G10
Belgique	4 250,00 €	1 850,00 €	2 560,00 €	3 250,00 €	11 910,00 €	=SOMME(C6:F6)	#DIV/0!	=G6/G11
Grande-Bretagne	6 580,00 €	4 560,00 €	3 250,00 €	5 210,00 €	19 600,00 €	=SOMME(C7:F7)	#DIV/0!	=G7/G12
TOTAUX	19 895,00 €	14 148,00 €	16 457,00 €	19 343,00 €	69 843,00 €	=SOMME(C8:F8)		

Figure 4.73

La recopie d'une cellule contenant une formule peut provoquer des erreurs si vous ne maîtriser pas la notion de références relatives, mixtes et absolues.

Son principe : le dollar fige ce qui se trouve juste à sa droite. Nous pouvons alors avoir $A$1 (référence absolue), $A1 ou A$1 (référence mixte).

Dans notre exemple, la formule en I3 doit être **=G3/$G$8** afin de pouvoir la recopier sur les autres cellules et conserver un résultat juste, comme sur la Figure 4.74.

	Trim 1	Trim 2	Trim 3	Trim 4	Année	Année	Repartition	Repartition
Italie	1 256,00 €	2 560,00 €	1 394,00 €	3 152,00 €	8 362,00 €	=SOMME(C3:F3)	11,97%	=G3/$G$8
Espagne	4 562,00 €	3 658,00 €	4 250,00 €	1 850,00 €	14 320,00 €	=SOMME(C4:F4)	20,50%	=G4/$G$8
Portugal	3 247,00 €	1 520,00 €	5 003,00 €	5 881,00 €	15 651,00 €	=SOMME(C5:F5)	22,41%	=G5/$G$8
Belgique	4 250,00 €	1 850,00 €	2 560,00 €	3 250,00 €	11 910,00 €	=SOMME(C6:F6)	17,05%	=G6/$G$8
Grande-Bretagne	6 580,00 €	4 560,00 €	3 250,00 €	5 210,00 €	19 600,00 €	=SOMME(C7:F7)	28,06%	=G7/$G$8
TOTAUX	19 895,00 €	14 148,00 €	16 457,00 €	19 343,00 €	69 843,00 €	=SOMME(C8:F8)		

Figure 4.74

Pour créer une référence absolue ou mixte, il est inutile de saisir au clavier les $, vous devez utiliser la touche **F4** soit directement lors de la saisie, soit *a posteriori* en procédant ainsi :

- Placez le point d'insertion, dans la barre de formule, sur l'adresse de la cellule ou plage concernée.
- Appuyez sur **F4.** À chaque pression de cette touche **F4** vous passez d'une référence relative à la référence absolue puis mixte et ainsi de suite.

Info

Utiliser un nom pour une cellule ou une plage équivaut à utiliser une référence absolue.

Calcul de vos formules

À chaque fois que vous modifiez la valeur d'une de vos cellules, seules les formules qui dépendent de cette cellule sont automatiquement calculées. Excel 2013 visualise les cellules impactées par une animation.

Si votre classeur contient un grand nombre de formules dépendantes ou de fonctions volatiles (se calculant à chaque fois comme **MAINTENANT** ou **ALEA**), voire contient des formules en liaison avec d'autres classeurs, le calcul automatique peut être long et vous gêner pendant l'élaboration de vos tableaux. En modifiant les options d'Excel, vous pouvez indiquer si ce calcul est à effectuer systématiquement ou à la demande.

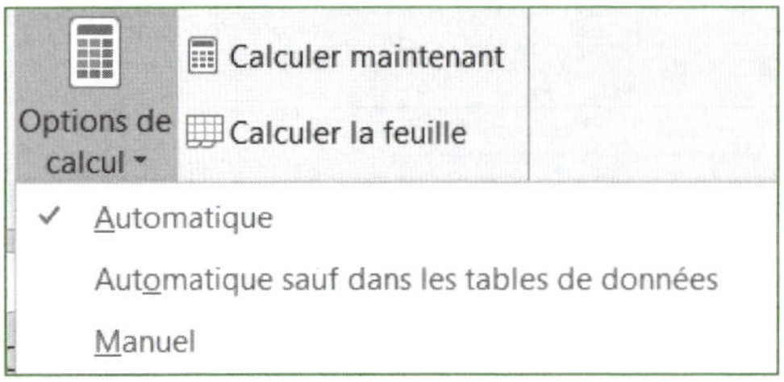

Figure 4.75
Les différentes options de calcul.

Sur l'onglet ***Formules***, dans le groupe *Calculer* :

1. Optez pour un calcul *Manuel*.
2. Lancez le calcul sur demande avec le bouton :
   - *Calculer maintenant* (ou la touche **F9**), qui calcule toutes les feuilles du classeur ;
   - *Calculer la feuille* (ou la combinaison de touches **MAJ+F9**).

La protection de ses formules

Dès qu'un classeur contient des formules et des cellules devant être régulièrement modifiées, vous risquez de supprimer ou d'écraser vos formules avec une erreur de saisie. Il est alors bon de protéger ces formules en respectant les étapes suivantes :

1. Sélectionnez les cellules devant rester modifiables après la protection.
2. Appelez le format de cellule (clic-droit).
3. Dans l'onglet ***Protection*** de cette fenêtre, décochez l'option *Verrouillée* pour chacune de ces cellules (voir Figure 4.76).
4. Puis sur l'onglet ***Révision***, groupe *Modifications*, cliquez sur *Protéger la feuille*.
5. Dans la fenêtre qui s'affiche (voir Figure 4.77), choisissez un mot de passe et les options que vous autorisez après la protection. Vous devrez confirmer votre mot de passe.

Attention !

N'oubliez pas votre mot de passe, sous peine de ne plus pouvoir modifier votre feuille. De plus, le mot de passe n'est pas obligatoire.

Vous pouvez également rendre vos formules invisibles quand votre feuille est protégée.

1. Sélectionnez les plages avec formule à protéger.
2. Appelez le format de cellule (clic-droit).
3. Cochez l'option *Masquée* dans l'onglet ***Protection*** de la fenêtre *Format de cellule* (voir Figure 4.76).
4. Protégez votre feuille.

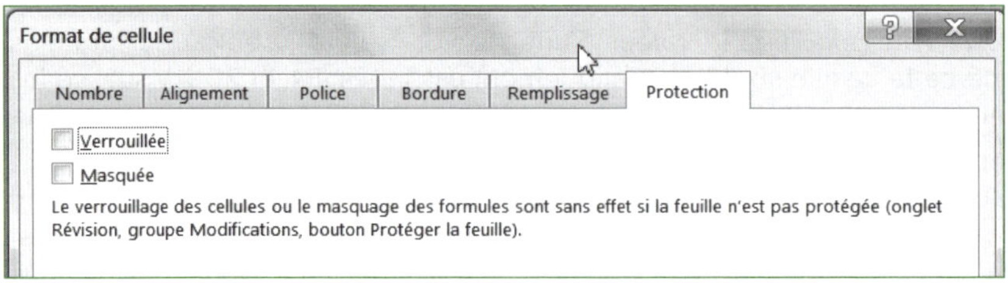

Figure 4.76

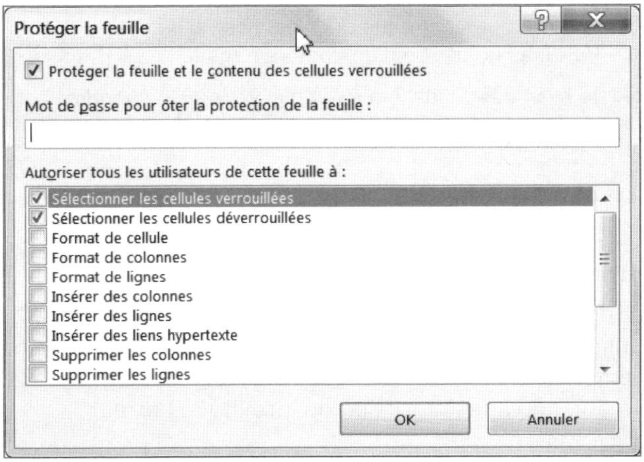

Figure 4.77
N'oubliez pas votre mot de passe, sous peine de ne plus pouvoir modifier votre feuille. De plus, le mot de passe n'est pas obligatoire.

La correction de vos formules

L'autocorrection d'Excel

Lorsque vous saisissez vous-même une formule, vous risquez de ne pas respecter la syntaxe attendue (par exemple oublier une ou plusieurs parenthèses). Dans ce cas de figure, Excel vous proposera directement une correction.

Dans bien des cas, la correction sera juste, mais prenez l'habitude de vérifier la formule corrigée.

Comprendre les codes d'erreur

Excel vous aide dans l'identification de la source de votre erreur en affichant un code d'erreur. Comprendre ces codes est donc indispensable pour repérer vos erreurs.

#####	La cellule n'est pas assez large pour afficher le nombre (ou la cellule contient une heure négative).
#VALEUR!	Un des arguments de la fonction ou de la formule n'est pas du bon type ou est manquant. Par exemple, vous essayez d'additionner une cellule contenant un nombre et une cellule contenant un texte : le texte n'est pas une valeur appropriée.
#DIV/0!	Vous essayez de diviser par zéro ou par une cellule vide (équivalant à la valeur 0), ce qui est impossible.
#NOM!	La formule fait référence à un nom n'existant pas ou vous avez fait une erreur de saisie quant au nom d'une fonction.
#N/A!	Non disponible (***not available***) ou Pas de réponse (***no answer***). Vous retrouvez souvent cette erreur avec les fonctions RECHERCHEV, INDEX, EQUIV si les fonctions n'ont pas trouvé de données correspondantes.
#NUL!	La formule fait référence à une intersection de plages qui ne correspond à rien. Cette erreur arrive lorsque vous tapez une plage en mettant une espace entre les deux noms de cellule au lieu des deux-points. Par exemple =SOMME(C3 C4) au lieu de =SOMME(C3:C4).

#NOMBRE!	Une référence contient une valeur numérique qui n'est pas valide. Par exemple, vous demandez la racine carrée d'un nombre négatif.
#REF!	Une référence de cellule n'est pas valide. Par exemple, vous avez supprimé une cellule à laquelle une formule faisait référence.

Relire une formule dans la barre de formule

Lorsque vous rencontrez une valeur d'erreur, ou un résultat incohérent, votre premier réflexe doit être la vérification des références de cellules.

Éditez votre formule en cliquant dans la barre de formule ou appuyez sur la touche **F2**. Les références des cellules sont aussitôt colorées dans la formule et également dans la feuille (fond et bordure). Dans l'exemple de la Figure 4.78, vous pouvez constater que la plage B3:B13 n'a pas la même taille que la plage A3:A14, ce qui provoque l'erreur.

Pour corriger la taille de vos plages, il suffit :

- de cliquer sur l'un des carrés, aux angles de la plage, puis de glisser pour l'agrandir ou la diminuer ;
- de cliquer sur l'un des bords de la plage, puis de glisser pour déplacer la sélection de la plage.

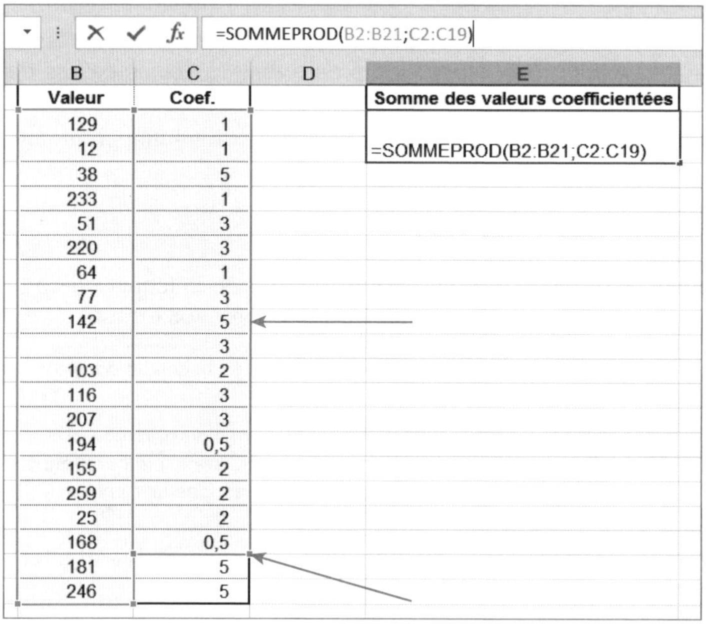

Figure 4.78
Pour corriger votre formule, éditez votre formule avec un clic dans la barre de formule ou la touche **F2.**

Corriger une formule contenant une ou plusieurs fonctions

Lorsqu'une formule contient plusieurs fonctions imbriquées, il est parfois difficile de la comprendre et de la corriger. Pour vous aider, vous pouvez utiliser la commande *Insertion de fonction* :

1. Cliquez dans la barre de formule **sur le nom de la fonction** que vous voulez vérifier.

2. Cliquez sur le bouton *fx*. La fenêtre *Arguments de fonction* s'affiche aussitôt avec les paramètres de la fonction préalablement sélectionnée.
3. Sans quitter cette fenêtre, cliquez sur une autre fonction. La boîte de dialogue affiche alors les arguments de cette nouvelle fonction, et la fonction s'affiche en gras dans la barre de formule. Vous pouvez ainsi vérifier les arguments de chacune des fonctions en cliquant sur son nom dans la barre de formule.

Sur cette fenêtre (voir Figure 4.79), les arguments sont séparés les uns des autres ; de plus, à droite de ces derniers vous visualisez leur résultat. Sous l'ensemble de ces arguments, le résultat de la fonction s'affiche et enfin, en bas à gauche, vous voyez le résultat de la formule complète.

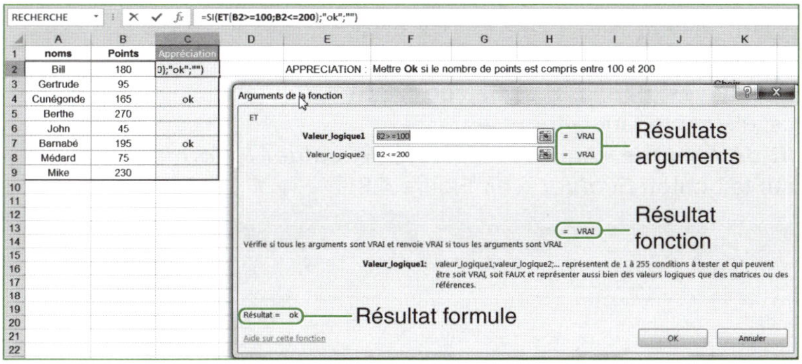

Figure 4.79
La fenêtre Arguments des fonctions *affiche les résultats de chaque argument ainsi que celui de la fonction et de la formule.*

Audit de formules

Lorsque vous devez reprendre le classeur dont vous n'êtes pas l'auteur ou que vous avez créé il y a bien longtemps, il peut être difficile d'en comprendre le fonctionnement et encore plus de certaines formules. Vous pouvez alors tenter de repérer les cellules sources des formules ou les cellules contenant une formule dépendante.

Sur l'onglet ***Formules***, groupe *Audit de formules*, deux commandes vous aident à repérer les dépendances et les antécédents grâce à des flèches.

1. Positionnez-vous sur une cellule contenant une formule liée à d'autres cellules.
2. Cliquez sur le bouton *Dépendants* pour tracer les flèches depuis les cellules liées ou le bouton *Antécédents* pour tracer les flèches vers les cellules liées.

Chaque clic sur ces boutons permet d'atteindre le niveau précédent ou suivant.

Pour effacer ces flèches, utilisez l'une des commandes du bouton *Supprimer les flèches*.

Pour compléter l'analyse de vos formules, vous pouvez utiliser la commande *Afficher la formule* dans le groupe *Audit de formule*. Celle-ci remplace sur la feuille active les résultats des formules par les formules elles-mêmes (raccourci clavier **Ctrl+"**).

Évaluation de formules

Pour corriger vos formules, vous pouvez également utiliser l'évaluation de formules. Cette commande permet d'évaluer pas à pas une formule.

Prenons par exemple une formule qui doit calculer la TVA après l'application d'une remise de la Figure 4.80. Vous avez saisi la formule :

```
=HT-Remise*TxTva
```

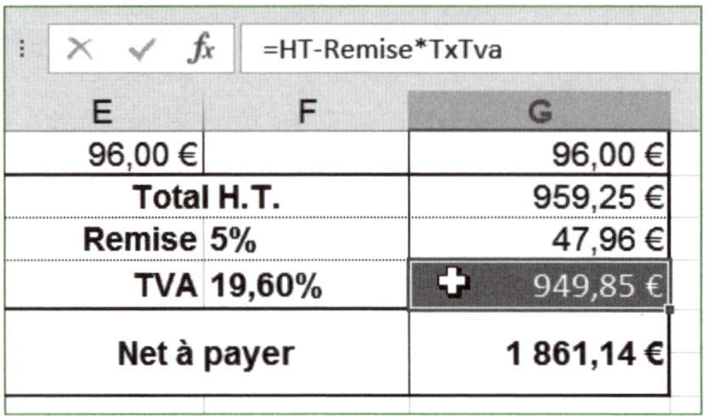

Figure 4.80
Une formule erronée à corriger.

Le résultat de cette formule est 948,85 € au lieu de 178,61 €. Pourquoi ?

1. Sélectionnez la cellule contenant la formule.
2. Sur l'onglet ***Audit de formule***, cliquez sur le bouton *Évaluer la formule*.
3. Cliquez ensuite sur le bouton *Évaluer* (voir Figure 4.81).

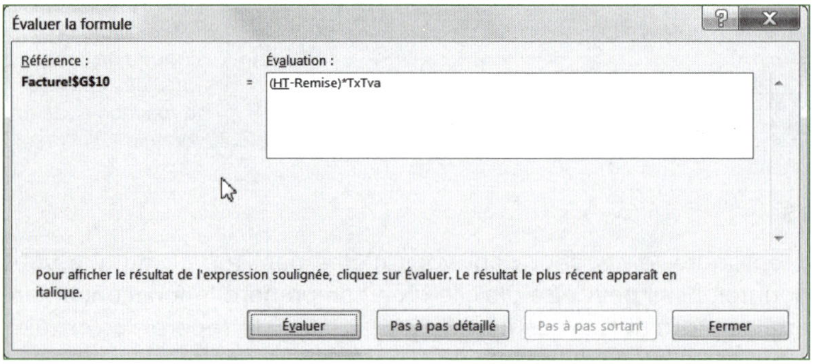

Figure 4.81

Les trois premiers clics sur ce bouton vont simplement remplacer les références de cellule par leurs valeurs numériques. Au quatrième clic, la multiplication sera calculée et affiche son résultat, le cinquième clic évalue la soustraction.

Vous constatez que la première opération calculée par Excel est la multiplication, comme nous l'avons vu dans le paragraphe "Opérateur". Pour notre calcul de TVA, nous devrions d'abord soustraire la remise au total HT avant d'appliquer le taux de TVA.

Afin d'indiquer à Excel de commencer le calcul par la soustraction, nous allons ajouter des parenthèses autour de ce calcul, ce qui donne :

```
=(HT-Remise)*TxTva
```

La réévaluation de cette formule montre que la formule respecte désormais les règles de priorité des opérateurs ; le résultat est maintenant juste.

Vous pouvez également évaluer une partie de votre formule directement dans la barre de formule avec la touche de raccourci **F9 :**

1. Sélectionnez la partie que vous voulez évaluer dans la barre de formule (voir Figure 4.82).

2. Appuyez sur la touche **F9** (voir Figure 4.83).

Le résultat s'affiche aussitôt dans votre barre de formule à la place de votre sélection.

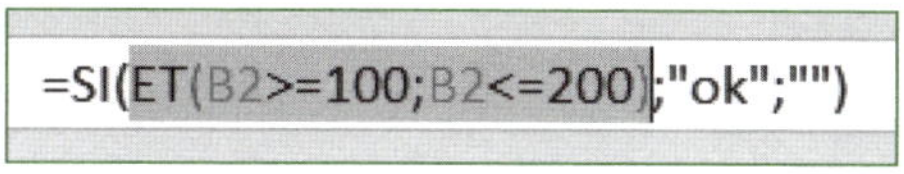

Figure 4.82
Pour évaluer une partie de votre formule, sélectionnez juste une partie de votre formule et utilisez la touche **F9**.

Figure 4.83

> **Attention !**
>
> Ne validez pas avec la touche **ENTRÉE**. En effet, ceci aurait pour effet de conserver le résultat et non plus la formule. Pour quitter sans valider, appuyez sur la touche **ECHAP**.

Impression et mise en page

Aperçu

La lecture d'un tableau Excel se fait souvent à l'écran, mais vous aurez parfois besoin de l'imprimer. Vous ne devez donc pas négliger la mise en page afin d'avoir la meilleure présentation possible de votre document et d'éviter les impressions inutiles qui vont directement à la poubelle.

Le premier geste à avoir est donc l'aperçu écran : dans le menu ***Fichier*** cliquez sur *Imprimer*.

Dans cette fenêtre, vous pouvez effectuer les premiers réglages (voir Figure 4.84) :

- Vérifier la taille des feuilles.
- Modifier éventuellement l'orientation.
- Changer les marges en choisissant des marges standard : normales, larges, étroites.
- Régler l'échelle de votre impression (voir Figure 4.85) :
  - *Pas de mise à l'échelle.*
  - *Ajuster la feuille à une page*. Toute la zone d'impression de la feuille est réduite proportionnellement pour tenir sur une seule page.
  - *Ajuster toutes les colonnes à une page*. La taille de l'impression est réduite afin que l'ensemble des colonnes tienne sur une page ; le nombre de pages pour les lignes est ajusté proportionnellement.
  - *Ajuster toutes les lignes à une page*. Cette fois, l'impression est ajustée sur une page en hauteur et le nombre de pages est adapté proportionnellement au nombre de colonnes existantes.

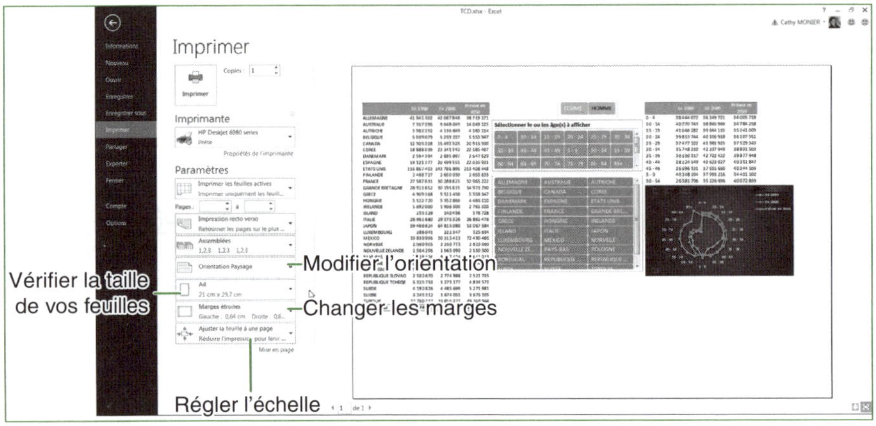

Figure 4.84
La page Impression, *vous permet de visualiser instantanément un aperçu écran et certaines options d'impression.*

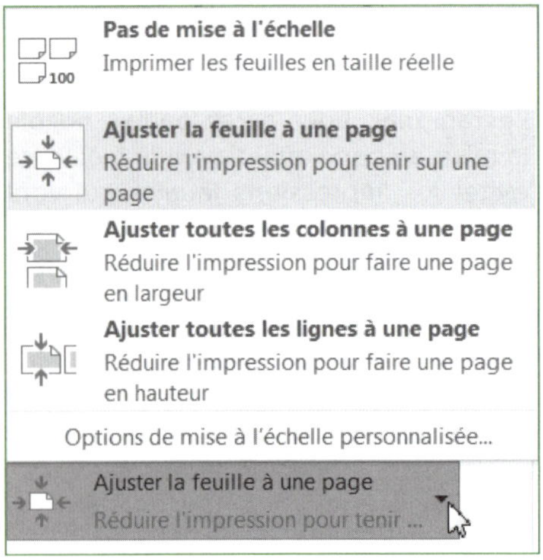

Figure 4.85
Avec cette option, toute la zone d'impression de la feuille est réduite proportionnellement pour tenir sur une seule page.

L'onglet ***Mise en page*** (voir Figure 4.86) offre plusieurs options de mise en page. Il est important de faire les bons choix selon la taille et la disposition de vos tableaux à imprimer.

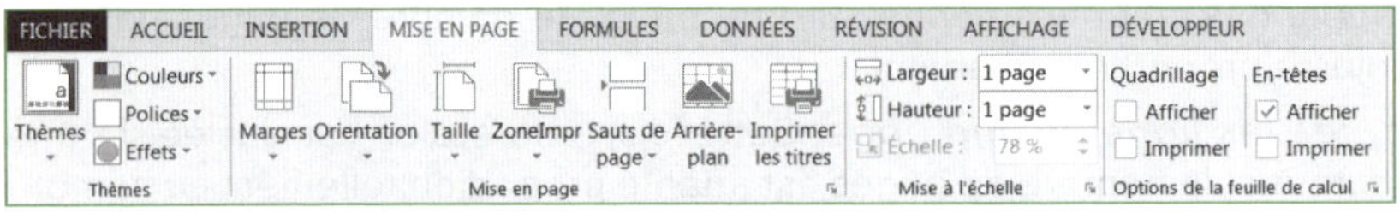

Figure 4.86

Zone d'impression

Si vous ne voulez imprimer qu'une partie de votre feuille :

1. Sélectionnez la plage à imprimer avant de lancer l'impression.
2. Dans la fenêtre d'impression (***Fichier*** > *Imprimer*), choisissez *Imprimer la sélection* dans le premier des paramètres (voir Figure 4.87).

Cette solution est pratique mais, si vous devez répéter systématiquement cette action, il sera plus aisé de régler au préalable la zone d'impression :

1. Sélectionnez la plage à imprimer.
2. Cliquez sur la commande *Définir* da la commande *ZoneImpr* (voir Figure 4.88). La commande *Annuler* permet d'effacer toutes les zones d'impression déjà définies.

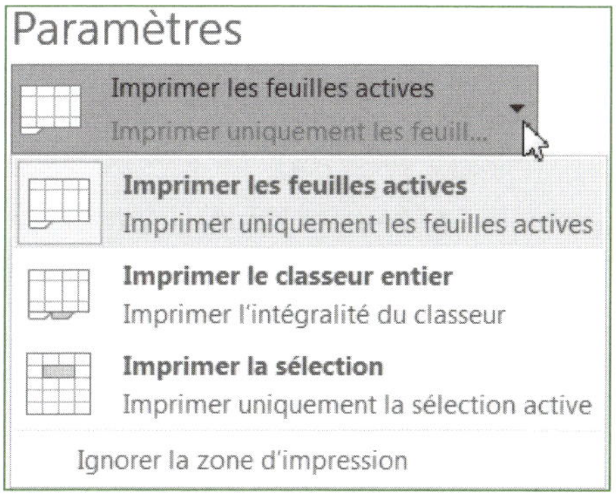

Figure 4.87
*Pour n'imprimer qu'une partie de la feuille, dans la fenêtre d'impression (***Fichier** > Imprimer*), choisissez* Imprimer la sélection.

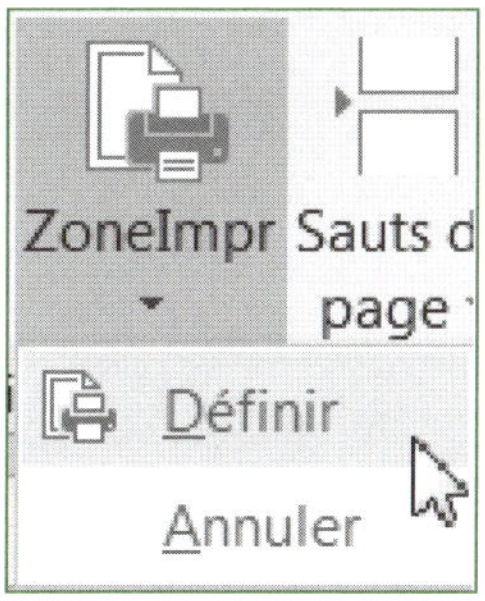

Figure 4.88
La commande Définir *du bouton* ZoneImpr *permet de définir la zone imprimable d'une feuille.*

Cette commande *Définir* permet également d'imprimer plusieurs plages non contiguës d'une feuille :

1. Sélectionnez vos plages avec la touche **Ctrl**.
2. Sélectionnez *Définir* de *ZoneImpr*.

Attention !

Chacune de ces plages sera imprimée sur une page différente.

Le réglage de l'*Orientation* doit être votre première étape :

- *Portrait.* Présente votre impression verticalement.
- *Paysage.* Présente votre impression horizontalement.

Bien souvent, il est également utile d'ajuster la taille des *Marges*. La commande correspondante propose trois préréglages :

- *Normal* ;
- *Larges* ;
- *Étroites*.

Bien qu'exprimées en centimètres, les dimensions sont en fait traduites depuis le pouce (mesure américaine, 1 pouce est égal à 2,54 cm). Si vous préférez des dimensions arrondies au décimètre (1,5 ou 2,5), choisissez la commande *Marges personnalisées*.

Échelle

L'étape suivante pour votre mise en page dépend de la taille de la zone à imprimer :

- Trop petite et vous voulez lui donner plus d'importance sur votre feuille, ajustez l'*Échelle* :
  1. Affichez un aperçu de l'impression.
  2. Refermez-le, afin de visualiser les lignes pointillées grises indiquant la limite des pages sur la feuille Excel.
  3. Augmentez l'échelle (voir Figure 4.89) petit à petit tout en vérifiant que votre tableau rentre à l'intérieur de ces lignes grisées.
- Trop grande pour l'imprimer sur une page, ajustez la *Largeur* et/ou la *Hauteur* en indiquant un nombre de pages imposé (voir Figure 4.90). Si votre tableau est vraiment trop grand pour tenir sur une page en largeur et/ou une page en hauteur, vous réglerez plus finement le nombre de pages en utilisant les sauts de page.

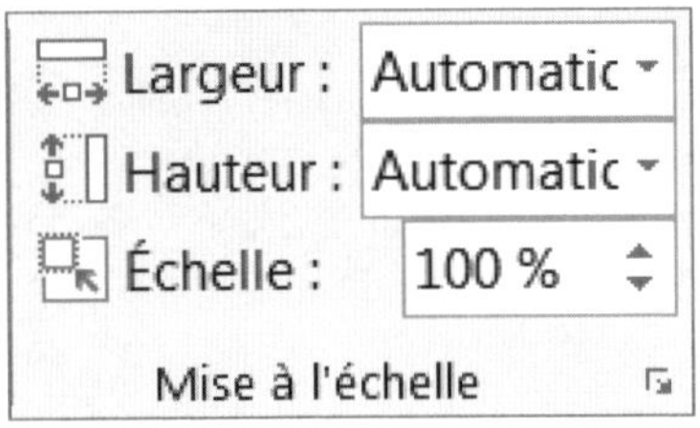

Figure 4.89

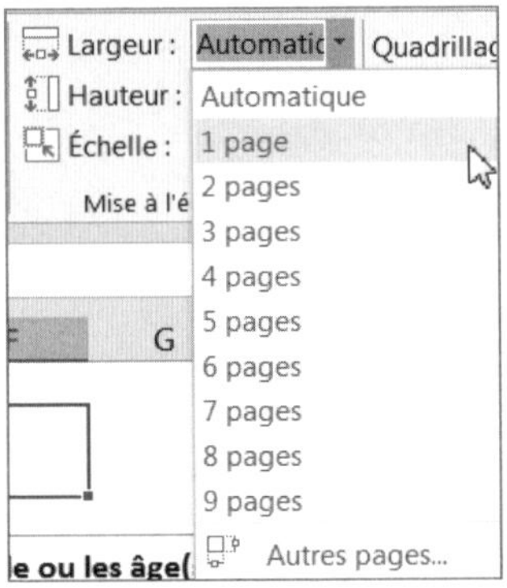

Figure 4.90
Pour ajuster votre zone d'impression à une ou plusieurs pages, ajustez la Largeur *et/ou la* Hauteur.

Les sauts de page

Régler les sauts de page

Excel règle les sauts de page automatiquement mais vous pouvez définir ces sauts de page comme vous l'entendez. Pour cela, basculez en mode d'affichage *Aperçu des sauts de page* en cliquant sur le bouton *Aperçu des sauts de page* situé sur la barre d'état ou sur le bouton *Avec sauts de page* de l'onglet ***Affichage***.

La feuille de calcul apparaît alors légèrement diminuée. Tout ce qui n'est pas compris dans la zone d'impression est grisé. Les sauts de page manuels sont représentés par des lignes en pointillé bleu. De plus, le numéro de page est inscrit en filigrane sur chaque feuille.

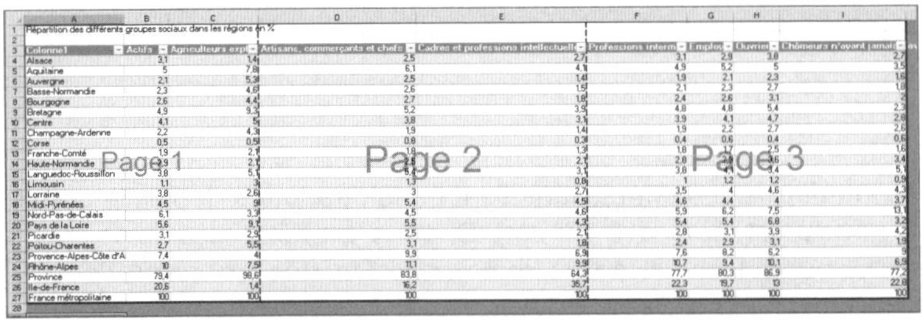

Figure 4.91
Le mode d'affichage Aperçu des sauts de pages *affiche les sauts de pages automatiques en pointillé et les sauts manuels en ligne continu.*

Modifier les sauts de page

Vous pouvez modifier l'ordre des pages, en changeant l'option correspondante dans la fenêtre de *Mise en page :*

1. Cliquez sur le bouton *Imprimer les titres* de l'onglet ***Mise en page***.
2. Choisissez l'option qui vous convient :
   – *Vers le bas puis à droite ;*
   – *À droite puis vers le bas.*

Pour régler les sauts de page, il suffit d'agir comme suit :

1. Cliquez sur l'un des traits représentant un saut de page.
2. Glissez sans relâcher la souris vers sa nouvelle position.

La nouvelle position du saut de page est indiquée par un trait bleu continu et épais.

Supprimer les sauts de page

Pour supprimer un saut de page manuel :

1. Effectuez un clic-droit sur une cellule située juste à droite d'un saut de page (pour un saut de page vertical) ou en dessous d'un saut de page (pour un saut de page horizontal).
2. Choisissez *Supprimer le saut de page*.

Sur ce menu contextuel, la commande *Rétablir tous les sauts de page* supprime tous les sauts de page manuels ; vous retrouvez alors l'ensemble des lignes discontinues bleues.

Pour revenir en mode normal, cliquez sur le bouton *Normal* de la barre d'état ou sur le bouton correspondant sur l'onglet ***Affichage***.

Ajouter des titres

Dès que vous aurez réglé vos sauts de page, visualisez l'impression avec *un aperçu avant impression*. Vous constaterez dans la plupart des cas que certaines pages sont difficiles à identifier car elles se retrouvent sans titre. Pour ajouter un titre à vos pages :

1. Cliquez sur le bouton *Imprimer les titres* de l'onglet ***Mise en page***.
2. Cliquez dans la zone *Lignes à répéter en haut* (voir Figure 4.92).
3. Sélectionnez les lignes sur votre feuille à afficher en titre sur toutes les pages.
4. Cliquez dans la zone *Colonnes à répéter à gauche*.
5. Sélectionnez les colonnes à afficher à gauche de toutes les pages.

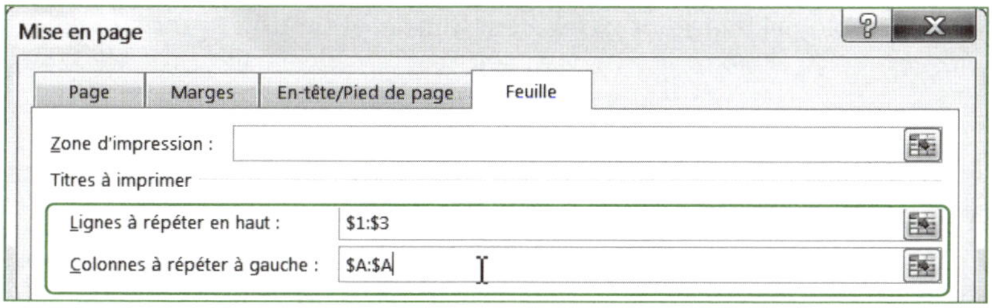

Figure 4.92
Pour ajouter un titre à vos pages, indiquez les lignes et/ou colonnes à répéter sur chaque page.

Ajouter des en-têtes et pieds de page

Dès que vous avez besoin de répéter la même donnée en haut ou en bas de chaque page de votre impression, utilisez des en-têtes et pieds de page. Leur gestion est plus aisée en affichage de type *Mise en page*.

Chaque en-tête et pied de page est subdivisé en trois parties (gauche, centre et droite) ; placez votre curseur dans l'une de ces zones et saisissez ensuite votre propre texte ou l'un des éléments proposés sur l'onglet ***Création***, *Outils En-têtes et pieds de page* (voir Figure 4.93).

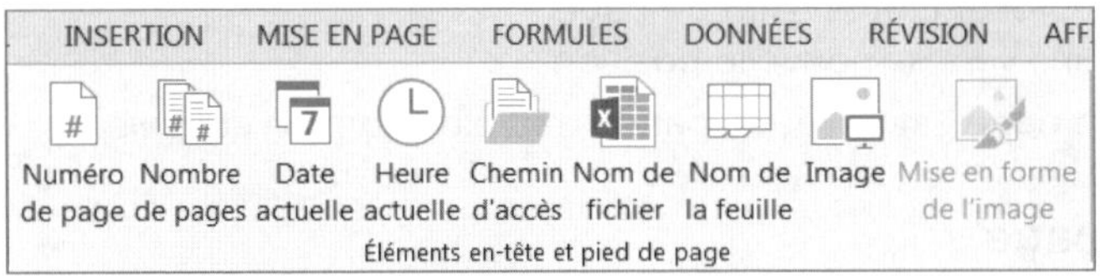

Figure 4.93

Quel que soit ce que vous aurez saisi dans ces zones, vous pouvez le mettre en forme en utilisant l'onglet ***Accueil***.

Numérotation

Pour saisir une numérotation de page du style "1/3, 2/3, 3/3", cliquez sur le bouton *Numéro de page*, saisissez la barre de division puis cliquez sur le bouton *Nombre de page*. Il s'affiche alors "&[Page]/&[Pages]", mais dès que vous cliquez sur une cellule cette numérotation est mise à jour.

Image

Pour ajouter un logo, cliquez sur le bouton ***Images***. Le code "&[Picture]" s'affiche dans la zone d'en-tête ou pied de page.

Pour voir l'image vous devez cliquer sur une cellule de votre feuille. Vous pouvez régler la taille de l'image en cliquant sur le bouton *Format de l'image* de l'onglet ***Création***, *Outils En-têtes et pieds de page*.

Sur cette fenêtre, l'onglet *Image* propose quelques réglages supplémentaires :

- *Rognage* ;
- *Couleur (*automatique, gris, noir et blanc, filigrane) ;
- *Luminosité* ;
- *Contraste* ;
- *Compresser*. Indispensable si l'image originelle est lourde et un peu grande.

Options

À droite de l'onglet ***Création***, *Outils En-têtes et pieds de page,* quatre options permettent de créer une mise en page digne de celle que vous trouvez dans Word :

- *Première page différente* afin de créer un en-tête différent pour la première page.
- *Pages paires et impaires différentes* permet d'insérer un en-tête ou un pied de page différent sur les pages paires ou impaires. Dès que vous cliquez dans un en-tête ou un pied de page, un commentaire s'affiche au-dessus pour vous indiquer si vous êtes sur la première page ou une page paire ou impaire.

- *Mettre à l'échelle du document* pour que la taille de la police et l'échelle des en-têtes et pieds de page soient dépendantes ou non de l'échelle de la feuille de calcul. Si vous imprimez plusieurs feuilles de votre classeur et que vous vouliez obtenir un affichage cohérent sur toutes ces pages, désactivez cette case à cocher.
- *Aligner sur les marges de pages*. Si vous laissez cette coche, les marges de l'en-tête et du pied de page seront alignées à gauche et à droite sur celles de la feuille. Dans le cas contraire, les marges de l'en-tête et du pied de page seront similaires de chaque côté de votre feuille (même si les marges gauche et droite ne sont pas de même taille) ; par contre, ces marges ne sont pas définissables.

Analyse rapide

Nouveaute EXCEL 2013

Beaucoup d'utilisateurs ne savent pas comment faire une analyse dans Excel, hésitent à tester les nouvelles fonctionnalités ou ne savent tout simplement pas ce qu'Excel peut faire. De ce fait, ils ne savent pas toujours ce qu'ils veulent ou peuvent faire avec leurs données.

L'analyse rapide va vous montrer tout simplement les outils les plus adaptés pour illustrer vos données. Dès que vous sélectionnez une plage contenant des données une lentille s'affiche (voir Figure 4.94).

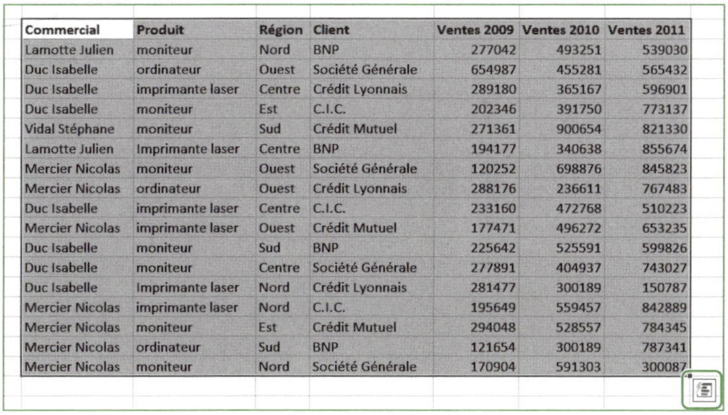

Commercial	Produit	Région	Client	Ventes 2009	Ventes 2010	Ventes 2011
Lamotte Julien	moniteur	Nord	BNP	277042	493251	539030
Duc Isabelle	ordinateur	Ouest	Société Générale	654987	455281	565432
Duc Isabelle	imprimante laser	Centre	Crédit Lyonnais	289180	365167	596901
Duc Isabelle	moniteur	Est	C.I.C.	202346	391750	773137
Vidal Stéphane	moniteur	Sud	Crédit Mutuel	271361	900654	821330
Lamotte Julien	Imprimante laser	Centre	BNP	194177	340638	855674
Mercier Nicolas	moniteur	Ouest	Société Générale	120252	698876	845823
Mercier Nicolas	ordinateur	Ouest	Crédit Lyonnais	288176	236611	767483
Duc Isabelle	imprimante laser	Centre	C.I.C.	233160	472768	510223
Mercier Nicolas	imprimante laser	Ouest	Crédit Mutuel	177471	496272	653235
Duc Isabelle	moniteur	Sud	BNP	225642	525591	599826
Duc Isabelle	moniteur	Centre	Société Générale	277891	404937	743027
Duc Isabelle	Imprimante laser	Nord	Crédit Lyonnais	281477	300189	150787
Mercier Nicolas	imprimante laser	Nord	C.I.C.	195649	559457	842889
Mercier Nicolas	moniteur	Est	Crédit Mutuel	294048	528557	784345
Mercier Nicolas	ordinateur	Sud	BNP	121654	300189	787341
Mercier Nicolas	moniteur	Nord	Société Générale	170904	591303	300087

Figure 4.94

Cliquez sur cette lentille ; une bulle vous propose alors différentes analyses :

- La mise en forme conditionnelle de vos données (voir Figure 4.95).

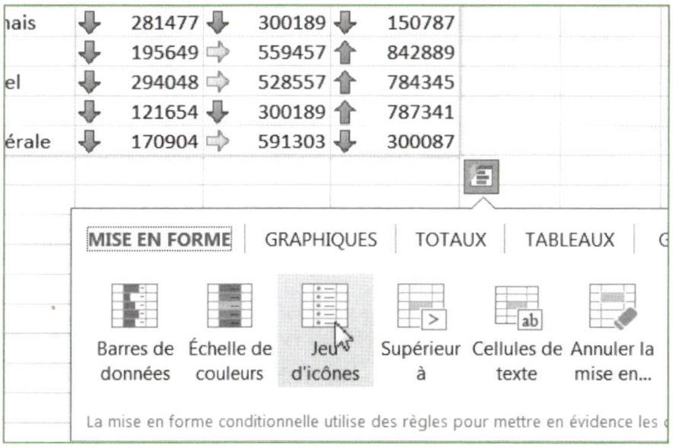

Figure 4.95

- **L'ajout d'un graphique**, éventuellement de type Graphique croisé dynamique. Excel analyse votre tableau et affiche cinq graphiques différents. Le type et la disposition des séries dans ces cinq graphiques dépendent de votre tableau. Excel effectue une analyse rapide et propose ce qui lui semble le plus cohérent (voir Figures 4.96, 4.97, 4.98).

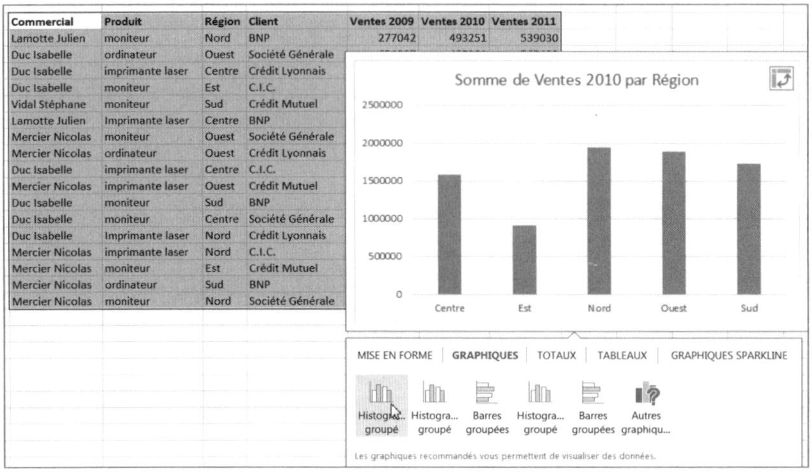

Commercial	Produit	Région	Client	Ventes 2009	Ventes 2010	Ventes 2011
Lamotte Julien	moniteur	Nord	BNP	277042	493251	539030
Duc Isabelle	ordinateur	Ouest	Société Générale			
Duc Isabelle	imprimante laser	Centre	Crédit Lyonnais			
Duc Isabelle	moniteur	Est	C.I.C.			
Vidal Stéphane	moniteur	Sud	Crédit Mutuel			
Lamotte Julien	imprimante laser	Centre	BNP			
Mercier Nicolas	moniteur	Ouest	Société Générale			
Mercier Nicolas	ordinateur	Ouest	Crédit Lyonnais			
Duc Isabelle	imprimante laser	Centre	C.I.C.			
Mercier Nicolas	imprimante laser	Ouest	Crédit Mutuel			
Duc Isabelle	moniteur	Sud	BNP			
Duc Isabelle	moniteur	Centre	Société Générale			
Duc Isabelle	imprimante laser	Nord	Crédit Lyonnais			
Mercier Nicolas	imprimante laser	Nord	C.I.C.			
Mercier Nicolas	moniteur	Est	Crédit Mutuel			
Mercier Nicolas	ordinateur	Sud	BNP			
Mercier Nicolas	moniteur	Nord	Société Générale			

Figure 4.96
L'analyse rapide propose ici un tableau croisé dynamique.

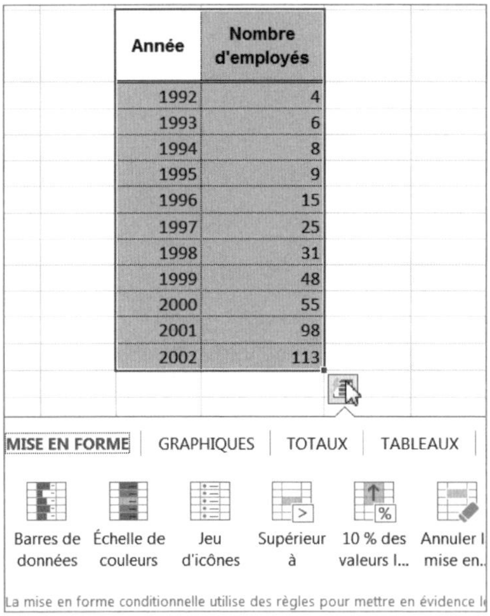

Année	Nombre d'employés
1992	4
1993	6
1994	8
1995	9
1996	15
1997	25
1998	31
1999	48
2000	55
2001	98
2002	113

Figure 4.97

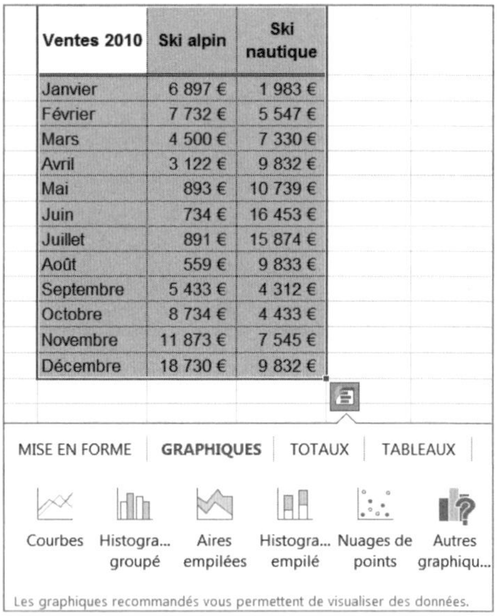

Ventes 2010	Ski alpin	Ski nautique
Janvier	6 897 €	1 983 €
Février	7 732 €	5 547 €
Mars	4 500 €	7 330 €
Avril	3 122 €	9 832 €
Mai	893 €	10 739 €
Juin	734 €	16 453 €
Juillet	891 €	15 874 €
Août	559 €	9 833 €
Septembre	5 433 €	4 312 €
Octobre	8 734 €	4 433 €
Novembre	11 873 €	7 545 €
Décembre	18 730 €	9 832 €

Figure 4.98
Excel effectue une analyse rapide et propose 5 graphiques qui lui semblent les plus adaptés à vos données.

- **L'ajout de totaux** en bas de colonnes ou à droite des données (voir Figure 4.99).
- **La mise sous forme de tableaux** ou **l'analyse sous forme de tableau croisé dynamique** (voir Figure 4.100). Si votre tableau ne permet pas la création d'un tableau

croisé dynamique, vous n'aurez que le choix de formater vos données sous forme de tableau ou de créer un tableau croisé dynamique vierge.

- **L'ajout de Sparklines** à votre tableau de données (voir Figure 4.101) ; vous avez le choix entre les trois types de Sparklines. Ceux-ci s'ajoutent systématiquement à droite de votre tableau et analysent l'ensemble de vos données ligne par ligne.

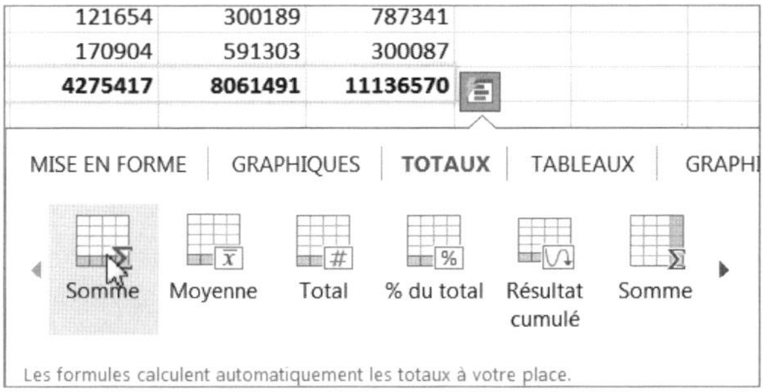

Figure 4.99
L'analyse rapide propose des totaux en bas des colonnes ou à droite des lignes.

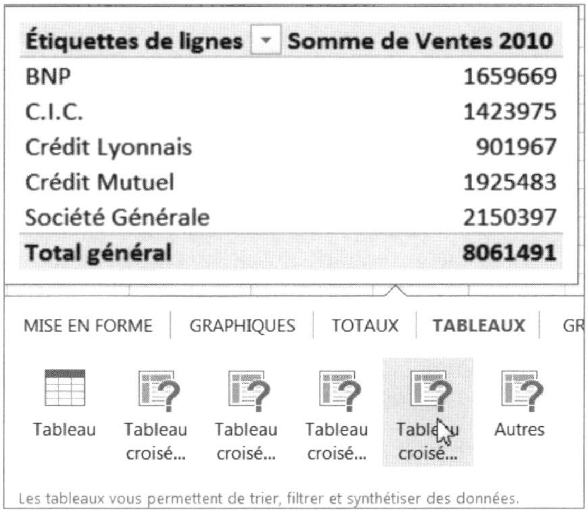

Figure 4.100

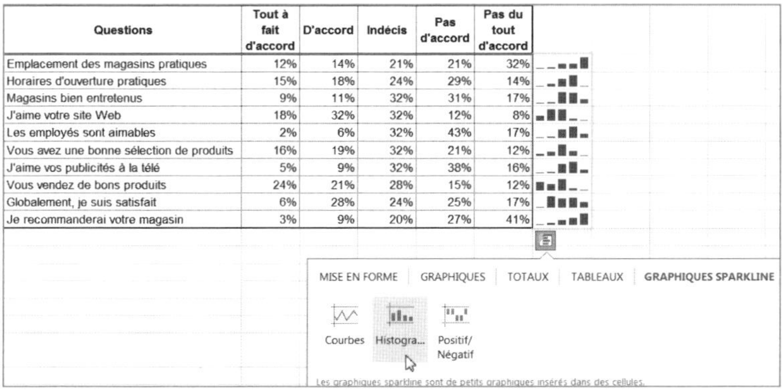

Questions	Tout à fait d'accord	D'accord	Indécis	Pas d'accord	Pas du tout d'accord
Emplacement des magasins pratiques	12%	14%	21%	21%	32%
Horaires d'ouverture pratiques	15%	18%	24%	29%	14%
Magasins bien entretenus	9%	11%	32%	31%	17%
J'aime votre site Web	18%	32%	32%	12%	8%
Les employés sont aimables	2%	6%	32%	43%	17%
Vous avez une bonne sélection de produits	16%	19%	32%	21%	12%
J'aime vos publicités à la télé	5%	9%	32%	38%	16%
Vous vendez de bons produits	24%	21%	28%	15%	12%
Globalement, je suis satisfait	6%	28%	24%	25%	17%
Je recommanderai votre magasin	3%	9%	20%	27%	41%

Figure 4.101
L'analyse rapide ajoute des Sparklines à droite de votre tableau pour analyser l'ensemble de vos données ligne par ligne.

Quelle que soit l'analyse proposée par Excel avec cet outil, vous trouverez des explications détaillées de ces fonctionnalités dans cet ouvrage.

Les Sparklines

Les Sparklines sont des micrographiques s'insérant dans une seule cellule d'Excel. Ils apportent du sens dans vos tableaux de données chiffrées pour les analyser d'un seul coup d'œil. Trois types de Sparklines sont proposés :

- *Courbes*. Visualisation de la tendance.
- *Histogramme*. Visualisation des volumes (avec identification des valeurs maximales et minimales).
- *Positif/Négatif*. Visualisation des valeurs positives et négatives.

Création

Pour intégrer un Sparkline dans une cellule, vous devez agir comme suit :

1. Sélectionnez la cellule destinatrice du Sparkline.
2. Sur l'onglet ***Insertion***, cliquez sur la commande correspondant à l'un des Sparklines.
3. Cliquez dans la zone de saisie *Plage de données*.
4. Sélectionnez la plage de cellules contenant les données à analyser par le Sparkline (voir Figure 4.102).

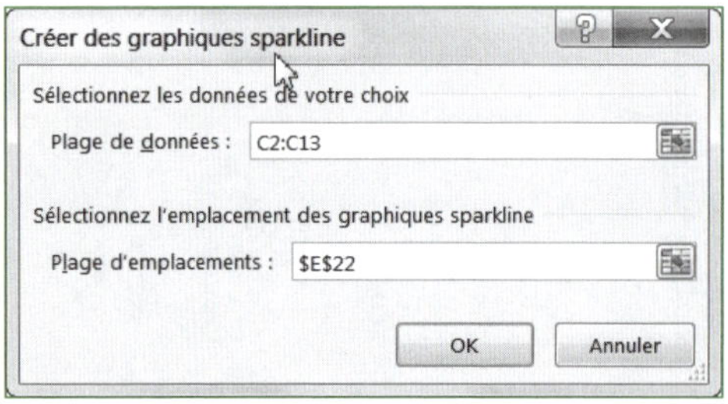

Figure 4.102

Astuce !

Bien souvent vous créerez vos Sparklines sur la même feuille que les données source. Si vous désirez l'insérer dans une autre feuille, placez-vous dans la feuille destinatrice du Sparkline, puis insérez-le comme ci-dessus. En effet, vous pouvez saisir une autre feuille dans la zone de saisie de la *Plage de données*, mais pas dans la zone de saisie de la *Plage d'emplacements*.

Mois	Budget	Réel	Différence
Janvier	4696	6724	-2028
Février	3393	2284	1109
Mars	2208	3060	-852
Avril	3984	3097	887
Mai	4678	3102	1576
Juin	1530	1179	351
Juillet	2970	3532	-562
Août	4935	3555	1380
Septembre	2718	3799	-1081
Octobre	2989	2446	543
Novembre	4420	5639	-1219
Décembre	897	646	251

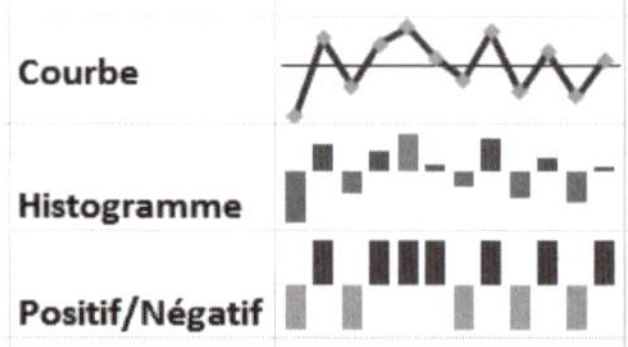

Figure 4.103
Les 3 types de Sparklines apportent du sens dans vos tableaux de données chiffrées pour les analyser d'un seul coup d'œil.

Vous pouvez améliorer l'apparence de vos Sparklines avec les paramètres proposés sur l'onglet ***Création*** de l'onglet d'*Outils Sparklines*.

Personnalisation

Des données masquées

Dès que vous masquerez des données (lignes ou colonnes), le Sparkline ne les prendra plus en compte. Pour afficher malgré tout l'ensemble des données sur le Sparkline :

1. Sélectionnez la cellule contenant le Sparkline.
2. Cliquez sur le bouton *Modifier les données* de l'onglet ***Outils Sparkline*** > ***Création.***
3. Puis sur l'option *Cellules masquées et vides*.
4. Cochez *Afficher les données des lignes et colonnes masquées*.

Dans cette fenêtre, vous pouvez également opter pour :

- *Valeur zéro* pour afficher une valeur nulle au lieu d'un intervalle vide ;
- *Relier les points de données par une courbe*.

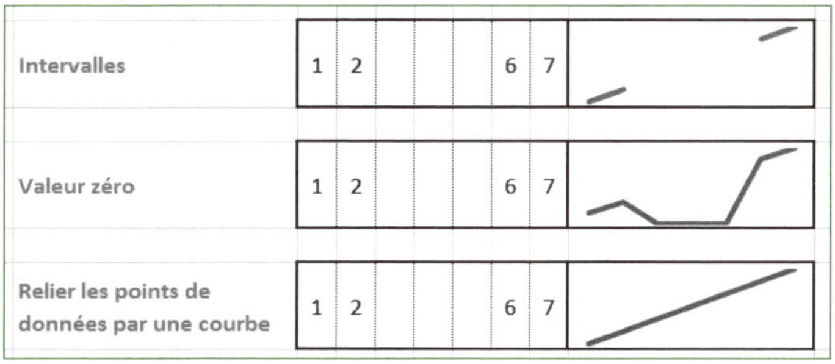

Figure 4.104
Vous pouvez gérer différemment les valeurs nulles dans votre Sparkline.

Modifier le type

Après la création d'un Sparkline, vous pouvez modifier son type en sélectionnant l'une des trois icônes sur l'onglet ***Création*** de l'onglet d'***Outils Sparklines*** :

- *En courbes ;*
- *Histogramme ;*
- *Positif/négatif.*

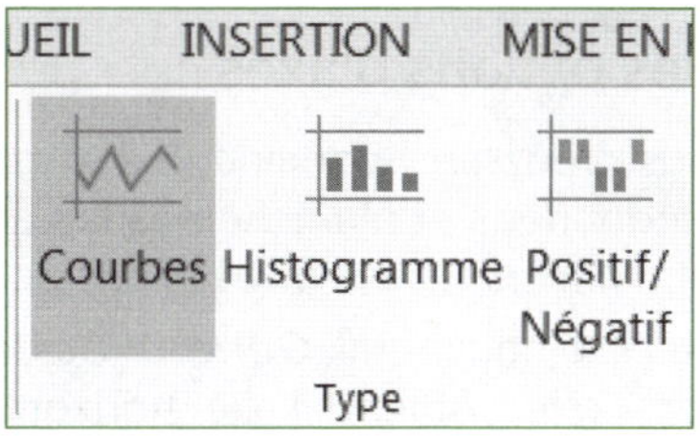

Figure 4.105

Modifier les couleurs

Vous pouvez modifier la couleur de vos Sparklines en choisissant simplement un *Style* dans l'onglet d'***Outils Sparklines***.

Vous pouvez choisir une autre couleur que celle de votre thème de classeur et préciser l'épaisseur de la courbe en cliquant sur le bouton *Couleur Sparklines* (voir Figure 4.106).

Parmi les paramètres des Sparklines vous pouvez choisir d'afficher des marqueurs caractéristiques comme (voir Figure 4.107) :

- le plus haut ;
- le plus bas ;
- les négatifs (coché par défaut pour le type Positif/négatif) ;
- le premier ;
- le dernier.

Chacun de ces points peut également être coloré à votre convenance en utilisant la commande *Couleur de marque* (voir Figure 4.108).

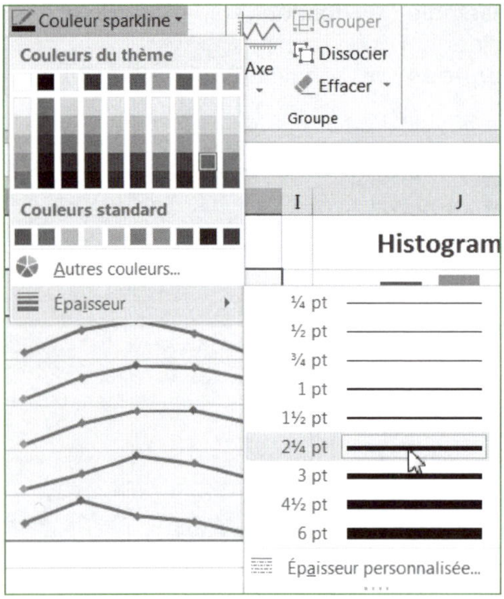

Figure 4.106

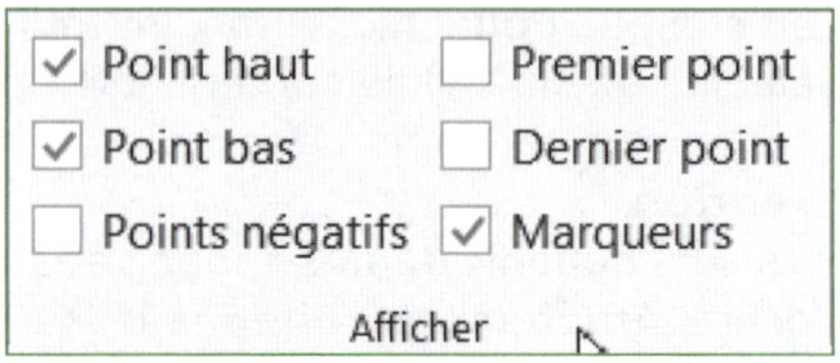

Figure 4.107
Vous pouvez afficher des marqueurs spécifiques sur vos Sparklines.

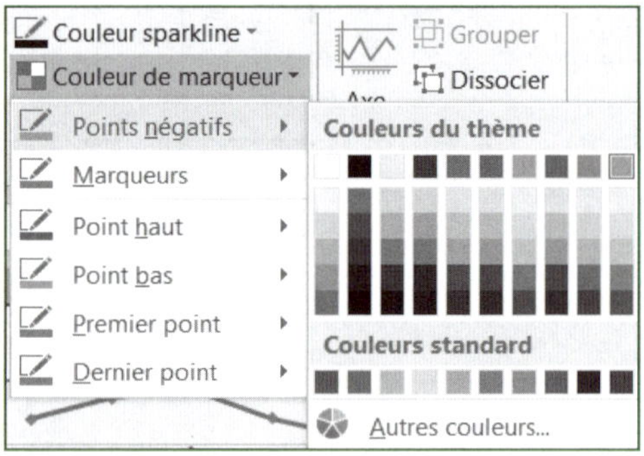

Figure 4.108

Utiliser les options d'axes

Quand vous créez un Sparkline, Excel calcule automatiquement la mise à l'échelle de l'axe des ordonnées et n'affiche pas les axes. La commande *Axe,* sur l'onglet ***Création*** de l'onglet d'***Outils Sparklines***, vous permet de régler quelques options sur ces axes :

- Type de l'axe horizontal. *Général* ou de *type date*.
- *Afficher l'axe*. Affiche l'axe horizontal. Dans le cas d'un histogramme vous ne visualiserez cet axe que si vous avez des valeurs négatives (voir Figure 4.109).
- *Tracer les données de droite à gauche*. Inverse l'affichage du graphique (voir Figure 4.110).
- *Valeur minimale de l'axe vertical* et *Valeur maximale de l'axe vertical*. En imposant une valeur minimale pour l'axe vertical, vous supprimez l'affichage des valeurs inférieures à la valeur imposée. En imposant une valeur maximale, vous affichez à la même taille maximale toutes les valeurs supérieures ou égales à la valeur imposée (voir Figure 4.111).

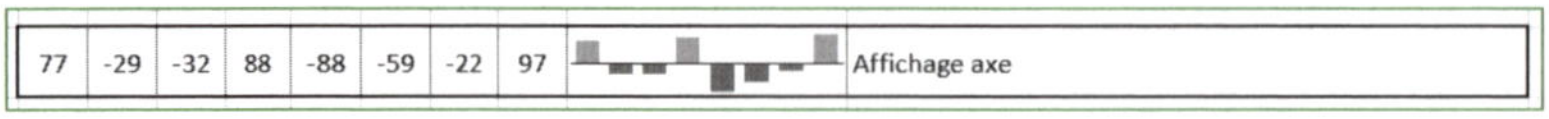

Figure 4.109

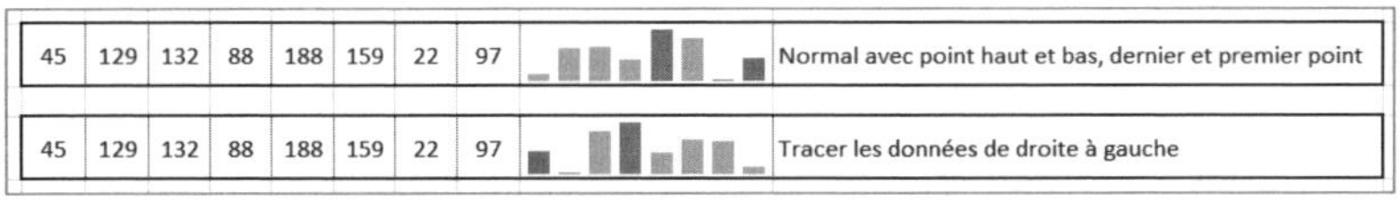

Figure 4.110

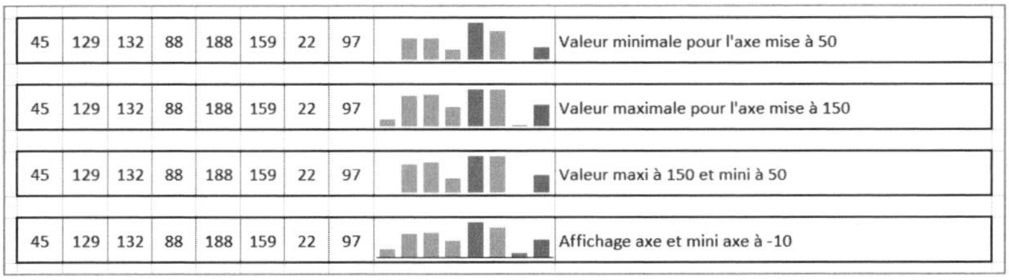

Figure 4.111

Lorsque votre tableau affiche des données dont les abscisses sont des dates (voir Figure 4.112), celles-ci peuvent ne pas suivre une parfaite chronologie. Un Sparkline affichera par défaut l'ensemble des données en continu (Axe normal sur la Figure 4.113). Mais, si vous désirez visualiser les dates manquantes, vous devez modifier le type d'axe :

1. Cliquez sur le menu **Création** > *Axe*.
2. Sélectionnez *Type de l'axe de date…*
3. Dans la fenêtre qui s'affiche, sélectionnez la plage contenant les dates. Pour les jours n'existant pas dans le tableau il n'y a donc aucune donnée ; un espace vide est alors affiché (Axe de type date sur la Figure 4.113).

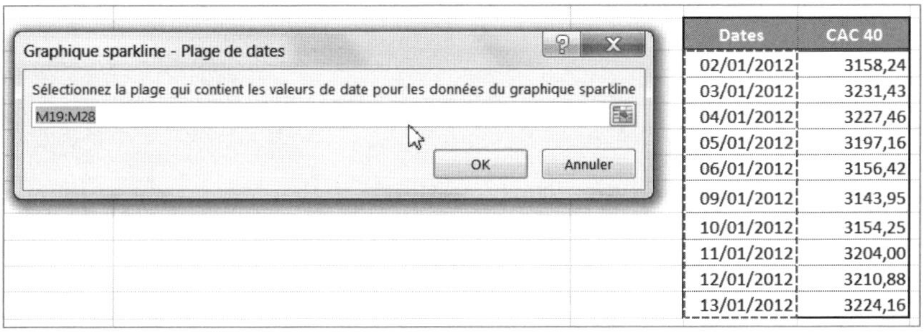

Figure 4.112
Pour visualiser un axe de type chronologique dans un Sparkline, modifiez le type de l'axe et sélectionnez la plage contenant ces dates.

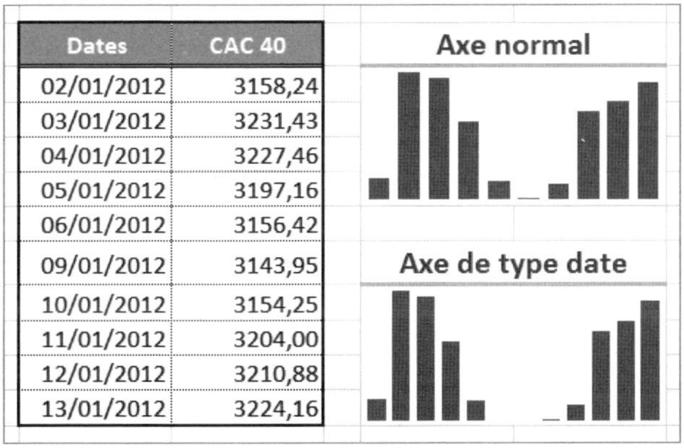

Figure 4.113
Avec un axe de type Date, les dates n'ayant aucune donnée sont visualisées par un espace vide.

Grouper ou Dissocier

Lorsque vous créez une série de Sparklines dans une plage, ceux-ci sont considérés comme un groupe. La plupart des options que vous choisirez seront automatiquement appliquées à l'ensemble de ces Sparklines. Si vous voulez modifier une option uniquement à l'un des Sparklines et non au groupe, dissociez-le des autres à l'aide du bouton *Dissocier* de l'onglet d'**Outils Sparklines**.

Concernant la valeur minimale et maximale de l'axe vertical de ces Sparklines, vous pouvez demander à ce qu'elles soient *Identiques pour tous les graphiques* (sur **Création** > *Axe*). Vous pouvez ainsi mieux comparer les lignes entre elles. Dans l'exemple de la Figure 4.114, la première colonne d'Histogramme ne permet pas d'indiquer que les valeurs de "Wall Street 30" sont particulièrement plus élevées que les autres contrairement à la deuxième colonne.

2012	janv	févr	mars	avr	mai	Histogramme	Même valeur maximale et minimale pour le groupe
CAC 40	3 249,49	3 418,60	3 492,69	3 256,47	3 108,11		
BEL 20	2 155,58	2 265,75	2 312,83	2 248,80	2 148,65		
Wall Street 30	12 535,40	12 869,04	13 063,45	13 023,46	12 833,16		
Nasdaq Composite	2 737,27	2 924,72	3 031,81	3 036,82	2 922,14		
Nikkei Index	8 592,96	9 220,63	9 972,52	9 640,32	9 031,40		
Or	1 649,08	1 744,17	1 677,31	1 652,08	1 600,05		

Figure 4.114
Choisissez l'option valeurs minimales et valeurs maximales Identiques pour tous vos Sparklines afin de mieux les comparer entre eux.

Supprimer un Sparkline

Il n'est pas possible de supprimer un Sparkline en appuyant simplement sur la touche **SUPPR** après avoir sélectionné la cellule le contenant. Pour effacer un Sparkline :

1. Allez sur l'onglet **Création** des *Outils Sparklines*.
2. Cliquez sur l'icône *Effacer*.

Selon le choix que vous ferez ensuite vous pourrez effacer :

- les seuls Sparklines sélectionnés ;
- le groupe entier de Sparklines.

Exercices

***Retrouvez les fichiers d'exercices et leurs corrigés sur le site compagnon* http://moneformation.pearson.fr**

Un planning

Téléchargez le classeur "4-01 Planning.xlsx". Créez le planning illustré à la Figure 4.115, sans effectuer d'autres saisies que celles existantes. Utilisez les fonctions :

- copier-coller ;
- incrémentation d'une série ;
- styles de cellules ;
- mise en forme à l'aide de police, bordure et fond ;
- largeur de colonne et hauteur de ligne.

Préparez la mise en page afin que votre tableau tienne sur une seule feuille. Cette mise en page doit comprendre :

- Un logo, que vous pouvez récupérer sur le site, en haut et à droite de la feuille.
- La mention "Imprimé le" en bas de page. Indiquez une date devant être mise à jour automatiquement, puis la mention "- par" et notez votre nom. À droite, faites en sorte que le chemin et le nom du fichier s'inscrivent automatiquement.

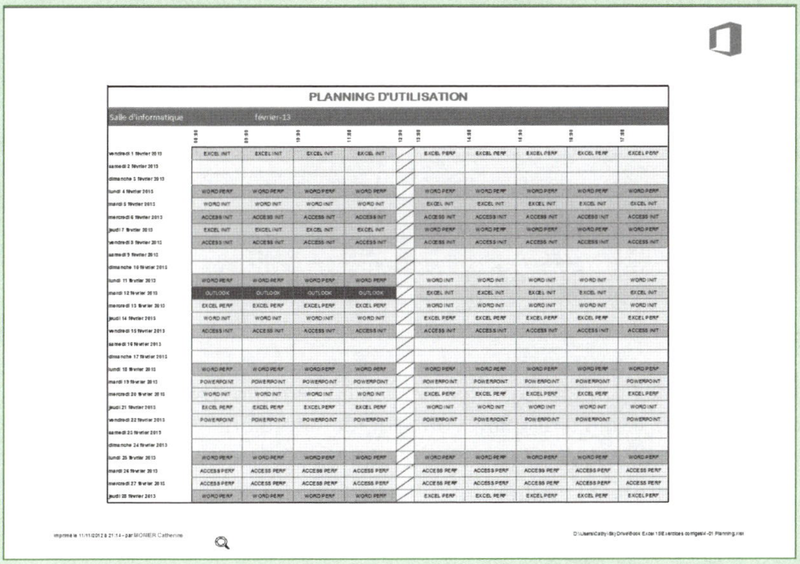

Figure 4.115

Chiffre d'affaires

Téléchargez le classeur "4-02 Formules.xls", feuille "CA". Dans cet exercice, vous calculerez le chiffre d'affaires à partir d'un prix unitaire par article et d'un nombre d'articles vendus. Mettez en forme le tableau comme illustré à la Figure 4.116).

		Prix unitaire	JANVIER	FEVRIER	MARS	MONTANT
FEMMES	Jupes	25,50 €	1 000	1 200	1 300	89 250,00 €
	Chemisiers	15,90 €	3 000	3 500	3 800	163 770,00 €
	Manteaux	75,00 €	900	750	600	168 750,00 €
Total FEMMES			**4 900**	**5 450**	**5 700**	**421 770,00 €**
HOMMES	Pantalons	35,90 €	1 200	1 500	2 000	168 730,00 €
	Vestes	53,90 €	2 700	2 900	3 100	468 930,00 €
	Chemises	32,00 €	750	800	850	76 800,00 €
Total HOMMES			**4 650**	**5 200**	**5 950**	**714 460,00 €**
TOTAL			**9 550**	**10 650**	**11 650**	**1 136 230,00 €**

Figure 4.116

Salaire des commerciaux

Téléchargez le classeur "4-02 Formules.xls", feuille "Salaires Commerciaux". Les commerciaux sont rémunérés selon un fixe et une commission de 20 % du montant des ventes. De plus, les frais kilométriques leur sont remboursés selon un coût de 0,30 € du km.

Calculez le coût du salaire de chacun par rapport à ses ventes. Faites les calculs et mettez en forme selon la Figure 4.117.

Fixe 1 500,00 € — *Cout Km* 0,30 €

Taux Commission 20%

Représentants	Ventes	Km effectués	Commission	Remboursement Frais Km	Salaire	Coût
Raoul	5 000,00 €	1 250	1 000,00 €	375,00 €	**2 875,00 €**	57,50%
Alfred	8 000,00 €	3 560	1 600,00 €	1 068,00 €	**4 168,00 €**	52,10%
Julius	12 000,00 €	2 540	2 400,00 €	762,00 €	**4 662,00 €**	38,85%
Paulo	25 000,00 €	3 700	5 000,00 €	1 110,00 €	**7 610,00 €**	30,44%
Carlos	6 000,00 €	950	1 200,00 €	285,00 €	**2 985,00 €**	49,75%
Betty	30 000,00 €	1 570	6 000,00 €	471,00 €	**7 971,00 €**	26,57%
César	20 000,00 €	4 220	4 000,00 €	1 266,00 €	**6 766,00 €**	33,83%

Figure 4.117

Bilan des ventes

Téléchargez le classeur "4-02 Formules.xls", feuille "Calcul Prix de vente". Vous devez analyser les ventes effectuées le mois dernier. Votre tableau contient :

- le code des produits ;
- les coûts unitaires de ces produits (matière première et production).
- Le coefficient de vente que vous devez appliquer est de 2,5 et le taux de TVA, de 19,6 %. Créez un tableau pour calculer :
- le prix de vente unitaire hors taxe ;
- le montant de la TVA ;
- le prix de vente public.

Mettez-le en forme comme illustré à la Figure 4.118.

	A	B	C	D	E	F
1				**Coeff vente**	2,5	
2				**Taux TVA**	19,60%	
3						
4		**Coûts**				
5	**Code Produit**	**Matière première**	**Production**	**Prix Unitaire HT**	**Montant TVA**	**Prix TVA Public**
6	OK842	5,27 €	9,57 €	37,10 €	7,27 €	44,37 €
7	QU171	5,13 €	7,23 €	30,90 €	6,06 €	36,96 €
8	QR551	7,92 €	11,42 €	48,35 €	9,48 €	57,83 €
9	IY870	5,31 €	7,21 €	31,30 €	6,13 €	37,43 €
10	CE606	7,56 €	12,46 €	50,05 €	9,81 €	59,86 €
11	NA667	6,77 €	11,27 €	45,10 €	8,84 €	53,94 €
12	VV716	7,43 €	8,93 €	40,90 €	8,02 €	48,92 €
13	BR740	5,57 €	10,27 €	39,60 €	7,76 €	47,36 €
14	LF053	3,22 €	6,32 €	23,85 €	4,67 €	28,52 €
15	TL855	2,01 €	5,51 €	18,80 €	3,68 €	22,48 €
16	AK350	4,15 €	6,35 €	26,25 €	5,15 €	31,40 €
17	PB095	6,91 €	9,41 €	40,80 €	8,00 €	48,80 €
18	ZA144	5,57 €	7,97 €	33,85 €	6,63 €	40,48 €
19	AT807	8,74 €	12,64 €	53,45 €	10,48 €	63,93 €
20	PV877	3,03 €	7,83 €	27,15 €	5,32 €	32,47 €
21	TF471	8,18 €	13,08 €	53,15 €	10,42 €	63,57 €
22	JW775	7,11 €	9,41 €	41,30 €	8,09 €	49,39 €
23	QF765	3,57 €	6,87 €	26,10 €	5,12 €	31,22 €

Figure 4.118

Catalogue de prix

Téléchargez le classeur "4-02 Formules", feuille "Catalogue". Vous devez concevoir le catalogue d'une entreprise. Dans ce dernier, à partir des prix d'achat HT, d'un coefficient de vente et du taux de TVA, calculez le prix de vente public TTC selon l'illustration de ce même tableau à la Figure 4.119.

	A	B	C	D	E	F
1	**Catalogue des prix de l'entreprise BRICOLOR (prix valables jusqu'au 30/06/2013)**					
2						
3		**P.A. H.T.**	**Coef.**	**P.V. H.T.**	**T.V.A.**	**P.V. T.T.C.**
4					**19,60%**	
5	Meuleuse Bosh 6000 AC	32,75 €	1,2	39,30 €	7,70 €	47,00 €
6	Coffret niveau laser	18,74 €	1,2	22,49 €	4,41 €	26,90 €
7	Etabli pliant	9,41 €	1,2	11,29 €	2,21 €	13,50 €
8	Compresseur 50 L	73,86 €	1,2	88,63 €	17,37 €	106,00 €
9	Scie coupe parquet	41,15 €	1,4	57,61 €	11,29 €	68,90 €
10	Perforateur Systec 850 W	23,83 €	1,4	33,36 €	6,54 €	39,90 €
11	Nettoyeur Ryobi RHP3710	77,04 €	1,4	107,86 €	21,14 €	129,00 €
12	Tronçonneuse McCulloch	118,85 €	1,4	166,39 €	32,61 €	199,00 €
13	Aspirateur souffleur/broyeur	23,83 €	1,4	33,36 €	6,54 €	39,90 €
14	Pompe d'évacuation Practyl	17,32 €	1,4	24,25 €	4,75 €	29,00 €
15	Projecteur portable 150 W	3,86 €	2,1	8,11 €	1,59 €	9,70 €

Figure 4.119

Budget mensuel

Téléchargez le classeur "4-07 Budget mensuel.xls" ; ce dernier contient une feuille de budget pour le mois de janvier 2013. Établissez un plan afin de masquer ou d'afficher simplement les lignes des revenus, les lignes de catégorie de dépenses, les lignes de détail des dépenses (voir Figure 4.120).

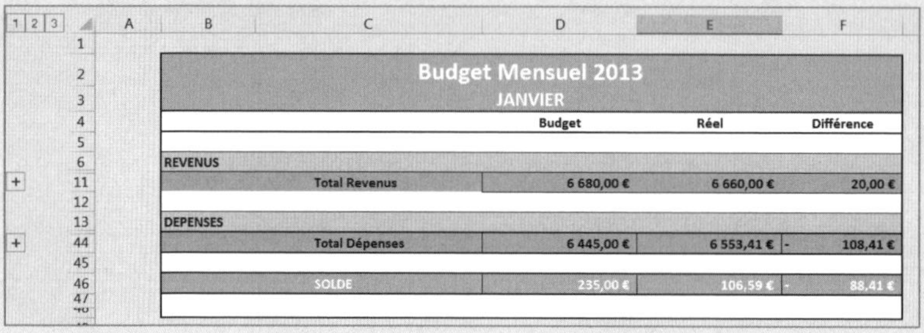

Budget Mensuel 2013			
JANVIER			
	Budget	Réel	Différence
REVENUS			
Total Revenus	6 680,00 €	6 660,00 €	20,00 €
DEPENSES			
Total Dépenses	6 445,00 €	6 553,41 €	- 108,41 €
SOLDE	235,00 €	106,59 €	- 88,41 €

Figure 4.120

Protégez la feuille afin que vous ne puissiez sélectionner que les cellules de saisie et ne pas modifier les formules.

Dupliquez la feuille afin d'en faire une par mois pour l'année 2013 ; sur chacune de ces feuilles supprimez les valeurs saisies pour le mois de janvier (voir Figure 4.121).

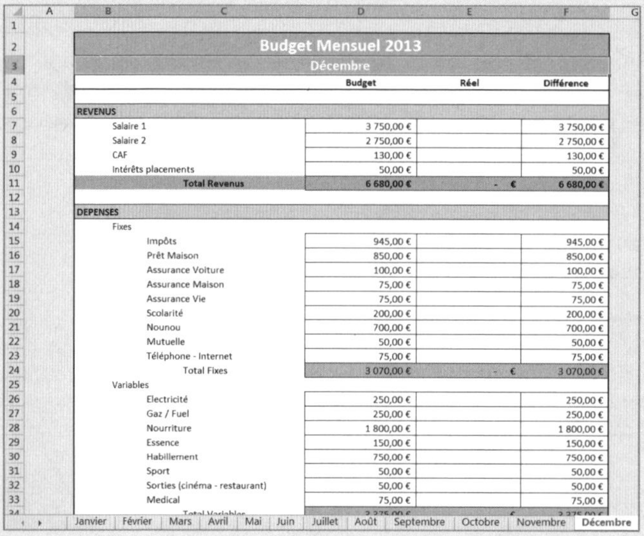

Budget Mensuel 2013			
Décembre			
	Budget	Réel	Différence
REVENUS			
Salaire 1	3 750,00 €		3 750,00 €
Salaire 2	2 750,00 €		2 750,00 €
CAF	130,00 €		130,00 €
Intérêts placements	50,00 €		50,00 €
Total Revenus	6 680,00 €	- €	6 680,00 €
DEPENSES			
Fixes			
Impôts	945,00 €		945,00 €
Prêt Maison	850,00 €		850,00 €
Assurance Voiture	100,00 €		100,00 €
Assurance Maison	75,00 €		75,00 €
Assurance Vie	75,00 €		75,00 €
Scolarité	200,00 €		200,00 €
Nounou	700,00 €		700,00 €
Mutuelle	50,00 €		50,00 €
Téléphone - Internet	75,00 €		75,00 €
Total Fixes	3 070,00 €	- €	3 070,00 €
Variables			
Electricité	250,00 €		250,00 €
Gaz / Fuel	250,00 €		250,00 €
Nourriture	1 800,00 €		1 800,00 €
Essence	150,00 €		150,00 €
Habillement	750,00 €		750,00 €
Sport	50,00 €		50,00 €
Sorties (cinéma - restaurant)	50,00 €		50,00 €
Medical	75,00 €		75,00 €

Figure 4.121

Ajoutez une feuille pour établir le bilan de votre budget. Sur cette feuille, les formules doivent être liées aux autres feuilles afin de refléter en permanence le bilan annuel de votre budget (voir Figure 4.122).

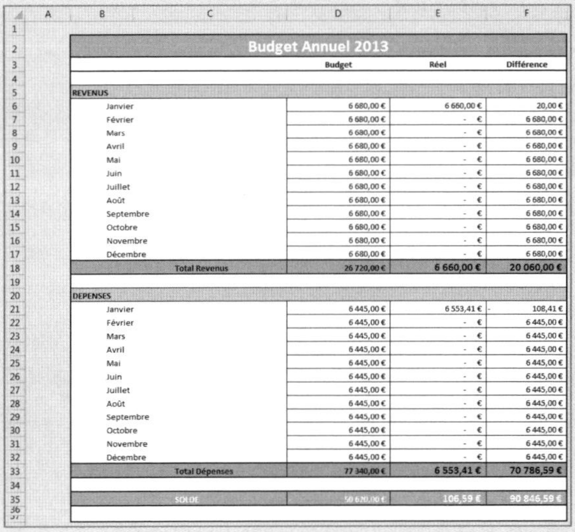

	Budget Annuel 2013		
	Budget	Réel	Différence
REVENUS			
Janvier	6 680,00 €	6 660,00 €	20,00 €
Février	6 680,00 €	- €	6 680,00 €
Mars	6 680,00 €	- €	6 680,00 €
Avril	6 680,00 €	- €	6 680,00 €
Mai	6 680,00 €	- €	6 680,00 €
Juin	6 680,00 €	- €	6 680,00 €
Juillet	6 680,00 €	- €	6 680,00 €
Août	6 680,00 €	- €	6 680,00 €
Septembre	6 680,00 €	- €	6 680,00 €
Octobre	6 680,00 €	- €	6 680,00 €
Novembre	6 680,00 €	- €	6 680,00 €
Décembre	6 680,00 €	- €	6 680,00 €
Total Revenus	26 720,00 €	6 660,00 €	20 060,00 €
DEPENSES			
Janvier	6 445,00 €	6 553,41 €	- 108,41 €
Février	6 445,00 €	- €	6 445,00 €
Mars	6 445,00 €	- €	6 445,00 €
Avril	6 445,00 €	- €	6 445,00 €
Mai	6 445,00 €	- €	6 445,00 €
Juin	6 445,00 €	- €	6 445,00 €
Juillet	6 445,00 €	- €	6 445,00 €
Août	6 445,00 €	- €	6 445,00 €
Septembre	6 445,00 €	- €	6 445,00 €
Octobre	6 445,00 €	- €	6 445,00 €
Novembre	6 445,00 €	- €	6 445,00 €
Décembre	6 445,00 €	- €	6 445,00 €
Total Dépenses	77 340,00 €	6 553,41 €	70 786,59 €
SOLDE	50 620,00 €	106,59 €	90 846,59 €

Figure 4.122

5

La mise en forme conditionnelle

Pour attirer l'attention, un classeur Excel doit présenter les données significatives par une couleur différente des autres cellules. Les mises en forme conditionnelles ont été conçues pour mettre en avant **automatiquement** vos données pertinentes au travers de règles d'application.

Vous pouvez ainsi :

- présenter par une couleur différente les dix valeurs les plus élevées ou les plus basses d'une série de nombres ;
- trouver les valeurs en double ou la valeur unique dans une liste de données ;
- colorier partiellement vos cellules, au moyen de diagrammes en barres ;
- insérer des icônes dans vos cellules.

De plus, vous pouvez créer vos propres règles de mise en forme conditionnelle en écrivant vous-même vos formules. De cette façon, vous élargissez considérablement les possibilités de création de règles pour répondre à vos propres besoins.

Dans ce chapitre, nous allons vous présenter les différentes mises en forme conditionnelles présentes dans Excel et comment les utiliser au travers d'exemples précis.

Principe de base

Un très grand nombre d'utilisateurs d'Excel ne connaissent pas les mises en forme conditionnelles. Et ils les utilisent pourtant quotidiennement sans le savoir.

En effet, beaucoup d'entre vous modifient la couleur des cellules (couleur de fond et/ou police de caractères) manuellement en utilisant la barre de mise en forme. Et là le problème est classique : les données changent et la mise en forme faite par l'utilisateur ne correspond plus à ce que vous souhaitiez mettre en avant. Prenons l'exemple de la Figure 5.1.

Dans cette feuille de calcul, nous avons les notes des élèves pour cinq matières et, en colonne H, la moyenne pour chaque élève. Vous souhaitez colorier **en vert** la moyenne la plus élevée et **en rouge** la moyenne la plus basse.

	A	B	C	D	E	F	G	H
1		Matière 1	Matière 2	Matière 3	Matière 4	Matière 5	Matière 6	Moyenne
2	Paul	0	16	12	5	2		7,00
3	Brigitte	1	7	15	19	16		11,60
4	Jean	2	15	14	4	6		8,20
5	Maude	3	9	20	14	9		11,00
6	Sylvie	4	5	20	3	17		9,80
7	Remy	5	20	9	7	11		10,40
8	René	10	10	13	12	14		11,80
9	Julie	20	3	4	12	5		8,80
10								

Figure 5.1

À ce stade, beaucoup d'utilisateurs font l'erreur de repérer visuellement la moyenne la plus haute et la plus basse, puis d'appliquer les couleurs rouge et verte avec l'outil de remplissage. Vous obtenez alors le résultat de la Figure 5.2.

	A	B	C	D	E	F	G	H
1		Matière 1	Matière 2	Matière 3	Matière 4	Matière 5	Matière 6	Moyenne
2	Paul	0	16	12	5	2		7,00
3	Brigitte	1	7	15	19	16		11,60
4	Jean	2	15	14	4	6		8,20
5	Maude	3	9	20	14	9		11,00
6	Sylvie	4	5	20	3	17		9,80
7	Remy	5	20	9	7	11		10,40
8	René	10	10	13	12	14		11,80
9	Julie·	20	3	4	12	5		8,80
10								

Figure 5.2

Maintenant, en ajoutant les notes de la sixième matière, la moyenne des élèves a changé, mais les mises en forme, elles, n'ont pas bougé. Et, pourtant, la moyenne la plus élevée et la plus basse ne sont plus les mêmes (voir Figure 5.3).

	A	B	C	D	E	F	G	H
1		Matière 1	Matière 2	Matière 3	Matière 4	Matière 5	Matière 6	Moyenne
2	Paul	0	16	12	5	2	17	8,67
3	Brigitte	1	7	15	19	16	18	12,67
4	Jean	2	15	14	4	6	13	9,00
5	Maude	3	9	20	14	9	8	10,50
6	Sylvie	4	5	20	3	17	1	8,33
7	Remy	5	20	9	7	11	10	10,33
8	René	10	10	13	12	14	10	11,50
9	Julie	20	3	4	12	5	5	8,17
10								

Figure 5.3
Si vous choisissez de colorer manuellement vos cellules contenant une formule votre tableau risque d'être erroné dès qu'une valeur est modifiée.

Et donc, pour beaucoup d'entre vous, vous effaceriez la précédente mise en forme et recommenceriez toutes les opérations de mise en forme une par une.

Info

Utiliser Excel de cette façon est évidemment à proscrire.

Avec une mise en forme conditionnelle fondée sur la valeur la plus élevée et la plus basse, Excel aurait adapté le format pour les valeurs en fonction de la valeur la plus haute et la plus basse de votre série.

Gérer les règles

Comme nous le verrons dans les paragraphes suivants, il est très facile de créer une mise en forme conditionnelle (barres, icônes…). Vous allez donc avoir tendance à les multiplier, avec le risque d'avoir des règles qui interfèrent les unes aux autres. Aussi est-il primordial de savoir gérer vos règles de mises en forme dans votre feuille de calcul.

Cellule active/Feuille active

Prenons l'exemple suivant, où vous avez une feuille de calcul avec de nombreuses fonctions de calcul :

- Toutes les valeurs inférieures à 5 (éliminatoires) ont des cellules de couleur rouge.
- Des barres de progression vertes ont été ajoutées pour visualiser la progression par matière.
- Les moyennes inférieures à 9 sont présentées avec une icône rouge.
- Les moyennes entre 9 et 10 sont présentées avec une icône jaune.
- Les moyennes supérieures à 10 sont présentées avec une icône verte.

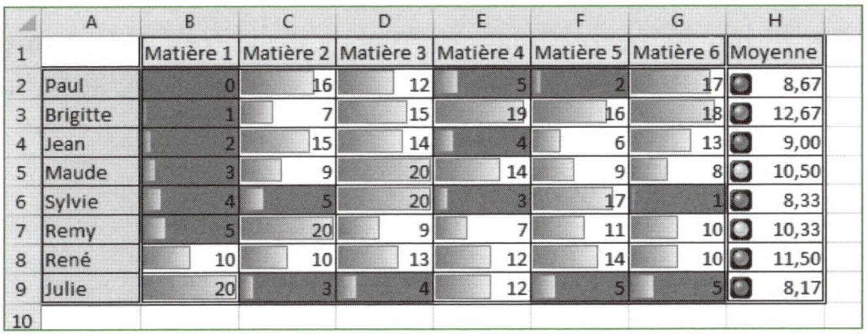

	A	B	C	D	E	F	G	H
1		Matière 1	Matière 2	Matière 3	Matière 4	Matière 5	Matière 6	Moyenne
2	Paul	0	16	12	5	2	17	8,67
3	Brigitte	1	7	15	19	16	18	12,67
4	Jean	2	15	14	4	6	13	9,00
5	Maude	3	9	20	14	9	8	10,50
6	Sylvie	4	5	20	3	17	1	8,33
7	Remy	5	20	9	7	11	10	10,33
8	René	10	10	13	12	14	10	11,50
9	Julie	20	3	4	12	5	5	8,17
10								

Figure 5.4

Volontairement, à la Figure 5.4 nous avons mis beaucoup (trop) de mises en forme conditionnelles dans cette feuille.

Pour gérer les différentes règles, nous allons activer le menu ***Accueil*** > *Mise en forme conditionnelle* > *Gérer les règles*

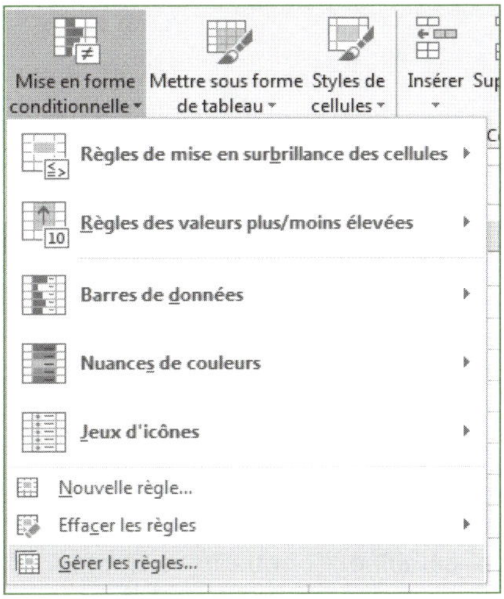

Figure 5.5

Ensuite, la boîte de dialogue illustrée à la Figure 5.6 s'affiche.

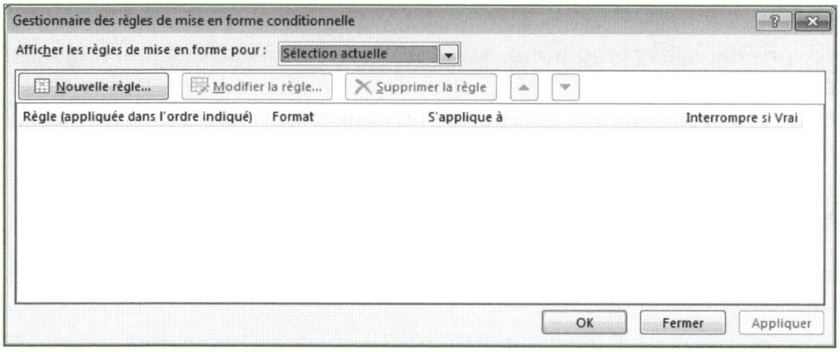

Figure 5.6 *Par défaut, le gestionnaire de règles de mise en forme conditionnelle affiche la/les règles de votre sélection.*

Bien que notre feuille de calcul soit remplie de plusieurs mises en forme conditionnelles, la boîte de dialogue est vide au moment de son ouverture. Ce n'est pas un bug ou autre mauvaise manipulation de votre part mais, par défaut, le gestionnaire de règles de mise en forme conditionnelle affiche la/les règles de votre sélection, soit bien souvent la cellule active.

Pour afficher toutes les mises en forme de votre feuille de calcul, il est **très fortement conseillé** de changer la sélection par défaut et de positionner le menu déroulant sur l'option *Cette feuille de calcul* (voir Figure 5.7).

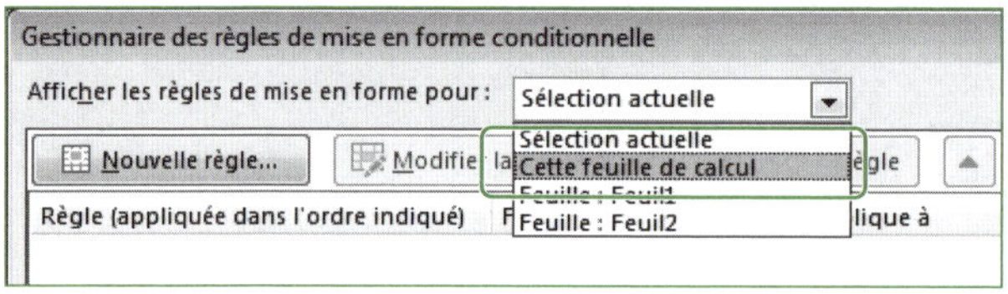

Figure 5.7

Et là, toutes les mises en forme de votre feuille de calcul active apparaissent dans la boîte de dialogue (voir Figure 5.8).

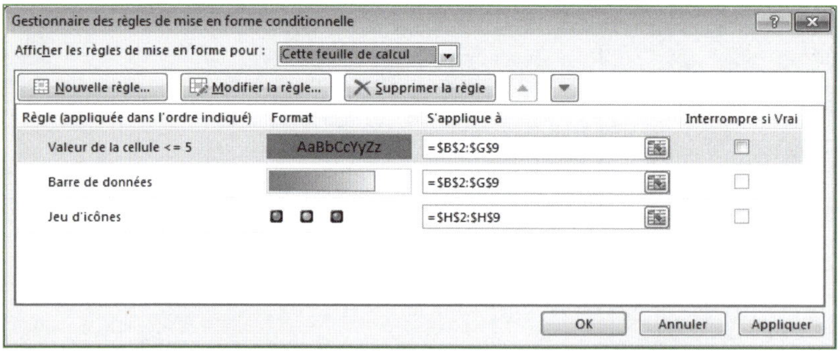

Figure 5.8

Vous pouvez également sélectionner :

- les mises en forme des autres feuilles de votre classeur (une par une) ;
- un tableau si votre feuille de calcul contient un tableau (***Insertion*** > *Tableau*) ;
- un tableau croisé dynamique si votre feuille de calcul en contient au moins un (***Insertion*** > *Tableau croisé dynamique*).

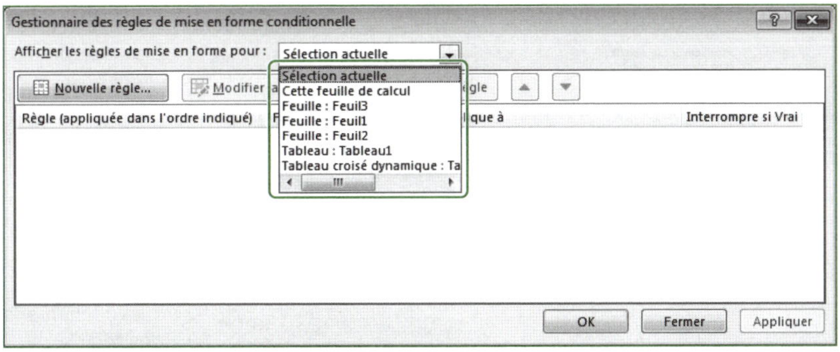

Figure 5.9

Remarque

Par contre, il est impossible de sélectionner l'ensemble des règles de votre classeur (sauf si celui-ci ne contient qu'une seule feuille).

Interrompre si Vrai

Il arrive que des règles se chevauchent et puissent perturber l'analyse des données. C'est par exemple ce qui se passe dans notre exemple (voir Figure 5.10), où nous avons à la fois en rouge les données inférieures à 5 et des barres de données.

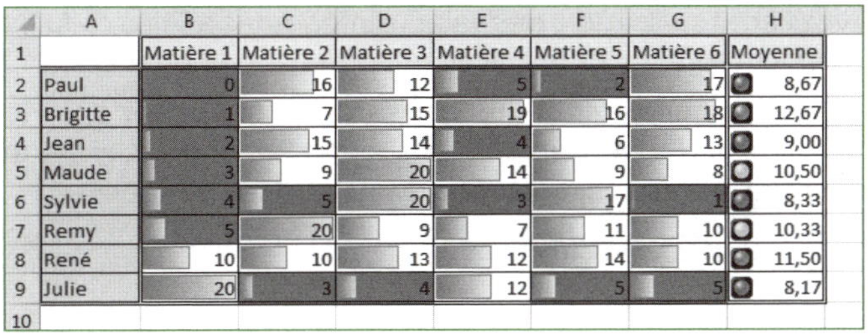

	A	B	C	D	E	F	G	H
1		Matière 1	Matière 2	Matière 3	Matière 4	Matière 5	Matière 6	Moyenne
2	Paul	0	16	12	5	2	17	8,67
3	Brigitte	1	7	15	19	16	18	12,67
4	Jean	2	15	14	4	6	13	9,00
5	Maude	3	9	20	14	9	8	10,50
6	Sylvie	4	5	20	3	17	1	8,33
7	Remy	5	20	9	7	11	10	10,33
8	René	10	10	13	12	14	10	11,50
9	Julie	20	3	4	12	5	5	8,17
10								

Figure 5.10
Il arrive que des règles se chevauchent et perturbent l'analyse des données.

En fait, nous ne voulons pas que les barres de données remplissent les notes inférieures à 5 (chevauchement de règles).

Dans notre gestionnaire de mise en forme conditionnelle, nous allons alors cocher la case ***Interrompre si Vrai*** pour la règle des notes inférieures à 5.

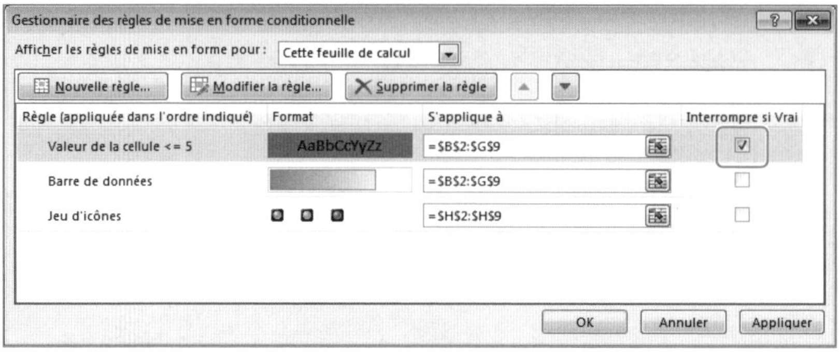

Figure 5.11
Dans le gestionnaire de mise en forme conditionnelle, vous pouvez cocher la case Interrompre si Vrai afin d'éviter le chevauchement des règles.

Ainsi, les cellules qui répondent à la règle des notes inférieures à 5 n'appliquent pas la règle des barres de données.

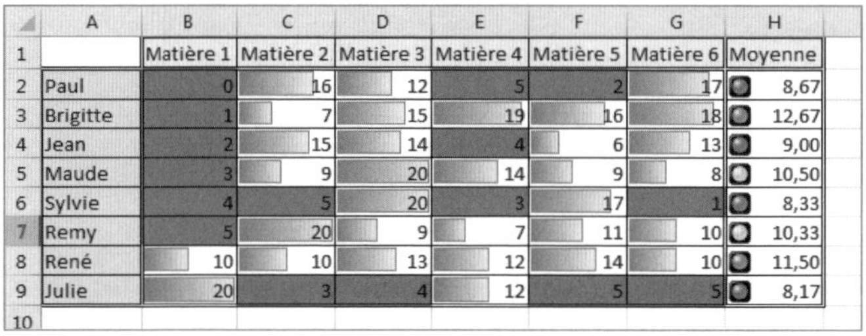

	A	B	C	D	E	F	G	H
1		Matière 1	Matière 2	Matière 3	Matière 4	Matière 5	Matière 6	Moyenne
2	Paul	0	16	12	5	2	17	8,67
3	Brigitte	1	7	15	19	16	18	12,67
4	Jean	2	15	14	4	6	13	9,00
5	Maude	3	9	20	14	9	8	10,50
6	Sylvie	4	5	20	3	17	1	8,33
7	Remy	5	20	9	7	11	10	10,33
8	René	10	10	13	12	14	10	11,50
9	Julie	20	3	4	12	5	5	8,17
10								

Figure 5.12

Par contre, si vous permutez les deux premières règles à l'aide des flèches d'ordre d'exécution et que vous conservez l'arrêt sur la règle des valeurs inférieures à 5, les cellules concernées par les deux règles afficheront les deux mises en forme conditionnelles.

En effet, la première règle s'exécute normalement (les barres de données) et ensuite la deuxième (les notes inférieures à 5). Et, vu que c'est sur cette seconde règle que s'applique l'option ***Interrompre si Vrai***, alors, les deux règles vont être exécutées.

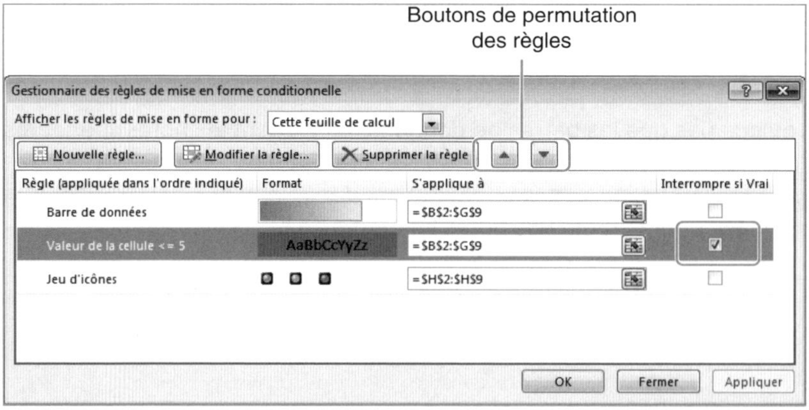

Figure 5.13
Bouton de permutation des règles.

S'applique à

Cette partie de la boîte de dialogue **est très importante** car elle permet de contrôler la zone d'application de la règle de mise en forme.

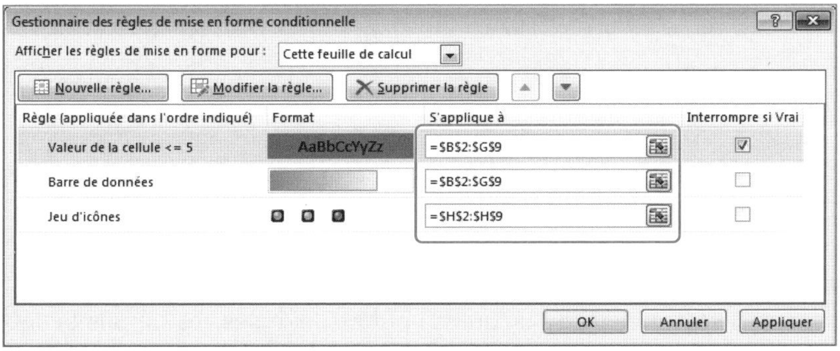

Figure 5.14
Pour étendre la règle de mise en forme cliquez dans la zone d'application et modifiez la plage.

Comme vous le montre la Figure 5.14, la plage B2:B9 s'applique aux deux premières règles ; la troisième règle ne s'applique en revanche qu'à la plage H2:H9.

Nous verrons plus en détail au chapitre "Utiliser une formule" comment utiliser ces plages d'applications.

Modifier une règle

Depuis le gestionnaire de mise en forme conditionnelle, vous avez également la possibilité de modifier vos règles de mise en forme. Il vous suffit de mettre en surbrillance la règle que vous souhaitez modifier et de cliquer sur le bouton *Modifier la règle*.

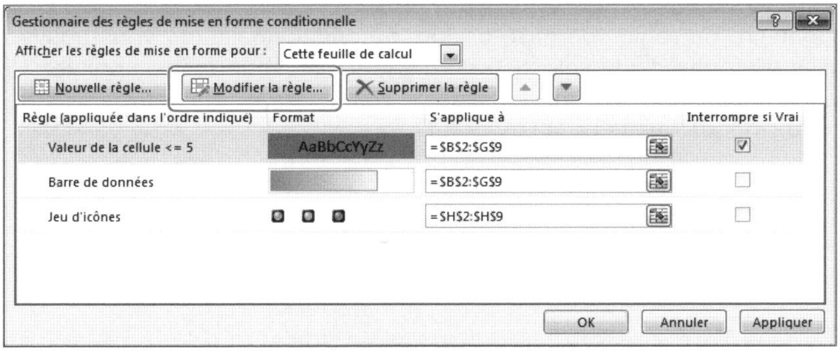

Figure 5.15

Selon le type de règle une boîte de dialogue différente va apparaître.

Supprimer une règle

Dernière utilisation du gestionnaire de règles de mise en forme conditionnelle : la suppression de règle.

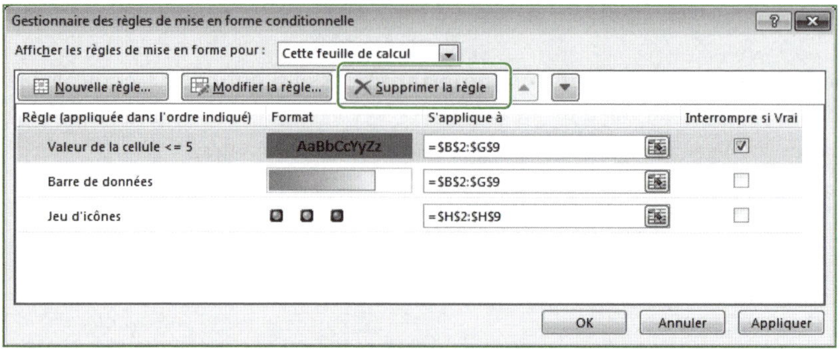

Figure 5.16

Après avoir sélectionné une de vos règles, il vous suffit de cliquer sur le bouton *Supprimer la règle* pour que celle-ci disparaisse.

Mais, bien évidemment, si vous êtes face à un grand nombre de règles, les supprimer une à une serait une tâche bien fastidieuse. C'est pourquoi, pour les suppressions multiples, il est préférable d'utiliser l'outil *Effacer les règles*.

Effacer les règles

La gestion de mises en forme conditionnelles peut être un problème quand un classeur contient un grand nombre de règles qui ne se sont pas déclenchées. Dans ce cas de figure, vous êtes en présence d'un classeur sans mise en forme visible mais avec de nombreuses règles enregistrées.

Dès lors, quand l'une de ces règles est atteinte, la mise en forme apparaît au risque de perturber votre affichage. C'est pourquoi il est conseillé de "nettoyer" vos feuilles des règles résiduelles.

À l'instar du gestionnaire de règles de mise en forme conditionnelle, où vous pouvez sélectionner la mise en forme d'une sélection ou d'une feuille entière, vous pouvez ici effacer simplement soit les règles de votre sélection, soit les règles de votre feuille de calcul grâce aux deux menus illustrés à la Figure 5.17.

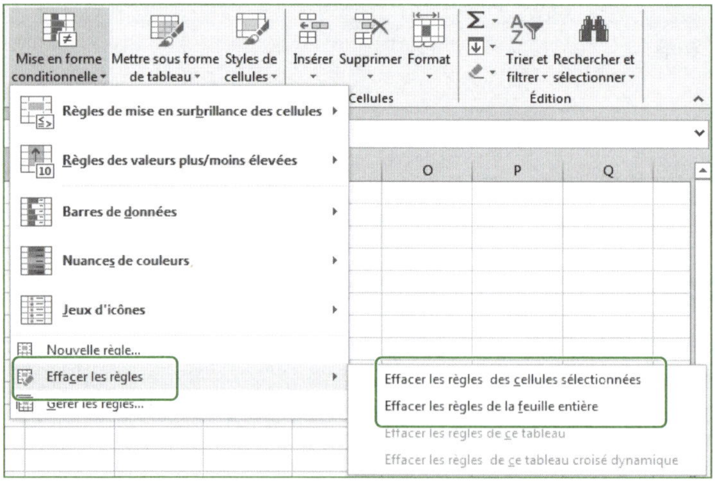

Figure 5.17
Vous pouvez effacer soit les règles de votre sélection, soit les règles de votre feuille de calcul.

Si votre classeur contient un tableau (***Insertion*** > *Tableau*) et que votre cellule active se trouve dans ce tableau, alors, le menu d'effacement des mises en forme vous propose de n'effacer les mises en forme conditionnelles que de ce tableau (voir Figure 5.18).

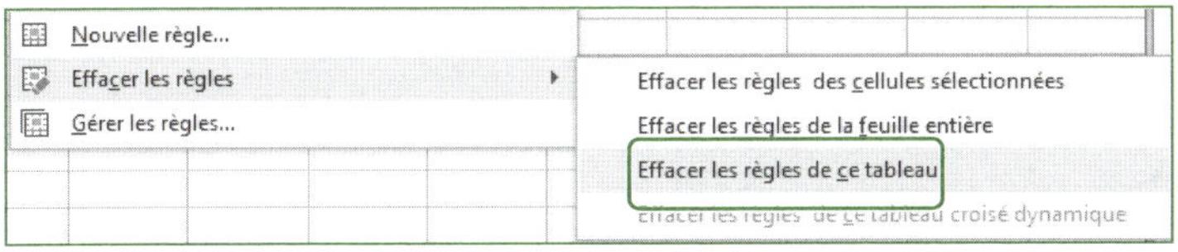

Figure 5.18

Maintenant, si votre classeur contient un tableau croisé dynamique et que votre cellule se trouve dans ce TCD, là encore vous avez la possibilité de n'effacer les mises en forme que de ce TCD (voir Figure 5.19).

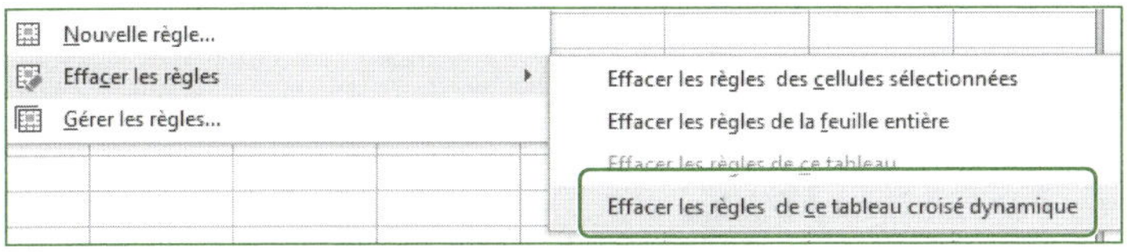

Figure 5.19

Attention !

Tout comme pour le gestionnaire de mise en forme conditionnelle, il n'est pas possible d'effacer toutes les règles de mises en forme d'un classeur qui contient plusieurs feuilles en une seule manipulation.

Règle de mise en surbrillance des cellules

Voyons à présent comment mettre en place nos premières mises en forme conditionnelles. Comme nous allons le voir, mettre en place une mise en forme conditionnelle se réalise souvent grâce à un ou deux clics de souris.

Pour illustrer la mise en place des mises en forme conditionnelles, nous allons reprendre l'exemple des résultats d'examen pour une classe (voir Figure 5.20).

	A	B	C	D	E	F	G	H
1		Matière 1	Matière 2	Matière 3	Matière 4	Matière 5	Matière 6	Moyenne
2	Paul	0	16	12	5	2	14	8,17
3	Brigitte	1	14	15	19	16	5	11,67
4	Jean	2	15	14	4	6	13	9,00
5	Maude	3	9	20	14	9	10	10,83
6	Sylvie	4	5	10	3	17	4	7,17
7	Remy	5	20	9	7	11	10	10,33
8	René	10	10	13	12	14	20	13,17
9	Julie	20	3	4	12	5	17	10,17
10								

Figure 5.20
Pour illustrer la mise en place des mises en forme conditionnelles, nous utiliserons cet exemple des résultats d'examen pour une classe.

Supérieur à.../Inférieur à...

En partant de notre feuille de notes, vous souhaitez mettre en avant toutes les notes des élèves inférieures à 5.

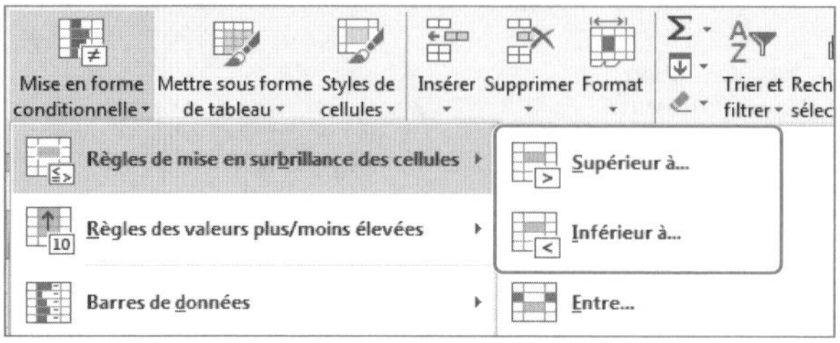

Figure 5.21

Pour réaliser la mise en forme conditionnelle :

1. Sélectionnez toutes les cellules correspondant aux notes des élèves (B2:G9).
2. Activez le menu *Mise en forme conditionnelle > Règle de mise en surbrillance des cellules > Inférieur à* (voir Figure 5.21).
3. Excel affiche une boîte de dialogue dans laquelle vous indiquez la valeur inférieure (stricte) à partir de laquelle la mise en forme va s'appliquer. Saisissez dans la zone de texte la valeur 5 (voir Figure 5.22).

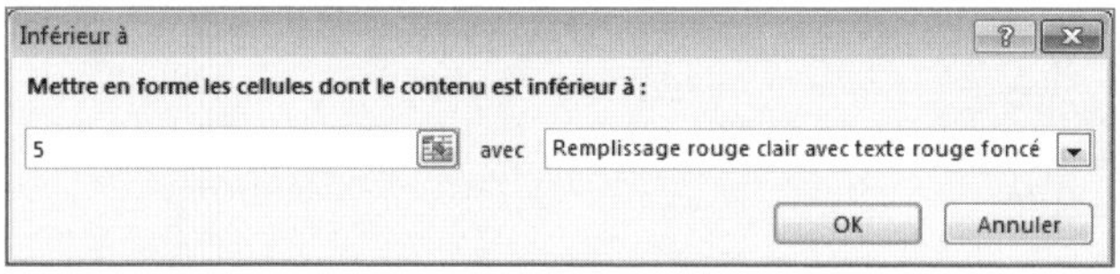

Figure 5.22

Dans cette boîte de dialogue vous pouvez également modifier les options de couleur, mais nous allons conserver le rouge comme cela vous l'est proposé. Instantanément, le résultat à l'écran est celui illustré à la Figure 5.23.

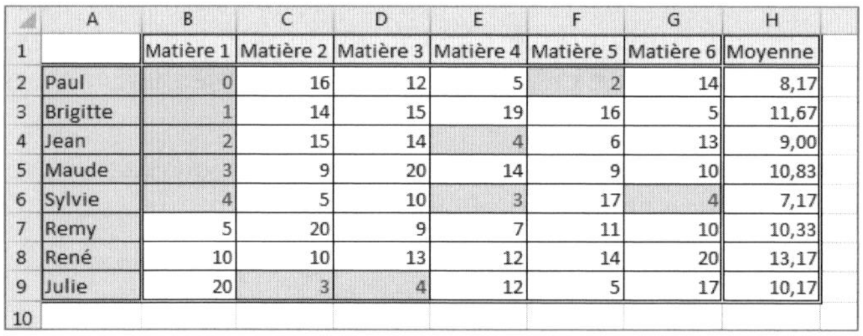

	A	B	C	D	E	F	G	H
1		Matière 1	Matière 2	Matière 3	Matière 4	Matière 5	Matière 6	Moyenne
2	Paul	0	16	12	5	2	14	8,17
3	Brigitte	1	14	15	19	16	5	11,67
4	Jean	2	15	14	4	6	13	9,00
5	Maude	3	9	20	14	9	10	10,83
6	Sylvie	4	5	10	3	17	4	7,17
7	Remy	5	20	9	7	11	10	10,33
8	René	10	10	13	12	14	20	13,17
9	Julie	20	3	4	12	5	17	10,17
10								

Figure 5.23

Entre.../Égale à...

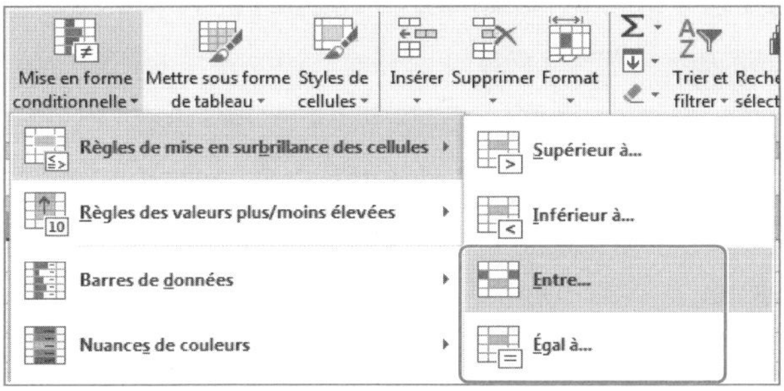

Figure 5.24

Ces deux menus vous permettent d'appliquer un format particulier si vos données sont comprises entre deux bornes ou bien si elles sont strictement égales à une valeur.

Par exemple, toujours en nous référant à notre tableau des notes des élèves (voir Figure 5.20), nous voulons mettre en jaune toutes les notes des élèves qui sont entre 8 et 10 :

1. Sélectionnez la plage de cellules **B2:G9**.
2. Activez le menu (voir Figure 5.24) *Mise en forme conditionnelle > Règle de mise en surbrillance des cellules > Entre*
3. La boîte de dialogue de la Figure 5.25 s'affiche.

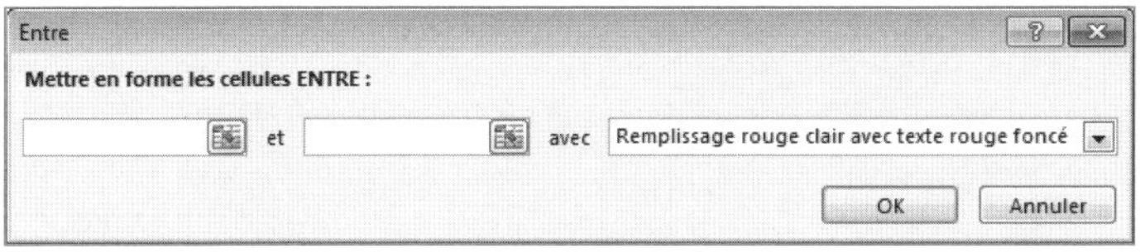

Figure 5.25
Dans cette boîte de dialogue, indiquez la valeur inférieure (stricte) à partir de laquelle la mise en forme va s'appliquer..

4. Inscrivez respectivement **8** et **10** dans les cases.
5. Choisissez un format personnalisé de couleur jaune.
6. Validez en appuyant sur *OK*.

Toutes les notes comprises entre 8 et 10 s'affichent instantanément avec un fond jaune (voir Figure 5.26).

	A	B	C	D	E	F	G	H
1		Matière 1	Matière 2	Matière 3	Matière 4	Matière 5	Matière 6	Moyenne
2	Paul	0	16	12	5	2	14	8,17
3	Brigitte	1	14	15	19	16	5	11,67
4	Jean	2	15	14	4	6	13	9,00
5	Maude	3	9	20	14	9	10	10,83
6	Sylvie	4	5	10	3	17	4	7,17
7	Remy	5	20	9	7	11	10	10,33
8	René	10	10	13	12	14	20	13,17
9	Julie	20	3	4	12	5	17	10,17
10								

Figure 5.26
Toutes les notes comprises entre 8 et 10 s'affichent instantanément avec un fond jaune.

Comme vous le constatez, aucune valeur 8 n'est mise en forme, tout simplement parce qu'il n'y a pas cette valeur dans notre relevé de notes.

Pour visualiser les meilleurs élèves, nous allons afficher en vert les notes égales à 20 :

1. Sélectionnez la plage de cellules **B2:G9**.

2. Activez le menu *Mise en forme conditionnelle > Règle de mise en surbrillance des cellules > Égale à*
3. La boîte de dialogue de la Figure 5.27 s'affiche ; inscrivez la valeur 20.

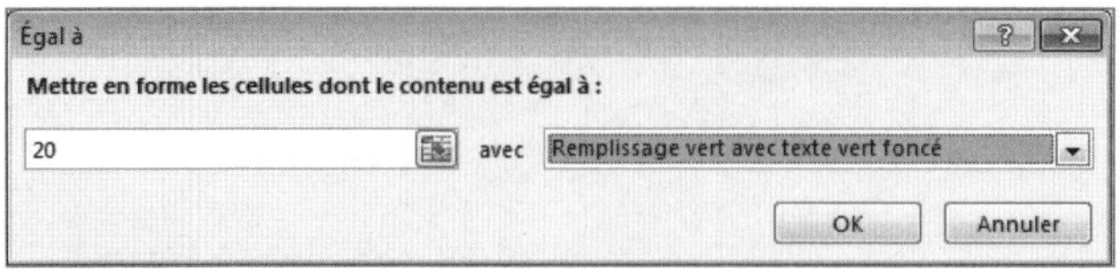

Figure 5.27

4. Choisissez le format de couleur verte.
5. Validez en appuyant sur *OK*.

	A	B	C	D	E	F	G	H
1		Matière 1	Matière 2	Matière 3	Matière 4	Matière 5	Matière 6	Moyenne
2	Paul	0	16	12	5	2	14	8,17
3	Brigitte	1	14	15	19	16	5	11,67
4	Jean	2	15	14	4	6	13	9,00
5	Maude	3	9	20	14	9	10	10,83
6	Sylvie	4	5	10	3	17	4	7,17
7	Remy	5	20	9	7	11	10	10,33
8	René	10	10	13	12	14	20	13,17
9	Julie	20	3	4	12	5	17	10,17
10								

Figure 5.28

Texte qui contient

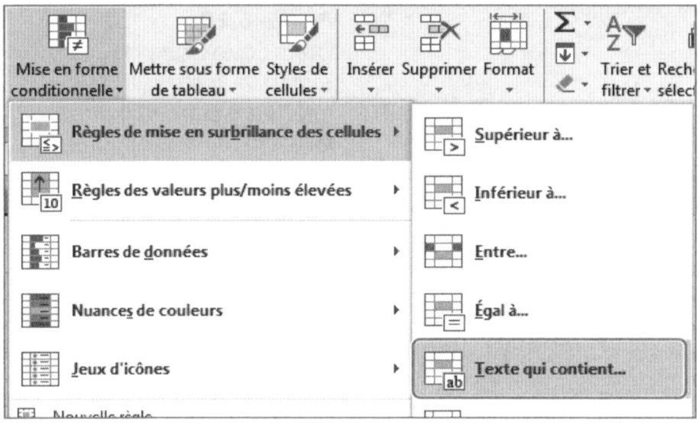

Figure 5.29

Ce menu (voir Figure 5.29) vous permet de mettre en surbrillance des cellules qui contiennent des données particulières. Vous pouvez par exemple mettre en surbrillance :

- tous les prénoms ***Mathieu*** ;
- tous les numéros de téléphone commençant par ***+33*** ;
- toutes les adresses e-mail se terminant par ***.fr***.

Il est également possible de créer des règles sur des chaînes de caractères complexes, comme nous le verrons au paragraphe "Texte spécifique" ou dans les exercices proposés à la fin de ce chapitre.

Une date se produisant

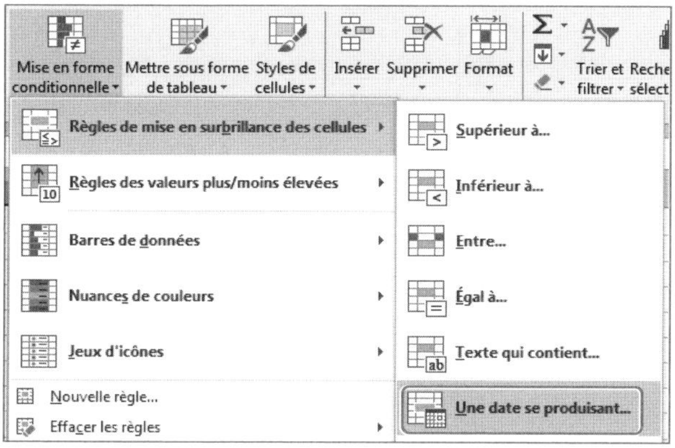

Figure 5.30
Avec cette mise en forme conditionnelle, Excel compare les dates que vous avez dans votre feuille de calcul avec la date système de votre ordinateur.

Avec cette mise en forme conditionnelle, Excel compare les dates que vous avez dans votre feuille de calcul avec **la date système** de votre ordinateur (la date du jour). Ce menu (voir Figure 5.30) vous propose alors d'appliquer une mise en forme spécifique pour les dates :

- hier ;
- aujourd'hui ;
- demain ;
- dans les sept derniers jours ;
- la semaine dernière ;
- cette semaine ;
- la semaine prochaine ;
- le mois dernier ;
- ce mois ;
- le mois suivant.

Par exemple, si vous souhaitez avoir une couleur différente pour les dates antérieures d'une semaine à la date système (il y a plus de sept jours), vous allez choisir l'option illustrée à la Figure 5.31.

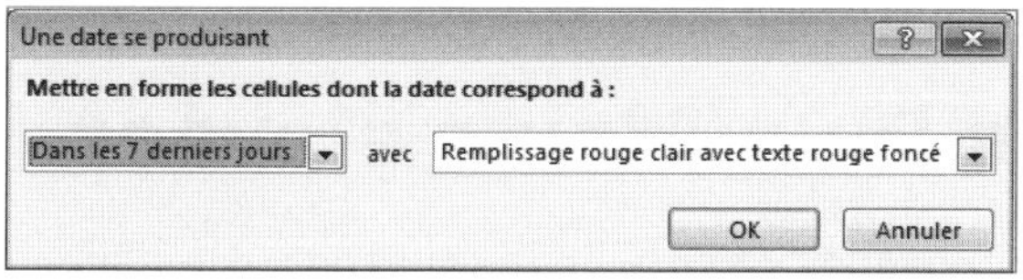

Figure 5.31

Malgré le fait qu'Excel propose un grand nombre de choix de comparaison de dates, il n'en demeure pas moins que ce nombre d'options reste limité. Par exemple, vous ne pouvez pas mettre en forme les week-ends, les congés scolaires, les jours fériés, etc.

C'est pourquoi, pour les mises en forme conditionnelles sur ces dates, il est préférable de créer ses propres règles au travers de formules, comme nous le verrons à la fin du chapitre.

Valeur en double/Valeur unique

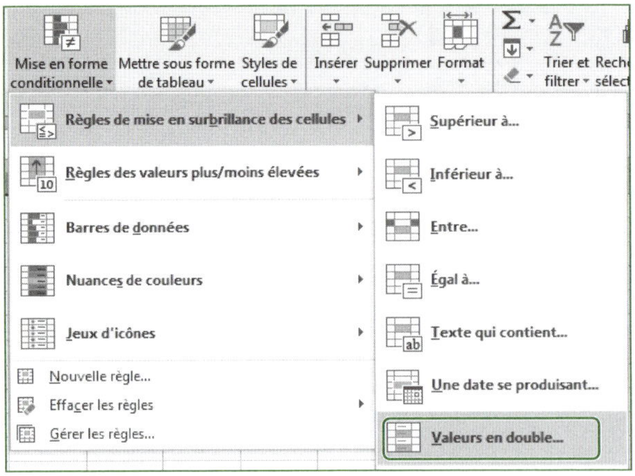

Figure 5.32
Ce menu permet d'isoler les données en double ou celles qui sont uniques dans une série de données.

Ce menu (voir Figure 5.32) va vous permettre d'isoler les données en double ou celles qui sont uniques dans une série de données. La mise en application de ce menu est très simple :

1. Sélectionnez votre plage de cellules.
2. Activez le menu *Mise en forme conditionnelle* > *Règle de mise en surbrillance des cellules* > *Valeur en double*.
3. La boîte de dialogue de la Figure 5.33 s'affiche.

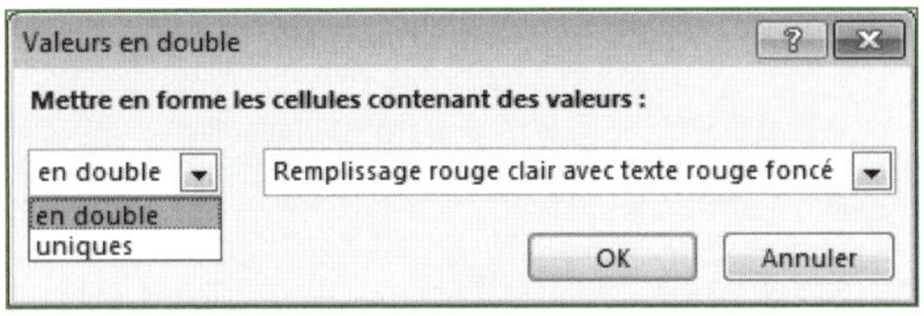

Figure 5.33

4. Choisissez *en double* ou *uniques* dans le menu déroulant.
5. Choisissez un format de mise en forme.
6. Validez.

Règles des valeurs Plus/Moins élevées

Précédemment, nous avons vu comment changer le format des cellules quand le contenu atteint une certaine valeur ou contient un texte précis.

Nous allons maintenant voir d'autres options de mises en forme conditionnelles qui se basent non plus sur des valeurs mais également sur des calculs.

Dix valeurs les plus élevées/les moins élevées

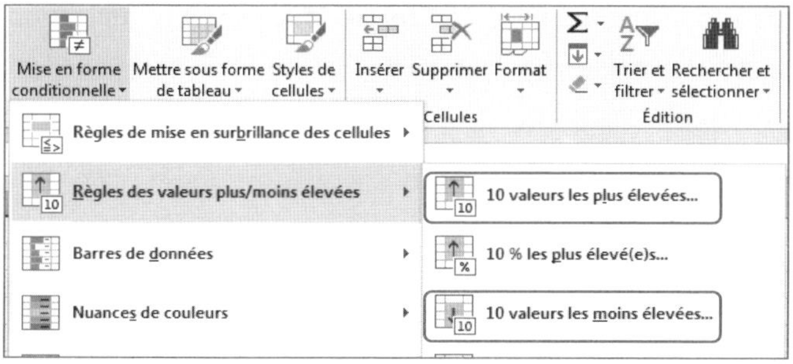

Figure 5.34
Avec cette mise en forme conditionnelle Excel se charge de trouver en permanence pour vous les plus grandes ou plus petites valeurs d'une plage.

Principe de base

La mise en place de ces mises en forme conditionnelles est très simple car c'est Excel qui se charge de trouver en permanence pour vous les plus grandes valeurs.

Reprenons l'exemple des notes des élèves. Pour mettre en relief les dix notes les plus élevées, il vous suffit d'agir comme suit :

1. Sélectionnez la plage de cellules **B2:G9**.
2. Activez le menu *Mise en forme conditionnelle > Règles des valeurs plus/moins élevées > 10 valeurs les plus élevées* (voir Figure 5.34).
3. La boîte de dialogue s'affiche (voir Figure 5.35).

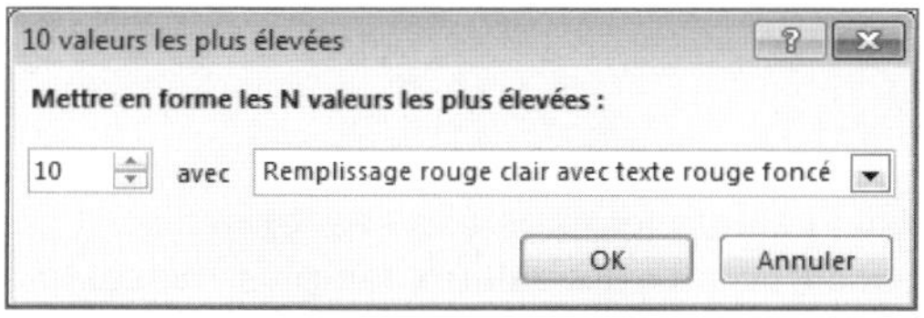

Figure 5.35

4. Validez en appuyant sur le bouton *OK*.

Instantanément, les dix valeurs les plus élevées de votre série s'affichent sur fond rouge.

	A	B	C	D	E	F	G	H
1		Matière 1	Matière 2	Matière 3	Matière 4	Matière 5	Matière 6	Moyenne
2	Paul	0	16	12	5	2	14	8,17
3	Brigitte	1	14	15	19	16	5	11,67
4	Jean	2	15	14	4	6	13	9,00
5	Maude	3	9	20	14	9	10	10,83
6	Sylvie	4	5	10	3	17	4	7,17
7	Remy	5	20	9	7	11	10	10,33
8	René	10	10	13	12	14	20	13,17
9	Julie	20	3	4	12	5	17	10,17
10								

Figure 5.36

Mais, en regardant attentivement le résultat (voir Figure 5.36), **onze cellules** ont été impactées par cette mise en forme.

En fait, dans votre sélection, ***les neuf premières valeurs vont de 16 à 20 et il y a deux cellules avec la valeur 15***. Donc, du fait de cette égalité, Excel englobe ces deux valeurs dans la règle sans faire de distinction entre elles. Voilà pourquoi nous avons onze cellules et non pas exactement dix.

Maintenant, si vous changez la valeur en B2 avec la valeur **19**, vous constatez qu'automatiquement la cellule B2 est devenue rouge ; que les cellules C4 et D3 (les deux valeurs égales à 15) ont également perdu leurs mises en forme, et ce sans modification de la règle (voir Figure 5.37).

	A	B	C	D	E	F	G	H
1		Matière 1	Matière 2	Matière 3	Matière 4	Matière 5	Matière 6	Moyenne
2	Paul	19	16	12	5	2	14	11,33
3	Brigitte	1	14	15	19	16	5	11,67
4	Jean	2	15	14	4	6	13	9,00
5	Maude	3	9	20	14	9	10	10,83
6	Sylvie	4	5	10	3	17	4	7,17
7	Remy	5	20	9	7	11	10	10,33
8	René	10	10	13	12	14	20	13,17
9	Julie	20	3	4	12	5	17	10,17
10								

Figure 5.37

Si vous aviez souhaité établir une règle de mise en forme non plus sur les dix plus grandes valeurs mais seulement sur les cinq plus grandes, il vous aurait suffi de changer la valeur dans la boîte de dialogue à l'étape 3 pour y indiquer votre nouvelle limite (voir Figure 5.38).

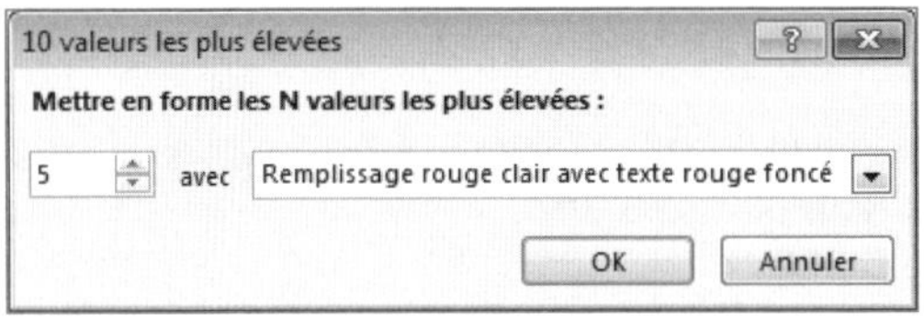

Figure 5.38
Vous pouvez choisir le nombre de valeurs à colorer.

Dix valeurs les moins élevées

Exactement de la même façon que pour les dix valeurs les plus élevées, en activant ce menu vous appliquez une mise en forme spécifique aux dix valeurs les plus basses de votre série.

Les dix pourcentages les plus élevés/les moins élevés

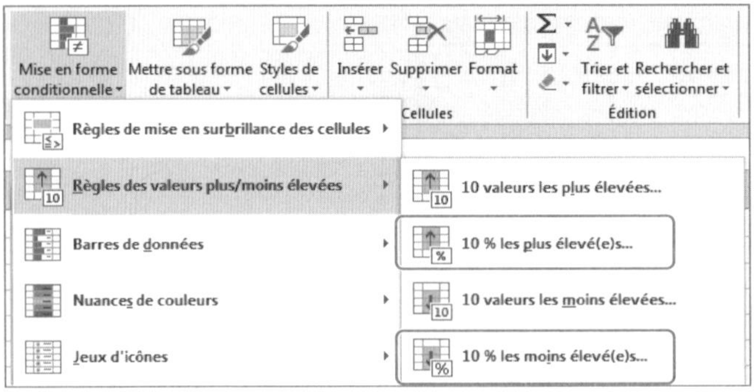

Figure 5.39

Ce menu (voir Figure 5.39) propose de mettre en forme les 10 % de valeurs les plus hautes de votre série de données. À la différence du menu sur les valeurs, Excel adapte automatiquement la mise en forme sur les 10 % de valeurs les plus élevées.

Appliqué à notre exemple, **seules les 4 valeurs égales à 20** sont mises en forme car elles représentent à elles seules 10 % des valeurs les plus élevées (voir Figure 5.40).

	A	B	C	D	E	F	G	H
1		Matière 1	Matière 2	Matière 3	Matière 4	Matière 5	Matière 6	Moyenne
2	Paul	0	16	12	5	2	14	8,17
3	Brigitte	1	14	15	19	16	5	11,67
4	Jean	2	15	14	4	6	13	9,00
5	Maude	3	9	20	14	9	10	10,83
6	Sylvie	4	5	10	3	17	4	7,17
7	Remy	5	20	9	7	11	10	10,33
8	René	10	10	13	12	14	20	13,17
9	Julie	20	3	4	12	5	17	10,17
10								

Figure 5.40
Contrairement à l'option Valeurs, *ici, vous ne changez pas nécessairement le format des dix plus grandes valeurs mais de celles qui représentent 10% du nombre de données.*

Donc, contrairement à l'option *Valeurs*, ici vous ne changez pas nécessairement le format des dix plus grandes valeurs mais de celles qui représentent 10 % du nombre de données.

De la même façon, si vous sélectionnez le menu des 10 % les moins élevées, vous allez afficher le résultat de la Figure 5.41.

	A	B	C	D	E	F	G	H
1		Matière 1	Matière 2	Matière 3	Matière 4	Matière 5	Matière 6	Moyenne
2	Paul	0	16	12	5	2	14	8,17
3	Brigitte	1	14	15	19	16	5	11,67
4	Jean	2	15	14	4	6	13	9,00
5	Maude	3	9	20	14	9	10	10,83
6	Sylvie	4	5	10	3	17	4	7,17
7	Remy	5	20	9	7	11	10	10,33
8	René	10	10	13	12	14	20	13,17
9	Julie	20	3	4	12	5	17	10,17
10								

Figure 5.41

Valeurs supérieures/inférieures à la moyenne

Figure 5.42
Excel détermine pour vous la moyenne de vos données et met en forme les cellules qui sont supérieures à cette moyenne.

Avec ce menu (voir Figure 5.42), Excel détermine pour vous la moyenne de vos données et met en forme les cellules qui sont supérieures à cette moyenne. Ce menu ne nécessite aucun paramétrage. Vous choisissez seulement l'un des deux menus (supérieur ou inférieur à la moyenne), et le format choisi s'appliquera automatiquement.

Dans l'exemple des notes des élèves, la moyenne est de 10,06. Excel met alors, automatiquement, les cellules supérieures à cette valeur au format que vous avez choisi.

1. Sélectionnez la plage de cellules **B2:G9**.
2. Activez le menu *Mise en forme conditionnelle > Règles des valeurs plus/moins élevées > Valeurs supérieures à la moyenne*.
3. La boîte de dialogue de la Figure 5.43 s'affiche.

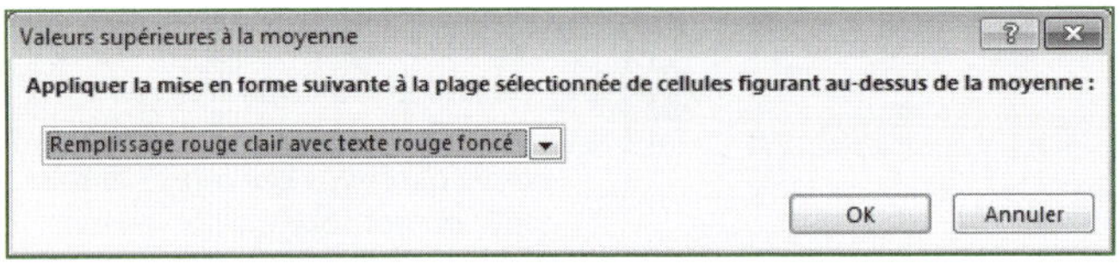

Figure 5.43

4. Validez en appuyant sur le bouton *OK.*

Vous voyez qu'à la Figure 5.44 la note 10 n'est pas mise en forme car elle est inférieure à la moyenne générale de votre sélection, qui est égale à 10,06 (cellule H10).

	A	B	C	D	E	F	G	H
1		Matière 1	Matière 2	Matière 3	Matière 4	Matière 5	Matière 6	Moyenne
2	Paul	0	16	12	5	2	14	8,17
3	Brigitte	1	14	15	19	16	5	11,67
4	Jean	2	15	14	4	6	13	9,00
5	Maude	3	9	20	14	9	10	10,83
6	Sylvie	4	5	10	3	17	4	7,17
7	Remy	5	20	9	7	11	10	10,33
8	René	10	10	13	12	14	20	13,17
9	Julie	20	3	4	12	5	17	10,17
10							Moyenne	10,06

Figure 5.44

Barres de données

L'utilisation du menu *Mise en forme conditionnelle > Barres de données* (voir Figure 5.45) permet de représenter visuellement la proportion de données au sein de cette série entre la plus haute et la plus basse.

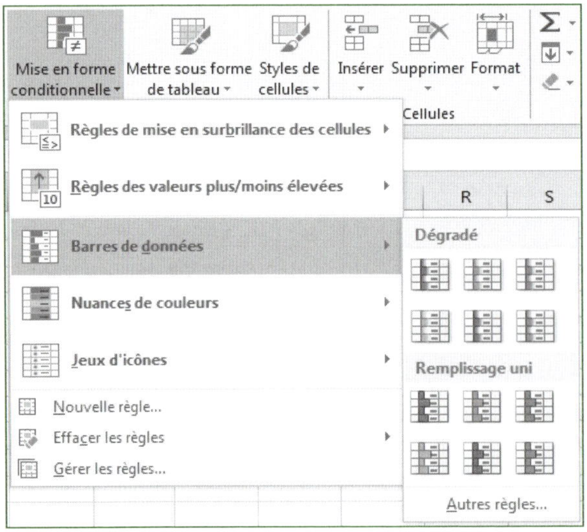

Figure 5.45
Les barres de données permettent de représenter visuellement la proportion de données au sein d'une plage entre la plus haute et la plus basse.

Pour mettre en place cette mise en forme, il vous suffit d'agir comme suit :

1. Sélectionnez la plage de données qui va faire l'objet de votre mise en forme.
2. Activez le menu *Mise en forme conditionnelle > Barres de données*.
3. Choisissez l'une des couleurs en options *Dégradées* ou *Unies*.

Instantanément, vos cellules se remplissent partiellement d'une couleur de fond en fonction de sa valeur dans votre sélection. Ce qui est remarquable avec ce menu, c'est que le remplissage des cellules est en relation avec leurs valeurs sélectionnées.

Par exemple, à la Figure 5.46, vous constatez qu'en colonne B la cellule qui contient la valeur 20 est entièrement remplie, alors que celle qui contient la valeur 10 n'est qu'à moitié remplie. De même pour la valeur 5, où la cellule n'est coloriée qu'au quart, et pour le 0, où la mise en forme conditionnelle n'a absolument rien colorié.

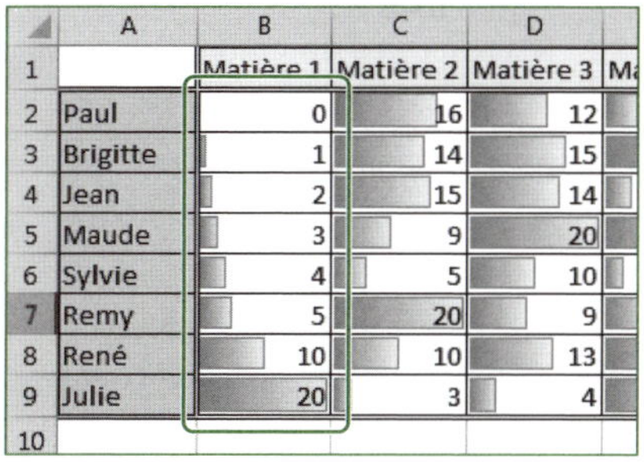

	A	B	C	D	
1		Matière 1	Matière 2	Matière 3	Ma
2	Paul	0	16	12	
3	Brigitte	1	14	15	
4	Jean	2	15	14	
5	Maude	3	9	20	
6	Sylvie	4	5	10	
7	Remy	5	20	9	
8	René	10	10	13	
9	Julie	20	3	4	
10					

Figure 5.46

Dans le cas où vos données contiennent des valeurs négatives, la mise en forme conditionnelle va présenter deux orientations différentes, positives et négatives, mais toujours en respectant la proportionnalité (voir Figure 5.47).

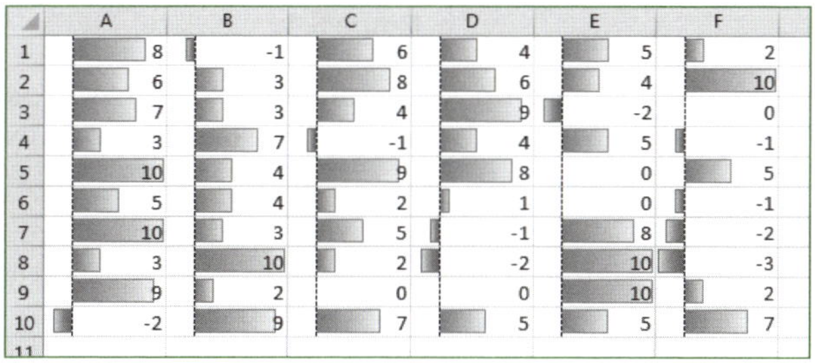

	A	B	C	D	E	F
1	8	-1	6	4	5	2
2	6	3	8	6	4	10
3	7	3	4	9	-2	0
4	3	7	-1	4	5	-1
5	10	4	9	8	0	5
6	5	4	2	1	0	-1
7	10	3	5	-1	8	-2
8	3	10	2	-2	10	-3
9	9	2	0	0	10	2
10	-2	9	7	5	5	7

Figure 5.47

Nous verrons au chapitre "Gestion des valeurs négatives" comment modifier les couleurs pour les barres positives ou négatives ainsi que la position du trait vertical.

Nuances de couleurs

Ce menu vous permet d'insérer une grille chromatique avec des nuances de deux ou trois couleurs pour distinguer vos valeurs entre la plus haute et la plus basse.

Pour utiliser cette mise en forme vous devez faire comme suit :

1. Sélectionnez la plage de cellules **B2:G9**.
2. Activez le menu *Mise en forme conditionnelle > Nuances de couleurs > Vert/Blanc* (voir Figure 5.48).

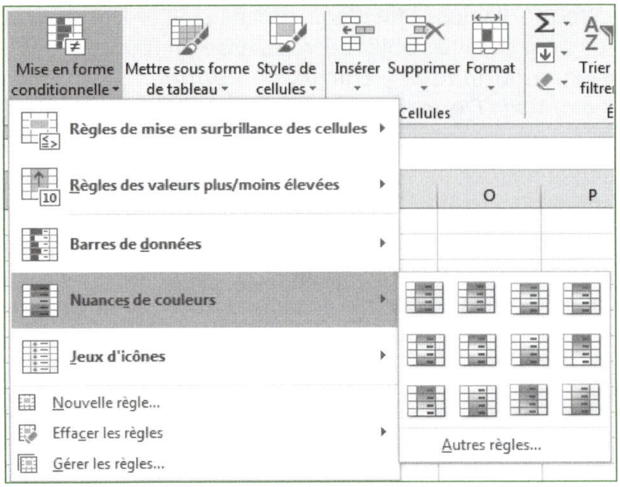

Figure 5.48
Les Nuances de couleur *insèrent une grille chromatique avec des nuances de deux ou trois couleurs pour distinguer vos valeurs.*

Et vous obtenez le résultat de la Figure 5.49.

	A	B	C	D	E	F	G	H
1		Matière 1	Matière 2	Matière 3	Matière 4	Matière 5	Matière 6	Moyenne
2	Paul	0	16	12	5	2	14	8,17
3	Brigitte	1	14	15	19	16	5	11,67
4	Jean	2	15	14	4	6	13	9,00
5	Maude	3	9	20	14	9	10	10,83
6	Sylvie	4	5	10	3	17	4	7,17
7	Remy	5	20	9	7	11	10	10,33
8	René	10	10	13	12	14	20	13,17
9	Julie	20	3	4	12	5	17	10,17
10								

Figure 5.49

Vous pouvez également personnaliser vos couleurs en sélectionnant l'option *Autres règles...* Le détail de ce menu vous sera donné dans le paragraphe "Échelles à trois couleurs".

Jeux d'icônes

Les mises en forme conditionnelles vous proposent également d'intégrer dans vos cellules des icônes pour mieux visualiser des seuils d'alerte.

Comme vous le constatez à la Figure 5.50, vous avez une grande variété d'icônes à votre disposition pour présenter vos résultats. Vous pouvez ainsi ajouter des flèches directionnelles, des feux tricolores, des drapeaux, des étoiles, des camemberts...

Un grand nombre de ces menus proposent un résultat autour de trois icônes, mais vous pouvez également présenter vos résultats avec quatre ou même cinq icônes (flèches, camemberts, réseau).

Par défaut, le jeu de trois icônes divise en trois groupes égaux vos données (33 % chacun).

Pour appliquer une mise en forme basée sur les icônes sur la moyenne des notes des élèves :

1. Sélectionnez la plage de cellules **H2:H9**.
2. Activez le menu *Mise en forme conditionnelle > Jeux d'icônes*.
3. Sélectionnez les feux tricolores.

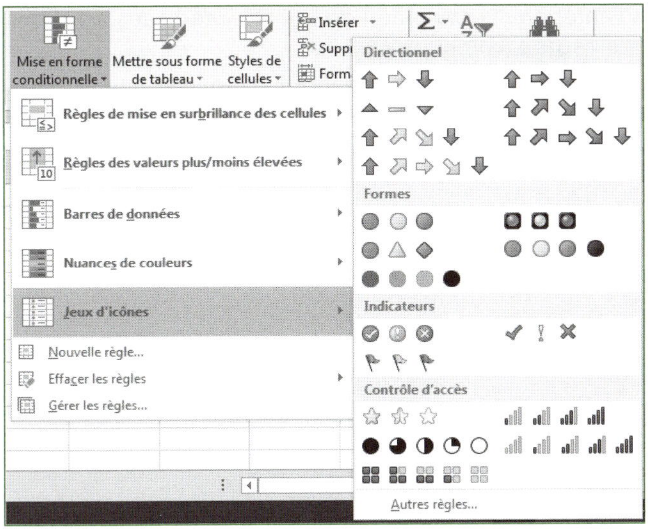

Figure 5.50
Les jeux d'Icônes *intègrent dans vos cellules des icônes pour mieux visualiser des seuils d'alerte.*

Et vous obtenez le résultat de la Figure 5.51.

	A	B	C	D	E	F	G	H
1		Matière 1	Matière 2	Matière 3	Matière 4	Matière 5	Matière 6	Moyenne
2	Paul	0	16	12	5	2	14	8,17
3	Brigitte	1	14	15	19	16	5	11,67
4	Jean	2	15	14	4	6	13	9,00
5	Maude	3	9	20	14	9	10	10,83
6	Sylvie	4	5	10	3	17	4	7,17
7	Remy	5	20	9	7	11	10	10,33
8	René	10	10	13	12	14	20	13,17
9	Julie	20	3	4	12	5	17	10,17
10								

Figure 5.51

Comment sont attribuées les icônes ?

La note la plus haute est 13,17 et la plus basse, 7,17, soit une différence de **6**. De là, le calcul est facile pour répartir **6** en trois groupes ; il suffit d'ajouter deux points à la note la plus basse pour trouver les limites de chaque icône.

- 7,17 > 9,16 : icône rouge.
- 9,17 > 11,16 : icône orange.
- 11,17 > 13,17 : icône verte.

Mais vous pouvez également choisir vos propres limites pour chacun des groupes en sélectionnant l'option *Autres règles* Nous verrons ce point au chapitre "Jeux d'icônes".

Nouvelles règles

Jusqu'à présent, l'utilisation des mises en forme conditionnelles n'était pas très difficile. Il vous suffisait de sélectionner l'un des menus proposés pour activer instantanément la mise en forme voulue. Mais, bien souvent, les résultats proposés ***par défaut*** ne répondront que partiellement à vos besoins. Vous serez amené à adapter les règles de mise en forme pour répondre à vos besoins personnels.

Pour réaliser cela, sélectionnez l'antépénultième menu de la liste des mises en forme conditionnelles, à savoir *Nouvelle règles* (voir Figure 5.52).

Quand vous activez ce menu, la boîte de dialogue s'affiche à l'écran (voir Figure 5.54). Vous y retrouvez toutes les mises en forme conditionnelles précédemment vues mais, ici, c'est vous-même qui allez gérer vos règles de mise en forme.

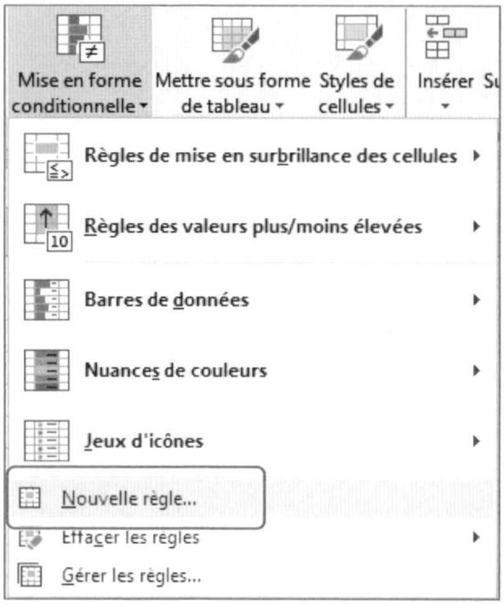

Figure 5.52

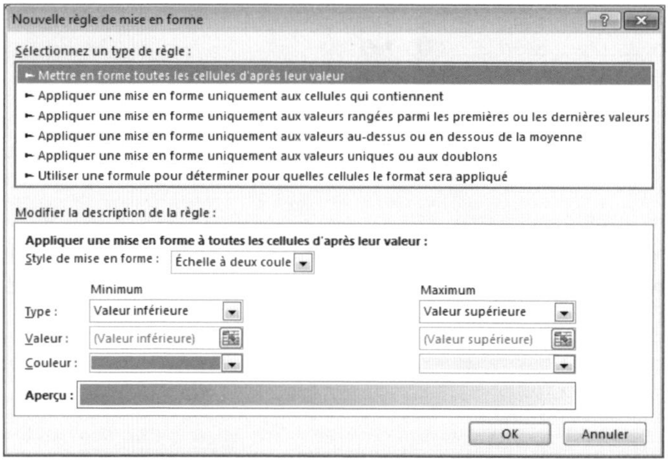

Figure 5.53
Dans la boîte de dialogue, Nouvelle règle, *vous retrouvez l'ensemble des mises en forme conditionnelles.*

Mettre en forme toutes les cellules d'après leurs valeurs

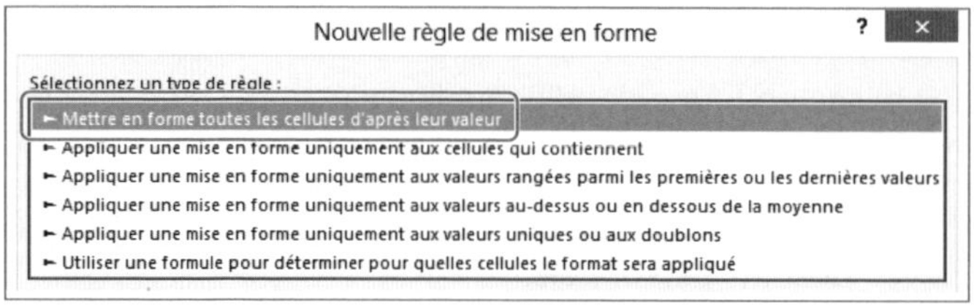

Figure 5.54

Ce menu regroupe trois des menus vus précédemment :

- Nuances de couleurs ;
- Barres de données ;
- Jeux d'icônes.

En fonction de la valeur que vous allez choisir dans l'option ***Style de mise en forme***, la boîte de dialogue va vous afficher différentes options pour personnaliser vos règles.

Échelles à deux couleurs

Votre boîte de dialogue se découpe en deux parties (voir Figure 5.55) : à gauche la mise en forme pour les valeurs minimales et à droite pour les valeurs maximales. Mais, de plus, vous pouvez affiner votre règle de mise en forme en déterminant le type de valeur.

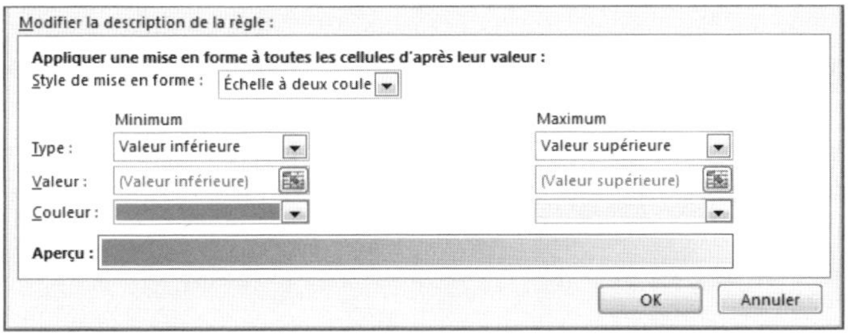

Figure 5.55

Le type de valeur correspond, ***par défaut***, à la valeur minimale ou maximale de votre série de données. Dans ce cas de figure, Excel est capable de déterminer automatiquement la plus haute et la plus basse valeur de votre sélection.

Mais vous pouvez également forcer ces limites hautes et basses en saisissant vous-même vos valeurs. C'est ce que vous permet le type *Nombre*.

Type Nombre

Reprenons l'exemple du résultat de l'examen de vos élèves. Vous voulez que toutes les valeurs inférieures à 5 soient en rouge et les notes supérieures à 16, en vert.

1. Sélectionnez le type Nombre.
2. Pour la valeur minimale, saisissez 5.
3. Pour la valeur maximale, saisissez 16.
4. Terminez par les couleurs rouge et verte.

Votre boîte de dialogue aura les paramètres illustrés à la Figure 5.56, pour le résultat de la Figure 5.57.

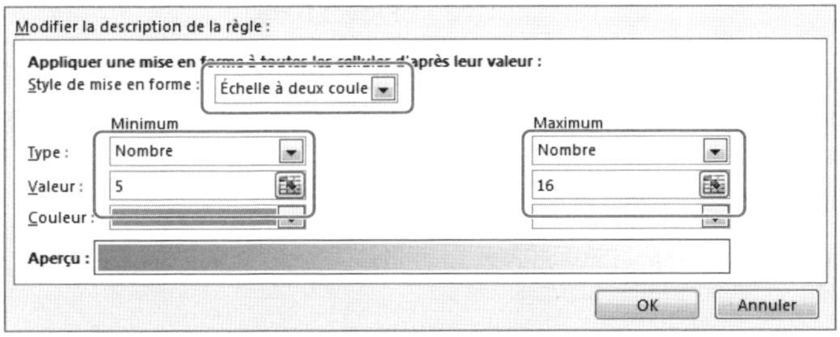

Figure 5.56
Le type Nombre *permet de saisir vous-même vos valeurs dans les limites hautes et basses.*

	A	B	C	D	E	F	G	H
1		Matière 1	Matière 2	Matière 3	Matière 4	Matière 5	Matière 6	Moyenne
2	Paul	0	16	12	5	2	14	8,17
3	Brigitte	1	14	15	19	16	5	11,67
4	Jean	2	15	14	4	6	13	9,00
5	Maude	3	9	20	14	9	10	10,83
6	Sylvie	4	5	10	3	17	4	7,17
7	Remy	5	20	9	7	11	10	10,33
8	René	10	10	13	12	14	20	13,17
9	Julie	20	3	4	12	5	17	10,17
10								

Figure 5.57

Comme vous le voyez, toutes les notes inférieures à 5 sont toutes en rouge vif et toutes celles supérieures à 16 sont en vert. Entre ces deux valeurs, le dégradé indique vers où tend la valeur.

Type Pourcentage

Cette option est très pratique quand vous voulez afficher vos résultats entre deux tranches de valeurs.

Par exemple, vous voulez représenter en blanc 20 % des valeurs les plus basses et en gris foncé 80 % des valeurs les plus hautes. Pour cela, vous allez choisir le type *Pourcentage* puis **20** et **80** dans les zones *Valeur* (voir Figure 5.58).

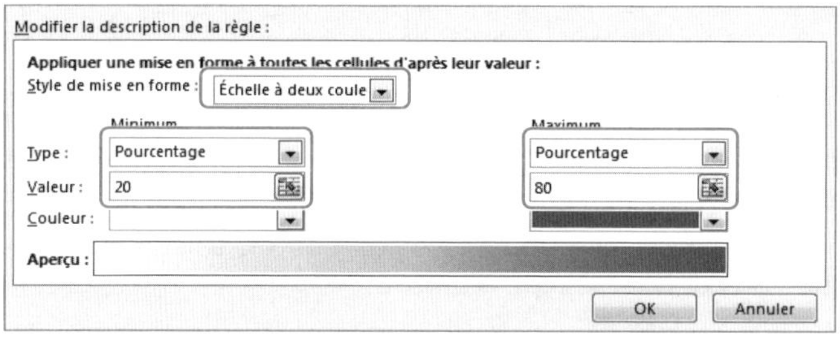

Figure 5.58

De cette façon, vous encadrez les résultats compris entre 20 et 80 % de toutes les notes.

	A	B	C	D	E	F	G	H
1		Matière 1	Matière 2	Matière 3	Matière 4	Matière 5	Matière 6	Moyenne
2	Paul	0	16	12	5	2	14	8,17
3	Brigitte	1	14	15	19	16	5	11,67
4	Jean	2	15	14	4	6	13	9,00
5	Maude	3	9	20	14	9	10	10,83
6	Sylvie	4	5	10	3	17	4	7,17
7	Remy	5	20	9	7	11	10	10,33
8	René	10	10	13	12	14	20	13,17
9	Julie	20	3	4	12	5	17	10,17

Figure 5.59

En utilisant le menu *Pourcentage* ***vous n'avez pas besoin de calculer*** la valeur à partir de laquelle vous atteignez les 20 % ou 80 %. En fonction des données contenues dans votre sélection, Excel s'adapte automatiquement.

Type Formule

La gestion des formules dans la création d'une règle sera traitée au chapitre "Utiliser une formule".

Échelles à trois couleurs

Cette option est en tout point identique aux possibilités offertes par l'échelle à deux couleurs, à ceci près que vous pouvez rajouter une couleur intermédiaire.

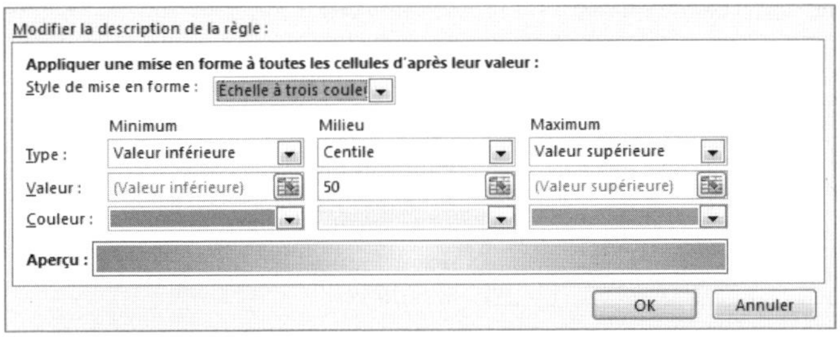

Figure 5.60

Vous retrouvez là (voir Figure 5.60) les options qui correspondent au menu *Nuance de couleurs*.

Barre de données

Le troisième menu propose d'agir sur les paramètres des barres de données (voir Figure 5.61).

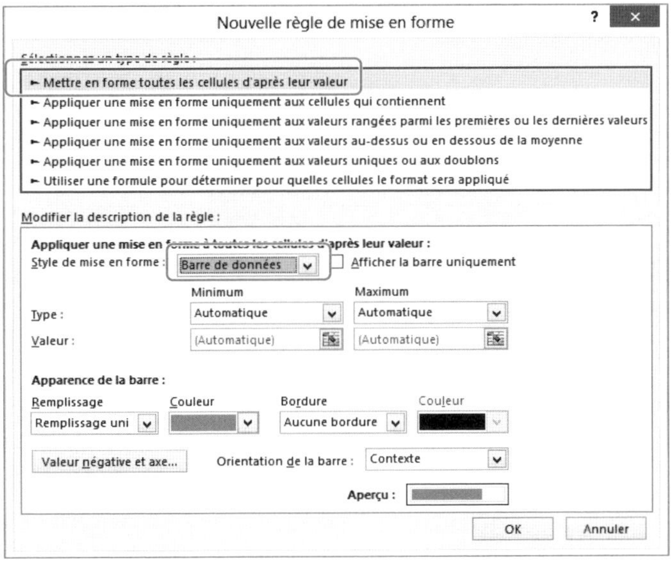

Figure 5.61

Par rapport au menu standard des barres de données, trois nouvelles options vous permettent de personnaliser votre affichage.

Afficher la barre uniquement

Juste à droite du menu déroulant, une case à cocher (voir Figure 5.62) vous permet d'afficher (ou pas) les données dans les cellules comme à la Figure 5.63.

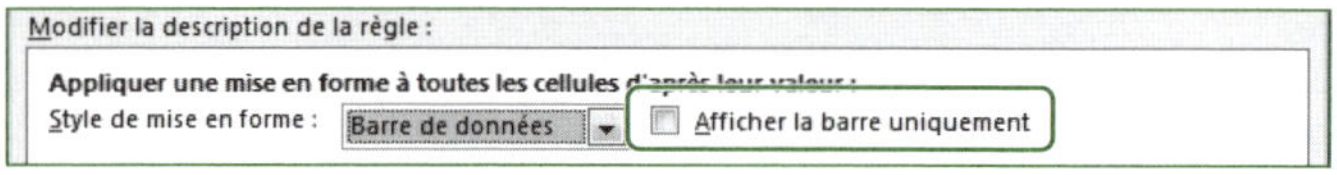

Figure 5.62

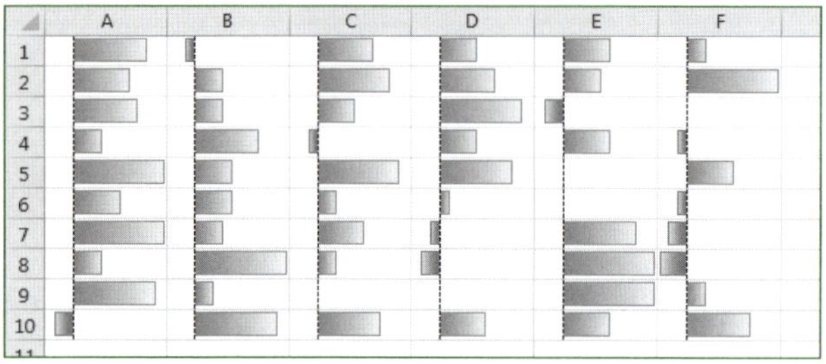

Figure 5.63
Dans cet exemple, seules les barres sont affichées. Vos valeurs ne sont pas effacées, elles sont justes masquées..

Info

Vos valeurs ne sont pas effacées, elles sont juste masquées.

Apparence de la barre

Dans cette section, vous pouvez modifier l'aspect des barres, en choisissant :

- le mode dégradé ou un remplissage uni ;
- la couleur de vos barres ;
- l'ajout, ou non, d'une bordure ;
- la couleur de la bordure (si vous avez choisi d'afficher la bordure) ;
- l'orientation de la barre (de gauche à droite ou l'inverse).

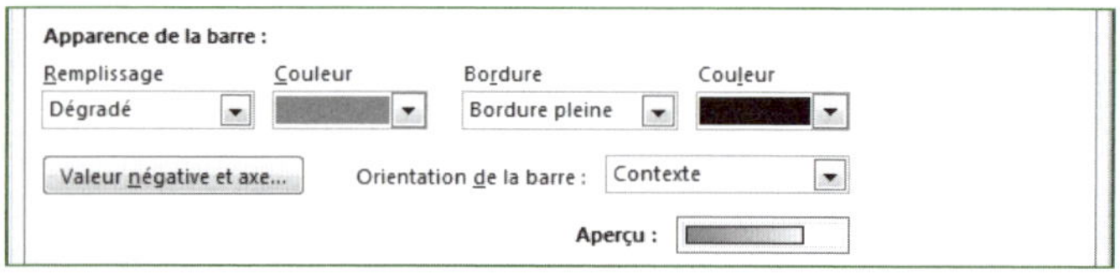

Figure 5.64

Gestion des valeurs négatives

Une dernière option (voir Figure 5.65) vous permet de paramétrer les valeurs négatives et l'axe.

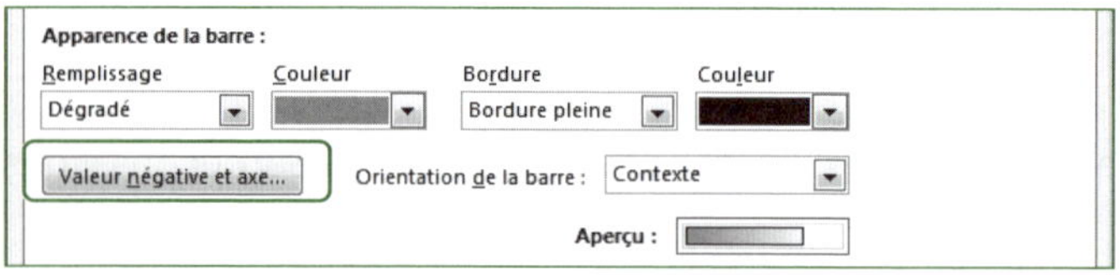

Figure 5.65

Si vos données comprennent des valeurs négatives, Excel adapte automatiquement la mise en forme conditionnelle pour faire apparaître un trait vertical en pointillé pour distinguer les valeurs positives des valeurs négatives (voir Figure 5.66).

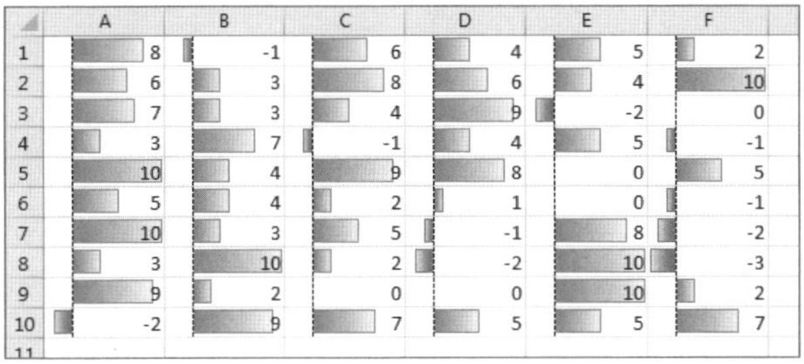

	A	B	C	D	E	F
1	8	-1	6	4	5	2
2	6	3	8	6	4	10
3	7	3	4	9	-2	0
4	3	7	-1	4	5	-1
5	10	4	9	8	0	5
6	5	4	2	1	0	-1
7	10	3	5	-1	8	-2
8	3	10	2	-2	10	-3
9	9	2	0	0	10	2
10	-2	9	7	5	5	7
11						

Figure 5.66

Maintenant, si vous cliquez sur le bouton *Valeur négative et axe* vous faites apparaître la boîte de dialogue de la Figure 5.67.

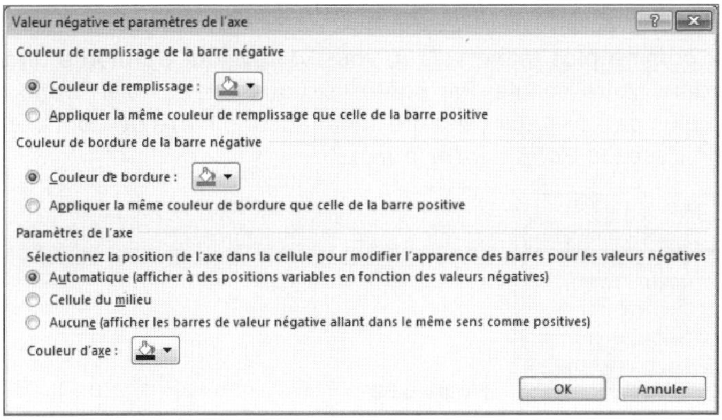

Figure 5.67
Cette boîte de dialogue propose plusieurs options d'affichage pour les valeurs négatives et l'axe des barres.

Dans cette boîte de dialogue, vous pouvez indiquer la couleur qui va symboliser les valeurs négatives ainsi que la bordure des barres négatives.

Enfin, vous avez la possibilité de modifier les paramètres de l'axe en choisissant parmi trois options :

- **Automatique.** Excel ajuste de lui-même la position de l'axe en fonction de vos valeurs (choix préférable).
- **Cellule du milieu.** Avec cette option, vous obligez Excel à mettre l'axe au centre de vos cellules.
- **Aucune.** Aucun axe vertical ne sera tracé et les données négatives auront donc la même orientation que les valeurs positives mais la couleur restera différente.

Type de valeur

Le menu déroulant Type propose six choix :

- Valeur inférieure/supérieure ;
- Nombre ;
- Pourcentage ;
- Formule ;
- Centile ;
- Automatique (valeur par défaut).

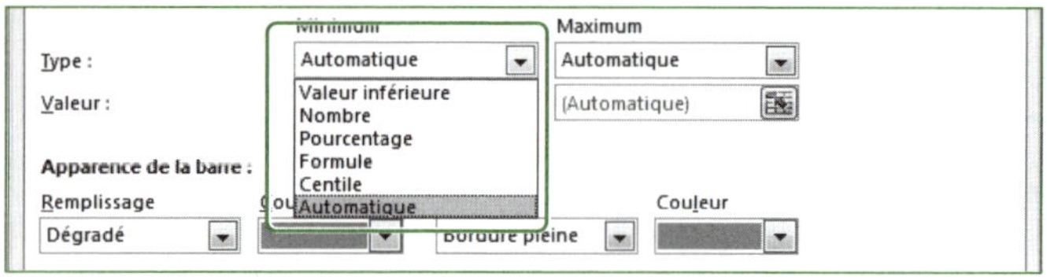

Figure 5.68
L'option Automatique *ne prend pas forcément en compte la valeur minimale ou maximale.*

Attention !

L'option *Automatique* ne prend pas forcément en compte la valeur la plus faible.

Si par exemple vous avez 2 comme plus faible valeur, vous verrez tout de même une barre s'afficher légèrement dans votre cellule. Par contre, si vous aviez choisi l'option *Nombre*, du fait que 2 est la plus petite valeur de votre série, aucune barre de données n'apparaîtra (idem si vous choisissez la *Valeur inférieure*).

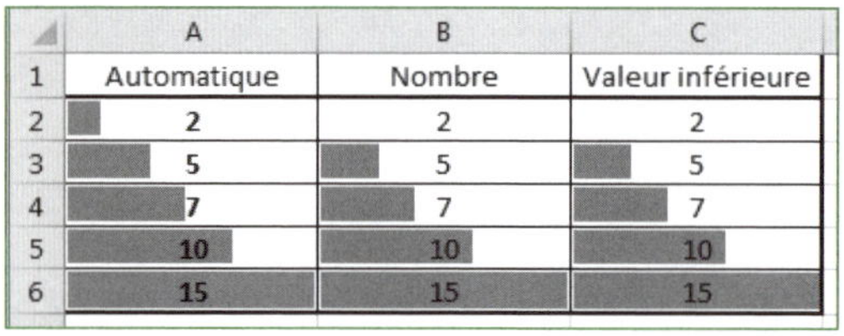

	A	B	C
1	Automatique	Nombre	Valeur inférieure
2	2	2	2
3	5	5	5
4	7	7	7
5	10	10	10
6	15	15	15

Figure 5.69

Différence entre pourcentage et centile

L'option *Pourcentage* construit la mise en forme **sur la valeur** des données tandis que le *Centile* s'attache, lui, **au rang** dans la série de données.

Pour bien comprendre cette différence, nous avons dressé un tableau comparatif avec deux séries de données où le minimum et le maximum sont identiques. Dans les deux cas, nous faisons un comparatif sur les tranches 0-100 % et 20-80 %.

Afin de bien comprendre la différence, nous avons introduit plusieurs données en double ou en triple. En ayant plusieurs valeurs identiques dans une série de données, le calcul du centile n'est plus le même (***cf.*** tableau comparatif à droite des deux tableaux de la Figure 5.70).

Remarque sur l'option *Pourcentage :*

- Si vous optez pour un écart de **0 à 100 %** il n'y a aucune différence d'interprétation entre les options ***Pourcentage*** ou ***Centile***.
- Dans le cas d'une mise en forme conditionnelle liée au pourcentage, vous constatez que le remplissage des barres est rigoureusement le même entre les deux exemples car le minimum et le maximum sont rigoureusement identiques.

Remarque sur l'option *Centile :*

- Dans le premier exemple, la valeur minimale 5 est présente quatre fois. De ce fait, la valeur qui représente les 10 % du total des valeurs (ou centile de rang 10) est justement 5 car 5 représente plus de 10 % des valeurs de votre série. Par contre, dans l'exemple 2, le centile de rang 10 est égal à 10 car nous n'avons qu'une seule fois la valeur 5 et deux fois la valeur 10.

- Du fait de cette différence entre les deux séries, le résultat des 20-80 % des données va être différent. Ainsi, dans la première série, la valeur 9 est le centile de rang 20 et, donc, le remplissage commence dès la valeur 10. Dans la seconde série, le centile de rang 20 est égal à 15. Alors, le remplissage ne va commencer qu'à la valeur strictement supérieure, soit 20.

	A	B	C	D	E	F	G	H	I	J	K	L	M
1	Exemple 1							Exemple 2					
2	Pourcentage		Centile					Pourcentage		Centile			
3	0-100	20-80	0-100	20-80	Valeur Centile			0-100	20-80	0-100	20-80	Valeur Centile	
4	5	5	5	5	10%	5		5	5	5	5	10%	10
5	5	5	5	5	20%	9		10	10	10	10	20%	15
6	5	5	5	5	30%	18,5		10	10	10	10	30%	18,5
7	5	5	5	5	40%	80		15	15	15	15	40%	80
8	10	10	10	10	50%	115		15	15	15	15	50%	115
9	15	15	15	15	60%	134		15	15	15	15	60%	134
10	20	20	20	20	70%	173		20	20	20	20	70%	183
11	50	50	50	50	80%	192		50	50	50	50	80%	205
12	100	100	100	100	90%	215,5		100	100	100	100	90%	230,5
13	110	110	110	110	100%	250		110	110	110	110	100%	250
14	120	120	120	120				120	120	120	120		
15	130	130	130	130				130	130	130	130		
16	140	140	140	140				140	140	140	140		
17	170	170	170	170				180	180	180	180		
18	180	180	180	180				190	190	190	190		
19	190	190	190	190				200	200	200	200		
20	200	200	200	200				225	225	225	225		
21	215	215	215	215				230	230	230	230		
22	220	220	220	220				235	235	235	235		
23	250	250	250	250				250	250	250	250		
24													

Figure 5.70
L'option Pourcentage *construit la mise en forme sur la valeur des données tandis que le Centile s'attache lui au rang dans la série de données.*

Jeux d'icônes

Dernier style de mise en forme basé sur la valeur des cellules : les jeux d'icônes.

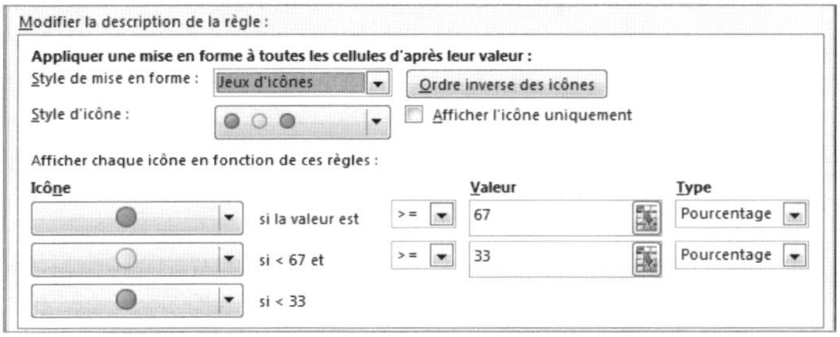

Figure 5.71
Dans cette boîte de dialogue, vous pouvez gérer l'ordre, l'affichage des données, le type d'icône et les valeurs limites d'affichage.

Dans les options de base proposées dans le menu principal, vous n'avez aucune possibilité de modifier les règles d'applicabilité des icônes. Grâce à cette boîte de dialogue, une gamme de nouveaux paramètres s'offre à vous.

Ordre inverse des icônes

Juste à la droite du menu déroulant *Style de mise en forme*, vous voyez apparaître un bouton qui vous permet d'inverser l'ordre des couleurs de vos icônes (voir Figure 5.72) ; en cliquant sur ce bouton, vous inversez cet ordre.

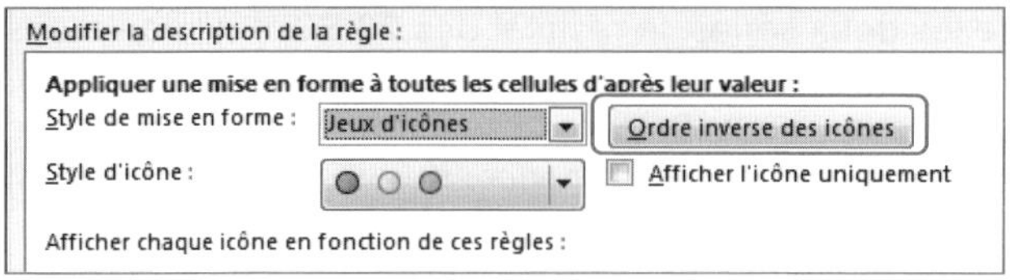

Figure 5.72

Afficher l'icône uniquement

De la même façon que pour les barres de données, vous avez ici la possibilité d'afficher (ou pas) les valeurs dans les cellules avec l'icône ou de n'afficher que les icônes seules.

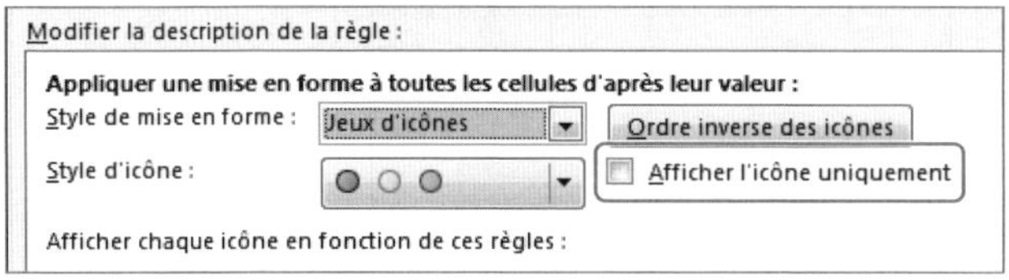

Figure 5.73

Règle des icônes

Dans le menu déroulant *Style d'icône*, vous pouvez choisir le type d'icône (voir Figure 5.74) qui va figurer dans vos cellules (flèches, feux tricolores, drapeaux...) mais également le nombre d'icônes qui vont constituer votre panel. Vous pouvez ainsi afficher trois, quatre ou même cinq symboles qui vont représenter les différentes valeurs de votre sélection.

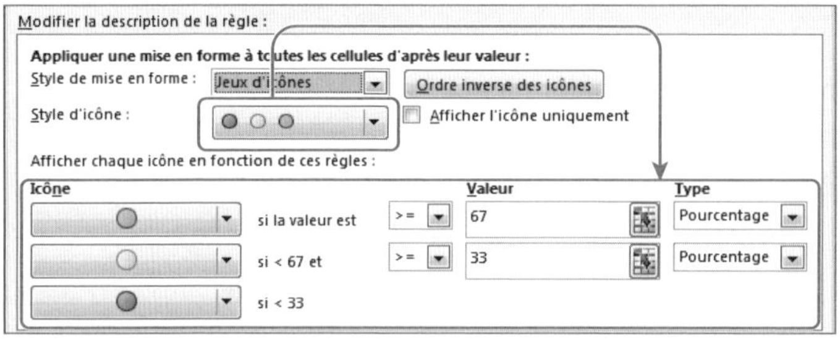

Figure 5.74

Par défaut, la boîte de dialogue s'ouvre sur trois icônes avec la possibilité de modifier les règles d'application pour chacune d'entre elles, mais, si vous choisissez cinq icônes (voir Figure 5.75), vous constatez que vous avez maintenant cinq paramétrages possibles.

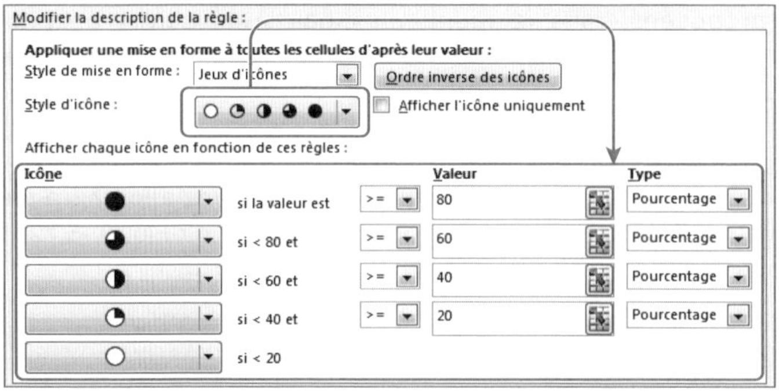

Figure 5.75

En cliquant sur la flèche à droite des icônes (voir Figure 5.76), vous pouvez choisir vous-même vos icônes dans la palette d'icônes.

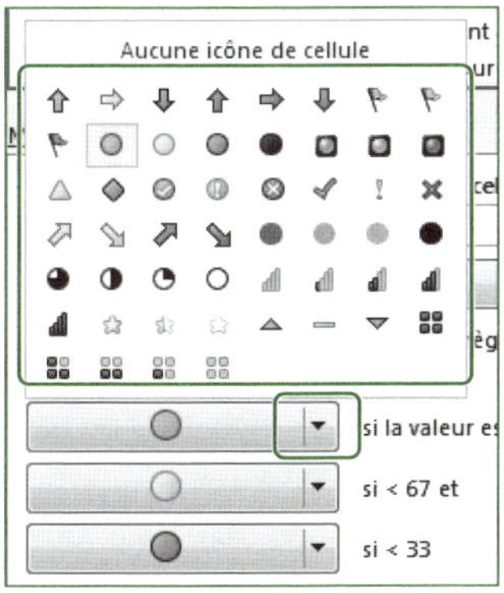

Figure 5.76

Astuce

Même si vous pouvez choisir vos icônes, il est préférable de garder une cohérence entre celles-ci pour gagner en lisibilité.

Ensuite, vous pouvez :

- indiquer si votre valeur est supérieure stricte ou supérieure ou égale à une donnée ;
- spécifier la nature de vos données (Valeurs, Pourcentage, Formule ou Centile).

Cas d'application

Si nous reprenons l'exemple des notes des élèves, nous voulons afficher en rouge les élèves qui n'ont pas la moyenne, en orange les notes comprises entre 10 et 12 et en vert toutes les notes supérieures à 12.

1. Changez le Type à ***Nombre*** pour les deux paramètres.
2. Indiquez la valeur 12 pour le premier paramètre.
3. Indiquez la valeur 10 pour le second paramètre.

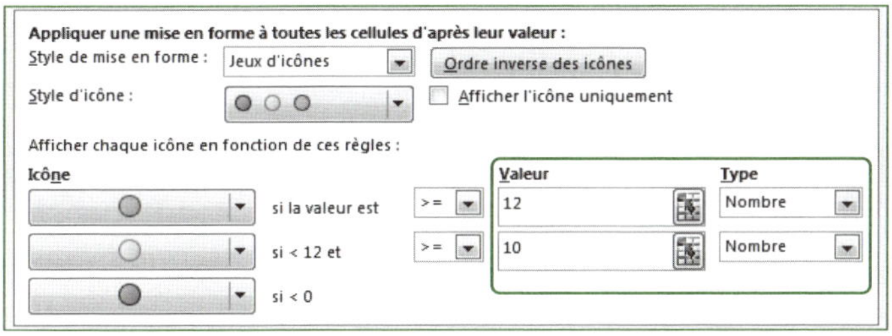

Figure 5.77

Et le résultat devient celui illustré à la Figure 5.78.

	A	B	C	D	E	F	G	H
1		Matière 1	Matière 2	Matière 3	Matière 4	Matière 5	Matière 6	Moyenne
2	Paul	0	16	12	5	2	17	8,67
3	Brigitte	1	7	15	19	16	18	12,67
4	Jean	2	15	14	4	6	13	9,00
5	Maude	3	9	20	14	9	8	10,50
6	Sylvie	4	5	20	3	17	1	8,33
7	Remy	5	20	9	7	11	10	10,33
8	René	10	10	13	12	14	10	11,50
9	Julie	20	3	4	12	5	5	8,17

Figure 5.78

Appliquer une mise en forme uniquement aux cellules qui contiennent

Ce second menu reprend les premiers paramètres des mises en forme conditionnelles des versions d'Excel 2003 et antérieures. Les possibilités de mise en forme sont beaucoup plus limitées que le premier menu, mais il existe cependant encore un intérêt à utiliser ce menu.

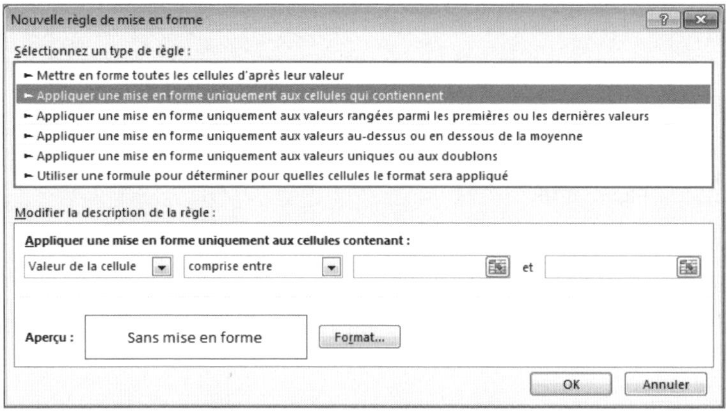

Figure 5.79

Choix de la mise en forme

Une fois n'est pas coutume, nous allons commencer par présenter la mise en forme. Quand vous cliquez sur le bouton *Format...* la boîte de dialogue de la Figure 5.80 apparaît.

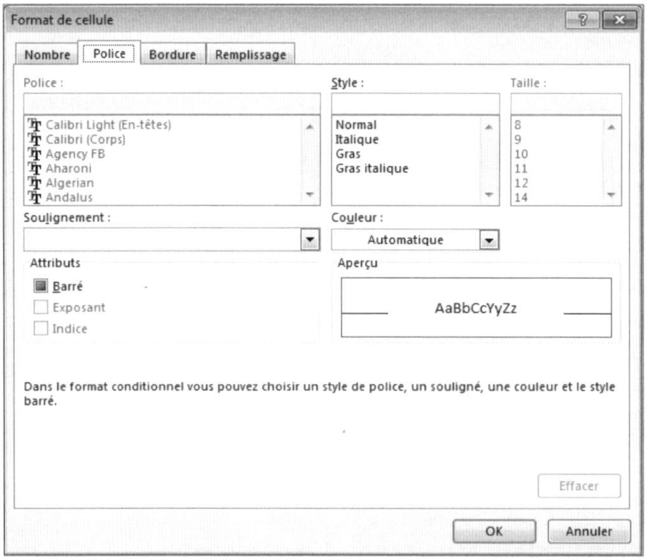

Figure 5.80
Les possibilités de mise en forme conditionnelles se limitent aux formats de nombre, style de police, couleur de police, bordures et remplissage.

Comme vous le constatez, les possibilités de mise en forme sont limitées :

- format de nombre ;
- style de police ;
- couleur de police ;
- bordures ;
- remplissage.

Par exemple, si vous souhaitez afficher avec des couleurs voyantes les données qui déclenchent vos règles de mise en forme, positionnez :

- une police de caractères blanche en gras ;
- un remplissage de fond rouge.

Style de mise en forme

Dans le premier menu déroulant qui s'affiche, vous pouvez choisir parmi les menus suivants :

- Valeur de la cellule ;
- Texte spécifique ;
- Dates se produisant ;
- Cellules vides ;
- Aucune cellule vide ;
- Erreurs ;
- Aucune erreur.

Les quatre dernières options n'ont pas besoin de paramètres spécifiques et se comprennent facilement. Aussi, elles ne seront pas détaillées dans ce chapitre.

Valeur de la cellule

Ce menu correspond exactement au menu de mises en forme conditionnelles pour les versions d'Excel 2003 (et antérieures).

Avec ce menu, vous pouvez seulement préciser si la valeur de vos cellules peut être inférieure, supérieure ou entre des bornes. Quand la condition est vérifiée, le format que vous avez choisi s'affiche instantanément.

Ce que beaucoup oublient, c'est qu'une date est avant tout un chiffre, vous pouvez donc renseigner les champs valeurs avec des dates comme le montre l'exemple de la Figure 5.81.

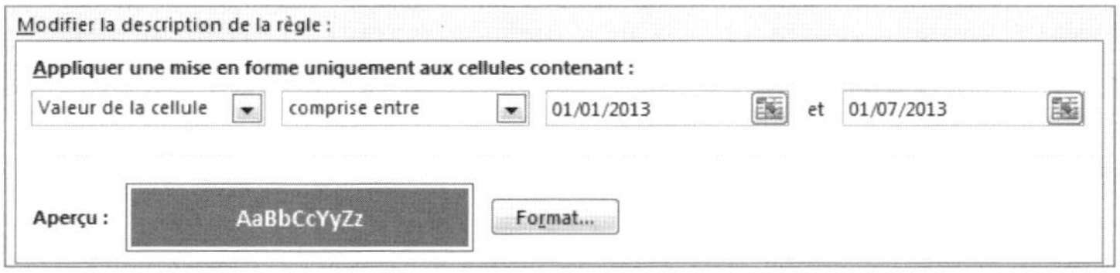

Figure 5.81
Une date est avant tout un chiffre, vous pouvez donc renseigner les champs valeurs avec des dates.

Texte spécifique

En sélectionnant ce menu, vous pouvez mettre en avant vos cellules autour de quatre critères :

- Contenant ;

■ Ne contenant pas ;
■ Commençant par ;
■ Se terminant par.

Prenons comme exemple une feuille de calcul qui contient une liste de numéros de téléphone de tous les pays. Si vous voulez afficher uniquement les numéros français, vous allez créer la règle de la Figure 5.82.

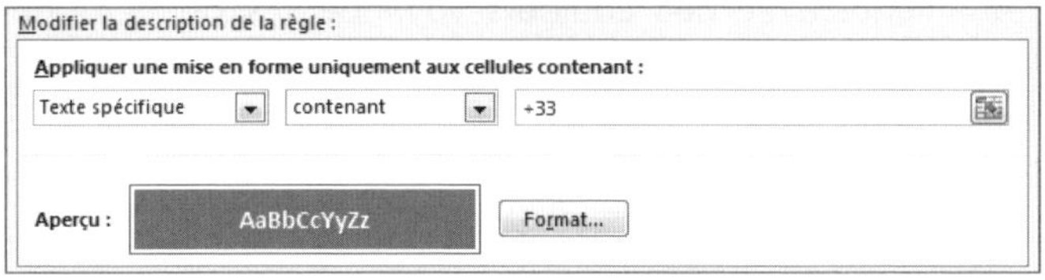

Figure 5.82

Maintenant, si vous souhaitez retrouver dans une liste les adresses de messagerie, il vous suffira d'écrire la règle de la Figure 5.83.

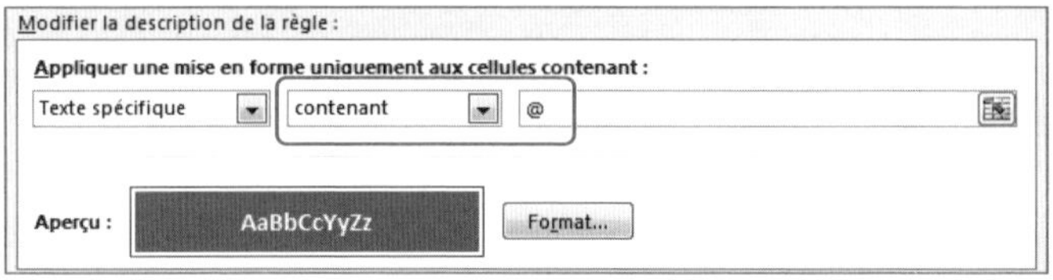

Figure 5.83

Mais vous pouvez améliorer votre règle en incluant les caractères génériques. Dans l'environnement Windows, vous avez deux caractères génériques principaux :

■ **?** vous permet de remplacer un caractère dans un mot.
■ * vous permet de remplacer tout ou partie d'une chaîne de caractères.

Un exemple concret : vous souhaitez mettre en relief uniquement les adresses e-mail françaises ; vous écrirez la règle de la Figure 5.84.

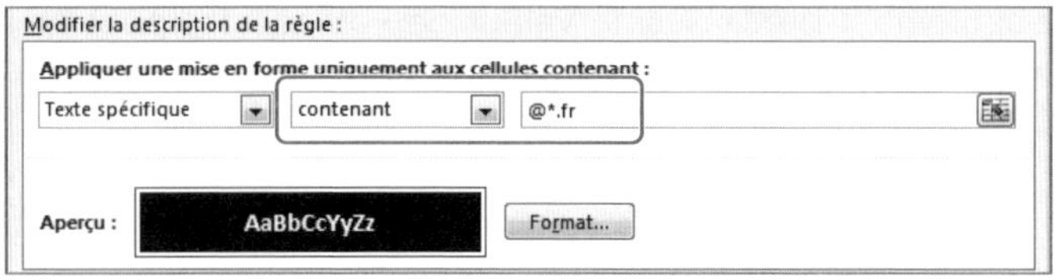

Figure 5.84
Cette règle met en relief uniquement les adresses mails françaises.

Comme vous pouvez le voir dans cet exemple, seules les adresses qui contiennent les informations @ et .fr sont mises en surbrillance, quel que soit le nombre de caractères entre les signes @ et .fr.

Dates se produisant

Ce menu n'apporte aucune option supplémentaire par rapport au menu standard vu dans le paragraphe "Une date se produisant".

Appliquer une mise en forme uniquement aux valeurs rangées parmi les premières ou les dernières valeurs

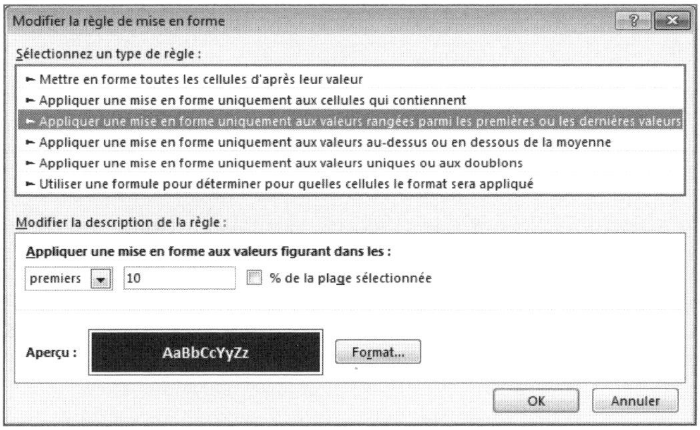

Figure 5.85

Ce menu correspond aux menus :

- *Règles de mise en surbrillance des cellules > Supérieur à Inférieur à*
- *Règles de mise en surbrillance des cellules > 10% les plus élevées les moins élevées*

Appliquer une mise en forme uniquement aux valeurs au-dessus ou en dessous de la moyenne

Ce menu propose quelques variantes par rapport au menu initial vu au chapitre "Valeurs supérieures/inférieures à la moyenne".

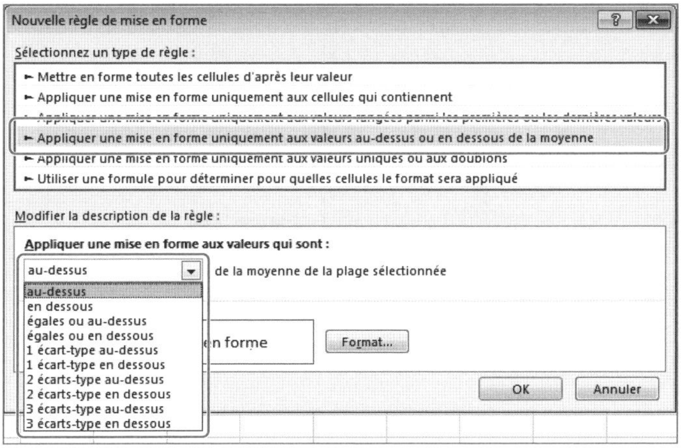

Figure 5.86
Dans cette boîte de dialogue, vous pouvez opter pour une mise en forme sur les valeurs étant situées à un, deux ou trois écart types de la moyenne.

- Les deux premières options (au-dessus/en dessous) correspondent au menu de base du ruban.
- Les deux options suivantes (égales ou au-dessus/égales ou en dessous) prennent en compte le résultat de la moyenne dans la mise en forme.

- Les six dernières options intègrent l'écart-type dans l'application de la mise en forme.

Qu'est-ce que l'écart-type ?

L'écart-type, c'est la dispersion autour de la moyenne. C'est une notion très simple et extrêmement pratique.

Prenons une classe de vingt élèves et chacun à 10. La moyenne est donc de 10. Maintenant, toujours avec la même classe d'élèves, dix ont 0 et les dix autres 20. La moyenne est toujours de 10 mais cette moyenne cache une grande disparité. C'est là que l'écart-type intervient.

Dans le premier exemple, il n'y a aucun écart entre les valeurs, donc l'écart-type est de 0. Par contre, dans le second exemple, l'écart-type est de 10,25.

Alors, bien sûr, les exemples ci-dessus sont extrêmes. Mais si, maintenant, nous avons un écart-type de 1 et que nous choisissons l'option 2 écarts-types au-dessus, alors, toutes les données qui seront au-dessus de la moyenne + deux fois l'écart-type auront une mise en forme différentes.

Appliquer une mise en forme uniquement aux valeurs uniques ou aux doublons

Il n'y a aucune différence entre ce menu et le menu "Valeur en double/Valeur unique" du ruban.

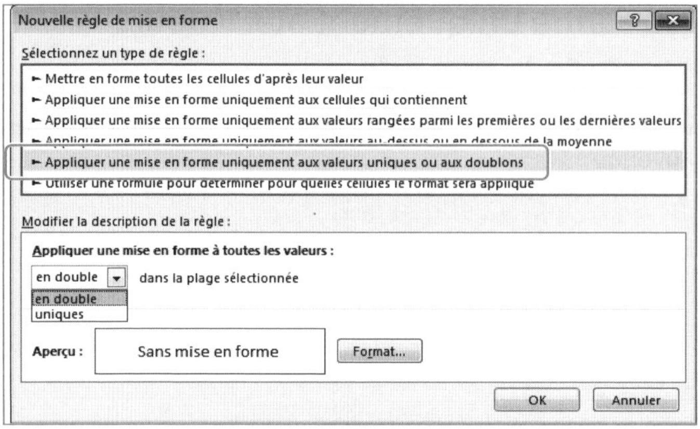

Figure 5.87

Utiliser une formule

Cette option est extrêmement intéressante car elle vous permet de concevoir vos propres règles à partir de formules de calcul.

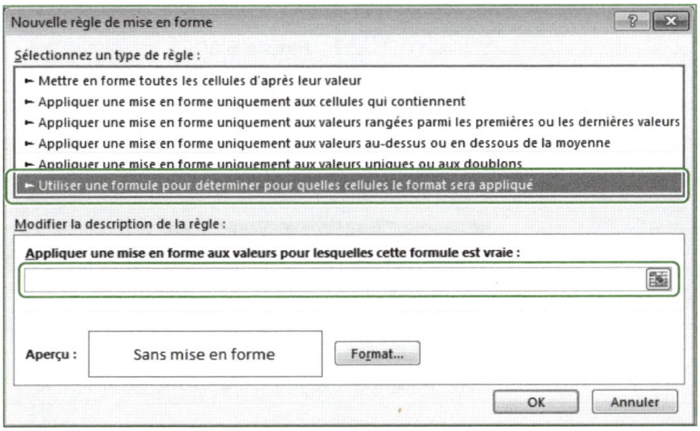

Figure 5.88
Pour utiliser une formule en tant que règle de mise en forme conditionnelle, il est impératif que son résultat retourne VRAI.

Principe

Retourner VRAI

Pour utiliser une formule en tant que règle de mise en forme conditionnelle, il est impératif que son résultat retourne **VRAI**.

Pour cela vous devez respecter les règles suivantes :

- Commencez toujours par le signe égal (comme n'importe quelle autre formule).
- Inscrivez votre formule.
- Indiquez la valeur à atteindre, ou à partir de laquelle votre règle sera vraie.

Pour le dernier point, vous vous aiderez des symboles logiques pour effectuer votre test.

Opérateur	Résultat
=	Est égal à
<	Est plus petit (strict) que
<=	Est plus petit ou égal à
>	Est plus grand (strict) que
>=	Est plus grand ou égal à
<>	Est différent de

Prenons cet exemple tout simple : appliquez une mise en forme quand la valeur en A1 dépasse ou est égale à 5. Vous allez écrire dans votre zone de formule : **=A1>=5**.

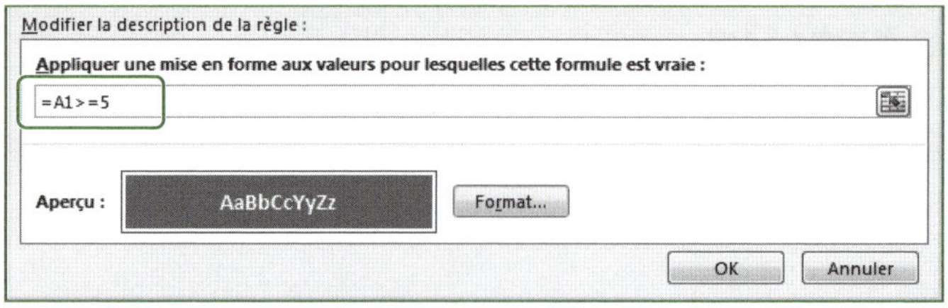

Figure 5.89

Il peut être déroutant de voir **deux signes** = dans la zone de formule.

Pour autant, votre formule ainsi écrite fonctionne dans une feuille de calcul. Dans l'exemple suivant, vous avez les formules en colonne D et le résultat produit en colonne C.

	A	B	C	D
1	5		VRAI	=A1>=5
2			FAUX	=A1>5

Figure 5.90

Astuce

Il est fortement conseillé de tester votre formule dans une feuille de calcul avant de l'inscrire dans la zone de formule afin de vérifier la validité de votre test.

Portée du test

La portée du test est peut-être ce qui est le plus difficile à comprendre car deux facteurs entrent en jeu :

- le test ;
- son application dans la feuille de calcul.

Reprenons l'exemple des notes des élèves (voir Figure 5.91).

	A	B	C	D	E	F	G	H
1		Matière 1	Matière 2	Matière 3	Matière 4	Matière 5	Matière 6	Moyenne
2	Paul	0	16	12	5	2	14	8,17
3	Brigitte	1	14	15	19	16	5	11,67
4	Jean	2	15	14	4	6	13	9,00
5	Maude	3	9	20	14	9	10	10,83
6	Sylvie	4	5	10	3	17	4	7,17
7	Rémy	5	20	9	7	11	10	10,33
8	René	10	10	13	12	14	20	13,17
9	Ernestine	20	3	4	12	5	17	10,17

Figure 5.91

Nous voulons créer la mise sur fond rouge de toutes les notes inférieures strictes à 5 :

1. Positionnez-vous en B2 et écrivez votre test : **=B2<5**.

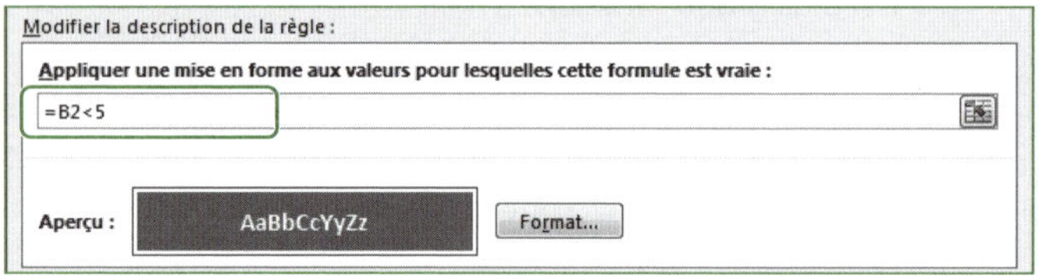

Figure 5.92

2. À ce stade, seule la cellule B2 contient une mise en forme conditionnelle.

	A	B	C	D	E	F	G	H
1		Matière 1	Matière 2	Matière 3	Matière 4	Matière 5	Matière 6	Moyenne
2	Paul	0	16	12	5	2	14	8,17
3	Brigitte	1	14	15	19	16	5	11,67
4	Jean	2	15	14	4	6	13	9,00
5	Maude	3	9	20	14	9	10	10,83
6	Sylvie	4	5	10	3	17	4	7,17
7	Remy	5	20	9	7	11	10	10,33
8	René	10	10	13	12	14	20	13,17
9	Julie	20	3	4	12	5	17	10,17

Figure 5.93

Il est très important d'être en cellule B2 quand vous écrivez votre test car, si vous étiez en C2 et que vous écriviez le même test (=B2<5), ***c'est la cellule C2 qui serait devenue rouge*** bien que sa valeur soit supérieure à 5.

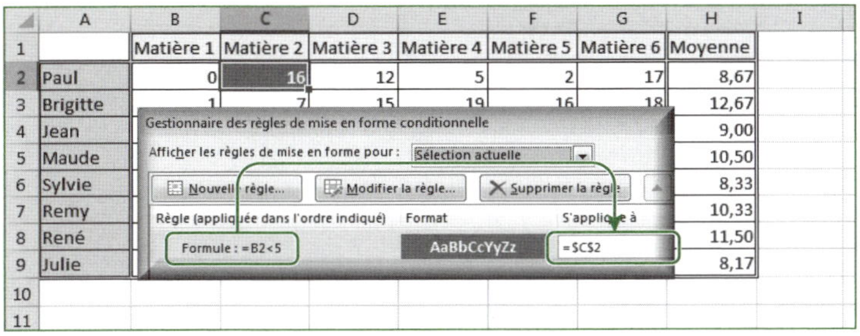

Figure 5.94
Pour visualiser la portée d'une règle, il faut ouvrir le gestionnaire de règles de mise en forme conditionnelle.

Le test porte sur la valeur de la cellule B2 mais le test s'applique à la cellule C2.

Pour visualiser la portée d'une règle, il faut ouvrir le gestionnaire de règles de mise en forme conditionnelle. En reprenant notre exemple, nous allons **simplement modifier le champ d'application** pour indiquer que le test va couvrir les cellules B2:G9 et, automatiquement, le test ne porte plus uniquement sur la cellule B2 mais sur toutes les notes des élèves.

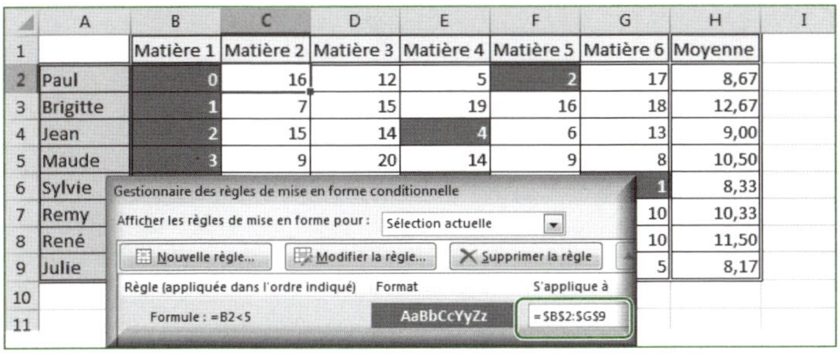

Figure 5.95

Pour résumer :

- Vous écrivez votre test dans une feuille de calcul pour vérifier son exactitude.
- Vous reportez cette formule dans la zone *Formule* de la boîte de dialogue *Nouvelles règles*.
- Vous ouvrez le gestionnaire de règles pour modifier la portée de la règle.

Astuce

Pour vous déplacer avec les flèches directionnelles dans la zone de saisie, il faut basculer en mode édition en appuyant sur la touche F2.

Exemples de lignes et colonnes

Ce paragraphe va vous donner une liste de formules pour réaliser des mises en forme liées aux lignes et aux colonnes.

Mettre en forme les lignes impaires

=MOD(LIGNE();2)>0

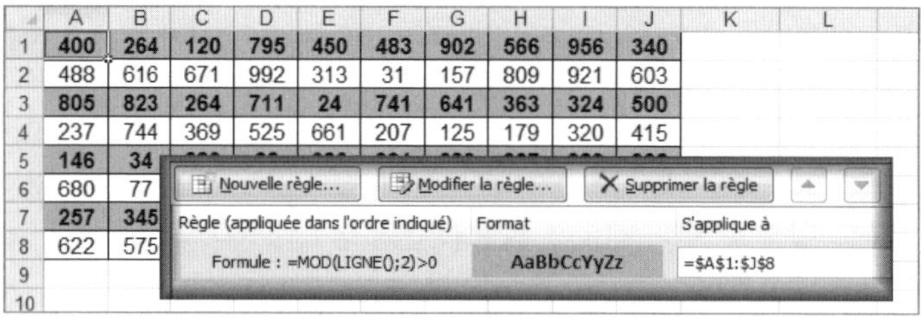

Figure 5.96
Mettre en forme les lignes impaires.

Créer un damier

=MOD(LIGNE();2)=MOD(COLONNE();2)

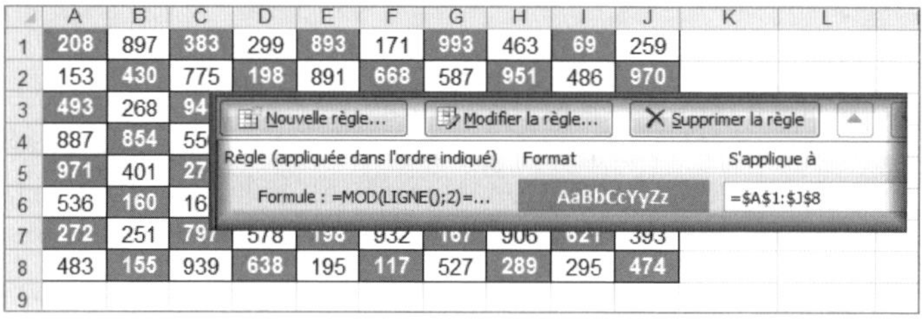

Figure 5.97
Créer un damier.

Exemple de mise en forme dans des plages nommées

Troisième ligne d'une plage nommée "Exemple" :

=LIGNE()=LIGNE(Exemple)+3–1

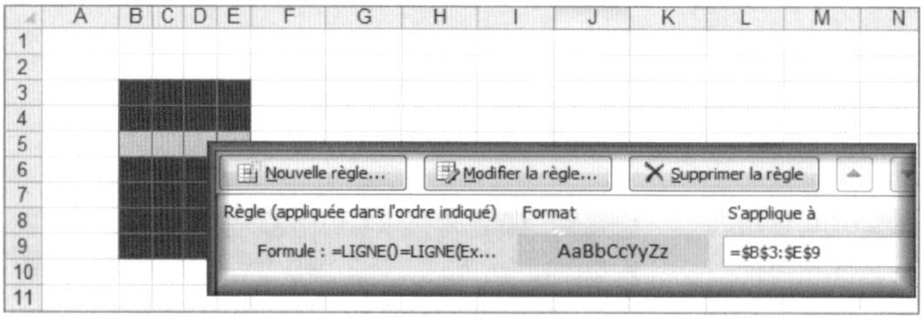

Figure 5.98
Mise en forme de la troisième ligne d'une plage nommée "Exemple".

Exemple de mise en forme de date

Le quinzième jour du mois

=JOUR(A1)=15

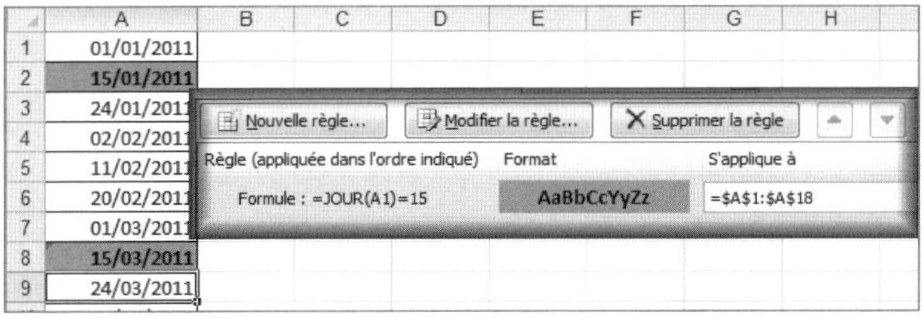

Figure 5.99
Vous pouvez colorer le quinzième jour du mois.

Toutes les données en colonne A doivent être des dates.

Le mois de juin

=MOIS(A1)=5

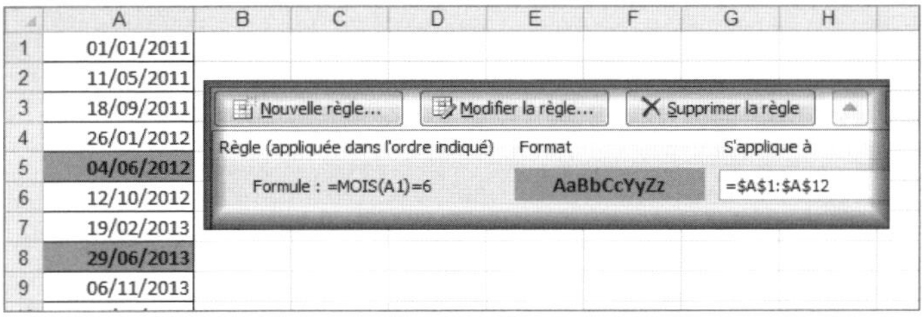

Figure 5.100

Toutes les données en colonne A doivent être des dates.

Les week-ends

=JOURSEM(A1;2)>5

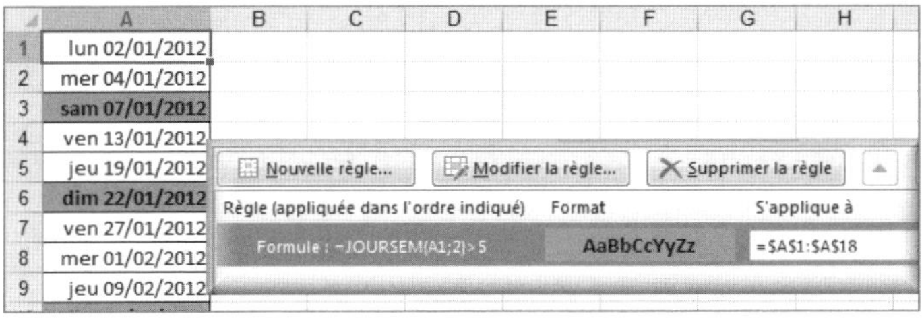

Figure 5.101

Toutes les données en colonne A doivent être des dates.

Semaine en cours

=NO.SEMAINE(B4;21)=NO.SEMAINE(AUJOURDHUI();21)

ou

=NO.SEMAINE.ISO(B4)=NO.SEMAINE.ISO(AUJOURDHUI())

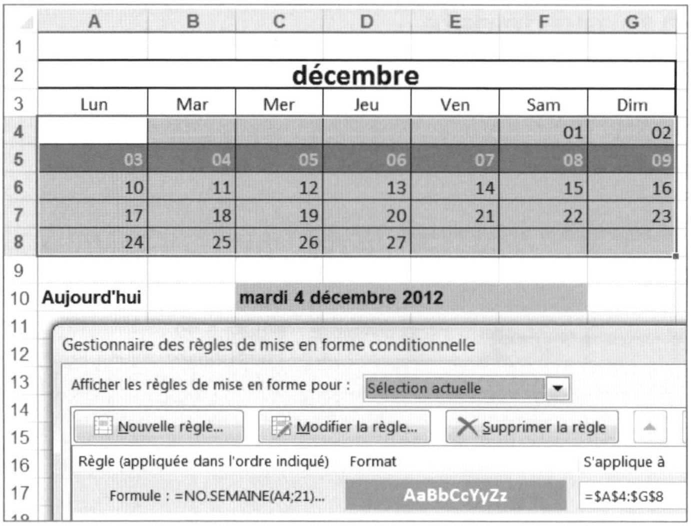

Figure 5.102
Coloration de la semaine courante dans un planning.

En supposant que la date du jour soit le 4 décembre 2012, le calendrier ci-dessus affiche d'une couleur différente tous les jours de la semaine courante.

Exemple de mise en forme de texte

Cellules contenant du texte

=EQUIV("*";A2;0)

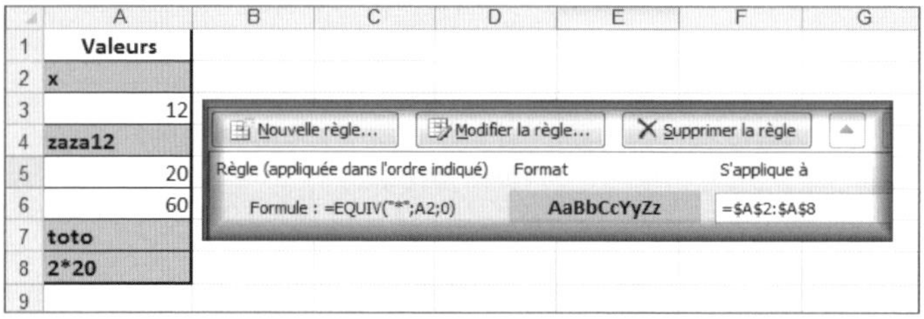

Figure 5.103
Mise en forme pour les cellules contenant du texte.

Cellules contenant le caractère "A" avec respect de la casse

=NON(ESTERREUR(TROUVE("A";A1)))

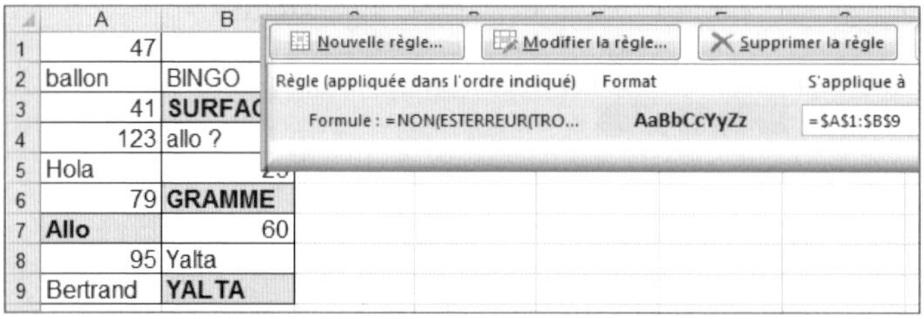

Figure 5.104

Doublons (plus de 3)

=NB.SI($A$1:$D$12;A1)>2

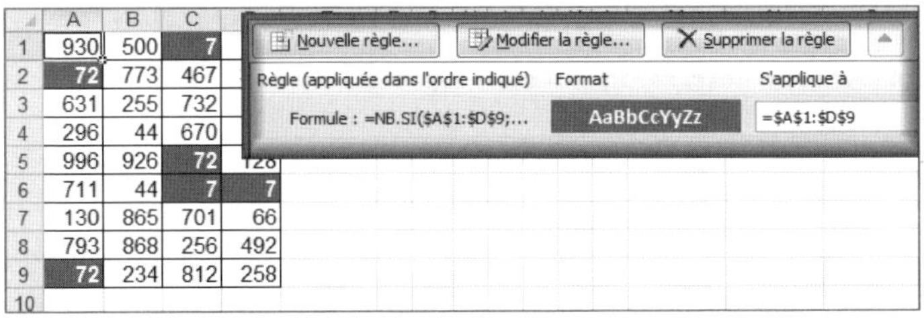

Figure 5.105
Cette règle colore les valeurs répétées au minimum trois fois.

Valeurs non triées (croissantes)

=A2<A1

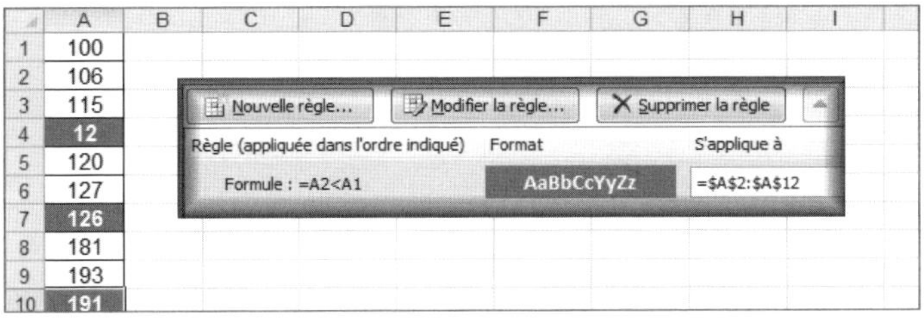

Figure 5.106
Coloration des valeurs non triées en ordre croissant.

Exercices

***Retrouvez les fichiers d'exercices et leurs corrigés sur le site compagnon* http://moneformation.pearson.fr**

Calendrier automatique

Téléchargez le fichier "5-01 Calendrier automatique.xlsx". Dans ce document, vous avez un calendrier qui dépend des valeurs contenues dans les cellules A1 et A2 (voir Figure 5.107).

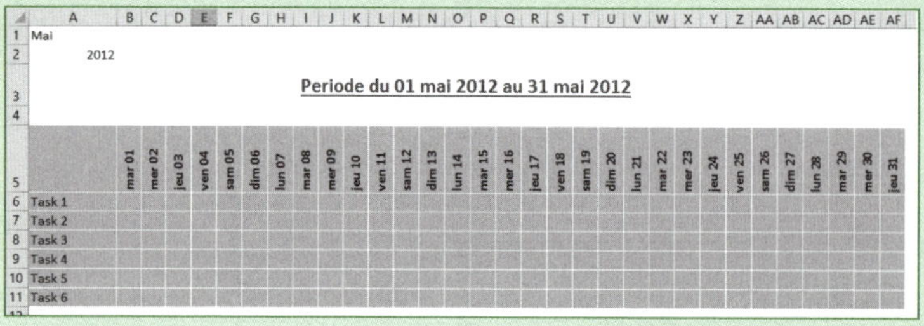

Figure 5.107

1. Trouvez une mise en forme conditionnelle pour colorer en rouge les samedis et les dimanches.
2. À l'aide des jours fériés contenus dans la feuille 2, coloriez en marron les jours fériés.
3. Si un jour férié tombe un samedi ou un dimanche, le jour férié ne doit pas s'afficher.

Le résultat final doit ressembler à l'image de la Figure 5.108.

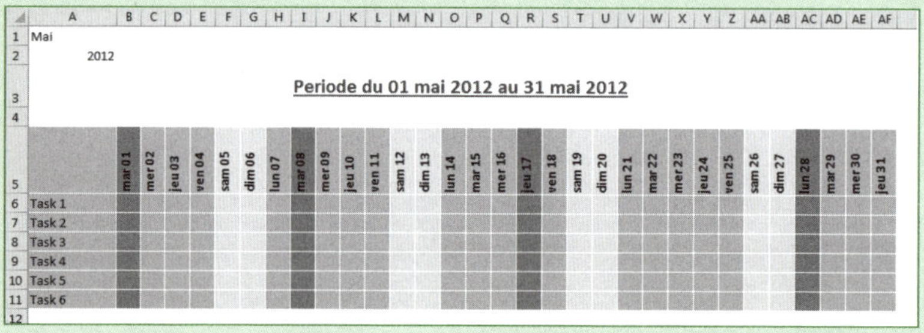

Figure 5.108

Visible/Invisible

Téléchargez le fichier "5-02 Table de multiplication.xlsx". Dans ce classeur, vous avez une table de multiplication qui peut varier de 1 à 10 comme le montre la Figure 5.109. En colonne A et en ligne 1, les valeurs de 8 à 10 ne sont pas renseignées.

	A	B	C	D	E	F	G	H	I	J	K
1		1	2	3	4	5	6	7			
2	1	1	2	3	4	5	6	7	0	0	0
3	2	2	4	6	8	10	12	14	0	0	0
4	3	3	6	9	12	15	18	21	0	0	0
5	4	4	8	12	16	20	24	28	0	0	0
6	5	5	10	15	20	25	30	35	0	0	0
7	6	6	12	18	24	30	36	42	0	0	0
8	7	7	14	21	28	35	42	49	0	0	0
9		0	0	0	0	0	0	0	0	0	0
10		0	0	0	0	0	0	0	0	0	0
11		0	0	0	0	0	0	0	0	0	0
12											

Figure 5.109

À partir de ce tableau, utilisez les mises en forme conditionnelles afin de masquer les données lorsque les valeurs en colonne A et ligne 1 ne sont pas renseignées, comme à la Figure 5.110.

	A	B	C	D	E	F	G	H	I	J	K
1		1	2	3	4	5	6	7			
2	1	1	2	3	4	5	6	7			
3	2	2	4	6	8	10	12	14			
4	3	3	6	9	12	15	18	21			
5	4	4	8	12	16	20	24	28			
6	5	5	10	15	20	25	30	35			
7	6	6	12	18	24	30	36	42			
8	7	7	14	21	28	35	42	49			
9											
10											
11											
12											

Figure 5.110

Échéance

Téléchargez le fichier "5-03 Echéance.xlsx". Dans ce document (voir Figure 5.111), vous trouverez la liste du personnel d'une société ayant signé un contrat à durée déterminée de 6 mois.

	A	B	C	D
1	Nom	Prénom	Année de naissance	Date d'embauche
2	AGIERI	Martin	03/04/1990	06/04/2012
3	ALEXANDRE	Salim	23/09/1995	05/04/2012
4	ANGELI	Christoph	19/11/1997	20/07/2012
5	ANGLET	Ronda	30/10/1989	20/09/2012
6	ARENA	Chris	09/07/1966	11/07/2012

Figure 5.111

En colonne D, vous avez la date d'embauche et souhaitez créer des mises en forme conditionnelles pour suivre les contrats arrivés à échéance. Réalisez les écarts de dates à partir de la date en H2, qui est considérée dans cet exercice comme la date du jour.

1. Hachurez les lignes correspondant aux personnes qui ont une date d'embauche de plus de 6 mois (fin de contrat).
2. Coloriez en orange les dates correspondant au dernier mois de validité du contrat. En colonne C, vous avez les dates de naissance de chaque personne.
3. Coloriez les lignes pour lesquelles l'anniversaire est dans moins d'une semaine.

Le résultat doit correspondre à la Figure 5.112.

	A	B	C	D
1	Nom	Prénom	Année de naissance	Date d'embauche
2	AGIERI	Martin	03/04/1990	06/04/2012
3	ALEXANDRE	Salim	[illegible]	[illegible]
4	ANGELI	Christoph	19/11/1997	20/07/2012
5	ANGLET	Ronda	30/10/1989	20/09/2012
6	ARENA	Chris	09/07/1966	11/07/2012

Figure 5.112

6

Gérer des données

Tableau de données

Comment construire son tableau

Sous Excel, nous gérons essentiellement deux types de tâches : les calculs et la gestion de données. Une base de données est un ensemble d'informations organisées de manière logique dans un but précis. Nous utilisons tous quotidiennement des bases de données, du carnet d'adresse au moteur de recherche sur Internet en passant par notre comptabilité.

Avant de créer votre système de gestion des données sous Excel, vous devez au préalable réfléchir à la meilleure façon de les organiser pour les saisir puis les analyser. Prenons l'exemple d'un suivi des ventes par commerciaux et par année ; vous avez le choix entre deux types d'organisations :

- Un classeur par commercial contenant treize feuilles, une par mois et une pour le bilan de l'année. Sur chacune des feuilles mensuelles, vous créez un tableau similaire par commercial contenant les dates, les montants de ventes et autres informations. Sur la feuille de bilan, vous concevez un tableau par commercial avec une formule pour la somme des données de chaque feuille. Puis vous créez un classeur Année avec une feuille contenant un tableau additionnant chaque bilan des commerciaux.
- Un classeur contenant une feuille où vous saisissez toutes les données, pour tous les mois et commerciaux confondus. Dans ce tableau, chaque ligne devra indiquer le nom du commercial en plus des dates, des montants de ventes et autres informations. Vous utiliserez ensuite un ou plusieurs tableaux croisés dynamiques pour effectuer vos bilans sur d'autres feuilles de ce même classeur.

Ce qu'il ne faut pas faire

L'intérêt de la première solution est la simplicité d'écriture et de mise en forme. Les tableaux sont tout de suite prêts pour une impression ou une présentation. Cependant, cette approche n'est pas du tout appropriée car très peu évolutive :

- formules complexes entre les feuilles ;
- répétition des tâches (autant de fois que de feuilles) ;
- duplicité des feuilles à chaque nouvel arrivant (nouveau commercial) ;
- analyse et comparaison entre les feuilles extrêmement fastidieuse.

La bonne méthode

La deuxième présentation est, et de loin, la meilleure.

Saisir vos données dans un seul tableau peut paraître confus et peu lisible mais, avec les outils d'analyse d'Excel tels que les tables, les filtres, les formats conditionnels, les tableaux et graphiques croisés dynamiques, le nouvel outil Power View, vous pourrez présenter simplement vos données en quelques clics et sans formule.

Quelle que soit l'évolution des données dans votre tableau de ventes (ajout d'un champ ou enregistrements supplémentaires), vos tableaux d'analyse, issus de votre tableau des ventes, s'adapteront automatiquement. De plus, vous pourrez comparer tous vos enregistrements sur l'ensemble des champs : année, trimestre, mois, date, commercial, etc., et ce sur un historique beaucoup plus important.

Nous privilégierons donc au maximum la solution du tableau unique de données. Ces données sont organisées sous forme d'un tableau comprenant des colonnes, appelées également ***Champs***, et des lignes, dénommés également ***Enregistrements***.

Il est **important de suivre les règles suivantes** afin d'utiliser au mieux les outils d'analyse d'Excel :

- La première ligne de votre tableau correspond aux noms de champs et aucun de ces titres ne doit être similaire (unicité des noms des champs). Ces titres doivent se situer sur une ligne et non sur plusieurs lignes.
- Dans chaque colonne, **les données doivent être du même type** et cohérentes. Par exemple, saisissez toujours des codes postaux sous forme de texte ou de nombre mais n'alternez surtout pas les types.
- Aucune ligne ou colonne ne doit être totalement vide à l'intérieur de votre tableau. Une seule donnée sur la ligne suffit pour que celle-ci soit considérée comme valide, idem pour une colonne.
- Ne fusionnez aucune cellule dans votre tableau.

La validation des données

Dans Excel, il est important que la saisie des données se fasse sans erreur de saisie afin d'obtenir une analyse juste. Excel permet la saisie de données très simplement dans les cellules mais par défaut ne vérifie nullement la valeur saisie ainsi que le type (texte, nombre, date).

Imaginez par exemple dans notre suivi des ventes que nous saisissions le nom d'un commercial avec une faute d'orthographe, ou qu'une date saisie soit supérieure à la date du jour. Il ne serait plus possible de réaliser une analyse exacte de vos données.

Pour éviter cela, nous allons faire appel à l'outil *Validation de données* ; celui-ci nous permet :

- de créer une règle de validation ;
- d'afficher un message d'aide pour la saisie ;
- d'afficher un message en cas d'erreur de saisie ;
- de choisir l'action à faire en cas de non-respect de la règle (annuler la saisie, demander confirmation avant validation, valider la saisie en affichant simplement un message d'information).

Nous utiliserons donc des règles de validation des données pour limiter les erreurs de saisie, mais gardez bien à l'esprit que nous ne pourrons pas éviter toutes les erreurs, telles les erreurs de cohérence. Par exemple, nous pouvons créer une règle pour la saisie des e-mails en vérifiant qu'un @ est bien saisi mais pas l'existence réelle de cette adresse.

Création d'une règle

Pour créer une validation des données :

1. Sélectionnez la plage sur laquelle la règle doit s'appliquer (généralement une colonne de votre table de données).
2. Sur l'onglet ***Données***, cliquez sur l'icône *Validation des données* (voir *Figure 6.1)*.

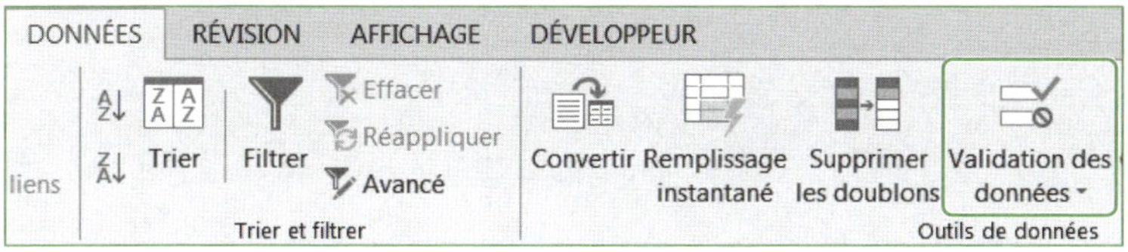

Figure 6.1
La validation des données vous prémuni d'erreurs de saisie dans vos tableaux.

Une nouvelle fenêtre avec trois onglets s'affiche à l'écran :

- ***Options***. Saisissez le *Critère de validation* (***cf.*** ci-après des exemples de validation de données).
- ***Message de saisie***. Vous pouvez créer un message d'aide pour indiquer à votre utilisateur quel type de données est attendu.
- ***Alerte d'erreur***. Vous pouvez personnaliser le message précisant la raison du rejet de la saisie par vos utilisateurs (voir Figure 6.2).

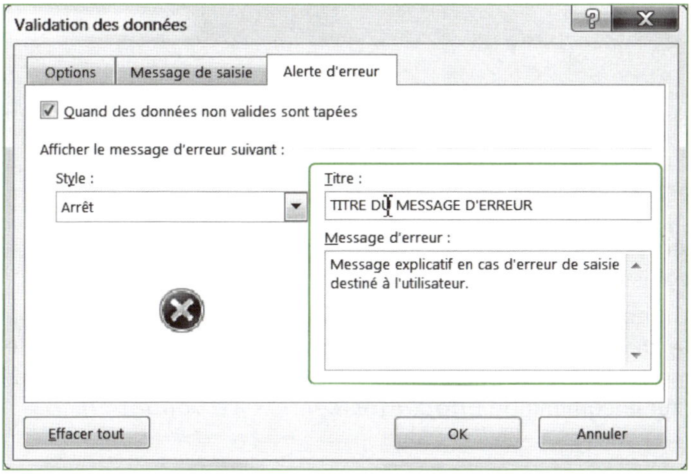

Figure 6.2
Personnalisation du message précisant la raison du rejet de la saisie.

Sur ce dernier onglet, vous pouvez choisir l'action à effectuer en cas de saisie non conforme au critère de validation. Choisissez dans la liste déroulante *Style* :

- *Arrêt* pour afficher le message avec les boutons *Réessayer* et *Annuler*. Si la saisie n'est pas valide, l'utilisateur devra obligatoirement ressaisir une valeur qui réponde à la règle de validation (voir Figure 6.3).

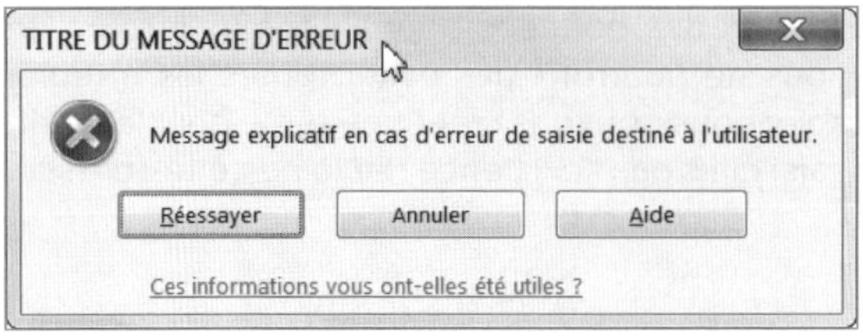

Figure 6.3

- *Avertissement* pour afficher en plus de votre message personnalisé un message demandant à l'utilisateur s'il veut continuer sa saisie, avec les boutons *Oui, Non* ou *Annuler* sa saisie. Si l'utilisateur répond *Oui*, la saisie, bien que ne correspondant pas à la règle, sera malgré tout validée (voir Figure 6.4).

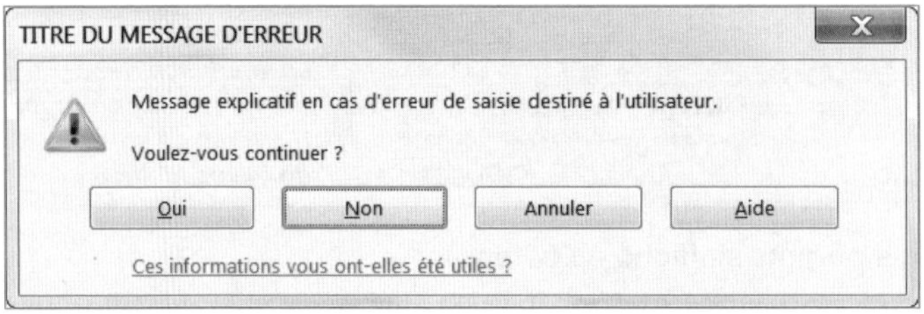

Figure 6.4

- *Informations* pour afficher les boutons *OK* et *Annuler*. Le bouton *OK* accepte la saisie malgré le non-respect de la règle, le bouton *Annuler* l'efface (voir Figure 6.5).

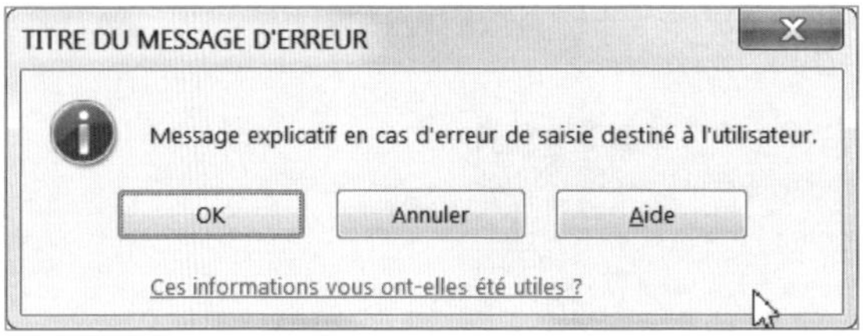

Figure 6.5

Trouver les données non valides

Il existe une option très intéressante qui vous permet de vérifier si des valeurs saisies avant la mise en place de règles de validation de données sont conformes.

Cliquez simplement sur le bouton *Entourer les données non valides* dans le menu de la commande *Validation de données ;* chacune des cellules contenant une règle de validation et non conforme à cette règle est alors entourée par un cercle rouge. Pour effacer ces cercles, cliquez sur la commande *Effacer les cercles de validation*.

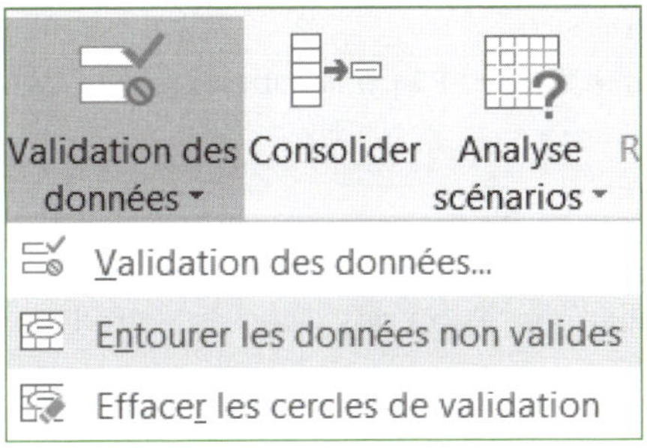

Figure 6.6

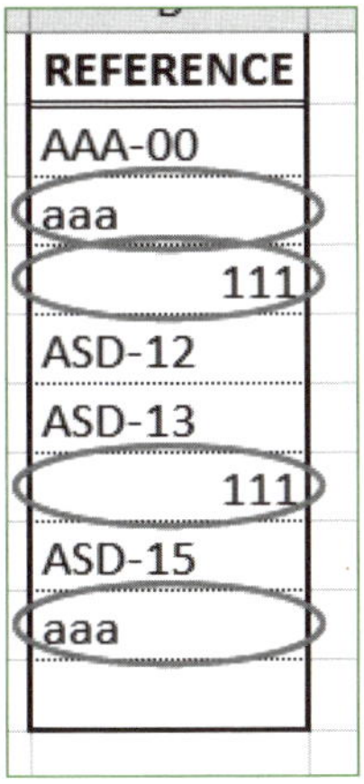

Figure 6.7
Le menu Entourer les données non valides *visualise les données déjà saisies et ne respectant pas les règles de validation.*

Quelques règles de validation

Une liste déroulante de choix

Vous voulez proposer une liste déroulante de choix dans une cellule (voir Figure 6.8) :

Figure 6.8
Une liste déroulante de choix dans une cellule créée avec la validation de données.

1. Créez une liste de vos données sur l'une des feuilles du classeur (voir Figure 6.9).

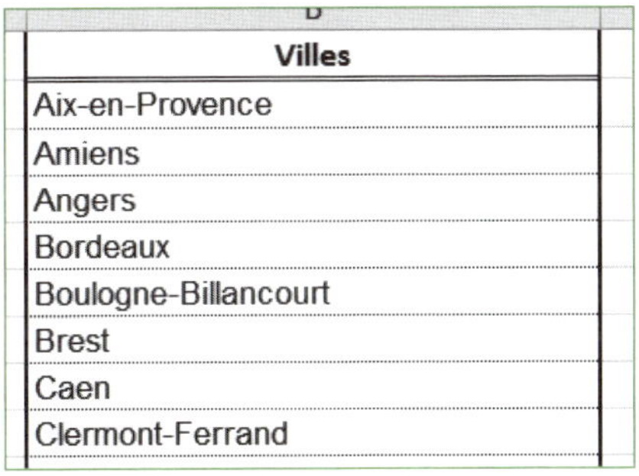

Figure 6.9
Pour créer une liste déroulante de choix, vous devez d'abord créer une liste de vos données sources sur l'une des feuilles du classeur.

2. Sélectionnez seulement les villes (sans le titre de colonne). Nommez cette plage (voir la section "La Gestion des références nommées"). Dans notre exemple nous la nommons ***Villes***.
3. Sélectionnez la cellule ou la plage devant proposer cette liste déroulante. Vous pouvez avoir votre liste de valeur dans une feuille différente de votre feuille de saisie.
   – Dans l'onglet ***Données***, cliquez sur l'icône *Validation des données*.

– Choisissez *Liste* dans le menu déroulant *Autoriser.*
– Cliquez dans la zone *Source* puis appuyez sur la touche **F3** pour appeler la liste des noms.
– Sélectionnez le nom ***Villes***.
– Validez.

Maintenant, quand vous sélectionnez l'une des cellules de votre plage, vous avez une flèche qui apparaît à droite et vous permet de sélectionner l'une des villes de votre liste.

Règles de validation Personnalisé

La dernière option du menu déroulant "Autorisé" se nomme "Personnalisé". Cette option vous permet de créer votre propre règle de validation à l'aide d'une formule. Tout comme les mises en forme conditionnelles, votre formule doit renvoyer ***VRAI*** pour que votre règle s'applique.

Vous trouverez ci-après plusieurs exemples d'application de règles personnalisées. Elles peuvent s'appliquer sur une seule cellule ou sur une plage de cellules en sélectionnant cette plage au préalable.

Uniquement du texte

Pour permettre uniquement la saisie de texte, nous devrons utiliser une formule (voir Figures 6.10 et 6.11).

1. Sélectionnez *Personnalisé* dans la zone *Autoriser.*
2. Saisissez la formule suivante ; dans cette formule, B2 est l'adresse de la cellule active :

=ESTTEXTE(B2)

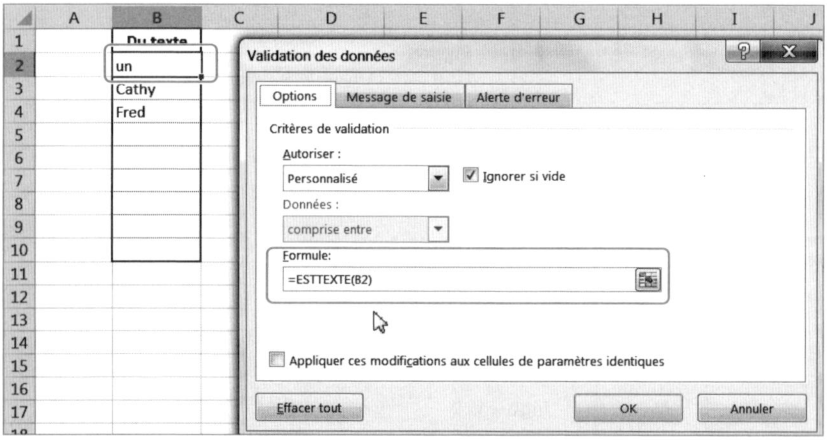

Figure 6.10
Cette règle permet uniquement la saisie de texte.

Un e-mail

Cette règle de validation permettra de vérifier si le texte saisi contient un @ et un point situé après @.

Procédez comme pour l'exemple précédent et tapez la formule suivante :

=ET(TROUVE("@";B2)>0;TROUVE(".";B2)>TROUVE("@";B2))

Bien entendu, dans votre formule vous devrez remplacer B2 par l'adresse de votre cellule.

Une valeur supérieure aux précédentes

1. Dans l'onglet ***Option***, choisissez le critère *Personnalisée* dans le menu déroulant.
2. Saisissez la formule suivante dans la zone *Formule* (voir Figure 6.11) :

=B3>B2

Dans votre formule vous devrez remplacer B3 par l'adresse de votre cellule et B2 par la cellule située au-dessus.

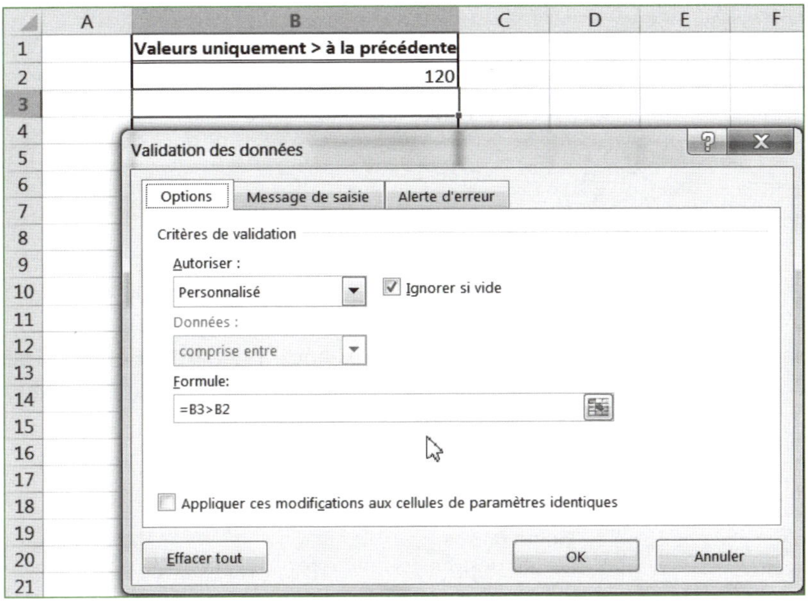

Figure 6.11 *Avec cette formule, vous imposez une saisie supérieure à la valeur située juste au-dessus.*

Valeur unique

Pour éviter de saisir une valeur en double dans une plage :

1. Sélectionnez la plage.
2. Dans l'onglet ***Données***, cliquez sur l'icône *Validation des données.*
3. Dans l'onglet ***Option***, choisissez le critère *Personnalisée* dans le menu déroulant.
4. Saisissez la formule suivante dans la zone *Formule* :

=NB.SI($B$2:$B$15;B2)=1

Cette formule renvoie VRAI si la valeur saisie en B2 n'est présente qu'une fois dans la plage B2:B15. La fonction NB.SI compte selon un critère.

Pour adapter cette formule à votre propre plage, remplacez B2 par l'adresse de la cellule active de votre sélection et $B$2:$B$15 par la plage que vous avez sélectionnée (voir Figure 6.12).

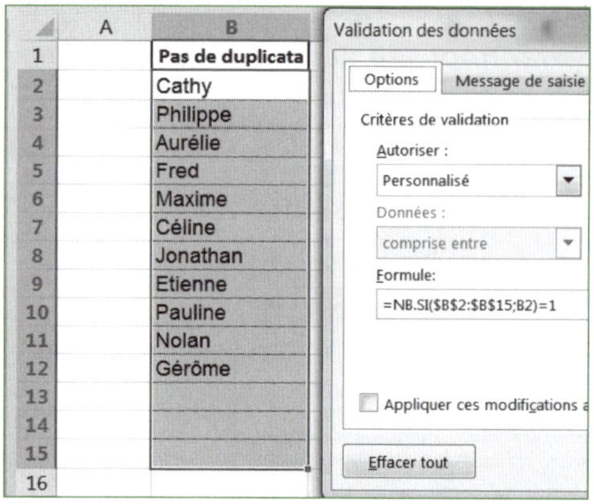

Attention !

Ne mettez pas de $ sur la cellule active (B2 dans notre exemple) mais mettez-en sur la plage.

Figure 6.12

Cette règle évite la saisie en doublon dans la plage B2:B15.

Liste de choix dynamique

Ci-dessus, nous avons créé une liste de choix dans une cellule ; cette fois nous allons construire une liste de choix dynamique. La liste des valeurs proposées va dépendre de la valeur d'une autre cellule et devenir ainsi dynamique.

Prenons l'exemple d'une ville devant correspondre à un code postal déjà choisi (voir Figure 6.13).

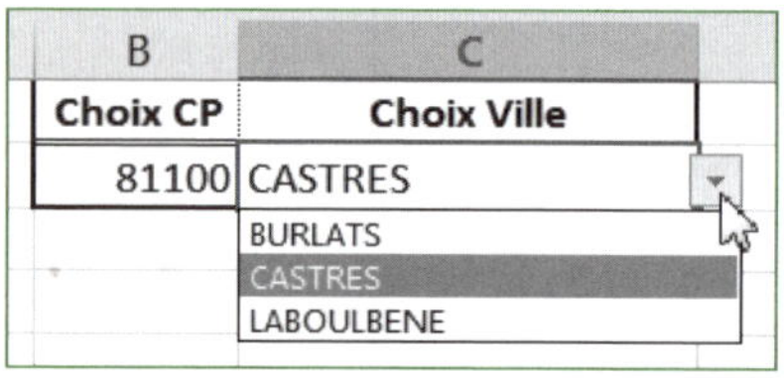

Figure 6.13

La liste des valeurs proposées pour la ville dépend du code postal déjà saisi.

Pour réaliser cela :

1. Créez une plage de données avec deux colonnes, l'une pour le code postal, l'autre pour la ville correspondante.
2. Transformez cette plage en *Tableau* (sur l'onglet ***Insertion***, cliquez sur *Tableau*) (voir Figure 6.14).
3. Nommez ce tableau "***CP_Ville***" (par exemple) dans la zone de saisie *Nom du tableau* sur l'onglet ***Création***.
4. Créez un ***Nom*** :
   – Cliquez sur *Gestionnaire de noms* (onglet ***Formules***).
   – Cliquez sur le bouton *Nouveau…*
   – Dans la zone *Nom* indiquez ***lstVilles***.
   – Dans la zone *Fait référence à*, saisissez la formule suivante :

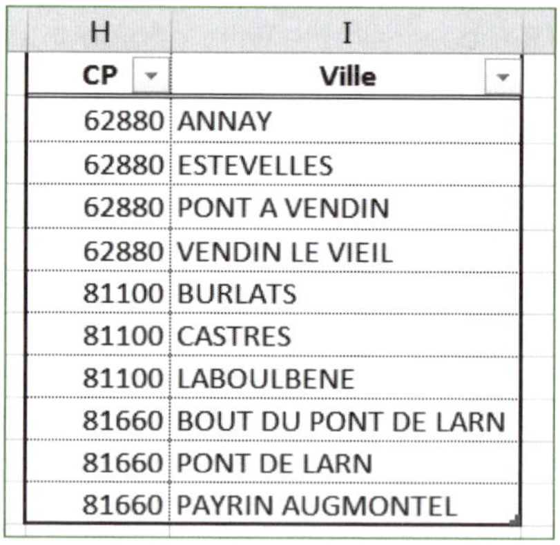

CP	Ville
62880	ANNAY
62880	ESTEVELLES
62880	PONT A VENDIN
62880	VENDIN LE VIEIL
81100	BURLATS
81100	CASTRES
81100	LABOULBENE
81660	BOUT DU PONT DE LARN
81660	PONT DE LARN
81660	PAYRIN AUGMONTEL

Figure 6.14

=DECALER(CP_Ville[Ville];EQUIV($B$2;CP_Ville[CP];0)–1;0;NB.SI(CP_Ville[CP];$B$2))

(Remplacez $B$2 par l'adresse de la cellule contenant votre code postal mais conservez bien les dollars.)

5. Positionnez-vous dans la cellule ou la plage devant contenir la règle.
6. Ajoutez une règle de validation de type *Liste*.
7. Indiquez ***=lstVilles*** dans la zone *Source*.

L'outil Tableau

Cet outil est apparu avec la version 2007 et ne cesse de s'améliorer. Cela peut vous paraître paradoxal de transformer votre tableau de données en un outil Tableau. Il est vrai que le nom peut prêter à confusion, mais cet outil apporte énormément d'avantages dans la gestion de vos données :

- une mise en forme simple et très sophistiquée (couleur différente une ligne sur deux, par exemple) ;
- l'ajout rapide de totaux en fin de tableau ;
- l'ajout simplifié de nouvelles colonnes, de nouveaux enregistrements ;
- la recopie automatique de formules ;
- les filtres automatiquement ajoutés ;
- une source réellement dynamique de vos tableaux et graphiques croisés dynamiques ;
- une référence simplifiée à vos tableaux dans les formules ;
- la gestion automatique des en-têtes (peut remplacer les volets figés).

Pour transformer votre plage en tableau vous pouvez au choix :

- sélectionner la plage et utiliser la lentille d'*Analyse rapide ;*
- sélectionner une cellule de la plage et cliquer sur l'icône *Mettre sous forme de tableau* de l'onglet ***Accueil ;***
- sélectionner une cellule de la plage et cliquer sur l'icône *Tableau* de l'onglet ***Insertion***.

Mettre en forme

Pour mettre en forme très rapidement un tableau, vous devez utiliser les styles de tableaux de l'onglet d'outils de tableaux : ***Création*** (voir Figure 6.15).

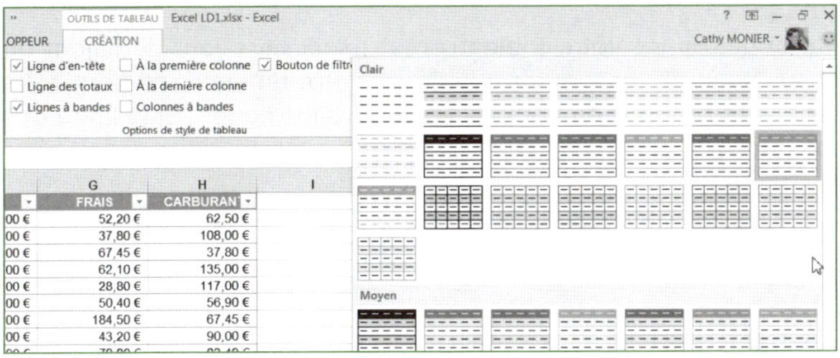

Figure 6.15
Pour mettre en forme très rapidement un tableau, vous devez utiliser les styles de tableaux de l'onglet ***Création.***

Les styles permettent d'appliquer facilement des bordures et des couleurs sur les différentes parties de votre tableau en choisissant parmi les options proposées. Les couleurs dépendent du thème sélectionné. Si elles ne vous conviennent pas, il vous suffit de changer de jeu de couleur. Les options proposées pour modifier la présentation de votre tableau sont les suivantes :

- Ligne d'en-tête.
- **Lignes à bande.** Selon le style, vous aurez des bordures horizontales colorées ou des lignes de couleurs alternées.
- **Colonnes à bandes.** Selon le style, vous aurez des bordures verticales colorées ou des colonnes de couleurs alternées.
- **À la première colonne.** Pour certains styles, cette option affiche un fond coloré plus soutenu sur la première colonne du tableau.
- **À la dernière colonne.** Se comporte comme pour la première colonne.

Créer son propre style

Le nombre de styles vous paraîtra certainement suffisant. De plus, les différents jeux de couleurs, jeux de polices ou thèmes démultiplient les possibilités de mises en forme avec ces styles de tableau. Mais vous voudrez peut-être créer vos propres mises en forme afin de respecter une charte graphique.

1. Choisissez au préalable un style qui soit proche de ce que vous voulez obtenir et effectuez un clic-droit dessus puis choisissez *Dupliquer*.
2. Dans la fenêtre suivante :
   – Donnez un nom à votre style.
   – Sélectionnez chaque élément de tableau.
   – Cliquez sur le bouton *Format* pour le modifier à votre convenance.

Vous pouvez également définir ce nouveau style comme style par défaut pour le classeur. Mais vous ne pouvez pas enregistrer pour d'autres classeurs ce style rapide de tableau comme cela est possible pour les thèmes ; c'est bien dommage !

Ajouter des totaux

Parmi les options de l'onglet ***Création***, *Ligne des totaux* permet d'ajouter simplement un total en bas de chaque colonne d'un simple clic. Une ligne s'ajoute sous votre tableau. Dans chaque cellule de cette ligne, vous pouvez alors choisir la fonction de synthèse que vous voulez afficher : somme, moyenne, max, min...

Ajouter des données

Aucune modification de structure de votre tableau n'est nécessaire lors de l'ajout de nouvelles données. Il vous suffit de les ajouter à la fin de votre tableau ; ce dernier va automatiquement s'étendre et prendre en compte vos nouvelles lignes. Si la ligne des totaux est affichée, vous devez :

- soit décocher l'option avant d'ajouter vos nouvelles données ;
- soit agrandir le tableau en cliquant-glissant le coin inférieur droit de ce tableau (coin en bleu) (voir Figure 6.16).

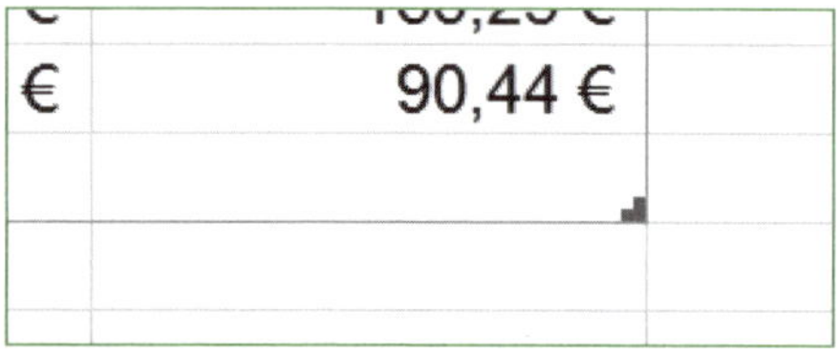

Figure 6.16
Le coin bleu situé dans l'angle inférieur droit d'un tableau permet de gérer sa taille.

Ajouter, supprimer une ligne ou une colonne

Pour supprimer ou ajouter des données de votre tableau, vous devez effectuer un clic-droit sur l'une des cellules du tableau. Un menu s'affiche et vous propose alors deux sous-menus.

- *Supprimer*. Permet de supprimer la ligne ou la colonne de cette cellule. Dans ce cas, seule la ligne ou la colonne du tableau sera supprimée (et non la ligne ou la colonne entière de la feuille de calcul).
- *Insérer*. Permet d'ajouter une colonne à gauche de la cellule ou une ligne au-dessus de la cellule.

Sélection

Lorsque vous passez la souris dans la partie supérieure de la cellule de l'en-tête de colonne, une flèche noire s'affiche et vous permet de sélectionner uniquement les données de la colonne du tableau. Ceci est également vrai pour une ligne.

Attention !

Ne positionnez pas votre curseur sur l'en-tête de colonne. Ceci aurait pour incidence de sélectionner toute la colonne de votre classeur (voir Figures 6.17 et 6.18).

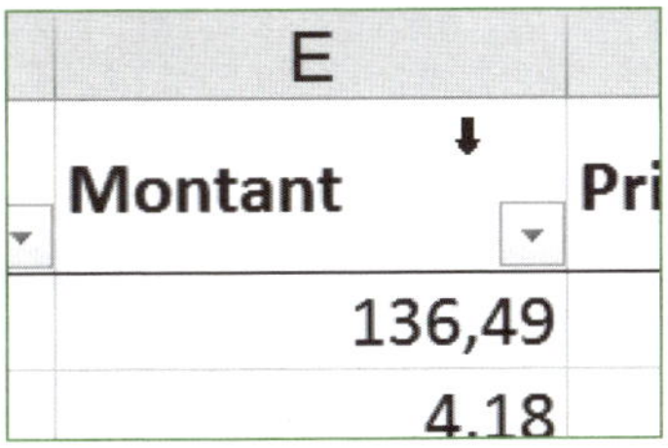

Figure 6.17
En positionnant votre souris sur la partie supérieure de la cellule de l'entête de colonne, vous sélectionnez uniquement la colonne de ce tableau.

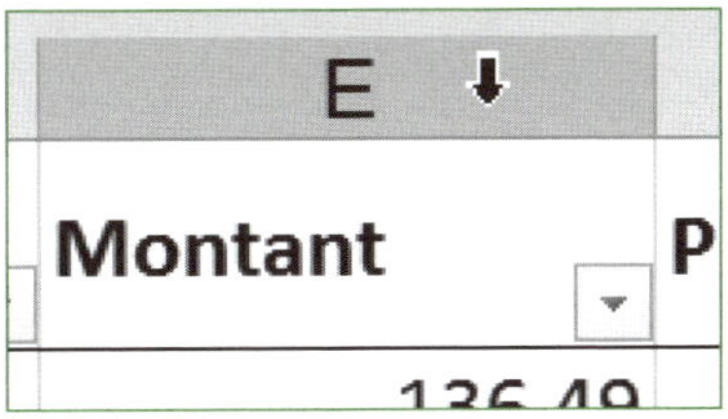

Figure 6.18
En positionnant votre curseur sur l'entête de colonne vous sélectionnez toute la colonne de votre classeur.

En plaçant votre curseur sur le coin supérieur gauche du tableau (voir Figure 6.19), vous pouvez sélectionner les données du tableau exactement comme le ferait le raccourci clavier **CTRL + ***.

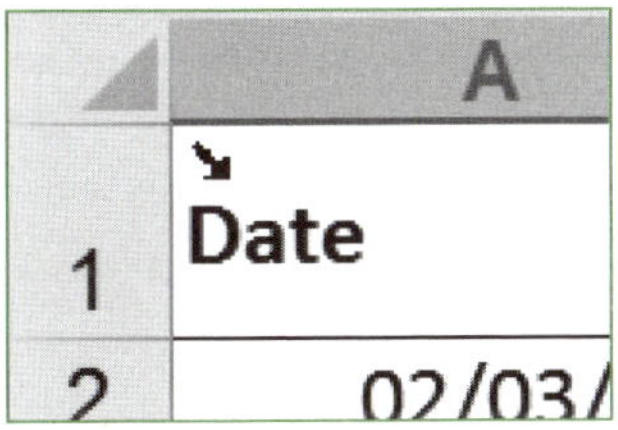

Figure 6.19

Suppression des doublons

Un tableau de données n'est jamais figé. De nouvelles données vont y être ajoutées (manuellement ou par importation) et, bien souvent, nous constatons que des données sont en double.

Pour éviter de parcourir toutes les lignes de votre tableau à la recherche des doublons, Excel propose un outil qui permet la suppression des doublons très facilement. Vous le trouverez sur l'onglet ***Données***.

1. Positionnez votre cellule active dans l'une des cellules de votre tableau.
2. Cliquez sur le bouton *Suppression des doublons* de l'onglet ***Données***.
3. Cochez les champs de votre tableau de données, qui vous permettront de repérer les doublons (voir Figure 6.20).

Dès que vous cliquerez sur *OK*, Excel supprimera les lignes identiques pour ne conserver qu'une seule occurrence, la première rencontrée.

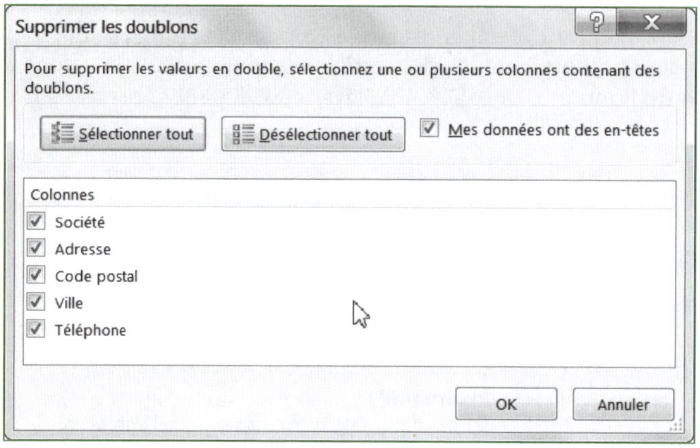

Figure 6.20
Pour supprimer les doublons cochez les champs de votre tableau de données qui vous permettront de les repérer.

Trier

Trier ses données est une opération élémentaire lorsque vous êtes amené à travailler sur vos données. Excel vous propose donc de trier vos enregistrements selon un ou plusieurs critères de tri.

Type de tri

De nombreuses options de tri sont possibles avec Excel 2013 :

- en ordre croissant ou décroissant ;
- sur une couleur de fond ;
- sur une couleur de police ;
- sur une icône.

Comment sont triées les données

Sur des données numériques l'ordre se fera soit du plus petit au plus grand, soit l'inverse.

Quant aux données texte, il est bon de savoir qu'Excel, lors d'un tri croissant, affiche l'ordre suivant :

- 0 1 2 3 4 5 6 7 8 9 (espace) ! " # $ % & ( ) * , . / : ; ? @ [\ ] ^ _ ` { | } ~ + < = > A B C D E F G H I J K L M N O P Q R S T U V W X Y Z
- puis les valeurs logiques ;
- suivies des valeurs d'erreur ;
- et enfin des cellules vides.

Prenons un exemple où une colonne contient les valeurs "A_52", "A_502", "A_5010". Celles-ci seront triées, en ordre croissant, de la façon suivante : "A_5010" puis "A_502" et "A_52".

Pour un ordre décroissant, l'ordre indiqué est alors inversé mais les cellules vides se trouveront toujours à la fin.

Lorsque vous triez sur une couleur ou une icône, les cellules répondant à ce critère se retrouveront en haut de la colonne. Les cellules sans couleur seront toujours classées en dernier.

Tri simple

Si votre plage à trier ne contient qu'une seule colonne et n'a pas de titre, sélectionnez au préalable cette plage avant de faire votre tri. Dans tous les autres cas, sélectionnez uniquement le titre sur lequel vous voulez trier.

Cliquez ensuite sur le bouton *Trier par ordre croissant* ou *Trier par ordre décroissant*. Vous les trouverez sur la droite de l'onglet ***Accueil*** et sur l'onglet ***Données***.

Lorsque votre plage est sous forme de tableau, vous pouvez choisir de cliquer sur la flèche située à droite du champ sur lequel vous voulez trier. Cette méthode vous permet également de trier sur une couleur de police, de cellule ou une icône sans passer par le tri personnalisé.

Tri sur plusieurs critères

Avec la commande *Tri personnalisé* de l'onglet ***Accueil*** ou *Tri* de l'onglet ***Données***, vous pouvez trier vos données selon différents critères mais également en choisissant vos propres options de tri. Pour chacun de vos tris, vous pouvez choisir (voir Figure 6.21) :

- **Colonne.** Le champ sur lequel vous voulez trier.
- **Trier sur.** Le type de tri : sur les valeurs, la couleur de police, la couleur de cellule, l'icône.
- **Ordre :**
  - Croissant, décroissant ou selon une liste personnalisée dans le cas d'un tri sur les valeurs. Si vous choisissez une liste personnalisée, vous pourrez la créer si elle n'existe pas encore (tapez vos données sur des lignes différentes dans la zone de liste, puis cliquez sur le bouton *Ajouter*).
  - Choix d'une icône ou d'une couleur puis choix de l'afficher en haut ou en bas.

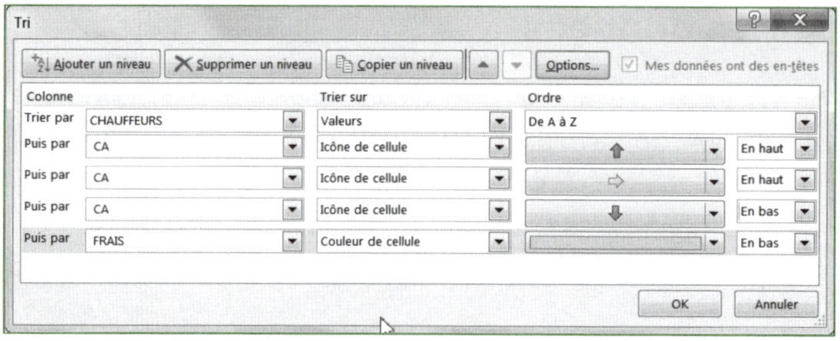

Figure 6.21
La boîte de dialogue Tri *permet d'appliquer jusqu'à 64 conditions de tri des données et ce sur la valeur, l'icône, la couleur de police ou de cellule.*

Pour ajouter un nouveau critère de tri, vous avez deux possibilités :

- le bouton *Ajouter un niveau* ;
- le bouton *Copier un niveau*.

Ce dernier choix est très pratique pour mettre en place plusieurs niveaux quand un seul des choix est à modifier (le champ, l'icône ou la couleur, par exemple).

En cliquant sur le bouton *Options...* de la fenêtre *Tri*, vous aurez la possibilité de trier :

- En colonnes : *Du haut vers le bas*.
- En lignes : *De la gauche vers la droite*.
- Selon la casse (minuscule-majuscule). Dans ce cas un mot affiché en minuscules sera trié avant le même mot en majuscules pour un ordre croissant.

Vous pouvez modifier l'ordre de vos tris, déplacer vos critères de tri à l'aide des flèches d'ordre. Le critère situé en haut de la liste des règles de tri sera trié en premier, et ainsi de suite. Si vous voulez effectuer un tri sur des couleurs ou des icônes, il vous suffit d'ajouter un tri sur chaque couleur ou icône pour avoir un tri complet sur l'ensemble des couleurs ou icônes d'un champ. Vous pouvez ainsi ajouter 64 niveaux de tris.

Listes personnalisées

Excel vous offre la possibilité de trier selon un ordre personnel. Il vous faut au préalable créer votre propre liste personnalisée.

Vous voulez, par exemple, créer un document qui contient les mois de l'année en anglais en respectant l'ordre des mois.

- Saisissez un par un tous les mois en anglais sur une colonne dans une feuille d'Excel.
- Sélectionnez cette plage.
- Ouvrez la fenêtre des *Options* d'Excel, en bas de l'onglet ***Fichier***.
- Cliquez sur le menu *Avancé* puis, dans le groupe *Général*, sur le bouton *Modifier les listes personnalisées...*
- Dans cette nouvelle fenêtre, cliquez sur le bouton *Importer*. Une nouvelle liste est aussitôt ajoutée avec vos données (voir Figure 6.22). Vous pouvez également ajouter ou modifier manuellement une liste dans cette fenêtre en utilisant les boutons *Ajouter* et *Supprimer*.

Votre nouvelle liste apparaît alors dans la partie gauche *Listes personnalisées*.

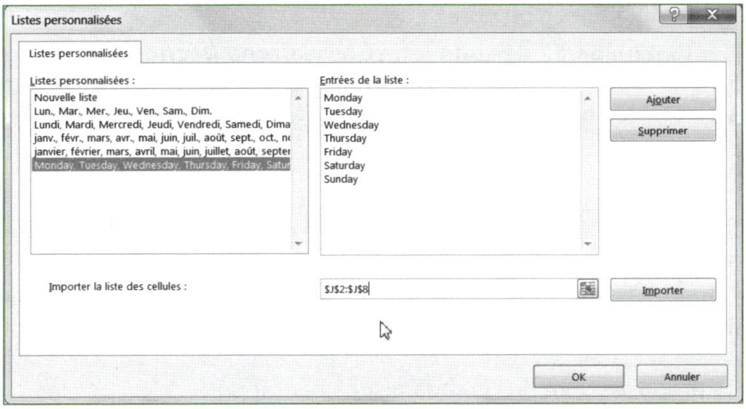

Figure 6.22
Une liste personnalisée est disponible pour tous vos classeurs mais uniquement sur l'ordinateur où vous l'avez créée. Vous pouvez l'utiliser pour créer une série ou trier vos données.

Cette liste est maintenant disponible pour tous vos classeurs mais uniquement sur l'ordinateur où vous l'avez créée. Si une personne ouvre votre classeur sur un autre poste, cette liste ne lui sera pas disponible.

Pour l'utiliser dans un tri, vous devrez choisir le tri personnalisé.

Filtrer

Quand votre feuille de calcul contient un grand nombre de lignes, il vous sera difficile de trouver facilement une ligne en particulier. Dans ce cas, de figure il est recommandé de filtrer vos données pour afficher uniquement celles qui correspondent à vos critères d'affichage.

Deux outils sont à votre disposition pour réaliser un filtrage :

- les filtres automatiques ;
- les filtres avancés.

Filtre automatique

Dès que vous transformez votre plage en tableau, des flèches permettant le filtrage se sont automatiquement affichées à droite de chacun de vos titres.

Si vous n'utilisez pas l'outil Tableau, sélectionnez une seule cellule de votre plage, de préférence une cellule de vos titres, et cliquez sur le bouton *Filtrer* de l'onglet **Données**.

Pour filtrer vos données, il suffit de cliquer sur l'une de ces flèches.

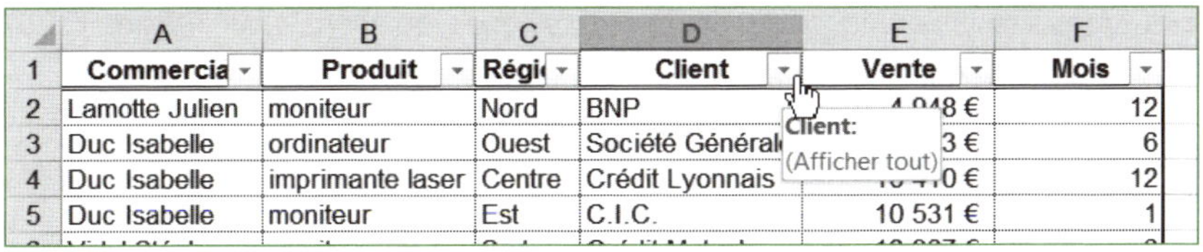

Figure 6.23
Le bouton Filtrer *de l'onglet* **Données** *affiche des flèches à droite de chaque titre.*

Le menu qui s'affiche vous présente, sous forme de liste sans doublon, la liste des données contenues dans cette colonne. Chaque valeur est précédée d'une case à cocher qui vous permet de sélectionner, ou non, cette donnée.

Vous pouvez sélectionner tout ou partie de cette liste. Dans la zone *Rechercher*, tapez des caractères ou chiffres, la liste proposant les différentes valeurs se limitera alors aux données contenant ces caractères ou chiffres.

Selon le type de données

Au-dessus de la zone de recherche une commande affiche un menu qui s'adapte au type de données de la colonne :

- **Texte.** Vous pourrez choisir si vous voulez filtrer sur un texte précis, ou sur une partie (contient, ne contient pas, commence par, ne commence pas par, se finit par, ne se finit pas par).
- **Numérique.** Les filtres proposés sont des comparaisons par rapport :
  - À une ou deux valeurs.
  - À la moyenne des valeurs de la colonne.
  - À l'ensemble des données, en n'affichant que les premiers depuis la valeur la plus basse ou la valeur la plus haute (dix premiers). Une fenêtre (voir Figure 6.24) propose alors le sens (Haut ou Bas), le nombre puis le type, *Éléments* pour renvoyer x enregistrements ou *Pourcentage* pour renvoyer un nombre d'enregistrements calculés ainsi : nombre total d'enregistrements * x /100.

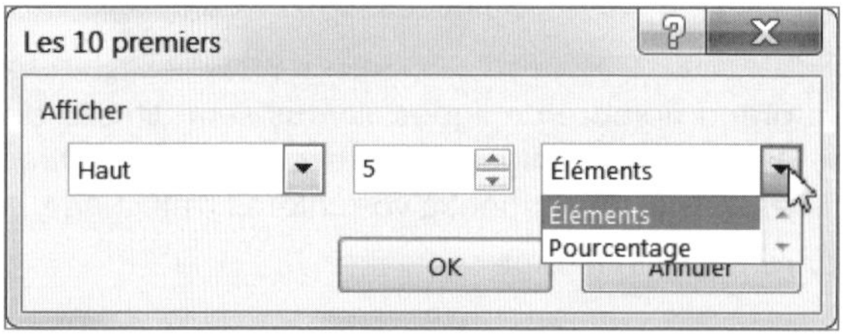

Figure 6.24

- **Date.** Dans ce cas, la liste de choix à cocher décompose les dates en années, mois et jours. De plus, le menu *Filtre de date* permet de sélectionner des types de filtres se référant :
  - à une date donnée ;
  - à la date actuelle (Demain, Aujourd'hui..., Cette année, l'Année dernière) ;
  - à une période.

Selon la couleur ou l'icône

Au-dessus de ces listes de filtres, la commande *Filtrer par couleur* (voir Figure 6.25) vous permet de filtrer les données affichant :

- soit une couleur de fond ;
- soit une couleur de police ;
- soit une icône.

Ces couleurs peuvent être appliquées à vos cellules soit manuellement soit grâce à un format conditionnel. Les icônes sont uniquement ajoutées à une plage de cellules grâce à la mise en forme conditionnelle. Reportez-vous à ce chapitre pour découvrir toutes ses possibilités.

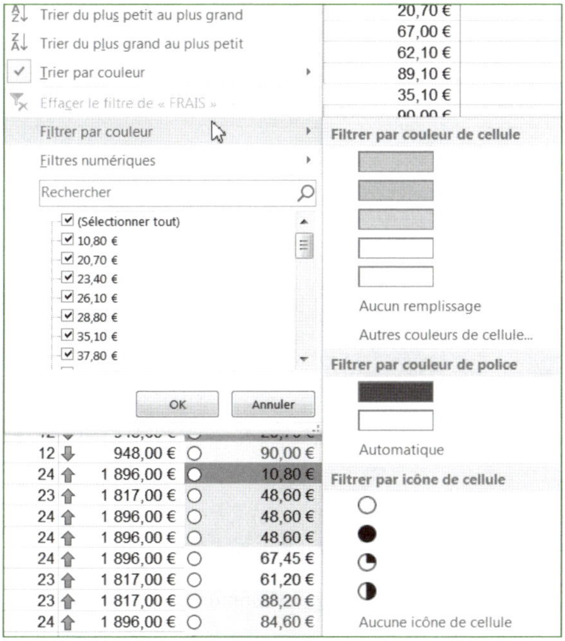

Figure 6.25
La commande Filtrer par couleur *vous permet de filtrer les données affichant une couleur de fond, une couleur de police ou une icône..*

Les segments Nouveaute EXCEL 2013

Dans cette nouvelle version d'Excel, les segments, apparus dans la version 2010 pour les tableaux croisés dynamiques, sont également disponibles pour filtrer vos données dans un tableau.

Ces segments sont des zones graphiques affichant la liste des valeurs contenues dans un champ. Ils permettent de filtrer la source en cliquant sur chacune de ces valeurs. Pour une sélection multiple, il vous suffit de cliquer sur chaque valeur à afficher tout en maintenant la touche **CTRL** appuyée.

Pour ajouter un segment à votre feuille, il faut impérativement transformer votre plage de données en tableau (***Insertion*** > *Tableau* ou ***Accueil*** > *Mise sous forme de tableau*).

Sur l'onglet ***Création***, onglet d'outils de tableau, ou sur l'onglet ***Insertion***, la commande *Segment* vous propose de sélectionner les champs pour lesquels vous voulez un segment.

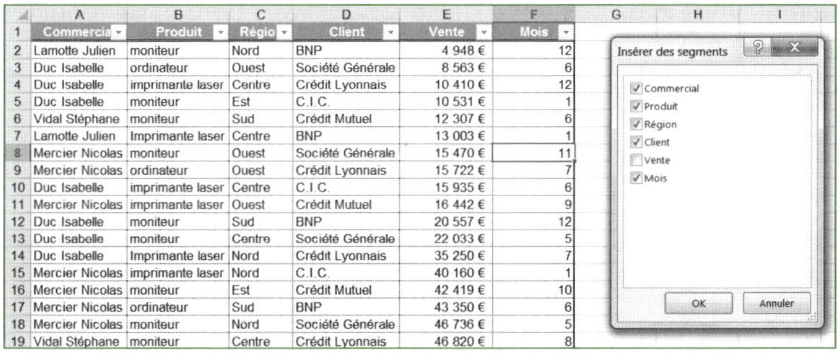

Figure 6.26
Les segments sont des zones graphiques affichant la liste des valeurs contenues dans un champ.

Pour une meilleure présentation, vous pouvez améliorer leur aspect, comme à la Figure 6.27.

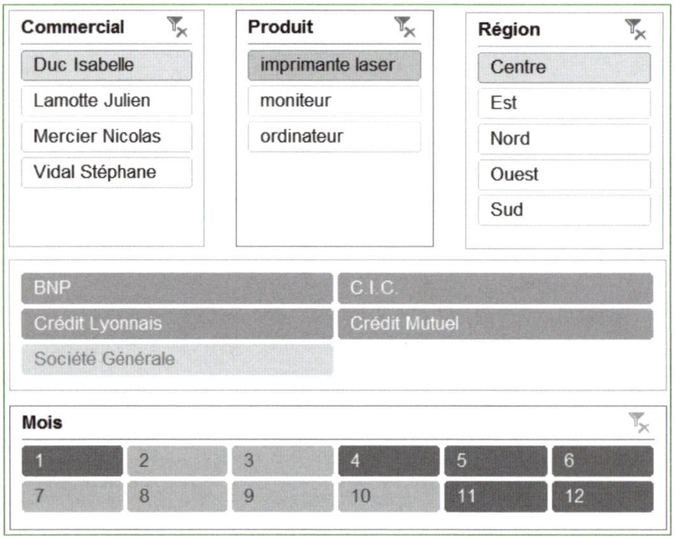

Figure 6.27
Différents type de présentation de segments.

Sur l'onglet ***Options*** de l'onglet ***Outils Segment,*** le groupe *Style des segments* offre plusieurs couleurs de mise en forme. En bas de cette liste de styles, la commande *Nouveau style de segment* permet de créer un style disponible pour le classeur en cours.

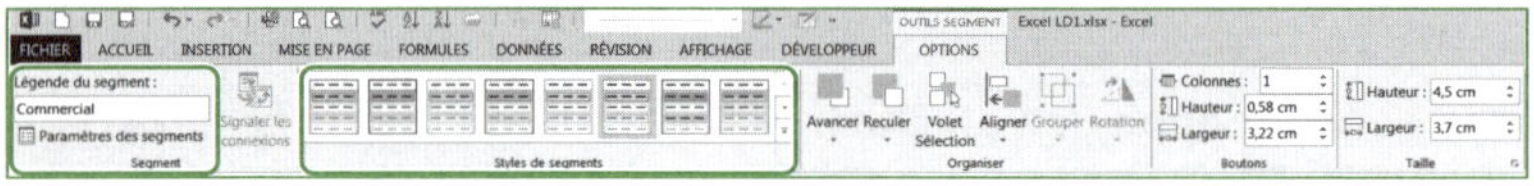

Figure 6.28
Sur l'onglet **Options** *de l'onglet* **Outils Segment** *vous trouverez toutes les options de présentation des segments.*

Dans le groupe *Boutons* de cet onglet, vous pouvez régler le nombre de colonnes et la largeur de chacune de ces colonnes, ainsi que la hauteur de chaque ligne. La largeur et la hauteur du segment peuvent être modifiées soit manuellement en tirant sur l'une de ces poignées, soit en utilisant les commandes du groupe *Taille*.

À l'extrême gauche du menu, vous avez une zone de saisie qui vous permet de modifier la *Légende du segment*.

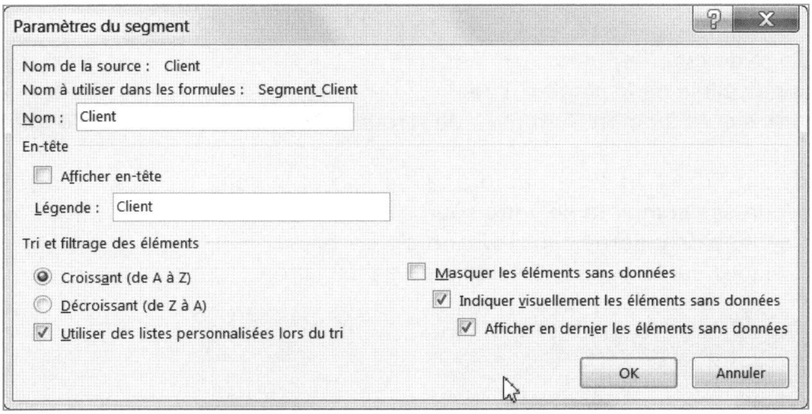

Figure 6.29

Avec la commande *Paramètres des segments*, vous pouvez affiner l'apparence du segment et choisir :

1. de ne pas afficher le titre du segment en décochant l'option *Afficher en-tête* ;
2. l'ordre d'affichage des segments ;
3. de gérer l'affichage des valeurs sans données.

Exemple : plusieurs segments filtrent vos données (voir Figure 6.27). Les segments "Commercial", "Produit" et "Région" filtrent les données du tableau. De ce fait, les segments sur les clients et les mois indiquent visuellement que certaines données existent dans le tableau mais pas dans les conditions du filtre (option *Indiquer visuellement les éléments sans données*).

Filtre avancé

Bien que les filtres automatiques offrent beaucoup de possibilités, les filtres avancés vous permettent de personnaliser vos filtres sans limites. En outre, grâce à cet outil, vous pouvez extraire des enregistrements et uniquement certains champs depuis votre source de données. Le principe du filtre élaboré repose sur trois plages : la plage contenant la liste source, la plage contenant les critères et la plage de destination.

La plage de critère comprend une ligne avec les noms de champs (sur lesquels vous établissez les critères) et au minimum une ligne de critère. Les noms de champ doivent être exactement les mêmes que ceux de la liste source, mis à part les champs calculés, sinon votre filtre génère une erreur. Elle peut ne pas exister, dans le cas où vous ne voulez recopier que quelques colonnes de la liste sur une autre feuille, tout en conservant toutes les lignes. Les critères de comparaison sont un ensemble de conditions utilisées pour rechercher des données. Ceux-ci peuvent être une série de caractères pour laquelle vous recherchez des correspondances, telle que "CHAPERON", ou une expression, comme " >300".

La plage de destination est une ligne comprenant uniquement des noms de champ ; ceux-ci doivent être exactement les mêmes que ceux de la liste source, sinon votre filtre génère une erreur. La plage de destination peut être la plage source.

Filtrer dans la source

1. Créez votre plage de critère.
2. Sélectionnez une cellule de la plage à filtrer.
3. Cliquez ensuite sur le bouton *Avancé* du groupe *Trier & Filtrer* sur l'onglet ***Données***.
4. Conservez l'option *Filtrer la liste sur place*, vérifiez si la zone de saisie *Plages* contient bien l'adresse complète de votre source de données.
5. Sélectionnez la plage de critères dans la *Zone de critères*.
6. Dès que vous cliquez sur le bouton *OK*, votre plage est filtrée.

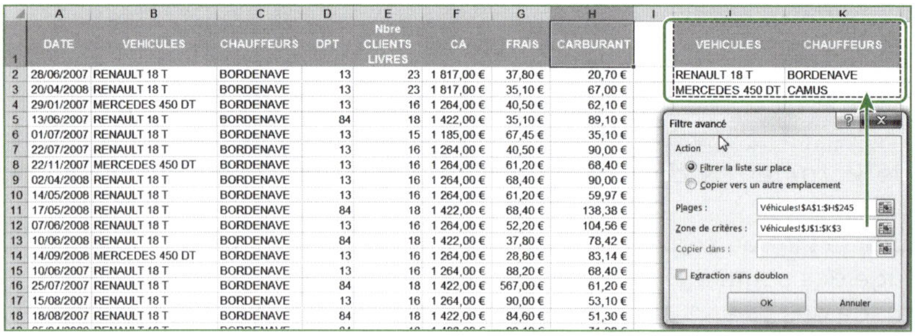

Figure 6.30
Les filtres avancés vous permettent de personnaliser vos filtres sans limites.

Pour réafficher l'ensemble des données, cliquez sur le bouton *Effacer* du groupe *Trier & Filtrer* sur l'onglet ***Données.***

Extraire des données

La méthode est quasiment identique, mais vous devez au préalable agir comme suit :

1. Sur une nouvelle feuille ou une feuille existante, inscrivez les noms des champs que vous voulez extraire, sur une seule ligne, sans cellules vides entre chacun d'eux, mais dans l'ordre que vous voulez. Afin que l'outil fonctionne, ajoutez une donnée sur la ligne sous ces titres, comme à la Figure 6.31.
2. Sélectionnez une des cellules de la plage de destination et cliquez sur le bouton *Avancé* du groupe *Trier & Filtrer* sur l'onglet ***Données***. Cochez l'option *Copier vers un autre emplacement*, modifiez la zone de saisie *Plages* en sélectionnant votre source de données à filtrer, sélectionnez la plage de critères dans la zone de saisie *Zone de critères*. Sélectionnez la ligne de titre de la plage destinatrice dans la zone *Copier dans*, comme à la Figure 6.31.

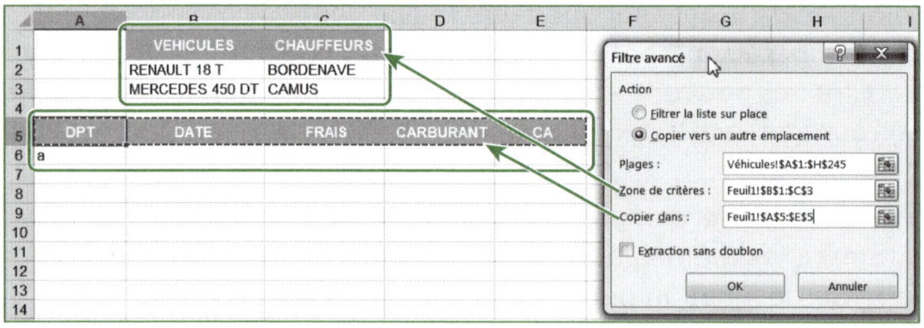

Figure 6.31
Les filtres avancés permettent d'extraire les données sur une autre feuille.

Si vous voulez uniquement extraire les données sans doublons, il suffit de cocher la case correspondante.

Critères

Les critères de filtre avancé sont une combinaison de conditions appliquées à une seule ou plusieurs colonnes et/ou des conditions créées par le calcul d'une formule.

Le principe des lignes et des colonnes dans une plage de critères est le suivant :

- **Les critères se trouvent sur une même ligne.** Les enregistrements de la liste doivent répondre à toutes ces conditions (ET). Vous pouvez répéter plusieurs fois le même champ dans votre zone de critère. À la Figure 6.32, le champ "Date" est répété deux fois afin d'afficher les enregistrements des mois de janvier, février et mars 2007.

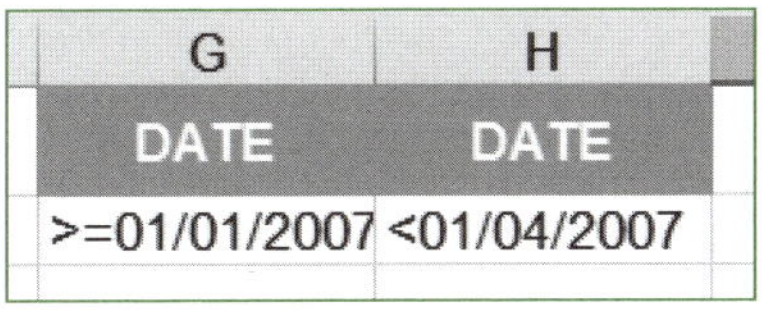

Figure 6.32
Dès que des critères se trouvent sur une même ligne, les enregistrements de la liste doivent répondre à toutes ces conditions (ET).

- **Les critères se trouvent dans une même colonne.** Les enregistrements de la liste doivent répondre à au moins une de ces conditions (OU).

Pour construire une condition dans une cellule, vous pouvez utiliser les opérateurs de comparaison (=, <>, <, <=, >, >=), que la donnée soit du texte ou des nombres. Pour le texte, vous pouvez également utiliser des caractères génériques (?, *, ~).

Caractère	Pour rechercher	Exemple
?	Tout caractère unique qui occupe le même emplacement que le point d'interrogation	b?l affiche bal et bol mais pas bail
*	Un nombre quelconque de caractères qui occupent le même emplacement que l'astérisque	*Est affiche Nord-Est et Sud-Est
~ suivi de ?, * ou ~	Un point d'interrogation, un astérisque ou un tilde	fy91~? affiche fy91?

Si vous tapez uniquement une valeur, sans opérateur de comparaison, Excel considérera :

- que l'opérateur est le signe égal pour une donnée numérique ;
- que le critère est équivalent à "commence par votre texte".

Critère	Correspond à	Critère	Correspond à
texte* texte	Commence par ***texte***	<>texte*	Ne commence pas par ***texte***
*texte	Se termine par ***texte***	<>texte*	Ne se termine pas par ***texte***
texte	Contient ***texte***	<>*texte*	Ne contient pas ***texte***

Vous pouvez également utiliser comme critère une valeur calculée par une formule. Dans ce cas, vous devez respecter les règles suivantes :

- N’utilisez pas le nom d’un champ de la liste comme étiquette de critère. Vous pouvez soit laisser l’étiquette de critère vide, soit utiliser un nom complètement différent des champs de la liste.
- La formule doit toujours être une formule logique et donc renvoyer uniquement les valeurs VRAI ou FAUX.
- La formule doit se référer à au moins un champ de la liste.

Info

La référence au champ peut se faire par le nom du champ ou par l’adresse de la première cellule de la colonne correspondante ; préférez ce dernier cas car il vous permet de vérifier votre formule et ne renvoie pas la valeur d’erreur #NOM?.

Exemple : une source de donnée contient un champ "DATE" en colonne A. Pour filtrer sur le mois de février, vous pouvez utiliser la formule =MOIS(A2)=2 comme à la Figure 6.33.

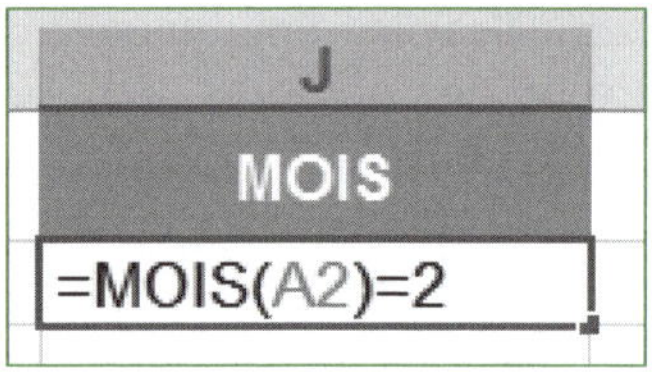

Figure 6.33
Vous pouvez utiliser une formule comme critère. Dans ce cas, vous ne devez pas utiliser un nom de champ pour titre de critère et la formule doit renvoyer VRAI ou FAUX.

Ainsi, pour créer un critère affichant uniquement les enregistrements dont un champ est vide, vous pouvez utiliser la formule =ESTVIDE(A2) où A2 est la première cellule de la colonne à tester. Pour afficher tous les enregistrements dont le champ est renseigné, la formule sera =NON(ESTVIDE(A2)).

Exercices

***Retrouvez les fichiers d'exercices et leurs corrigés sur le site compagnon* http://moneformation.pearson.fr**

Salariés

Téléchargez le fichier "6-01 Salaries". Ce dernier contient la liste des salariés de l'entreprise.

1. Mettez-le en forme à l'aide de l'outil Tableau, puis appliquez un format conditionnel afin de visualiser les salaires inférieurs à la moyenne sur un fond jaune. Nommez ce tableau "Salaries".
2. Créez un matricule pour les salariés reprenant leurs initiales (deux premières lettres du nom et la première du prénom), leur sexe (H pour les hommes et F pour les femmes) et l'année de naissance sur deux chiffres.
3. Créez un format conditionnel permettant de visualiser les lignes des salariés en CDD (toute la ligne du tableau doit être coloriée en vert clair). Organisez les formats conditionnels afin que les salaires inférieurs à la moyenne des salariés en CDD soient tout de même coloriés en jaune.
4. Triez votre liste afin d'avoir en premier les salariés en CDD, puis par fonction, département et enfin site.
5. Ajoutez deux colonnes, l'une calculera l'âge, l'autre l'ancienneté, à savoir que la fonction qui donne la date du jour est AUJOURDHUI() et qu'une différence entre deux dates renvoie un nombre de jours.
6. Ajoutez une ligne de total affichant la somme des salaires, l'ancienneté et l'âge moyen.

	A	B	C	D	E	F	G	H	I	J	K	L	M
1	Matricule	Nom	Prénom	sexe	TypeContr	Fonction	Départemen	Site	Salaire	Date d'embauche	Ancienn	Date de naissance	Age
2	MIGH69	MILTEAU	Georges	Homme	CDD	Agent commercial	Marketing	Toulouse	1 038,14 €	26/10/2001	11	01/09/1969	43
3	ABAH68	ABERGEL	André	Homme	CDD	Assist. adm.	Administration	Malte	1 072,06 €	16/12/2010	1	14/10/1968	44
4	PLAH89	PLANTIER	Albert	Homme	CDD	Assistant	Comptabilité	Lens	1 003,02 €	13/01/2010	2	28/10/1989	23
5	ALMH67	ALLOUARD	Max	Homme	CDD	Assistant	Marketing	Toulouse	1 048,10 €	08/04/2011	1	20/08/1967	45
6	DIJH70	DIZIER	Jean	Homme	CDD	Ingénieur	Production	Toulouse	2 301,68 €	13/01/2012	0	12/07/1970	42
7	CODH87	COSTIER	Denis	Homme	CDD	Ingénieur	Production	Toulouse	2 357,30 €	06/06/2008	4	08/10/1987	25
8	SMMF88	SMETS	Myriam	femme	CDD	Technicien	Production	Malte	1 430,22 €	04/10/2006	6	27/10/1988	24
9	AUAF89	AUTISSIER	Adeline	femme	CDD	Technicien	Production	Malte	1 503,32 €	06/08/2010	2	04/05/1989	23
10	SISF89	SICRE	Sandrine	femme	CDD	Technicien	Production	Toulouse	1 431,52 €	21/12/2009	2	07/09/1989	23
11	WAHF69	WAGNER	Hilda	femme	CDI	Agent commercial	Marketing	Lens	1 005,59 €	22/10/2007	5	31/03/1969	43
12	WESF75	WEILL	Simone	femme	CDI	Agent commercial	Marketing	Lens	1 029,22 €	14/04/2009	3	26/09/1975	37
111	VUAH88	VUNATIER	Albert	Homme	CDI	Technicien	Production	Lens	1 404,15 €	22/02/2009	3	30/04/1988	24
112	DAKF89	DAVID	Katia	femme	CDI	Technicien	Production	Lens	1 555,33 €	26/11/2001	10	05/09/1989	23
113	STFH84	STAMPST	François	Homme	CDI	Technicien	R et D	Lens	1 563,71 €	22/07/2008	4	16/06/1984	28
114	ALDH69	AL-SABAH	Daoud	Homme	CDI	Technicien	Production	Malte	1 464,93 €	04/03/2009	3	17/08/1969	43
115	SZAH89	SZCZNYCK	Antoine	Homme	CDI	Technicien	Production	Toulouse	1 417,45 €	16/04/2010	2	01/10/1989	23
116	Total								22 625,74 €		4		32

Figure 6.34

Les achats

Téléchargez le classeur "6-02 Achats". Celui-ci contient la liste des achats du premier trimestre 2012. Vous devez préparer cette liste afin que d'autres utilisateurs puissent le filtrer à l'aide de quatre segments :

- le mois ;
- le site ;
- le service ;
- le fournisseur.

Faites en sorte que vos utilisateurs puissent alors visualiser le nombre total d'achats, le prix moyen unitaire et le montant total de ces achats.

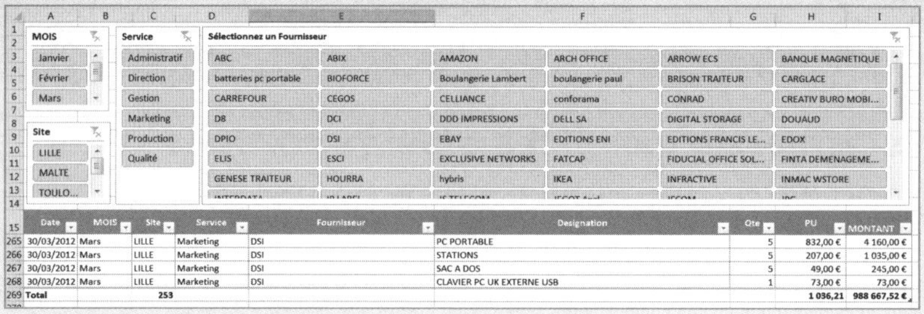

	Date	MOIS	Site	Service	Fournisseur	Designation	Qte	PU	MONTANT
265	30/03/2012	Mars	LILLE	Marketing	DSI	PC PORTABLE	5	832,00 €	4 160,00 €
266	30/03/2012	Mars	LILLE	Marketing	DSI	STATIONS	5	207,00 €	1 035,00 €
267	30/03/2012	Mars	LILLE	Marketing	DSI	SAC A DOS	5	49,00 €	245,00 €
268	30/03/2012	Mars	LILLE	Marketing	DSI	CLAVIER PC UK EXTERNE USB	1	73,00 €	73,00 €
269	Total		253					1 036,21	988 667,52 €

Figure 6.35

Production

Téléchargez le classeur "6-03 Production.xlsx". Celui-ci contient l'enregistrement de la production d'une briqueterie des années 2010 et 2011. Vous devez améliorer ce classeur avec :

- une colonne indiquant la couleur (les dernières lettres de la désignation des produits) ;
- une colonne indiquant les dimensions du produit (contenu dans la désignation des produits) ;
- une colonne contenant une icône différente pour chaque groupe ;
- un fond coloré pour les lignes de fabrication (colonne Fabrication, contenant une donnée). Utilisez le format conditionnel.

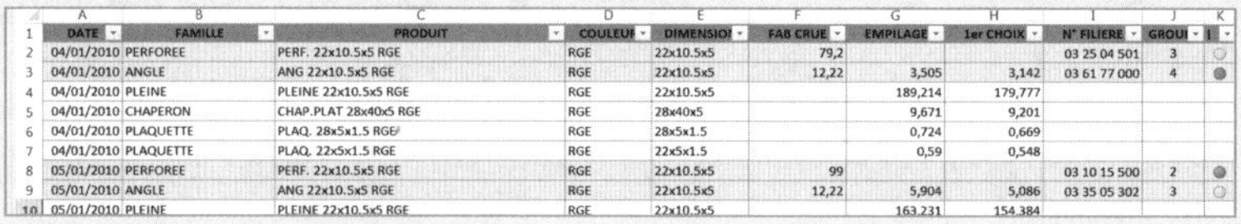

	DATE	FAMILLE	PRODUIT	COULEUR	DIMENSION	FAB CRUE	EMPILAGE	1er CHOIX	N° FILIERE	GROUPE	
2	04/01/2010	PERFOREE	PERF. 22x10.5x5 RGE	RGE	22x10.5x5	79,2			03 25 04 501	3	
3	04/01/2010	ANGLE	ANG 22x10.5x5 RGE	RGE	22x10.5x5	12,22	3,505	3,142	03 61 77 000	4	
4	04/01/2010	PLEINE	PLEINE 22x10.5x5 RGE	RGE	22x10.5x5		189,214	179,777			
5	04/01/2010	CHAPERON	CHAP.PLAT 28x40x5 RGE	RGE	28x40x5		9,671	9,201			
6	04/01/2010	PLAQUETTE	PLAQ. 28x5x1.5 RGE	RGE	28x5x1.5		0,724	0,669			
7	04/01/2010	PLAQUETTE	PLAQ. 22x5x1.5 RGE	RGE	22x5x1.5		0,59	0,548			
8	05/01/2010	PERFOREE	PERF. 22x10.5x5 RGE	RGE	22x10.5x5	99			03 10 15 500	2	
9	05/01/2010	ANGLE	ANG 22x10.5x5 RGE	RGE	22x10.5x5	12,22	5,904	5,086	03 35 05 302	3	
10	05/01/2010	PLEINE	PLEINE 22x10.5x5 RGE	RGE	22x10.5x5		163,231	154,384			

Figure 6.36

Ajoutez à votre classeur une feuille que vous nommerez "Famille". Vous y créerez la liste des familles des produits, sans doublons, à partir de la feuille "Production".

Ajoutez une feuille "Filière" au classeur. Effectuez une extraction des données "Production" dans cette feuille afin d'y afficher la liste des premiers choix selon le format suivant.

N° FILIÈRE	FAMILLE	PRODUIT	PREMIER CHOIX

Cette liste devra correspondre aux critères suivants :

- GROUPE : 3 ;
- ANNÉE DE PRODUCTION : 2011.

Triez ce nouveau tableau par familles et produits croissants. Ajoutez des barres à la colonne du premier choix afin qu'elles se présentent comme à la Figure 6.37.

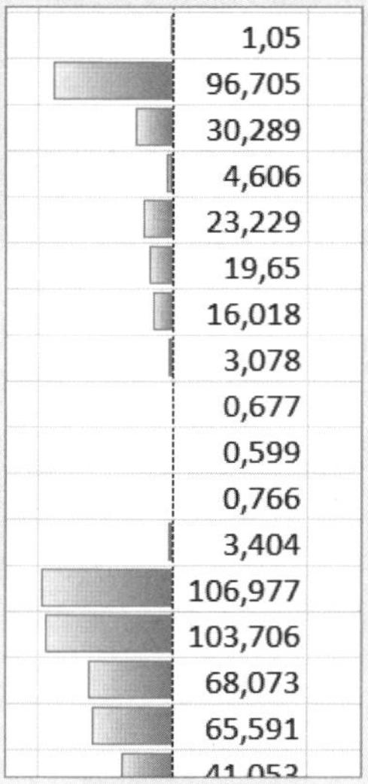

Figure 6.37

Facture

Créez un nouveau classeur. Ce classeur contiendra une seule feuille "Facture" selon la Figure 6.38.

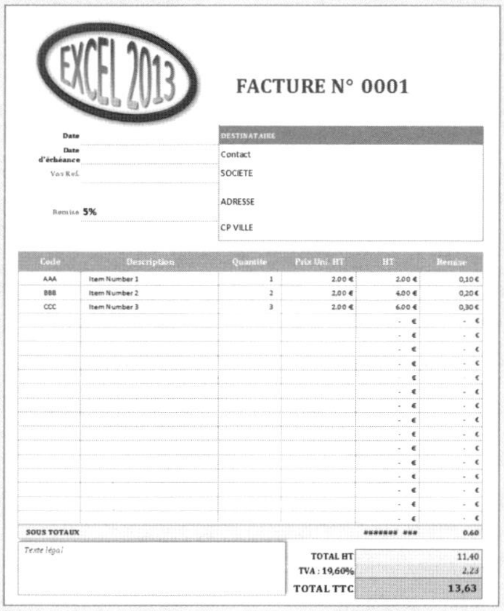

Figure 6.38

Les lignes de détail de la facture seront conçues à l'aide d'un tableau avec une ligne de total.

Les colonnes HT et Remise doivent être automatiquement calculées avec une formule, ainsi que les cellules "Total HT", "TVA" et "Total TTC".

Utilisez une fonction d'Excel pour respecter les règles suivantes :

- La date de la facture doit être supérieure ou égale à la date du jour. Indiquez un message d'erreur en cas de mauvaise saisie.

- La date d'échéance doit être supérieure ou égale à la date de facturation. Indiquez un message d'erreur en cas de mauvaise saisie.
- La cellule de remise doit proposer la liste de choix suivante : 5 %, 10 %, 15 %, 20 %, 25 %. Faites en sorte que les valeurs de la liste ne soient pas obligatoires mais indicatives.

Préparez l'impression de cette facture avec les paramètres suivants :

- marges à 0,5 cm ;
- facture devant s'imprimer sur une seule feuille en largeur ;
- centrer horizontalement votre facture.

Suivi Factures

Ouvrez le classeur "6-05 Facture" créé dans l'exercice précédent. La feuille "Suivi Factures" contient des titres. Utilisez ces titres pour créer un tableau et améliorez-le afin de respecter les règles suivantes :

- Date de facture. Empêchez la saisie d'une donnée autre qu'une date.
- Date d'échéance. Rendez obligatoire la saisie d'une date d'échéance supérieure à la date de facture.
- État. Cette colonne doit avoir les états suivants :
  - 0 si règlement effectué ou date d'échéance inférieure ou égale à la date du jour ;
  - puis, lorsque règlement non effectué, et selon la date du jour :
    - –inférieure ou égale à la date d'échéance plus 10 jours : 1 ;
    - –inférieure ou égale à la date d'échéance plus 30 jours : 2 ;
    - –inférieure ou égale à la date d'échéance plus 45 jours : 3 ;
    - –supérieure à la date d'échéance plus 45 jours : 4.
- Mode de règlement. Limitez les saisies aux données suivantes : Carte bancaire, Virement, Liquide, Chèque, Traite.

Testez votre tableau en saisissant au minimum deux lignes de données.

Appliquez un jeu d'icône sur cette colonne "État". Celui-ci devra afficher une coche verte pour la valeur 0, un rond vert pour la valeur 1, un rond orange pour la valeur 2, un rond rouge pour la valeur 3, un rond noir pour la valeur 4. La colonne "État" ne doit pas afficher ses valeurs mais uniquement ces icônes.

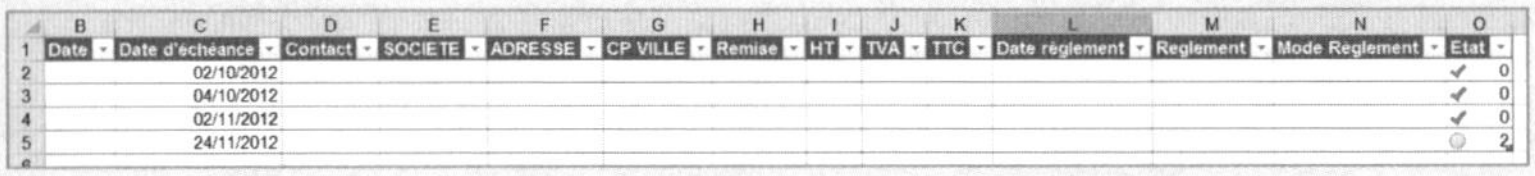

Figure 6.39

7

Analyse des données

Importation de données

Nous avons vu dans le chapitre sur les tables de données sous Excel comment ajouter de nouveaux enregistrements. Mais bien souvent nos données sont déjà disponibles sous d'autres formes et d'autres supports, il est donc totalement inutile de les ressaisir.

Le moyen le plus commun de rapatrier des données dans Excel consiste à effectuer un copier-coller depuis la source vers un classeur Excel. Cela est effectivement rapide mais peu efficace si la mise à jour des données est fréquente ou lorsque la quantité des données est très importante. De plus, le copier-coller ne restitue pas toujours correctement certains types de données.

Pour récupérer les données depuis des sources externes (bases de données diverses, site web, fichier texte...), Excel dispose de toute une gamme d'outils qui facilitent la mise en relation entre ces sources et un classeur Excel. Depuis l'onglet ***Données***, quelques icônes permettent l'importation de plusieurs types de sources d'origine Microsoft :

- Access ;
- SQL Server ;
- Windows Azure ;
- ODATA.

Mais vous pouvez également importer vos données depuis des sites web, depuis un fichier texte (csv ou txt) ou depuis un fichier XML (Extensible Markup Language). De plus, grâce à l'ODBC (***Open DataBase Connectivity***) ou à l'OLEDB (***Object Linking and Embedding DataBase***), vous pourrez vous connecter à bien d'autres sources de données. Mais vous aurez parfois besoin d'installer des drivers spécifiques (par exemple MySQL ODBC ou OLEDB Provider for Oracle).

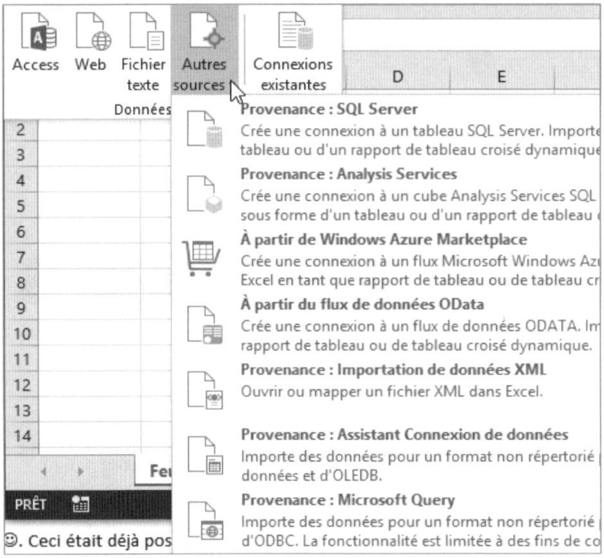

Figure 7.1
Pour récupérer les données depuis des sources externes, Excel dispose de toute une gamme d'outils qui facilite la mise en relation entre ces sources et un classeur Excel.

Connexion à une base Access

Excel permet de mettre en relation une base Access dans un classeur et chaque mise à jour de la base se répercute dans Excel. Ceci était déjà possible avec les versions précédentes d'Excel mais Excel 2013 apporte des nouveautés qui rendent la connexion encore plus efficace.

Mise en place de la connexion

1. Depuis Excel, cliquez sur la commande *DONNÉES > Access*.
2. Dans la boîte de dialogue, vous sélectionnez votre base Access.
3. Sélectionnez l'une des tables ou requêtes (une requête affiche le type VIEW) de la base sélectionnée qui s'affichent à l'écran (voir Figure 7.2). Cochez l'option *Activer la sélection multiple de tables* pour sélectionner plusieurs tables ou requêtes.
4. Indiquez ce que vous voulez faire avec vos données. Si à l'étape précédente vous avez effectué une sélection multiple, chacune de vos sources de données (tables ou vue) sera importée sur des feuilles différentes si vous choisissez l'option *Tableau*. Mais, si vous choisissez l'une des quatre autres options, l'ensemble de ces tables sera non pas importé dans les feuilles d'Excel mais inclus dans les paramètres de la connexion et ajouté au modèle de données.
5. Sélectionnez l'emplacement où les données seront importées (*Feuille existante* ou *Nouvelle feuille*).

Une fois que vous aurez appuyé sur *OK*, les données de votre table ou de votre requête seront importées dans Excel. Par la suite, si votre base Access est amenée à être modifiée, votre feuille Excel sera automatiquement impactée.

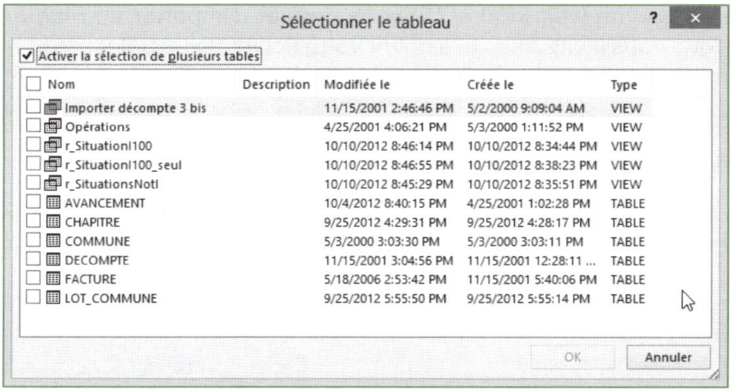

Figure 7.2
Lors de l'importation depuis Access, une requête affiche le type VIEW. Cochez l'option Activer la sélection multiple de tables *pour sélectionner plusieurs tables ou requêtes.*

Propriétés de la liaison

Maintenant que nous venons de voir comment lier une base Access à un classeur, nous allons étudier d'un peu plus près les propriétés de la liaison. Vous pouvez afficher la fenêtre des propriétés :

- en appuyant sur le bouton *Propriétés* dans la dernière étape de l'importation ;
- en cliquant sur la commande **Connexion** après l'importation sur l'onglet ***Données.***

Le premier onglet de la fenêtre qui s'affiche vous permet de paramétrer les conditions de mises à jour de votre liaison. Il est recommandé d'activer les options *Activer l'actualisation en arrière-plan* et *Actualiser les données lors de l'ouverture du fichier*.

Vous pouvez également définir la périodicité de rafraîchissement de vos données (temps minimal : 1 minute).

Le second onglet détaille les paramètres de la liaison. Celui-ci est surtout utile aux administrateurs de bases de données ou aux développeurs désirant lire ou modifier la chaîne de connexion.

Importer un fichier texte

Il est très courant d'exporter des données depuis un gros système (comme l'AS400 ou SAP) dans un fichier texte. Ces fichiers texte contiennent des données dont les champs sont délimités par un caractère spécial (tabulation, virgule, point-virgule, espace...) ou ayant une largeur prédéfinie, et les différentes lignes représentent les enregistrements. Ils ont diverses extensions mais vous trouverez essentiellement les extensions .PRG, .CSV et .TXT.

L'erreur à ne surtout pas commettre est d'ouvrir ce fichier texte dans un éditeur de texte (comme Notepad) et ensuite de faire un copier-coller dans Excel. Les chiffres risquent d'être interprétés en texte et vous ne pourrez pas faire le moindre calcul. En conclusion, le copier-coller est à proscrire pour importer un fichier texte.

Vous pouvez ouvrir, directement dans Excel, un fichier texte comme n'importe quel classeur Excel. Mais à chaque ouverture vous devrez le paramétrer. En choisissant l'importation, ces fichiers texte pourront être modifiés. Les données dans le classeur Excel seront alors mises à jour en un seul clic sur le bouton *Rafraîchir* de l'onglet ***Données***.

Sur cet onglet, le troisième bouton (voir Figure 7.3) vous permet d'importer un *Fichier Texte*. Une boîte de dialogue vous invite ensuite à ouvrir votre fichier texte. Sélectionnez-le et cliquez sur le bouton *Importer*. Il suffit ensuite de suivre les trois étapes de l'assistant d'importation.

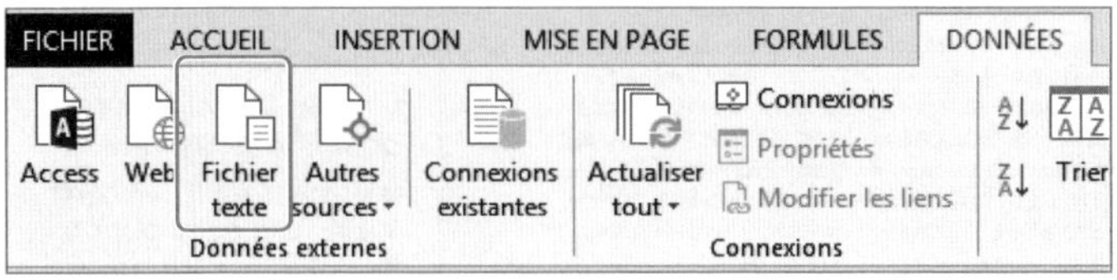

Figure 7.3

Première étape

Cette étape vous permet de spécifier si le fichier à importer a des champs de longueurs variables mais délimités par un caractère spécial ou bien s'il est constitué de champs de largeur fixe (chaque donnée d'un même champ a un même nombre de caractères).

Pour vous aider à faire le choix, regardez la présentation de l'aperçu :

- Si les données paraissent alignées verticalement et que des espaces séparent chacune de ces colonnes, les données sont certainement à largeur fixe (voir Figure 7.4).

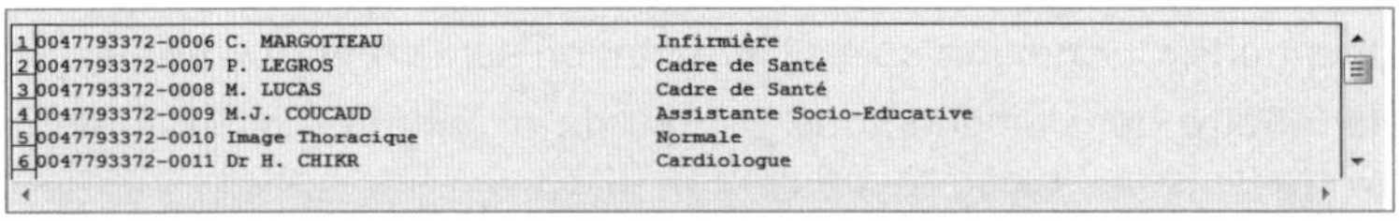

Figure 7.4

- Si les données sont agglutinées ou si un caractère est régulièrement répété, les données sont délimitées (voir Figure 7.5).

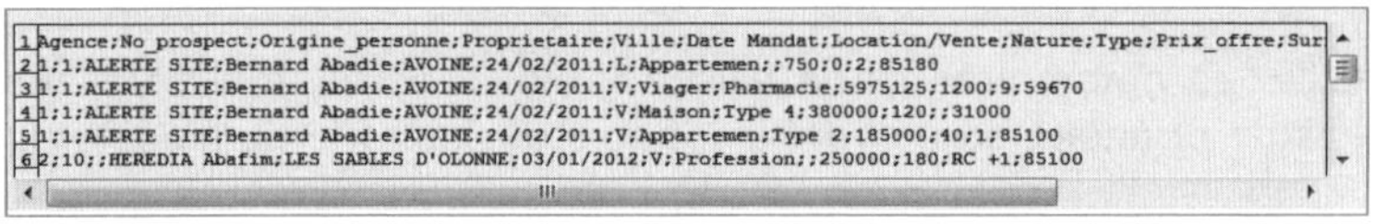

Figure 7.5

Vous pouvez également :

- **Ne pas importer les n premières lignes** de votre fichier texte. Cette option est très pratique si votre fichier commence toujours par les mêmes informations (comme la date de création, le nombre d'enregistrements...) et que vous souhaitez ne pas les importer (voir Figure 7.6).
- Choisir **le codage du fichier**. Avec la liste déroulante *Origine du fichier,* cela vous permet d'indiquer le codage du fichier. Si l'aperçu des données affiche des signes bizarres à la place des accents (voir Figure 7.7), remplacez le codage "Windows (ANSI)", essayez le codage "65001 : Unicode (UTF-8)" ; il permettra souvent de corriger le problème.
- Indiquer si la première ligne de votre fichier texte contient des **en-têtes**.

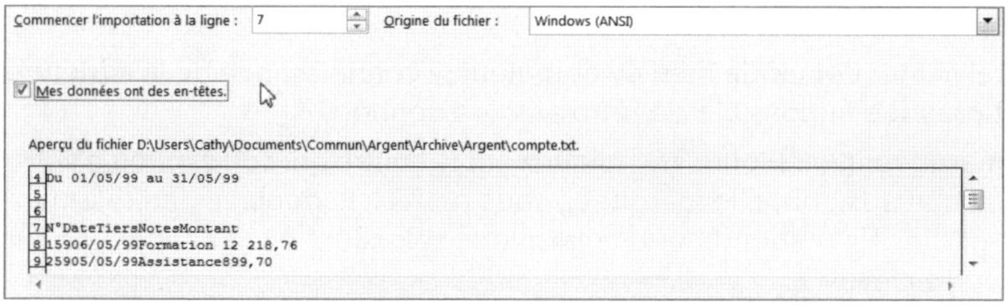

Figure 7.6

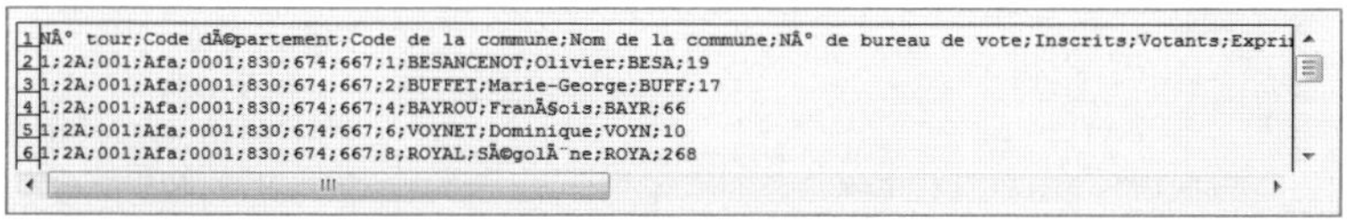

Figure 7.7

Si l'aperçu des données affiche des signes bizarres à la place des accents, remplacez le codage "Windows (ANSI)". Essayez le codage "65001 : Unicode (UTF-8)" qui permettra souvent de corriger le problème.

Deuxième étape

Selon le type de données choisi à l'étape 1, l'étape 2 affiche une interface différente.

Champs délimités

Généralement, il s'agit des symboles *point-virgule* ou *Tabulation* (voir Figure 7.8), mais il peut s'agir aussi de caractères particuliers (comme le point d'exclamation). Dans ce cas, il vous faut sélectionner la case *Autre* et indiquer vous-même le caractère de séparation de vos champs.

Si vos champs dans le fichier texte sont séparés par plusieurs symboles identiques, vous pouvez indiquer que tous ces symboles ne doivent être interprétés que comme un seul en cochant la case *Interpréter des séparateurs identiques consécutifs comme uniques*.

Vous pouvez également préciser que vos données texte sont encadrées par des guillemets pour éviter d'importer ces symboles.

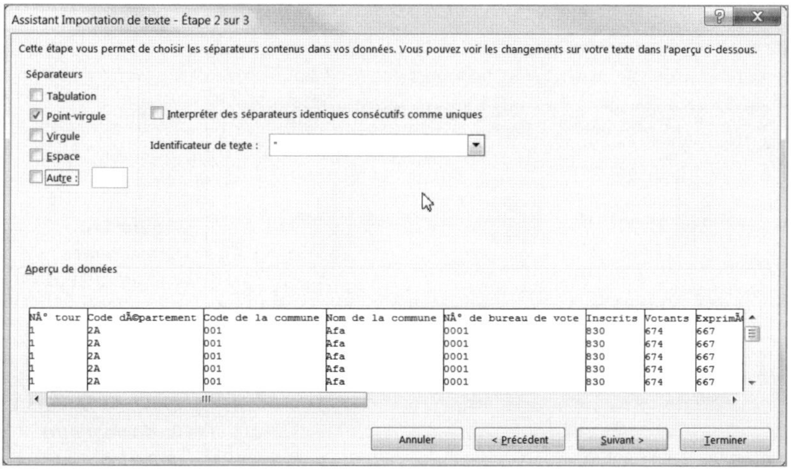

Figure 7.8

Choisissez le séparateur de champ pour votre fichier texte.

Champs de longueur fixe

Le découpage d'un tel fichier demande bien évidemment la connaissance de la structure du fichier sinon il est presque impossible de retrouver les données.

Pour positionner un marqueur (voir Figure 7.9), cliquez sur le chiffre qui correspond à votre découpe. Si vous avez mal positionné le marqueur, vous pouvez le déplacer latéralement en faisant un cliquer-glisser. Pour supprimer un marqueur, sélectionnez-le et appuyez sur la touche **SUPPR** de votre clavier.

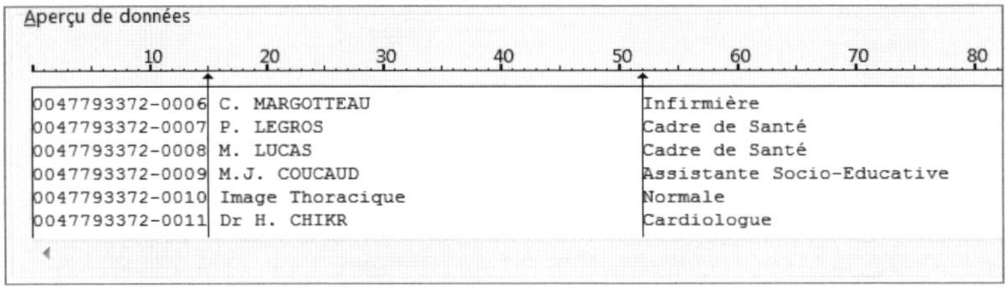

Figure 7.9 *Dans le cas de champ de largeur fixe, positionnez les marqueurs en cliquant sur le chiffre correspondant à votre découpe.*

Troisième (et dernière) étape

C'est, et de loin, l'étape la plus importante car dans cette étape vous allez préciser pour chaque colonne le type de données, le choix d'importation ou non de celle-ci.

Type de données

En haut à gauche de la boîte de dialogue de la Figure 7.10, trois types de données sont indiqués. Pour chacun de vos champs (en les sélectionnant un par un dans la zone aperçu de données), vous pouvez indiquer à Excel comment ils doivent être importés en respectant leur type. Les trois types sont :

- **Général.** Vous laissez Excel déterminer à votre place le type de données. Bien souvent, Excel détermine correctement le type ***Texte*** ou ***Nombre*** mais des petits détails peuvent venir perturber l'interprétation des types de données.
- **Texte.** En choisissant cette option, vous forcez le type de données comme étant du texte. C'est extrêmement important quand dans votre champ vous avez en début de chaîne des 0 qui doivent être conservés (codes postaux, numéros de téléphone, etc.).

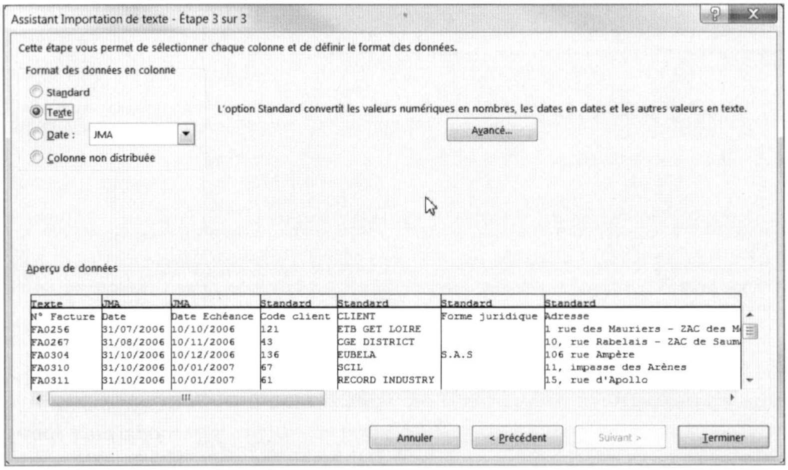

Figure 7.10 *Sélectionnez chacun de vos champs un par un dans la zone aperçu de données et indiquez comment ils doivent être importés.*

- **Date.** Cette option vous permet d'indiquer à Excel que le champ contient une date et de préciser son format (voir Figure 7.10).
- *Ne pas importer la colonne.* Cette quatrième option n'est pas un type de données à proprement parler mais la possibilité d'exclure un champ de l'importation.

Options avancées des Nombres

Vous pouvez affiner l'importation de vos nombres en cliquant sur le bouton *Avancé* Une nouvelle boîte de dialogue (voir Figure 7.11) vous permet de préciser :

- le séparateur de décimales ;
- le séparateur de milliers.

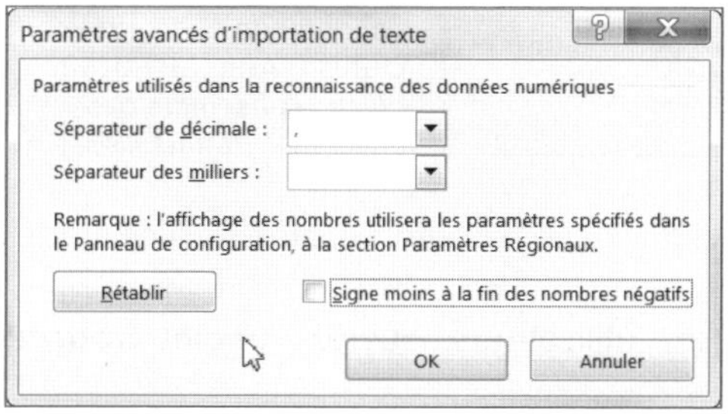

Figure 7.11

Info

Dans les systèmes français, belge, suisse, le séparateur de décimales est représenté par une ***virgule*** et le séparateur de milliers, par une ***espace***. Aux États-Unis, en revanche, le séparateur de décimales est un point et le séparateur de milliers, une virgule.

Dès que vos données numériques ne respectent pas les paramètres régionaux de votre poste, il est indispensable d'indiquer à Excel quel type de séparateur est utilisé dans le fichier que vous importez. Si vous ne le faites pas, ***vos chiffres seront convertis en texte***. Il est facile de constater si l'importation de vos chiffres a été correcte ; ils doivent tous, après l'importation, être alignés à droite dans les cellules.

Connexion grâce à l'ODBC

L'ODBC (Open DataBase Connectivity) est une interface indépendante de la source de données. Le pilote (driver) se charge d'établir la connexion entre la source de donnée et l'application destinatrice (Excel, Access, par exemple).

Pour se connecter à une base en utilisant l'ODBC, vous devez donc utiliser un driver ODBC et obtenir l'ODBC dédié à votre type de connexion (base MySQL, SQL Server...) ; il n'existe pas de driver ODBC générique à toutes les connexions.

Connexion à une base MySQL

Prenons pour exemple une connexion à une base MySQL située sur un serveur web. Vous trouverez le pilote ODBC sur la page http://dev.mysql.com/downloads/connector/odbc/.

Après avoir téléchargé et installé le driver, vous devez créer un fichier contenant l'ensemble des paramètres de connexion, appelé un DSN (Data Source Name).

Allez dans le panneau de configuration et ouvrez le menu *Outils d'administration*. Sélectionnez ensuite le *Gestionnaire de sources de données (ODBC)*. Vous pouvez vérifier que le driver que vous avez téléchargé a bien été installé sur votre poste en visualisant sa présence dans la liste des pilotes installés dans l'onglet ***Pilotes ODBC*** (voir Figure 7.12).

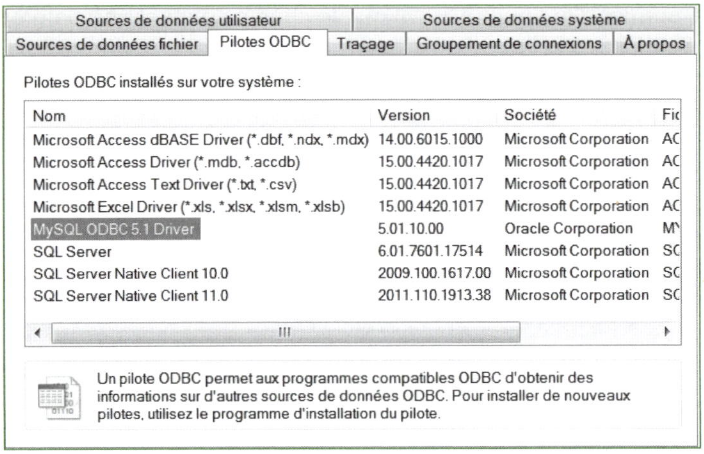

Figure 7.12
Le Gestionnaire de sources de données *du panneau de configuration* Outils d'Administration *affiche l'ensemble des drivers ODBC installés.*

Pour ajouter une nouvelle source de données, cliquez sur le bouton *Ajouter...* À ce stade, deux options s'offrent à vous :

- Pour donner accès à la base pour tous les utilisateurs, ouvrez l'onglet ***Source données système***.
- Pour donner accès à la base seulement à vous, ouvrez l'onglet ***Source données utilisateur***.

Dans la boîte de dialogue qui s'affiche (voir Figure 7.13), sélectionnez le driver MySQL ODBC.

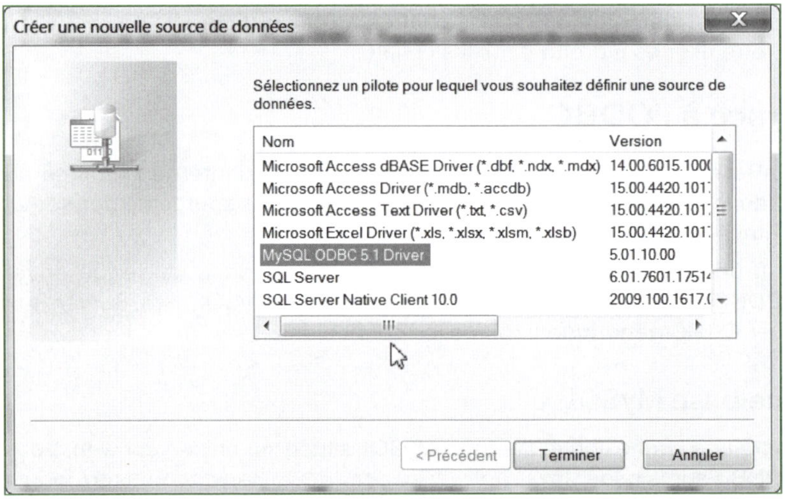

Figure 7.13

Cliquez sur le bouton *Terminer* et saisissez les paramètres de connexion avec votre base MySQL.

Attention !

Si vous voulez vous connecter à une base MySQL d'un serveur web, vérifiez au préalable que vous avez les autorisations de connexion en ODBC.

Dès que les paramètres de votre source de données sont renseignés, vous pouvez fermer la fenêtre et retourner dans Excel.

1. Cliquez alors sur le bouton *Depuis une autre source* et choisissez *Depuis l'assistant de connexion de données.*
2. Sélectionnez "ODBC DSN" et cliquez sur le bouton *Suivant*.
3. Dans l'étape suivante, sélectionnez le DSN que vous avez créé et cliquez de nouveau sur le bouton *Suivant*.
4. Vous devez maintenant choisir la table que vous voulez importer.

Mode d'importation

La dernière étape d'importation est le choix de l'affichage des données dans votre classeur. L'importation dans un tableau vous sera systématiquement proposée. Mais vous pouvez choisir l'une des quatre autres options (voir Figure 7.14) :

- *Rapport de tableau croisé dynamique* ;
- *Graphique croisé dynamique* ;
- *Rapport Power View* ;
- *Ne créer que la connexion.*

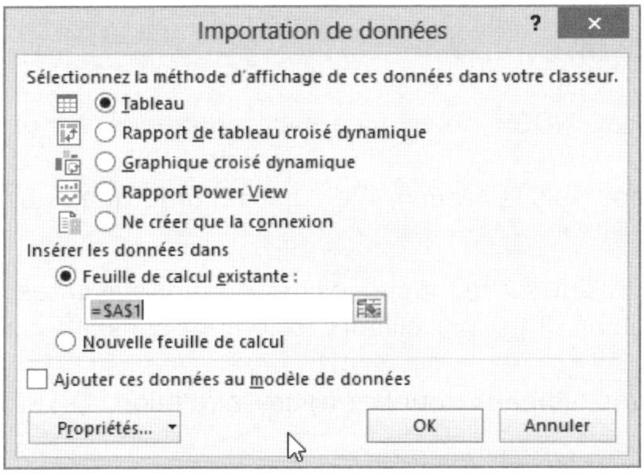

Figure 7.14
La dernière étape d'importation est le choix de l'affichage des données dans votre classeur.

L'intérêt de ces options, c'est de ne pas dédier une feuille Excel pour vos données, mais uniquement les utiliser dans un tableau, un graphique croisé dynamique ou Power View. Ainsi, juste après l'importation, vos données brutes n'apparaissent dans aucune feuille, elles n'existent que dans la connexion et sont visibles uniquement dans votre rapport ou graphique. Elles sont directement lues dans le fichier source, comme vous le montre l'exemple de la Figure 7.15.

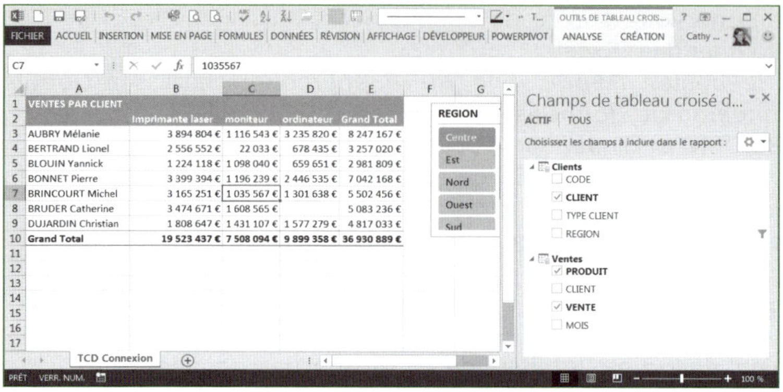

Figure 7.15
Si vous choisissez une importation directement dans un rapport croisé dynamique, vos données brutes n'apparaissent dans aucune feuille : elles n'existent que dans la connexion et sont visibles uniquement dans votre rapport.

Relations entre les tables Nouveauté EXCEL 2013

Jusqu'à présent, pour réaliser une analyse (tableau ou graphique croisé dynamique) à partir de plusieurs tableaux, vous deviez au choix :

- recréer un seul et même tableau en utilisant :
  - les copier-coller ;
  - les fonctions RECHERCHEV, EQUIV et INDEX pour afficher des données sur un tableau provenant d'un autre tableau. ;
- importer ou lier les données dans Access puis les réunir avec une requête que vous exportiez ensuite sous Excel.

Pour utiliser cette nouvelle fonctionnalité, vous devez respecter les deux règles suivantes :

1. Mise en forme de vos données en tableau. Il est par ailleurs fortement conseillé de renommer chacun de vos tableaux.
2. Présence de champs communs entre vos tableaux pour permettre la relation.

Attention !

Dans l'un de vos tableaux, le champ d'une relation doit comprendre des données uniques (soit une clé primaire). Excel ne saura pas établir une relation de plusieurs à plusieurs. Seules les relations un à plusieurs (voire un à un) sont possibles.

Exemple : une liste de clients avec un numéro de client unique pour chaque client (voir Figure 7.16), et une liste des ventes où seul le numéro du client est indiqué (voir Figure 7.17). Un client réalise plusieurs achats : un même numéro de client peut donc être présent plusieurs fois dans le second tableau.

	A	B	C	D	E
1	CODI	CLIENT	TYPE CLIENT	REGION	VILLE
2	1	MARTIN Michel	A	Nord	LILLE
3	2	LORIN Pierre	B	Nord	LILLE
4	3	DELACRAU Mireille	B	Ouest	RENNES
5	4	ALBAN Florent	C	Est	STRASBOURG
6	5	AUBRY Sylvaine	A	Ouest	RENNES
7	6	AUBRY Mélanie	B	Centre	ORLEANS
8	7	BARBOT Christine	C	Sud	TOULOUSE
9	8	BAZIER Laure	A	Ouest	RENNES
10	9	BIGOT Hervé	A	Sud	TOULOUSE

Figure 7.16

	A	B	C	D
1	PRODUIT	CLIENT	VENTE	MOIS
2	moniteur	11	10 531 €	1
3	Imprimante laser	6	13 003 €	1
4	imprimante laser	21	40 160 €	1
5	Imprimante laser	14	74 169 €	1
6	moniteur	30	112 934 €	1
7	moniteur	4	115 545 €	1

Figure 7.17

Cette relation vous sera utile pour la création de tableaux croisés dynamiques et/ou de graphiques croisés dynamiques. Vous pouvez donc établir la relation soit à la création de l'un de ces outils, soit au préalable.

> **Astuce**
>
> Vous avez deux tableaux avec un champ commun, mais aucun de ces champs n'est unique. Effectuez une extraction sans doublon (onglet ***Données***) de l'un de ces champs dans une nouvelle feuille, puis convertissez cette plage en tableau.

Création de la relation

1. Sélectionnez chaque tableau et nommez-les : groupe *Propriétés* de l'onglet ***Création***.
2. Dans l'onglet ***Données***, cliquez sur le bouton *Relations*.
3. Dans la fenêtre qui s'affiche, cliquez sur le bouton *Nouveau…*
4. Sélectionnez les champs de liaison (communs entre les deux tableaux) comme à la Figure 7.18. Les en-têtes des colonnes peuvent être différents mais le contenu des colonnes doit impérativement être identique (contenu et type).

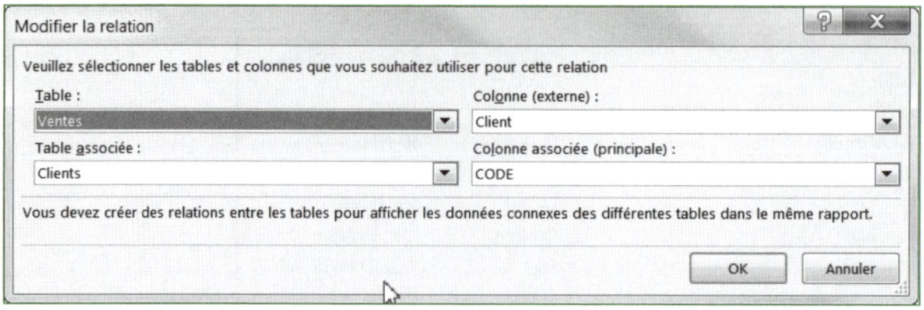

Figure 7.18
Dans l'un de vos Tableaux, le champ d'une relation doit comprendre des données uniques. Excel ne saura pas établir une relation de plusieurs à plusieurs.

Vous pouvez bien entendu ajouter plusieurs relations entre plusieurs tableaux dans un même classeur et également plusieurs relations sur un même tableau.

Modifier/supprimer des relations

Dans la fenêtre de gestion des relations (voir Figure 7.19) :

- *Modifier...* permet d'éditer une relation et de la modifier.
- *Désactiver* permet de geler une relation dans le modèle de données ***sans toutefois la supprimer***.
- *Supprimer* supprime définitivement la relation sélectionnée.

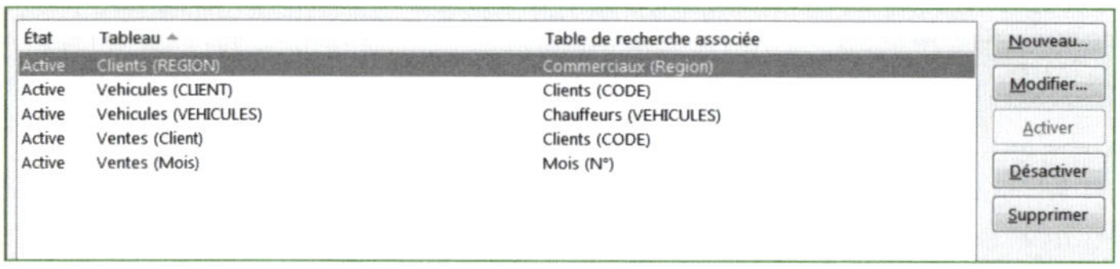

Figure 7.19
Dans la fenêtre de gestion des relations vous pouvez éditer, supprimer et ajouter une relation entre vos tableaux.

Ces relations sont alors intégrées au modèle de données d'Excel. Elles vous seront ensuite utiles lors de la création de vos tableaux et graphiques croisés dynamiques, ainsi que pour les compléments Power View et Power Pivot.

Tableaux croisés dynamiques

Un grand nombre d'utilisateurs d'Excel appréhendent l'utilisation de cet outil, mais un tableau croisé dynamique (nommé également TCD) apporte une solution d'analyse et de synthèse de vos données très rapide et facile à mettre en place.

Les TCD existent depuis les premières versions d'Excel et ont quelque peu évolué depuis la version 2007. En effet, depuis cette version, il est préférable de convertir au préalable votre plage de données en ***tableau***. Ainsi, la source de ***votre TCD restera dynamique*** et, dès que vous ajouterez des données au bas de votre source de données, le TCD – après actualisation – prendra en compte ces nouvelles données ***sans avoir à modifier la source***.

Conception

Sélection des données

Pour démarrer un TCD, sélectionnez l'une des cellules de votre tableau de données et cliquez sur l'un des boutons suivants :

- onglet ***Insertion*** > *Tableau croisé dynamique* ;
- onglet ***Insertion*** > *Tableaux croisés dynamiques* ;
- onglet ***Outils de tableau*** > ***Création*** > *Tableau croisé dynamique*.

Remarque

Si l'une de vos colonnes n'a pas d'en-tête, vous ne pourrez jamais créer votre TCD.

Une nouvelle fenêtre s'affiche et vous pouvez constater qu'instantanément le nom de votre plage de données s'affiche dans la zone *Tableau/Plage*. De plus, Excel vous propose d'installer votre TCD sur une *Nouvelle feuille* ou une *Feuille de calcul existante* (dans ce cas, précisez l'adresse de la cellule).

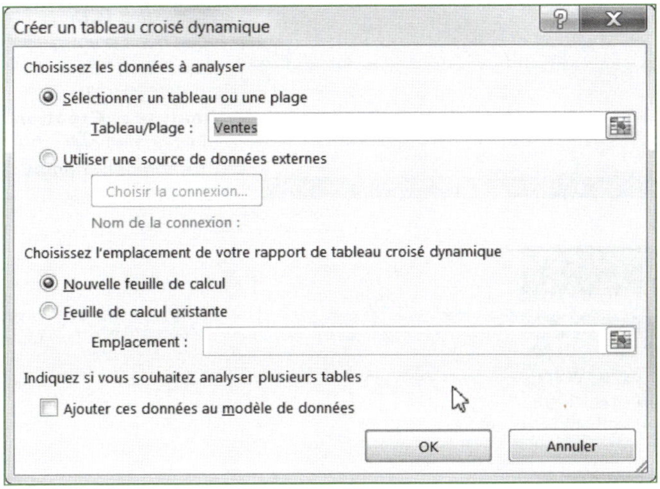

Figure 7.20

Interface

Dès qu'Excel a installé votre TCD, deux nouveaux onglets d'outils apparaissent dans le ruban, ***Analyse*** et ***Création***, ainsi qu'un volet affichant les champs du TCD (vos en-têtes de colonne) qui apparaît à droite de votre classeur. Ce volet (voir Figure 7.21) est constitué de quatre zones pour construire votre analyse :

- *Filtres du rapport*, qui, tout comme les filtres, affichera uniquement les données selon un critère choisi.
- *Étiquettes de lignes*. Vous ajouterez ici les champs qui se répartiront sur plusieurs lignes et une seule colonne.
- *Étiquettes de colonne*. Ici, les champs se répartissent sur plusieurs colonnes et une seule ligne.

- *Valeurs.* Contiendra les champs sur lesquels vous voulez effectuer un calcul de synthèse tel qu'une somme, une moyenne, récupérer la valeur maximale ou minimale et autres fonctions statistiques. Un calcul sera toujours effectué sur les champs de cette zone.

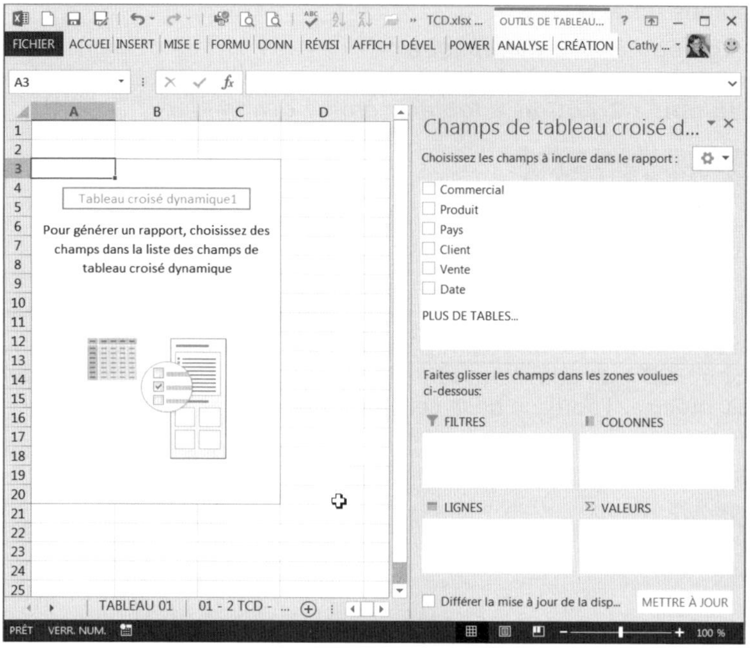

Figure 7.21
Pour votre TCD, vous avez à votre disposition : deux onglets d'outils, **Analyse** *et* **Création***, ainsi qu'un volet affichant les champs du TCD.*

> **Attention !**
>
> Dès que vous cliquez en dehors de la structure du TCD, les onglets d'outils et le volet disparaissent. Pour éviter cela, votre cellule active doit toujours être l'une des cellules du TCD.

Manipulation des données

Pour établir votre synthèse, vous pouvez donc simplement cocher les champs dans la zone de liste, mais dans ce cas c'est Excel qui estime son emplacement dans l'une des quatre zones. Préférez donc la technique du glisser-déposer :

1. Cliquez sans relâcher la souris sur un champ.
2. Glissez le champ dans l'une des quatre zones que vous souhaitez (Filtres, Colonnes, Lignes ou Valeurs).

Un TCD doit avoir au minimum un champ dans la zone *Valeurs,* mais il est préférable d'y ajouter des éléments en ligne et/ou en colonne pour afficher vos résultats.

Astuce

Pour visualiser immédiatement les données source d'une cellule située dans la zone Valeurs, double-cliquez dessus. Une feuille est aussitôt ajoutée avec une extraction de votre source de données.

Modification du résultat

Par défaut, Excel effectue une somme sur les valeurs numériques et compte le nombre de données texte. Pour modifier le calcul de synthèse, effectuez un clic gauche sur le champ dans la zone *Valeurs* et choisissez *Paramètres du champ* (voir Figure 7.22).

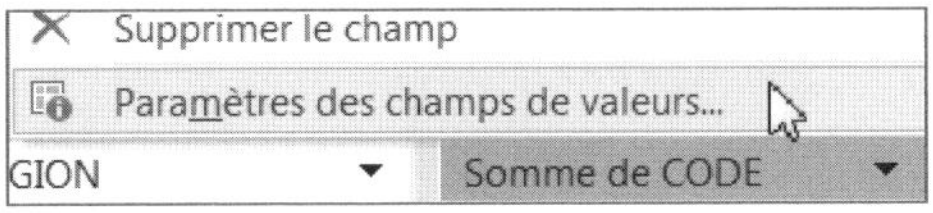

Figure 7.22

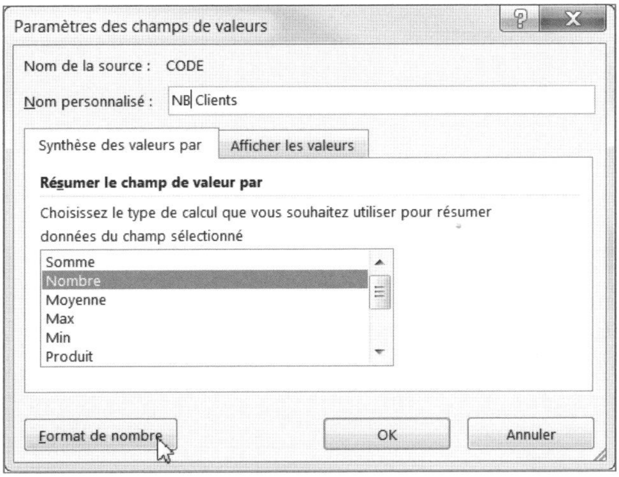

Figure 7.23
Avec Paramètres du champ, *vous pouvez modifier et renommer la synthèse.*

Par exemple, dans une liste de clients contenant le code, le nom et la région de ces clients, nous désirons connaître le nombre de personnes par région :

1. Glissez le champ "CODE" dans la zone *Valeurs*.
2. Cliquez sur le champ et choisissez *Paramètres du champ*.
3. Remplacez l'option *Somme* par *Nombre* pour afficher le dénombrement.
4. Modifiez le *Nom personnalisé* s'affichant en titre. Par exemple, remplacez "somme de CODE" par "NB Clients".

Attention !

Lorsque vous renommez une synthèse, vous ne pouvez pas réutiliser le nom d'un champ existant.

Le bouton *Format nombre* (voir Figure 7.23) affiche la fenêtre *Format de cellule*. Cette dernière ne contient que le seul onglet ***Nombre***, choisissez-y un format de nombre spécifique. Préférez cette méthode à la mise en forme directement dans le TCD pour ne pas perdre votre format de nombre lors d'une actualisation du TCD.

Utilisation multiple d'un même champ

Vous pouvez effectuer plusieurs synthèses sur un même champ (par exemple la somme et la moyenne). Il vous suffit de glisser deux fois ce champ dans la zone *Valeurs* puis, avec les paramètres du champ, de choisir le type de calcul pour chacun des champs de cette zone, comme dans l'exemple de la Figure 7.24.

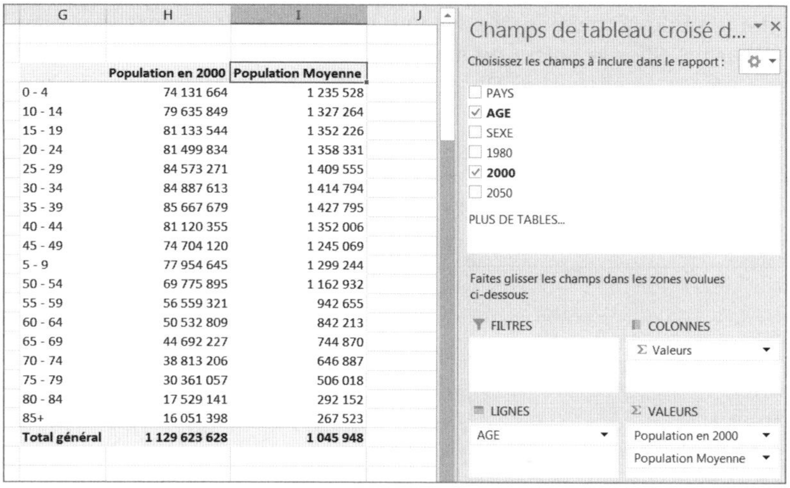

	Population en 2000	Population Moyenne
0 - 4	74 131 664	1 235 528
10 - 14	79 635 849	1 327 264
15 - 19	81 133 544	1 352 226
20 - 24	81 499 834	1 358 331
25 - 29	84 573 271	1 409 555
30 - 34	84 887 613	1 414 794
35 - 39	85 667 679	1 427 795
40 - 44	81 120 355	1 352 006
45 - 49	74 704 120	1 245 069
5 - 9	77 954 645	1 299 244
50 - 54	69 775 895	1 162 932
55 - 59	56 559 321	942 655
60 - 64	50 532 809	842 213
65 - 69	44 692 227	744 870
70 - 74	38 813 206	646 887
75 - 79	30 361 057	506 018
80 - 84	17 529 141	292 152
85+	16 051 398	267 523
Total général	**1 129 623 628**	**1 045 948**

Figure 7.24
Vous pouvez effectuer plusieurs synthèses sur un même champ.

Vous pouvez également ajouter plusieurs champs dans les zones de lignes et/ou de colonnes. Dans ce cas, un affichage de type arborescent est créé et vous pouvez alors réduire ou développer les regroupements (voir Figure 7.25).

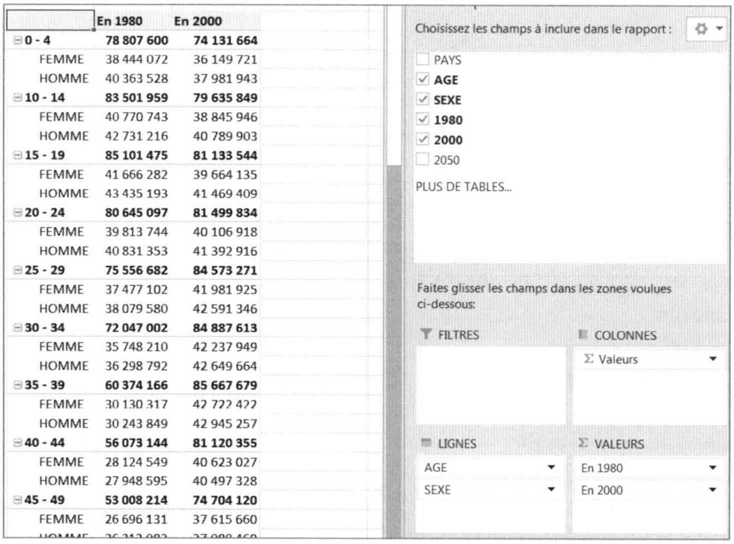

	En 1980	En 2000
⊟0 - 4	**78 807 600**	**74 131 664**
FEMME	38 444 072	36 149 721
HOMME	40 363 528	37 981 943
⊟10 - 14	**83 501 959**	**79 635 849**
FEMME	40 770 743	38 845 946
HOMME	42 731 216	40 789 903
⊟15 - 19	**85 101 475**	**81 133 544**
FEMME	41 666 282	39 664 135
HOMME	43 435 193	41 469 409
⊟20 - 24	**80 645 097**	**81 499 834**
FEMME	39 813 744	40 106 918
HOMME	40 831 353	41 392 916
⊟25 - 29	**75 556 682**	**84 573 271**
FEMME	37 477 102	41 981 925
HOMME	38 079 580	42 591 346
⊟30 - 34	**72 047 002**	**84 887 613**
FEMME	35 748 210	42 237 949
HOMME	36 298 792	42 649 664
⊟35 - 39	**60 374 166**	**85 667 679**
FEMME	30 130 317	42 722 422
HOMME	30 243 849	42 945 257
⊟40 - 44	**56 073 144**	**81 120 355**
FEMME	28 124 549	40 623 027
HOMME	27 948 595	40 497 328
⊟45 - 49	**53 008 214**	**74 704 120**
FEMME	26 696 131	37 615 660

Figure 7.25
Vous pouvez ajouter plusieurs champs dans les zones de lignes et/ou de colonnes.

Vous pouvez également choisir d'afficher plusieurs totaux par groupe, par exemple somme et moyenne.

1. Effectuez un clic-droit sur l'un des groupes (voir Figure 7.26), et sélectionnez les *Paramètres du champ*.
2. Choisissez ensuite le ou les types de totaux désirés (voir Figure 7.27).

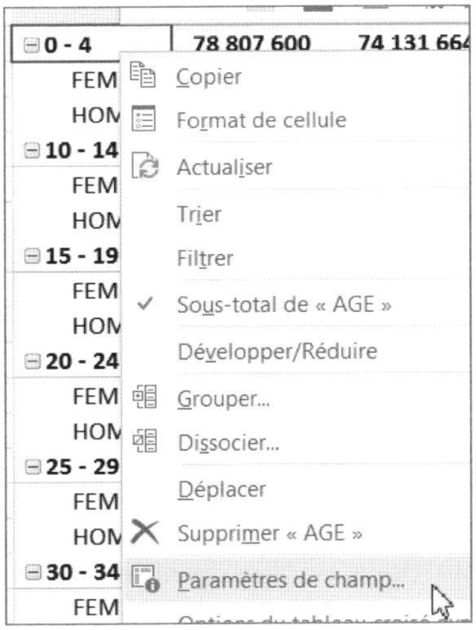

Figure 7.26

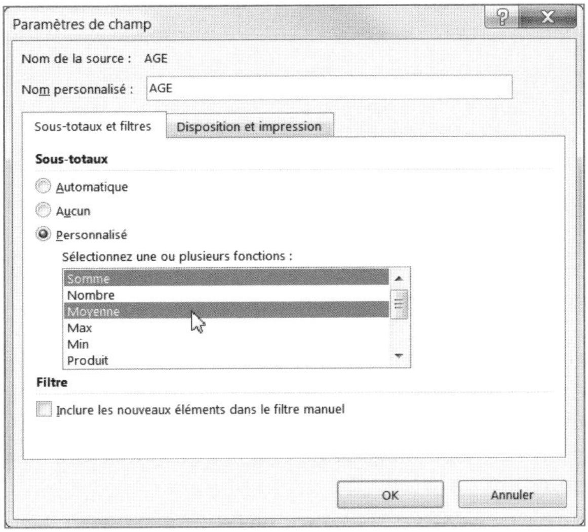

Figure 7.27

Vous pouvez afficher plusieurs totaux par groupe.

TCD à partir de plusieurs sources

Si vous avez plusieurs tableaux dans votre classeur et que ces derniers aient des colonnes communes, vous pouvez concevoir un TCD avec ces tableaux ***même si vous n'avez pas déjà établi de relations entre eux***.

Dans l'exemple de la Figure 7.28, le premier tableau représente la population par pays, âge et sexe, le second indique la superficie de certains pays. Il y a donc relation possible entre les deux tableaux.

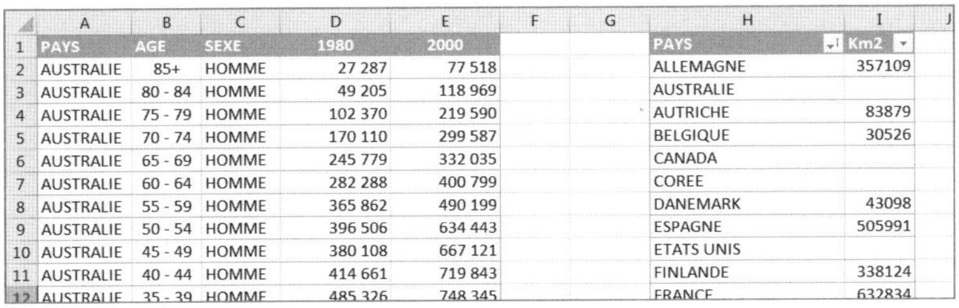

PAYS	AGE	SEXE	1980	2000
AUSTRALIE	85+	HOMME	27 287	77 518
AUSTRALIE	80 - 84	HOMME	49 205	118 969
AUSTRALIE	75 - 79	HOMME	102 370	219 590
AUSTRALIE	70 - 74	HOMME	170 110	299 587
AUSTRALIE	65 - 69	HOMME	245 779	332 035
AUSTRALIE	60 - 64	HOMME	282 288	400 799
AUSTRALIE	55 - 59	HOMME	365 862	490 199
AUSTRALIE	50 - 54	HOMME	396 506	634 443
AUSTRALIE	45 - 49	HOMME	380 108	667 121
AUSTRALIE	40 - 44	HOMME	414 661	719 843
AUSTRALIE	35 - 39	HOMME	485 326	748 345

PAYS	Km2
ALLEMAGNE	357109
AUSTRALIE	
AUTRICHE	83879
BELGIQUE	30526
CANADA	
COREE	
DANEMARK	43098
ESPAGNE	505991
ETATS UNIS	
FINLANDE	338124
FRANCE	632834

Figure 7.28

Pour créer un TCD prenant en compte l'ensemble des données des tableaux :

1. Créez un TCD à partir de l'un des deux tableaux.
2. Lors de la création de celui-ci (voir Figure 7.29), cliquez sur l'option *Ajouter ces données au modèle de données*.

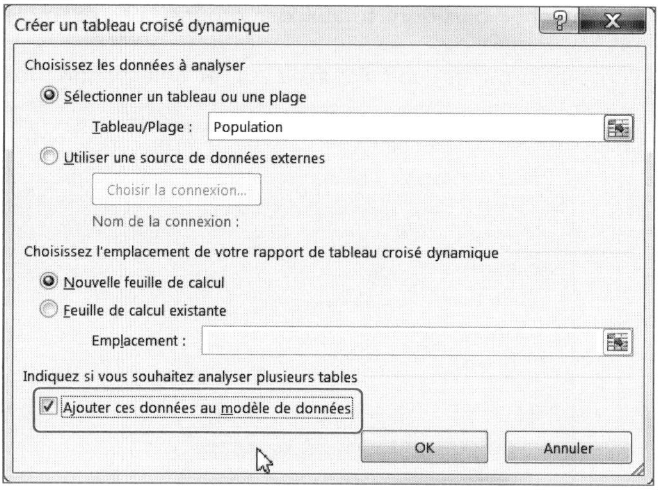

Figure 7.29
Pour créer un TCD prenant en compte l'ensemble des tableaux, n'oubliez pas de cocher l'option Ajouter ces données au Modèle de Données.

Mais, si vous avez oublié de cocher cette option, dans le volet des champs, sous la liste de vos champs, vous avez la commande *PLUS DE TABLES...* Cliquez sur ce menu. Un message d'information vous indique qu'en activant plus d'une table vous allez créer un nouveau tableau croisé dynamique. Vous aurez ensuite deux onglets contenant une structure de TCD.

En haut du volet des champs de ce nouveau TCD, vous constatez que vous avez deux menus :

- *Actif.* Affiche les champs disponibles pour votre TCD.
- *Tous.* Présente l'ensemble de toutes les tables de votre classeur et des champs contenus dans ces tables (en cliquant sur le + pour déployer les champs).

Reprenons l'exemple de la Figure 7.28 et, depuis l'onglet ***Tous***, ajoutons :

- le champ "2000" de la table Population (dans la zone *Valeurs*) ;
- le champ "PAYS" de la table Superficie (dans la zone *Lignes*).

Vous constatez que les valeurs sont rigoureusement identiques pour chacun des pays (voir Figure 7.30). C'est tout à fait normal puisque vous n'avez pas encore établi de relations entre les tables **Population** et **Superficie**. Dans le volet des champs, Excel vous invite à créer une relation entre les tables (voir Figure 7.31) :

1. Cliquez sur le bouton *CRÉER*.
2. Indiquez dans la fenêtre des relations (voir Figure 7.32) :
   – le nom de la table ***Population*** puis le champ ***PAYS*** ;
   – le nom de la table ***LstPays*** et là aussi le champ ***PAYS.***

Les valeurs de votre TCD se mettent aussitôt à jour. Nous venons de créer un TCD avec des champs appartenant à plusieurs tables ***sans utiliser la moindre formule***.

Figure 7.30

Aucune relation n'existe entre les champs Pays et Population, en conséquence la synthèse "Somme de 2000" n'affiche pas des données cohérentes.

Figure 7.31

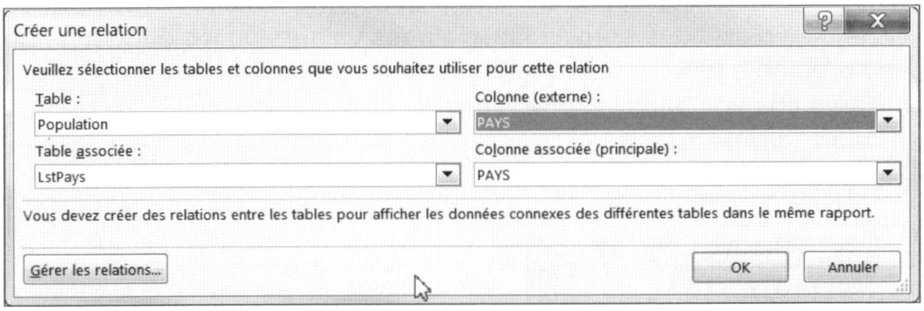

Figure 7.32

Attention !

Dans un TCD dont la source est multiple, vous ne pourrez pas regrouper un champ et créer des champs ou éléments calculés. Il vous faudra alors recourir au complément PowerPivot et son langage MDX pour établir vos formules.

Mise en forme

Sur l'onglet ***Création*** (voir Figure 7.33), vous pouvez mettre en forme votre TCD en choisissant :

- un style ;
- l'affichage de bandes pour les lignes et/ou colonnes ;
- un affichage spécifique pour les lignes d'en-tête et de colonnes ;

■ différents types d'affichages des sous-totaux et grands totaux dans le groupe *Disposition* :
  – *Sous-totaux* et *Totaux généraux.* Vous pouvez choisir l'affichage ou non et l'emplacement de ces totaux.
  – *Disposition du rapport.* Vous propose un affichage des regroupements sous forme compacte (l'en-tête et les détails sont affichés dans une même colonne), ou disposé dans plusieurs colonnes. La forme tabulaire affiche le premier détail sur la même ligne que l'en-tête du groupe.
  – *Lignes vides*. Permet d'ajouter une ligne vide après chaque groupe.

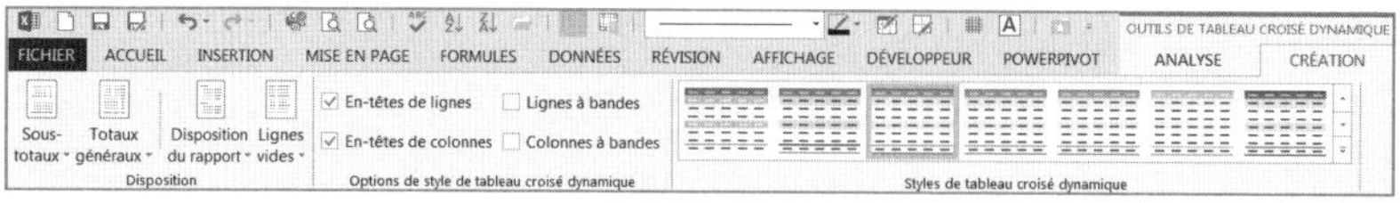

Figure 7.33
Sur l'onglet **Création** *vous pouvez mettre en forme votre Tableau croisé dynamique.*

Filtrer

Pour filtrer les données de vos TCD, vous pouvez agir comme suit :

■ Filtrez chaque champ en ouvrant la flèche de filtre tout comme vous le feriez pour un filtre (voir Figure 7.34). De plus, vous pouvez filtrer sur les valeurs ou les étiquettes de ce champ (il faut au préalable afficher les en-têtes de champs).

■ Ajoutez un ou plusieurs champs dans la zone *Filtre*.

■ Utilisez un ou plusieurs *Segments*.

■ Utilisez une *Chronologie*.

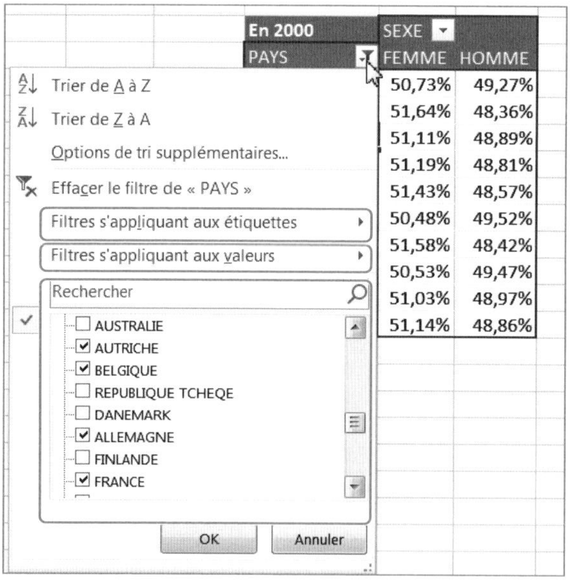

Figure 7.34
Vous pouvez filtrer un TCD sur les valeurs, les étiquettes ou une liste de choix d'un champ en ligne ou en colonne.

Zone Filtre

Glissez les champs que vous désirez dans la zone *Filtre* du volet de champs (voir Figure 7.35). Puis sélectionnez la valeur à afficher ; si vous voulez effectuer une sélection multiple, cochez au préalable l'option correspondante en bas de la liste de choix (voir Figure 7.36).

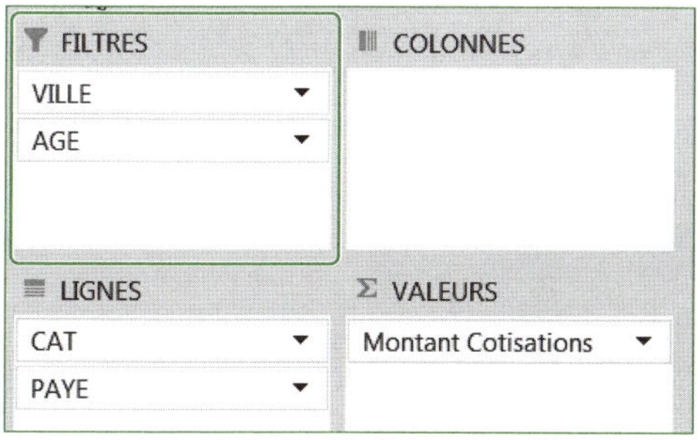

Figure 7.35
Glissez les champs que vous désirez dans la zone Filtre *du volet de champs, puis sélectionnez la ou les valeur(s) à afficher.*

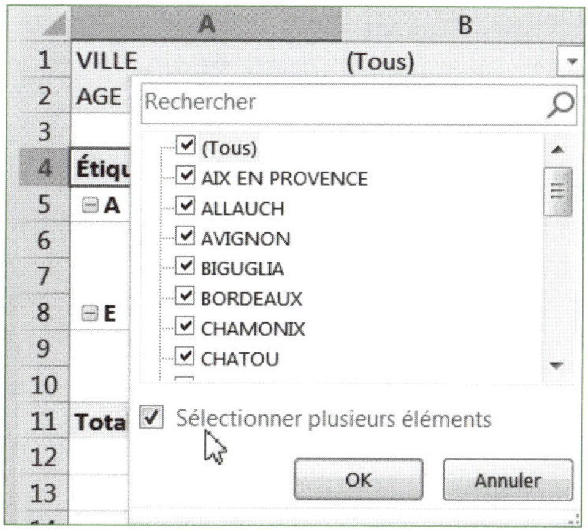

Figure 7.36

Segments

Les segments, apparus depuis Excel 2010, vous permettent d'afficher les éléments d'un champ sous forme de bouton.

Création d'un segment

1. Sélectionnez votre TCD.
2. Dans l'onglet ***Analyse***, sélectionnez le bouton *Segment*. Une boîte de dialogue s'affiche qui présente tous les champs de votre TCD.
3. Cochez un ou plusieurs champs et validez.

Ces segments sont identiques à ceux utilisés pour les tableaux. Mais ils ont une fonctionnalité supplémentaire : **la connexion à plusieurs tableaux croisés dynamiques**.

Segment lié à plusieurs TCD

Si dans une même feuille de calcul vous avez plusieurs TCD reliés à la même source de données, vous pouvez connecter un même segment à ces tableaux croisés dynamiques.

Prenons l'exemple de la Figure 7.37, deux TCD et un graphique sont basés sur les populations dans les pays de l'OCDE. Vous pouvez relier le segment sur le champ "Sexe" à l'ensemble des tableaux et graphiques croisés dynamiques.

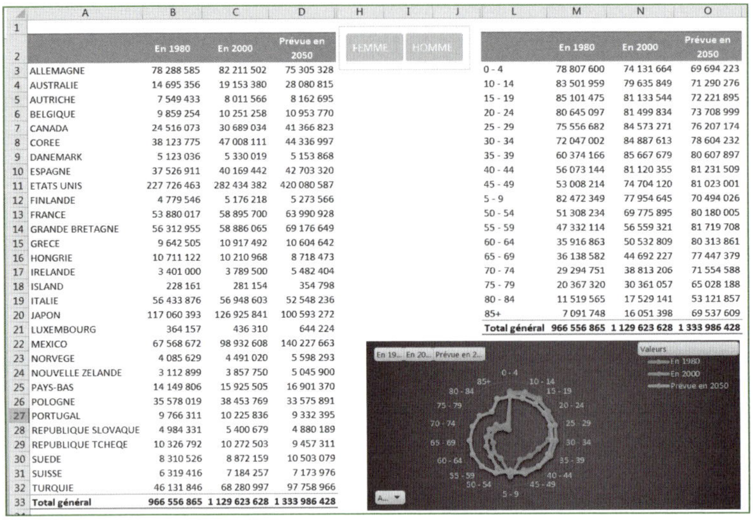

	En 1980	En 2000	Prévue en 2050
ALLEMAGNE	78 288 585	82 211 502	75 305 328
AUSTRALIE	14 695 356	19 153 380	28 080 815
AUTRICHE	7 549 433	8 011 566	8 162 695
BELGIQUE	9 859 254	10 251 258	10 953 770
CANADA	24 516 073	30 689 034	41 366 823
COREE	38 123 775	47 008 111	44 336 997
DANEMARK	5 123 036	5 330 019	5 153 868
ESPAGNE	37 526 911	40 169 442	42 703 320
ETATS UNIS	227 726 463	282 434 382	420 080 587
FINLANDE	4 779 546	5 176 218	5 273 566
FRANCE	53 880 017	58 895 700	63 990 928
GRANDE BRETAGNE	56 312 955	58 886 065	69 176 649
GRECE	9 642 505	10 917 492	10 604 642
HONGRIE	10 711 122	10 210 968	8 718 473
IRELANDE	3 401 000	3 789 500	5 482 404
ISLAND	228 161	281 154	354 798
ITALIE	56 433 876	56 948 603	52 548 236
JAPON	117 060 393	126 925 841	100 593 272
LUXEMBOURG	364 157	436 310	644 224
MEXICO	67 568 672	98 932 608	140 227 663
NORVEGE	4 085 629	4 491 020	5 598 293
NOUVELLE ZELANDE	3 112 899	3 857 750	5 045 900
PAYS-BAS	14 149 806	15 925 505	16 901 370
POLOGNE	35 578 019	38 453 769	33 575 891
PORTUGAL	9 766 311	10 225 836	9 332 395
REPUBLIQUE SLOVAQUE	4 984 331	5 400 679	4 880 189
REPUBLIQUE TCHEQE	10 326 792	10 272 503	9 457 311
SUEDE	8 310 526	8 872 159	10 503 079
SUISSE	6 319 416	7 184 257	7 173 976
TURQUIE	46 131 846	68 280 997	97 758 966
Total général	**966 556 865**	**1 129 623 628**	**1 333 986 428**

	En 1980	En 2000	Prévue en 2050
0 - 4	78 807 600	74 131 664	69 694 223
10 - 14	83 501 959	79 635 849	71 290 276
15 - 19	85 101 475	81 133 544	72 221 895
20 - 24	80 645 097	81 499 834	73 708 999
25 - 29	75 556 682	84 573 271	76 207 174
30 - 34	72 047 002	84 887 613	78 604 232
35 - 39	60 374 166	85 667 679	80 607 897
40 - 44	56 073 144	81 120 355	81 231 509
45 - 49	53 008 214	74 704 120	81 023 001
5 - 9	82 472 349	77 954 645	70 494 026
50 - 54	51 308 234	69 775 895	80 180 005
55 - 59	47 332 114	56 559 321	81 719 708
60 - 64	35 916 863	50 532 809	80 313 861
65 - 69	36 138 582	44 692 227	77 447 379
70 - 74	29 294 751	38 813 206	71 554 588
75 - 79	20 367 320	30 361 057	65 028 188
80 - 84	11 519 565	17 529 141	53 121 857
85+	7 091 748	16 051 398	69 537 609
Total général	**966 556 865**	**1 129 623 628**	**1 333 986 428**

Figure 7.37
Si vous avez plusieurs TCD reliés à la même source de données, vous pouvez connecter un même segment à ces tableaux croisés dynamiques.

1. Insérez un segment sur le champ "Sexe".
2. Sélectionnez votre segment.
3. Cliquez sur le bouton *Signaler les connexions* de l'onglet ***Outils Segment*** > *Options*.
4. Cochez les TCD que vous voulez connecter à votre segment (voir Figure 7.38).

À présent, en sélectionnant des valeurs dans votre segment, vous agissez sur vos deux tableaux croisés dynamiques et le graphique.

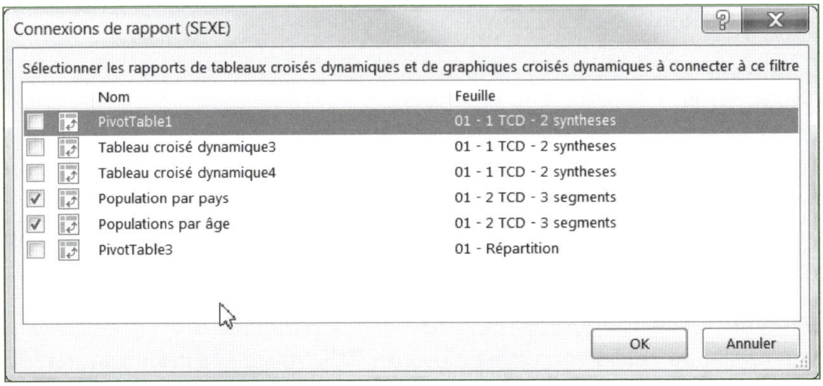

Figure 7.38

Chronologie

Nouveauté EXCEL 2013

La chronologie est une nouveauté de cette version 2013. Il vous permet de filtrer les données de vos tableaux croisés dynamiques sur une période de temps à l'aide d'un curseur.

> **Remarque**
>
> Pour utiliser cette option votre TCD doit obligatoirement avoir un champ de type ***Date***.

Pour ajouter une chronologie :

1. Activez l'une des cellules de votre TCD.
2. Cliquez sur le bouton *Insérer une chronologie* dans l'onglet ***Analyse***. Vous trouvez également un bouton *Chronologie* dans l'onglet ***Insertion***.
3. Dans la fenêtre qui s'affiche, sélectionnez le champ date de votre TCD à connecter à cette chronologie.

Un nouvel objet (voir Figure 7.39) représentant une échelle temporelle s'affiche alors à l'écran. Sur celui-ci, vous pouvez choisir le type de périodes à afficher : Années, Trimestres, Mois ou Jours.

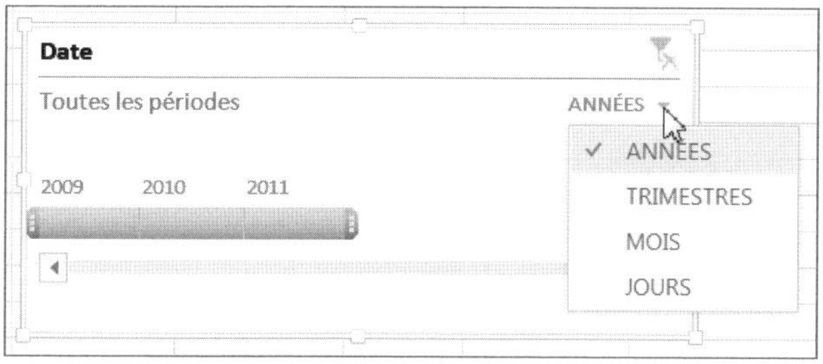

Figure 7.39
Une chronologie permet de filtrer les données de vos TCD sur une période de temps.

Vous pouvez réduire la période en faisant glisser les barres noires situées à gauche et à droite de l'échelle de temps ou en cliquant sur l'une des valeurs. Instantanément, la période de temps sélectionnée s'affiche en haut à gauche de votre chronologie.

Tout comme les segments, vous pouvez également modifier son aspect. Après sélection de votre chronologie, sur l'onglet ***Options*** le groupe *Style de chronologie* offre plusieurs couleurs de mise en forme. La commande *Nouveau style de chronologie...* permet de créer un style disponible pour le classeur en cours.

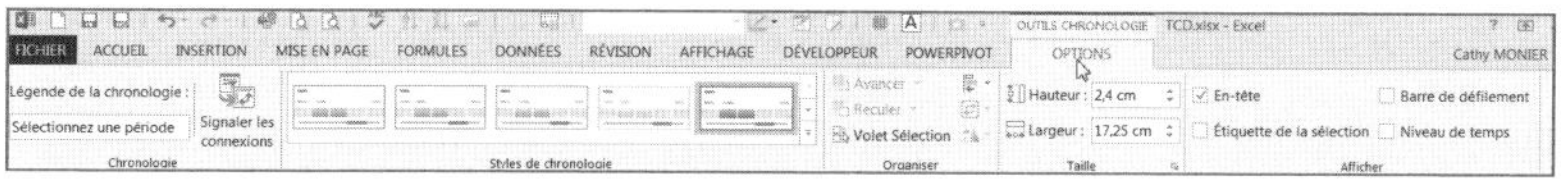

Figure 7.40

Vous pouvez également gérer l'affichage de certaines données de cette chronologie :

- *En-tête*. L'intitulé de ce dernier reprend le nom du champ, mais vous pouvez le modifier en saisissant votre texte dans la zone de saisie, *Légende de la chronologie*, située à gauche de l'onglet. En décochant cette option, située dans le groupe *Afficher* à droite de l'onglet, l'en-tête ne s'affiche pas du tout.
- *Étiquette de sélection.* Affiche ou non la période de sélection sous l'en-tête.
- *Barre de défilement.* Affiche une barre de défilement sous la barre de la chronologie. Si cette option est décochée, vous pourrez vous déplacer sur la barre de temps uniquement avec les flèches situées à gauche et à droite de la barre.
- L'option *Période* affiche (ou non) la liste des périodes de temps disponibles.

La Figure 7.41 montre une personnalisation possible d'une chronologie.

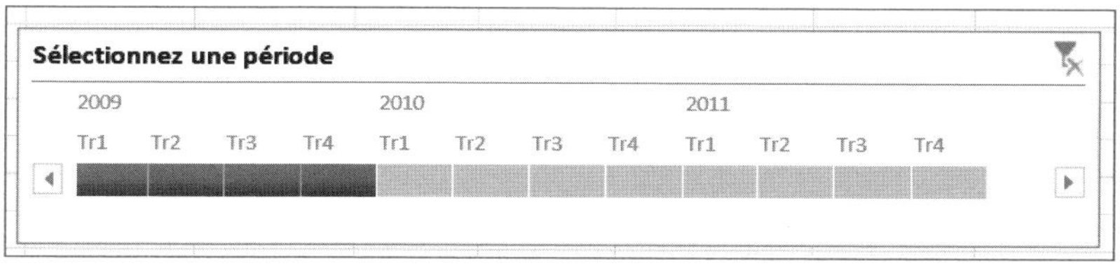

Figure 7.41
Vous pouvez personnaliser une chronologie à l'aide des outils de l'onglet ***Création.***

Regrouper

Lorsque plusieurs champs sont ajoutés dans la zone des lignes ou celle des colonnes, vous effectuez un regroupement naturel. Mais vous pouvez également créer des regroupements sur un champ soit automatiquement, soit manuellement.

Attention !

Si vous concevez un TCD à partir de plusieurs tables, il n'est pas possible de réaliser de regroupement.

Sur une date

Quand un champ contient une date, vous pouvez le décomposer en fraction de temps : année, trimestre, mois et jour. Si ce champ contient une heure, vous pourrez également le décomposer en trois groupes : heure, minute, seconde. Pour réaliser un regroupement sur une période de temps, vous devez procéder comme suit :

1. Ajoutez un champ de type Date en zone de lignes.
2. Effectuez un clic-droit sur l'une des données de ce champ et sélectionnez *Grouper* ou activez le bouton *Grouper* sur l'onglet ***Analyse***.
3. Dans la fenêtre *Regroupement* qui s'affiche, sélectionnez le type de regroupement que vous désirez. Vous pouvez également sélectionner plusieurs types de regroupement en même temps (comme mois et années).

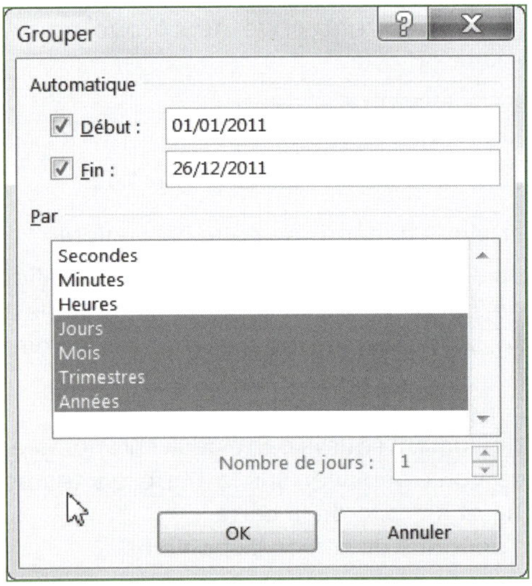

Astuce

Il n'existe pas de regroupement sur la semaine, mais vous pouvez sélectionner uniquement le type ***Jour***, puis indiquer 7 dans la zone *Nombre de jours*. Par contre, si vous voulez que le regroupement reprenne bien les semaines, modifiez la *date de début* pour lui indiquer le premier lundi situé avant la première date de votre plage (voir Figure 7.43).

Figure 7.42
Quand un champ contient une date, vous pouvez le décomposer en fraction de temps : année, trimestre, mois et jour.

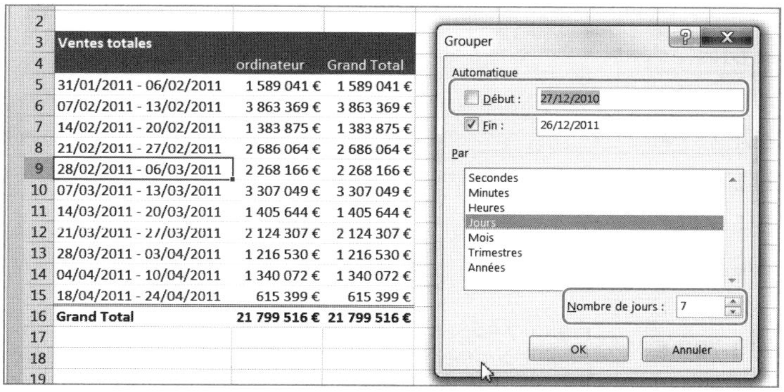

Figure 7.43
Il n'existe pas de regroupement sur la semaine, mais vous pouvez sélectionner uniquement le type Jour, puis indiquer 7 dans la zone Nombre de jours.

Sur un nombre

Lorsque vous ajoutez un champ de type numérique en colonne ou en ligne, vous pouvez le regrouper entre deux bornes. Procédez comme pour les dates pour regrouper vos données mais :

1. Modifiez la valeur du début et éventuellement celle de fin.
2. Indiquez le pas (l'écartement) entre vos bornes dans la zone de texte *Par.*

Même si les bornes que vous indiquez sur cette fenêtre se situent en deçà ou au-delà des valeurs du champ, Excel n'affichera que les groupes correspondant aux valeurs contenues dans ce champ. Dans l'exemple de la Figure 7.44, les options de paramétrage vont de 0 à 120 mais dans le TCD nous n'affichons aucune donnée avant 10 ni après 59 et aucune entre 20-29 car ces valeurs ne figurent pas dans le champ.

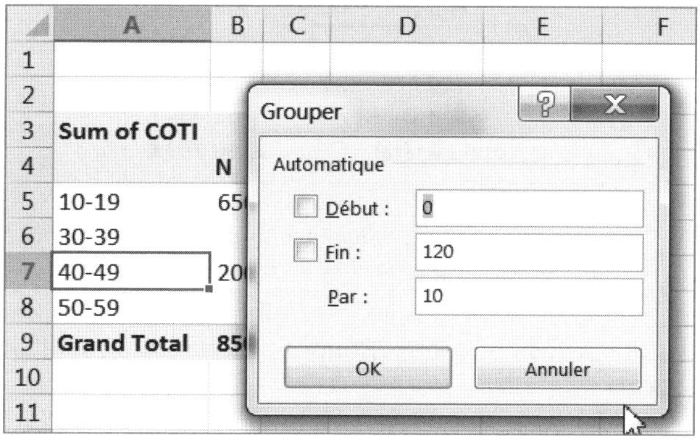

Figure 7.44
Lorsque vous ajoutez un champ de type numérique en colonne ou en ligne, vous pouvez le regrouper entre deux bornes.

Manuellement

Pour regrouper manuellement vos données, vous devez au préalable les trier afin de mettre les valeurs à regrouper l'une à côté de l'autre. Vous pouvez :

- Utiliser un tri croissant, décroissant ou une liste personnalisée.
- Les déplacer manuellement. Dans ce cas, cliquez sur le bord d'une cellule, sans relâcher la souris, puis glissez-la où vous le voulez (voir Figure 7.45).

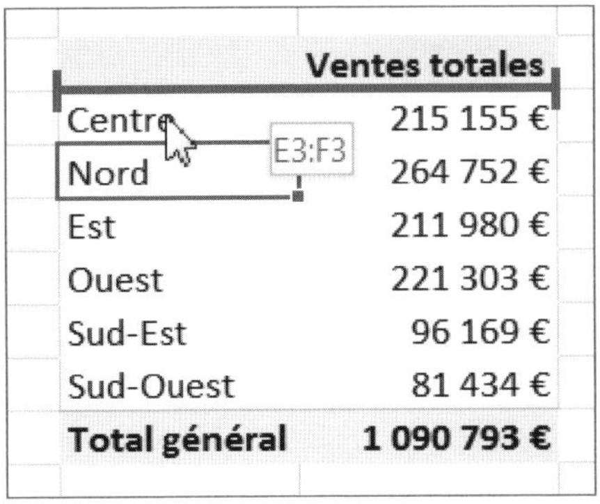

	Ventes totales
Centre	215 155 €
Nord	264 752 €
Est	211 980 €
Ouest	221 303 €
Sud-Est	96 169 €
Sud-Ouest	81 434 €
Total général	**1 090 793 €**

Figure 7.45
Pour regrouper manuellement vos données, vous devez au préalable les trier manuellement.

Dès que vous avez établi votre tri :

1. Sélectionnez les cellules à regrouper (Centre et Ouest, par exemple).
2. Avec un clic-droit sélectionnez *Grouper*.
3. Recommencez pour chaque groupe que vous voulez créer.

Vous pouvez renommer les groupes en modifiant leur intitulé dans la barre de formule.

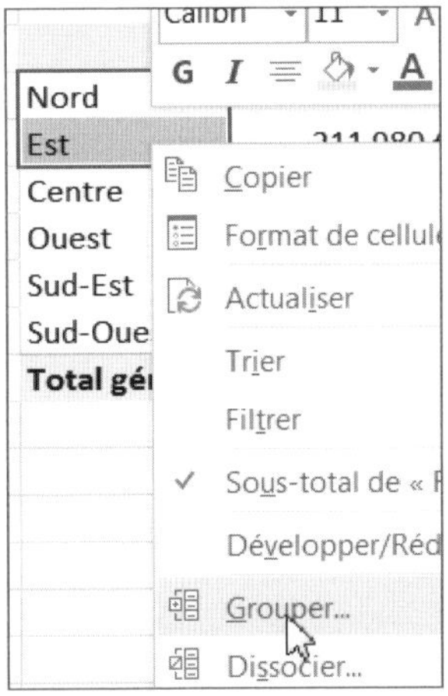

Figure 7.46

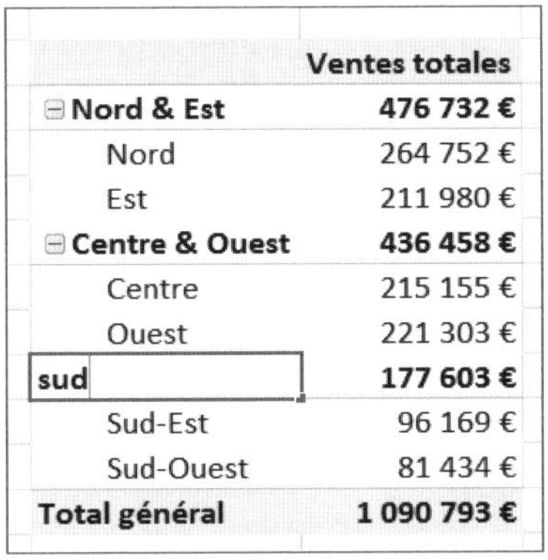

	Ventes totales
⊟ Nord & Est	**476 732 €**
Nord	264 752 €
Est	211 980 €
⊟ Centre & Ouest	**436 458 €**
Centre	215 155 €
Ouest	221 303 €
sud	**177 603 €**
Sud-Est	96 169 €
Sud-Ouest	81 434 €
Total général	**1 090 793 €**

Figure 7.47
Vous pouvez renommer les groupes en modifiant leur intitulé dans la barre de formule.

Vous pouvez ensuite ajouter un sous-total à vos nouveaux groupes : cliquez-droit sur l'un des groupes et sélectionnez *Sous-total*.

Comparer les valeurs

Un tableau croisé dynamique nous propose d'effectuer une synthèse sur nos données de type ***Somme***, ***Moyenne***, ***Compter***... mais il peut également nous permettre de comparer des données entre elles.

Répartition des données

Prenons l'exemple suivant : la superficie de certains pays d'Europe dont nous souhaitons connaître la répartition par rapport au total (voir Figure 7.48). Dans un tableau croisé dynamique :

1. Ajoutez le champ ***Pays*** en ligne.
2. Ajoutez **deux fois** le champ ***km²*** dans la zone *Valeurs*.
3. Effectuez un clic-droit sur l'une des valeurs de cette nouvelle colonne et choisissez *Afficher les valeurs > % du total de la colonne*.

J	K
PAYS	Superficie (KM²
LUXEMBOURG	2586
PORTUGAL	92094
AUTRICHE	83879
BELGIQUE	30526
DANEMARK	43098
ALLEMAGNE	357109
FINLANDE	338124
FRANCE	632834
GRECE	131957
HONGRIE	93028
IRELANDE	69797
ITALIE	301336
PAYS-BAS	41543
POLOGNE	312685
ESPAGNE	505991
SUEDE	441347
GRANDE BRETAGNE	243154

Figure 7.48

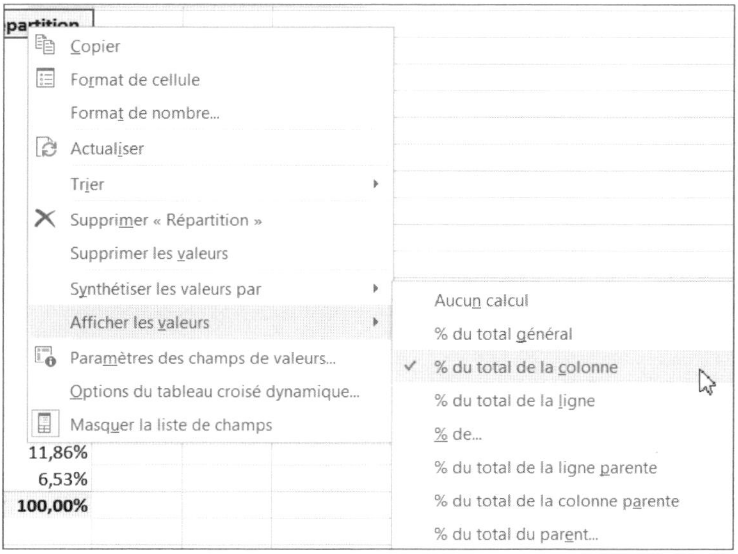

Figure 7.49
Effectuez un clic droit sur l'une des valeurs de synthèse et choisissez un autre type de calcul.

Pour voir une répartition non pas en colonne mais en ligne choisissez l'option *% du total de la ligne*.

Une autre façon d'obtenir le même résultat consiste à agir comme suit :

1. Sélectionnez *Paramètres du champ* (clic-droit sur une donnée dans le tableau ou clic sur le champ dans la zone *Valeurs*).

2. Sélectionnez l'onglet ***Afficher les valeurs***.
3. Choisissez l'option *% du total de la colonne*.
4. Vous pourrez également changer le nom du champ dans la zone *Nom personnalisé*.

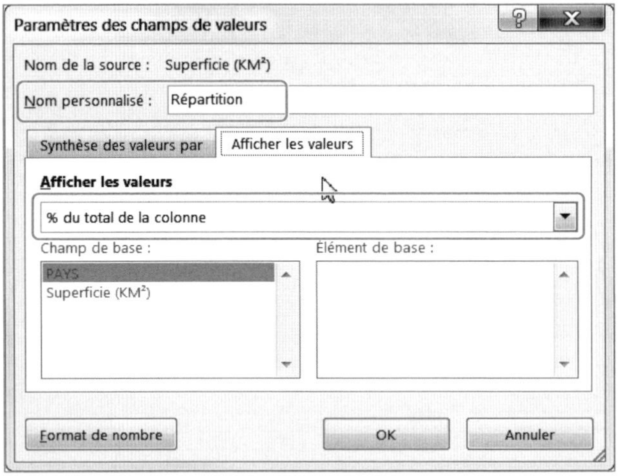

Figure 7.50
La commande Paramètres du champ *propose également les différents types de calcul pour ce champ de synthèse.*

Dès que vous avez deux champs en lignes ou deux champs en colonnes, vous pouvez choisir de calculer une répartition par rapport au champ parent (*% du total de la ligne parente* ou *% du total de la colonne parente*).

Dans l'exemple illustré à la Figure 7.51, la colonne "Répartition par année" permet de connaître le taux de répartition de chaque client pour chaque année. Par contre, la ligne des sous-totaux affiche le taux de répartition de l'année par rapport au total.

	Ventes	Repartition par année
⊟2009	**81 408 180 €**	**31,73%**
BNP	13 599 344 €	16,71%
C.I.C.	14 327 390 €	17,60%
Crédit Lyonnais	14 486 701 €	17,80%
Crédit Mutuel	16 911 238 €	20,77%
Société Générale	22 083 507 €	27,13%
⊟2010	**97 658 398 €**	**38,06%**
BNP	21 023 802 €	21,53%
C.I.C.	19 122 409 €	19,58%
Crédit Lyonnais	19 059 863 €	19,52%
Crédit Mutuel	22 228 446 €	22,76%
Société Générale	16 223 878 €	16,61%
⊟2011	**77 512 310 €**	**30,21%**
BNP	16 276 965 €	21,00%
C.I.C.	18 078 899 €	23,32%
Crédit Lyonnais	17 769 919 €	22,93%
Crédit Mutuel	12 586 712 €	16,24%
Société Générale	12 799 815 €	16,51%
Total général	**256 578 888 €**	**100,00%**

Figure 7.51

Évolution entre les données

Vous pouvez présenter l'évolution entre vos données en choisissant comme présentation de valeurs les options :

- *% de...* ;
- *Différence par rapport...* ;
- *Différence en % par rapport*

Il vous faudra ensuite indiquer le champ de base sur lequel vous voulez étudier l'évolution, ainsi que la valeur de base (précédent, suivant ou toute autre valeur du champ). Dans l'exemple de la Figure 7.54, la colonne "Evolution" utilise l'affichage *% de...*, la colonne "Différence" utilise l'affichage *Différence par rapport* , la colonne "Différence en %" utilise l'affichage *Différence en % par rapport* Ces trois colonnes effectuent le calcul sur le champ de base "Année" et l'élément de référence est "(précédent)" comme le montre la Figure 7.52.

Attention !

Sélectionnez un champ placé en ligne ou en colonne dans votre tableau croisé dynamique, sinon le calcul renverra une erreur.

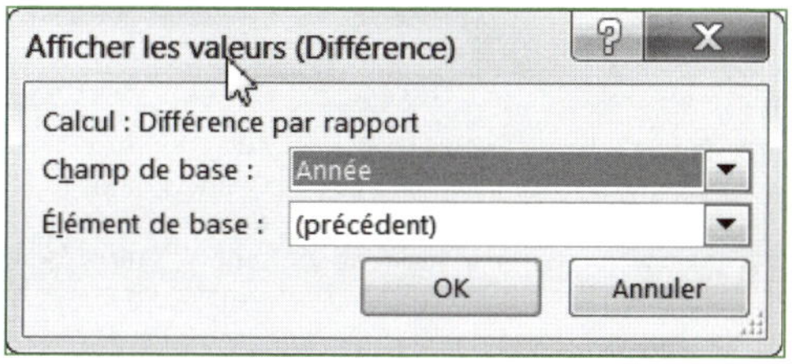

Figure 7.52

Vous pouvez également choisir d'effectuer un :

- *Cumul* ;
- *Cumul en %* ;
- *Rang du plus petit au plus grand* ou l'inverse.

Indiquez ensuite le champ à cumuler ou à ranger parmi les champs de ligne ou de colonne, comme à la Figure 7.53.

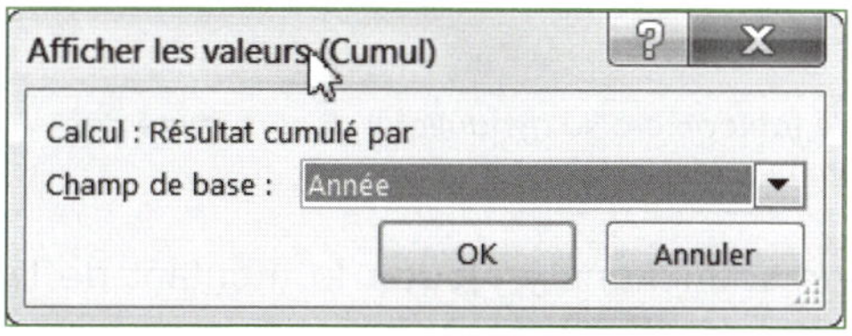

Figure 7.53

	Ventes	Evolution	Différence	Différence en %	Cumul	Cumul en %	Rang
2009	81 408 180 €	100,00%			81 408 180 €	31,73%	2
2010	97 658 398 €	119,96%	16 250 218 €	19,96%	179 066 578 €	69,79%	1
2011	77 512 310 €	79,37%	-20 146 088 €	-20,63%	256 578 888 €	100,00%	3
Total général	**256 578 888 €**						

Figure 7.54
Un exemple de différents affichages de calcul sur un même champ "Ventes".

Calculs personnalisés

Si malgré les nombreuses options de calcul contenues dans un tableau croisé dynamique vous ne trouvez pas celle que vous souhaitez, vous pouvez créer votre propre règle de calcul.

Dans un tableau croisé dynamique traditionnel, les commandes *Champs et éléments calculés* vous permettront d'établir ces formules. Mais dans le cas d'un tableau croisé dynamique construit avec plusieurs tables, vous devrez ouvrir le complément PowerPivot pour créer ces champs calculés.

Tableau source unique

Pour effectuer de nouvelles synthèses, vous pouvez créer de nouveaux champs ou éléments calculés. Nous prenons en exemple le tableau des ventes par commerciaux et par région de la Figure 7.55.

	A	B	C	D	E	F
1	Commercial	Produit	Région	Client	Ventes	Mois
2	Duc Isabelle	moniteur	Est	C.I.C.	10 531 €	1
3	Lamotte Julien	Imprimante laser	Centre	BNP	13 003 €	1
4	Mercier Nicolas	imprimante laser	Nord	C.I.C.	40 160 €	1
5	Mercier Nicolas	Imprimante laser	Est	BNP	74 169 €	1

Figure 7.55

Pour établir une synthèse intéressante, nous créons un tableau croisé dynamique de la somme des ventes par commerciaux (voir Figure 7.56).

	A	B
1		
2		
3		Ventes HT
4	Duc Isabelle	58 838 681 €
5	Lamotte Julien	66 157 595 €
6	Mercier Nicolas	68 268 821 €
7	Vidal Stéphane	63 313 791 €
8	Commercial X	64 144 722 €
9	**Grand Total**	**320 723 610 €**

Figure 7.56
Un exemple de tableau croisé dynamique de la somme des ventes par commerciaux.

Ce TCD est assez pauvre en données et nous souhaitons y ajouter le montant de la commission, 10 % des ventes, et le montant de la TVA, 19,6 % des ventes.

Champ calculé

Dans l'onglet ***Outils de tableau croise dynamique*** > ***Analyse***, cliquez sur le menu *Champs, éléments et jeux*, puis sur la commande *Champ calculé* (voir Figure 7.57). Dans la fenêtre qui suit (voir Figure 7.58) :

1. Donnez un nom à ce champ calculé dans la zone *Nom*.
2. Créez la *Formule*. Vous pouvez sélectionner un champ dans la liste, puis cliquez sur le bouton *Insérer un champ* ou double-cliquez sur ce champ pour l'ajouter dans la zone de création de la formule. Celle-ci pour la commission est *=Ventes*10%*".
3. Cliquez ensuite sur le bouton *Ajouter*.
4. Validez en cliquant sur le bouton *OK*.

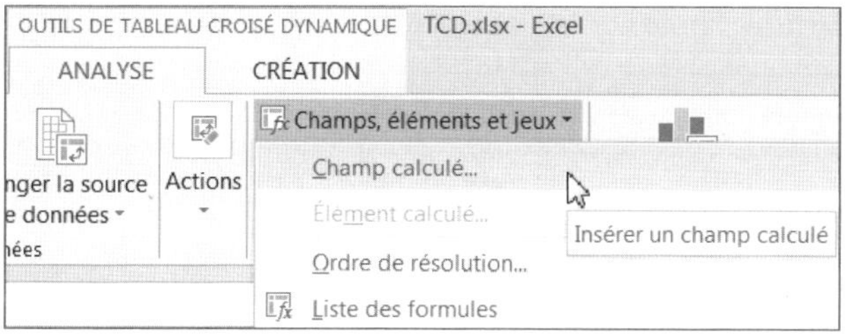

Figure 7.57

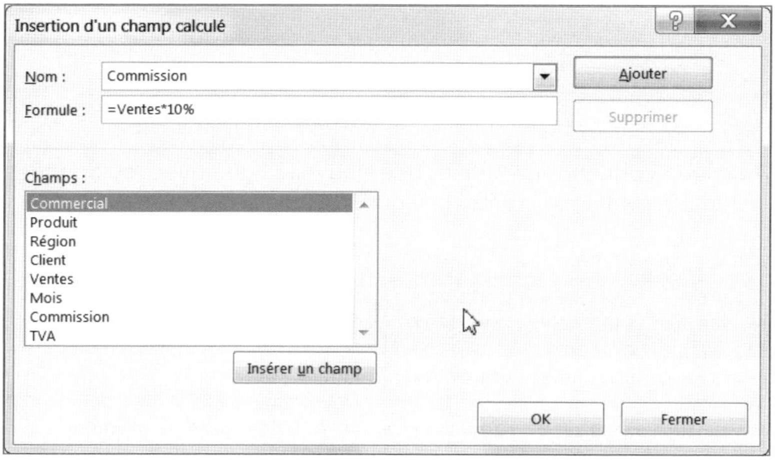

Figure 7.58
La fenêtre Insertion d'un champ calculé *vous assiste pour la conception de la formule du champ calculé.*

Recommencez ces étapes pour ajouter une autre formule :

- Nom : TVA ;
- Formule : =Ventes*19,6%.

Les nouveaux champs sont aussitôt ajoutés au TCD et nommés "Somme de Commission" et "Somme de TVA". Ils sont maintenant considérés comme faisant partie intégrante de votre TCD. Vous pouvez ainsi les renommer et les mettre en forme avec la commande *Paramètres des champs*.

Élément calculé

Il est également possible d'ajouter un élément dans un champ en ligne ou en colonne calculé sur les autres éléments. Reprenons notre exemple de la Figure 7.55 ; nous pouvons estimer l'embauche d'un nouveau commercial en estimant ses ventes à la moyenne de celles des autres commerciaux.

1. Sélectionnez une des cellules contenant le nom d'un commercial.
2. Dans l'onglet ***Outils de tableau croise dynamique*** > ***Analyse***, cliquez sur le menu *Champs, éléments et jeux*, puis sur la commande *Élément calculé*
3. Dans la fenêtre qui suit (voir Figure 7.59), donnez un nom à ce champ calculé dans la zone *Nom*.
4. Sélectionnez le champ "Commercial" dans la liste *Champs*.
5. Créez la formule en double-cliquant sur chaque élément de la liste correspondante pour les ajouter dans la zone de création de la formule. Celle-ci est donc :

=('Duc Isabelle'+'Lamotte Julien'+'Mercier Nicolas'+'Vidal Stéphane')/4

6. Cliquez ensuite sur le bouton *Ajouter*, puis sur le bouton *OK*.

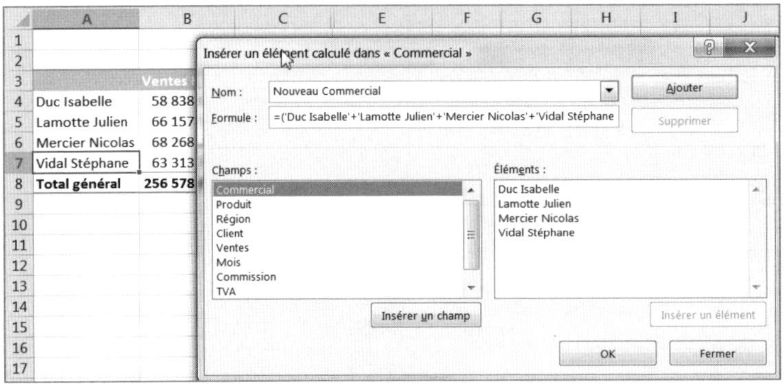

Figure 7.59

Le tableau croisé dynamique contient maintenant une nouvelle ligne avec les données pour ce commercial estimées comme le montre la Figure 7.60.

	Ventes HT	Commissions	Montant TVA
Duc Isabelle	58 838 681 €	5 883 868 €	11 532 381 €
Lamotte Julien	66 157 595 €	6 615 760 €	12 966 889 €
Mercier Nicolas	68 268 821 €	6 826 882 €	13 380 689 €
Vidal Stéphane	63 313 791 €	6 331 379 €	12 409 503 €
Nouveau Commercial	64 144 722 €	6 414 472 €	12 572 366 €
Total général	**320 723 610 €**	**32 072 361 €**	**62 861 828 €**

Figure 7.60
Un exemple de TCD avec deux champs calculés et un élément calculé.

Tableaux sources multiples

Les champs et éléments calculés ne sont plus disponibles dès qu'un tableau croisé dynamique est créé à partir de plusieurs tableaux. Vous devez alors recourir à la commande *Champs calculés* du complément PowerPivot. Ce système de calcul est plus complexe que le précédent mais nous n'aborderons ici que l'élaboration de calculs simples sur les champs équivalant à la section précédente.

Pour comprendre l'élaboration de ces calculs, nous reprenons le même exemple qu'à la section précédente, "Tableau source unique" et à la Figure 7.55.

Lors de la création du TCD, n'oubliez pas de cocher l'option *Ajouter ces données au modèle de données* (voir Figure 7.61).

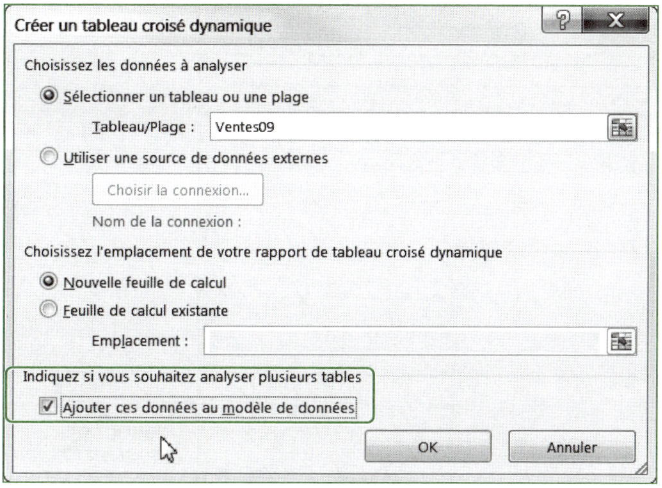

Figure 7.61
Lors de la création du TCD, n'oubliez pas de cocher l'option Ajouter ces données au modèle de données *afin de visualiser l'ensemble des tableaux.*

Pour ajouter ensuite un champ calculé :

1. Affichez l'onglet ***PowerPivot***. Si ce dernier n'est pas visible vous devez activer le complément PowerPivot ; reportez-vous à la section "Installation".
2. Cliquez sur le bouton *Champs calculés* puis sur la commande *Nouveau champ calculé* (voir Figure 7.62).

Dans la fenêtre qui suit (voir Figure 7.63) :

1. *Nom de la table*. Sélectionnez la table dans laquelle vous voulez ajouter votre champ calculé.
2. *Nom du champ calculé*. Donnez un nom à votre calcul et ajoutez éventuellement une description.
3. *Formule*. Après le signe égal, tapez la formule. Excel vous aide dès que vous tapez le nom d'un tableau, en affichant la liste des champs et des synthèses effectuées dans le tableau croisé dynamique. Tapez la formule suivante afin de calculer la commission des commerciaux : **=[Sum of Ventes]*0,1**.
4. *Catégorie*. Choisissez le type de résultat, dans notre exemple *Devise* avec deux décimales.

Nous obtenons alors le tableau croisé dynamique illustré à la Figure 7.64, en y ajoutant également le champ calculé "Montant TVA".

Attention !

Dans la zone de formule, le point de votre pavé numérique n'est pas converti en virgule, vous devrez donc saisir la virgule avec votre clavier alphanumérique.

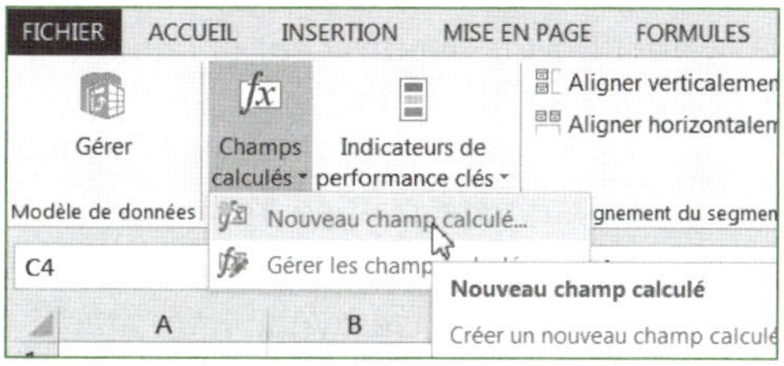

Figure 7.62
Pour ajouter un champ calculé sur un TCD avec des sources multiples, utilisez la commande Nouveau champ calculé *du complément Power Pivot.*

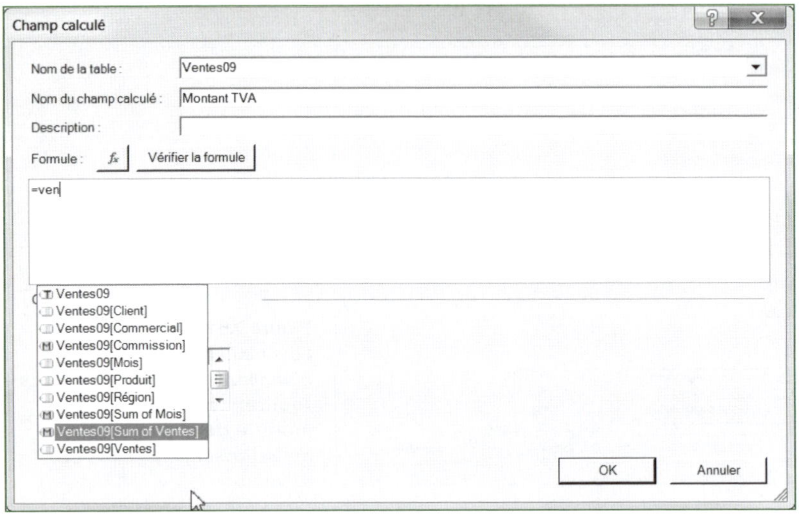

Figure 7.63
Assistant Champ calculé de Power Pivot.

	Ventes HT	Commission	Montant TVA
Duc Isabelle	58 838 681 €	5 883 868 €	11 532 381,48 €
Lamotte Julien	66 157 595 €	6 615 760 €	12 966 888,62 €
Mercier Nicolas	68 268 821 €	6 826 882 €	13 380 688,92 €
Vidal Stéphane	63 313 791 €	6 331 379 €	12 409 503,04 €
Total général	**256 578 888 €**	**25 657 889 €**	**50 289 462,05 €**

Figure 7.64

Explorer les données

Nouveauté EXCEL 2013

Dès que vous créez un tableau croisé dynamique sur plusieurs tableaux avec des relations, une nouvelle commande *Exploration rapide* apparaît lorsque vous cliquez (voir Figure 7.65) ou effectuez un clic-droit sur une cellule de votre TCD.

Celle-ci permet d'afficher les données de la ligne synthétisées sur un nouveau champ :

- L'ensemble des champs en ligne se retrouve dans la zone FILTRES et filtrée sur la ligne sélectionnée.
- Le champ que vous avez choisi d'explorer se retrouve en zone de ligne.

Reprenons le tableau croisé dynamique créé ci-avant (voir Figure 7.64) :

1. Effectuez un clic-droit sur le commercial "Mercier Nicolas".
2. Cliquez sur la loupe.
3. Sélectionnez "Explorer jusqu'à Produit", comme le montre la Figure 7.65.

Le champ "Commercial" se trouve maintenant dans la zone FILTRES et filtrée sur la valeur "Mercier Nicolas". Le champ "Client" se retrouve dans la zone LIGNES (voir Figure 7.66).

Si votre tableau croisé dynamique affiche plusieurs champs en ligne ou en colonne (voir Figure 7.67), l'exploration (voir Figure 7.68) déplacera l'ensemble de ces champs dans la zone FILTRES (voir Figure 7.69).

Excel proposera d'explorer uniquement sur les tableaux ayant une relation avec le tableau source de votre TCD. N'hésitez donc pas à établir vos relations avant la création de vos tableaux croisés dynamiques ou avant l'utilisation de cette commande *Exploration rapide*.

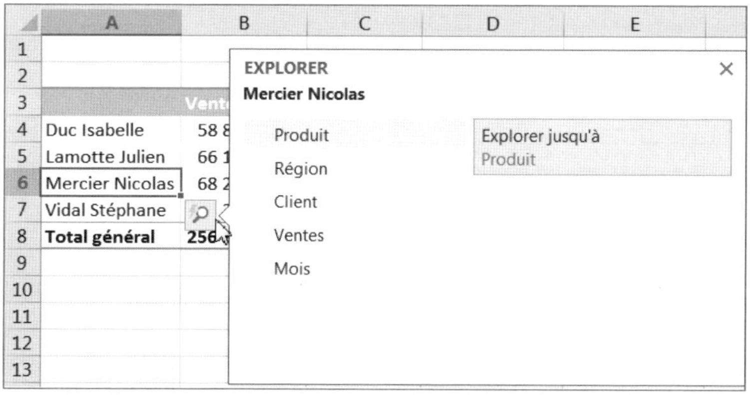

Figure 7.65
Excel propose d'explorer uniquement sur les tableaux ayant une relation avec le tableau source de votre TCD.

	A	B	C	D
1	Commercial	Mercier Nicolas		
2				
3		Ventes HT	Commission	Montant TVA
4	BNP	12 268 814 €	1 226 881 €	2 404 687,54 €
5	C.I.C.	16 559 200 €	1 655 920 €	3 245 603,20 €
6	Crédit Lyonnais	14 494 773 €	1 449 477 €	2 840 975,51 €
7	Crédit Mutuel	9 156 603 €	915 660 €	1 794 694,19 €
8	Société Générale	15 789 431 €	1 578 943 €	3 094 728,48 €
9	**Total général**	**68 268 821 €**	**6 826 882 €**	**13 380 688,92 €**

Figure 7.66

	Ventes HT	Commission	Montant TVA
⊟ Duc Isabelle	**58 838 681 €**	**5 883 868 €**	**11 532 381,48 €**
BNP	15 804 929 €	1 580 493 €	3 097 766,08 €
C.I.C.	5 891 685 €	589 169 €	1 154 770,26 €
Crédit Lyonnais	13 427 756 €	1 342 776 €	2 631 840,18 €
Crédit Mutuel	10 226 250 €	1 022 625 €	2 004 345,00 €
Société Générale	13 488 061 €	1 348 806 €	2 643 659,96 €
⊟ Lamotte Julien	**66 157 595 €**	**6 615 760 €**	**12 966 888,62 €**
BNP	10 301 368 €	1 030 137 €	2 019 068,13 €
C.I.C.	13 192 194 €	1 319 219 €	2 585 670,02 €
Crédit Lyonnais	12 066 163 €	1 206 616 €	2 364 967,95 €
Crédit Mutuel	19 211 466 €	1 921 147 €	3 765 447,34 €
Société Générale	11 386 404 €	1 138 640 €	2 231 735,18 €
⊟ Mercier Nicolas	**68 268 821 €**	**6 826 882 €**	**13 380 688,92 €**
BNP	12 268 814 €	1 226 881 €	2 404 687,54 €
C.I.C.	16 559 200 €	1 655 920 €	3 245 603,20 €
Crédit Lyonnais	14 494 773 €	1 449 477 €	2 840 975,51 €
Crédit Mutuel	9 156 603 €	915 660 €	1 794 694,19 €
Société Générale	15 789 431 €	1 578 943 €	3 094 728,48 €
⊟ Vidal Stéphane	**63 313 791 €**	**6 331 379 €**	**12 409 503,04 €**
BNP	12 525 000 €	1 252 500 €	2 454 900,00 €
C.I.C.	15 885 619 €	1 588 562 €	3 113 581,32 €
Crédit Lyonnais	11 327 791 €	1 132 779 €	2 220 247,04 €
Crédit Mutuel	13 132 077 €	1 313 208 €	2 573 887,09 €
Société Générale	10 443 304 €	1 044 330 €	2 046 887,58 €
Total général	**256 578 888 €**	**25 657 889 €**	**50 289 462,05 €**

Figure 7.67

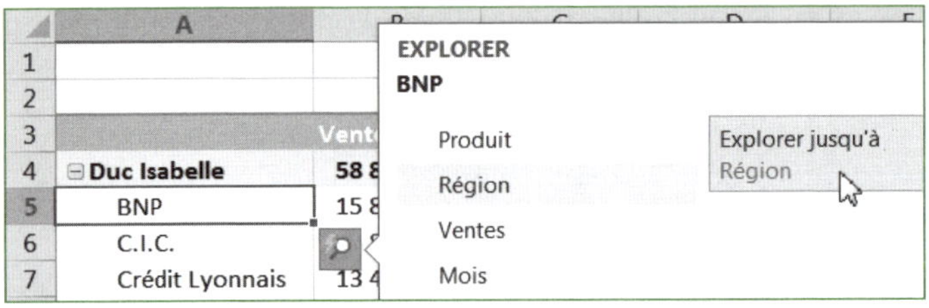

Figure 7.68

	A	B	C	D
1	Commercial	Duc Isabelle		
2	Client	BNP		
3				
4		Ventes HT	Commission	Montant TVA
5	Centre	3 767 990 €	376 799 €	738 526,04 €
6	Est	2 601 481 €	260 148 €	509 890,28 €
7	Nord	4 839 736 €	483 974 €	948 588,26 €
8	Ouest	2 861 914 €	286 191 €	560 935,14 €
9	Sud	1 733 808 €	173 381 €	339 826,37 €
10	**Total général**	**15 804 929 €**	**1 580 493 €**	**3 097 766,08 €**

Figure 7.69
Le résultat d'une exploration dans un tableau croisé dynamique.

Power View

Nouveauté EXCEL 2013

Installation

Les compléments ne sont pas automatiquement chargés à l'ouverture d'Excel. Vous devez donc les activer ainsi :

1. Ouvrez le menu *Fichier* puis cliquez sur le menu *Options*.
2. Dans la fenêtre des options, sélectionnez le menu *Compléments* (voir Figure 7.70).
3. En bas de la fenêtre sélectionnez *Compléments COM* dans la liste déroulante et cliquez sur le bouton *Atteindre…*

Dans la nouvelle fenêtre qui s'affiche, sélectionnez le ou les compléments que vous voulez utiliser. Vous pouvez également afficher cette fenêtre en cliquant sur l'icône *Compléments COM* de l'onglet ***Développeur*** (voir Figure 7.71).

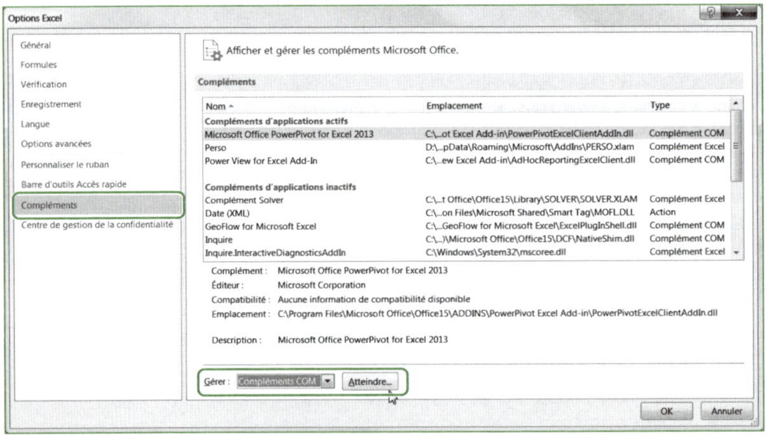

Figure 7.70
Les compléments ne sont pas automatiquement chargés à l'ouverture d'Excel.

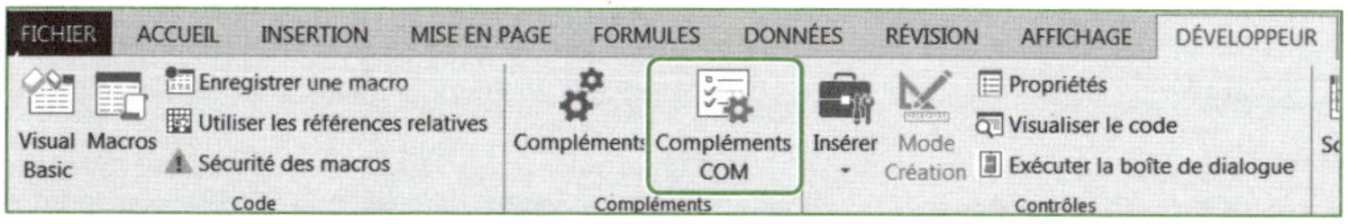

Figure 7.71

Création d'un document Power View

Avec ce nouvel outil d'Excel 2013 vous concevrez aisément et rapidement vos tableaux de bord sur l'ensemble de vos données ; qu'elles viennent d'une seule ou de plusieurs feuilles, voire de feuilles situées sur d'autres classeurs. Power View ajoute une feuille dans Excel d'un nouveau genre. Vous pourrez y insérer :

- des données synthétisées ;
- des graphiques (barres, histogramme, nuage de points, bulles et secteur) ;
- des graphiques en nuage de points ou bulle animés ;
- des cartes pour mettre en valeur vos données.

Pour insérer une feuille Power View, vous devez agir comme suit :

1. Sélectionnez l'une des cellules de votre plage de données ou d'un tableau de données. Si vous voulez établir un tableau de bord regroupant des données de plusieurs tableaux, vous devez au préalable transformer vos plages de données avec l'outil ***Tableau*** et les renommer avec des noms explicites.
2. Cliquez sur le bouton *Power View* de l'onglet ***Insérer***.

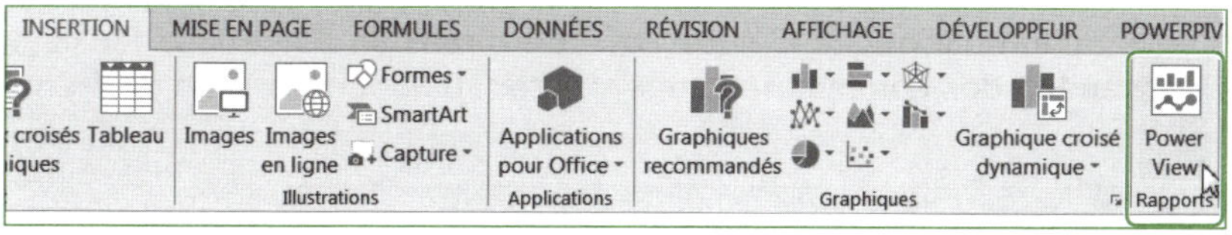

Figure 7.72

Une fenêtre vous demande de confirmer si vous souhaitez créer une nouvelle feuille Power View ou ajouter vos données à une feuille Power View existante, si votre classeur en contient déjà.

Après validation, une nouvelle feuille, d'une présentation totalement nouvelle, s'insère dans votre classeur (voir Figure 7.73). Power View utilise la technologie Silverlight.

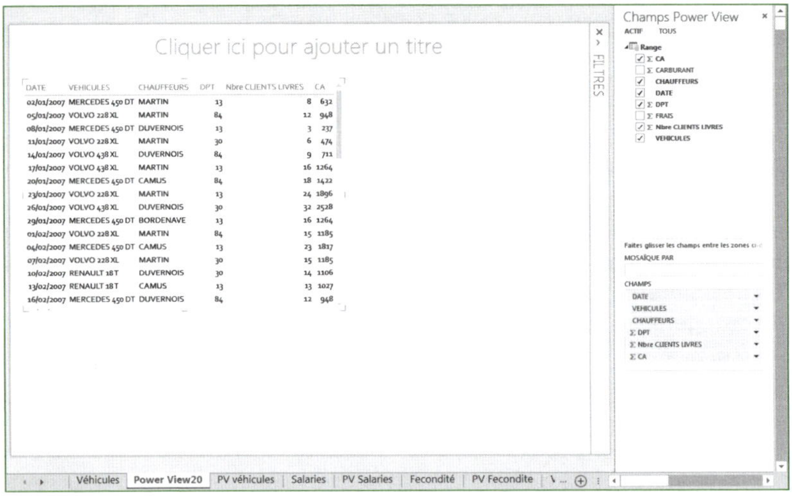

Figure 7.73
Le bouton Power View *de l'onglet* **Insérer** *ajoute une feuille Power View.*

Interface

Quand vous êtes sur votre feuille Power View, deux nouveaux onglets sont ajoutés au ruban :

- ***Conception.*** Sélectionné par défaut lorsque vous êtes dans un objet de la feuille, il vous propose l'ensemble des commandes pour afficher vos données sous différents types.

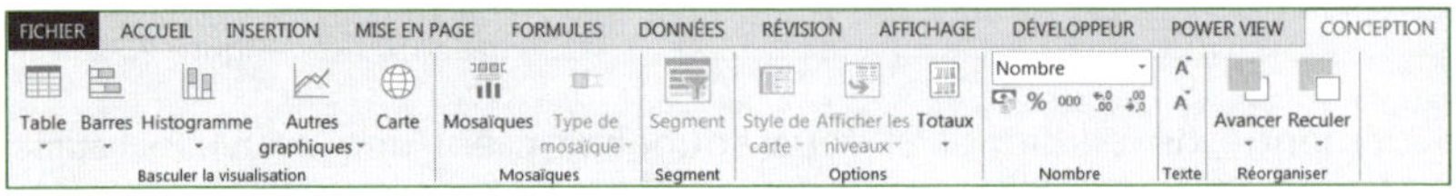

Figure 7.74

- ***Power View*** Permet de modifier l'aspect et l'affichage de cette feuille.

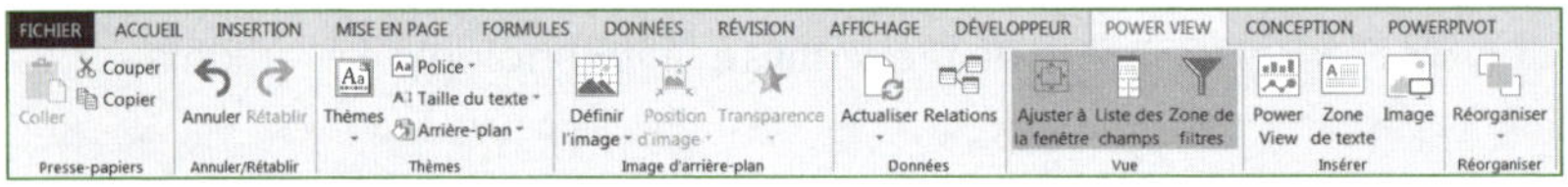

Figure 7.75

La feuille Power View se décompose en trois parties (voir Figure 7.76) :

1. la zone d'affichage ;
2. la *Zone de filtres*, qui peut être réduite en cliquant sur la flèche ;
3. le volet *Liste des champs*.

Pour afficher ou masquer la *Zone de filtres* et le volet *Liste des champs*, utilisez les boutons correspondants sur l'onglet ***Power View***, dans le groupe *Vue*. Dans ce même groupe, vous pouvez également ajuster la feuille à la taille de votre fenêtre (par défaut, la feuille est ajustée).

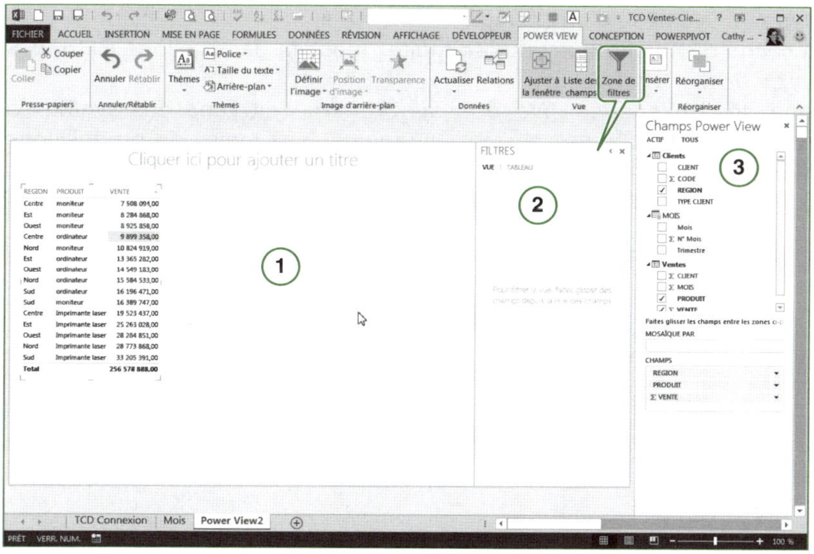

Figure 7.76 *La feuille Power View se compose de la zone d'affichage, la zone de* Filtre, *le volet* Liste des champs.

Mise en forme

Pour changer rapidement et simplement les couleurs des éléments de votre feuille Power View, vous trouverez sur l'onglet ***Power View*** (voir Figure 7.75) les commandes du groupe *Thèmes :*

- *Thèmes* ;
- *Police* ;
- *Taille de texte* ;
- *Arrière-plan*.

> **Attention !**
>
> C'est l'ensemble de la feuille qui est mise en forme. Pour modifier la police d'un seul objet vous devez utiliser les boutons *Augmenter la taille* et *Diminuer la taille* du groupe Texte sur l'onglet ***Conception***.

Le groupe *Image d'arrière-plan* de ce même onglet propose plusieurs commandes pour ajouter une image de votre choix en arrière-plan et la mettre en forme (position et transparence).

Sur l'onglet ***Conception***, le groupe *Nombre* permet de mettre en forme le champ numérique sélectionné d'un tableau.

Les tables

Lorsque vous ajoutez une feuille Power View ou insérez de nouvelles données sur cette feuille, celles-ci sont automatiquement affichées sous forme de table. Ce tableau fonctionne à peu près comme un tableau croisé dynamique. Les champs texte seront regroupés et les champs nombre seront "sommés".

Pour autant, tout n'est pas parfait ; en effet, Excel peut afficher la somme d'un champ "Année" dans une feuille Power View, ce qui est aberrant.

Pour modifier le type de synthèse d'un champ :

1. Cliquez sur la flèche du champ que vous souhaitez modifier dans la zone *CHAMPS* du volet *Champs Power View*.
2. Choisissez l'une des options, soit *Ne pas synthétiser* soit l'une des synthèses proposées (voir Figure 7.76). Vous constatez que vous avez moins de propositions que dans un tableau croisé dynamique.

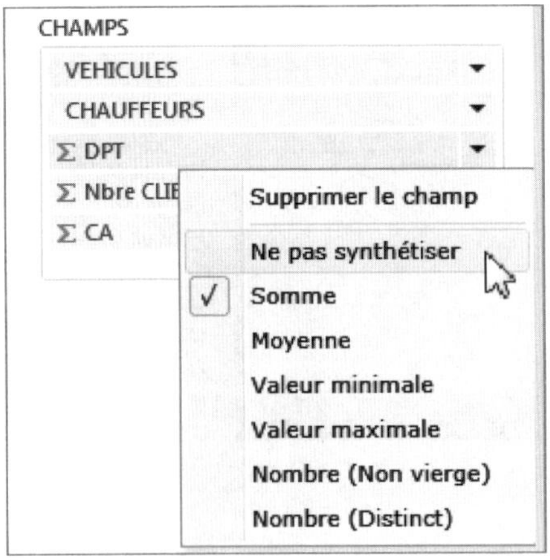

Figure 7.77
Vous pouvez modifier le type de synthèse d'un champ.

Pour enlever les champs non désirés :

1. Cliquez sur la flèche du champ.
2. Sélectionnez *Supprimer le champ*.

Pour ajouter un champ, glissez-le depuis la liste des champs :

- Dans la table elle-même.
- Vers la zone *CHAMPS*. Cette dernière méthode est préférable car vous pouvez ainsi choisir directement l'ordre de vos données.

Nous étudierons des présentations différentes de la table illustrée avec la Figure 7.78. Cette table est conçue à partir des données présentées à la Figure 7.79.

VEHICULES	CHAUFFEURS	DPT	CARBURANT	FRAIS	CA
MERCEDES 450 DT	BORDENAVE	13	213,64	130,50	3792
MERCEDES 450 DT	CAMUS	13	530,51	524,70	10...
MERCEDES 450 DT	CAMUS	30	173,21	355,00	2133
MERCEDES 450 DT	CAMUS	84	272,55	306,90	4266
MERCEDES 450 DT	DUVERNOIS	13	469,02	417,55	4503
MERCEDES 450 DT	DUVERNOIS	30	921,58	270,00	7110
MERCEDES 450 DT	DUVERNOIS	84	1 578,46	1 214,10	23...
MERCEDES 450 DT	MARTIN	13	1 231,98	1 422,00	15...
MERCEDES 450 DT	MARTIN	30	338,30	224,10	5530
RENAULT 18 T	BORDENAVE	13	873,39	788,35	16...
RENAULT 18 T	BORDENAVE	84	490,32	882,00	8532
RENAULT 18 T	CAMUS	13	637,95	567,85	14...

Figure 7.78

	A	B	C	D	E	F	G	H
1	DATE	VEHICULES	CHAUFFEURS	DPT	Nbre CLIENTS LIVRES	CA	FRAIS	CARBURANT
2	02/01/2007	MERCEDES 450 DT	MARTIN	13	8	632,00 €	52,20 €	62,50 €
3	05/01/2007	VOLVO 228 XL	MARTIN	84	12	948,00 €	37,80 €	108,00 €
4	08/01/2007	MERCEDES 450 DT	DUVERNOIS	13	3	237,00 €	67,45 €	37,80 €
5	11/01/2007	VOLVO 228 XL	MARTIN	30	6	474,00 €	62,10 €	135,00 €
6	14/01/2007	VOLVO 438 XL	DUVERNOIS	84	9	711,00 €	28,80 €	117,00 €
7	17/01/2007	VOLVO 438 XL	MARTIN	13	16	1 264,00 €	50,40 €	56,90 €
8	20/01/2007	MERCEDES 450 DT	CAMUS	84	18	1 422,00 €	184,50 €	67,45 €
9	23/01/2007	VOLVO 228 XL	MARTIN	13	24	1 896,00 €	43,20 €	90,00 €
10	26/01/2007	VOLVO 438 XL	DUVERNOIS	30	32	2 528,00 €	70,20 €	23,40 €

Figure 7.79

Regroupement des données

1. Sélectionnez la table.
2. Sur l'onglet **Conception**, cliquez sur *Table*, puis sur *Matrice*. En quelques instants, la disposition se modifie et ajoute des totaux.

VEHICULES	CHAUFFEURS	DPT	CARBURANT	FRAIS	CA
MERCEDES 450 DT	BORDENAVE	13	213,64	130,50	3792
		Total	**213,64**	**130,50**	**3792**
	CAMUS	13	530,51	524,70	10981
		30	173,21	355,00	2133
		84	272,55	306,90	4266
		Total	**976,27**	**1 186,60**	**17380**
	DUVERNOIS	13	469,02	417,55	4503
		30	921,58	270,00	7110
		84	1 578,46	1 214,10	23937
		Total	**2 969,06**	**1 901,65**	**35550**
	MARTIN	13	1 231,98	1 422,00	15247
		30	338,30	224,10	5530
		Total	**1 570,28**	**1 646,10**	**20777**
	Total		**5 729,25**	**4 864,85**	**77499**

Figure 7.80
Regroupement des données dans une table.

Si vous ne voulez pas afficher les sous-totaux, dans l'onglet **Conception** (groupe *Options)* cliquez sur le bouton *Totaux,* puis choisissez *Aucun.*

Cet affichage est plus lisible mais il prend beaucoup plus de place, vous pouvez alors :

1. cliquer sur le menu *Afficher les niveaux* du groupe *Options* sur l'onglet **Conception.**
2. activer l'option *Lignes-Activer l'exploration un niveau à la fois.*

La table (voir Figure 7.81) est aussitôt réduite, n'affichant que le premier champ de regroupement et les champs sommés.

VEHICULES	CARBURANT	FRAIS	CA
VOLVO 438 XL	4 519,44	3 945,10	59329
RENAULT 18 T	3 637,32	3 668,70	64859
VOLVO 228 XL	6 331,84	5 561,45	77262
MERCEDES 450 DT	5 729,25	4 864,85	77499
Total	**20 217,85**	**18 040,10**	**278949**

Figure 7.81

Bien évidemment, pour revenir à votre document complet, il vous faut cliquer sur l'option *Lignes-Afficher tous les niveaux de regroupements à la fois.*

Déployer une valeur

Power View vous permet de descendre dans la hiérarchie d'une des valeurs regroupées de votre champ. Par exemple, nous voulons connaître le détail pour le véhicule "Volvo 438 XL" de la Figure 7.81.

1. Sélectionnez cette valeur dans votre document, une flèche apparaît à droite.
2. Cliquez sur cette flèche.

Power View n'affiche plus que le détail des chauffeurs qui ont utilisé ce véhicule.

VEHICULES	CARBURANT	FRAIS	CA
VOLVO 438 XL	4 519,44	3 945,10	59329
RENAULT 18 T	3 637,32	3 668,70	64859
VOLVO 228 XL	6 331,84	5 561,45	77262
MERCEDES 450 DT	5 729,25	4 864,85	77499
Total	**20 217,85**	**18 040,10**	**278949**

Figure 7.82
Lorsque les niveaux de regroupements ne sont pas affichés, vous pouvez les explorer à l'aide d'une flèche.

CHAUFFEURS	CARBURANT	FRAIS	CA
CAMUS	797,44	886,50	10428
MARTIN	1 359,93	1 471,50	14694
DUVERNOIS	2 362,07	1 587,10	34207
Total	**4 519,44**	**3 945,10**	**59329**

Figure 7.83

Pour remonter vers le niveau supérieur, il suffit cette fois de cliquer sur la flèche grise affichée à gauche de la valeur.

Les mosaïques

Jusqu'à présent, la table ressemble à n'importe quel tableau croisé dynamique avec ses filtres et ses sous-totaux. Power View vous propose un autre type de filtre : les mosaïques. Celles-ci affichent toutes les valeurs d'un champ disposées horizontalement en en-tête de votre table.

Reprenons l'exemple illustré à la Figure 7.81 ; les champs sont disposés comme à la Figure 7.84.

Figure 7.84

Glissez le champ "DPT" dans la zone *Mosaïque par*. Instantanément, toutes les valeurs de vos départements s'affichent alors au-dessus de votre table, comme à la Figure 7.85. En sélectionnant l'une de ces valeurs, votre table affiche les résultats relatifs à ce département.

13 30 84

VEHICULES	CARBURANT	FRAIS	CA
VOLVO 228 XL	665,24	508,50	9954
VOLVO 438 XL	2 317,59	2 119,00	24174
MERCEDES 450 DT	2 445,15	2 494,75	34523
RENAULT 18 T	2 348,37	1 836,80	44003
Total	**7 776,35**	**6 959,05**	**112654**

Figure 7.85
Une mosaïque affiche l'ensemble des valeurs d'un champ en entête de votre table.

Les graphiques

Barres et histogrammes

Abordons maintenant les graphiques de Power View avec les mêmes données, illustrées à la Figure 7.79. Mais, pour gagner en lisibilité, nous allons **l'ajouter à côté** du tableau que nous venons de créer :

1. Cliquez en dehors du tableau existant dans la feuille.
2. Cliquez sur l'un des champs à utiliser pour votre graphique.
3. Glissez-le soit directement sur la feuille, soit dans la zone *CHAMPS*.

Vous aurez ainsi un nouveau tableau dans votre feuille, comme à la Figure 7.86.

13 30 84

VEHICULES	CARBURANT	FRAIS	CA
VOLVO 228 XL	665,24	508,50	9954
VOLVO 438 XL	2 317,59	2 119,00	24174
MERCEDES 450 DT	2 445,15	2 494,75	34523
RENAULT 18 T	2 348,37	1 836,80	44003
Total	**7 776,35**	**6 959,05**	**112654**

VEHICULES	FRAIS	CARBURANT
MERCEDES 450 DT	4 864,85	5 729,25
RENAULT 18 T	3 668,70	3 637,32
VOLVO 228 XL	5 561,45	6 331,84
VOLVO 438 XL	3 945,10	4 519,44
Total	**18 040,10**	**20 217,85**

Figure 7.86

Info

Pour faire des graphiques, il vous faudra toujours commencer par créer une table contenant au minimum un champ.

Cliquez maintenant sur l'un des boutons *Barres* ou *Histogramme* de la zone *Basculer la visualisation* sur l'onglet **Conception**. Sélectionnez le type de graphique désiré. Le tableau se transforme aussitôt en graphique (voir Figure 7.87).

Vous pouvez ensuite choisir un *empilé*, comme à la Figure 7.88, ou un *empilé à 100%* si vous le désirez en cliquant à nouveau sur l'un des boutons *Barres* ou *Histogramme*.

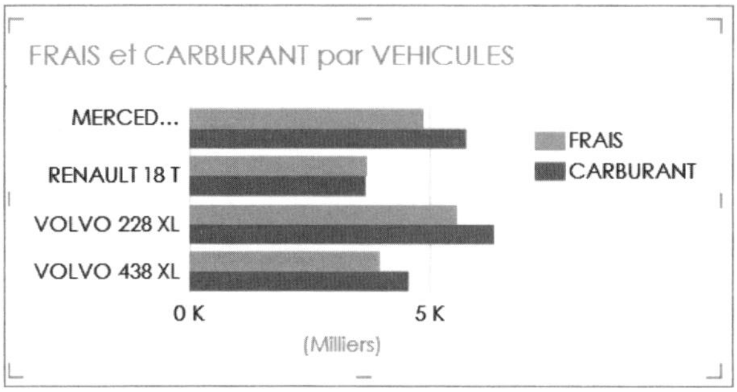

Figure 7.87

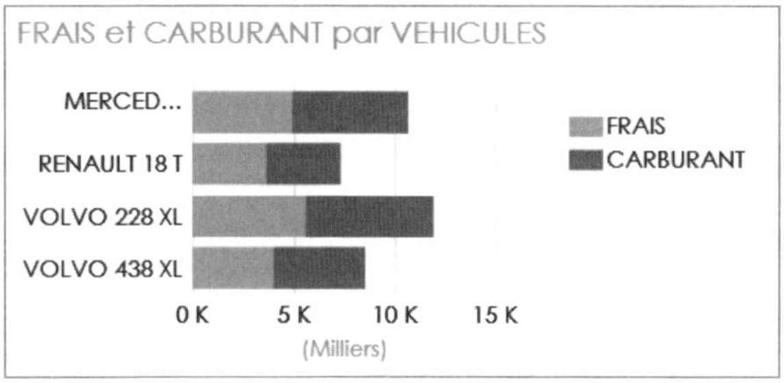

Figure 7.88
Un graphique Barre empilé.

Les courbes

Pour créer un graphique Courbe :

1. Créez un nouveau tableau.
2. Cliquez sur le bouton *Autre Graphiques > Ligne*.

Les secteurs

Le graphique en secteur, plus communément appelé camembert, est facile à ajouter :

1. Créez un nouveau tableau.
2. Cliquez sur le bouton *Autre Graphiques > Secteurs*.

Pour ce type de graphique, une nouvelle zone apparaît : *SECTEURS*. En ajoutant un champ à cette zone (voir Figure 7.89), vous subdivisez chaque secteur et ces divisions sont symbolisées par des traits fins (voir Figure 7.90).

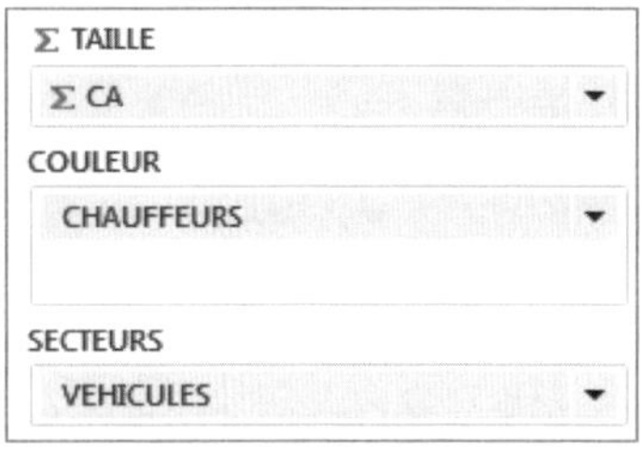

Figure 7.89

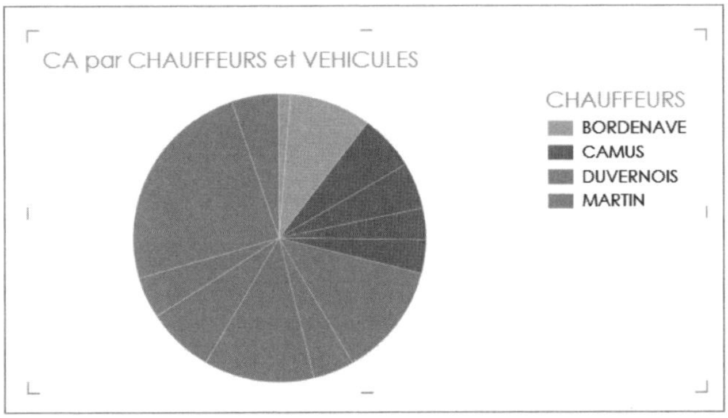

Figure 7.90

Les nuages de points et graphique à bulle

Un graphique de ce type permet de visualiser la corrélation entre deux champs. Pour le créer :

1. Créez un nouveau tableau.
2. Cliquez sur le bouton *Autre Graphiques > Nuage de points.*

Reprenons notre exemple illustré à la Figure 7.79 et le graphique en nuage de points des Figures 7.91 et 7.92.

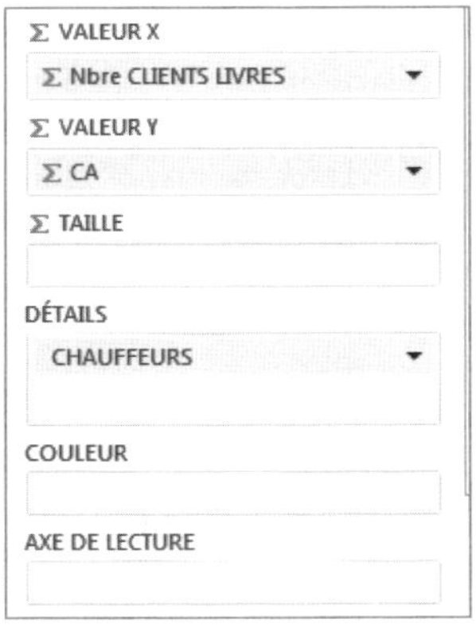

Figure 7.91

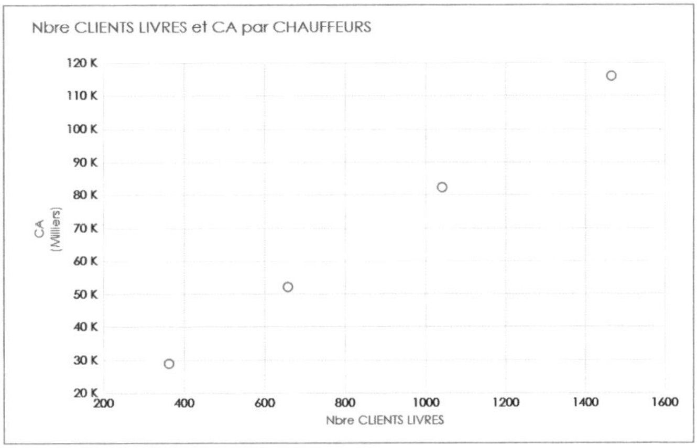

Figure 7.92

Un graphique Nuage de Points permet de visualiser la corrélation entre deux champs.

Ce type de graphique propose deux nouvelles zones vous permettant de modifier son affichage :

- *TAILLE*. Le graphique est alors transformé en graphique à bulle. Glissez dans cette zone un champ de type numérique qui représentera la taille de la bulle.
- *COULEUR*. Les points seront colorés, avec une couleur différente pour chaque valeur du champ glissé dans cette zone.

En ajoutant le champ "Carburant" en *Taille* et le champ "Véhicules" en *Couleur* (voir Figure 7.93), nous obtenons le graphique illustré à la Figure 7.94 à partir du graphique illustré à la Figure 7.92.

Figure 7.93

En ajoutant un champ dans la zone Taille d'un graphique, Nuage de Points le transforme en graphique à Bulles.

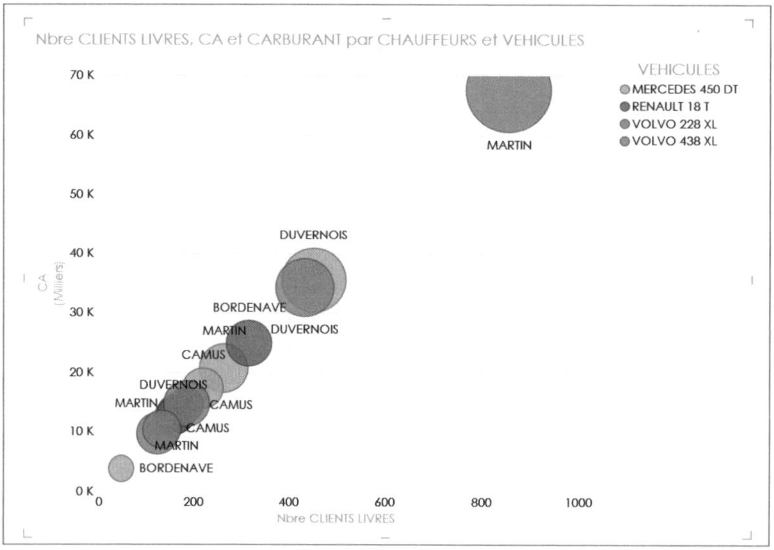

Figure 7.94

Les graphiques animés

Seuls les graphiques en nuage de points et à bulle peuvent être animés. Vous devez donc d'abord construire un graphique de ce type. Il suffit ensuite de glisser un champ dans la zone *AXE DE LECTURE*.

Sous l'axe des X, une barre affiche les valeurs de ce champ d'animation. Cliquez sur l'icône de lecture du graphique, petite flèche située à gauche de cette barre. Votre graphique s'anime en parcourant chaque valeur du champ. Vous pouvez également déplacer le curseur manuellement, un petit trait sur l'axe de champ.

Reprenons le graphique illustré à la Figure 7.94 ; en déplaçant le champ "DPT" dans cette zone AXE DE LECTURE, nous obtenons le graphique illustré à la Figure 7.95.

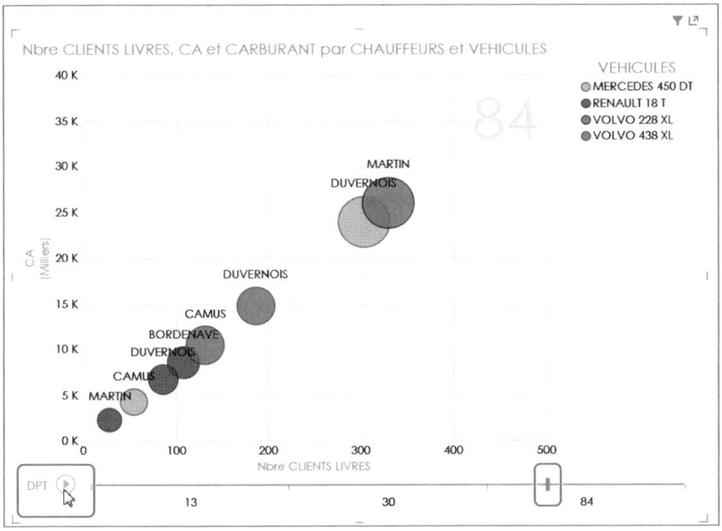

Figure 7.95
Seuls les graphiques Nuage de points et à Bulle peuvent être animés.

Améliorer l'affichage

Trier

L'axe des abscisses peut être trié sur chacun des champs du graphique avec la commande de tri située au-dessus du graphique (voir Figure 7.96) :

1. Ouvrez la liste des champs et choisissez le champ à trier.
2. Cliquez sur *croiss* pour afficher les données en ordre décroissant et inversement.

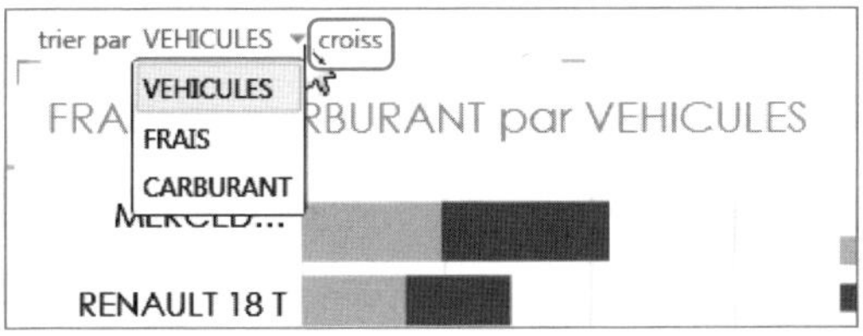

Figure 7.96
L'axe des abscisses peut être trié sur chacun des champs du graphique.

La zone AXE

Nous pouvons ajouter un champ à explorer dans un graphique en utilisant cette zone *AXE*. ***Le graphique n'est pas modifié*** mais, pour autant, la donnée est présente. Dans l'exemple illustré avec les Figures 7.97 et 7.98, dans la zone AXE nous trouvons deux champs.

Figure 7.97

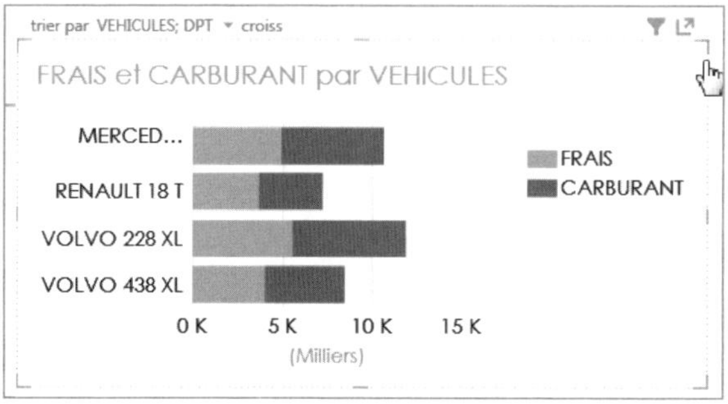

Figure 7.98
Dès qu'un second champ est ajouté dans la zone Axe, vous pouvez explorer les données sur ce champ.

En double-cliquant sur l'une des barres, votre graphique affichera uniquement les données par département du véhicule choisi (voir Figure 7.99).

Pour revenir au niveau supérieur, vous devez cliquer sur la flèche qui se trouve dans le coin supérieur droit du graphique.

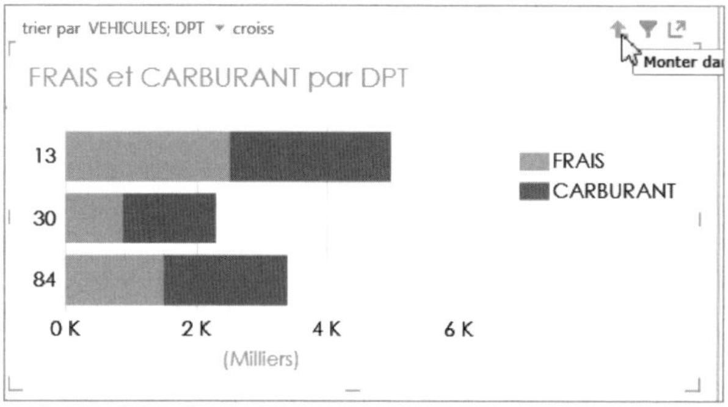

Figure 7.99

Graphiques multiples

Dans le volet des champs, deux zones vous permettent de créer rapidement plusieurs graphiques :

- *MULTIPLES VERTICAUX ;*
- *MULTIPLES HORIZONTAUX.*

Glissez l'un de vos champs dans une de ces zones ; votre graphique est alors décomposé en plusieurs graphiques, chacun renvoyant les données de chaque valeur du champ. Dans l'exemple illustré avec les Figures 7.100 et 7.101, le champ "Chauffeurs" se trouve dans la zone *Multiples verticaux*.

Figure 7.100

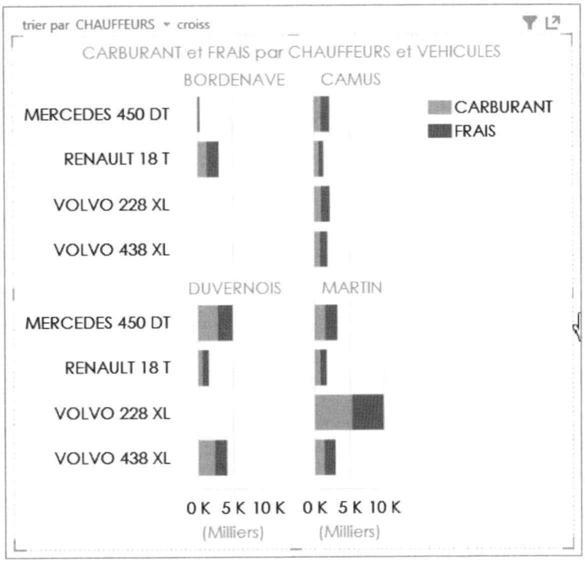

Figure 7.101

Zoom sur un graphique

Sur la plupart des graphiques, vous trouverez une petite flèche *Sortir* (voir Figure 7.102). Celle-ci permet d'effectuer un zoom sur le graphique. Power View n'affiche alors que ce seul graphique en plein écran. La même flèche inversée, ***Sortir***, permet de revenir à l'état normal.

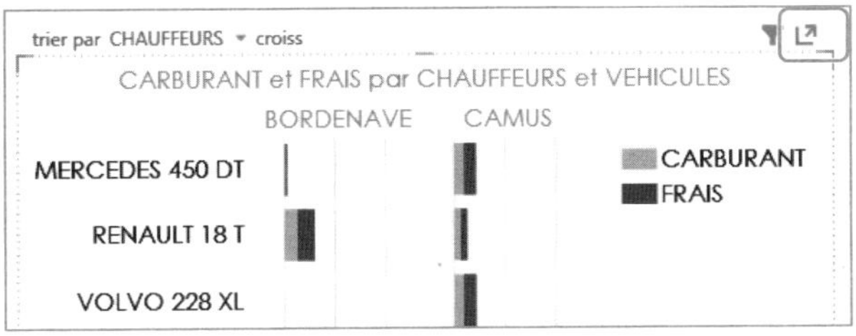

Figure 7.102
Avec cette flèche vous pouvez effectuer un zoom sur le graphique.

Axe de type Date

Dès que vous ajoutez un champ de type date sur l'axe des abscisses (X), une barre avec un curseur s'affiche juste sous l'axe et permet de filtrer les données sur une période en déplaçant le début et/ou la fin du curseur (voir Figure 7.103).

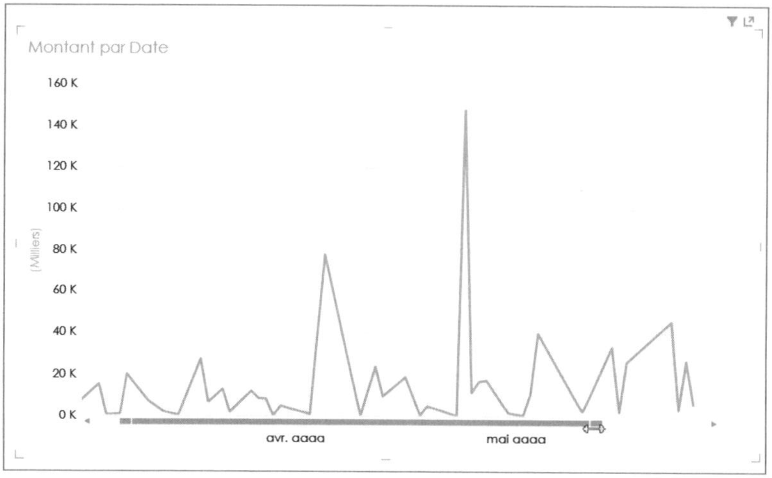

Figure 7.103

Les cartes

Pour afficher une synthèse de nos données sur une carte, il est indispensable d'avoir des données sources contenant :

- soit un champ avec un nom de ville, département, région ou pays ;
- soit deux champs avec la latitude et la longitude.

Pour découvrir cet objet, étudions un tableau des ventes par région, département et commercial, illustré à la Figure 7.104.

	A	B	C	D
1	Commercial	REGION	DPT	VENTES
2	DUPONT	Midi-Pyrénées	Ariège	3 135 €
3	DUPONT	Languedoc-Roussillon	Aude	3 058 €
4	DUPONT	Midi-Pyrénées	Aveyron	6 905 €
5	DUPONT	Basse-Normandie	Calvados	2 760 €
6	MARTIN	Île-de-France	Essonne	5 763 €
7	LE GUEN	Haute-Normandie	Eure	2 182 €
8	LE GUEN	Languedoc-Roussillon	Gard	4 551 €

Figure 7.104

Pour créer une carte :

- Transformez votre plage de données en tableau.
- Insérez une feuille Power View à partir de ce tableau.
- Ajoutez ou retirez des champs dans la table créée.
- Transformez cette table en carte avec la commande **Carte** de la zone *Basculer la visualisation* sur l'onglet ***Conception.***

L'exemple illustré à la Figure 7.105 affiche la somme des ventes (voir Figure 7.104) par région.

Figure 7.105
Pour afficher une synthèse de nos données sur une carte, vos données sources doivent contenir un champ avec un nom de ville, département, région ou pays ou deux champs sur la latitude et la longitude.

Pour améliorer l'affichage de vos cartes vous pouvez utiliser les zones :

- *COULEUR* ;
- *MULTIPLES VERTICAUX ;*
- *MULTIPLES HORIZONTAUX.*

La Figure 7.107 illustre les mêmes données que la Figure 7.105, mais un camembert affiche les résultats par commercial, champ glissé en zone *Couleur* (voir Figure 7.106).

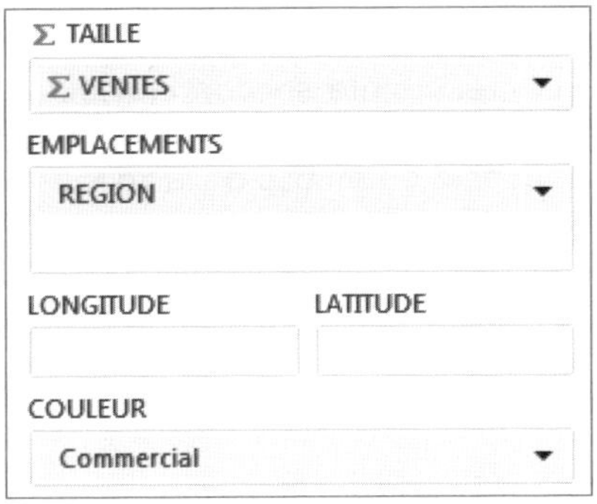

Figure 7.106

Figure 7.107 *La zone* Couleur *permet la décomposition en secteur des points situés sur la carte.*

Filtrer les données

Afficher une synthèse de nos données sur un tableau de bord sous forme de table, graphique et carte est bien utile. Mais il est encore plus important de rendre cet affichage dynamique en permettant le filtrage des données.

Les mosaïques

Comme nous l'avons présenté précédemment dans la précédente section consacrée aux mosaïques, les mosaïques permettent de créer des zones de filtre dans une table. Chaque valeur du champ s'affiche dans une mosaïque en haut ou en bas de la zone.

Mais il est possible d'agrandir (voir Figure 7.108) cette zone créée et d'y ajouter plusieurs objets table, graphique ou carte comme à la Figure 7.109. Chaque objet placé dans cette zone sera filtré par la mosaïque sélectionnée.

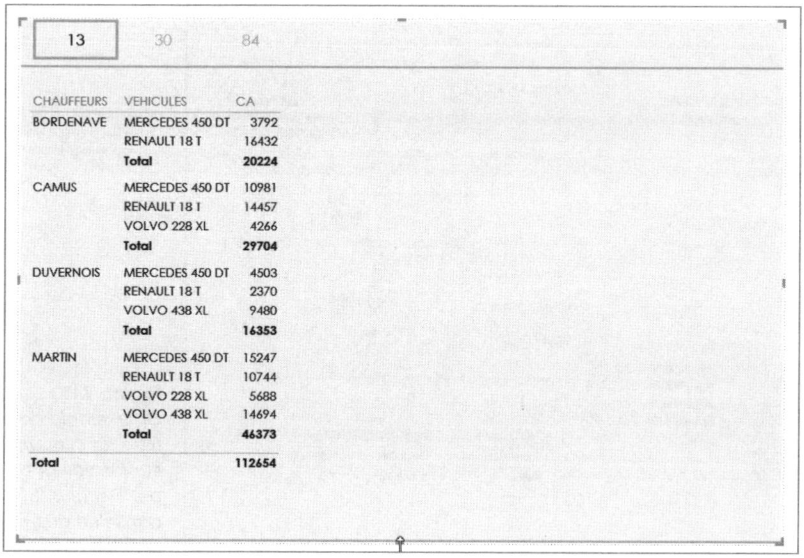

CHAUFFEURS	VEHICULES	CA
BORDENAVE	MERCEDES 450 DT	3792
	RENAULT 18 T	16432
	Total	**20224**
CAMUS	MERCEDES 450 DT	10981
	RENAULT 18 T	14457
	VOLVO 228 XL	4266
	Total	**29704**
DUVERNOIS	MERCEDES 450 DT	4503
	RENAULT 18 T	2370
	VOLVO 438 XL	9480
	Total	**16353**
MARTIN	MERCEDES 450 DT	15247
	RENAULT 18 T	10744
	VOLVO 228 XL	5688
	VOLVO 438 XL	14694
	Total	**46373**
Total		**112654**

Figure 7.108

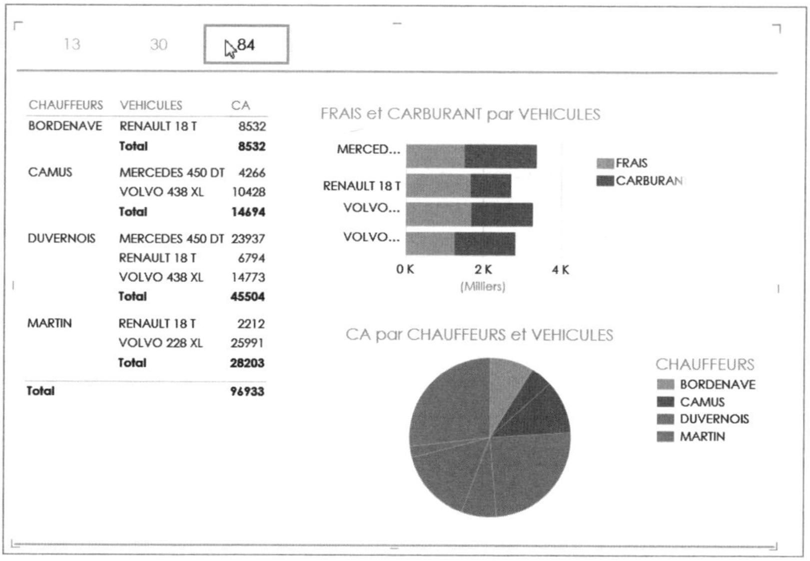

CHAUFFEURS	VEHICULES	CA
BORDENAVE	RENAULT 18 T	8532
	Total	**8532**
CAMUS	MERCEDES 450 DT	4266
	VOLVO 438 XL	10428
	Total	**14694**
DUVERNOIS	MERCEDES 450 DT	23937
	RENAULT 18 T	6794
	VOLVO 438 XL	14773
	Total	**45504**
MARTIN	RENAULT 18 T	2212
	VOLVO 228 XL	25991
	Total	**28203**
Total		**96933**

Figure 7.109
Une mosaïque peut regrouper et filtrer plusieurs tables et graphiques.

Les graphiques

En cliquant sur une barre d'un graphique, un secteur du camembert, un point d'une courbe ou un nuage de points, l'ensemble des graphiques et tables ***n'affiche plus que les données correspondant à votre sélection***. Les graphiques afficheront les autres données en couleurs estompées (voir Figure 7.110).

Pour réafficher l'ensemble des données, cliquez à l'intérieur de la zone du graphique qui vous a servi à filtrer.

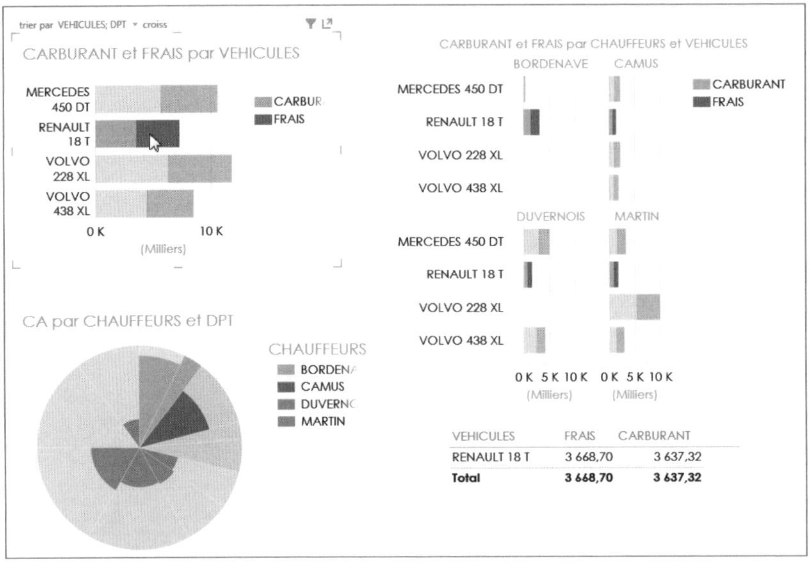

Figure 7.110
Un exemple de filtre en cliquant sur les valeurs du "Renault 18" dans l'un des graphiques.

Les segments

Tout comme dans un tableau croisé dynamique, les segments vous permettent de filtrer vos données d'un simple clic.

1. Ajoutez une table contenant uniquement un champ.
2. Transformez cette table avec la commande **Segment** sur l'onglet ***Conception***.

Pour afficher les résultats de plusieurs valeurs en même temps (voir Figure 7.111), maintenez la touche **CTRL** pendant vos sélections.

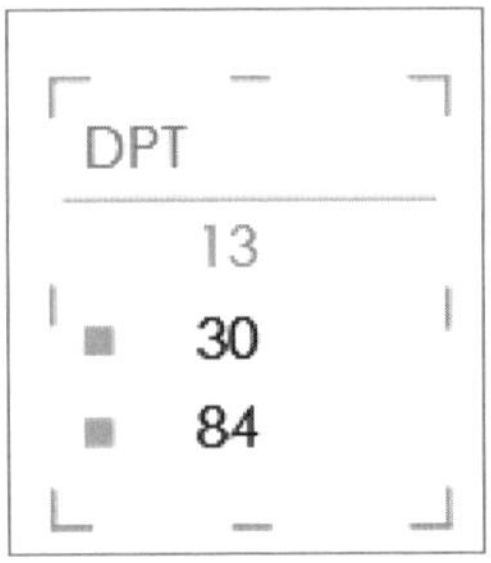

Figure 7.111

Le volet de filtrage

Dans le coin supérieur droit de chaque table et graphique, vous avez un petit entonnoir. Ce dernier affiche **le volet pour filtrer** ces tables et graphiques. Un clic sur le bouton *Zone de filtres* de l'onglet ***Power view*** affiche le même volet.

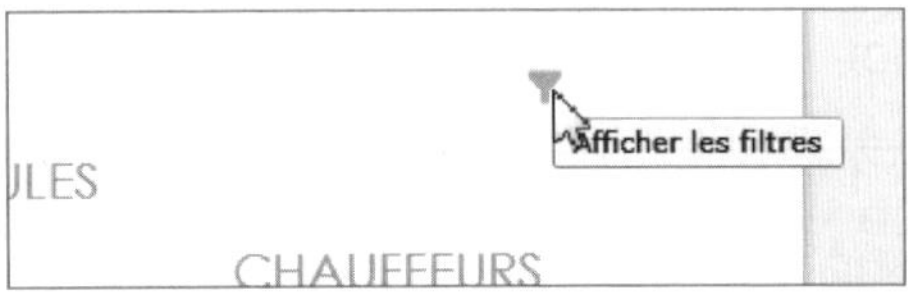

Figure 7.112
Dans le volet Filtre la liste des champs s'affiche, dès que vous cliquez sur l'un des objets de votre feuille Power View.

Dans ce volet s'affiche la liste des champs, dès que vous cliquez sur l'un des objets de votre feuille Power View.

Pour filtrer :

1. Ouvrez l'un d'entre eux.
2. Cochez ou décochez les valeurs à afficher (voir Figure 7.113).
3. Ou déplacez le curseur lorsqu'il s'agit d'un champ numérique (voir Figure 7.114).

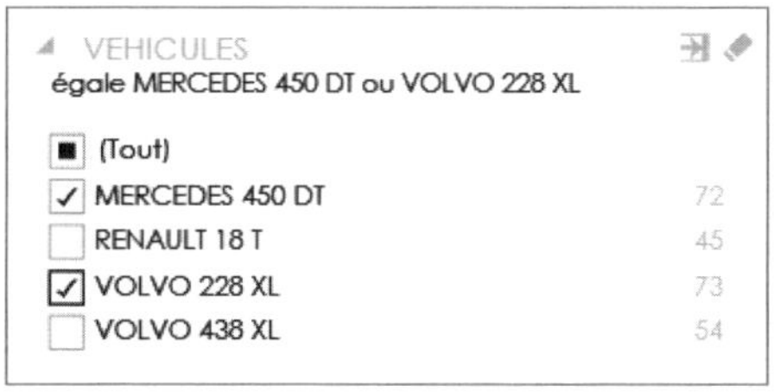

Figure 7.113

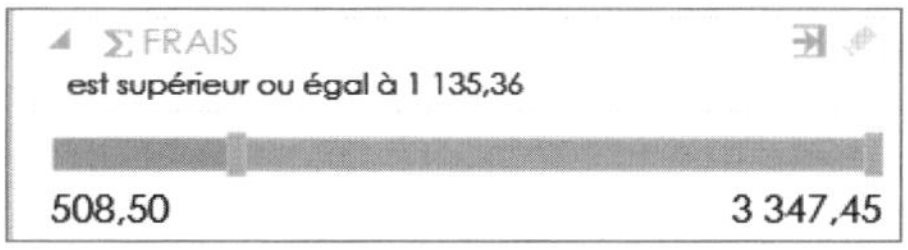

Figure 7.114
Déplacez le curseur afin de filtrer un champ numérique.

À droite de chaque champ, un bouton permet d'effectuer des filtres personnalisés. Ces derniers sont comparables aux filtres personnalisés des filtres automatiques d'Excel. La Figure 7.115 illustre un filtre sur un champ texte.

Dans ce même volet de filtre, vous pouvez également utiliser le menu *VUE*.

Cette présentation affiche un volet vide, mais il suffit de glisser un ou plusieurs champs depuis le volet contenant les champs vers cette zone pour les intégrer à vos filtres.

Ouvrez simplement ensuite le champ à filtrer pour cocher les données ou utilisez la commande *Filtre personnalisé* (voir Figure 7.116).

Figure 7.115

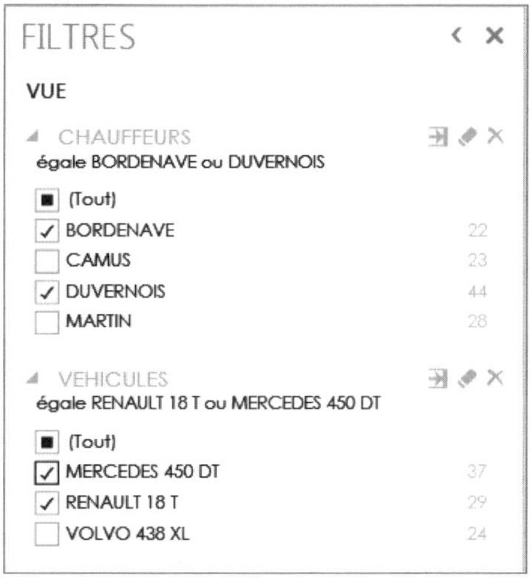

Figure 7.116
Pour filtrer sur plusieurs champs, cochez les données ou utilisez la commande Filtre personnalisé.

Retrouvez les fichiers d'exercices et leurs corrigés sur le site compagnon **http://moneformation.pearson.fr**

Analyse des mandats

Une agence immobilière exporte régulièrement au format csv un fichier "7-01 Mandats Ventes-Locations.csv" contenant les mandats en cours. Préparez un classeur Excel afin d'analyser le contenu de ce fichier.

1. Créez un nouveau classeur.
2. Insérez le fichier csv dans une feuille de ce classeur. Faites en sorte que ces données soient insérées dans un tableau que vous nommerez "Mandats".
3. Créez un tableau croisé dynamique afin d'afficher par ville le nombre de biens en vente ou location, le montant total, le prix moyen et la surface moyenne de ces biens.
4. Permettez aux utilisateurs de filtrer votre TCD soit par vente (V), soit par location (L).
5. Permettez aux utilisateurs de filtrer sur la "nature", à l'aide d'un segment affichant quatre colonnes.
6. Permettez aux utilisateurs de filtrer les données selon un ou plusieurs trimestres.

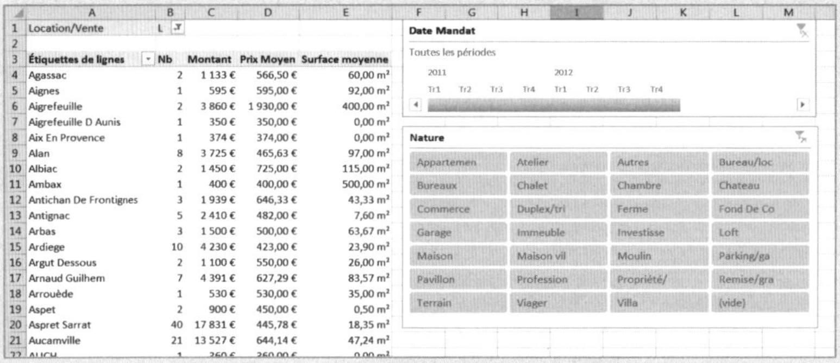

Location/Vente	L			
Étiquettes de lignes	Nb	Montant	Prix Moyen	Surface moyenne
Agassac	2	1 133 €	566,50 €	60,00 m²
Aignes	1	595 €	595,00 €	92,00 m²
Aigrefeuille	2	3 860 €	1 930,00 €	400,00 m²
Aigrefeuille D Aunis	1	350 €	350,00 €	0,00 m²
Aix En Provence	1	374 €	374,00 €	0,00 m²
Alan	8	3 725 €	465,63 €	97,00 m²
Albiac	2	1 450 €	725,00 €	115,00 m²
Ambax	1	400 €	400,00 €	500,00 m²
Antichan De Frontignes	3	1 939 €	646,33 €	43,33 m²
Antignac	5	2 410 €	482,00 €	7,60 m²
Arbas	3	1 500 €	500,00 €	63,67 m²
Ardiege	10	4 230 €	423,00 €	23,90 m²
Argut Dessous	2	1 100 €	550,00 €	26,00 m²
Arnaud Guilhem	7	4 391 €	627,29 €	83,57 m²
Arrouède	1	530 €	530,00 €	35,00 m²
Aspet	2	900 €	450,00 €	0,50 m²
Aspret Sarrat	40	17 831 €	445,78 €	18,35 m²
Aucamville	21	13 527 €	644,14 €	47,24 m²

Figure 7.117

Bilan des mandats de vente

La même agence immobilière enregistre dans un classeur "7-02 Mandats Ventes.xlsx" la liste des mandats en cours.

Créez un tableau croisé dynamique afin de calculer par mois et par mandataire (voir Figure 7.118) :

- le nombre de biens ;
- le montant total des prix nets de ces biens ;
- le montant total des honoraires.

Créez un autre tableau croisé dynamique calculant par "Type de bien" (voir Figure 7.119) :

- le prix moyen des biens ;
- la superficie moyenne des biens ;
- le prix au mètre carré de ces biens.

Ajoutez à ce dernier TCD une possibilité de filtrer sur la nature et sur l'état de disponibilité.

	NB	Montant Prop.	Montant Hon.
⊟ 2012			
⊟ févr			
ac	29	4916000	319650
bv	23	3356650	222166
sc	8	1629000	97500
(vide)	1	130000	10000
⊟ mars			
	3	801000	0
ac	9	598000	43800
bv	8	970000	79000
(vide)	11	160000	12800
⊟ avr			
ac	4	698000	46000
bv	4	650400	31715
db	2	360000	26500
mz	11	2264900	0
(vide)	6	865000	8500
⊟ mai			
ac	2	370000	24000
bv	2	267000	20700
db	1	85000	7600
⊟ juin			
db	1	135000	10800
mz	1	448000	0
(vide)	1	185000	12900
Total général	127	18888950	973631

Figure 7.118

	Prix FAI moyen	Surface moyenne	Prix au m²
Type 1	65 971,83 €	26,05	2 532,67 €
Type 1 bis	97 200,00 €	30,00	3 240,00 €
Type 2	102 231,25 €	43,29	2 361,61 €
Type 2 bis	194 000,00 €	58,00	3 344,83 €
Type 3	153 496,34 €	61,57	2 492,84 €
Type 3 dup	166 760,00 €	65,84	2 532,81 €
Type 4	157 483,87 €	94,58	1 665,05 €
Type 4 dup	448 000,00 €	106,00	4 226,42 €
Type 5	318 400,00 €	122,76	2 593,68 €
Type 6	608 000,00 €	165,00	3 684,85 €
Terrain	189 000,00 €	2 320,00	81,47 €
Loft	450 000,00 €	175,00	2 571,43 €
Total général	156 398,28 €	86,30	1 812,26 €

Figure 7.119

Suivi de projets

Une équipe de travail ajoute chaque jour son activité dans un tableau Excel du classeur "7-03 Tâches Projets". Créez un tableau croisé dynamique afin de calculer le nombre d'heures totales par projet et par type de tâche. Ajoutez le champ "Nom" dans la zone de filtre et créez rapidement une feuille avec le même TCD par personne. Renommez chacun de ces tableaux croisés dynamiques par le nom de la personne.

Placez la feuille "Tâches projet" au début du classeur et la feuille "Tous" en second. Sur cette dernière, ajoutez une chronologie et modifiez-le afin qu'il ressemble à celui de la Figure 7.120. Puis connectez-le à l'ensemble des TCD et enfin copiez-le sur chaque feuille.

	A	B	C	D	E
1	Nom	(All)			
2					
3	**Nb Heures**				
4		**GTOU**	**MCOM**	**PCREA**	**Grand Total**
5	Analyse	3,59	2,96	3,17	9,72
6	Autre	5,93	5,31	5,77	17,00
7	Correction Bug Bloquant	1,63	2,19	2,65	6,46
8	Correction Bug mineur	0,35	0,13	0,27	0,75
9	Déroulement Plan test	0,17	0,02		0,19
10	Développement	7,42	8,14	9,02	24,58
11	Formation	0,04		0,00	0,04
12	Maintenance	1,65	1,40	0,87	3,92
13	Rédaction plan test		0,02		0,02
14	Réunion	0,04			0,04
15	Suivi projet	0,68	0,25	0,17	1,10
16	Technique	9,89	14,10	8,73	32,72
17	Tests	0,08	0,38	0,15	0,60
18	(blank)	0,08	0,35	0,10	0,54
19	**Grand Total**	**31,56**	**35,24**	**30,88**	**97,68**
20					

Période

2010 2011 2012

Figure 7.120

Taille des filles et des garçons

Vous devez créer un classeur contenant deux feuilles. Vous y importerez le fichier texte "7-04 taille-fille-0-5.txt" et le fichier "7-04 taille-garcon-0-5.txt". N'insérez pas les colonnes :

- L ;
- M ;
- S ;
- SD.

Faites en sorte que les données des colonnes suivantes soient reconnues en données numériques avec une virgule :

- SD3neg ;
- SD2neg ;
- SD1neg ;
- SD0 ;
- SD1 ;
- SD2 ;
- SD3.

	A	B	C	D	E	F	G	H
1	Month	SD3neg	SD2neg	SD1neg	SD0	SD1	SD2	SD3
2	0	43,6	45,4	47,3	49,1	51	52,9	54,7
3	1	47,8	49,8	51,7	53,7	55,6	57,6	59,5
4	2	51	53	55	57,1	59,1	61,1	63,2
5	3	53,5	55,6	57,7	59,8	61,9	64	66,1
6	4	55,6	57,8	59,9	62,1	64,3	66,4	68,6
7	5	57,4	59,6	61,8	64	66,2	68,5	70,7
8	6	58,9	61,2	63,5	65,7	68	70,3	72,5
9	7	60,3	62,7	65	67,3	69,6	71,9	74,2
10	8	61,7	64	66,4	68,7	71,1	73,5	75,8
11	9	62,9	65,3	67,7	70,1	72,6	75	77,4
12	10	64,1	66,5	69	71,5	73,9	76,4	78,9
13	11	65,2	67,7	70,3	72,8	75,3	77,8	80,3
14	12	66,3	68,9	71,4	74	76,6	79,2	81,7
15	13	67,3	70	72,6	75,2	77,8	80,5	83,1

Figure 7.121

Facture

Téléchargez le classeur "7-05- Facture.xlsx". Ce classeur contient une feuille pour établir des factures et une feuille "Suivi Factures" listant l'ensemble des données sur les factures déjà établies.

Créez un tableau croisé dynamique pour y afficher le bilan de l'année 2012 par trimestre et mois comme à la Figure 7.122.

Créez une feuille Power View pour y afficher le bilan de l'année 2012 par catégorie comme à la Figure 7.123.

	A	B	C	D	E
1	Années	2012			
2					
3	**Étiquettes de lignes**	**HT total**	**Montant TVA**	**REG**	**CA total**
4	**⊟ Trimestre1**				
5	janv	6 072,84 €	1 197,13 €	5 918,35 €	4 721,22 €
6	févr	7 470,20 €	1 518,65 €	5 697,09 €	4 178,44 €
7	mars	40 696,49 €	8 028,58 €	43 551,61 €	35 523,03 €
8	**⊟ Trimestre2**				
9	avr	5 885,51 €	905,02 €	5 009,10 €	4 104,08 €
10	mai	16 977,31 €	3 353,23 €	15 015,31 €	11 662,08 €
11	juin	34 783,51 €	6 824,13 €	25 969,38 €	19 145,25 €
12	**⊟ Trimestre3**				
13	juil	212,50 €	48,51 €	296,01 €	247,50 €
14	août	3 553,00 €	696,39 €	4 249,39 €	3 553,00 €
15	**⊟ Trimestre4**				
16	oct	9 099,43 €	1 816,80 €	4 353,52 €	2 536,72 €
17	nov	14 629,46 €	2 877,16 €	0,00 €	0,00 €
18	déc	17 510,98 €	3 470,71 €	0,00 €	0,00 €
19	**Total général**	**156 891,23 €**	**30 736,31 €**	**110 059,76 €**	**79 323,45 €**
20					

Figure 7.122

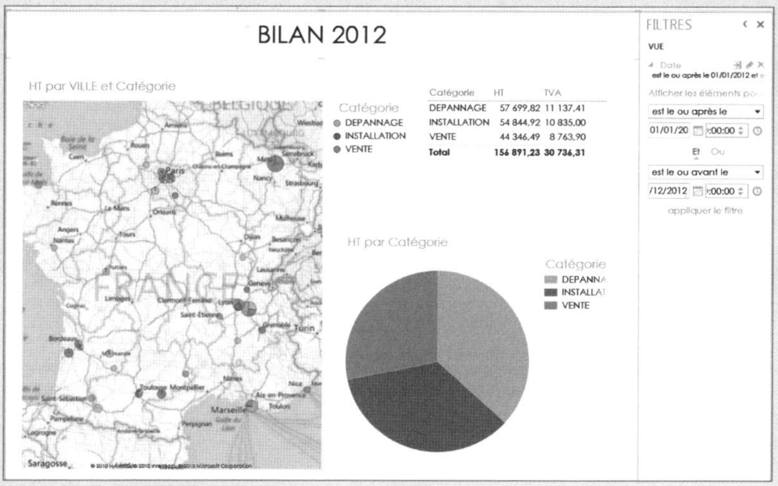

Figure 7.123

8

Les fonctions

Dans cette version Excel 2013, 50 nouvelles fonctions ont été ajoutées dans pratiquement toutes les bibliothèques : Finance, Logique, Texte, Date. Ce qui fait qu'aujourd'hui il y a 458 fonctions dans Excel. Nous ne détaillerons évidemment pas toutes ces fonctions dans ce livre, mais vous pouvez retrouver l'intégralité des fonctions en annexe à la fin de cet ouvrage.

Parmi les nouveautés, une bibliothèque web contient trois nouvelles fonctions permettant à Excel d'interagir avec le Web en interrogeant des sites web et de récupérer le résultat dans votre classeur.

Dans ce chapitre, nous allons passer en revue les principales fonctions d'Excel en les expliquant au travers d'exemples concrets.

Les fonctions mathématiques

Excel est un tableur. Il est utilisé en premier lieu pour réaliser des calculs mathématiques.

SOMME

C'est la formule la plus fréquemment utilisée et aussi la plus simple à concevoir.

Pour réaliser une somme dans Excel, il vous suffit d'inscrire le mot SOMME, précédé du signe égal, dans une cellule et de sélectionner les cellules à additionner. Quand vous validez, Excel affiche le résultat de l'addition des cellules sélectionnées.

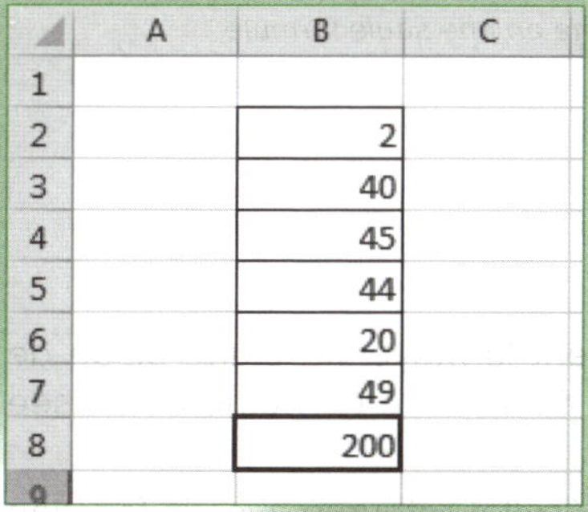

	A	B	C
1			
2		2	
3		40	
4		45	
5		44	
6		20	
7		49	
8		200	

Figure 8.1
SOMME est la fonction la plus fréquemment utilisée et aussi la plus simple à concevoir.

=SOMME(B3:B8)

Vous pouvez également effectuer une somme en utilisant l'icône Σ dans le ruban (onglet ***Accueil***) ou encore dans le menu *Formule*.

Figure 8.2

Placez-vous ensuite en cellule B9 et cliquez sur l'icône Σ pour afficher la formule mais également pour sélectionner automatiquement votre plage de cellules.

Inversement, si vous sélectionnez d'abord vos cellules B3:B8 et qu'ensuite vous appuyez sur l'icône Σ, le résultat s'affiche également en B9.

L'utilisation de la fonction SOMME peut également se faire sur un tableau à plusieurs dimensions (addition de plusieurs lignes ou de plusieurs colonnes). Dans le cas de figure suivant, il vous suffit de sélectionner la plage B2:D6 et de cliquer sur l'icône Σ pour en calculer la somme en C8.

=SOMME(B2:D6)

	A	B	C	D	E
1					
2		26.00%	5.00%	1.00%	
3		18.00%	20.00%	1.00%	
4		5.00%	5.00%	9.00%	
5		2.00%	2.00%	3.00%	
6		0.00%	1.00%	2.00%	
7					
8		SOMME	100.00%		

Figure 8.3

Enfin, si vos données ne sont pas contiguës, vous pouvez tout de même calculer la somme en une seule formule. Dans ce cas de figure, vous devez séparer chacune des plages par un point-virgule.

D9 | =SOMME(B2:B7;E2:E7)

	A	B	C	D	E	F
1						
2		2			3	
3		40			13	
4		45			26	
5		44			43	
6		20			22	
7		49			4	
8						
9				311		
10						

Figure 8.4
Si vos données ne sont pas contiguës, vous pouvez tout de même calculer la somme en une seule formule.

=SOMME(B2:B7;E2:E7)

MOYENNE

Cette fonction vous permet de calculer automatiquement la moyenne d'une plage de cellule. Une moyenne s'obtient en calculant la somme d'une suite de nombres divisée par le nombre de valeurs additionnées.

Ainsi, dans l'exemple suivant, vous pouvez voir que le résultat retourné avec la fonction SOMME divisée par le nombre d'éléments est identique au résultat retourné par la fonction MOYENNE.

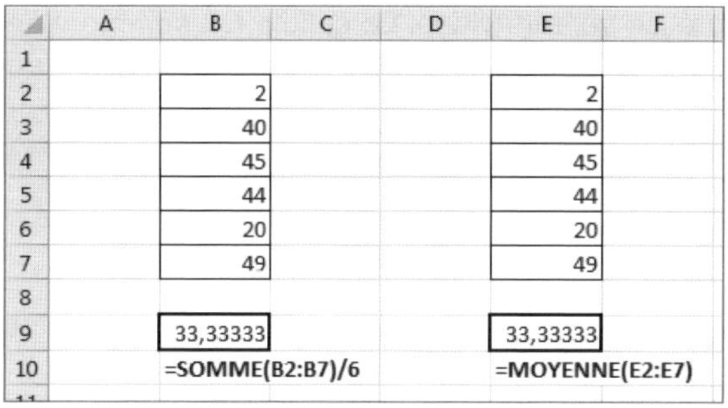

Figure 8.5
MOYENNE s'utilise aussi simplement que la Somme.

Il n'y a donc pas de différence à utiliser l'une ou l'autre des méthodes mais, avec des plages de données très étendues, il est préférable d'utiliser la fonction MOYENNE car vous vous évitez de compter le nombre de valeurs pour faire la division.

À l'instar du raccourci de la fonction SOMME dans le ruban, vous pouvez également insérer la fonction MOYENNE d'un seul clic de souris en appuyant sur la flèche juste à droite du symbole **Σ**, puis en activant l'option MOYENNE.

Figure 8.6

MIN/MAX

Ces deux fonctions vous permettent de retourner la valeur la plus basse (ou la plus élevée) dans une série de nombres.

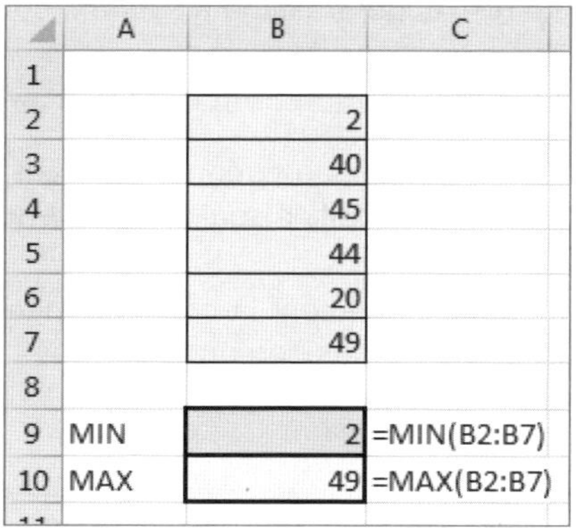

Figure 8.7

NB, NBVAL, NB.VIDE

Ces fonctions sont connexes. Elles retournent toutes les trois un nombre d'éléments mais avec quelques variantes :

- La fonction NB retourne le nombre de valeurs numériques dans une plage de cellules.
- La fonction NBVAL retourne le nombre de cellules non vides.

- La fonction NB.VIDE retourne le nombre de valeurs vides. La cellule C2 semble vide mais elle contient en fait un espace. De ce fait, cette cellule n'est pas considérée comme étant vide.

	A	B	C	D
1				
2		2		
3		Bonjour	*	
4		45	µ	
5			50	
6		OK	75	
7		49	Merci	
8				
9	NB	5	=NB(B2:C7)	
10	NBVAL	11	=NBVAL(B2:C7)	
11	NB.VIDE	1	=NB.VIDE(B2:C7)	

Figure 8.8
Faites bien attention à la différence entre les trois fonctions NB.

SOUS-TOTAL

La fonction SOUS-TOTAL permet d'effectuer le calcul d'une somme dans une feuille de calcul avec des lignes masquées. En fait, c'est cette formule qui s'applique dans un tableau filtré.

	A	B	C	D
1		Exemple Fitré		
2		2	Oui	
5		44	Oui	
6		20	Oui	
8		66	=SOUS.TOTAL(9;B2:B7)	
9				

Figure 8.9
La fonction SOUS-TOTAL permet d'effectuer certains calculs sans tenir compte des lignes ou colonnes masquées.

Quand vous cliquez sur l'icône Σ dans le ruban et que vous êtes en présence d'un classeur filtré, c'est automatiquement la formule SOUS-TOTAL qui s'affiche à l'écran.

AGREGAT

Cette fonction a fait son apparition avec Excel 2010 et est assez peu connue. Pourtant, elle est extrêmement pratique pour réaliser des calculs avec des cellules qui contiennent des erreurs.

Avoir des erreurs dans une feuille de calcul n'est pas nécessairement la conséquence d'une mauvaise construction ; cela peut aussi être dû à des données non encore reçues, comme c'est le cas dans l'exemple ci-après.

	A	B	C	D	E	F	G	H
1		Matière 1	Matière 2	Matière 3	Matière 4			
2	Paul	0	16	12				
3	Brigitte	1	14.5	15				
4	Jean	2	15	14				
5	Maude	3	9	20				
6	Sylvie	4	5	10				
7	Rémy	5	20	9				
8	René	10	10	13				
9	Ernestine	20	3	4				
10	Moyenne	5,625	11,142857	12,125	#DIV/0!	#DIV/0!	=MOYENNE(B10:E10)	
11						9,63		
12								

Figure 8.10
La fonction AGREGAT permet d'effectuer dix-neuf opérations en ignorant certaines options (lignes masquées, erreurs, etc.)

Malgré la division par 0 en E10, nous souhaitons calculer la moyenne générale des élèves. Si nous prenons la fonction MOYENNE, Excel n'est pas en mesure de retourner la valeur à cause de l'erreur en E10.

Par contre, le fait d'utiliser la fonction AGREGAT va vous permettre de réaliser le calcul.

La fonction AGREGAT se compose en trois paramètres :

- Type d'opération ;
- Méthode de calcul ;
- Plage de données.

Dix-neuf types d'opérations vous sont proposés comme SOMME, MOYENNE, NB, NBVAL, etc. Néanmoins, vous ne saisirez pas le nom de la fonction mais un numéro. Dès que vous ouvrez la parenthèse de la fonction, une bulle d'aide vous affiche la liste des fonctions que vous pouvez appliquer et leurs numéros correspondants.

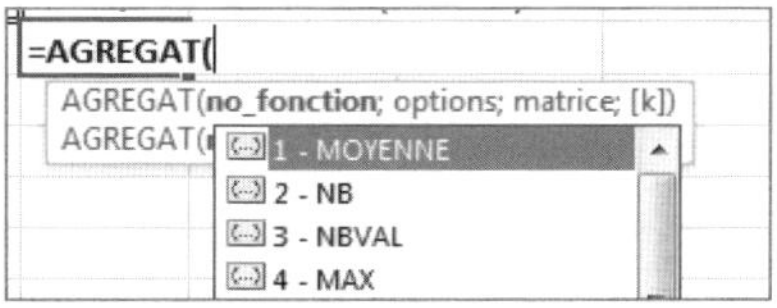

Figure 8.11

Les méthodes de calcul sont au nombre de 8 (de 0 à 7) et se comportent comme le paramètre précédent. C'est-à-dire que vous allez simplement saisir un numéro correspondant à une méthode de calcul. **L'option 6 vous permet de ne pas tenir compte des erreurs**.

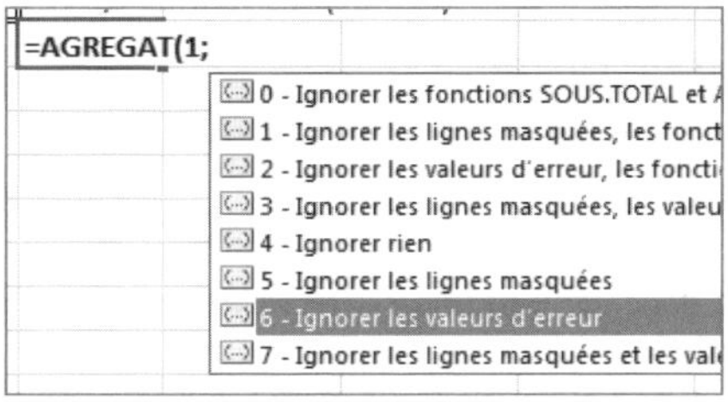

Figure 8.12

Ainsi, vous êtes capable de retourner de façon certaine un résultat malgré des erreurs dans votre plage de sélection.

Fonctions d'arrondi

ENT/TRONQUE

Ces deux fonctions renvoient la partie entière d'un nombre décimal. Pour les nombres positifs ou nuls, les deux fonctions renvoient exactement le même résultat. En revanche, pour les nombres négatifs ENT va arrondir à l'entier inférieur alors que la fonction TRONQUE va arrondir à l'entier supérieur.

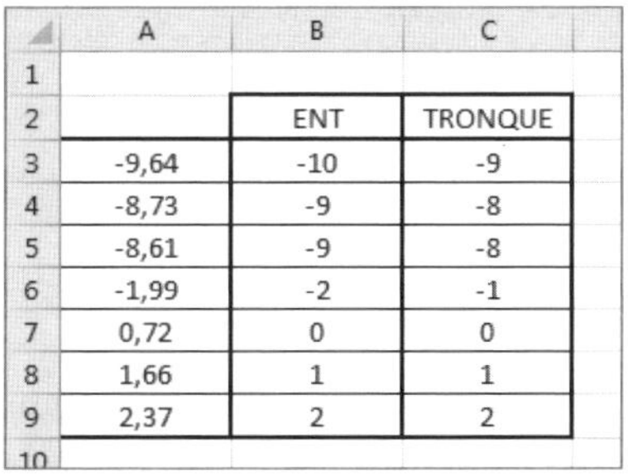

	A	B	C
1			
2		ENT	TRONQUE
3	-9,64	-10	-9
4	-8,73	-9	-8
5	-8,61	-9	-8
6	-1,99	-2	-1
7	0,72	0	0
8	1,66	1	1
9	2,37	2	2
10			

Figure 8.13
Les fonctions ENT et TRONQUE renvoient la partie entière d'un nombre décimal.

ARRONDI

=ARRONDI(Nombre;Précision)

La fonction ARRONDI se constitue de deux paramètres :

- le nombre à traiter ;
- la précision d'arrondi.

Précision = 0

Avec une précision de 0, Excel arrondit à la partie entière la plus proche. À la différence des fonctions ENT ou TRONQUE, qui arrondissent toujours dans le même sens, ARRONDI va arrondir à l'entier le plus proche.

Précision positive

Le nombre saisi en deuxième argument va indiquer la précision de l'arrondi :

- 1, arrondi à la première décimale après la virgule ;
- 2, arrondi à la deuxième décimale après la virgule ;
- etc.

Précision négative

Avec une valeur négative en deuxième argument, vous arrondissez la partie entière de vos nombres :

- -1, arrondi à la première dizaine ;
- -2, arrondi à la première centaine ;
- etc.

Le tableau suivant vous résume les différents cas de figure.

	A	B	C	D	E	F
1						
2		0	1	2	-1	-2
3	-522,48	-522	-522,5	-522,48	-520	-500
4	-85,54	-86	-85,5	-85,54	-90	-100
5	-4,26	-4	-4,3	-4,26	0	0
6	8,18	8	8,2	8,18	10	0
7	363,69	364	363,7	363,69	360	400
8	659,98	660	660	659,98	660	700
9	1409,59	1410	1409,6	1409,59	1410	1400

Figure 8.14
Différents arrondis.

ARRONDI.INF/ARRONDI.SUP

=ARRONDI.INF(Nombre;Précision)

=ARRONDI.SUP(Nombre;Précision)

Ces deux fonctions se paramètrent comme la fonction ARRONDI et leurs résultats se comprennent facilement en arrondissant systématiquement à la valeur inférieure pour ARRONDI.INF et systématiquement à la valeur supérieure pour ARRONDI.SUP.

	A	B	C	D	E	F	G
1							
2			0	1	2	-1	-2
3	ARRONDI.INF	-522,48	-522	-522,4	-522,48	-520	-500
4		-85,54	-85	-85,5	-85,54	-80	0
5		-4,26	-4	-4,2	-4,26	0	0
6		8,18	8	8,1	8,18	0	0
7		363,69	363	363,6	363,69	360	300
8		659,98	659	659,9	659,98	650	600
9		1409,59	1409	1409,5	1409,59	1400	1400
10							
11	ARRONDI.SUP	-522,48	-523	-522,5	-522,48	-530	-600
12		-85,54	-86	-85,6	-85,54	-90	-100
13		-4,26	-5	-4,3	-4,26	-10	-100
14		8,18	9	8,2	8,18	10	100
15		363,69	364	363,7	363,69	370	400
16		659,98	660	660	659,98	660	700
17		1409,59	1410	1409,6	1409,59	1410	1500
18			(Ctrl)				

Figure 8.15

Arrondir au multiple

ARRONDI.AU.MULTIPLE

=ARRONDI.AU.MULTIPLE (Nombre;Multiple)

Cette fonction est très utile pour arrondir à des valeurs plus grandes que l'unité.

Supposons que vous souhaitiez réaliser une pyramide des âges. Pour cela, vous allez regrouper tous vos individus par groupe d'âge de 5 années (0 à 5, 5 à 10…). Comme tout le monde n'a pas exactement 5, 10, 15 ans…, vous allez devoir regrouper au multiple le plus proche.

Le tableau suivant vous présente le résultat obtenu pour des arrondis au multiple de 0,05, 2, 3 et 5 d'une liste de valeur.

	A	B	C	D	E
1					
2	Valeurs	0,05	0,5	3	5
3	1,23	1,25	1	0	0
4	2,41	2,4	2,5	3	0
5	3	3	3	3	5
6	4	4	4	3	5
7	5	5	5	6	5
8	8	8	8	9	10
9	10	10	10	9	10

Figure 8.16

La gestion des arrondis au multiple est plus fréquente qu'il n'y paraît. En effet, pour la réalisation de statistiques, il est préférable de regrouper les données plutôt que d'avoir un éparpillement et ainsi entraîner une perte de visibilité.

PLANCHER.MATH/PLAFOND.MATH Nouveaute EXCEL 2013

Les fonctions PLANCHER.MATH et PLAFOND.MATH sont plus précises que ARRONDI.AU.MULTIPLE car elles permettent d'indiquer si le résultat doit tendre vers 0 ou s'éloigner de 0.

Les fonctions PLANCHER.MATH et PLAFOND.MATH se construisent de la façon suivante :

- le nombre à traiter ;
- le pas de l'arrondi ;
- le ***Mode*** de calcul (O ou 1).

Fonctions diviseurs

MOD

La fonction MOD retourne le reste d'une division. Par exemple, la fonction MOD(60;12) va retourner 0 car la division de 60 par 12 donne un résultat juste.

Cette fonction est extrêmement utilisée dans des tests :

- avec la fonction SI ;
- dans les mises en forme conditionnelles ;
- dans des validations de données.

Vous pouvez ainsi mettre une mise en forme conditionnelle pour tous les nombres pairs de votre colonne A avec la formule suivante :

=MOD(A1;2)=0

Ou encore, si vous souhaitez que les utilisateurs saisissent une valeur égale à un multiple de 500, vous pourrez créer une validation de donnée pour la cellule A1 avec la formule suivante :

=MOD(A1;500)=0

QUOTIENT

La fonction QUOTIENT renvoie la partie entière d'une division. Ce qui revient aussi à réaliser une division à l'intérieur de la fonction TRONQUE.

QUOTIENT(–14;3)=–4

TRONQUE(–14/3)=–4

Que les valeurs soient positives ou négatives, les deux fonctions donnent des résultats similaires.

PGCD

La fonction PGCD retourne le plus grand commun diviseur (ou encore le plus grand dénominateur commun) entre plusieurs valeurs. Vous pouvez aller jusqu'à 255 valeurs mais, généralement, PGCD est utilisé pour comparer deux valeurs. Par exemple, vous voulez savoir quel est le plus grand nombre qui multiplie à la fois 120 et 48. Vous allez écrire :

=PGCD(120;48) donne pour résultat 24

- 24 * 2 = 48
- 24 * 5 = 120

PPCM

La fonction PPCM renvoie le plus petit commun multiple (ou encore le plus petit dénominateur commun) entre deux valeurs ou plus. Par exemple, pour connaître le plus grand multiple de 12 et 15 vous allez écrire :

=PPCM(12 ;15) donne pour résultat 60

- = 12 / 24 / 36 / 48 / **60** /...
- = 15 / 30 / 45 / **60** /...

SOMMEPROD

La fonction SOMMEPROD permet de faire la multiplication entre plusieurs colonnes et dans le même temps de faire l'addition. Pour plus de compréhension, prenons l'exemple des notes d'un élève avec des coefficients pour chaque matière.

	A	B	C	D	E
1		Note	Coef		
2	Français	13	5		
3	Anglais	12	2		
4	Mathématiques	16	5		
5	Comptabilité	8	4		
6	Histoire	11	3		
7	Philosophie	7	2		
8		248	=SOMMEPROD(B2:B7;C2:C7)		

Figure 8.17
La fonction SOMMEPROD permet de calculer la multiplication (Produit) entre plusieurs plages, puis additionner l'ensemble des résultats.

La fonction SOMMEPROD vous permet de réaliser le calcul des notes avec leur coefficient respectif sans faire tous les calculs intermédiaires. Dans le cas de figure présent la formule retourne :

=SOMMEPROD (B2:B7,C2:C7) => 248

Jusqu'à la version d'Excel 2003, la fonction SOMMEPROD était également utilisée pour faire des dénombrements sur plusieurs critères mais, aujourd'hui, cette utilisation n'est plus nécessaire depuis l'arrivée de la fonction NB.SI.ENS.

Fonctions statistiques

Les fonctions statistiques représentent une part importante des calculs dans Excel. Nous pouvons détailler ces fonctions en trois groupes

- statistique à une variable ;
- statistique à deux variables ;
- probabilité.

Avant de détailler ces fonctions, il est important d'apporter une précision à propos des fonctions statistiques dans Excel.

Remarques importantes

Depuis la version d'Excel 2010, un grand nombre de formules statistiques ont fait l'objet d'une modification de leur algorithme afin d'améliorer leur exécution et leur précision.

Un grand nombre de ces fonctions a été renommé pour les différencier des anciennes fonctions ; ces dernières ont bien sûr été conservées pour des raisons de compatibilité. Ne vous étonnez donc pas de trouver certaines fonctions statistiques en double dans Excel. Selon le niveau de précision que vous souhaitez atteindre, il peut être utile de consulter l'aide pour savoir si une fonction statistique n'a pas été mise à jour.

Statistique à une variable

Afin d'illustrer chaque fonction statistique à une variable, nous allons prendre les relevés de précipitation de la Figure 8.18.

	A	B
1 2	Mois	Précipitation (en mm / m^3)
3	Janvier	180
4	Février	165
5	Mars	98
6	Avril	102
7	Mai	57
8	Juin	32
9	Juillet	29
10	Août	15
11	Septembre	57
12	Octobre	126
13	Novembre	186
14	Décembre	175
15		

Figure 8.18

RANG

La fonction RANG retourne la position d'une valeur dans une liste (triée ou non) en partant de la plus élevée. La fonction RANG nécessite deux arguments :

- la valeur recherchée ;
- la plage de cellules de référence.

Dans notre exemple, si nous voulons connaître le rang de la valeur 180 nous écrirons :

=RANG(180,B3:B14) => 2

La valeur 180 est la deuxième valeur la plus élevée dans notre plage de cellules.

Si la valeur recherchée n'est pas présente dans la sélection, la fonction retournera #N/A.

MEDIANE

La fonction **MEDIANE** retourne un nombre qui divise en deux parties l'échantillon, la population ou la distribution de probabilités tel que ***chaque partie contient le même nombre de valeurs***.

=MEDIANE(B3:B14) => 100

MODE

La fonction **MODE** correspond au nombre le plus souvent rencontré dans une série. ***Si toutes les valeurs sont uniques, la fonction retourne une erreur.***

=MODE(B3:B14) => 57

La valeur 57 est présente deux fois dans la liste, ce qui correspond au nombre le plus souvent rencontré.

> **Attention !**
>
> Ne confondez pas la fonction MODE avec la fonction MOD (modulo).

QUARTILE

La fonction QUARTILE renvoie les quatre valeurs qui divisent en quatre quarts les valeurs d'une population en même quantité. Dans notre exemple, nous voulons répartir en quatre groupes notre série de données.

Pour fonctionner, la fonction a besoin de deux arguments :

- la plage de cellules qui contient vos données ;
- un paramètre entre 1 (premier quart) et 4 (dernier quart).

=QUARTILE(B3:B14;1)

Le tableau suivant montre la répartition en quatre quartiles de votre échantillon. Le QUARTILE 2 est équivalent à la MEDIANE.

	A	B	C	D	E
1	Mois	Précipitation			
2		(en mm / m³)			
3	Janvier	180		Quartile	
4	Février	165		1	50.75
5	Mars	98		2	100.00
6	Avril	102		3	167.50
7	Mai	57		4	186.00
8	Juin	32			
9	Juillet	29			
10	Août	15		Mediane	100
11	Septembre	57			
12	Octobre	126			
13	Novembre	186			
14	Décembre	175			
15					

Figure 8.19

La fonction QUARTILE renvoie les quatre valeurs qui divisent en quatre quarts les valeurs d'une population en même quantité.

CENTILE

La fonction CENTILE repose sur le même principe que le quartile mais en répartissant cette fois la population en cent groupes de même effectif.

=CENTILE($B$3:$B$14;D3)

> **Attention !**
>
> Là où la fonction QUARTILE attend, en second paramètre, une valeur de 1 à 4, la fonction CENTILE attend un pourcentage.

	A	B	C	D	E
1	Mois	Précipitation			
2		(en mm / m³)		Centile	
3	Janvier	180		10%	29.30
4	Février	165		20%	37.00
5	Mars	98		30%	57.00
6	Avril	102		40%	73.40
7	Mai	57		50%	100.00
8	Juin	32		60%	116.40
9	Juillet	29		70%	153.30
10	Août	15		80%	173.00
11	Septembre	57		90%	179.50
12	Octobre	126		100%	186.00
13	Novembre	186			
14	Décembre	175			
15					

Figure 8.20

ECART-TYPE

Il y a plusieurs fonctions différentes dans Excel pour calculer l'écart-type d'une série. L'écart-type d'une série de nombres représente la dispersion des informations autour de la moyenne.

Cette fonction est importante en statistiques car plus un processus mesuré est stable et plus il y a de probabilités d'obtenir des résultats près de la moyenne dans le futur. Or plus l'écart-type est élevé, plus la dispersion des données est élevée et plus un processus mesuré est instable ; plus il est réduit, plus il est stable.

Les fonctions ECARTYPE.STANDARD et ECARTYPE.PEARSON sont apparues avec la version d'Excel 2010 pour améliorer l'algorithme. Les fonctions ECARTYPE et ECARTYPEP ont été conservées pour des raisons de compatibilité.

- La fonction ECARTYPE.STANDARD renvoie l'écart-type d'un échantillon d'une population.
- La fonction ECARTYPE.PEARSON renvoie l'écart-type d'une population entière.

La différence entre les deux modes de calcul concerne l'échantillon et donc le diviseur. Si la population est entière, le diviseur sera égal à N (avec N, nombre d'éléments) alors que pour un échantillon le diviseur est N-1.

VARIANCE

La variance est le carré de l'écart-type. Là aussi les deux fonctions créées initialement (VAR et VARP) ont été améliorées.

- La fonction VAR.S correspond à la variance d'un échantillon (elle remplace la fonction VAR).
- La fonction VAR.P.S correspond à la variance d'une population entière (elle remplace la fonction VAR.P).

Statistique à deux variables

L'analyse statistique de deux séries permet de trouver des connexions entre ces séries et ainsi d'affiner les résultats.

C'est le cas par exemple entre :

- le chiffre d'affaires des ventes de glace avec les relevés pluviométrie ;
- le chiffre d'affaires des ventes de glace et de la température relevée ;
- le temps d'utilisation d'une machine et le nombre d'unités produites.

Quelles sont les relations entre ces deux séries ?

	A	B	C	D	E	F	G	H	I	J	K	L	M	N	O
1	Temps machine	2,1	4,4	3,9	5,3	2,2	5	3,2	2	4,8	6,1	3,8	3,8	5,5	5,7
2	Unitée produite	45	87	73	122	60	107	73	37	98	123	66	75	111	135
3															

Figure 8.21

COVARIANCE

La fonction COVAR retourne la covariance de deux séries de données. La covariance évalue le sens de variation de deux variables et, ainsi, qualifie l'indépendance de ces variables. Si deux variables sont indépendantes, alors, leur covariance est nulle, mais la réciproque est fausse. Deux autres fonctions calculent la covariance COVARIANCE.S (échantillon) ou COVARIANCE.P (population entière).

	A	B	C	D	E	F	G	H	I	J	K	L	M	N	O
1	Temps machine	2,1	4,4	3,9	5,3	2,2	5	3,2	2	4,8	6,1	3,8	3,8	5,5	5,7
2	Unitée produite	45	87	73	122	60	107	73	37	98	123	66	75	111	135
3															
4	COVARIANCE.P		36,84795918		=COVARIANCE.PEARSON($B$1:$O$1;$B$2:$O$2)										
5	COVARIANCE.S		39,68241758		=COVARIANCE.STANDARD($B$1:$O$1;$B$2:$O$2)										
6	COVAR		36,84795918		=COVARIANCE($B$1:$O$1;$B$2:$O$2)										
7															

Figure 8.22
La covariance évalue le sens de variation de deux variables et, ainsi, qualifie l'indépendance de ces variables.

COEFFICIENT.CORRELATION

Calculer le coefficient de corrélation entre deux variables numériques revient à chercher la liaison qui existe entre les variables à l'aide d'une droite. Un coefficient de corrélation égal à 0 indique que les deux séries sont indépendantes et, inversement, un coefficient de corrélation proche de 1 indique une forte dépendance entre les deux séries.

	A	B	C	D	E	F	G	H	I	J	K	L	M	N	O
1	Temps machine	2,1	4,4	3,9	5,3	2,2	5	3,2	2	4,8	6,1	3,8	3,8	5,5	5,7
2	Unitée produite	45	87	73	122	60	107	73	37	98	123	66	75	111	135
3															
4															
5	Coef Corrélation		0,95800506		=COEFFICIENT.CORRELATION(B2:O2;B1:O1)										
6	R²		0,917773696		=B5^2										

Figure 8.23

DROITEREG

La fonction DROITEREG, dans sa forme simple, renvoie les deux valeurs qui constituent la droite de régression d'un nuage de points. Mais elle peut également vous renvoyer une analyse très détaillée des valeurs entre elles.

Présentation

La fonction a besoin de quatre arguments :

- votre série de donnée **Y** ;
- votre série de donnée **X** (obligatoirement dans cet ordre) ;
- la prise en compte ou non d'une constante (VRAI/FAUX) ;
- afficher les résultats sous forme réduite (FAUX) ou étendue (VRAI).

Une droite a pour équation :

y = ax + b

La valeur de ***y*** est déterminée par un coefficient ***a*** multiplié à la valeur ***x*** auquel est ajouté un terme constant ***b***.

> **Info**
>
> La fonction DROITEREG vous calcule en même temps les coefficients ***a*** et ***b***.

Exemple de calcul de droite de régression dans sa forme réduite

Pour déterminer les deux paramètres de l'équation :

1. Sélectionnez les deux cellules qui vont accueillir les résultats (les deux cellules doivent être contiguës et horizontales).
2. Saisissez ensuite la formule =DROITEREG.
3. Sélectionnez la série de valeur correspondant à ***Y.***

4. Sélectionnez la série de valeur correspondant à ***X***.
5. Saisissez la valeur VRAI (calcul de la constante).
6. Saisissez la valeur FAUX (écriture réduite).
7. Validez par la combinaison de touches **Ctrl+Shift+Entrée**.

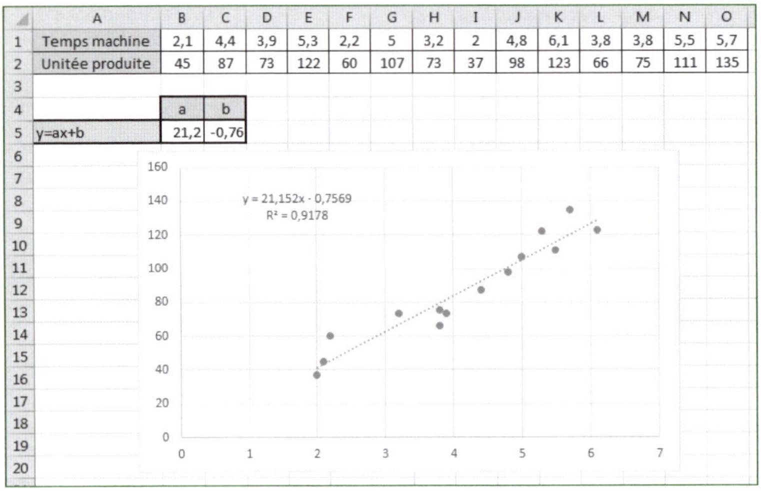

Figure 8.24

Le résultat donné en B5:C5 renvoie les paramètres de l'équation de la droite. À titre de vérification, la droite de tendance affichée dans le graphique donne exactement le même résultat, comme vous pouvez le visualiser à la Figure 8.24.

Exemple de calcul de droite de régression dans sa forme étendue

La même fonction peut aussi calculer d'autres paramètres statistiques plus poussés, comme le coefficient de détermination, la valeur d'erreur... Pour afficher ces paramètres, vous devez mettre le quatrième paramètre à VRAI.

Les paramètres statistiques sont les suivants.

Statistique	Description
se1, se2..., sen	Les valeurs d'erreur type correspondant aux coefficients m1, m2..., mn.
seb	La valeur d'erreur type correspondant à la constante b (seb = #N/A si l'argument *constante* a la valeur FAUX).
r2	Le coefficient de détermination. Compare les valeurs y estimées aux valeurs y réelles et varie entre 0 et 1. Un coefficient de détermination égal à 1 indique une corrélation parfaite de l'échantillon (aucune différence entre les valeurs y estimées et réelles). À l'inverse, un coefficient de détermination égal à 0 (zéro) indique que l'équation de régression ne peut servir à prévoir une valeur y. Pour plus d'informations sur le mode de calcul de r2, consultez la section "Notes", plus loin dans ce chapitre.
sey	L'erreur type pour la valeur y estimée.
F	La statistique F ou valeur F observée. Utilisez ce paramètre pour déterminer si la relation observée entre les variables dépendantes et indépendantes est due au hasard.

Statistique	Description
df	Les degrés de liberté. Ils vous aident à trouver les valeurs critiques de la statistique F dans une table statistique. Comparez les valeurs trouvées dans la table à la statistique F renvoyée par la fonction **DROITEREG** pour déterminer le niveau de confiance du modèle.
ssreg	La somme de régression des carrés.
ssresid	La somme résiduelle des carrés. Pour plus d'informations sur le mode de calcul de ssreg et de ssresid, consultez les "Notes" plus loin dans ce chapitre.

	A	B	C	D	E	F	G	H	I	J	K	L	M	N	O
1	Temps machine	2,1	4,4	3,9	5,3	2,2	5	3,2	2	4,8	6,1	3,8	3,8	5,5	5,7
2	Unitée produite	45	87	73	122	60	107	73	37	98	123	66	75	111	135
3															
4		Pente	Constante												
5	Coef	21,152179	-0,756853												
6	se	1,827688	7,9219563	seb											
7	R^2	0,9177737	9,0259984	sey											
8	F	133,9387	12	df											
9	ssreg	10911,805	977,62377	ssersid											

Figure 8.25

TENDANCE

TENDANCE (y_connu;x_connu;x_nouveau;constante)

La fonction TENDANCE vous permet de trouver la valeur d'un élément qui suit la tendance d'une droite de régression.

La fonction TENDANCE a besoin de quatre arguments :

- la série des données Y ;
- la série des données X ;
- la valeur de X ;
- la constante (VRAI ou FAUX).

Pour déterminer le nombre d'unités, nous estimons produire si nous faisons fonctionner notre machine pendant 8 heures ; nous allons écrire la fonction suivante :

= TENDANCE (B2:O2,B1:O1,B5,1) => 168,46

Nous pouvons estimer produire 168 unités si nous laissons notre machine tourner pendant 8 heures.

	A	B	C	D	E	F	G	H	I	J	K	L	M	N	O
1	Temps machine	2,1	4,4	3,9	5,3	2,2	5	3,2	2	4,8	6,1	3,8	3,8	5,5	5,7
2	Unitée produite	45	87	73	122	60	107	73	37	98	123	66	75	111	135
3															
4															
5	Valeur	8													
6	Tendance	168,4605787				=TENDANCE(B2:O2;B1:O1;B5;1)									

Figure 8.26
La fonction TENDANCE vous permet de trouver la valeur d'un élément qui suit la tendance d'une droite de régression.

Probabilité

FACT

La fonction FACT retourne le factoriel d'un nombre.

FACT(10) = 10! => 3 628 800

Du fait de la limitation à 15 unités des calculs dans Excel, la valeur maximale que vous pouvez calculer pour avoir un résultat exact est FACT(14). Au-delà, vous avez une approximation.

FACTDOUBLE

La fonction FACTDOUBLE retourne le factoriel double d'un nombre.

=FACTDOUBLE(10) = 10! => 3 840

COMBIN Nouveaute EXCEL 2013

La fonction COMBIN retourne le nombre de combinaisons possibles de n tirages sur n objets discernables. Par exemple, l'ancien tirage du loto représentait 6 numéros parmi 49. La formule est :

=COMBIN(49;6) => 13 983 816

COMBINA Nouveaute EXCEL 2013

La fonction COMBINA retourne le nombre de combinaisons possibles de n tirages sur n objets discernables en respectant l'ordre de tirage. Par exemple, sur une course de vingt chevaux, la probabilité de trouver les trois premiers chevaux (sans ordre) correspond à :

=COMBIN(20;3) => 1 140

Et pour trouver les trois premiers chevaux dans l'ordre, la probabilité est :

=COMBINA(20;3) => 1 540

La loi binomiale

La fonction LOI.BINOMIALE.N donne le résultat d'obtenir k succès sur n tirages quand deux événements sont possibles, succès ou échec (tirage de pile ou face).

La fonction se compose des arguments suivants :

- nombre de succès ;
- nombre de tirages ;
- probabilité de succès ;
- cumulative (VRAI ou FAUX).

Par exemple, lors d'un lancer d'une pièce de monnaie, la probabilité d'avoir pile est égale à 0,5. Si nous effectuons quatre lancers successifs. La probabilité d'obtenir deux fois pile est égale à :

=LOI.BINOMIALE.N(2;4;0,5;FAUX) => 0,375

La probabilité d'avoir ***au moins*** deux fois pile, c'est-à-dire d'avoir ou bien deux fois ou trois fois ou quatre fois pile est égale à :

=LOI.BINOMIALE.N(2;4;0,5;VRAI) => 0,6875

Le résultat inverse, n'avoir qu'une seule fois pile ou 0 s'obtient de la façon suivante :

=1– LOI.BINOMIALE.N(2;4;0,5;VRAI) => 0,3125

La fonction LOI.BINOMIALE.INVERSE vous permet de trouver le nombre de succès quand vous connaissez :

- le nombre de tirages ;
- la probabilité de succès ;
- le résultat de la probabilité.

=LOI.BINOMIALE.INVERSE(4;0,5;0,3125) =>1

La loi de poisson

La loi de POISSON est souvent utilisée pour déterminer le nombre d'événements qui se produisent dans une période de temps déterminée. Par exemple, aux caisses d'un supermarché, le temps d'attente moyen est de 5 minutes. Si le pourcentage de personnes qui attendent plus de 10 minutes dépasse 20 %, une nouvelle caisse sera ouverte.

La fonction LOI.POISSON.N se compose de trois arguments :

- X (terme de calcul) ;
- espérance (c'est la moyenne constatée) ;
- cumulative (VRAI ou FAUX).

Calculer le pourcentage de personnes qui attendent plus de 10 minutes est égal à :

=LOI.POISSON.N(9;5;VRAI) => 3,18 %

La loi normale

Pour étudier une distribution binomiale (succès ou échec) avec un nombre ***n*** très grand, la loi binomiale est peu pratique car nous allons manipuler des factoriels élevés. Pour remédier à cet inconvénient, les statisticiens ont trouvé une formule mathématique connue sous le nom de loi normale qui s'applique à la plupart des observations.

LOI.NORMALE(x;espérance;écart_type;cumulative)

La fonction LOI.NORMALE.N se compose de quatre paramètres :

- ***x*** (valeur de départ du calcul) ;
- espérance ;
- écart-type ;
- cumulative (VRAI ou FAUX).

Prenons comme exemple la fabrication d'ampoules. La durée de vie moyenne d'une ampoule est de 50 heures et son écart-type (dispersion autour de la moyenne) est de 10 heures. Quelle est la probabilité qu'une ampoule dépasse 75 heures ?

=LOI.NORMALE.N(75;50;10;1) => 0,00175283 => (0,18%)

Nombres particuliers

ALEA

La fonction ALEA n'a besoin d'aucun argument. Elle va renvoyer un nombre entre 0 et 1. À chaque nouvelle opération réalisée dans Excel la valeur de la fonction ALEA va être modifiée.

=ALEA()

ALEA.ENTRE.BORNES

Cette fonction permet d'améliorer la fonction ALEA et positionne une valeur minimale et une valeur maximale. Si vous voulez simuler les notes d'une classe, vous pouvez par exemple créer la fonction suivante :

=ALEA.ENTRE.BORNES(0;20)

Maintenant, si vous voulez créer des notes avec des décimales, vous pouvez écrire la formule suivante :

=ALEA.ENTRE.BORNES(0;40)/2

OU

=ARRONDI(ALEA*20;1)

PI

Cette fonction, sans argument, renvoie les quinze premières décimales du nombre PI. Excel n'affiche par défaut que six décimales, il vous suffira d'ajouter des décimales pour visualiser les quinze décimales.

=PI() renvoie la valeur 3,141593

ROMAIN

Convertit un chiffre arabe en chiffre romain. La valeur maximale de la fonction ROMAIN est 4 999.

=ROMAIN(2013) => MMXIII

ARABIC

Nouveaute EXCEL 2013

Cette nouvelle fonction d'Excel 2013 convertit un nombre romain en nombre arabe. Avec cette fonction, il n'y a pas de limitation de valeur.

=ARABIC("MMXIII ") => 2013

PAIR/IMPAIR

Renvoie le nombre pair ou le nombre impair le plus proche du nombre indiqué en s'éloignant de 0.

	A	B	C
1	Valeurs	PAIR	IMPAIR
2	1,23	2	3
3	2,41	4	3
4	3	4	3
5	4	4	5
6	5	6	5
7	8	8	9
8	10	10	11

Figure 8.27

Autres fonctions mathématiques

ABS

La fonction ABS, ou valeur absolue, retourne la valeur absolue d'un nombre.

=ABS(–100) retourne la valeur=> 100

PUISSANCE

Cette fonction est assez peu utilisée car elle peut être remplacée par le symbole ^. Par exemple, si vous voulez élever 5 à la puissance 3 vous pouvez écrire :

PUISSANCE(5;3) => 125 (ou encore 5^3)

RACINE

La fonction RACINE retourne la racine carrée d'un nombre passé en argument.

=RACINE(144) =>12

Par contre, il n'existe pas de fonction pour retourner la racine ***nième*** d'un nombre. Si vous souhaitez calculer la racine cubique de 9, vous allez devoir utiliser les puissances.

PUISSANCE(9;1/3) ou 9^(1/3)

EXP

La fonction EXP retourne la valeur exponentielle de l'argument passé en paramètre.

=EXP(1) => 2,718282

Tout comme la fonction PI, seules les six premières décimales s'affichent par défaut. Mais vous pouvez améliorer la précision en ajoutant plus de décimales.

LN/LOG/LOG10

Ces trois fonctions retournent le logarithme népérien, le logarithme et le logarithme base 10 d'un nombre passé en argument. La fonction LOG se distingue des deux autres par le fait que vous devez préciser le degré de sa base.

=LOG(Nombre, Base)

La relation entre les trois fonctions est donc la suivante :

LOG(Nombre;10) = LOG10(Nombre)

LOG(Nombre;EXP(1))=LN(Nombre)

Fonctions trigonométriques

Les fonctions trigonométriques sont très nombreuses dans Excel et surtout dans Excel 2013, qui a vu l'ajout de huit nouvelles fonctions trigonométriques (toutes ces nouvelles fonctions concernent les cotangentes).

Les fonctions trigonométriques sont des fonctions d'angles qui sont utilisées en géométrie mais aussi par des métiers scientifiques pour l'étude des oscillations (son, lumière, électricité, mécanique).

Soit le triangle suivant :

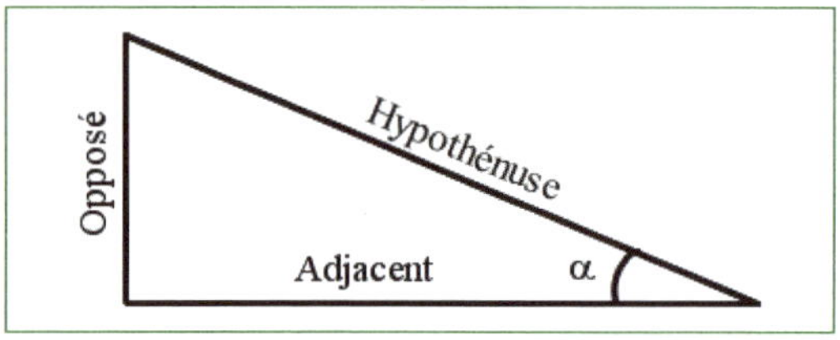

Figure 8.28
Les fonctions trigonométriques sont des fonctions d'angles, voici donc un petit rappel de géométrie.

- Sinus α = Opposé/Hypothénuse ;
- Cosinus α = Adjacent/Hypothénuse ;
- Tangente α = Opposé/Adjacent ;
- Cotangente α = Adjacent/Opposé.

En trigonométrie, les valeurs d'angles sont exprimées en radians et non pas en degrés. La mesure en radian d'un angle est la longueur de l'arc de cercle formé par cet angle dans un cercle de rayon 1. Le périmètre d'un cercle étant de 2*r*PI, le périmètre d'un cercle de rayon 1 est de 2*PI, ce qui permet de dire que la mesure en radian d'un angle de 360 degrés est de 2*PI.

La règle de conversion des degrés en radians est obtenue avec les fonctions DEGRES et RADIANS.

=RADIANS(45) => 0,785398

=DEGRES(PI()) => 180

Les fonctions d'ARC déterminent l'angle en radian à partir d'une fonction d'angle.

Même si elles ne sont pas sans rappeler les fonctions d'angle, les fonctions hyperboliques ne sont pas des fonctions d'angle à proprement parler. En effet, elles n'évoluent pas de façon périodique comme les fonctions d'angle. La terminologie utilisée pour désigner ces fonctions est cependant justifiée par le fait que les rapports entre les fonctions sont les mêmes, ainsi que par certaines relations mathématiques qui existent entre les fonctions d'angles et les fonctions hyperboliques.

Les fonctions hyperboliques ne renvoient pas de mesure d'angles en radians (arc) mais l'interprétation géométrique d'une aire.

Les fonctions conditionnelles

Concevoir un test

Les fonctions conditionnelles s'articulent toutes autour de **la notion de test**. Un test consiste à comparer deux éléments (chiffre, texte, date…) entre eux et renvoyer ***VRAI*** si le test est vérifié ou ***FAUX*** si le test n'est pas vérifié.

Pour construire un test, il vous faut mettre en relation vos deux éléments en utilisant l'un des opérateurs logiques suivants :

Opérateur	Résultat
a = b	Compare si ***a*** et ***b*** sont **égaux**
a < b	Vérifie si ***a*** est **plus petit (strict)** que ***b***
a <= b	Vérifie si ***a*** est **plus petit ou égal** à ***b***
a > b	Vérifie si ***a*** est **plus grand (strict)** que ***b***
a >= b	Vérifie si ***a*** est **plus grand ou égal** à ***b***
a <> b	Compare si ***a*** et ***b*** sont **différents**

C'est sur la base de ces différents opérateurs que nous pourrons construire nos tests.

SI

Principe

La fonction SI effectue un test logique qui va retourner deux valeurs – **et uniquement 2** –, VRAI ou FAUX. La fonction SI se décompose en trois parties :

- le test ;
- le résultat si le test est vrai ;
- le résultat si le test est faux.

=SI(*test ;* Si test est VRAI ; Si test est faux)

Écriture

Si vous souhaitez afficher du texte dans une cellule, il faut alors écrire les résultats du test entre guillemets.

=SI(test;"Accepté";"Refusé")

C'est également en utilisant des guillemets que vous pouvez écrire un résultat vide. En effet, ***si vous omettez le paramètre FAUX*** dans votre formule, Excel écrira le terme FAUX dans la cellule (dans le cas où le résultat de votre test est faux).

Pour éviter cela, il est nécessaire d'écrire "" plutôt que laisser le dernier argument vide. Écrivez :

=SI(test;"Accepté";"")

plutôt que :

=SI(test;"Accepté")

Pour les chiffres ou formules, écrivez vos paramètres VRAI ou FAUX sans guillemet ; par exemple :

=SI(test;A1–B1;A1–C1)

Cas pratique : match de football

Prenons l'exemple de la Figure 8.29 d'un résultat de match de football. Nous souhaitons afficher ***Gagné*** ou ***Perdu*** quand les équipes de la colonne A ont un score plus élevé que celui de l'équipe de la colonne D.

	A	B	C	D	E
1	Equipe	Résultat	Résultat	Equipe	Résultat
2	AAA	2	0	DDD	
3	BBB	1	2	EEE	
4	FFF	3	1	RRR	
5	HHH	1	0	JJJ	
6					

Figure 8.29

Pour la première cellule en E2, vous écrivez :

=SI(B2>C2;"Gagné";"Perdu")

Et le résultat s'affiche dans votre feuille de calcul comme à la Figure 8.30.

	A	B	C	D	E
1	Equipe	Résultat	Résultat	Equipe	Résultat
2	AAA	2	0	DDD	Gagné
3	BBB	1	2	EEE	Perdu
4	FFF	3	1	RRR	Gagné
5	HHH	1	0	JJJ	Gagné

Figure 8.30
La fonction SI permet de renvoyer une valeur différente selon une condition.

Bien évidemment, un match peut être soit gagné, soit perdu, ou encore sans gagnant ou sans perdant en cas d'égalité. Nous devons donc traiter non pas deux possibilités mais trois. Dans ce cas de figure, il faut inclure une seconde fonction SI dans le paramètre FAUX de la première. Vous écrirez pour la cellule E2 :

=SI(B2>C2;"Gagné";SI(B2<C2;"Perdu";"Nul"))

	A	B	C	D	E
1	Equipe	Résultat	Résultat	Equipe	Résultat
2	AAA	2	0	DDD	Gagné
3	BBB	1	2	EEE	Perdu
4	FFF	3	1	RRR	Gagné
5	HHH	1	1	JJJ	Nul

Figure 8.31
Il est possible de combiner plusieurs SI.

ET

La fonction ET retournera VRAI si et seulement si ***toutes les conditions*** de la fonction sont vraies.

=ET(condition 1;condition 2;condition 3; ...)

Vous pouvez écrire jusqu'à 255 conditions.

Dans le tableau de la Figure 8.32, vous avez la liste de vos clients accompagnée d'informations les caractérisant.

	A	B	C	D	E	F	G
1	Nom	Prénom	Genre	Revenu	Situation	Enfant	Résultat
2	JANJUAH	Bob	Homme	20000	Concubinage	0	
3	SARA	Sumit	Homme	80000	Marié	1	
4	CHAMPNEY	Robert	Homme	67000	Marié	0	
5	JONAS	Lee	Homme	35000	Concubinage	0	
6	SAMEN	Michael	Homme	77000	Célibataire	0	
7	SATAKE	Kaori	Homme	70000	Marié	3	
8	LEON	Fernando	Homme	23000	Célibataire	3	
9	BYERLY	Kimberly	Femme	97000	Concubinage	1	
10	WARNER	Norris	Homme	26000	Divorcé	3	
11	GAUDEFROY	Marie	Femme	89000	Concubinage	0	
12	CHAP	Mathew	Femme	77000	Célibataire	2	
13	SIMPSON	Aubrey	Homme	34000	Divorcé	0	
14	FORDYCE	David	Homme	61000	Concubinage	2	
15	TORTELLI	Olavo	Femme	27000	Célibataire	0	
16	ADCOCK	David	Femme	72000	Divorcé	3	
17	CONTAT	Thibault	Homme	85000	Concubinage	1	
18	ZIZZARI	Stephen	Femme	84000	Célibataire	3	
19	FREYER	Jean-Luc	Homme	50000	Célibataire	2	
20	JONES	David	Homme	31000	Célibataire	0	
21							

Figure 8.32

Afin de préparer une campagne de ciblage, vous souhaitez connaître le nombre de personnes répondant aux caractéristiques suivantes :

- Combien de clients sont mariés et ont un seul enfant :

=SI(ET(E2="Marié";F2=1);1;0)

- Combien de clients sont des hommes avec un revenu inférieur à 50 000 :

=SI(ET(C2="Homme";D2<50000);1;0)

OU

La fonction OU retournera VRAI ***si au moins une des conditions*** de la fonction est vraie.

=OU(condition 1;condition 2;condition 3; ...)

Vous pouvez écrire jusqu'à 255 conditions.

Dans le tableau de la Figure 8.32, nous pouvons déterminer :

- Combien de clients sont célibataires ou divorcés :

=SI(OU(E2="Célibataire";E2="Divorcé");1;0)

- Combien de clients sont des femmes avec 1 ou 2 enfants :

=SI(ET(C2="Femme";OU(F2=1;F2=2));1;0)

OUX Nouveaute EXCEL 2013

Nouvelle fonction d'Excel 2013, OUX retourne VRAI si et seulement si une seule condition de la fonction est vraie. La fonction OUX est aussi appelée la fonction OU exclusif.

=OUX (condition 1;condition 2;condition 3; ...)

Pour comprendre l'utilisation de la fonction OUX, nous allons prendre l'exemple de la Figure 8.33, où vous avez en colonne C le niveau d'études (en année) et en colonne D le nombre d'années d'expérience.

Vous souhaitez retenir les personnes qui ont soit plus de quatre années d'études, soit plus de quatre années d'expérience mais en aucun cas vous ne voulez retenir des individus qui ont à la fois plus de quatre années d'étude et à la fois plus de quatre années d'expérience car vous devriez les payer plus cher que vous ne le pouvez (un seul critère de VRAI mais pas les deux).

	A	B	C	D	E	F
1	Nom	Prénom	Etude	Expérience	XOR	Formule
2	JANJUAH	Bob	2	12	VRAI	=OUX(C2>=4;D2>=4)
3	SARA	Sumit	0	8	VRAI	=OUX(C3>=4;D3>=4)
4	ZIZZARI	Stephen	3	3	FAUX	=OUX(C4>=4;D4>=4)
5	FREYER	Jean-Luc	4	4	FAUX	=OUX(C5>=4;D5>=4)
6	CHAMPNEY	Robert	5	15	FAUX	=OUX(C6>=4;D6>=4)
7	JONAS	Lee	3	5	VRAI	=OUX(C7>=4;D7>=4)
8	SAMEN	Michael	5	2	VRAI	=OUX(C8>=4;D8>=4)
9	SATAKE	Kaori	4	12	FAUX	=OUX(C9>=4;D9>=4)
10	LEON	Fernando	1	6	VRAI	=OUX(C10>=4;D10>=4)

Figure 8.33
La fonction XOR permet d'obtenir des conditions avec un OU exclusif.

=OUX(C2>=4;D>=4)

NB.SI

Quand vous cherchez à compter le nombre de fois où vous avez un nom, une date, une valeur dans une liste, seule la fonction NB.SI doit être utilisée.

Présentation

La formule NB.SI ne nécessite que deux paramètres pour pouvoir fonctionner :

- Une plage de données où se trouve la donnée que vous cherchez à comptabiliser.
- La donnée à rechercher ou le critère de recherche.

=NB.SI(Plage de cellules;Valeur cherchée)

Exemple d'application

Dans le tableau de la Figure 8.34, vous avez une liste d'achat de matériel et voulez savoir combien de fois vous avez acheté des crayons.

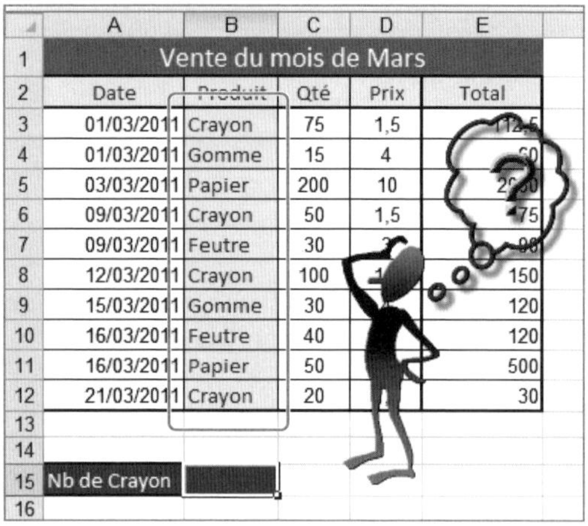

	A	B	C	D	E
1	Vente du mois de Mars				
2	Date	Produit	Qté	Prix	Total
3	01/03/2011	Crayon	75	1,5	112,5
4	01/03/2011	Gomme	15	4	60
5	03/03/2011	Papier	200	10	2000
6	09/03/2011	Crayon	50	1,5	75
7	09/03/2011	Feutre	30	3	90
8	12/03/2011	Crayon	100	1,5	150
9	15/03/2011	Gomme	30	[illegible]	120
10	16/03/2011	Feutre	40	[illegible]	120
11	16/03/2011	Papier	50	[illegible]	500
12	21/03/2011	Crayon	20	[illegible]	30
13					
14					
15	Nb de Crayon				
16					

Figure 8.34

Comme vous le constatez à la Figure 8.35, nous avons quatre fois le mot Crayon dans la liste ; c'est cette valeur que nous souhaitons voir s'afficher en B15.

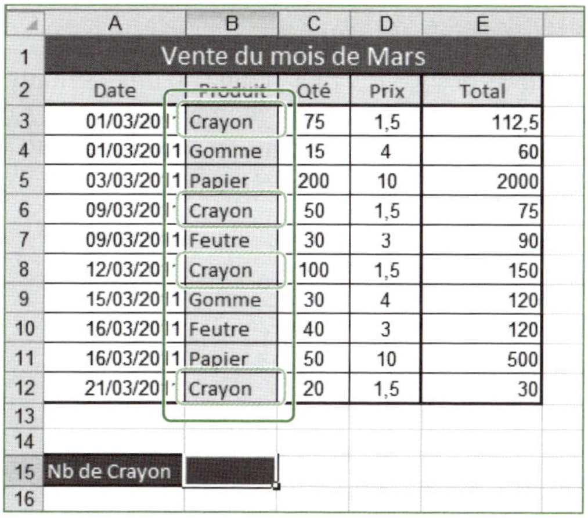

Figure 8.35

Nous allons alors écrire la formule suivante :

=NB.SI(B3:B12;"Crayon")

Maintenant, si au lieu de saisir le nom de la donnée à rechercher vous préférez récupérer la valeur d'une cellule, vous écrirez alors une formule comme ceci :

=NB.SI(B3:B12;A15)

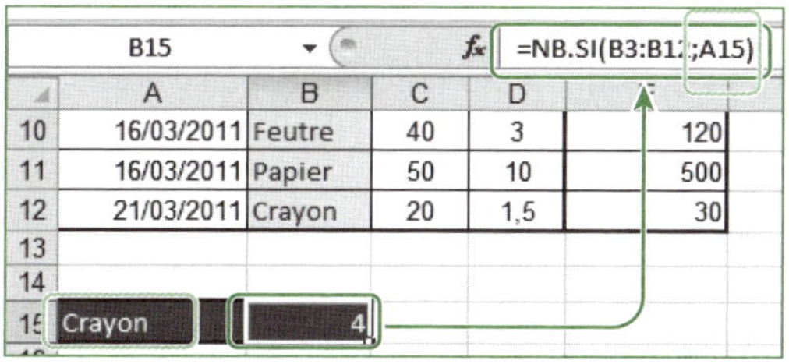

Figure 8.36
La fonction NB.SI compte des valeurs selon un critère.

Il est impératif que la valeur recherchée dans le tableau soit identique à celles du tableau. Dans l'exemple de la Figure 8.37, le premier mot "Crayon" commence par un espace (ce n'est donc pas exactement le même mot). Voilà pourquoi le résultat final n'est que de 3.

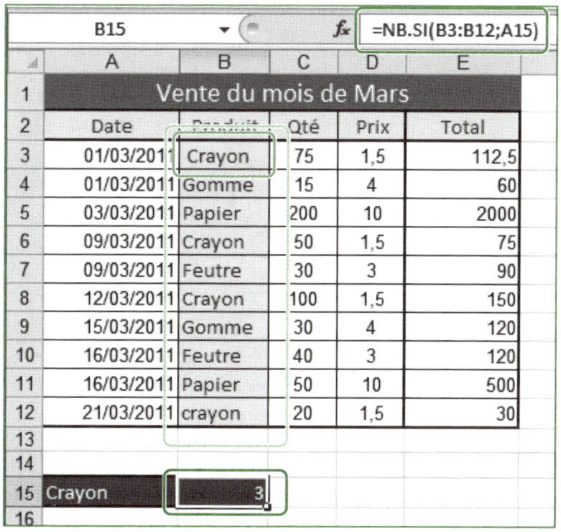

Figure 8.37

Info

La fonction NB.SI ne tient pas compte de la casse.

PLUS GRAND QUE/PLUS PETIT QUE

Si vous souhaitez compter le nombre d'éléments plus grands (ou plus petits) qu'une certaine valeur, il vous suffit d'écrire comme second paramètre un test logique (comme >100, >=100, <50…). Par exemple, si vous voulez connaître le nombre de commandes d'une quantité supérieure à 80 unités, vous écrirez en cellule B15 (Figure 8.37) la formule suivante :

=NB.SI(C3:C12;">=80")

> **Info**
>
> Tout comme pour du texte, un test avec un opérateur logique doit se mettre entre guillemets.

NB.SI.ENS

Cette fonction complète les lacunes de la fonction NB.SI. Elle n'est disponible que depuis la version d'Excel 2007.

Principe

La fonction NB.SI vous permet de dénombrer combien de fois vous avez un élément dans une liste. Mais, quand vous souhaitez faire un dénombrement sur plusieurs critères, la fonction NB.SI montre ses limites.

La fonction NB.SI.ENS (ENS pour ensemble) apporte un dénombrement multicritères. Le nombre maximal de critères que vous pouvez intégrer dans une fonction NB.SI.ENS est de 255.

Construction

Pour fonctionner, la fonction NB.SI.ENS a besoin d'une ou de plusieurs paires de critères associés à des plages de référence. Nous allons partir du tableau de la Figure 8.38. Vous souhaitez connaître le nombre d'hommes célibataires dans votre classeur.

	A	B	C	D	E	F	G
1	Nom	Prénom	Genre	Revenu	Situation	Enfant	Résultat
2	JANJUAH	Bob	Homme	20000	Concubinage	0	
3	SARA	Sumit	Homme	80000	Marié	1	
4	CHAMPNEY	Robert	Homme	67000	Marié	0	
5	JONAS	Lee	Homme	35000	Concubinage	0	
6	SAMEN	Michael	Homme	77000	Célibataire	0	
7	SATAKE	Kaori	Homme	70000	Marié	3	
8	LEON	Fernando	Homme	23000	Célibataire	3	
9	BYERLY	Kimberly	Femme	97000	Concubinage	1	
10	WARNER	Norris	Homme	26000	Divorcé	3	
11	GAUDEFROY	Marie	Femme	89000	Concubinage	0	
12	CHAP	Mathew	Femme	77000	Célibataire	2	
13	SIMPSON	Aubrey	Homme	34000	Divorcé	0	
14	FORDYCE	David	Homme	61000	Concubinage	2	
15	TORTELLI	Olavo	Femme	27000	Célibataire	0	
16	ADCOCK	David	Femme	72000	Divorcé	3	
17	CONTAT	Thibault	Homme	85000	Concubinage	1	
18	ZIZZARI	Stephen	Femme	84000	Célibataire	3	
19	FREYER	Jean-Luc	Homme	50000	Célibataire	2	
20	JONES	David	Homme	31000	Célibataire	0	
21							

Figure 8.38
La fonction NB.SI.ENS a besoin d'une ou plusieurs paires de critères associés à des plages de référence.

Pour chacun des critères, sélectionnez tout d'abord la plage de cellules où ce critère se trouve et ensuite votre critère lui-même. Votre formule s'écrit alors :

=NB.SI.ENS(C2:C20;"Homme";E2:E20;"Célibataire")

Les mots "***Homme***" et "***Célibataire***" s'écrivent entre guillemets car il s'agit d'une chaîne de caractères, et toutes les chaînes de caractères doivent être écrites entre guillemets dans Excel.

Attention !

Il est impératif que la taille de vos plages de cellules soit rigoureusement la même pour tous les critères. Dans notre exemple, =NB.SI.ENS(C2:C**20**;"Homme";E2:E**21**;"Célibataires") retournera l'erreur **#VALEUR!** car les deux plages de références n'ont pas la même dimension.

Dénombrer sur une période de temps

Grâce à la fonction **NB.SI.ENS**, il est aussi possible de calculer un nombre d'éléments sur une période de temps bien précise et sans trop d'effort.

Dans l'exemple suivant, nous allons chercher à calculer le nombre de fois où nous avons vendu des articles, du **1er décembre 2008 au 31 décembre 2008,** au client **"Smith"**.

Notre premier critère est très simple. Nous allons juste sélectionner la plage de cellules **B2:B5000** et le nom **"Smith"** comme critère.

=NB.SI.ENS(B2:B5000;K1;

Ensuite, nous allons construire deux critères sur la colonne des dates :

- une première fois pour chercher les commandes supérieures ou égales au 01/12/2008 ;
- une autre pour les commandes inférieures strictes au 01/01/2009 (ou bien inférieures ou égales au 31/12/2008).

Dans les deux cas, la plage de référence est la même (A2:A5000) et seuls les critères seront différents. La formule complète devient alors :

=NB.SI.ENS($B$2:$B$5000,$K1,$A$2:$A$5000,">="&K2;$A$2:$A$5000;"<"&K3)

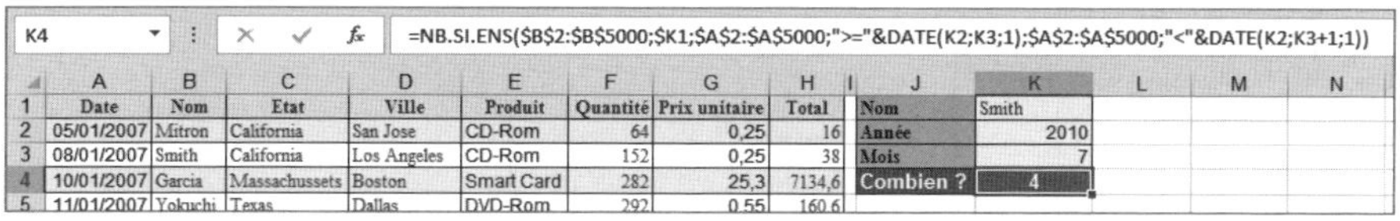

Figure 8.38b

SOMME.SI

Cette fonction est basée sur le même principe que la fonction NB.SI. Mais, au lieu de compter le nombre de fois qu'un élément est présent dans une liste, vous pouvez ici calculer la somme d'une plage correspondant à votre critère.

Construction

La fonction **SOMME.SI** a besoin de trois paramètres pour fonctionner :

- la plage de sélection ;
- le critère de sélection ;
- la plage à additionner.

Exemple d'application

Par exemple, vous désirez connaître la quantité de crayons vendus. Inscrivez le début de la formule et sélectionnez la plage des cellules qui contiennent vos produits.

=SOMME.SI(B3:B12;

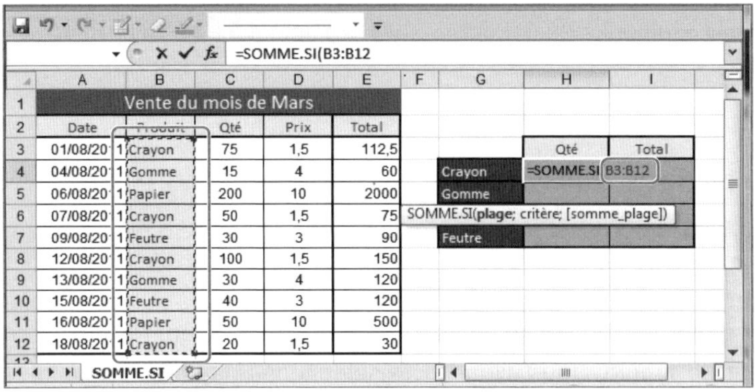

Figure 8.39
La fonction SOMME.SI somme les valeurs d'une plage selon un critère.

Ensuite, inscrivez le mot "Crayon" comme critère de sélection, ou bien la référence de la cellule qui contient le mot "Crayon". Jusqu'ici, il n'y a pas de différence avec la fonction NB.SI.

=SOMME.SI(B3:B12;"Crayon";

ou

=SOMME.SI(B3:B12;G4;

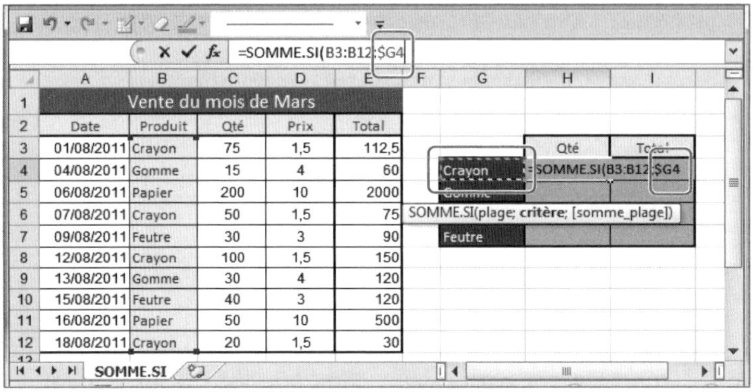

Figure 8.40

Pour terminer, vous allez sélectionner une nouvelle plage de cellules ; celle qui contient les données que vous voulez sommer. Donc, pour connaître la quantité de gommes vendues, vous allez sélectionner la plage C3:C12.

Le résultat est 245 soit :

- 75 (ligne 3) ;
- 50 (ligne 6) ;

- 100 (ligne 8) ;
- 20 (ligne 12).

=SOMME.SI(B3:B12;G4;C3:C12) => 245

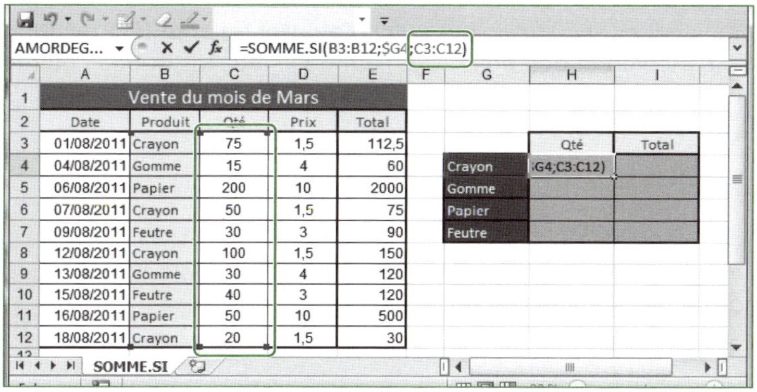

Figure 8.41

Pour trouver le montant des commandes de crayon, nous allons simplement changer **le troisième critère de la formule** et prendre les données de la ***colonne E***.

=SOMME.SI(B3:B12;G4;E3:E12) => 367,5

SOMME.SI.ENS

Principe

La fonction **SOMME.SI.ENS** se construit comme la fonction NB.SI.ENS dans le sens où vous avez la possibilité de réaliser une somme sur une partie de vos données en sélectionnant un ou plusieurs critères.

Remarque

La seule différence entre les deux fonctions est l'obligation de mettre en premier paramètre la plage de cellules qui contient les cellules à additionner. Les critères de sélection restent quant à eux identiques.

C'est là toute la différence avec la fonction SOMME.SI. Avec la fonction SOMME.SI vous mettez d'abord la plage de sélection puis votre critère de sélection et enfin la plage à additionner.

Avec **SOMME.SI.ENS**, c'est la plage à additionner qui doit figurer en premier puis les critères de sélection. Vous pouvez mettre jusqu'à 255 critères de sélection dans une fonction SOMME.SI.ENS.

Construction

Nous allons déterminer combien les hommes mariés ont d'enfants dans notre tableau de la figure 8.38.

Comme vous le constatez, cette fonction est semblable à la fonction NB.SI.ENS construite précédemment. En reprenant cette fonction, il vous suffit **d'ajouter en première position la plage à additionner**, soit la colonne des enfants (colonne F). Tous les autres critères restent identiques. La formule s'écrit donc :

=SOMME.SI.ENS($F$2:$F$20,$C$2:$C$20,H2,$E$2:$E$20,H3)

MOYENNE.SI

Cette fonction s'utilise exactement comme la fonction SOMME.SI mais renvoie une moyenne à la place d'une somme, comme son nom l'indique.

Elle a besoin de trois paramètres pour fonctionner :

- La plage de sélection.
- Le critère de sélection.
- La plage à moyenner. Si cette dernière est la même que la plage de sélection, il n'est pas obligatoire de la renseigner.

MOYENNE.SI.ENS

Cette fonction s'utilise exactement comme la fonction SOMME.SI.ENS mais renvoie une moyenne à la place d'une somme, comme son nom l'indique.

Avec MOYENNE.SI.ENS, c'est la plage à moyenner qui doit figurer en premier puis les critères de sélection. Vous pouvez mettre jusqu'à 255 critères de sélection dans une fonction MOYENNE.SI.ENS.

SIERREUR et SI.NON.DISP

Nouveaute EXCEL 2013

Ces fonctions permettent de gérer les erreurs d'une formule. En effet, elles renvoient une valeur que vous précisez si votre formule de base renvoie une erreur. Pour chacune de ces fonctions, vous devez indiquer :

- dans le premier argument, la formule à vérifier ;
- dans le second argument, la valeur à renvoyer si le premier argument renvoie une erreur.

Ces fonctions renverront donc (voir Figure 8.42) :

- le résultat de la formule placée dans le premier argument ;
- la valeur du second argument, si le premier renvoie une erreur.

SIERREUR gère les erreurs #N/A, #VALEUR!, #REF!, #DIV/0!, #NOMBRE!, #NOM? ou #NUL! (voir la section "Comprendre les codes d'erreur pour les comprendre").

SI.NON.DISP gère uniquement l'erreur #N/A.

	A	B	C	D	E	F	G	H
1								
2		10		#DIV/0!	Attention ! Erreur		5	5
3				=B2/0	=SIERREUR(D2;"Attention ! Erreur")		=B2/2	=SIERREUR(G2;"Attention ! Erreur")
4								
5				#N/A	Non disponible		5	5
6					=SI.NON.DISP(D5;"Non disponible")			=SI.NON.DISP(G5;"Non disponible")

Figure 8.42
Les fonctions SIERREUR et SI.NON.DISP permettent de gérer les erreurs d'une formule.

Les fonctions de recherche

Dans la grande majorité des cas, Excel est utilisé comme une base de données. Il est donc primordial de maîtriser les fonctions de recherche pour optimiser l'utilisation de vos données dans un tableau.

RECHERCHEV

Remarque

Cette fonction fait partie des fonctions à connaître absolument.

Elle permet de rechercher une valeur dans un tableau de données. Cette recherche est effectuée ***obligatoirement dans la première colonne*** de ce tableau. Lorsque la valeur est trouvée, Excel effectue alors un déplacement vers les colonnes de droite en restant sur la même ligne et lit la valeur dans la colonne indiquée.

Mais cette fonction a deux comportements différents selon la valeur du dernier paramètre.

Principe

Il est courant d'avoir des classeurs avec des informations sur ses clients, ses prospects ou ses produits et vous souhaiterez récupérer ces données sans avoir à les recopier.

Pour construire une fonction RECHERCHEV, il vous faut quatre paramètres :

- Le premier paramètre de la fonction contient une valeur à rechercher ; celle-ci sera recherchée dans la première colonne du tableau de référence.
- Le deuxième paramètre représente la plage de données du tableau de référence.
- Le troisième paramètre désigne la colonne qui va être lue.
- [optionnel] recherche exacte (0 ou faux) ou approchante (1 ou vrai).

Bien qu'optionnel, le dernier paramètre va conditionner le résultat retourné par la fonction.

Nous allons étudier l'impact avec les deux valeurs au travers de deux exemples.

Recherche exacte

Prenons comme exemple le tableau de la Figure 8.43, qui contient :

- en colonne B le code ISO des pays ;

- en colonne C le nom du pays ;
- en colonne D le nom de la monnaie ;
- en colonne E la parité monétaire.

En fonction du code ISO du pays inscrit en B2, nous souhaitons retourner le nom de la monnaie en C2.

Figure 8.43
Un exemple de RECHERCHEV.

Nous commençons par écrire dans la formule la donnée que nous recherchons ; soit le contenu de la cellule C1.

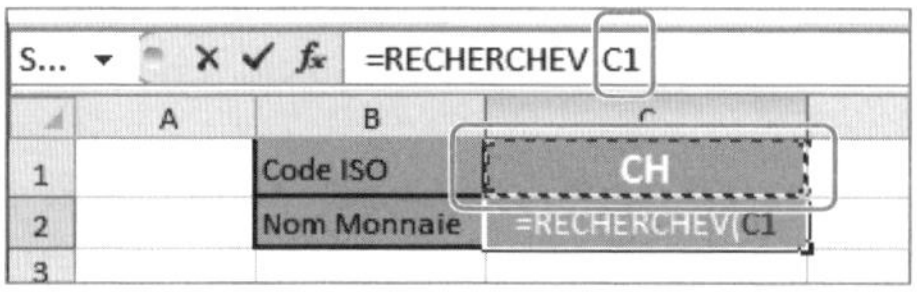

Figure 8.44

=RECHERCHEV(C1;

Ensuite, nous sélectionnons la plage de cellules qui contiennent nos données de références. ***La première colonne*** de notre tableau de référence doit ***obligatoirement*** contenir l'information recherchée. De plus, ce tableau de référence doit également contenir ***obligatoirement*** la colonne dans laquelle nous voulons récupérer l'information.

=RECHERCHEV(C1;$B$5:$E$15

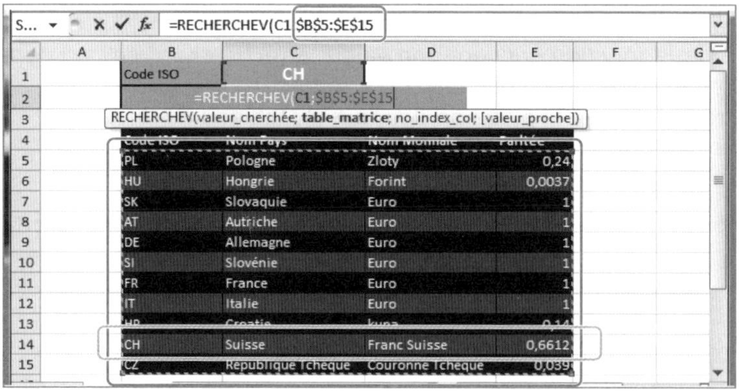

Figure 8.45

Remarque

Il n'est pas nécessaire de prendre l'en-tête de votre tableau dans votre sélection.

Il est recommandé de bloquer les références de votre tableau avec des $, un nom de plage ou de tableau pour toujours conserver les références de votre tableau, surtout lors d'une recopie (voir Figure 8.45).

Ensuite, vous indiquez le numéro de la colonne que vous souhaitez renvoyer comme résultat. Ici, c'est ***le numéro de la colonne de votre table de référence*** qui est demandé et non pas l'en-tête de la colonne. Comme nous voulons retourner le nom de la monnaie, nous allons indiquer **3** car c'est la troisième colonne de votre sélection.

=RECHERCHEV(C1;$B$5:$E$15;3

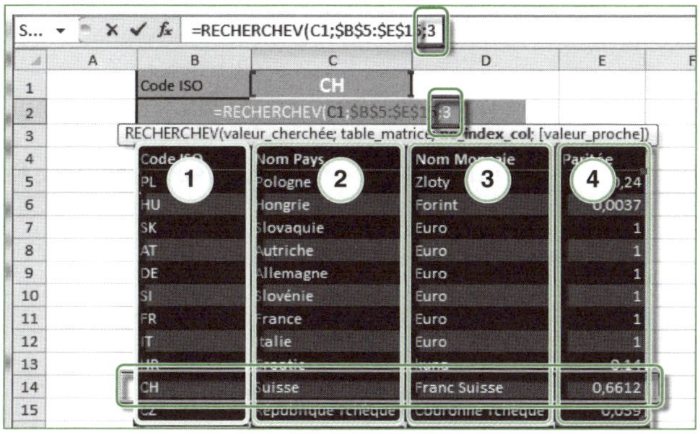

Figure 8.46

Enfin, comme nous voulons récupérer exactement le contenu de la troisième colonne correspondant à la valeur CH, nous allons indiquer que nous effectuons **une recherche exacte** en positionnant le paramètre **0 ou FAUX** en quatrième argument. La formule finale est :

=RECHERCHEV(C1;$B$5:$E$15;3;0)

Avec comme résultat celui de la Figure 8.47.

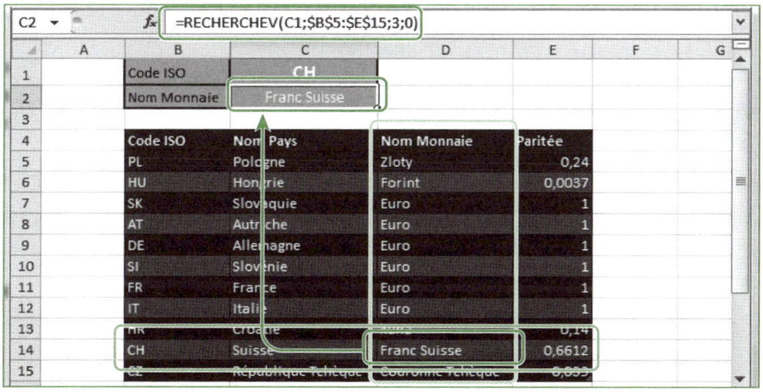

Figure 8.47
Pour effectuer une recherche Exacte positionnez le paramètre 0 ou FAUX en quatrième argument de RECHERCHEV.

Recherche approchante

Dans cette section, nous allons voir comment se comporte la fonction RECHERCHEV mais avec le quatrième argument = 1 (ou VRAI), ce qui signifie que nous effectuons une recherche par valeur approchante.

Prenons par exemple le cas de la rémunération des commerciaux d'une société. Le document de la Figure 8.48 vous présente le pourcentage des commissions versées en fonction du volume des ventes.

Vente voiture	
Volume	**Pourcentage**
0	0%
10	5%
20	10%
25	15%
30	20%

Figure 8.48

Comme il y a fort peu de chances que le volume de ventes réalisé par les commerciaux tombe exactement sur l'une des valeurs indiquées dans le tableau, mettre en place une recherche sur la valeur exacte (quatrième argument = **0**) n'a aucun sens, comme le montre le résultat de la Figure 8.49.

C2 =RECHERCHEV([@[Volume des ventes]];$E$4:$F$8;2;0)

	A	B	C	D	E	F
1	Commerciaux	Volume des ventes	Commission			
2	SYERS David	15	#N/A		Vente voiture	
3	PARIENTE Valerie	19	#N/A		Volume	Pourcentage
4	COLLI François	20	10%		0	0%
5	SATO Yumiko	12	#N/A		10	5%
6	DAWIDOW Stefan	2	#N/A		20	10%
7	ESCULIER Erickson	27	#N/A		25	15%
8	BARNECHE Jerome	9	#N/A		30	20%
9	SABET Jean-Paul	32	#N/A			
10						

Figure 8.49

Ici, nous recherchons une donnée entre deux tranches de valeurs. Dans ce cas de figure, il faut mettre le quatrième paramètre à **1** pour effectuer une recherche par valeur approchante.

Dans une recherche par valeur approchante, ***Excel va rechercher la valeur inférieure ou égale à votre recherche***. Par exemple, nous voulons connaître le pourcentage de commission à verser à un vendeur quand celui-ci a vendu 15 véhicules.

Dans le tableau des pourcentages, nous n'avons pas de données correspondant à 15. Par contre, nous savons qu'entre 10 et 19 voitures vendues, le commercial bénéficie d'une prime de 5 %.

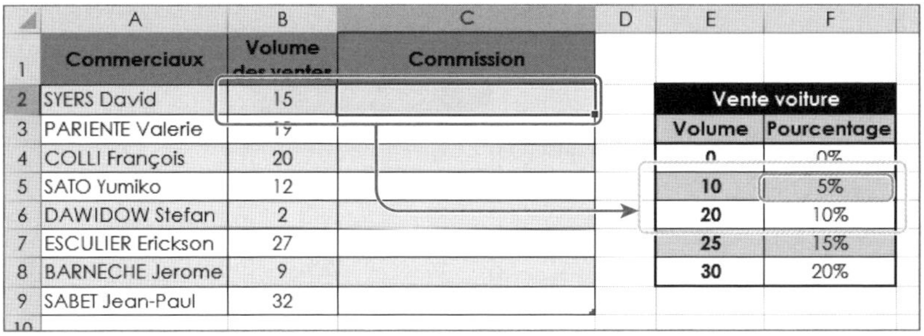

Figure 8.50 *Dans une recherche par valeur approchante, Excel va rechercher la valeur inférieure ou égale à votre recherche.*

Nous allons donc utiliser la fonction RECHERCHEV en valeur approchante pour récupérer le pourcentage de remise entre 10 et 19. La formule pour la cellule C2 sera égale à :

=RECHERCHEV(B2;$E$4:$F$8;2;1)

Comme vous le constatez, bien que la valeur 15 ne soit pas présente dans notre tableau de référence, la fonction RECHERCHEV en valeur approchante nous a retourné les informations relatives à la première donnée inférieure à 15 (soit la valeur 10 dans notre tableau).

Il faut bien comprendre qu'en effectuant une recherche en valeur approchante Excel récupère la dernière valeur lue. Si par exemple nous avons la valeur 19, ce sont encore les données liées à la valeur 10 qui s'affichent dans la cellule C3.

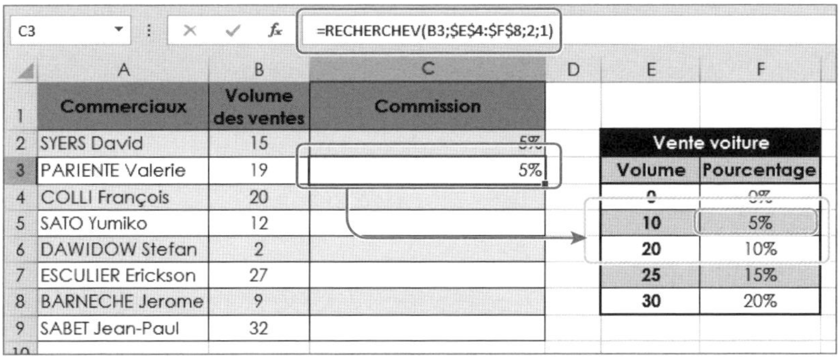

Figure 8.51

Attention !

Il est indispensable que votre tableau de référence présente les valeurs triées en ordre croissant pour que la fonction vous retourne un résultat juste.

Si les données de votre tableau de référence ne sont pas triées, vous aurez le résultat, faux, de la Figure 8.52.

Commerciaux	Volume des ventes	Commission
SYERS David	15	0%
PARIENTE Valerie	19	0%
COLLI François	20	10%
SATO Yumiko	12	0%
DAWIDOW Stefan	2	0%
ESCULIER Erickson	27	5%
BARNECHE Jerome	9	0%
SABET Jean-Paul	32	20%

Résultat faux

Vente voiture	
Volume	**Pourcentage**
0	0%
25	15%
20	10%
10	5%
30	20%

Données non triées

Figure 8.52

INDEX

La fonction INDEX permet de retourner une valeur à l'intersection d'une ligne et d'une colonne dans un tableau.

Présentation

La fonction INDEX retourne soit une valeur, soit une référence et doit obligatoirement avoir trois paramètres plus un optionnel :

- les références d'une plage de cellules contenant la valeur à retourner ;
- l'index de la ligne ;
- l'index de colonne ;
- [optionnel] numéro de zone dans le cas de plusieurs références.

Attention !

L'ordre des paramètres est très important. Bien souvent, les utilisateurs inversent le paramètre de la ligne et de la colonne et, forcément, la fonction ne retourne pas le bon résultat.

Dans un tableau en colonne, nous devons renseigner le deuxième paramètre pour retourner l'un des éléments du tableau ; par exemple le dixième dans cette formule :

=INDEX(A2:A13;10)

	A	B	C	D	E	F
1						
2	Janvier					
3	Février					
4	Mars					
5	Avril					
6	Mai					
7	Juin		**Indice**			
8	Juillet		4	Avril	=INDEX(A2:A13;C8)	
9	Août					
10	Septembre					
11	Octobre					
12	Novembre					
13	Décembre					

Figure 8.53
La fonction INDEX permet de retourner une valeur à l'intersection d'une ligne et d'une colonne dans un tableau.

Et, dans un tableau en ligne, nous devons laisser le deuxième paramètre vide et renseigner le troisième pour retourner une valeur du tableau ; ici le quatrième dans cette formule :

=INDEX(C3:I3;;4)

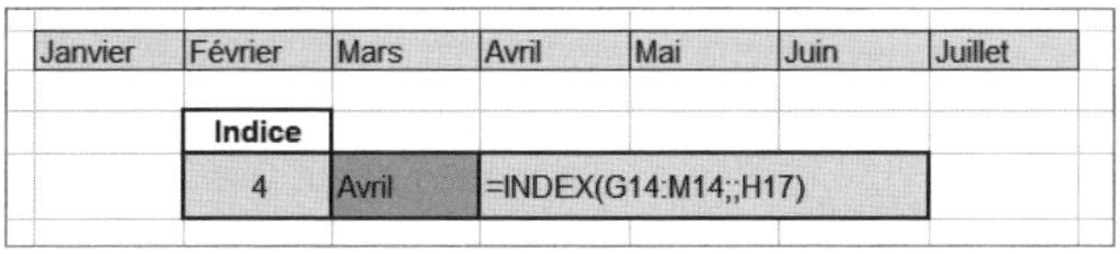

Janvier	Février	Mars	Avril	Mai	Juin	Juillet
	Indice					
	4	Avril	=INDEX(G14:M14;;H17)			

Figure 8.54

Tableau à double entrée

Mais l'intérêt de la fonction INDEX est de travailler dans un tableau à deux dimensions en renseignant les arguments de la ligne et de la colonne. Prenons l'exemple de la grille de salaire suivante.

Nous voulons récupérer le niveau de salaire en renseignant la ligne et la colonne de notre tableau de données. Nous allons donc utiliser la fonction INDEX en indiquant par exemple que nous allons récupérer la valeur à l'intersection de la quatrième ligne et de la deuxième colonne.

=INDEX(B7:G12;B3;B4)

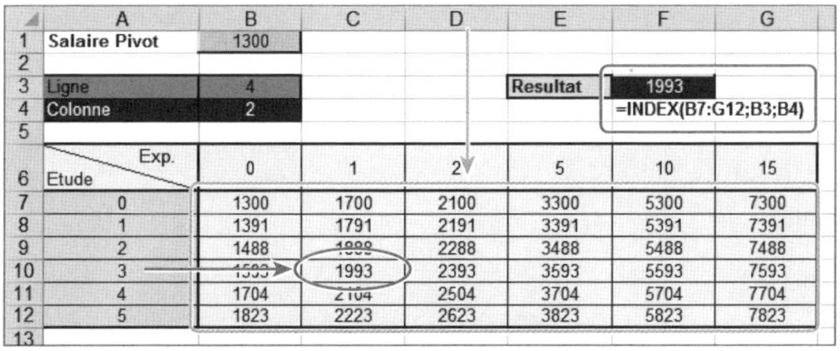

	A	B	C	D	E	F	G
1	**Salaire Pivot**	1300					
2							
3	Ligne	4			**Resultat**	1993	
4	Colonne	2				=INDEX(B7:G12;B3;B4)	
5							
6	Exp. / Etude	0	1	2	5	10	15
7	0	1300	1700	2100	3300	5300	7300
8	1	1391	1791	2191	3391	5391	7391
9	2	1488	1888	2288	3488	5488	7488
10	3	1593	1993	2393	3593	5593	7593
11	4	1704	2104	2504	3704	5704	7704
12	5	1823	2223	2623	3823	5823	7823
13							

Figure 8.55
Un exemple d'utilisation de la fonction INDEX.

> **Attention !**
>
> Pour que votre fonction retourne la bonne valeur, il est indispensable que votre sélection ne prenne pas en compte les en-têtes de ligne et de colonne.

Mais l'idéal serait d'utiliser les valeurs contenues en en-têtes de ligne ou de colonne pour extraire un résultat. Pour les lignes, ce n'est pas très difficile. Il suffit de rajouter 1 à l'indice du tableau et notre formule fonctionne.

=INDEX(B7:G12;B3+1

En revanche, pour les colonnes, cela ne fonctionne pas car les valeurs ne sont pas linéaires. Nous allons devoir nous aider de la fonction EQUIV, qui va nous retourner le nième élément d'une liste.

=INDEX(B7:G12;B3+1;EQUIV(B4;B6:G6;0))

Reportez-vous à la section suivante pour comprendre le fonctionnement de la fonction EQUIV.

EQUIV

La fonction EQUIV convertit des valeurs en position. Nous allons chercher dans un tableau de données (une plage de cellules) à quelle position se trouve l'un de ses éléments.

Présentation

La fonction EQUIV n'a besoin que de deux paramètres obligatoires et un paramètre optionnel :

- la valeur cherchée ;
- les données de référence, tableau nécessairement à une dimension (une seule ligne ou une seule colonne) ;
- [optionnel] valeur exacte ou valeur approchante (valeur possible 0, 1 ou -1).

Application

Dans la Figure 8.56, vous avez en colonne A les mois de l'année et souhaitez trouver leur conversion en chiffre.

Figure 8.56
Comment récupérer le numéro du mois ?

Comme nous manipulons fréquemment les dates, nous savons que juin est égal au chiffre 6 mais, pour Excel (ou tout autre logiciel), l'association d'un chiffre à un mois en lettre n'est pas aussi automatique. En fait, si juin équivaut à 6, c'est tout simplement parce que la valeur "Juin" est le sixième élément de la liste des mois en lettre.

En saisissant l'un des mois (en lettre) en C1, la fonction EQUIV en C2 va renvoyer sa position dans la liste de la colonne A. La formule dans la cellule C2 est :

```
=EQUIV(C1;A2:A13;0)
```

	A	B	C
1			Septembre
2	Janvier		9
3	Février		=EQUIV(C1;$A$2:$A$13;0)
4	Mars		
5	Avril		
6	Mai		
7	Juin		
8	Juillet		
9	Août		
10	Septembre		
11	Octobre		
12	Novembre		
13	Décembre		

Figure 8.57
La fonction EQUIV renvoi la position d'une valeur dans une colonne ou une ligne.

Dernier paramètre

Étudions maintenant l'importance du dernier paramètre. Celui-ci peut prendre la valeur :

- 0 pour rechercher une valeur exacte ;
- 1 pour une recherche approchante croissante ;
- -1 pour une recherche approchante décroissante.

Plus précisément et pour chaque cas nous avons alors les résultats suivants :

Valeurs triées (ordre croissant)

0	1	3	5	7	10	15	18

Valeur choisie	6	7	
=EQUIV($P$5;$M$3:$S$3;0)	#N/A	5	=EQUIV($Q$5;$M$3:$S$3;0)
=EQUIV($P$5;$M$3:$S$3;1)	4	5	=EQUIV($Q$5;$M$3:$S$3;1)
=EQUIV($P$5;$M$3:$S$3;-1)	#N/A	#N/A	=EQUIV($Q$5;$M$3:$S$3;-1)

Figure 8.58
Valeurs triées (ordre croissant).

- La fonction EQUIV ne trouve pas de valeur 6 mais trouve la valeur 7 en cinquième position.
- 6 est entre les valeurs 5 et 7 ; c'est donc la position du 5 qui est renvoyée (soit la quatrième position).
- Aucune valeur n'est renvoyée avec le paramètre -1 car nous avons une série en ordre croissant.

Valeurs triées (ordre décroissant)

18	15	10	7	5	3	1	0

Valeur choisie	8	7	
=EQUIV(P$15;$M$13:$T$13;0)	#N/A	4	=EQUIV(Q$15;$M$13:$T$13;0)
=EQUIV($P$15;$M$13:$T$13;1)	8	8	=EQUIV($P$15;$M$13:$T$13;1)
=EQUIV(P$15;$M$13:$T$13;-1)	3	4	=EQUIV(Q$15;$M$13:$T$13;-1)

Figure 8.59
Dans une série en ordre décroissant, le paramètre 1 renvoie toujours le dernier élément du tableau.

- La fonction ne trouve pas de valeur 8 mais trouve la valeur 10 en deuxième position.
- Dans une série en ordre décroissant, le paramètre 1 renvoie toujours le dernier élément du tableau (soit 7 ici mais c'est une erreur).

- 8 est entre 10 et 7 ; c'est donc la valeur la plus proche dans l'ordre inverse qui est retournée (deuxième position ici).

Valeurs non triées

0	1	7	3	5	15	10	18

Valeur choisie 2 3

=EQUIV(P$25;$M$23:$T$23;0)	#N/A	4	=EQUIV(Q$25;$M$23:$T$23;0)
=EQUIV(P$25;$M$23:$T$23;1)	2	4	=EQUIV(Q$25;$M$23:$T$23;1)
=EQUIV(P$25;$M$23:$T$23;-1)	#N/A	#N/A	=EQUIV(Q$25;$M$23:$T$23;-1)

Figure 8.60
Valeurs non triées.

- Avec la valeur Exact, nous trouvons toujours la position de la valeur dans le tableau (quand elle est présente).
- 2 est entre 1 et 7 ; c'est donc la deuxième position qui est retournée. 3 est en quatrième position.
- Aucune valeur n'est renvoyée avec le paramètre -1 car nous avons une série non triée.

Pour résumer :

- Le paramètre 0 (valeur exacte) retourne toujours la position de la valeur quand elle existe (peu importe que la série soit triée ou non). Si la valeur n'existe pas, **la fonction retourne #N/A**.
- Le paramètre -1 (valeur décroissante) ne fonctionne que sur des données triées en ordre décroissant. Vous pouvez donc l'utiliser sur des séries décroissantes comme des taux d'intérêt ou des durées de remboursement de prêt.

ESTNA

Comme vous pouvez le constater dans les figures précédentes (telle la Figure 8.58), quand une recherche n'aboutit pas Excel retourne #N/A (Not Available).

Pour éviter de présenter un classeur avec ce type d'erreur, vous pouvez utiliser la formule ESTNA. Cette formule retourne VRAI ou FAUX quand une fonction RECHERCHEV, INDEX ou EQUIV retourne #N/A.

Par exemple, en reprenant la première cellule de la Figure 8.58, la formule EQUIV(6;M3:T3;0) retourne #N/A, et la formule suivante va donc retourner VRAI :

=ESTNA(EQUIV(6;M3:T3;0)) => VRAI

Alors, vous pouvez utiliser cette formule dans une formule SI afin de tester votre formule.

=SI(ESTNA(EQUIV(6;M3:T3;0));"";EQUIV(6;M3:T3;0))

Ce qui peut se traduire par : si la fonction EQUIV retourne #N/A, alors, nous n'affichons rien ; dans le cas contraire, nous affichons le résultat dans une cellule.

Excel 2013 propose une nouvelle fonction, SI.NON.DISP, équivalente à la combinaison des fonctions SI et ESTNA. La formule se présentera alors ainsi :

=SI.NON.DISP(EQUIV(6;M3:T3;0);"")

Les fonctions de référencement

CHOISIR

Cette fonction permet de choisir une valeur en fonction d'un numéro d'index (de 1 à 29).

La fonction a besoin de deux paramètres :

- une valeur (correspondant à un élément dans un tableau) ;
- une plage de cellules qui représente votre tableau.

Par exemple, vous voulez afficher le jour de la semaine à partir d'un nombre (de 1 à 7) entré en C3.

=CHOISIR(C3;"Lundi";"Mardi";"Mercredi";"Jeudi";"Vendredi";"Samedi";"Dimanche")

Vous pouvez procéder de la même façon pour afficher le nom du mois en texte à partir de son chiffre.

Et pourquoi ne pas remplacer un SI avec un CHOISIR. Dans une facturation, j'ai besoin de récupérer le taux de 3 TVA à partir d'un code. J'ai alors le choix entre deux formules :

=SI(B5=1;$G$2;SI(B5=2;$G$3;$G$4))

	A	B	C	D	E	F	G
1	Articles	Code TVA	Formule	Taux de TVA			
2	Ecran	2	=CHOISIR(B2;$G$2;$G$3;$G$4)	7,00%		Code TVA 1	5,50%
3	Biscottes	3	=CHOISIR(B3;$G$2;$G$3;$G$4)	20,00%		Code TVA 2	7%
4	Imprimante	2	=CHOISIR(B4;$G$2;$G$3;$G$4)	7,00%		Code TVA 3	20%
5	Mulot	1	=SI(B5=1;$G$2;SI(B5=2;$G$3;$G$4))	5,50%			
6	Clavier	3	=SI(B6=1;$G$2;SI(B6=2;$G$3;$G$4))	20,00%			
7	Scanner	2	=SI(B7=1;$G$2;SI(B7=2;$G$3;$G$4))	7,00%			
8							

Figure 8.61
Il peut être intéressant de remplacer un SI par un CHOISIR.

=CHOISIR(B2;$G$2;$G$3;$G$4)

Vous constatez dans le cas présent que la fonction CHOISIR est plus simple à mettre en place qu'une fonction SI.

COLONNE/LIGNE

Ces deux fonctions permettent de récupérer le numéro de colonne ou de ligne de la cellule contenant la formule ou de la plage de référence. Dans le cas d'une plage, la fonction renverra le numéro de colonne ou de la première ligne de la plage.

	A	B	C	D	E
1					
2		N° de Ligne	2	=LIGNE()	
3		N° de Colonne	3	=COLONNE()	
4		N° de Ligne de la cellule C2	2	=LIGNE(C2)	
5		N° de Colonne de C2:D5	3	=COLONNE(C2:D5)	
6					

Figure 8.62
COLONNE et LIGNE permettent de récupérer le n° de colonne ou de ligne de la cellule contenant la formule.

Vous souhaitez créer une série de nombres au fur et à mesure que vous ajoutez des articles en colonne 1. Pour réaliser cela, vous allez vous baser sur le numéro de ligne active ***LIGNE()***, auquel vous retranchez le numéro de ligne du titre de votre plage. La formule s'écrit alors :

=LIGNE()–LIGNE($B$2)

	A	B	C	D
1				
2		**N° Auto**	**Articles**	**Formule**
3		1	Ecran	=LIGNE()-LIGNE($B$2)
4		2	Biscottes	=LIGNE()-LIGNE($B$2)
5		3	Imprimante	=LIGNE()-LIGNE($B$2)
6		4	Mulot	=LIGNE()-LIGNE($B$2)
7		5	Clavier	=LIGNE()-LIGNE($B$2)
8		6	Scanner	=LIGNE()-LIGNE($B$2)
9				

Figure 8.63

COLONNES/LIGNES

Ces deux fonctions renvoient le nombre de colonnes ou de lignes d'une plage de cellules.

6	Exp. / Etude	0	1	2	3
7	0	1300	1700	2100	2500
8	1	1391	1791	2191	2591
9	2	1488	1888	2288	2688
10	3	1593	1993	2393	2793
11	4	1704	2104	2504	2904
12	5	1823	2223	2623	3023
13					
14	**Nombre de Lignes**	6	=LIGNES($B$7:$E$12)		
15	**Nombre de Colonnes**	4	=COLONNES($B$7:$E$12)		
16					

Figure 8.64

COLONNES et LIGNES renvoient le nombre de colonnes ou de lignes d'une plage de cellules.

DECALER

Principe

La fonction DECALER permet de récupérer une plage à partir d'une cellule ou d'une plage en indiquant :

- la plage de référence ;
- le décalage vertical ;
- le décalage horizontal ;
- le nombre de lignes en hauteur à récupérer ;
- le nombre de colonnes à récupérer.

Cette fonction est très utile pour travailler avec des plages de cellules dynamiques.

Utilisation

Une somme sur une plage dynamique

Vous désirez construire une somme dynamique en vous basant sur une valeur inscrite en B1. La valeur en B1 correspond au nombre de cellules à additionner.

Pour additionner les valeurs depuis le haut de votre liste (voir Figure 8.65), écrivez la formule suivante :

=SOMME(DECALER(A:A;0;0;C7))

La fonction DECALER s'interprète de la façon suivante :

- sélection des données en colonne A ;
- pas de décalage vertical ;
- pas de décalage horizontal ;
- utilisation de la valeur en C7 comme nombre de lignes à additionner.

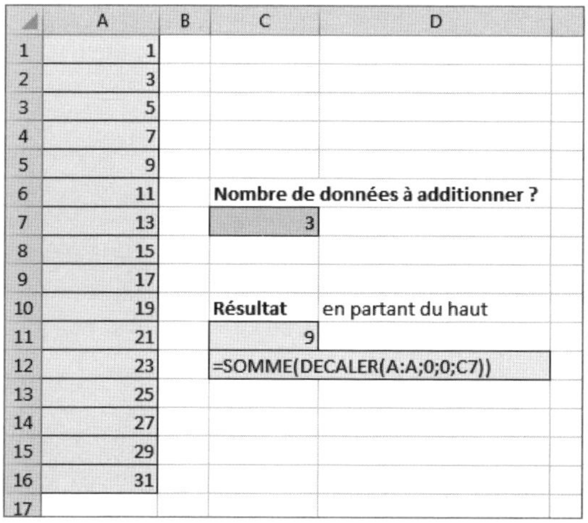

Figure 8.65

Pour additionner les valeurs depuis le bas de votre liste (voir Figure 8.66), écrivez la formule suivante :

=SOMME(DECALER(A1;NB(A:A)–C7;0; C7))

La fonction DECALER s'interprète de la façon suivante :

- La première cellule de vos données commence en A1.
- Décalage vertical du nombre de valeurs numériques saisies en colonne A moins le nombre de valeurs à cumuler : NB(A:A)-C7.
- Il n'y a pas de décalage horizontal, le paramètre est donc égal à 0.
- Le dernier paramètre correspond au nombre de valeurs à sommer depuis le bas (C7).

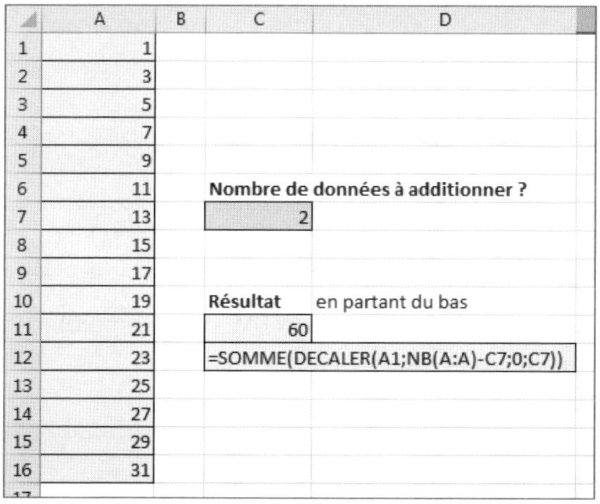

Figure 8.66

Créer une liste déroulante dynamique

En utilisant la fonction DECALER dans la création de liste déroulante pour concevoir une liste déroulante qui prend en compte les derniers éléments que vous avez saisis :

1. Créez une liste de données, comme celle de la Figure 8.67.

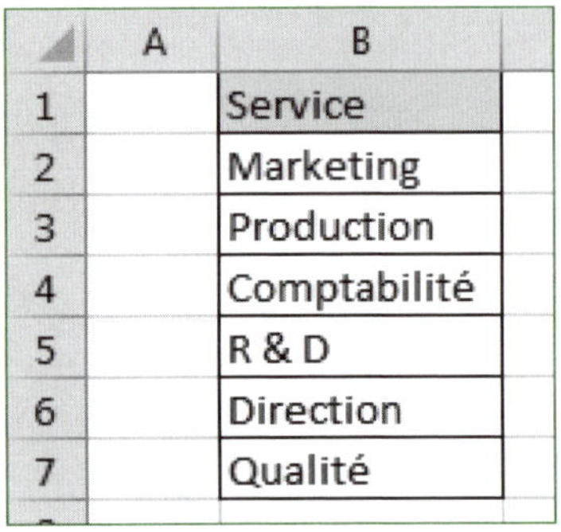

Figure 8.67
Une somme sur une plage dynamique grâce à la fonction DECALER.

2. Nommez cette plage de données en utilisant le menu ***Formules*** > *Définir un nom* (voir Figure 8.68).

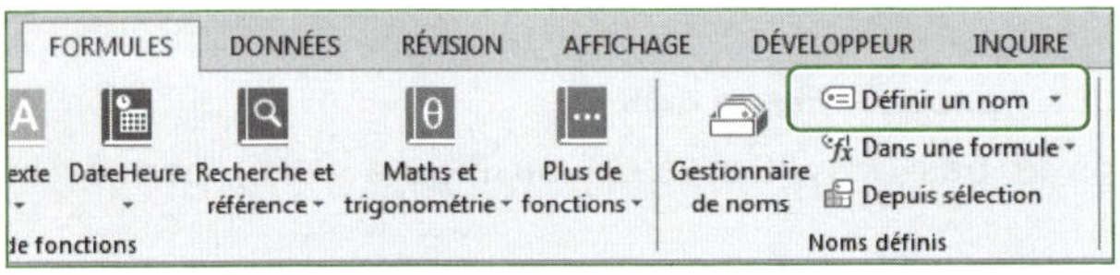

Figure 8.68

3. Donnez un nom de votre choix dans la zone *Nom*.
4. Saisissez la formule indiquée suivante (sans oublier le signe égal) dans la zone *Fait référence à* (voir Figure 8.69).

=DECALER($B$2;0;0;NBVAL($B:$B)–1)

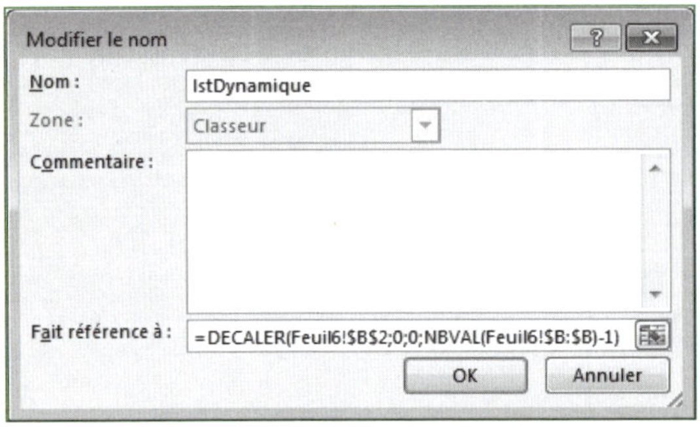

Figure 8.69
Un nom pour une formule contenant la fonction DECALER afin de récupérer une plage dynamique.

5. Sélectionnez ensuite la cellule devant contenir la liste de choix (A1, par exemple).
6. Cliquez sur le menu ***Données***>*Validation de données* (voir Figure 8.70).

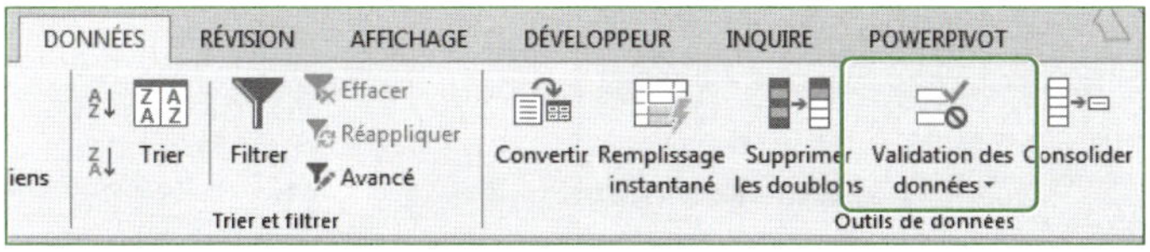

Figure 8.70

7. Choisissez *Liste* dans la zone *Autoriser* (voir Figure 8.71).

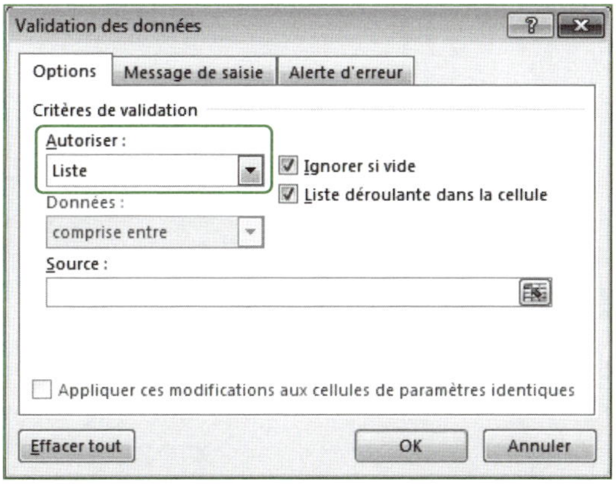

Figure 8.71

8. Placez votre curseur dans la zone *Source*.
9. Appuyez sur la touche **F3** pour afficher la liste des noms définis dans le classeur.
10. Sélectionnez votre nom et *OK*.

Votre liste déroulante est prête et vous pouvez ajouter des données à la fin de votre liste source.

FORMULETEXTE Nouveauté EXCEL 2013

La formule FORMULETEXTE est une nouvelle fonction d'Excel 2013. Elle va devenir une des plus importantes fonctions pour les formateurs ou professeurs sur Excel, comme les deux auteurs de ce livre. En effet, elle affiche sous forme de texte la formule d'une cellule. Le seul paramètre à lui fournir est la cellule qui contient une formule.

=FORMULATEXTE(C2)

Si la cellule cible ne contient pas de formule, la formule FORMULETEXTE retournera #N/A.

INDIRECT

La fonction INDIRECT renvoie le contenu d'une référence écrite **en texte**. Elle est extrêmement utile quand vous souhaitez rendre dynamique le nom d'une feuille de calcul.

Principe

Dans l'exemple de la Figure 8.72, nous voulons récupérer le niveau de TVA des différents pays listés en colonne A. Vous constatez également que ces noms utilisés en colonne A sont les mêmes que les noms des onglets.

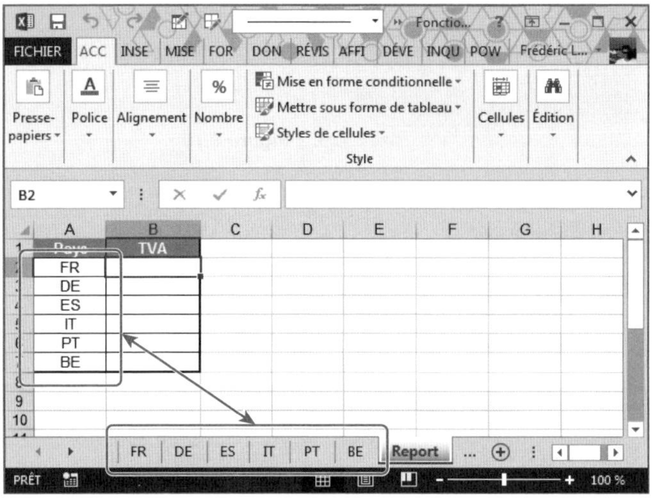

Figure 8.72

Chacune des feuilles ressemble à l'exemple de la Figure 8.73.

	A	B
1	Caracteristiques	
2	Nom	France
3	Capitale	Paris
4	Superficie	675 417
5	Population	65 073 482
6	GDP	2130000000000,00
7	TVA	19,60%
8	Indicatif Téléphonique	+33
9	Extension internet	.fr

Figure 8.73

Pour renseigner la colonne B de la Figure 8.72, beaucoup d'utilisateurs d'Excel iraient pointer la TVA sur chaque feuille, une par une, afin d'avoir un résultat identique à celui de l'image 8.74.

	A	B
1	Pays	TVA
2	FR	=FR!B7
3	DE	=DE!B7
4	ES	=ES!B7
5	IT	=IT!B7
6	PT	=PT!B7
7	BE	=BE!B7
8		

Figure 8.74
La fonction INDIRECT renvoie le contenu d'une référence écrite en texte.

Pour vous éviter de faire une succession de liaisons entre toutes les feuilles, l'idée est de remplacer les noms des feuilles FR, BE, IT... par les valeurs de la colonne A ; c'est là que la fonction **INDIRECT** va être nécessaire.

Construction

La fonction INDIRECT interprète une référence écrite en texte. C'est-à-dire que, pour fonctionner, vous devez écrire votre référence de cellule entre guillemets pour que la fonction puisse interpréter la référence.

L'exemple ci-après illustre ce point.

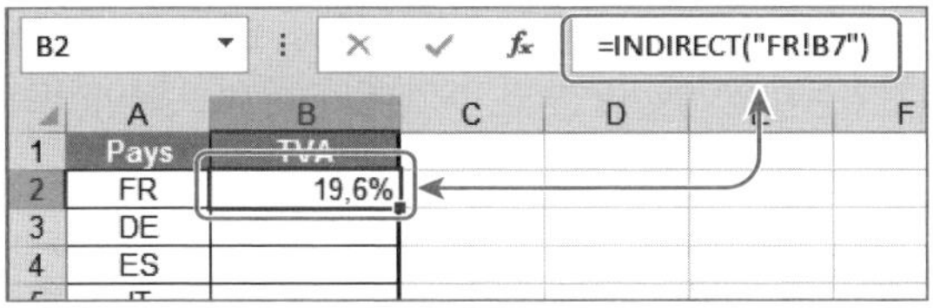

Figure 8.75
Vous devez écrire votre référence de cellule entre guillemets.

=INDIRECT("FR!B7")

En écrivant votre formule de cette façon, vous constatez qu'il n'y a **pas de différence** au niveau du résultat car vous retournez toujours le contenu de la cellule B7 de la feuille FR.

Maintenant, analysons comment se code une référence entre les onglets. Vous avez tout d'abord le nom de la feuille, suivi d'un point d'exclamation. Le **point d'exclamation** est le symbole qui sépare toujours le nom d'un onglet de la référence de la cellule, puis suit la référence de la cellule.

Figure 8.76
La syntaxe d'une référence de cellule.

Appliqué à notre problème, nous voulons faire varier le nom des onglets en reprenant les valeurs de la colonne A. Nous allons donc transformer notre formule en conservant entre guillemets les éléments invariants (qui ne bougent pas) et allons extraire des guillemets les éléments qui vont varier (la colonne A).

La partie variable va être égale aux noms des feuilles (soit FR, ES, IT...) et la partie fixe équivaut à tout le reste, soit "!B7" dans notre exemple. La formule en B2 va donc maintenant s'écrire :

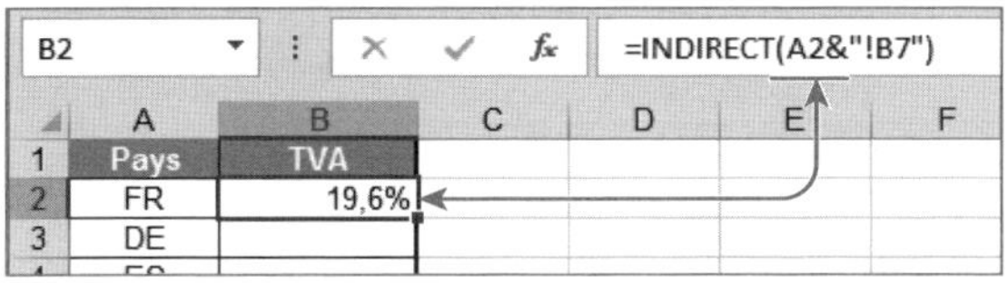

Figure 8.77

=INDIRECT(A2&"!B7")

Nous avons bien, en dehors des guillemets, la partie variable de notre référence et, entre guillemets, la partie fixe.

Remarque

Notez le symbole **&** entre les deux parties. Celui-ci permet de concaténer (ou encore relier) des éléments distincts dans une formule pour ne faire plus qu'un seul texte.

Particularité

Dans le cas où le nom de votre feuille de calcul contient des espaces, ce nom sera entouré d'apostrophes dans la référence. Nous devons donc conserver ces apostrophes dans notre fonction INDIRECT.

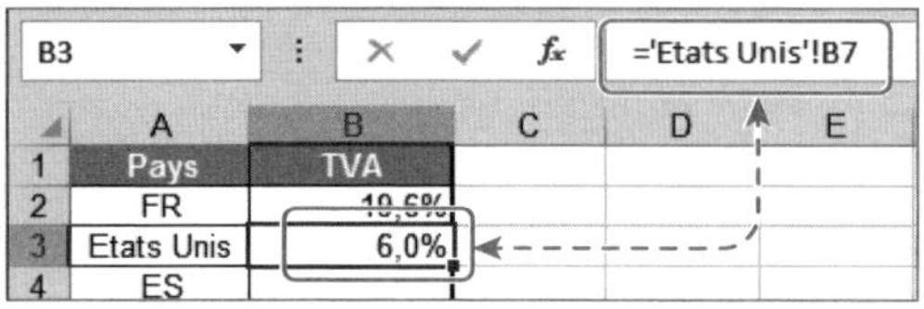

Figure 8.78
Dans le cas où le nom de votre feuille de calcul contient des espaces, le nom de cette feuille sera entouré d'apostrophes dans la référence.

Comme nous devons conserver les apostrophes, avant et après la partie variable, nous commençons par écrire entre guillemets la première apostrophe (et seulement cela), puis la référence de la cellule et enfin une nouvelle partie fixe qui commence par une apostrophe (et non pas le point d'exclamation).

=INDIRECT("'"&A3&"'!B7")

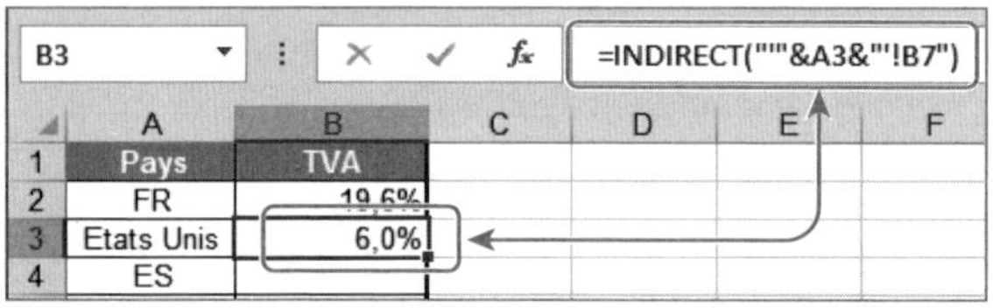

Figure 8.79

Listes dynamiques à deux dimensions

Vous pouvez concevoir des listes de données dynamiques l'une par rapport à l'autre grâce à la fonction INDIRECT. Par exemple, à la Figure 8.80, vous avez deux listes déroulantes et la deuxième dépend de la valeur sélectionnée en C2 ; sélectionner la région d'Aquitaine vous fera afficher dans la seconde liste déroulante les villes d'Aquitaine seulement.

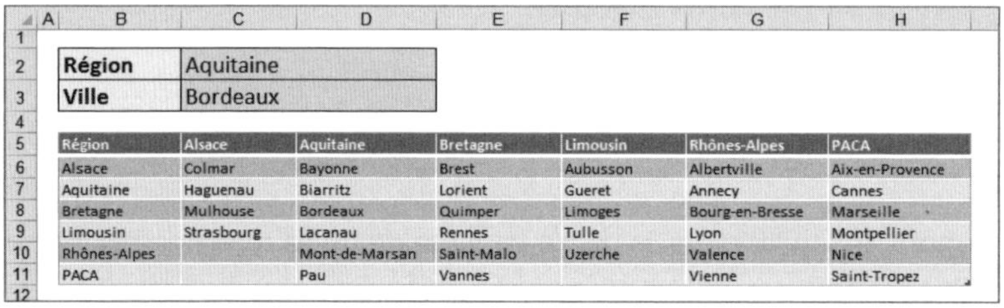

Figure 8.80
Vous pouvez concevoir des listes de données dynamiques l'une par rapport à l'autre grâce à la fonction INDIRECT.

1. Créez une table pour votre tableau de référence (menu ***Insertion*** > *Tableau*).

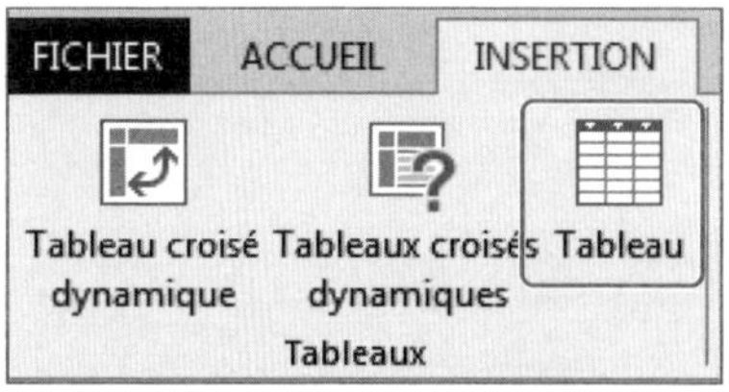

Figure 8.81

2. Changez le nom générique par "RegionVille".
3. Sélectionnez la cellule C2 et ouvrez le menu ***Données*** > *Validation de données.*

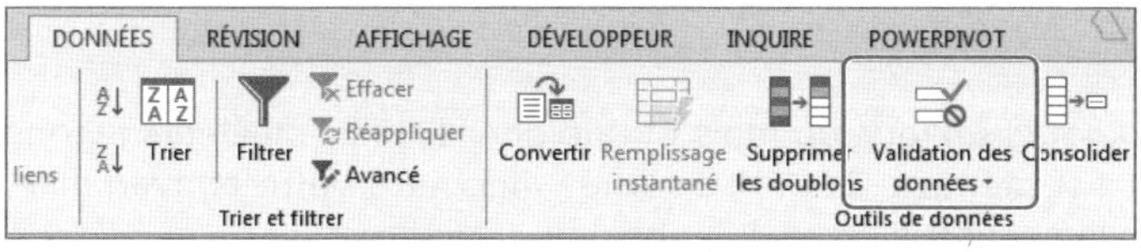

Figure 8.82

4. Sélectionnez l'option *Liste* et inscrivez la formule suivante dans la zone *Source.*

=INDIRECT("RegionVille[Région]")

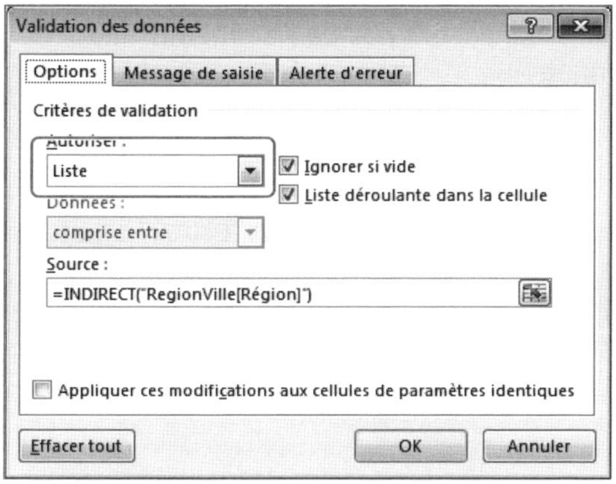

Figure 8.83

5. Sélectionnez la cellule C3 et ouvrez de nouveau le menu ***Données*** > *Validation de données.*
6. Sélectionnez l'option *Liste* et inscrivez la formule suivante dans la zone *Source.*

=INDIRECT("RegionVille["&C2&"]")

De cette façon, à chaque fois que vous sélectionnez une nouvelle région la seconde liste est mise à jour en fonction du titre de la colonne.

Les fonctions Dates

Présentation d'une date dans Excel

Info

Les dates dans Excel sont des nombres entiers.

Le jour numéro 1 correspond au 01/01/1900 et chaque valeur unitaire supplémentaire correspond à un nouveau jour. Ainsi, le 31/12/2012 correspond au chiffre 41 274. Pour obtenir ce chiffre, il vous suffit de saisir une date dans une cellule et d'appliquer le format *General*.

Info

La valeur 1 correspond toujours à un jour et jamais à une heure.

Dans une date, vous avez toujours un jour, un mois et une année, mais plusieurs façons de les afficher (01/09/02 ou 1 septembre 2002) ; pour les afficher à votre convenance, vous pouvez vous reporter à la section "Format Nombre" du Chapitre 4.

AUJOURDHUI/MAINTENANT

Ces deux fonctions sont similaires. Elles renvoient toutes les deux la date du jour (ou la date système de votre ordinateur). Ces fonctions n'ont pas de paramètres mais vous devez écrire les parenthèses ouverte et fermée.

=AUJOURDHUI()

=MAINTENANT()

La seule différence entre ces deux fonctions est que la fonction MAINTENANT ajoute en plus au résultat l'heure à laquelle la fonction a été saisie.

Ces deux fonctions sont très importantes dans la construction de vos tableaux de bord. En effet, en vous fondant sur la date système, vous allez être capable de créer des documents dynamiques où vos dates vont varier autour de la date système.

ANNEE/MOIS/JOUR

Les fonctions ANNEE, MOIS et JOUR sont des fonctions très simples qui extraient chacune une des parties d'une date.

La fonction JOUR extrait le jour d'une date.

La fonction MOIS extrait le jour d'une date.

La fonction ANNEE extrait le jour d'une date.

Isolément, ces fonctions n'ont pas vraiment d'intérêt mais, combinées à la fonction DATE, elles permettent de générer automatiquement des dates clés (comme le premier jour du mois, le dernier jour d'un mois...).

DATE

Présentation

La fonction DATE va créer une date à partir des trois arguments obligatoires qui vont lui être fournis, **respectivement dans cet ordre** :

- l'année ;
- le mois ;
- le jour.

Par exemple, si vous souhaitez afficher en A1 la date du 25/12/2012, vous allez écrire la fonction suivante.

=DATE(2012;12;25)

La fonction DATE est remarquable car si vous écrivez 14 mois et 38 jours en deuxième et troisième paramètres, la fonction va elle-même ajuster le résultat comme en rajoutant les jours équivalant à 14 mois et 38 jours. Et la fonction gère non seulement exactement le nombre de jours en fonction des mois mais également la rupture des mois et des années.

=DATE(2010;14;38) => 10/03/2011

Vous pouvez également remplacer les paramètres par des fonctions. Si vous voulez afficher systématiquement l'année courante en premier paramètre, vous allez l'extraire avec les fonctions ANNEE et AUJOURDHUI.

=DATE(ANNEE(AUJOURDHUI());12;31)

Premier jour du mois

Il est très facile de créer une formule qui retourne le premier jour d'un mois quelconque ; il vous suffit de mettre la valeur **1** dans le troisième argument de la date.

=DATE(2013;5;1)

Pour que les paramètres du mois et de l'année soient dynamiques, nous allons utiliser la fonction AUJOURDHUI avec les formules ANNEE et MOIS.

Nous allons écrire :

- ANNEE(AUJOURDHUI()) pour obtenir l'année courante.
- MOIS(AUJOURDHUI())pour obtenir le mois courant.

La formule complète s'écrit :

=DATE(ANNEE(AUJOURDHUI());MOIS(AUJOURDHUI());1)

Premier jour du mois précédent

Pour calculer automatiquement le premier jour du mois précédent, il faut reprendre exactement la même formule que précédemment et soustraire 1 à l'argument du mois.

=DATE(ANNEE(AUJOURDHUI());MOIS(AUJOURDHUI())–1;1)

Dernier jour d'un mois quelconque

Nous savons tous que le nombre de jours dans un mois varie. Vu comme cela, le problème semble très compliqué à résoudre pour retourner à coup sûr le numéro du dernier jour d'un mois quelconque. Mais, en fait, grâce à la fonction DATE, le problème se résout sans difficulté.

Reprenons la formule qui nous a permis de calculer le premier jour d'un mois quelconque. En rajoutant 1 mois supplémentaire, nous obtenons le premier jour du mois suivant.

=DATE(ANNEE(AUJOURDHUI());MOIS(AUJOURDHUI())+1;1)

Et, en utilisant la règle d'Excel selon laquelle 1 est égal à un jour, il suffit de retrancher 1 à cette formule pour trouver le dernier jour d'un mois quelconque.

=DATE(ANNEE(AUJOURDHUI());MOIS(AUJOURDHUI())+1;1–1)

Alors, si nous remplaçons le 1 - 1 de la formule par un 0, vous constatez que le résultat est le même :

=DATE(ANNEE(AUJOURDHUI());MOIS(AUJOURDHUI())+1;0)

Dernier jour du mois précédent

Pour afficher le dernier jour du mois précédent, il vous suffit de retrancher 1 à la formule qui vous donne le premier jour du mois courant.

=DATE(ANNEE(AUJOURDHUI());MOIS(AUJOURDHUI());1)–1

Ou, tout comme ci-dessus :

=DATE(ANNEE(AUJOURDHUI());MOIS(AUJOURDHUI());0)

MOIS.DECALER/FIN.MOIS

Les techniques vues précédemment fonctionnent dans toutes les versions d'Excel mais, depuis la version d'Excel 2007, deux nouvelles fonctions existant auparavant dans la macro complémentaire "Utilitaire d'analyse" ont fait leur apparition. Il s'agit des fonctions MOIS.DECALER et FIN.MOIS.

Ces fonctions vont vous permettre de calculer les échéances d'un règlement à partir d'une date située en B2 :

Fin de mois	**=FIN.MOIS(B2;0)**
30 jours fin de mois	**=FIN.MOIS(B2+30;0)**

Ainsi que le nombre de jours du mois d'une date située en B2 :

=JOUR(FIN.MOIS(B2;0))

Jours fériés

Dans la gestion de planning ou de rapport d'activité, la gestion automatique des jours fériés est un énorme gain de temps car vous pouvez avoir un seul document générique, et chaque mois vos calculs vont s'ajuster en tenant compte de ces jours particuliers.

Les jours fériés sont toujours des dates particulières dans les calculs de date. Ils sont :

- fixes (comme 1er Janvier, le 25 décembre...) ;
- variables (comme le jour de Pâques).

Dans le calendrier français, du jour de Pâques découlent :

- l'Ascension (Pâques + 39) ;
- la Pentecôte (Pâques + 49).

Donc, le seul problème dans le calcul des jours fériés consiste à déterminer le dimanche du jour de Pâques, qui correspond au premier dimanche qui suit (ou tombe en même temps que) le jour de la première pleine lune après l'équinoxe de printemps (le 21 mars). Dans Excel, la formule qui vous permet de calculer le jour de Pâques est :

=ARRONDI(DATE(ANNEE(AUJOURDHUI());4;MOD(234–11*MOD(ANNEE(AUJOURDH UI());19);30))/7;)*7–6

Ainsi, vous pouvez déterminer tous les jours fériés français variables.

	A	B	C	D	E	F	G
1	Année	2012					
2							
3	1er Janvier	01/01/2012	=DATE($B$1;1;1)				
4	Pâques	08/04/2012	=ARRONDI(DATE($B$1;4;MOD(234-11*MOD($B$1;19);30))/7;)*7-6				
5	Lundi de Pâques	09/04/2012	=B4+1				
6	1er Mai	01/05/2012	=DATE($B$1;5;1)				
7	8 Mai	08/05/2012	=DATE($B$1;5;8)				
8	Ascenscion	17/05/2012	=B4+39				
9	Pentecôte	27/05/2012	=B4+49				
10	Lundi de la Pentecôte	28/05/2012	=B4+50				
11	14 Juillet	14/07/2012	=DATE($B$1;7;14)				
12	15 Août	15/08/2012	=DATE($B$1;8;15)				
13	1er Novembre	01/11/2012	=DATE($B$1;11;1)				
14	11 Novembre	11/11/2012	=DATE($B$1;11;11)				
15	25 Décembre	25/12/2012	=DATE($B$1;12;25)				

Figure 8.84

DATEDIF

Principe

Effectuer une différence en mois ou en années entre les dates n'est pas aussi simple qu'avec des nombres entiers ou décimaux. Supposons la date du 28/08/2012 et celle du 05/09/2012. Entre ces deux dates, il n'y a que neuf jours d'écart, une simple formule de soustraction nous renvoie le résultat en jours :

= B2–B1

Mais il y a eu un basculement d'un mois calendaire. Donc, si dans Excel nous utilisons la formule suivante, le résultat qui suit sera **faux !**

=MOIS(B1)–MOIS(B2) => retourne 1 mois au lieu de 0 mois (mois entier)

Comme l'exemple précédent l'a démontré, une différence en mois ou années entre deux dates n'est pas un calcul facile mais un calcul très, très compliqué.

La vraie question est quel type de différence voulons-nous calculer ? Voulons-nous calculer une différence :

- sur les mois ;
- sur les jours ;
- sur les années.

Pour réaliser les calculs de différences sur les dates autres qu'en nombre de jours, Excel possède **une fonction i-n-c-r-o-y-a-b-l-e** pour réaliser les différences entre les dates mais cette fonction est cachée. Pour vous en rendre compte, il vous suffit d'afficher l'aide sur la fonction DATEDIF et vous verrez que rien (absolument rien) ne s'affiche sur cette fonction ; et pourtant elle fonctionne parfaitement.

La fonction

La fonction DATEDIF a besoin de trois paramètres pour fonctionner :

- une date ;
- une seconde date (nécessairement supérieure à la première date) ;
- un paramètre pour retourner le type d'écart.

=DATEDIF(date1;date2;paramètre)

Nous ne nous étendrons pas sur les deux premiers arguments, qui se comprennent facilement. Par contre, le troisième paramètre est, et de loin, le plus important car c'est lui qui va déterminer quel type de calcul va être réalisé.

Le tableau ci-après permet de visualiser toutes les opérations qu'il est possible de réaliser avec cette fonction en changeant uniquement le troisième paramètre (qu'il faut toujours mettre entre guillemets).

Différence	Paramètre
en années	"y"
en mois	"m"
en jours	"d"
en mois, une fois les années soustraites	"ym"
en jours, une fois les années soustraites	"yd"
en jours, une fois les années et les mois soustraits	"md"

Dans cet exemple, vous avez les différents calculs possibles en fonction du troisième paramètre. Les dates utilisées sont en C1 et C2.

	A	B	C
1	Date de naissance		23/12/1980
2	Date atuelle		09/11/2012
3			
4	Valeur du 3ème paramètre	Résultat	
5	"d"	11644	Jours
6	"m"	382	Mois
7	"y"	31	Années
8	"ym"	10	mois dans l'année
9	"md"	17	jours dans le mois
10	"yd"	321	jours dans l'année
11			

Figure 8.85
Différents résultats de la fonction DATEDIF selon le troisième paramètre.

Appliquons cette fonction à un cas concret : déterminer l'âge précis en nombre d'années, mois et jours. Les formules en C5, D5 et E5 sont :

= DATEDIF($B5,$D$1,"y")

= DATEDIF($B5,$D$1,"ym")

= DATEDIF($B5,$D$1,"md")

	A	B	C	D	E
1			Aujourd'hui	09/11/2012	
2					
3		Paramètres	y	ym	md
4	Prénom	Date Anniversaire	Nbre d'années	Nbre de mois	Nbre de jours
5	Michel	12/09/1980	32	1	28
6	Lionel	17/02/1995	17	8	23
7	Lucie	25/12/1986	25	10	15
8	Patrick	09/03/1988	24	8	0
9					
10		Michel a 32 ans, 1 mois et 28 jours			
11					

Figure 8.86

JOURSEM

La fonction JOURSEM retourne une valeur comprise entre 1 et 7 correspondant aux jours de la semaine. La formule se compose de deux arguments :

- une date ;
- un paramètre compris entre 1 et 3 et de 11 à 17 (c'est étrange, je vous l'accorde).

La fonction a beaucoup évolué au fil des versions d'Excel, voilà pourquoi les valeurs de 4 à 10 pour le second argument ne sont plus utilisées aujourd'hui. Bien souvent, seules les valeurs 1 et surtout 2 sont utilisées.

> **Info**
>
> La fonction ayant été développée aux États-Unis, le premier jour de la semaine est un dimanche.

Pour cette raison la valeur 1, valeur par défaut, retourne comme jour numéro 1 de la semaine le dimanche. Pour avoir le lundi égal comme premier jour de la semaine, il faut mettre la valeur 2 dans le second argument. Par exemple, le 01/01/2012 est un dimanche.

Cette fonction est très utile pour réaliser des tests ou pour des ***mises en forme conditionnelles*** ou ***des validations de données*** sur les week-ends.

Le test suivant contrôle si la date est un samedi ou un dimanche et affiche le mot Week-end ou Semaine en fonction du résultat :

=SI(JOURSEM(A1;2)>5;"Week–end";"Semaine")

Avec une mise en forme conditionnelle, vous pouvez modifier le format de vos cellules quand vos dates sont des samedis ou des dimanches.

=JOURSEM(A1;2)>5

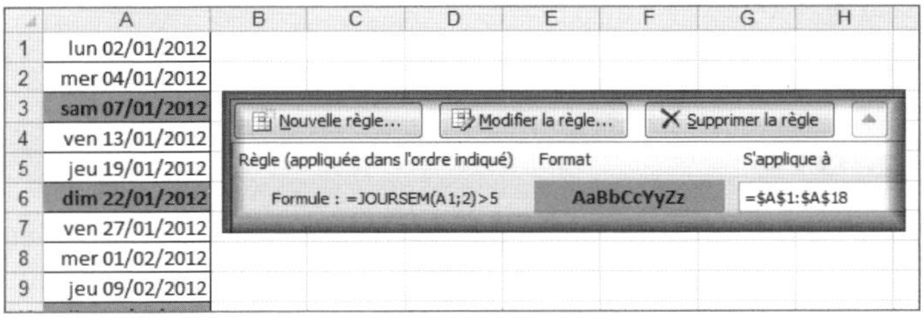

Figure 8.87
La fonction JOURSEM retourne une valeur comprise entre 1 et 7 correspondant aux jours de la semaine.

NO.SEMAINE et NO.SEMAINE.ISO

Nouveauté EXCEL 2013

La fonction NO.SEMAINE va retourner le numéro de semaine de la date passée en argument.

> **Attention !**
>
> La fonction a été créée aux États-Unis et la règle de comptabilisation n'est pas la même entre l'Europe et l'Amérique du Nord.

En Amérique du Nord (États-Unis et Canada), la semaine 1 commence dès le premier jour de l'année, même si c'est un dimanche. En Europe, la numérotation des semaines est régie par la norme ISO 8601. La règle de numérotation est plus complexe mais il faut retenir que la semaine 1 est la première à avoir au moins quatre jours dans la semaine.

Avec Excel 2010, pour retourner le numéro de mois aux normes européennes, il faut ajouter la valeur 21 comme second argument de la fonction.

=NO.SEMAINE(AUJOURDHUI();21)

Mais il est préférable d'utiliser la nouvelle fonction NO.SEMAINE.ISO d'Excel 2013 pour retourner le numéro de semaine tel qu'il est calculé par les normes ISO et donc en Europe.

= NO.SEMAINE.ISO(AUJOURDHUI())

NB.JOURS.OUVRES

Cette fonction vous permet de compter le nombre de jours ouvrés entre deux dates.

Vous pouvez également indiquer une plage de données qui contient les jours fériés pour exclure ces dates du décompte des jours ouvrés.

=NB.JOURS.OUVRES(Date_DebutDate_Fin ;[Jours_Fériés])

Vous pouvez retrouver le calcul des jours ouvrés pour la France dans le paragraphe Jours fériés.

Info

Cette fonction renvoie le bon nombre de jours ouvrés si les samedis et dimanches sont bien des jours de repos. Pour tous les autres cas, préférez la fonction NB.JOURS.OUVRES.INTL, qui propose un paramètre supplémentaire pour indiquer les jours de repos.

NB.JOURS.OUVRES.INTL

Si vous travaillez en semaine décalée, vous souhaitez comptabiliser les samedis ou les dimanches comme jours ouvrés mais, dans le même temps, vous voulez inclure dans vos journées de repos des jours qui sont traditionnellement ouvrés.

Grâce à la formule NB.JOURS.OUVRES.INTL, vous allez pouvoir spécifier en troisième argument le ou les jours qui correspondent à vos jours de repos.

=NB.JOURS.OUVRES.INTL(Date_Debut;Date_Fin;[Week–end];[Jours_Fériés])

Numéro de week-end	Jours du week-end
1 ou omis	samedi, dimanche
2	dimanche, lundi
3	lundi, mardi
4	mardi, mercredi
5	mercredi, jeudi
6	jeudi, vendredi

Numéro de week-end	Jours du week-end
7	vendredi, samedi
11	dimanche uniquement
12	lundi uniquement
13	mardi uniquement
14	mercredi uniquement
15	jeudi uniquement
16	vendredi uniquement
17	samedi uniquement

SERIE.JOUR.OUVRE

La fonction SERIE.JOUR.OUVRE vous permet d'ajouter un nombre de jours ouvrés à une date quelconque sans tenir compte des week-ends ni des jours fériés. Cette formule est très utile pour les managers ou chefs d'équipe pour qui Excel sert à réaliser la planification de tâches.

Dans le tableau suivant, vous avez en colonne A des dates (au format jjjj jj/mm/aaaa) et un nombre de jours à ajouter. Le résultat en colonne C montre qu'aucun jour ne tombe un samedi ou un dimanche.

	A	B	C	D
1		Début	Nombre de jours	Fin
2	Tâche 1	mardi 14 mai 2013	18	
3	Tâche 2	mercredi 15 mai 2013	10	
4	Tâche 3	jeudi 16 mai 2013	12	
5	Tâche 4	lundi 20 mai 2013	14	
6	Tâche 5	mardi 21 mai 2013	3	
7	Tâche 6	mardi 21 mai 2013	17	
8	Tâche 7	jeudi 23 mai 2013	6	
9	Tâche 8	vendredi 24 mai 2013	18	
10	Tâche 9	lundi 27 mai 2013	7	
11	Tâche 10	mardi 28 mai 2013	7	
12	Tâche 11	mardi 28 mai 2013	12	
13	Tâche 12	jeudi 30 mai 2013	3	
14				

Figure 8.88
La fonction SERIE.JOUR.OUVRE vous permet d'ajouter un nombre de jours ouvrés à une date quelconque sans tenir compte des week-ends ni des jours fériés.

Ici aussi, vous pouvez ajouter une plage de données contenant des jours fériés pour ne pas comptabiliser ces jours particuliers dans votre résultat.

SERIE.JOUR.OUVRE.INTL

Cette fonction vous permet de comptabiliser uniquement les jours ouvrés même quand les jours non travaillés ne sont pas le samedi et le dimanche.

Cette fonction a par rapport à la fonction SERIE.JOUR.OUVRE un argument supplémentaire qui vous permet de préciser quels sont les jours non travaillés. Reportez-vous au paragraphe sur la fonction NB.JOURS.OUVRES.INTL pour connaître la signification des différentes valeurs possibles.

TEMPS

Travailler sur les heures, minutes et secondes dans Excel n'est pas une tâche aisée. En effet, l'unité dans Excel est le jour. De ce fait, les valeurs de temps sont des nombres décimaux.

Imaginons par exemple que vous souhaitiez inscrire 1 heure dans une cellule. Si vous mettez 1 et que vous appliquez le format Heure, vous voyez apparaître 00:00. Ceci est tout à fait normal car nous venons de mettre 1 jour au format horaire et 24 heures s'inscrit comme 1 journée, 0 heure, 0 minutes.

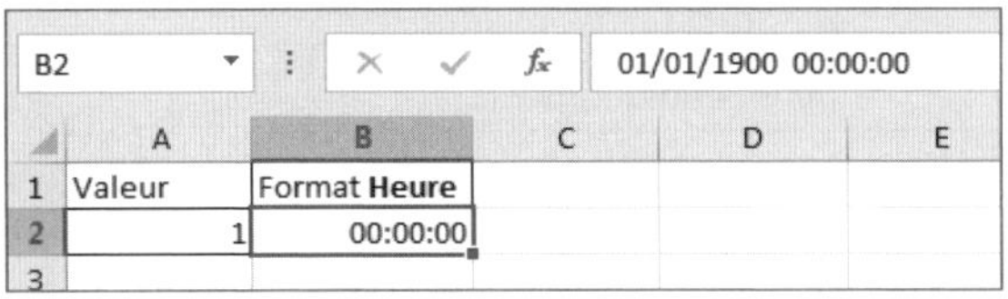

Figure 8.89
Pour afficher correctement 1 heure, il vous faut saisir 1:00.

Alors, pour afficher correctement 1 heure, il vous faut saisir 1:00. Le séparateur des heures, minutes, secondes étant le caractère : (deux-points).

Dans Excel, une heure est une fraction d'une journée, c'est-à-dire 1/24e de la journée. Tout comme une minute est égale à 1/60e d'heure et donc égale à 1/24/60. Une seconde est égale à 1/24/60/60. Pour faire des calculs sur les heures il faut en tenir compte.

=A1/24 => pour convertir la valeur en A1 en heure

=A1/24/60 => pour convertir la valeur en A1 en minute

Mais vous pouvez également utiliser la formule TEMPS pour réaliser cette conversion.

=TEMPS(A1;;) => pour convertir la valeur en A1 en heure

=TEMPS(;A1;) => pour convertir la valeur en A1 en minute

Pour mettre en forme les heures :

- **h** représente les heures.
- **m** représente les minutes.
- **s**, les secondes.

Vous pouvez mettre un ou deux chiffres pour h, m ou s ; par exemple h:m:s (1:0:0) ou h:mm (1:00).

Si vous devez afficher un nombre d'heures supérieur à 24, vous devez inscrire le symbole des heures entre crochets **[h]**.

Les crochets ont un grand intérêt dans le format des heures ; ils empêchent les heures de passer à 0 après 23:59:59 et les minutes et secondes de passer à 0 après 59.

Les fonctions Texte

Les fonctions Texte sont très précieuses quand vous devez faire des extractions à l'intérieur d'une cellule ou encore pour nettoyer vos cellules des espaces indésirables.

DROITE/GAUCHE

La fonction GAUCHE est très simple d'utilisation car nous n'avons besoin que :

- de la référence de la cellule à transformer ;
- du nombre de caractères de gauche à conserver.

Dans le classeur suivant, vous souhaitez extraire les trois premiers caractères du numéro de téléphone ; vous allez donc écrire la fonction suivante :

=GAUCHE(B3;3)

Pour la fonction DROITE, c'est exactement le même principe sauf que vous allez extraire les n caractères de droite de votre cellule.

Pour conserver les quatre derniers caractères de votre cellule, vous allez écrire la formule suivante :

=DROITE(B3;4)

STXT

La fonction STXT, vous permet d'extraire une partie d'une chaîne de caractères sur une longueur précise. La fonction a besoin des arguments suivants :

- la référence de la cellule ;
- le rang ***à partir duquel*** commence la sélection ;
- le nombre de caractères à extraire.

Soit à la Figure 8.90, nous souhaitons extraire le numéro de téléphone mobile contenu en cellule B4 dans la cellule C4.

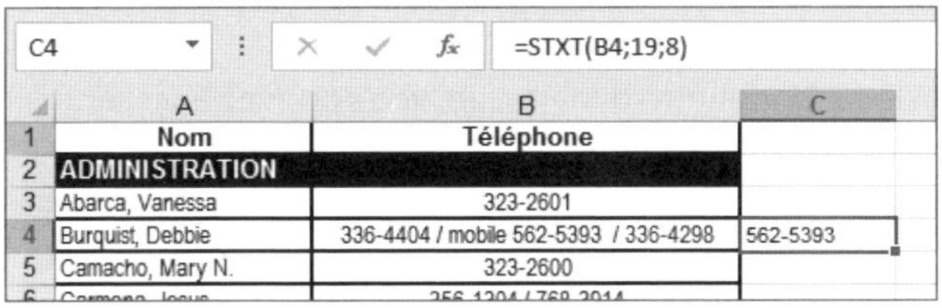

Figure 8.90
La fonction STXT, vous permet d'extraire une partie d'une chaîne de caractère sur une longueur précise.

Nous allons écrire la formule suivante :

=STXT(B4;19;8)

La valeur 19 s'explique par le fait que nous avons 19 caractères avant le numéro dont nous souhaitons extraire notre chaîne de caractères. Il faut prendre en compte tous les caractères (chiffres, lettres, ponctuations, espaces).

CHERCHE et TROUVE

Les fonctions CHERCHE et TROUVE vous permettent de déterminer la position d'un caractère précis dans une chaîne de caractères. Les fonctions se construisent de la façon suivante :

- le texte à rechercher ;
- la chaîne de caractères où s'effectue la recherche ;
- [optionnel] la position de départ.

La grande différence entre CHERCHE et TROUVE est le mode de comparaison des caractères. CHERCHE n'est pas sensible à la casse (majuscule-minuscule) alors que TROUVE l'est.

Nous avons par exemple en A1 le texte "CATHY" :

=CHERCHE("a";A1) =>2

=TROUVE("a";A1) =>#VALUE !

Dans l'exemple suivant, nous voulons trouver la position du caractère /. Plutôt que compter un à un les caractères, nous allons laisser la fonction CHERCHE faire le travail à notre place.

	323-2601
	336-4404 / mobile 562-5393 / 336-4298
	323-2600
	356-1304 / 768-3914

Figure 8.91

=CHERCHE("/";B4) => 10

Le / est en dixième position (incluse) dans la chaîne de caractères. Maintenant, si nous souhaitons trouver le deuxième / de cette même chaîne de caractères, nous allons utiliser le troisième argument pour commencer la recherche non plus du début mais à partir d'une position déterminée.

Ainsi, comme nous savons que le premier / se trouve en dixième position, nous allons mettre la valeur 11 dans le troisième paramètre.

=CHERCHE("/";B4;11) => 29

Et, si vous souhaitez rendre ce troisième paramètre dynamique, vous pouvez aussi écrire :

=CHERCHE("/";B4; CHERCHE("/";B4)+1)

NBCAR

La fonction NBCAR compte le nombre de caractères contenus dans une cellule. La fonction n'a besoin que d'un seul argument : le texte de la cellule.

Cette fonction est très souvent utilisée en complément des fonctions GAUCHE et DROITE.

Par exemple, dans l'exemple de la Figure 8.92, vous voulez isoler les numéros de téléphone sans leurs indicatifs internationaux.

	A	B	C	D
1	Pays	Tel	Position parenthèse	Reste du numéro
2	Allemagne	(+49) 654879249		
3	Etats-Unis	(+1) 733 230-3186		

Figure 8.92

Pour cela, il nous faut repérer la position de la parenthèse fermée et compter le nombre de caractères entre cette parenthèse fermée et le dernier caractère. Autrement dit, nous allons soustraire du nombre total de caractères la position de la parenthèse fermée.

=NBCAR(B2)–CHERCHE(") ";B2) => soit un résultat égal à 10

C2 | =NBCAR(B2)-CHERCHE(") ";B2)

	A	B	C	D
1	Pays	Tel	Position parenthèse	Reste du numéro
2	Allemagne	(+49) 654879249	10	
3	Etats-Unis	(+1) 733 230-3186	13	

Figure 8.93
La fonction NBCAR compte le nombre de caractères contenu dans une cellule.

Il est maintenant facile d'intégrer cette formule dans la fonction droite pour récupérer uniquement les dix derniers caractères :

=DROITE(B2;NBCAR(B2)–CHERCHE(") ";B2))

D2 | =DROITE(B2;NBCAR(B2)-CHERCHE(") ";B2))

	A	B	C	D	E
1	Pays	Tel	Position parenthèse	Reste du numéro	
2	Allemagne	(+49) 654879249	10	654879249	
3	Etats-Unis	(+1) 733 230-3186	13	733 230-3186	
4	Malte	(+356) 16019412	9	16019412	

Figure 8.94

SUPPRESPACE

La fonction SUPPRESPACE permet de supprimer les espaces en trop, ceux qui se trouvent au début et à la fin d'une chaîne de caractères ou en surnombre entre les mots.

=SUPPRESPACE(votre texte)

Dans l'exemple de la Figure 8.95, nous avons des valeurs triées mais le tri ne respecte pas l'ordre alphabétique car les mots DDDD et FFFF commencent par une espace. De même, vous voyez qu'après le mot BBBB et GGGG les traits du tableau sont masqués. Ceci est dû aux espaces après la dernière lettre.

	A	B	C	D	E
1	Non triées	Triées			
2	AAAA	DDDD			
3	BBBB	FFFF			
4	CCCC	AAAA			
5	DDDD	BBBB			
6	EEEE	CCCC			
7	FFFF	EEEE			
8	GGGG	GGGG			

Figure 8.95

Nous allons donc nettoyer les chaînes de caractères avec la fonction SUPPRESPACE pour corriger tous ces défauts.

> **Info**
>
> Pour conserver le résultat "nettoyé", il faut convertir les formules en valeur en effectuant un collage spécial EN VALEUR.

	A	B	C	D	E
1	Non triées	Triées		Suppresspace	
2	AAAA	DDDD		DDDD	
3	BBBB	FFFF		FFFF	
4	CCCC	AAAA		AAAA	
5	DDDD	BBBB		BBBB	
6	EEEE	CCCC		CCCC	
7	FFFF	EEEE		EEEE	
8	GGGG	GGGG		GGGG	

Figure 8.96
La fonction SUPPRESPACE permet de supprimer les espaces en trop.

EPURAGE

La fonction EPURAGE va nettoyer une chaîne de caractères de tous les caractères non imprimables (comme les fins de paragraphe, les sauts de ligne…). Pour être plus précis, cette fonction élimine tous les caractères ASCII inférieurs ou égaux à 32.

=EPURAGE(votre texte)

SUBSTITUE

La fonction SUBSTITUE permet de remplacer une chaîne de caractères par une autre dans une chaîne de caractères. Cette fonction peut être fort utile pour supprimer les espaces à l'intérieur d'une cellule.

Si vous voulez supprimer TOUTES les espaces d'une chaîne de caractères, vous allez écrire la formule suivante :

=SUBSTITUE(A1;" ";"")

De la même façon, si vous voulez corriger tous les doubles espaces avant et après le / de la façon suivante :

=SUBSTITUE(B3;" / ";"/")

MAJUSCULE/MINUSCULE/NOMPROPRE

La fonction MAJUSCULE permet de mettre tout un texte en majuscule.

C2 =MAJUSCULE(B2)

	A	B	C	D	E
1	Prénom	Nom	NOM		
2	Edward	James	JAMES		
3	John	Long	LONG		
4	Robert	Williams	WILLIAMS		

Figure 8.97

La fonction MINUSCULE permet de mettre tout un texte en minuscule.

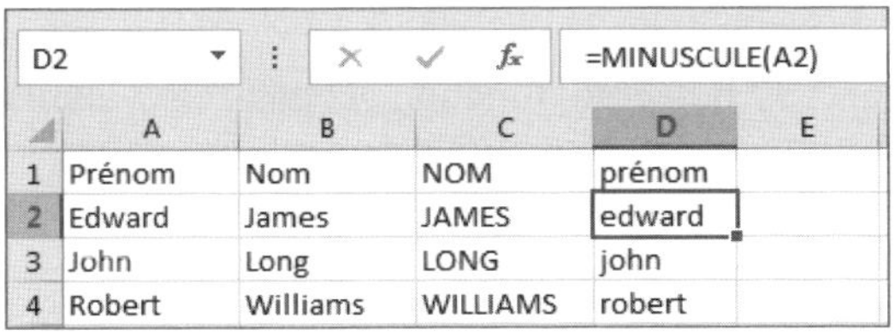

	A	B	C	D	E
1	Prénom	Nom	NOM	prénom	
2	Edward	James	JAMES	edward	
3	John	Long	LONG	john	
4	Robert	Williams	WILLIAMS	robert	

Figure 8.98

La fonction NOMPROPRE permet de mettre la première lettre d'un mot en majuscule et les autres lettres de ce mot en minuscule. C'est par exemple le cas pour les titres des chansons ou des films.

	A	B	C
1	Artiste	Titre	
2	red hot chili peppers	GIVE IT AWAY	Give It Away
3	red hot chili peppers	MY FRIENDS	My Friends
4	red hot chili peppers	OTHERSIDE	Otherside
5	red hot chili peppers	UNDER THE BRIDGE	Under The Bridge

Figure 8.99

> **Info**
>
> Avec l'arrivée du remplissage instantané (voir section "Le remplissage de série"), ces trois fonctions seront moins utilisées.

CONCATENER

Cette fonction permet d'ajouter différents textes les uns derrière les autres mais elle est souvent remplacée par l'opérateur de concaténation **&**. Par exemple :

=1&1 ou = CONCATENER(1;1) => "11"

="Cathy"&" "&"MONIER" => "Cathy MONIER"

=CONCATENER("Frederic";" ";"LE GUEN") => "Frederic LE GUEN"

CHAR/CODE

Ces deux fonctions sont complémentaires et traitent de la valeur des caractères, ou encore de leur code ASCII (***American Standard Code for Information Interchange***). Chaque caractère dans un ordinateur correspond à un code spécifique. Pour connaître le code correspondant à un caractère quelconque, vous pouvez écrire :

=CODE("A") => 65

Évidemment, selon la casse, le résultat retourné par la fonction CODE est différent.

=CODE("a") => 97

À l'inverse, la fonction CHAR retourne le caractère associé à un code :

=CHAR(97) => a

Mais c'est surtout pour les valeurs inférieures à 32 que cette fonction est utile. Les valeurs de 0 à 31 correspondent à des caractères non imprimables. Vous pouvez par exemple utiliser la fonction CHAR(13) pour insérer un saut de ligne dans une cellule.

="Cathy MONIER"&CHAR(13)&"Frédéric LE GUEN"

Excel 2013 intègre deux nouvelles fonctions similaires : UNICODE et UNICAR. Elles fonctionnent sur le codage UNICODE. Celui-ci donne à tout caractère de n'importe quel système d'écriture un nom et un identifiant numérique, et ce de manière unifiée au niveau mondial, quelle que soit la plate-forme informatique et le logiciel.

Fonctions financières

Les fonctions financières d'Excel vous permettent de réaliser très facilement des calculs d'échéance de prêt, des sommes capitalisées, etc.

Notions importantes

La plupart des fonctions financières utilisent les mêmes arguments :

- **VA** : la valeur actuelle. Celle-ci est égale à 0 pour des économies, est positive pour un placement et négative pour un prêt.
- **TAUX** : le taux d'intérêt.
- **NPM** : le nombre total de périodes.
- **VPM** : le montant périodique du remboursement (prêt) ou du dépôt (économie) ou du retrait (placement).
- **VC** : la valeur future. Celle-ci est égale à 0 pour un prêt.
- **TYPE** : la date d'échéance des paiements (début ou fin de mois). Vous n'êtes pas obligé de le renseigner.

> **Attention !**
>
> Il est très important que TAUX, NPM et VPM soient à la même échelle.

Si le taux est annuel et que le nombre de périodes et le montant de la période sont mensuels, alors, vous devez diviser le taux par 12.

Si le taux et le nombre de périodes sont annuels, mais le montant de la période, mensuel, vous devez soit multiplier le montant par 12, soit diviser le taux et le nombre de périodes par 12.

Quand vous effectuez des calculs avec des fonctions financières, le résultat est négatif car il s'agit d'un décaissement. Afin de ne pas faire d'erreur, pensez que si ce montant va au banquier il doit être négatif, et s'il revient dans votre poche il sera positif.

Les emprunts

VA (valeur actuelle)

Cette formule a un double objectif :

- déterminer la somme à capitaliser pour financer un investissement dans n périodes de temps ;
- déterminer le coût réel de l'acquisition d'un bien quand vous faites appel au crédit.
- La fonction VA a besoin de trois arguments pour fonctionner mais peut avoir jusqu'à cinq arguments :
- le taux ;
- le nombre de périodes (npm) ;
- les remboursements périodiques (vpm) ;
- la valeur future (vc) ;
- [optionnel] le type.

Vous pouvez omettre soit l'argument ***vpm***, soit l'argument ***vc*** dans un calcul, mais l'un des deux doit obligatoirement être présent. En renseignant l'un ou l'autre de ces paramètres, la fonction va se comporter différemment.

Première utilisation : vous voulez savoir combien déposer sur un compte pour retirer dans 4 ans la somme de 100 000 €. Pour cela, vous devez écrire la fonction VA de la façon suivante (argument VPM non renseigné) :

=VA(0,04;4;0;100 000) => –85 480,42 €

Vous devez déposer aujourd'hui 85 480,42 € pour récupérer 100 000 € dans 4 ans.

Deuxième utilisation : vous avez acheté une voiture par crédit et vous remboursez tous les ans, pendant 5 ans, la somme de 6 000 €. Au bout des 5 ans, vous aurez payé votre voiture 30 000 €. Mais si vous n'aviez pas fait appel au crédit combien vous aurait coûté votre voiture ?

Pour cela, vous devez écrire la fonction VA de la façon suivante (argument VC non renseigné) :

=VA(0,06;5;6 000) => –25 274,18 €

Sans avoir eu recours au crédit, votre voiture vous aurait coûté 25 274,18 € et non pas 30 000 €.

VC (valeur capitalisée)

Cette formule a elle aussi un double objectif :

- déterminer la somme retirée d'un investissement dans ***n*** périodes de temps ;
- déterminer la somme retirée d'un investissement dans ***n*** périodes de temps en capitalisant chaque mois une somme constante.

La fonction VC se construit exactement comme la fonction VA. Elle a besoin de trois arguments pour fonctionner mais peut avoir jusqu'à cinq arguments :

- le taux ;
- le nombre de périodes (npm) ;
- les remboursements périodiques (vpm) ;

- la valeur actuelle (va) ;
- [optionnel] le type.

Première utilisation : vous voulez savoir combien va vous rapporter 85 480,42 € placés sur un compte rémunéré à 4 % pendant 4 ans. Pour cela, vous devez écrire la fonction VC de la façon suivante (argument VPM non renseigné) :

=VC(0,04;4;0;85 480,42) => –100 000 €

Si vous déposez 85 480,42 € aujourd'hui, vous récupérerez 100 000 € dans 4 ans.

Deuxième utilisation : vous voulez placer à chaque début de période (année ou mois) la même somme. Quelle sera la somme obtenue à la fin de la période ? Pour cela, vous devez écrire la fonction VC de la façon suivante (argument VC non renseigné) :

=VC(0,06;5;6 000) => –32 497,94 €

Si vous placez chaque année 6 000 € pendant 5 ans à 4 % vous collecterez -32 497,94 € à la fin de la période (les intérêts se cumulent d'une année sur l'autre).

VPM (montant des remboursements périodiques)

La fonction VPM a une double fonction :

- déterminer le montant à remboursement pour un emprunt ;
- déterminer la somme à placer chaque mois pour retirer un montant à la fin de la période.

Cette fonction a elle aussi besoin de trois arguments pour fonctionner mais peut avoir jusqu'à cinq arguments :

- le taux ;
- le nombre de périodes (npm) ;
- la valeur actuelle (va) ;
- la valeur future (vc) ;
- [optionnel] le type.

Première utilisation : vous empruntez une somme de 100 000 € au taux de 4 % que vous souhaitez en 15 ans. Pour obtenir ce résultat, vous allez utiliser la fonction VPM en laissant la valeur future (VC) vide :

=VPM(0,04;15;100 000) => –8 994,11 €

Si vous empruntez 100 000 €, vous rembourserez votre emprunt en 15 ans en versant 8 994,11 € tous les ans.

Mais, pour les emprunts, il est plus cohérent d'effectuer les remboursements tous les mois plutôt que tous les ans. Donc, vous devez convertir la période en mois (15*12) et le taux d'intérêt annuel de 4 % en taux mensuel (4 %/12). Le résultat devient :

=VPM(0,04/12;15*12;100 000) => –739,69 €

Deuxième utilisation : vous voulez connaître le montant à placer chaque année pendant 5 ans au taux de 4 % pour obtenir ***in fine*** 50 000 € (argument VA non renseigné) :

= VPM(0,04;5;;50 000) => –9 231,36 €

Si vous placez chaque année 9 231,36 € pendant 5 ans à 4 % vous obtiendrez 50 000 € à la fin de la période (les intérêts se cumulent d'une année sur l'autre).

PDUREE Nouveaute EXCEL 2013

Nouvelle fonction dans Excel 2013, PDUREE vous permet de trouver le temps nécessaire pour atteindre une somme escomptée en épargnant à un taux constant. Trois arguments sont nécessaires pour cette fonction :

- somme de départ ;
- somme à atteindre ;
- taux d'intérêt.

Par exemple, vous voulez savoir combien de temps vous devez laisser sur un compte épargne la somme de 6 000 € à un taux de 4 % pour atteindre 7 000 €.

=PDUREE(6 000;7 000;0,04) =>3,9303385

Tout le problème est ensuite de convertir la valeur retournée en année et en mois. Il suffit pour cela d'utiliser la formule suivante pour obtenir un résultat lisible :

=ENT(résultat)&" an"&" " &ENT((résultat –ENT(résultat))*12)&" mois"

TAUX.INT.EQUIV Nouveaute EXCEL 2013

Nouvelle fonction dans Excel 2013, TAUX.INT.EQUIV vous permet de déterminer le taux d'intérêt grâce auquel, à partir d'un montant initial et avec une période de temps déterminée, vous atteindrez une somme escomptée.

Cette fonction n'a que peu d'intérêt car le taux est une donnée qui vous est généralement imposée et sur laquelle vous avez peu de prise. Trois arguments sont nécessaires pour cette fonction :

- nombre de périodes ;
- somme de départ ;
- somme à atteindre.

Par exemple, vous voulez savoir combien de temps vous devez laisser sur un compte épargne la somme de 6 000 € à un taux de 4 % pour atteindre 7 000 €.

=TAUX.INT.EQUIV(4;6 000;7 000) =>3,9329%

PRINCPER

Le remboursement d'un prêt se décompose en deux éléments :

- la part effective du remboursement ;
- la part des intérêts.

La fonction PRINCPER permet de calculer le montant réellement remboursé sur le montant emprunté. Comme la part du prêt ou de l'intérêt varie en fonction du temps passé (plus l'échéance arrive à son terme et moins la part de l'intérêt est importante), la fonction PRINCPER a besoin de préciser la période à laquelle nous souhaitons nous référer. La fonction a donc besoin des éléments suivants :

- le taux ;
- le numéro de la période ;
- le nombre de périodes (npm) ;

- la valeur actuelle (va) ;
- [optionnel] le type.

En reprenant l'exemple utilisé pour la fonction VPM, nous allons déterminer sur toute la période de l'emprunt (soit les quinze années) la part qui est réellement remboursée au titre de l'emprunt :

=PRINCPER(0.04,1,15,100 000) => 4 994,11

Sur les 8 994,11 € versés lors de la première année, 4 994,11 € ont été utilisés pour rembourser la part du prêt.

CUMUL.PRINCPER

La fonction CUMUL.PRINCPER vous permet de calculer la somme remboursée au titre du prêt principal entre deux périodes de temps.

Cette fonction vous permet d'additionner plusieurs périodes sans avoir à calculer le détail pour chacune d'entre elles. Par exemple, si pour le même emprunt vous voulez connaître la part de l'emprunt remboursée les trois premières années, vous allez écrire la fonction :

=CUMUL.PRINCPER(0,04;1;15;100 000;1;3;0) => –15 589,61 €

Vous êtes obligé de renseigner l'argument type quand vous utilisez la fonction CUMUL. PRINCPER.

INTPER

La fonction INTPER permet de calculer le montant versé au titre de l'intérêt sur un emprunt. Cette fonction est l'inverse de la fonction PRINCPER. Pour fonctionner, la fonction a besoin des éléments suivants :

- le taux ;
- le numéro de la période ;
- le nombre de périodes (npm) ;
- la valeur actuelle (va) ;
- [optionnel] le type.

En reprenant l'exemple utilisé pour la fonction VPM, nous allons déterminer sur toute la période de l'emprunt (soit les quinze années) la part qui est réellement versée au titre des intérêts d'emprunt.

=INTPER(0,04;1;15;100 000) => 4 000

Sur les 8 994,11 € versés lors de la première année, 4 000 € ont été utilisés pour rembourser les intérêts du prêt.

CUMUL.INTPER

La fonction CUMUL.INTPER vous permet de calculer la somme remboursée au titre du prêt principal entre deux périodes de temps.

Cette fonction vous permet d'additionner plusieurs périodes sans avoir à calculer le détail pour chacune d'entre elles. Par exemple, si pour le même emprunt vous voulez connaître la part de l'emprunt remboursée les trois premières années, vous allez écrire la fonction :

=CUMUL.INTPER(0.04;15;100 000;1;3 ;0) => –11 392,72 €

Vous êtes obligé de renseigner l'argument type quand vous utilisez la fonction CUMUL. PRINCPER.

Le tableau de la Figure 8.100 présente la synthèse des deux fonctions PRINCPER et INTPER pour toutes les périodes de la durée de l'emprunt.

En colonne G nous n'avons fait qu'une simple addition entre les cellules des colonnes E et F et obtenons bien à chaque ligne le montant renvoyé par la formule VPM.

	A	B	C	D	E	F	G
1					Principal	Intérêt	VPM
2	Emprunt	100 000,00 €		1	- 4 994,11 €	- 4 000,00 €	- 8 994,11 €
3	Taux	4,00%		2	- 5 193,87 €	- 3 800,24 €	- 8 994,11 €
4	Nbre Periodes	15		3	- 5 401,63 €	- 3 592,48 €	- 8 994,11 €
5				4	- 5 617,69 €	- 3 376,42 €	- 8 994,11 €
6				5	- 5 842,40 €	- 3 151,71 €	- 8 994,11 €
7				6	- 6 076,10 €	- 2 918,01 €	- 8 994,11 €
8				7	- 6 319,14 €	- 2 674,97 €	- 8 994,11 €
9				8	- 6 571,91 €	- 2 422,20 €	- 8 994,11 €
10				9	- 6 834,78 €	- 2 159,33 €	- 8 994,11 €
11				10	- 7 108,18 €	- 1 885,93 €	- 8 994,11 €
12				11	- 7 392,50 €	- 1 601,61 €	- 8 994,11 €
13				12	- 7 688,20 €	- 1 305,91 €	- 8 994,11 €
14				13	- 7 995,73 €	- 998,38 €	- 8 994,11 €
15				14	- 8 315,56 €	- 678,55 €	- 8 994,11 €
16				15	- 8 648,18 €	- 345,93 €	- 8 994,11 €
17							

Figure 8.100
Ce tableau présente la synthèse des deux fonctions PRINCPER et INTPER pour toutes les périodes de la durée de l'emprunt.

Amortissement

Les calculs d'amortissement répondent à des règles comptables strictes. Microsoft a intégré ces règles dans l'utilisation des trois fonctions suivantes.

Amortissement linéaire (AMORLIN)

La fonction AMORLIN vous permet de calculer l'amortissement linéaire d'un bien sur plusieurs années. Trois arguments sont nécessaires pour l'utilisation de cette fonction :

- le coût du bien ;
- la valeur résiduelle à la fin de l'utilisation du bien ;
- la durée de l'amortissement.

Prenons l'exemple de l'achat d'une voiture au prix de 25 000 €. Vous souhaitez amortir ce bien sur 5 ans, avec un prix de revente à la fin de son utilisation de 5 000 €. La fonction s'écrit :

=AMORLIN(25 000;5 000;5) => 5 000

Très honnêtement, il n'est pas nécessaire d'utiliser cette fonction, qui aurait pu s'écrire :

=(25 000–5 000) / 5

En revanche, la fonction qui suit est beaucoup plus intéressante.

AMORLINC

La fonction AMORLINC est plus complète que l'écriture précédente. Elle est utilisée dans les plans comptables pour déterminer le montant d'un amortissement pour une période de temps précise. La fonction a besoin des arguments suivants :

- coûts d'achat ;
- date d'acquisition ;
- date de fin de la première période ;
- valeur résiduelle ;
- durée de la période d'amortissement ;
- taux d'amortissement ;
- base annuelle de calcul (voir le tableau suivant).

La base annuelle représente les différentes méthodes comptables.

Base	Base annuelle
0	360 jours (méthode NASD)
1	Réelle
3	365 jours par an
4	360 jours par an (méthode européenne)

En reprenant les données de l'exemple précédent, si la date d'achat du bien est le 19 octobre 2012, la fonction AMORLINC calcule le montant de l'amortissement tout d'abord sur la première période (du 19 octobre 2012 au 31 décembre 2012), puis sur le reste de la période.

Attention !

Il ne faut pas confondre, dans la formule, la durée de la période d'amortissement et le taux d'amortissement.

Le taux d'amortissement est obtenu est divisant 1 par le nombre d'années d'amortissement du bien. **Pourquoi avoir deux informations redondantes ?**

En fait, la durée de la période d'amortissement dans la fonction représente l'année sur laquelle le calcul démarre (la première période est toujours =0) tandis que le taux d'amortissement est bien le ratio à amortir.

En reprenant les termes de l'achat de notre voiture de 25 000 € le 19 octobre 2012, la date de fin de notre exercice comptable a lieu le 31 décembre avec une valeur résiduelle du véhicule nulle à la fin de l'exercice ; nous obtenons alors le tableau de la Figure 8.101.

	A	B	C	D	E	F
1	Prix	25,000.00 €		Période	Amortissement	Formule
2	Valeur résiduelle	5,000.00 €		0	166.67 €	=AMORLINC($B$1,$B$3,$B$4,$B$2,$D2,20%)
3	Date d'achat	19/12/2012		1	5,000.00 €	=AMORLINC($B$1,$B$3,$B$4,$B$2,$D3,20%)
4	Fin d'exerice comptable	31/12/2012		2	5,000.00 €	=AMORLINC($B$1,$B$3,$B$4,$B$2,$D4,20%)
5				3	5,000.00 €	=AMORLINC($B$1,$B$3,$B$4,$B$2,$D5,20%)
6				4	4,833.33 €	=AMORLINC($B$1,$B$3,$B$4,$B$2,$D6,20%)
7				5	- €	=AMORLINC($B$1,$B$3,$B$4,$B$2,$D7,20%)
8						

Figure 8.101

Amortissement dégressif (AMORDEGRC)

La fonction AMORDEGRC permet de calculer l'amortissement d'un bien selon les règles de l'amortissement dégressif.

Amortir dégressivement un bien consiste à comptabiliser une grande part de sa valeur comptable lors des deux premières années et à étaler ensuite le reste (cas du matériel informatique en général).

La fonction AMORDEGRC reprend exactement les mêmes arguments que la fonction AMORLINC :

- coûts d'achat ;
- date d'acquisition ;
- date de fin de la première période ;
- valeur résiduelle ;
- durée de la période d'amortissement ;
- taux d'amortissement ;
- base annuelle de calcul.

Seul le résultat pour les différentes périodes change.

	A	B	C	D	E	F
1	Prix	25,000.00 €		Période	Amortissement	Formule
2	Valeur résiduelle	5,000.00 €		0	333.00 €	=AMORDEGRC($B$1,$B$3,$B$4,$B$2,$D2,20%)
3	Date d'achat	19/12/2012		1	9,867.00 €	=AMORDEGRC($B$1,$B$3,$B$4,$B$2,$D3,20%)
4	Fin d'exerice comptable	31/12/2012		2	5,920.00 €	=AMORDEGRC($B$1,$B$3,$B$4,$B$2,$D4,20%)
5				3	4,440.00 €	=AMORDEGRC($B$1,$B$3,$B$4,$B$2,$D5,20%)
6				4	- €	=AMORDEGRC($B$1,$B$3,$B$4,$B$2,$D6,20%)
7				5	- €	=AMORDEGRC($B$1,$B$3,$B$4,$B$2,$D7,20%)

Figure 8.102

Calculs matriciels

Les calculs matriciels sont des calculs particuliers dans Excel. Il peut s'agir de fonctions qui retournent plusieurs données dans plusieurs cellules, mais aussi de faire des calculs sur des plages de cellules entières afin d'éviter des calculs intermédiaires.

Pour valider une fonction matricielle vous devez appuyer simultanément sur les touches **CTRL+MAJ+ENTRÉE**.

Dans cette section, nous verrons :

- le principe d'un calcul sur une plage de cellules ;
- l'utilisation des fonctions "classiques" d'Excel dans des calculs matriciels ;
- les fonctions matricielles pures (inversion de matrice, multiplication de matrice...) ;
- les autres fonctions matricielles d'Excel (fonctions qui retournent le résultat dans plusieurs cellules).

Calculs sur une plage de cellules

Présentation

Une formule matricielle est une formule qui s'effectue sur un ou plusieurs tableaux ; elle renvoie soit un nouveau tableau, soit un seul résultat. Un tableau (ou matrice) peut être une suite de données ou une plage de cellules.

La représentation d'une matrice de données correspond à une série de données mise entre crochet. À l'intérieur des crochets, vos données doivent être séparées par des points-virgules pour les lignes et par un point pour les valeurs dans une même ligne, la virgule étant utilisée comme symbole décimal. Par exemple, le tableau de la Figure 8.103 s'écrit également sous la forme matricielle suivante :

={1.5;-2.3,5;7.-1}

1	5
-2	3,5
7	-1

Figure 8.103

En fait, Excel utilise cette écriture pour intégrer des plages de cellules dans une fonction.

Exemple de calcul avec une plage de cellules

Prenons l'exemple de la Figure 8.104, où vous avez des prix en dollars et, en E2, la parité monétaire. Grâce au calcul matriciel, vous pouvez réaliser la conversion en une seule formule.

	A	B	C	D	E	F	G	H
1								
2		$ 1,50	$ 3,10		0,81			
3		$ 2,60	$ 2,70					
4		$ 3,50	$ 9,40					
5		$ 4,70	$ 6,00					
6		$ 2,55	$ 3,70					
7								

Figure 8.104

1. Sélectionnez une plage de cellules équivalant à la première (comme ici **G2:H6**).
2. Dans cette sélection, commencez à saisir le signe =.
3. Sélectionnez ensuite la plage **B2:C6**.
4. Saisissez le signe *.
5. Puis la cellule **E2**.
6. Validez avec la combinaison de touches **Ctrl+Shift+Entrée.**

Instantanément, toutes vos cellules se remplissent du résultat de votre calcul.

H6 | {=B2:C6*E2}

	A	B	C	D	E	F	G	H
1								
2		$ 1,50	$ 3,10		0,81		1,22 €	2,51 €
3		$ 2,60	$ 2,70				2,11 €	2,19 €
4		$ 3,50	$ 9,40				2,84 €	7,61 €
5		$ 4,70	$ 6,00				3,81 €	4,86 €
6		$ 2,55	$ 3,70				2,07 €	3,00 €
7								

Figure 8.105
Une formule matricielle est une formule qui s'effectue sur un ou plusieurs tableaux, elle renvoie soit un nouveau tableau, soit un seul résultat.

La formule qui s'affiche dans toutes les cellules de la plage **G2:H6** est la même :

{=B2:C6*E2}

Remarque

Cette plage de cellules G2:H6 forme un tout. Il ne vous est pas possible de supprimer le contenu d'une seule cellule.

Exemple avec deux plages de cellules

Considérons maintenant l'exemple de la Figure 8.106, où nous voulons réaliser en une seule manipulation la multiplication des colonnes B et C.

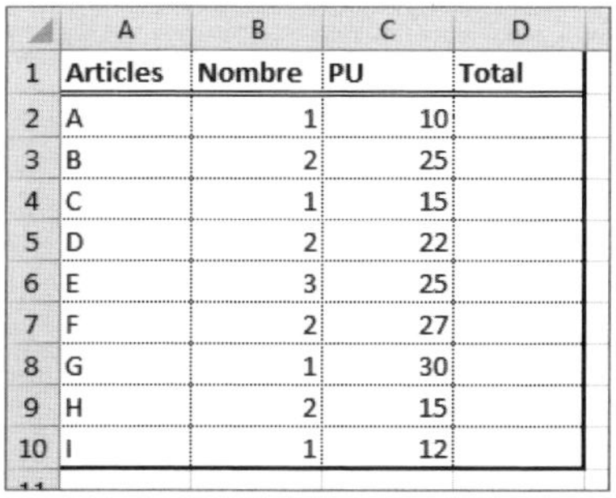

	A	B	C	D
1	Articles	Nombre	PU	Total
2	A	1	10	
3	B	2	25	
4	C	1	15	
5	D	2	22	
6	E	3	25	
7	F	2	27	
8	G	1	30	
9	H	2	15	
10	I	1	12	

Figure 8.106

Habituellement, vous effectuez en D2 : =B2*C2, puis vous recopiez la formule sur la plage D3:D10. La formule matricielle va calculer instantanément toutes les valeurs de la plage D2:D10.

1. Sélectionnez la plage D2:D10.
2. Saisissez dans cette sélection =.
3. Sélectionnez la plage **B2:B10**.
4. Saisissez le signe de la multiplication *.
5. Sélectionnez la plage **C2:C10**.
6. Appuyez sur **Ctrl+Maj+Entrée** pour valider le calcul matriciel.

Vous constatez alors que la formule s'écrit {=B2:B10*C2:C10} dans toutes les cellules de la plage D2:D10.

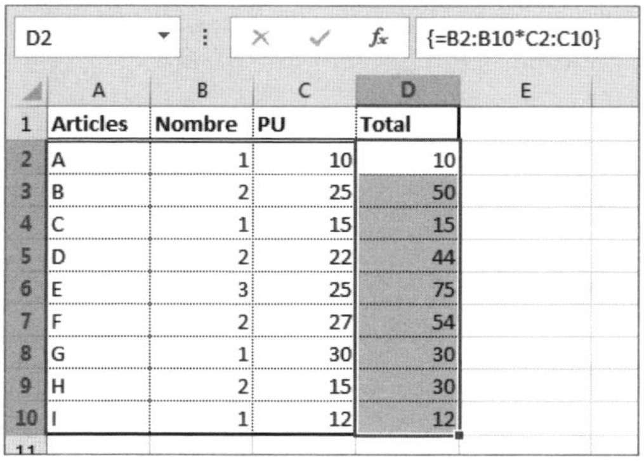

D2 {=B2:B10*C2:C10}

	A	B	C	D	E
1	Articles	Nombre	PU	Total	
2	A	1	10	10	
3	B	2	25	50	
4	C	1	15	15	
5	D	2	22	44	
6	E	3	25	75	
7	F	2	27	54	
8	G	1	30	30	
9	H	2	15	30	
10	I	1	12	12	

Figure 8.107

La formule matricielle a appliqué la formule sur chaque ligne et renvoyé le résultat sous forme d'un tableau. Voilà pourquoi vous deviez au préalable sélectionner la plage D2:D10.

Calculs matriciels avec formules

Vous pouvez réaliser des calculs matriciels avec les fonctions usuelles d'Excel (comme SOMME, SI...). L'intérêt est de pouvoir réaliser des calculs sans passer par des calculs intermédiaires.

Exemple avec la fonction SOMME

Reprenons l'exemple précédent : nous pouvons établir directement l'équivalent de la somme de la plage D2:D10 grâce à une formule matricielle.

C11 {=SOMME(B2:B10*C2:C10)}

	A	B	C	D	E	F
1	Articles	Nombre	PU			
2	A	1	10			
3	B	2	25			
4	C	1	15			
5	D	2	22			
6	E	3	25			
7	F	2	27			
8	G	1	30			
9	H	2	15			
10	I	1	12			
11		Total	320			

Figure 8.108
Avec la fonction SOMME et une formule matricielle nous pouvons obtenir l'équivalent de la fonction SOMMEPROD.

1. Saisissez en C11 la formule **=SOMME(B2:B10*C2:C10)** .
2. Validez avec la combinaison de touches **CTRL+MAJ+ENTRÉE**.

Cette formule effectue d'abord le travail sur les matrices comme indiqué ci-dessus. Elle renvoie donc un tableau de valeurs contenant le produit de chaque ligne. Ensuite, la fonction SOMME effectue la somme de ces données.

Créer votre MAX.SI

L'utilisation de la fonction SI dans un calcul matriciel élargit considérablement les possibilités de calculs dans Excel. Par exemple, si vous souhaitez faire une fonction qui recherche la valeur maximale sous certaines conditions (un peu comme un MAX.SI), vous allez devoir créer une fonction matricielle.

Partons de la Figure 8.109, qui représente une course de relais.

J	K	L	M	N	O
Tour	Concurrent	Tmps Départ	Tmps Arrivée	Tmps Tour	Vitesse Tour
1	Sébastien	16:00:00	16:08:15	00:08:15	31,60
2	Hervé	16:08:15	16:20:22	00:12:07	21,32
3	Fred	16:20:22	16:27:10	00:06:48	29,51
4	Hervé	16:27:10	16:34:27	00:07:17	27,53
5	Sébastien	16:34:27	16:43:08	00:08:41	23,13
6	Fred	16:43:08	16:53:30	00:10:22	19,37
7	Fred	16:53:30	17:02:21	00:08:51	22,68
8	Richard	17:02:21	17:09:55	00:07:35	26,49
9	Bruno	17:09:55	17:19:11	00:09:16	22,04
10	Hervé	17:19:11	17:26:12	00:07:01	29,11

Figure 8.109

Pour un même concurrent, vous avez plusieurs temps. Vous souhaitez connaître le temps minimal et maximal pour chaque coureur et, là, seule une fonction matricielle peut vous aider.

Relayeur	Nb Tour	Distance	Min	Max
Sébastien	10	43,050		
Hervé	6	25,830		
Fred	11	47,355		
Dominique	8	34,440		
Richard	9	38,745		
Bruno	12	51,660		
Bertrand	10	43,050		
Alain	6	25,830		

Figure 8.110

Nous allons écrire une fonction SI dans une fonction MIN et MAX.

Nous allons tout d'abord construire le test de la fonction SI en sélectionnant toute la plage de cellules qui contient le nom et mettons cette plage en relation avec la valeur que nous cherchons.

=SI($K$2:$K$70=$B2;

Ensuite, nous allons sélectionner la plage de cellules qui contient les temps dans l'argument ***VRAI*** et laissons l'argument ***FAUX*** vide. Nous avons alors l'écriture suivante :

=SI($K$2:$K$70 =$F2;$N$2:$N$70)

Enfin, il suffit d'englober cette formule dans une fonction MIN ou MAX et de valider en appuyant sur les touches **CTRL+MAJ+ENTRÉE**.

{=MIN(SI($K$2:$K$70 =$F2;$N$2:$N$70))}

Automatiquement, vous voyez des accolades s'ajouter de part et d'autre de votre formule pour caractériser le fait qu'il s'agit d'un calcul matriciel, et dans vos cellules s'affiche le résultat, comme à la Figure 8.111.

{=MIN(SI($K$2:$K$72=$B2;$N$2:$N$72))}

Relayeur	Nb Tour	Distance	Min	Max
Sébastien	10	43,050	08:01	11:45
Hervé	6	25,830	07:01	12:07
Fred	11	47,355	06:48	10:22
Dominique	8	34,440	06:50	11:40
Richard	9	38,745	07:35	11:14
Bruno	12	51,660	06:59	11:29
Bertrand	10	43,050	07:17	11:10
Alain	6	25,830	07:29	12:01

Figure 8.111
Créez votre MAX.SI.

Additionner une ligne sur deux

Dans le document de la Figure 8.112, dans une ligne sur deux vous avez des valeurs brutes et des pourcentages. Pour pouvoir calculer la somme des lignes paires qui contiennent les données brutes, nous allons concevoir un calcul matriciel.

	A	B	C	D	E	F	G	H	I	J	K	L	M	N	O	P	Q	R	S	T	U	V	W
1		Janvier																					
3		lun 03	mar 04	mer 05	jeu 06	ven 07	lun 10	mar 11	mer 12	jeu 13	ven 14	lun 17	mar 18	mer 19	jeu 20	ven 21	lun 24	mar 25	mer 26	jeu 27	ven 28	lun 31	Total
4	AC - AT	457	363	470	455	479	423	479	646	427	466	400	430	429	409	397	353	342	453	231	483	393	8985
5			-20,6%	29,5%	-3,2%	5,3%	-11,7%	13,2%	34,9%	-33,9%	9,1%	-14,2%	7,5%	-0,2%	-4,7%	-2,9%	-11,1%	-3,1%	32,5%	-49,0%	109,1%	-18,6%	
6	AC - BE	362	557	498	533	265	531	324	439	458	493	500	442	384	541	393	475	308	463	529	397	362	9254
7			54%	-11%	7%	-50%	100%	-39%	35%	4%	8%	1%	-12%	-13%	41%	-27%	21%	-35%	50%	14%	-25%	-9%	
8	AC - CH	359	453	339	551	398	441	393	444	402	528	386	502	417	495	399	495	472	316	508	353	365	9016
9			26,2%	-25,2%	62,5%	-27,8%	10,8%	-10,9%	13,0%	-9,5%	31,3%	-26,9%	30,1%	-16,9%	18,7%	-19,4%	24,1%	-4,6%	-33,1%	60,8%	-30,5%	3,4%	
10	AC - DE	450	522	468	397	469	464	494	349	432	520	507	486	346	410	396	411	446	583	350	442	440	9382
11			16%	-10%	-15%	18%	-1%	6%	-29%	24%	20%	-3%	-4%	-29%	18%	-3%	4%	9%	31%	-40%	26%	0%	

Figure 8.112

Nous commençons par construire la condition où nous testons si le reste de la division (le modulo) du numéro de la ligne par 2 donne un résultat supérieur à 0.

=SI(MOD(LIGNE(B4:B19);2)>0

Ensuite, il vous reste à sélectionner la colonne qui va être additionnée comme argument VRAI. Aucun argument FAUX n'est nécessaire dans la fonction SI lors d'un calcul matriciel.

=SI(MOD(LIGNE(B4:B19);2)=0;B4:B19)

Et, pour terminer, vous englobez cette fonction dans une fonction SOMME et validez en appuyant sur les touches **Ctrl+Maj+Entrée.**

{=SOMME(SI(MOD(LIGNE(B4:B19);2)=0;B4:B19))}

B20 {=SOMME(SI(MOD(LIGNE(B4:B19);2)=0;B4:B19))}

	A	B	C	D	E	F	G	H	I	J	K	L	M	N	O	P	Q	R	S	T	U	V	W
1		Janvier																					
3		lun 03	mar 04	mer 05	jeu 06	ven 07	lun 10	mar 11	mer 12	jeu 13	ven 14	lun 17	mar 18	mer 19	jeu 20	ven 21	lun 24	mar 25	mer 26	jeu 27	ven 28	lun 31	Total
4	AC - AT	457	363	470	455	479	423	479	646	427	466	400	430	429	409	397	353	342	453	231	483	393	8985
5			-20,6%	29,5%	-3,2%	5,3%	-11,7%	13,2%	34,9%	-33,9%	9,1%	-14,2%	7,5%	-0,2%	-4,7%	-2,9%	-11,1%	-3,1%	32,5%	-49,0%	109,1%	-18,6%	
6	AC - BE	362	557	498	533	265	531	324	439	458	493	500	442	384	541	393	475	308	463	529	397	362	9254
7			54%	-11%	7%	-50%	100%	-39%	35%	4%	8%	1%	-12%	-13%	41%	-27%	21%	-35%	50%	14%	-25%	-9%	
8	AC - CH	359	453	339	551	398	441	393	444	402	528	386	502	417	495	399	495	472	316	508	353	365	9016
9			26,2%	-25,2%	62,5%	-27,8%	10,8%	-10,9%	13,0%	-9,5%	31,3%	-26,9%	30,1%	-16,9%	18,7%	-19,4%	24,1%	-4,6%	-33,1%	60,8%	-30,5%	3,4%	
10	AC - DE	450	522	468	397	469	464	494	349	432	520	507	486	346	410	396	411	446	583	350	442	440	9382
11			16%	-10%	-15%	18%	-1%	6%	-29%	24%	20%	-3%	-4%	-29%	18%	-3%	4%	9%	31%	-40%	26%	0%	
12	AC - ES	567	565	526	545	542	484	511	457	555	497	386	532	458	490	446	407	403	367	545	585	460	10328
13			-0,4%	-6,9%	3,6%	-0,6%	-10,7%	5,6%	-10,6%	21,4%	-10,5%	-22,3%	37,8%	-13,9%	7,0%	-9,0%	-8,7%	-1,0%	-8,9%	48,5%	7,3%	-21,4%	
14	AC - FR	409	458	486	432	465	574	353	498	542	452	514	509	418	384	381	339	496	341	464	472	651	9638
15			12%	6%	-11%	8%	23%	-39%	41%	9%	-17%	14%	-1%	-18%	-8%	-1%	-11%	46%	-31%	36%	2%	38%	
16	AC - IT	406	401	598	380	496	409	400	428	455	468	465	562	422	346	512	387	453	355	408	525	395	9271
17			-1,2%	49,1%	-36,5%	30,5%	-17,5%	-2,2%	7,0%	6,3%	2,9%	-0,6%	20,9%	-24,9%	-18,0%	48,0%	-24,4%	17,1%	-21,6%	14,9%	28,7%	-24,8%	
18	AC - PT	460	516	232	532	524	454	318	582	366	588	337	359	526	516	422	408	628	485	344	387	418	9402
19			12%	-55%	129%	-2%	-13%	-30%	83%	-37%	61%	-43%	7%	47%	-2%	-18%	-3%	54%	-23%	-29%	13%	8%	
20	Total	3470	3835	3617	3825	3638	3780	3272	3843	3637	4012	3495	3822	3400	3591	3346	3275	3548	3363	3379	3644	3484	

Figure 8.113
Additionner une ligne sur deux avec une formule matricielle.

Fonctions matricielles

Outre les calculs matriciels, qui consistent à effectuer des calculs sur des plages de cellules, il existe aussi des fonctions matricielles (au vrai sens mathématique du terme). Là aussi, la validation des fonctions matricielles s'effectue avec la combinaison de touches **Ctrl+Shit +Entrée**.

Pour la suite des explications, nous partirons toujours de la même matrice positionnée sur la plage A1:C3.

$$\begin{bmatrix} 4 & 1 & -1 \\ 1 & 2 & -3 \\ 2 & -1 & 2 \end{bmatrix}$$

DETERMINAT

La fonction DETERMINAT renvoie le déterminant d'une matrice. Initialement, le déterminant fut introduit en algèbre pour résoudre un système d'équations linéaires comportant autant d'équations que d'inconnues.

Le déterminant est utilisé pour déterminer si un système à plusieurs inconnues a une solution (déterminant différent de 0) et aussi pour trouver l'inverse d'une matrice.

Comme cette fonction ne retourne qu'une seule valeur, vous **n'avez pas à valider** avec la combinaison de touches **CTRL+SHIFT+ENTRÉE**.

=DETERMINAT(A1:C3) => 1

INVERSEMAT

La fonction INVERSEMAT inverse votre matrice de référence. Pour ce faire :

1. Sélectionnez une plage de données de la même dimension que votre matrice de référence. Dans notre exemple, nous avons une matrice 3 × 3, alors, vous devez sélectionner au préalable une plage de cellules de 3 lignes et 3 colonnes.
2. Dans cette sélection, saisissez la formule **=INVERSEMAT(**.
3. Sélectionnez la plage de cellules **A1:C3**.
4. Refermez votre parenthèse.
5. Validez votre formule avec la combinaison de touches **CTRL+SHIFT+ENTRÉE**.

Vous obtenez le résultat suivant :

$$\begin{bmatrix} 1 & -1 & -1 \\ -8 & 10 & 11 \\ -5 & 6 & 7 \end{bmatrix}$$

PRODUITMAT

La fonction PRODUITMAT renvoie le produit de deux matrices. Ici, il faut bien respecter les règles des matrices pour mener à bien cette multiplication. Pour multiplier les matrices A et B :

	A	B	C	D	E	F	G	H	I
1	A						B		
2		4	1	-1				-2	
3		1	2	-3				4	
4		2	-1	2				-1	

Figure 8.114
La fonction PRODUITMAT renvoie le produit de deux matrices.

1. Sélectionnez une plage de données de 1 colonne sur 3 lignes.
2. Saisissez la formule =PRODUITMAT(B2:D4;H2:H4).
3. Validez avec la combinaison de touches **CTRL+SHIFT+ENTRÉE.**

Le résultat est :

$$\begin{bmatrix} -3 \\ 9 \\ -10 \end{bmatrix}$$

MATRICE.UNITAIRE Nouveauté EXCEL 2013

Nouvelle fonction dans Excel 2013, MATRICE.UNITAIRE vous permet de créer facilement une diagonale de matrice.

1. Sélectionnez une plage de cellules de 3 × 3.
2. Dans la barre de formule, saisissez =MATRICE.UNITAIRE(3).
3. Validez avec les touches **Ctrl+Shift+Entrée.**

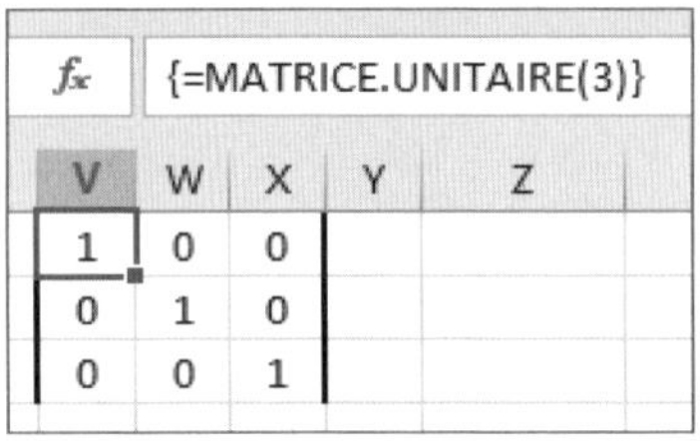

Figure 8.115

La valeur 3 comme argument de la fonction est en relation avec la sélection de cellules. Si vous aviez saisi une plage de cellules de 4 × 4, la fonction MATRICE.UNITAIRE(3) n'aurait rempli que les neuf premières cellules en laissant les autres cellules avec des erreurs.

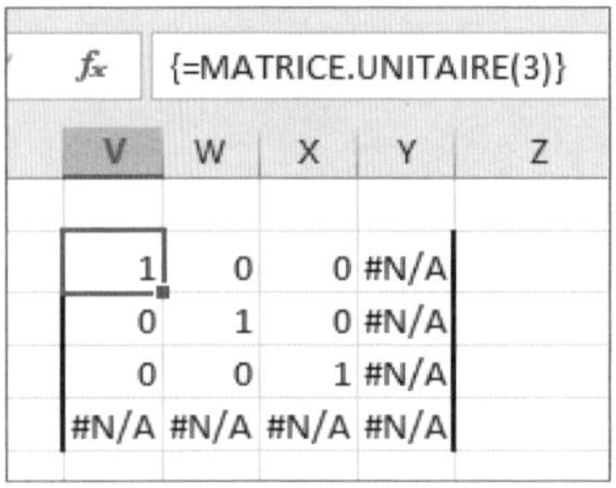

Figure 8.116
La fonction MATRICE.UNITAIRE vous permet de créer facilement une diagonale de matrice.

Les fonctions matricielles d'Excel

Pour clore le chapitre, nous allons voir quelques fonctions Excel qui retournent un résultat dans plusieurs cellules.

TRANSPOSE

La fonction TRANSPOSE vous permet d'afficher en ligne des données qui se trouvent en colonne (ou inversement).

Cette fonction permet de remplacer avantageusement l'option Collage Spécial option transpose si vous avez à effectuer cette tâche régulièrement, ainsi que d'utiliser des données d'une autre feuille ou d'un autre classeur

Soit le document suivant.

	A
1	Lundi
2	Mardi
3	Mercredi
4	Jeudi
5	Vendredi
6	Samedi
7	Dimanche

Figure 8.117

Vous souhaitez présenter ces données en ligne et non pas en colonne.

1. Sélectionnez une plage de cellules sur 1 ligne et 7 colonnes (par exemple **C1:I1**).
2. Saisissez la formule =**TRANSPOSE(**.
3. Sélectionnez la plage de cellules **A1:A7**.
4. Refermez la parenthèse.
5. Validez avec les touches **CTRL+SHIFT+ENTRÉE.**

Vous obtenez le résultat de la Figure 8.118.

C1 | {=TRANSPOSE(A1:A7)}

	A	B	C	D	E	F	G	H	I
1	Lundi		Lundi	Mardi	Mercredi	Jeudi	Vendredi	Samedi	Dimanche
2	Mardi								
3	Mercredi								
4	Jeudi								

Figure 8.118
La fonction TRANSPOSE vous permet d'afficher en ligne des données qui se trouvent en colonne (ou inversement).

FREQUENCE

La fonction FREQUENCE permet de trouver facilement le nombre d'éléments compris entre deux bornes. Cette fonction se substitue à la fonction NB.SI pour trouver facilement le nombre d'éléments compris entre deux bornes.

Afin de mieux comprendre sa construction, nous allons travailler à partir de l'exemple suivant, où nous avons des notes et souhaitons connaître le nombre de notes comprises entre 0 et 10, 10 et 12, 12 et 14, 14 et 16 et 16 et au-delà.

	A	B	C	D	E
1	Nom	Note		Tranche	Nombre
2	Romain	10		10	
3	Raphaël	4		12	
4	Brian	14		14	
5	Ibrahim	7		16	
6	Marie-Annic	18			
7	David	16			
8	Wendy	11			
9	Anja	9			
10	Philippe	12			
11	André	7			
12	Dimitri	13			

Figure 8.119

Pour trouver facilement les notes comprises entre les bornes de la colonne D, nous allons construire la fonction FREQUENCE de la façon suivante :

1. Sélectionnez les cellules E2:E6.
2. Saisissez la formule **=FREQUENCE(**.
3. Sélectionnez la plage de cellules **B2:B12**.
4. Ajoutez un point-virgule pour la séparation.
5. Sélectionnez la plage de cellules **D2:D5**.
6. Refermez la parenthèse.
7. Validez avec les touches **CTRL+SHIFT+ENTRÉE.**

Vous obtenez le résultat suivant.

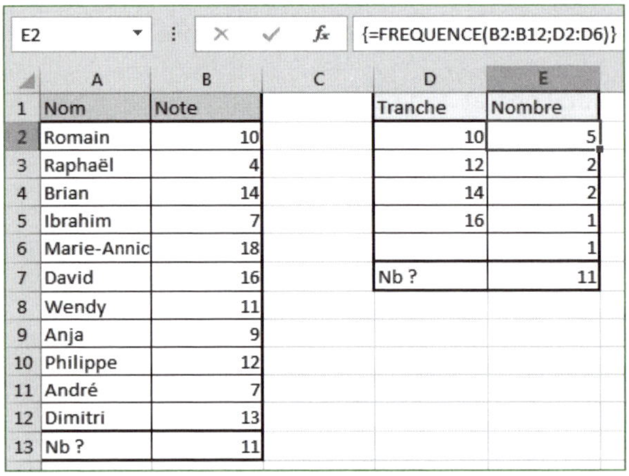
E2 {=FREQUENCE(B2:B12;D2:D6)}

	A	B	C	D	E
1	Nom	Note		Tranche	Nombre
2	Romain	10		10	5
3	Raphaël	4		12	2
4	Brian	14		14	2
5	Ibrahim	7		16	1
6	Marie-Annic	18			1
7	David	16		Nb ?	11
8	Wendy	11			
9	Anja	9			
10	Philippe	12			
11	André	7			
12	Dimitri	13			
13	Nb ?	11			

Figure 8.120
La fonction FREQUENCE permet de trouver facilement le nombre d'éléments compris entre deux bornes.

Web Catégorie

Excel 2013 apporte trois nouvelles fonctions qui vous permettent de communiquer avec les sites web. En combinant les trois fonctions ensemble, vous pouvez récupérer des données en provenance de Web Services et les incorporer dans des cellules.

SERVICEWEB

Nouveauté EXCEL 2013

La fonction SERVICEWEB retourne au format XML le contenu d'une URL.

Pour fonctionner, vous devez avoir une URL qui retourne du XML ou du texte. Les services web associés doivent être de type REST (***REpresentational State Transfer***), du fait de leur simplicité d'écriture.

=SERVICEWEB("http://weather.yahooapis.com/forecastrss?w=583341&u=c")

Avec comme résultat le code illustré à la Figure 8.121. Eh oui, l'URL retourne toutes ces informations !

Présentées de la sorte, les données sont inexploitables car il ne s'agit pas d'une chaîne de caractères classiques que nous pouvons découper. Pour extraire les informations, nous allons utiliser la fonction FILTRE.XML.

```
<?xml version="1.0" encoding="UTF-8" standalone="yes" ?>
<rss version="2.0" xmlns:yweather="http://xml.weather.yahoo.com/ns/rss/1.0" xmlns:geo="http://www.w3.org/2003/01/geo/wgs84_pos#">
<channel>

<title>Yahoo! Weather - Castres, FR</title>
<link>http://us.rd.yahoo.com/dailynews/rss/weather/Castres__FR/*http://weather.yahoo.com/forecast/FRXX0331_c.html</link>
<description>Yahoo! Weather for Castres, FR</description>
<language>en-us</language>
<lastBuildDate>Tue, 04 Dec 2012 5:00 pm CET</lastBuildDate>
<ttl>60</ttl>
<yweather:location city="Castres" region=""   country="France"/>
<yweather:units temperature="C" distance="km" pressure="mb" speed="km/h"/>
<yweather:wind chill="3"   direction="260"   speed="20.92" />
<yweather:atmosphere humidity="81"  visibility="9.99"  pressure="1015.92"  rising="0" />
<yweather:astronomy sunrise="8:05 am"   sunset="5:15 pm"/>
<image>
<title>Yahoo! Weather</title>
<width>142</width>
<height>18</height>
<link>http://weather.yahoo.com</link>
<url>http://l.yimg.com/a/i/brand/purplelogo//uh/us/news-wea.gif</url>
</image>
<item>
<title>Conditions for Castres, FR at 5:00 pm CET</title>
<geo:lat>43.61</geo:lat>
<geo:long>2.24</geo:long>
<link>http://us.rd.yahoo.com/dailynews/rss/weather/Castres__FR/*http://weather.yahoo.com/forecast/FRXX0331_c.html</link>
<pubDate>Tue, 04 Dec 2012 5:00 pm CET</pubDate>
<yweather:condition  text="Light Rain"  code="11"  temp="7"  date="Tue, 04 Dec 2012 5:00 pm CET" />
<description><![CDATA[
<img src="http://l.yimg.com/a/i/us/we/52/11.gif"/><br />
<b>Current Conditions:</b><br />
Light Rain, 7 C<BR />
<BR /><b>Forecast:</b><BR />
Tue - Showers. High: 8 Low: 4<br />
Wed - Showers. High: 7 Low: 2<br />
<br />
<a href="http://us.rd.yahoo.com/dailynews/rss/weather/Castres__FR/*http://weather.yahoo.com/forecast/FRXX0331_c.html">Full Forecast at Yahoo! Weather</a><BR/><BR/>
(provided by <a href="http://www.weather.com" >The Weather Channel</a>)<br/>
]]></description>
<yweather:forecast day="Tue" date="4 Dec 2012" low="4" high="8" text="Showers" code="11" />
<yweather:forecast day="Wed" date="5 Dec 2012" low="2" high="7" text="Showers" code="11" />
<guid isPermaLink="false">FRXX0331_2012_12_05_7_00_CET</guid>
</item>
</channel>
</rss>

<!-- api9.weather.ch1.yahoo.com Tue Dec  4 16:53:42 PST 2012 -->
```


Figure 8.121
La fonction SERVICEWEB retourne au format XML le contenu d'une URL.

FILTRE.XML Nouveaute EXCEL 2013

La fonction FILTRE.XML permet de récupérer l'un des paramètres contenus dans une chaîne au format XML (voir Figure 8.122).

La fonction a deux arguments :

- une adresse XML (généralement retournée par la fonction WEBSERVICE) ;
- un paramètre au format XPath pour récupérer un élément de la chaîne XML.

Pour récupérer le titre, vous écrirez :

=FILTRE.XML(A1,"//title")

Pour récupérer la ville :

=FILTRE.XML(A1,"//yweather:location/@city")

Pour récupérer la température :

=FILTRE.XML(A1;"//yweather:units/@temperature")

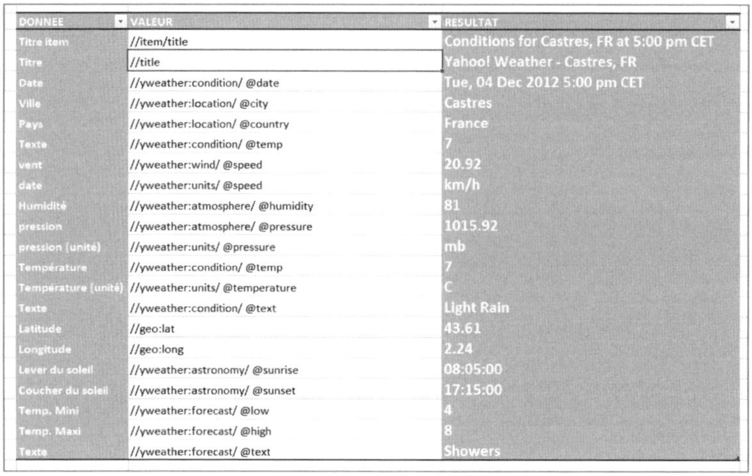

DONNEE	VALEUR	RESULTAT
Titre item	//item/title	Conditions for Castres, FR at 5:00 pm CET
Titre	//title	Yahoo! Weather - Castres, FR
Date	//yweather:condition/ @date	Tue, 04 Dec 2012 5:00 pm CET
Ville	//yweather:location/ @city	Castres
Pays	//yweather:location/ @country	France
Texte	//yweather:condition/ @temp	7
vent	//yweather:wind/ @speed	20.92
date	//yweather:units/ @speed	km/h
Humidité	//yweather:atmosphere/ @humidity	81
pression	//yweather:atmosphere/ @pressure	1015.92
pression (unité)	//yweather:units/ @pressure	mb
Température	//yweather:condition/ @temp	7
Température (unité)	//yweather:units/ @temperature	C
Texte	//yweather:condition/ @text	Light Rain
Latitude	//geo:lat	43.61
Longitude	//geo:long	2.24
Lever du soleil	//yweather:astronomy/ @sunrise	08:05:00
Coucher du soleil	//yweather:astronomy/ @sunset	17:15:00
Temp. Mini	//yweather:forecast/ @low	4
Temp. Maxi	//yweather:forecast/ @high	8
Texte	//yweather:forecast/ @text	Showers

Figure 8.122
Quelques exemples de données extraites d'un Web Services.

URLENCODAGE

Nouveaute EXCEL 2013

La fonction URLENCODAGE permet d'envoyer à votre adresse URL un paramètre contenu dans votre classeur.

Ici, par exemple en ligne 1, nous avons le code de plusieurs villes et voulons utiliser cette information pour créer notre URL. La fonction s'écrit de la façon suivante :

=WEBSERVICE("http://xml.weather.yahoo.com/forecastrss/"&URLENCODAGE(B1)&"_f.xml")

Et nous pouvons ainsi construire une feuille qui ressemble à la figure suivante.

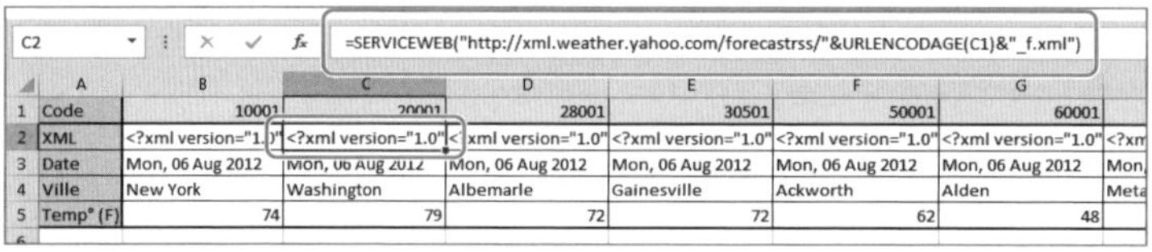

	A	B	C	D	E	F	G
1	Code	10001	20001	28001	30501	50001	60001
2	XML	<?xml version="1.0"	<?xml version="1.0"	<?xml version="1.0"	<?xml version="1.0"	<?xml version="1.0"	<?xml version="1.0"
3	Date	Mon, 06 Aug 2012	Mon, 06 Aug 2012	Mon, 06 Aug 2012	Mon, 06 Aug 2012	Mon, 06 Aug 2012	Mon, 06 Aug 2012
4	Ville	New York	Washington	Albemarle	Gainesville	Ackworth	Alden
5	Temp° (F)	74	79	72	72	62	48

Figure 8.123
La fonction URLENCODAGE permet d'envoyer à votre adresse URL un paramètre contenu dans votre classeur.

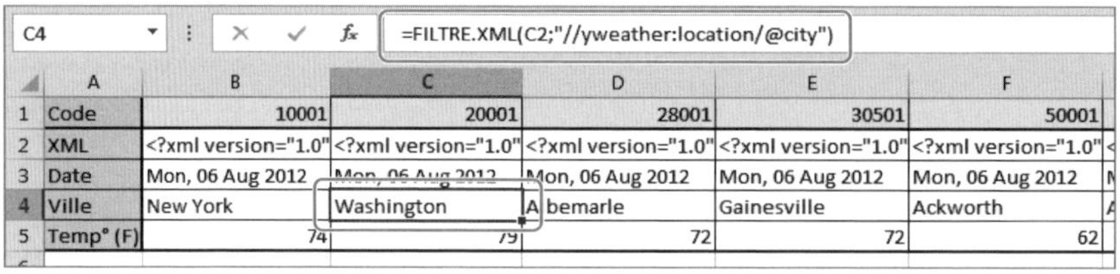

	A	B	C	D	E	F
1	Code	10001	20001	28001	30501	50001
2	XML	<?xml version="1.0"	<?xml version="1.0"	<?xml version="1.0"	<?xml version="1.0"	<?xml version="1.0"
3	Date	Mon, 06 Aug 2012	Mon, 06 Aug 2012	Mon, 06 Aug 2012	Mon, 06 Aug 2012	Mon, 06 Aug 2012
4	Ville	New York	Washington	Albemarle	Gainesville	Ackworth
5	Temp° (F)	74	79	72	72	62

Figure 8.124

Exercices

***Retrouvez les fichiers d'exercices et leurs corrigés sur le site compagnon* http://moneformation.pearson.fr**

Donner une mention

Dans le fichier "8.01 Mention.xlsx", vous avez la liste des notes pour les élèves d'une classe. En colonne E vous avez la moyenne pour chaque élève. En colonne F, indiquez si les élèves sont reçus ou recalés quand ils ont obtenu au moins 10.

Modifiez votre formule en F2 pour afficher :

- "Recalé" quand la moyenne est inférieure à 10 ;
- "Accepté" quand la moyenne est comprise entre 10 et 12 ;
- "Mention Assez bien" quand la moyenne est comprise entre 12 et 14 ;
- "Mention Bien" quand la moyenne est comprise entre 14 et 16 ;
- "Mention Très bien" quand la moyenne est à plus de 16.

Vous avez également la possibilité d'utiliser la fonction RECHERCHEV (valeur proche) pour vous éviter d'écrire autant de SI imbriqués. Reportez-vous au paragraphe RECHERCHEV (valeur proche) pour voir comment résoudre ce problème.

Regroupement de données

Dans le document "8.02 Listes des habitants.xlsx", vous avez le nom, le prénom, le genre et la date de naissance des habitants d'une ville. Afin de pouvoir concevoir une pyramide des âges de la population, il vous est demandé de :

- calculer l'âge en année pour chaque habitant (en colonne E) ;
- regrouper les âges par tranche de 5 ans (en colonne F) ;
- extraire sans doublon une liste ne conservant que l'âge arrondi par tranche de 5 et le genre (en colonnes H et I) ;
- trier et agencer vos données pour présenter votre tableau comme à la Figure 8.125 ;
- comptabiliser le nombre d'individus appartenant à chaque tranche d'âge et par genre.

H	I	J	K
Homme		Femme	
0	41	51	0
5	110	91	5
10	128	84	10
15	100	93	15
20	106	84	20

Figure 8.125

Comparer les listes

Dans le document "8.03 Véhicules.xlsx", vous avez trois onglets représentant les listes des véhicules vendus et ceux réparés.

1. Comparez la liste des véhicules vendus avec celle des véhicules réparés pour extraire la liste des véhicules qui n'ont jamais eu d'incidents.
2. Modifiez votre formule pour ne pas afficher de code d'erreur en cas de recherche infructueuse.
3. Comptabilisez le nombre de véhicules avec et sans incidents.
4. Utilisez le troisième onglet pour déterminer le type d'énergie des véhicules. Pour cela, effectuez votre recherche sur la sous-chaîne de caractères du VIN en partant du quatrième caractère sur une longueur de 6.
5. Dans une nouvelle colonne, extrayez l'année d'achat du véhicule.
6. Utilisez cette nouvelle information pour remplir un tableau de synthèse pour déterminer par année et par énergie le nombre de véhicules réparés.

H	I	J
	ESSENCE	DIESEL
2003	435	64
2004	1675	215
2005	2481	579
2006	1868	516
2007	518	67
2008	69	79

Figure 8.126

Achat d'une maison

Dans le document "8.04 Maison.xlsx" :

1. Vous allez calculer le montant de l'annuité à rembourser pour l'achat d'une maison de 350 000 € au taux de 4 % pendant 25 ans.
2. Créez un tableau semblable à celui de la Figure 8.127 dans lequel vous allez décomposer la partie réellement remboursée sur l'emprunt et la part de l'intérêt.

	A	B	C	D	E	F	G	H
1	Prix Maison	350 000,00 €				Prêt	Intérêt	Somme
2	Taux d'intérêt	4%			1	-8 404,19 €	-14 000,00 €	-22 403,19 €
3	Nombre d'années	25			2	-8 740,35 €	-13 663,83 €	-22 402,19 €
4					3	-9 089,97 €	-13 314,22 €	-22 401,19 €
5	Annuité	-22 404,19 €			4	-9 453,57 €	-12 950,62 €	-22 400,19 €
6					5	[illegible]	[illegible]	[illegible]

Figure 8.127

3. Calculez la mensualité à payer avec les mêmes données qu'à la première question.
4. Créez un tableau de simulation comparable à celui de la Figure 8.128 pour visualiser comment varie votre mensualité en fonction de la durée (de 10 à 25 ans) de l'emprunt et du taux d'intérêt (entre 3,5 % à 4,5 %).
5. Utilisez une mise en forme conditionnelle pour colorer uniquement les valeurs moyennes.

	A	B	C	D	E	F	G	H	I
1	Prix Maison	350 000,00 €			3,50%	3,60%	3,70%	3,80%	3,90%
2	Taux d'intérêt	4%		10	3 461,01 €	3 477,42 €	3 493,89 €	3 510,41 €	3 526,97 €
3	Nombre d'années	25		11	3 198,42 €	3 215,00 €	3 231,63 €	3 248,31 €	3 265,05 €
4				12	2 980,09 €	2 996,83 €	3 013,62 €	3 030,47 €	3 047,38 €
5	Mensualité	-1 847,43 €		13	2 795,79 €	2 812,69 €	2 829,66 €	2 846,68 €	2 863,76 €
6				14	2 638,24 €	2 655,31 €	2 672,43 €	2 689,63 €	2 706,89 €
7				15	2 502,09 €	2 519,31 €	2 536,61 €	2 553,97 €	2 571,40 €
8				16	2 383,31 €	2 400,70 €	2 418,16 €	2 435,69 €	2 453,30 €
9				17	2 278,85 €	2 296,40 €	2 314,02 €	2 331,73 €	2 349,51 €
10				18	2 186,31 €	2 204,02 €	2 221,82 €	2 239,69 €	2 257,65 €
11				19	2 103,82 €	2 121,69 €	2 139,65 €	2 157,69 €	2 175,83 €

Figure 8.128

Factures

Téléchargez le classeur "8.05 Facture.xlsx". Ce dernier contient une feuille pour créer vos factures. Afin de calculer automatiquement la date d'échéance selon un choix, comme à la Figure 8.129, ajoutez :

1. un tableau contenant la liste de choix et le calcul de ces dates ;
2. une cellule avec une liste déroulante sur ces choix ;
3. une formule en C4 afin de récupérer la bonne date selon le choix effectué.

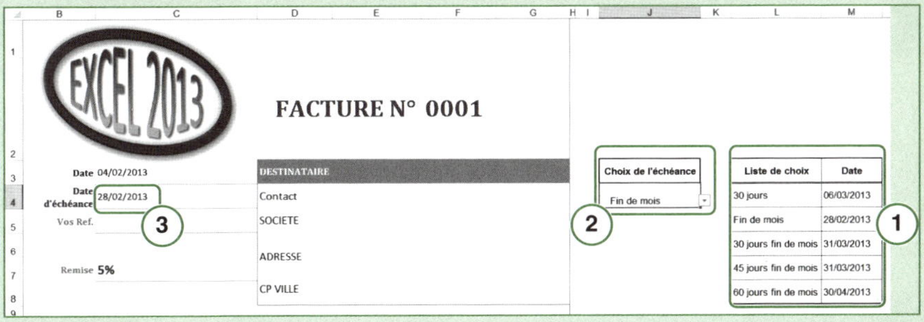

Figure 8.129

9

Graphiques

Introduction

Les graphiques servent à mettre en valeur vos données pour faire de meilleures analyses et prendre de bonnes décisions. Mais ils peuvent également estomper la réalité des chiffres ou, pire encore, falsifier la synthèse. Selon le type de graphique choisi, la mise en forme, l'échelle de vos graphiques, vous pourrez montrer ou cacher l'essentiel.

Nous aborderons donc dans ce chapitre le choix du type de graphique, essentiel selon ce que vous voulez démontrer, puis comment le modifier. Nous le terminerons par les graphiques croisés dynamiques, qui ont un mode de fonctionnement particulier.

Choix du type de graphique

Excel propose neuf types de graphiques, chacun décomposé en plusieurs sous-types.

Types	Sous-type	Notes
Histogramme	Groupé, empilé, empilé à 100 % 3D groupé, 3D empilé, 3D empilé à 100 % 3 D	
Courbe	Courbe, empilé, empilé à 100 % Courbe avec marqueurs, empilé avec marqueurs, empilé à 100 % avec marqueurs Courbe 3D	Les marqueurs peuvent aisément être affichés ou non dans les options du graphique sans changer le type de graphique.
Secteur	Secteur, secteur en 3D Secteur de secteur, barre de secteur Anneau	Dans cette version d'Excel, les secteurs et anneaux éclatés ne sont pas proposés mais nous verrons comment séparer les éléments malgré tout.
Barre	Groupé, empilé, empilé à 100 % 3D groupé, 3D empilé, 3D empilé à 100 %	

Types	Sous-type	Notes
Aire	Aire, empilé, empilé à 100 % 3D, 3D empilé, 3D empilé à 100 %	
Nuage de points	Avec marqueurs uniquement, avec marqueurs et courbe lissée, avec courbe lissée, avec marqueurs et courbe droite, avec courbe droite À bulles, à bulles 3D	Vous pourrez lisser ou non la courbe et afficher ou non les marques dans les options sans changer le type de graphique.
Boursier	Max-Min-clôture, ouverture-max-min-clôture, volume-max-min-clôture, volume-ouverture-max-min-clôture	
Surface	Surface 3D, surface 3D avec structure apparente Contour, contour filaire	
Radar	Radar, avec point, avec aire	Vous ne pourrez pas ajouter des points ou remplir l'aire dans les options. Cela ne se fait qu'en modifiant le sous-type de graphique.

Vous pouvez également concevoir un graphique combinant plusieurs types de graphiques, ce qui est nommé *Graphiques combinés* dans Excel.

Le tableau suivant vous propose un guide de choix rapide selon ce que vous voulez mettre en évidence :

- **Une évolution, une tendance.** Comment X varie ? comment X, Y et Z varient ?
- **Une répartition, une distribution, une composition**. Comment Y se répartit, se distribue, se compose ?
- **Une relation.** Quelle relation existe-t-il entre X et Y ?

	Évolution	Tendance	Répartition	Distribution	Composition	Relation
Histogramme	X	X	X (empilé)	X	X (empilé à 100 %)	
Courbe	X					
Secteur					X	
Barre	X	X	X (empilé)	X	X (empilé à 100 %)	
Aire	X	X				
Nuage de points						X
Surface				X		
Radar		X				

Pour un choix plus précis en fonction de ce que vous voulez montrer et du nombre de séries à afficher, vous pouvez suivre le schéma de la Figure 9.1.

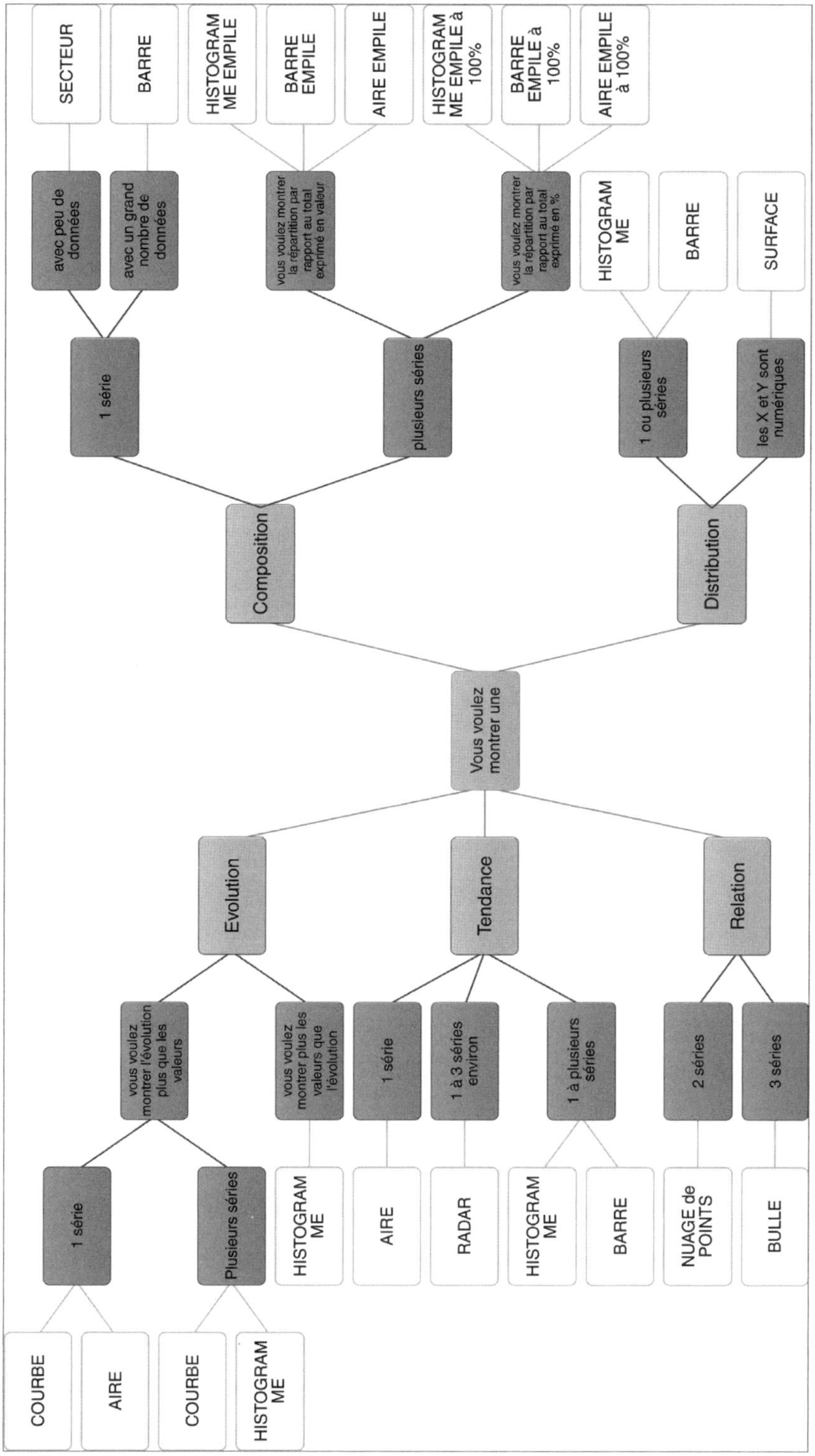

Figure 9.1 *Choisir le bon type de graphique.*

Insertion d'un graphique

Graphique recommandé Nouveauté EXCEL 2013

Avec Excel 2013, il est très simple de créer un graphique :

1. Sélectionnez votre tableau de données.
2. Cliquez sur le bouton *Graphique recommandé* de l'onglet ***Insertion*** (voir Figure 9.2).
3. Sélectionnez l'un des types proposés (voir Figure 9.3).

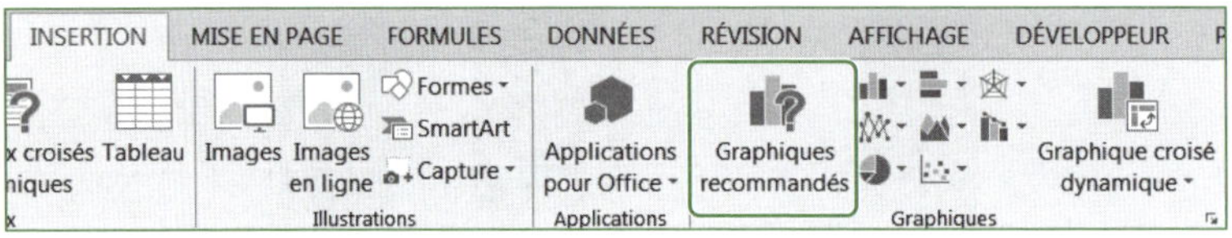

Figure 9.2
Selon les données de votre tableau, l'outil Graphiques recommandés propose des graphiques différents.

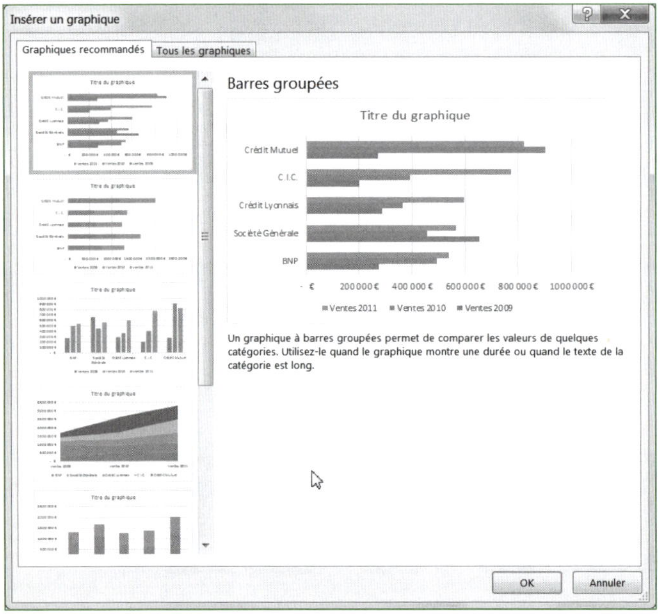

Figure 9.3

Selon les données de votre tableau, l'outil *Graphiques recommandés* propose des graphiques différents comme dans les aperçus de la Figure 9.4.

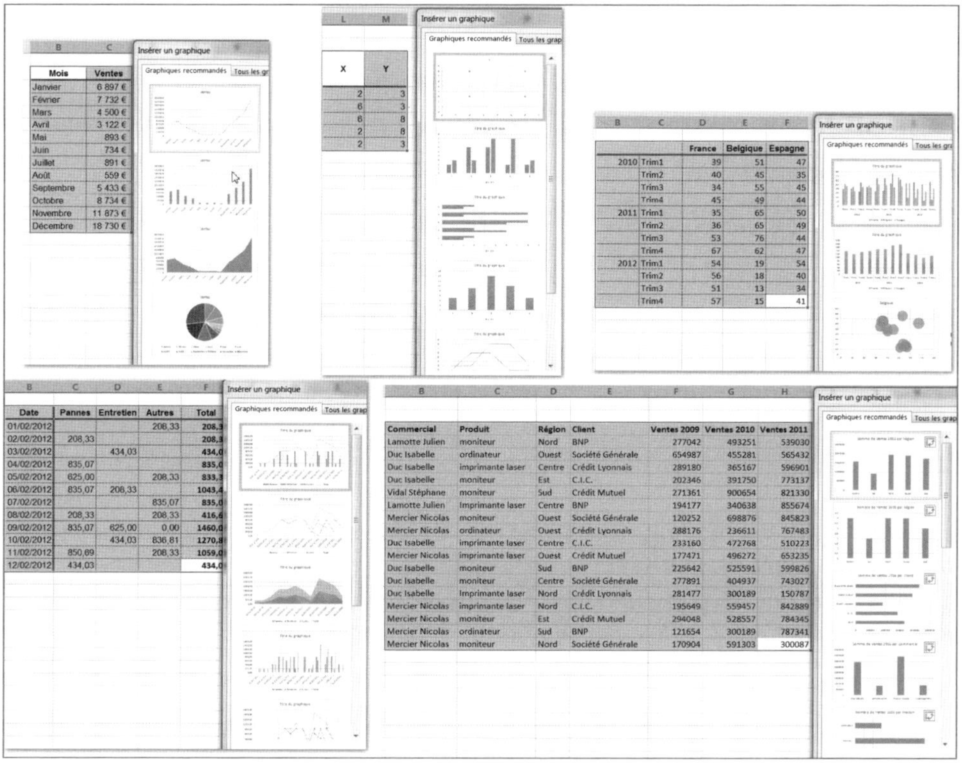

Figure 9.4

Insertion manuelle

L'insertion manuelle vous donne le choix du type de graphique :

1. Sélectionnez votre tableau.
2. Cliquez sur le bouton correspondant au type désiré (voir Figure 9.5).
3. Choisissez ensuite le sous-type désiré. Dès que vous passez votre souris sur l'un d'eux, vous visualisez l'aspect de votre graphique sans réellement l'insérer (voir Figure 9.6).

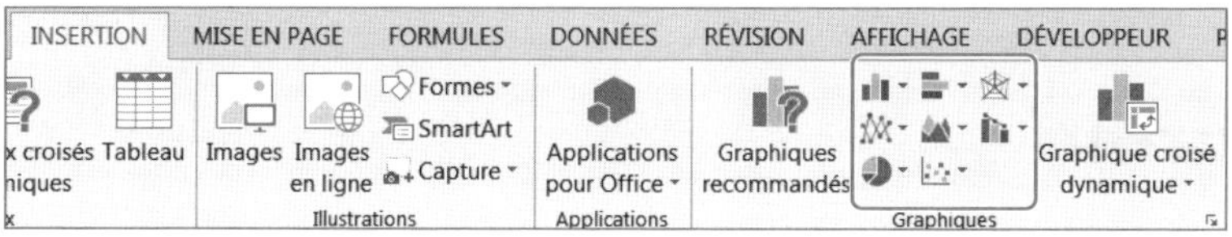

Figure 9.5

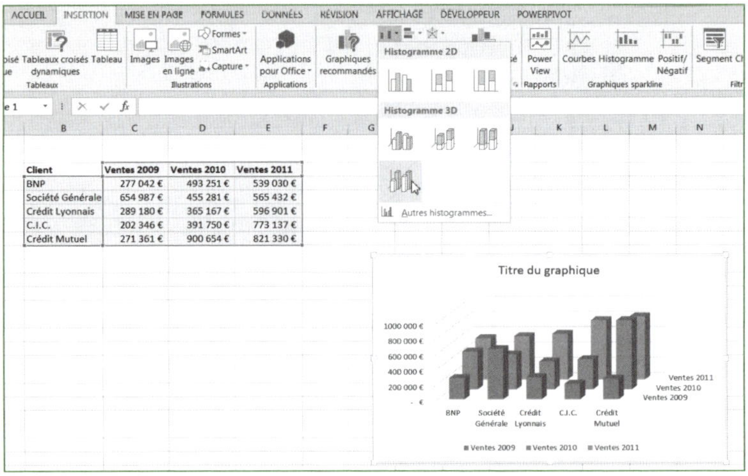

Figure 9.6
Dès que vous passez votre curseur sur un sous-type de graphique, vous visualisez ce dernier directement sur la feuille.

Vous pouvez également choisir d'afficher plus de choix en cliquant sur la commande *Autres...* située sous les sous-types.

Vous aurez alors une ou plusieurs présentations (données en ligne ou en colonne) pour chacun d'eux. Pour vous aider dans votre choix, passez votre souris sur l'exemple de graphique afin d'afficher un zoom de la proposition faite par Excel (voir Figure 9.7).

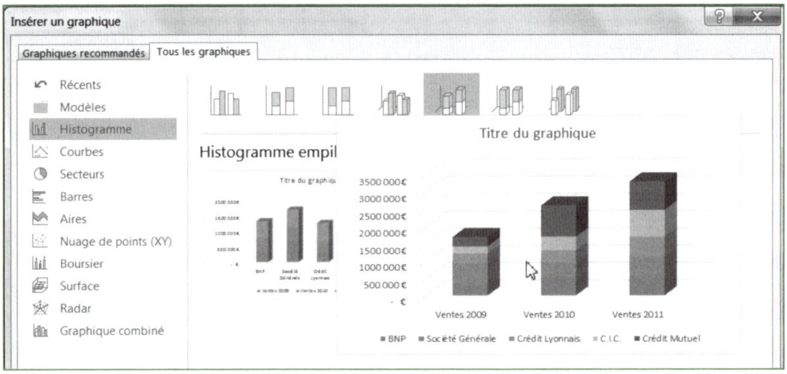

Figure 9.7
Passez votre souris sur l'exemple de graphique afin d'afficher un zoom de la proposition faite par Excel

Mise en forme

Outils à portée de clic Nouveauté EXCEL 2013

Dès que vous sélectionnez un graphique, trois boutons s'affichent dans le coin supérieur droit (voir Figure 9.8) et vous proposent chacun un menu pour la gestion de ce graphique :

- *Éléments du graphique*, pour ajouter rapidement un élément au graphique ;
- *Style du graphique*, pour mettre en forme en un clic tout votre graphique ;
- *Filtre du graphique*, pour filtrer les données du graphique, un peu comme dans une liste de données.

Ces nouveaux outils sont pratiques avec la souris, mais surtout adaptés à une utilisation tactile. Dès que votre curseur survole l'une des commandes de ces menus, le graphique se modifie le temps du survol, mais cette modification ne sera effective qu'après un clic sur l'élément.

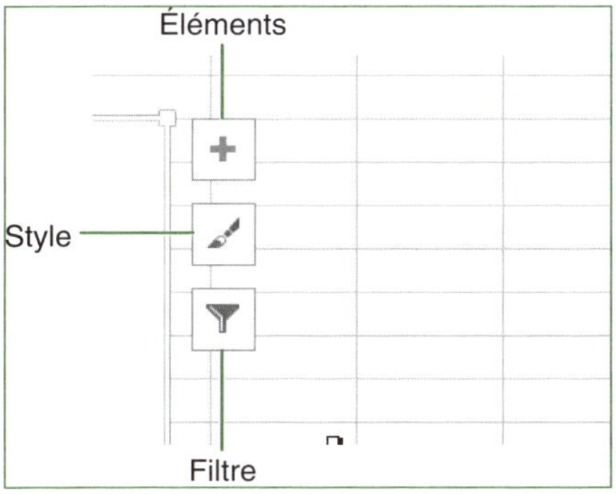

Figure 9.8
Ces 3 nouveaux outils sont adaptés à une utilisation tactile.

Mettre en forme rapidement Nouveaute EXCEL 2013

Vous pouvez mettre en forme rapidement l'ensemble de votre graphique :

- Soit à l'aide du bouton *Style du graphique*. Celui-ci vous propose un ensemble de styles et plusieurs jeux de couleurs. Les couleurs proposées dépendent du jeu de couleur du thème de votre classeur.
- Soit à l'aide du ruban, onglet ***Création*** (voir Figure 9.11).

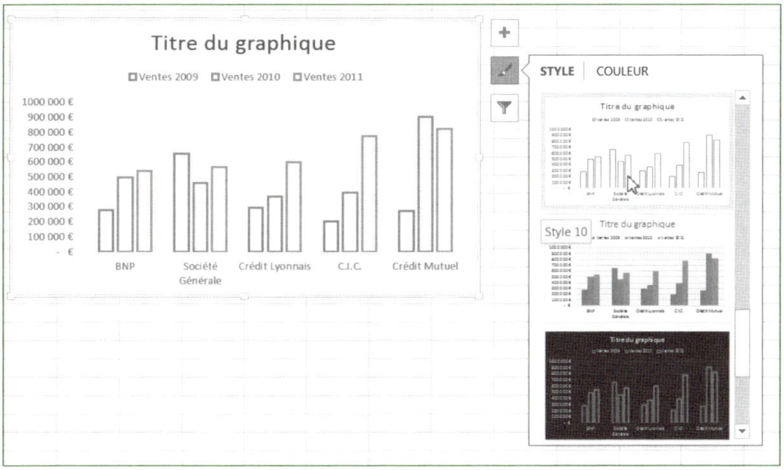

Figure 9.9
Le bouton Style du graphique *propose un ensemble de styles et plusieurs jeux de couleurs.*

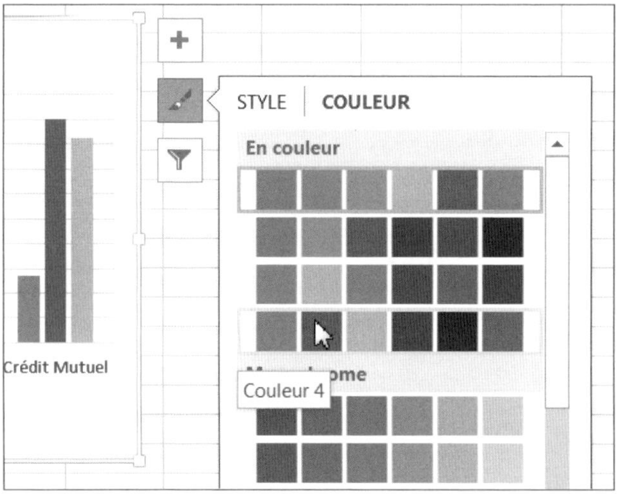

Figure 9.10

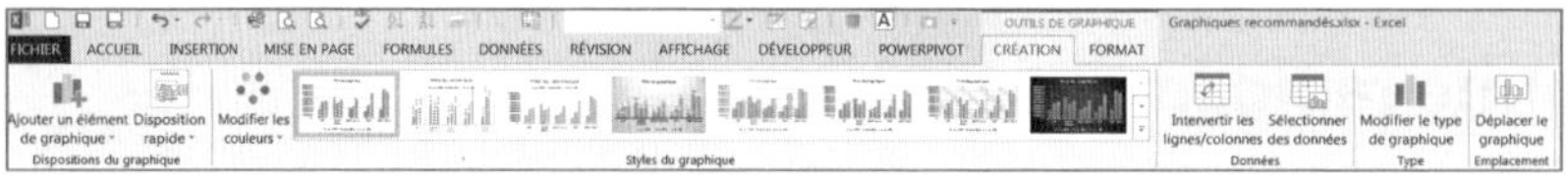

Figure 9.11

Cet onglet propose également plusieurs commandes comme :

- *Ajouter un élément de graphique*, Axe, Quadrillage, etc. ;
- différentes *Dispositions du graphique* vous permettant d'afficher rapidement plus ou moins d'éléments à votre graphique (voir Figure 9.12) ;

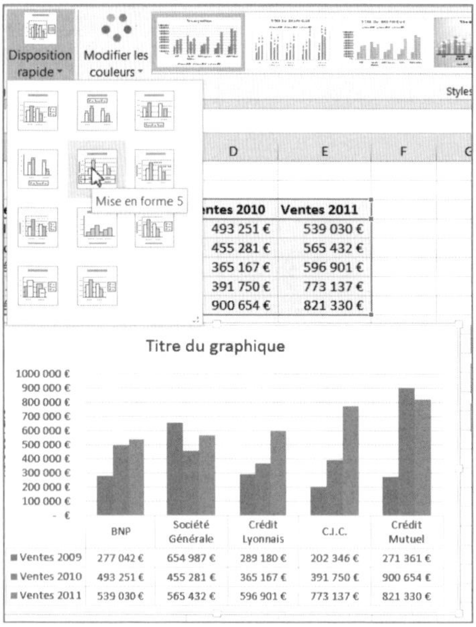

Figure 9.12
Le menu Dispositions du graphique *permet d'ajouter rapidement plus ou moins d'éléments à votre graphique.*

- *Modifier les couleurs* ;
- *Intervertir les lignes/colonnes*, qui permet d'intervertir l'axe des X et les séries ;
- *Sélectionner les données,* pour modifier la plage source du graphique ;
- *Modifier le type de graphique* ;
- *Déplacer le graphique,* qui permet de placer le graphique actif sur une autre feuille.

Mise en forme avancée

Le volet de mise en forme Nouveauté EXCEL 2013

L'onglet d'outils ***Format*** (voir Figure 9.13) propose la mise en forme de l'élément sélectionné en procédant ainsi :

- sélection de l'élément soit en cliquant directement dessus, soit en utilisant la liste déroulante du groupe *Sélection active ;*
- utilisation des commandes du groupe *Styles de la forme* pour les bordures et le fond de l'élément ;
- utilisation des commandes du groupe *Styles WordArt* pour le texte.

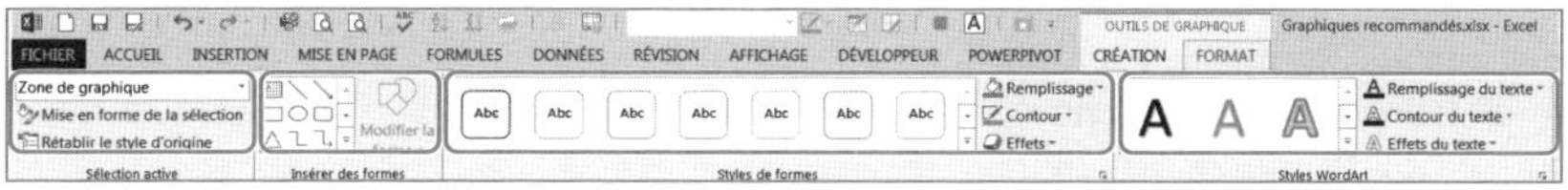

Figure 9.13

Le groupe *Insérer des formes* permet d'ajouter une forme de votre choix dans votre graphique. Si votre graphique est sélectionné avant l'insertion d'une forme, cette dernière fait partie intégrante du graphique et ne pourra être déplacée en dehors du graphique.

Pour afficher plus d'options de mise en forme que celles proposées sur cet onglet, vous pouvez cliquer sur les lanceurs de boîte de dialogue ou double-cliquer sur l'élément à modifier. Un volet d'options s'affiche alors à droite de la feuille. Selon l'élément sélectionné, vous visualiserez deux à quatre boutons d'options pour l'élément, la figure 9.14 et éventuellement trois boutons d'options sur le texte de l'élément.

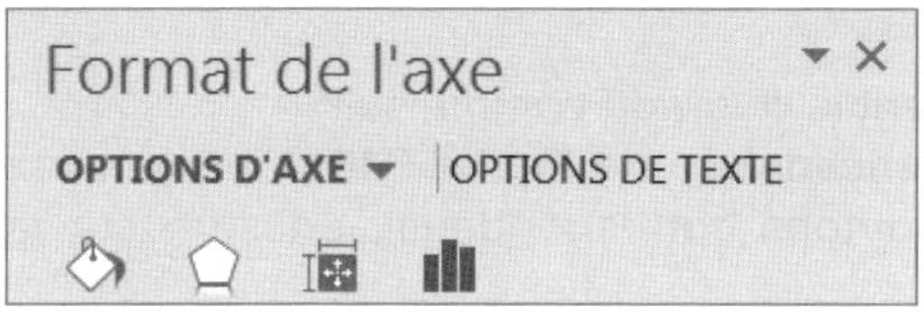

Figure 9.14
Le volet Format... *s'affiche à droite de la feuille et propose plus ou moins de boutons selon l'objet sélectionné.*

Figure 9.15

Icône	Utilisation sur l'élément sélectionné
	Pour modifier le fond et les bordures du graphique.
	Pour modifier les différents effets du graphique.

Icône	Utilisation sur l'élément sélectionné
	Pour modifier l'alignement du texte, la taille, les propriétés de positionnement, impression et verrouillage de l'élément.
	Pour modifier les options. Celles-ci sont différentes selon l'élément et nous en étudierons certaines dans les chapitres suivants.
	Pour modifier le fond et la bordure du texte.
	Pour modifier les différents effets du texte.
	Pour modifier les propriétés de la zone de texte.

Info

Certaines de ces options de mises en forme sont aussi élaborées que dans un logiciel graphique. Nous ne décrirons pas toutes les possibilités de paramétrage de ces options de mise en forme car elles sont très conséquentes.

Étudions par exemple comment créer un fond dégradé (voir Figure 9.16) :

1. Dans les options de *Remplissage*, sélectionnez l'option *Remplissage dégradé*.
2. Choisissez ensuite :
   - un *Dégradé prédéfini ;*
   - un *Type ;*
   - une *Direction ;*
   - et/ou éventuellement un *Angle*.
3. Vous pouvez ensuite personnaliser totalement le dégradé comme suit :
   - Cliquez sur l'un des points de dégradé, encadré sur la Figure 9.16. Vous pouvez en ajouter ou en supprimer avec les boutons correspondants, encadré sur la Figure 9.16.
   - Changez sa *Couleur*.
   - Modifiez sa position soit en déplaçant le curseur directement sur le dégradé soit en utilisant la propriété *Position*.
   - Indiquez ou non une *Transparence*.
   - Vous pouvez ensuite modifier la *Luminosité*.

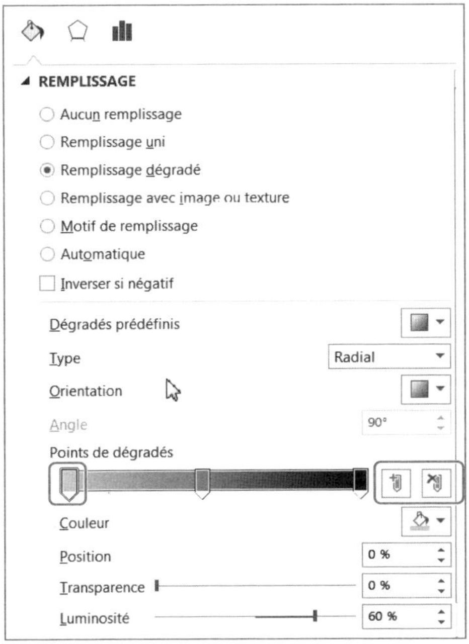

Figure 9.16
Cliquez sur l'un des points de dégradé pour le modifier.

Modifier l'affichage des barres

Dans un graphique à barre ou un histogramme, vous pouvez gérer la largeur des barres et l'espace entre elles (voir Figures 9.18 et 9.19) :

1. Double-cliquez sur une des séries.
2. Dans le volet qui s'affiche, modifiez les valeurs de *Superposition des séries* et *Largeur de l'intervalle*.

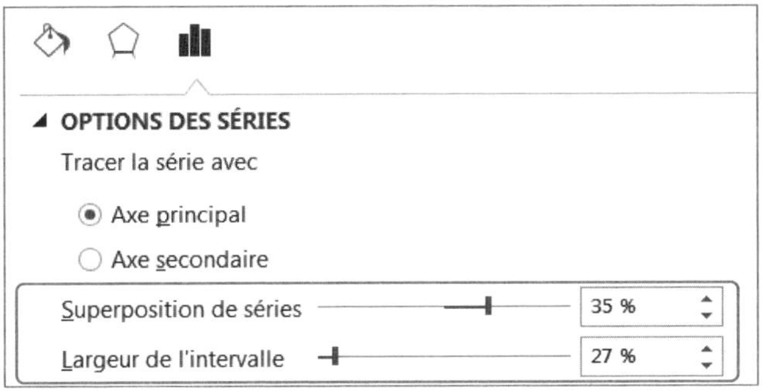

Figure 9.17
Vous pouvez modifiez les valeurs de Superposition des séries *et* Largeur de l'intervalle *d'une série en barre ou Histogramme.*

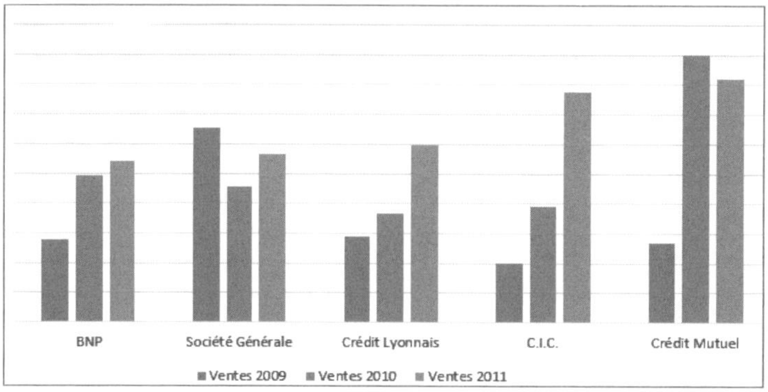

Figure 9.18

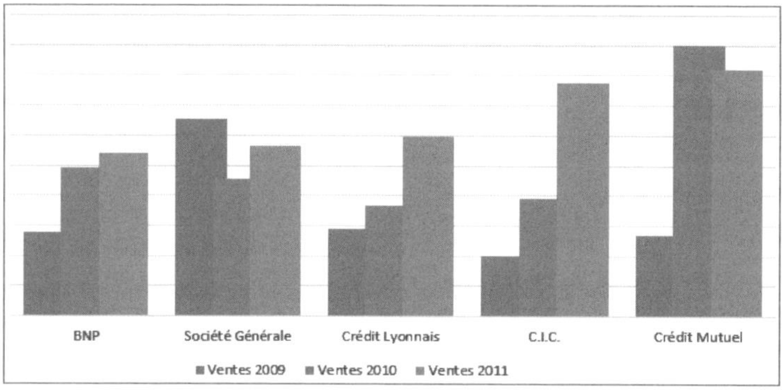

Figure 9.19

Changer la présentation du texte sur les axes

Pour mettre en forme facilement le texte des étiquettes des axes, sélectionnez l'axe puis utilisez les boutons de l'onglet ***Accueil***, groupe *Police*, ainsi que ceux du groupe *WordArt Styles* de l'onglet ***Format***. Il est d'ailleurs souvent utile de changer l'orientation du texte de l'axe des abscisses :

1. Sélectionnez l'axe.
2. Dans l'onglet ***Accueil***, groupe *Alignement*, cliquez sur le bouton *Orientation* et sélectionnez celle qui vous convient.

Lorsque vous avez beaucoup de catégories, sur l'axe des X Excel n'affiche pas toutes les étiquettes pour rendre la lecture plus aisée. Le choix qu'il effectue n'est pas toujours judicieux, vous devrez alors adapter l'intervalle entre chaque étiquette pour permettre l'affichage de toutes vos étiquettes :

1. Double-cliquez sur l'axe afin d'afficher le volet de mise en forme.
2. Cliquez sur le bouton "Options de l'axe" (voir Figure 9.20), puis sur ***étiquettes***.
3. Indiquez l'intervalle entre chaque étiquette. Vous pouvez modifier la distance entre le texte et l'axe, ainsi que la position des étiquettes par rapport à l'axe.
4. L'option ***Graduations*** permet également de modifier l'emplacement des repères de graduation (aucune, à l'intérieur, à l'extérieur et sur l'axe) et l'intervalle entre chaque graduation.

Pour l'axe des ordonnées, vous ne retrouverez que les options de position des étiquettes et graduations.

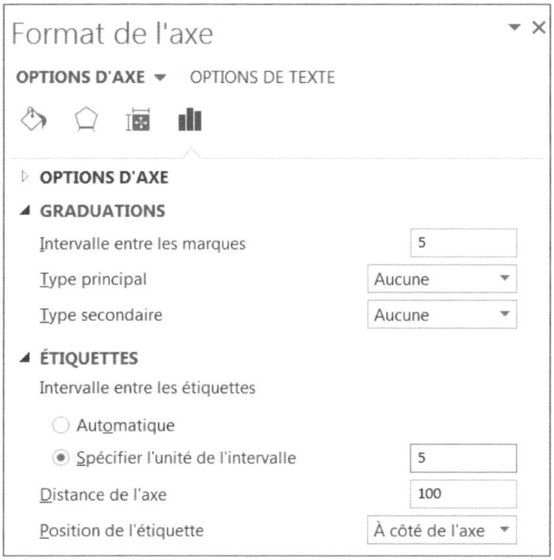

Figure 9.20
L'option GRADUATIONS *permet de modifier l'emplacement des repères de graduation.*

Afficher une couleur différente pour les valeurs négatives

Dans un graphique Barre ou Histogramme, il est possible d'afficher une couleur différente pour les valeurs négatives (voir Figure 9.21) :

1. Double-cliquez sur la série.
2. Dans les options du ***Remplissage***, sélectionnez un *Remplissage uni.*
3. Cochez l'option *Inverser si négatif.*
4. Modifiez à votre convenance les couleurs.

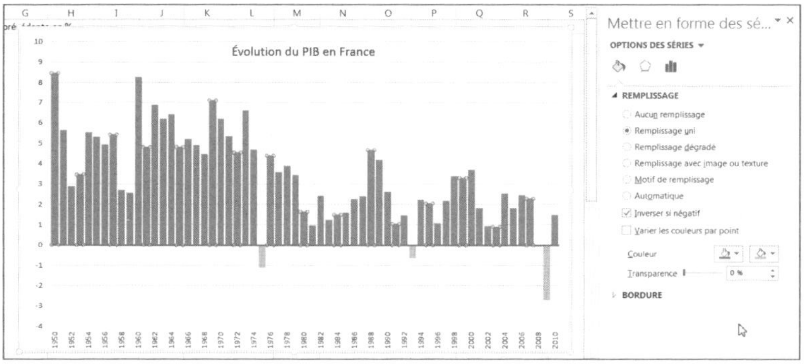

Figure 9.21
Vous pouvez afficher une couleur différente pour les valeurs négatives.

Vous pouvez également cocher l'option *Varier les couleurs par point*, mais cette option apporte surtout de la confusion. Nous verrons dans la section "Couleurs selon contenu" dans ce chapitre comment créer des couleurs différentes en fonction des données.

Ajouter ou supprimer un élément

Méthode

Cliquez sur le bouton *Éléments du graphique* puis cochez l'élément à ajouter. Quel que soit l'élément sélectionné, vous aurez toujours une commande *Plus d'options* affichant le volet de mise en forme de cet élément.

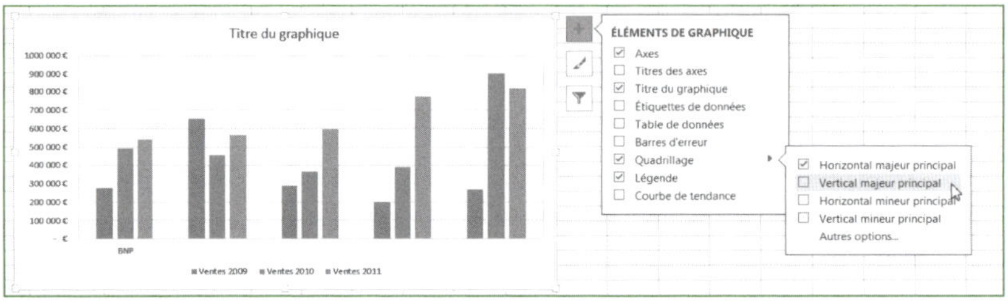

Figure 9.22
Cochez ou décochez un élément dans les menus du bouton Éléments du graphique.

Le bouton *Ajouter un élément de graphique* de l'onglet **Création**, groupe *Dispositions du graphique*, ouvre un menu plus complet pour enrichir vos graphiques (voir Figure 9.23).

Figure 9.23
Le bouton Ajouter un élément de graphique *de l'onglet* **Création** *groupe* Dispositions du graphique, *ouvre un menu plus complet pour enrichir vos graphiques.*

Un axe

Afficher ou non les axes verticaux ou horizontaux revient simplement à afficher ou non les graduations et étiquettes de ces axes.

Par contre, lorsqu'une série représente des données sur une échelle de valeurs différentes, il est judicieux d'ajouter un second axe avec une autre échelle.

Prenons l'exemple des médailles des JO 2012 pour les quinze premiers pays. Notre graphique (voir Figure 9.24) affiche le nombre des médailles d'or, d'argent, de bronze et leur nombre total.

Rang de l'or	Pays	Or	Argent	Bronze	Total
1	États-Unis d'Amérique	46	29	29	104
2	République populaire de Chine	38	27	23	88
3	Grande-Bretagne	29	17	19	65
4	Fédération de Russie	24	26	32	82
5	République de Corée	13	8	7	28
6	Allemagne	11	19	14	44
7	France	11	11	12	34
8	Italie	8	9	11	28
9	Hongrie	8	4	5	17
10	Australie	7	16	12	35
11	Japon	7	14	17	38
12	Kazakhstan	7	1	5	13
13	Pays-Bas	6	6	8	20
14	Ukraine	6	5	9	20
15	Nouvelle-Zélande	6	2	5	13

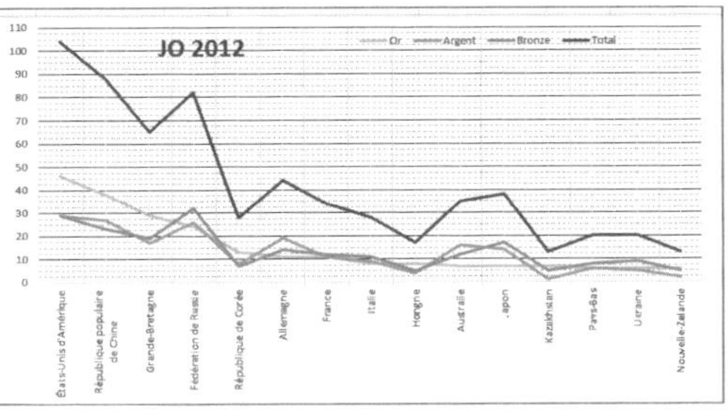

Figure 9.24 *La série "Total" a tendance à écraser les autres séries, il est donc judicieux de la positionner sur un autre axe avec sa propre échelle.*

Cette dernière série a tendance à écraser les autres séries ; nous allons donc lui attribuer son propre axe des Y :

1. Double-cliquez sur la série "Total".
2. Cochez l'option *Axe secondaire* dans **Option des séries**.

Vous pourrez modifier ensuite l'échelle de ces axes.

Figure 9.25

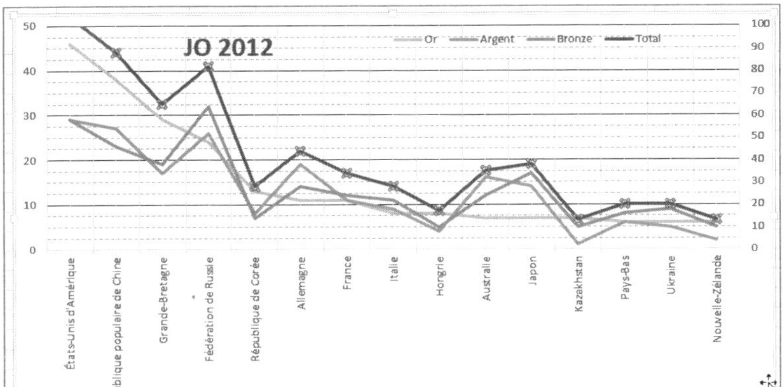

Figure 9.26

Des titres

Vous pouvez ajouter deux types de titres à votre graphique (voir Figure 9.27) :

- les titres d'axes, horizontal et vertical ;
- le titre du graphique.

Dès que vous aurez coché le titre à afficher, une zone de texte correspondant à ce titre est ajoutée au graphique.

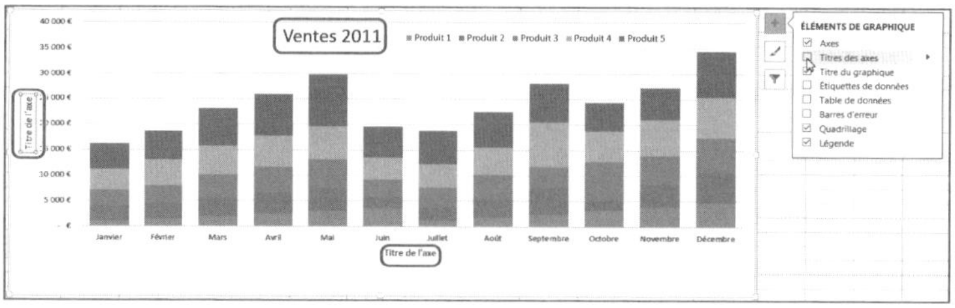

Figure 9.27
Les différents titres dans un graphique.

Vous pouvez alors modifier le texte en cliquant dans l'une des zones de texte et éventuellement la déplacer. Mais il peut être encore plus intéressant de lier cette zone de texte à une cellule pour rendre vos titres dynamiques (voir Figure 9.28).

1. Sélectionnez la zone de texte du titre à lier.
2. Dans la **barre de formule** (et non pas dans la zone de texte), saisissez le signe égal.
3. Sélectionnez la plage contenant le titre à afficher dans la zone de texte.
4. Validez en appuyant sur la touche **ENTRÉE**.

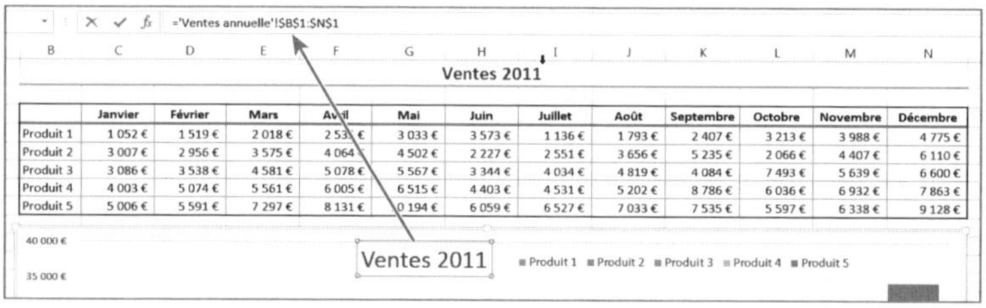

Figure 9.28
Pour rendre vos titres dynamiques, liez la zone de titre à une cellule.

Des étiquettes

Pour compléter un graphique et y lire directement certaines valeurs, vous pouvez ajouter des étiquettes sur une série ou uniquement sur un point d'une série. Pour travailler sur une seule série, sélectionnez-la au préalable ; si aucune série n'est sélectionnée les étiquettes s'afficheront pour l'ensemble des séries.

Pour changer l'étiquette d'un seul point d'une série :

1. Sélectionnez la série.
2. Recliquez sur l'un des points de cette même série afin qu'il soit le seul sélectionné.
3. Cliquez sur le bouton *Éléments du graphique*.
4. Développez le menu et cochez l'emplacement des étiquettes.

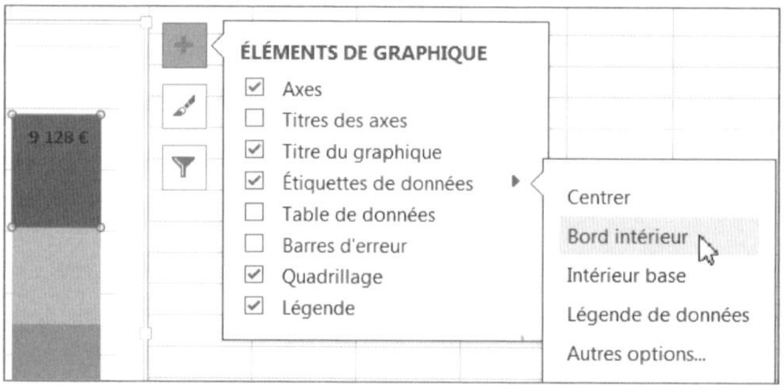

Figure 9.29

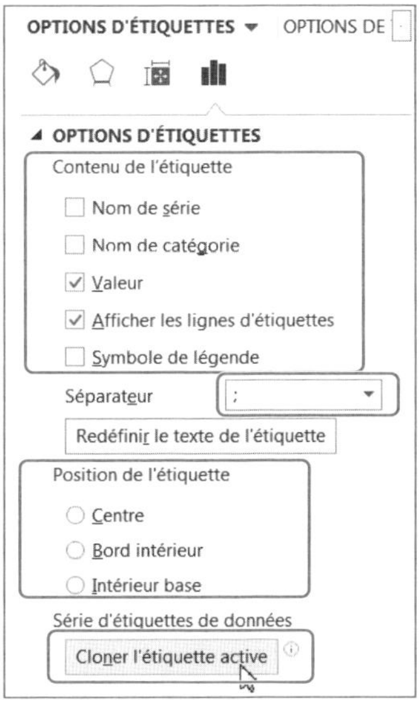

Figure 9.30
Les options des étiquettes vous permettent de maîtriser la mise en forme et le contenu de ces étiquettes.

Pour aller plus loin, cliquez sur la commande *Plus d'options*... Vous pouvez alors choisir :

- Le contenu de vos étiquettes. Les choix seront légèrement différents selon le type de graphique (voir Figure 9.30), mais vous retrouverez systématiquement :
  - Les *Valeurs depuis une plage* que vous devrez alors sélectionner. Celles-ci peuvent ne pas faire partie de la source du graphique.
  - *Afficher les lignes d'étiquettes*. Celle-ci ajoutera une ligne entre le point du graphique et l'étiquette si vous déplacez cette dernière et l'éloignez du point.
  - Le type de *Séparateur* affiché entre chaque donnée située dans l'étiquette. Privilégiez l'option *Nouvelle Ligne* pour avoir un affichage très clair.
- L'emplacement de l'étiquette : *Centre*, *Bord intérieur*, *Intérieur base*. Mais rien ne vous empêche de les déplacer manuellement.

Il vous est également possible de personnaliser entièrement vos étiquettes :

1. Sélectionnez une étiquette.
2. Effectuez un clic-droit sur cette étiquette. Avec le menu contextuel, vous pouvez la mettre en forme grâce aux boutons :
   - *Style* ;
   - *Remplissage* ;
   - *Bordure* ;
   - *Changer la forme de l'étiquette de données*.

Vous pouvez également ajouter du texte manuellement dans votre étiquette (voir Figure 9.32) :

1. Cliquez dans la zone de texte d'une seule étiquette.
2. Saisissez le texte à ajouter.

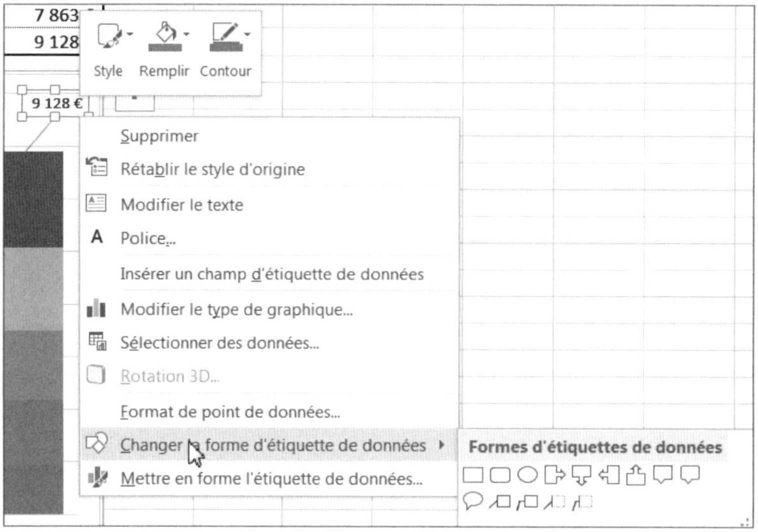

Figure 9.31
Avec un clic-droit vous pouvez changer la forme d'une étiquette.

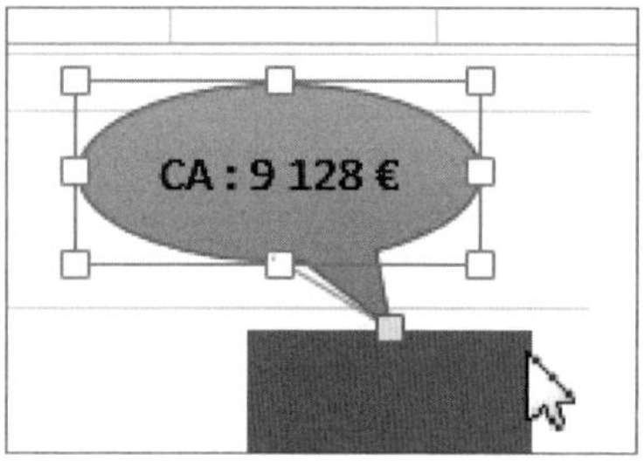

Figure 9.32

Si vous désirez dupliquer la mise en forme personnalisée d'une étiquette à toutes les étiquettes de la même série :

1. Cliquez dans la zone d'étiquette.
2. Cliquez sur le bouton *Cloner l'étiquette sélectionnée* dans le volet *Format des étiquettes de données*, en bas des options de l'étiquette (voir Figure 9.30).

La table de données

La table de données affiche l'ensemble des données utilisées sous le graphique comme illustré à la Figure 9.29.

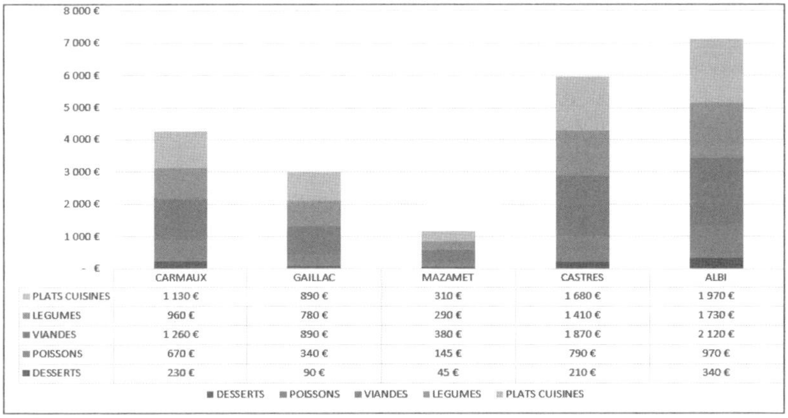

Figure 9.33
La table de données affiche l'ensemble des données utilisées sous le graphique.

Les barres d'erreur

Les barres d'erreur représentent graphiquement les marges d'erreur ou d'incertitude relatives à chaque point de votre série. Vous pouvez ajouter des barres d'erreurs positives et/ou négatives. Vous pouvez également spécifier la nature de la marge d'erreur, à savoir :

- une *Valeur fixe* ;
- un *Pourcentage* ;
- un *Écart-type* ;
- une valeur *Personnalisée*. Dans ce cas, les valeurs négatives et positives proviennent chacune d'une plage de cellules. Cette plage doit avoir la même dimension que le nombre de catégories. Dans l'exemple de la Figure 9.34, nous avons deux catégories, les plages pour les erreurs positives et négatives ont chacune deux lignes.

Chaque série pourra afficher des barres d'erreur différentes, comme sur la Figure 9.35. Si vous désirez utiliser des valeurs personnalisées pour chaque série, vous devrez saisir une plage pour les barres d'erreur pour chacune d'entre elles.

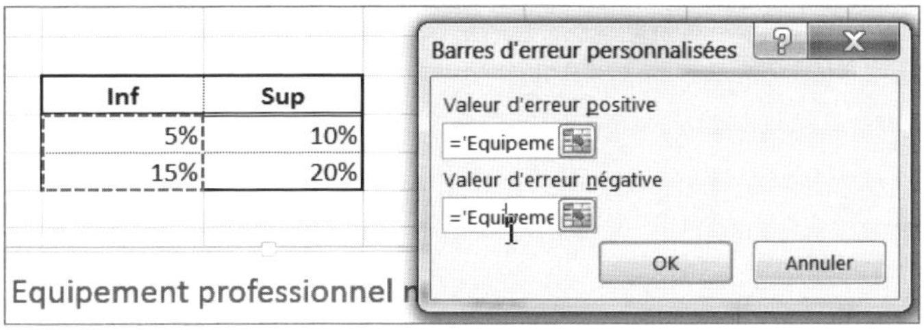

Figure 9.34

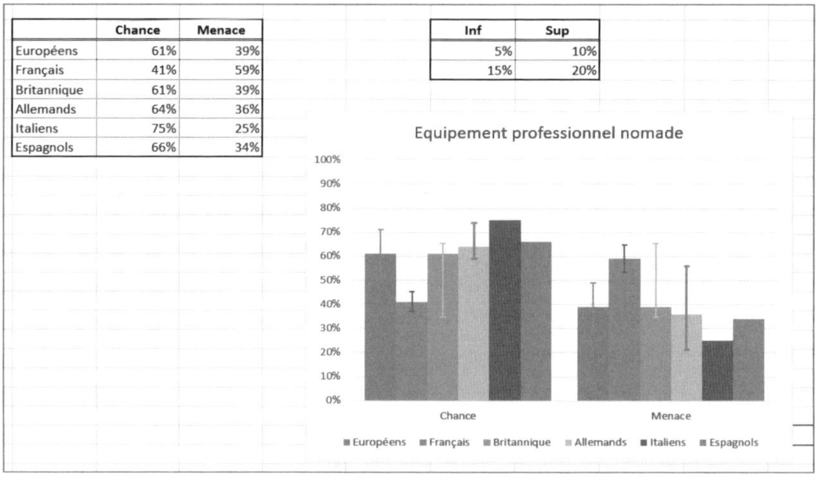

Figure 9.35
Pour personnaliser les barres d'erreur, utilisez le volet Options des barres d'Erreur.

Pour personnaliser les barres d'erreur, utilisez le volet *Options des barres d'erreur* en double-cliquant sur l'une de ces barres.

Les quadrillages

Il existe deux types de quadrillages : horizontal et vertical. Les graphiques en 3D proposent également un quadrillage de profondeur.

Tous ces quadrillages se décomposent en un quadrillage principal et un quadrillage secondaire. Ils correspondent à l'unité principale et à l'unité secondaire de vos axes, exactement comme notre ancien papier millimétré. Les quadrillages peuvent, eux aussi, être mis en forme :

1. Sélectionnez le graphique.
2. Cliquez sur *Éléments du graphique* puis cochez le ou les quadrillages que vous voulez afficher.

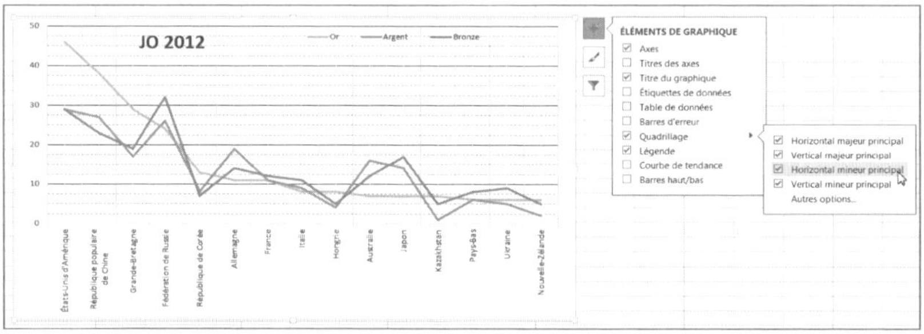

Figure 9.36
Le quadrillage se décompose en un quadrillage principal et un quadrillage secondaire.

Pour régler l'unité de ces quadrillages :

1. Double-cliquez sur l'axe correspondant au quadrillage à régler.
2. Sélectionnez **Options d'Axe**.
3. Saisissez l'unité à utiliser dans les zones *Unités-Principale* ou *Secondaire* (voir Figure 9.37).

Figure 9.37

La légende

La légende d'un graphique s'ajoute aisément et vous pouvez la déplacer avec votre souris où vous le désirez dans votre graphique. Vous pouvez également la redimensionner et présenter les données de votre légende sur une ou plusieurs lignes comme illustré aux Figures 9.38, 9.39 et 9.40.

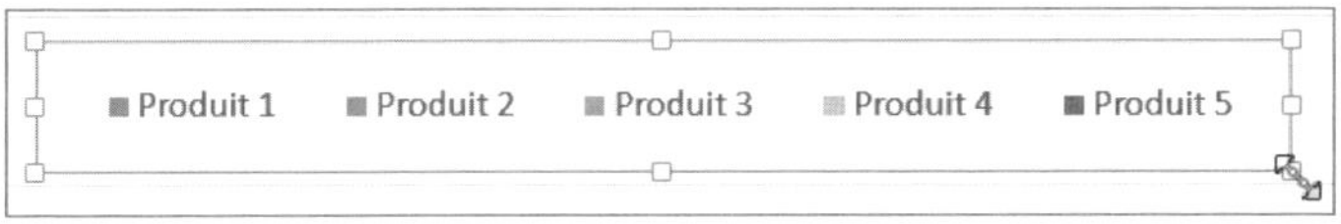

Figure 9.38

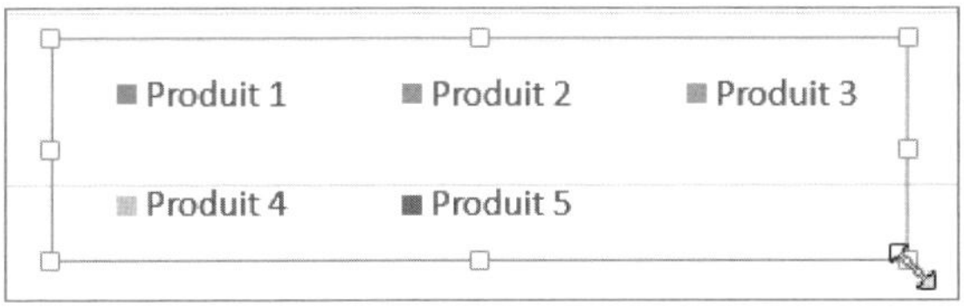

Figure 9.39

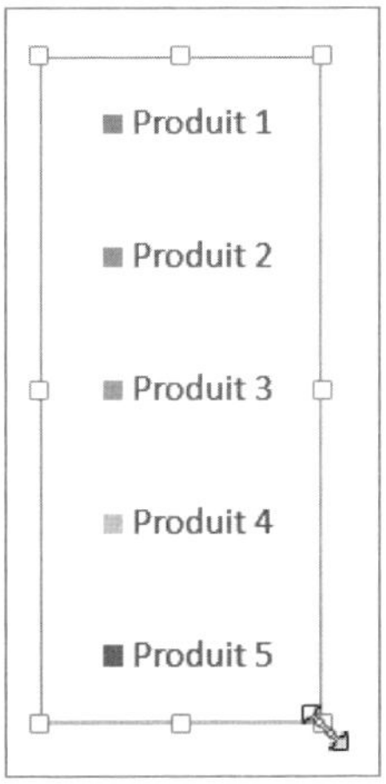

Figure 9.40

Dans certains graphiques complexes, il peut être utile de ne pas afficher la légende d'une série :

- Sélectionnez la légende.
- Sélectionnez le titre de la série dans cette légende, comme à la Figure 9.41.
- Appuyez sur la touche **Suppr** de votre clavier.

Figure 9.41
Vous pouvez supprimer une série dans la légende : sélectionnez-la puis appuyez sur la touche **SUPPR.**

Des lignes de projection ou de liaison

Dans un graphique en ligne ou une aire, vous pouvez ajouter des lignes de projection pour relier la valeur maximale de chaque catégorie, quelle que soit la série, à l'axe des X.

1. Cliquez sur le bouton *Ajouter un élément de graphique* de l'onglet ***Création***.
2. Sélectionnez *Lignes*, puis *Lignes de projection* (voir Figure 9.42).

Dans le même menu, vous trouverez *Lignes Haut-bas*. Celles-ci permettent de visualiser la différence entre les valeurs minimales et maximales quelque soit la catégorie (voir Figure 9.43).

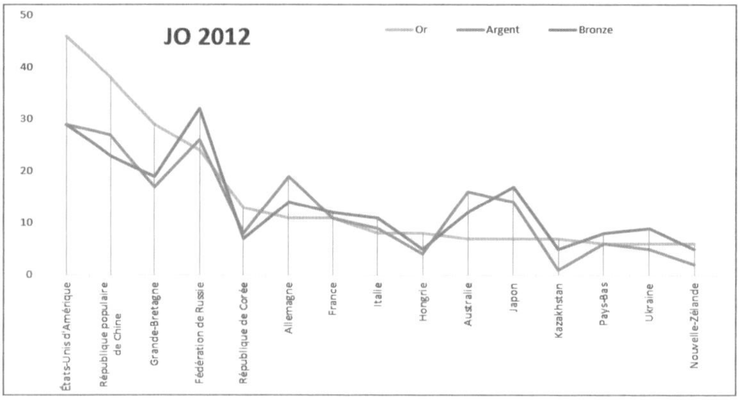

Figure 9.42
Des lignes de projection *sur une courbe.*

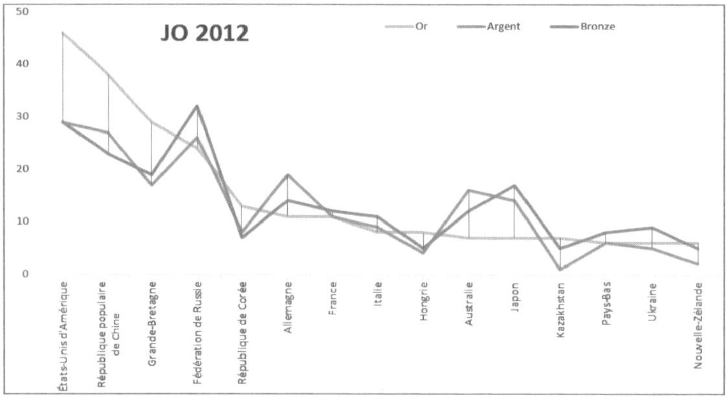

Figure 9.43
Des Lignes Haut-bas *pour relier la valeur maximale et la valeur minimale de chaque catégorie.*

Sur un graphique empilé, en barre ou histogramme, il est possible d'ajouter des lignes reliant chaque série. Dans le menu *Ajouter un élément de graphique* de l'onglet ***Création***, sélectionnez *Lignes*, puis *Lignes de séries*.

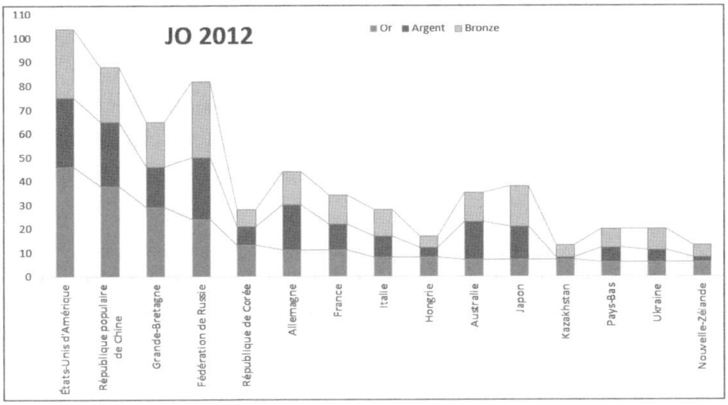

Figure 9.44
Des Lignes de séries *pour relier chaque série dans un histogramme empilé.*
Lignes de séries.

Une courbe de tendance

Certains graphiques sont suffisamment clairs pour nous montrer une évolution. Mais parfois l'ajout d'une courbe de tendance est une aide précieuse quand les données sont dispersées, comme dans l'exemple de la Figure 9.45 :

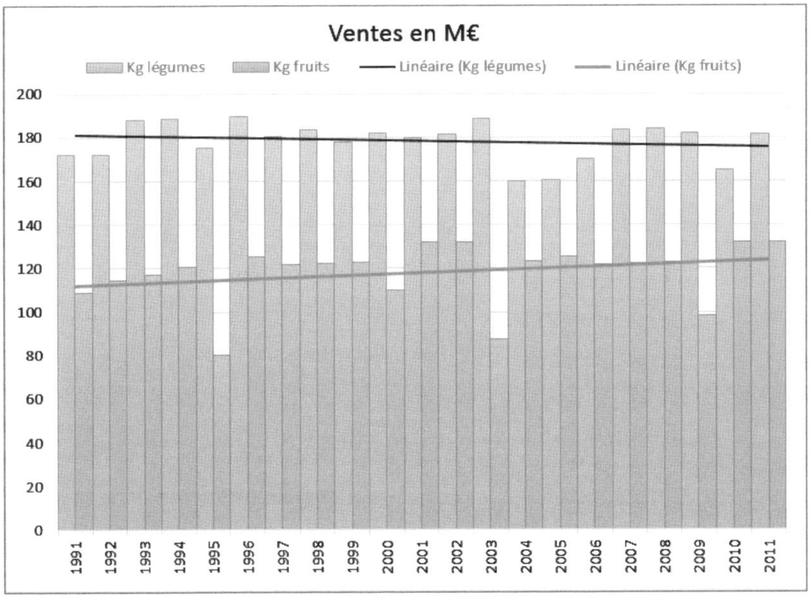

Figure 9.45
Une courbe de tendance sur chaque série de ce graphique.

1. Sélectionnez votre série.
2. Cliquez sur le bouton *Éléments graphiques*.
3. Ouvrez le menu *Courbe de tendance*.
4. Cliquez sur *Linéaire* (adaptez le type de courbe en fonction de vos données).

Comment faire pour…

Modifier l'échelle

En modifiant l'échelle d'un axe, nous pouvons influencer la lecture d'un graphique. Prenons l'exemple du taux de chômage en France de 1975 à 2011 (source INSEE). Par défaut, Excel propose une échelle automatique en fonction de la valeur minimale, mais surtout de la valeur maximale. Si nous décomposons notre tableau en deux graphiques, l'un de 1975 à 1999 et l'autre de 2000 à 2012, voyez sur la Figure 9.46 que l'échelle proposée par Excel par défaut est différente.

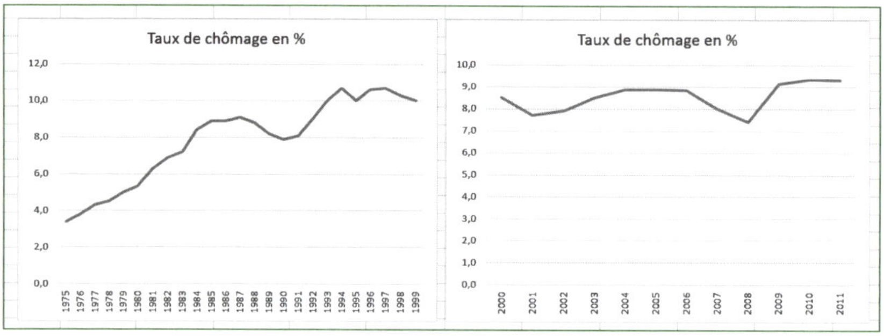

Figure 9.46
Il est difficile de comparer les deux graphiques car l'échelle des ordonnées (Y) n'est pas la même.

De fait, il est difficile de comparer les deux graphiques car l'échelle des Y n'est pas la même. Du coup, la baisse du chômage en 2000, comme le montre la Figure 9.47, est peu visible sur la Figure 9.46.

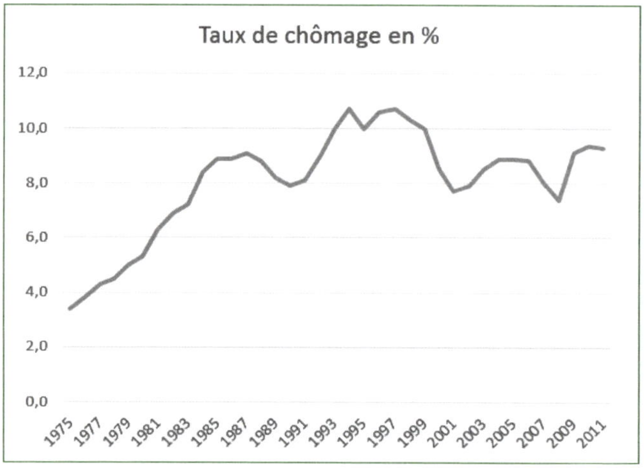

Figure 9.47

Pour choisir vous-même l'échelle d'un axe, sélectionnez ce dernier puis :

1. Affichez le volet des options en double-cliquant sur cet axe ou en effectuant un clic-droit.
2. Sélectionnez ***Options d'axe.***
3. Tapez vos valeurs de *Limites - Minimum* et *Maximum*. Pour réafficher les valeurs automatiques, cliquez sur le bouton *Réinitialiser*.

Enfin, vous pouvez aussi opter pour une *Échelle logarithmique* afin de faire apparaître les variations et non plus les données (très utilisée en analyse financière).

Organiser les séries

Dans un graphique 3D ou des aires, une série peut en cacher une autre. Dans l'exemple illustré à la Figure 9.48, nous constatons que les données des desserts sont peu lisibles car situées au fond du graphique et, surtout, que la hauteur des barres est nettement plus basse que les autres colonnes.

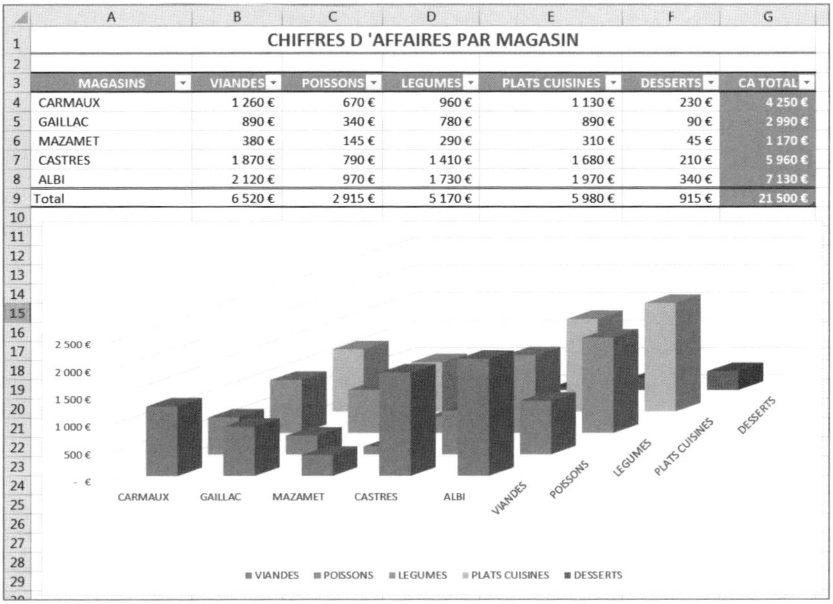

Figure 9.48
Les données des desserts sont peu lisibles car elles sont nettement plus basses que les autres colonnes et situées au fond du graphique.

Pour modifier l'ordre de ces séries, effectuez les étapes suivantes :

1. Cliquez sur le bouton *Sélectionner les données* de l'onglet ***Création***.
2. Dans la fenêtre qui s'affiche, sélectionnez la série à déplacer.
3. Cliquez sur la flèche vers le haut pour remonter la série (voir Figure 9.49). Pour descendre une série, cliquez sur la flèche dirigée vers le bas.

Vous visualisez en direct le résultat dans le graphique.

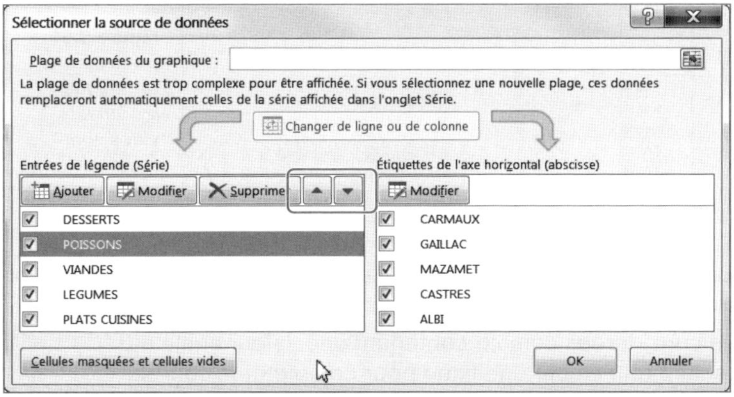

Figure 9.49
La fenêtre Sélectionner la source des données *permet d'organiser les séries.*

Ajouter une série

Vous pouvez à tout moment ajouter une série supplémentaire à votre graphique. Pour cela :

1. Cliquez sur le bouton *Sélectionner les données* de l'onglet ***Création***.
2. Dans la fenêtre qui s'affiche, cliquez sur le bouton *Ajouter* (voir Figure 9.49).
3. Sélectionnez la cellule contenant le nom de la série.
4. Sélectionnez la plage contenant les valeurs de la série. Attention à bien supprimer la formule **={1}** existant, sous peine d'erreur, (voir Figure 9.50).

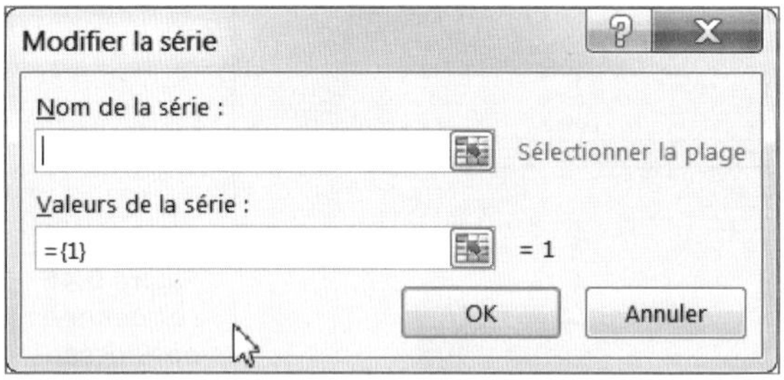

Figure 9.50

Gérer les valeurs nulles

Les cellules vides

Dans votre tableau, source du graphique, vous pouvez avoir des cellules vides. Il est donc important de savoir comment gérer cette information particulière dans les courbes, les aires, les radars et les nuages de points. Prenons un exemple de suivi des temps d'arrêt d'une ligne de production, illustré à la Figure 9.51.

Temps d'arrêt

Date	Pannes	Entretien	Autres	TOTAUX
06/02/2012		00:30:00		**0:30:00**
07/02/2012			01:02:30	**1:02:30**
08/02/2012	01:00:30		02:02:30	**3:03:00**
09/02/2012	02:00:15			**2:00:15**
10/02/2012	01:30:00		00:30:00	**2:00:00**
13/02/2012	02:00:15	00:30:00		**2:30:15**
14/02/2012	01:02:30		02:00:15	**3:02:45**
15/02/2012	00:30:00		00:30:00	**1:00:00**
16/02/2012				**0:00:00**
17/02/2012		01:02:30		**1:02:30**
20/02/2012		02:00:15		**2:00:15**
21/02/2012	01:02:30			**1:02:30**
22/02/2012	02:02:30		01:02:30	**3:05:00**
23/02/2012			02:00:15	**2:00:15**
24/02/2012	01:02:30		03:00:15	**4:02:45**
TOTAUX	**12:11:00**	**4:02:45**	**12:08:15**	**28:22:00**

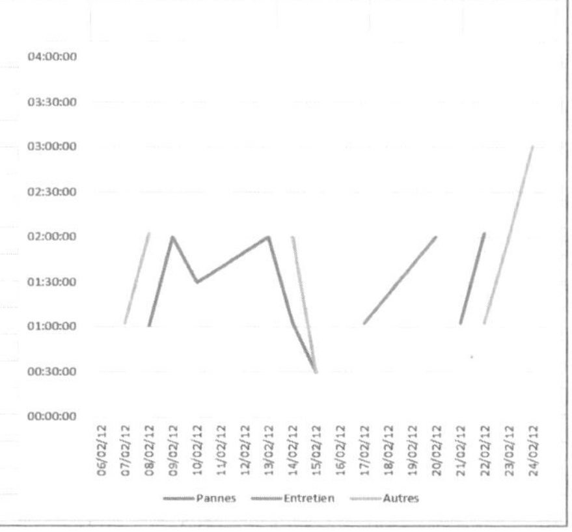

Figure 9.51
Dans ce graphique, les valeurs vides sont représentées par un trou dans les séries.

Comme vous le constatez, le graphique affiche des espaces vides pour chaque cellule sans valeur. Deux solutions s'offrent à vous pour corriger ce problème :

- Les cellules vides sont considérées comme contenant une valeur égale à 0.
- Les valeurs existantes sont reliées par une ligne pour compléter la courbe.

Pour choisir l'une de ces options :

1. Sélectionnez votre graphique.
2. Cliquez sur le bouton *Sélectionner les données* de l'onglet **Création**.
3. Cliquez sur le bouton *Cellules masquées et cellules vides* de la Figure 9.49.
4. Choisissez ensuite l'une des options d'affichage proposées pour vos cellules vides.

Lignes ou colonnes masquées

Dans l'exemple illustré ci-après, nous avons masqué les colonnes des mois d'avril à d'août, ainsi que les lignes des Produits 3 et 4. Par défaut, le graphique n'affiche pas les données masquées, comme vous le constatez sur la Figure 9.52.

Toutefois, si vous voulez visualiser les données masquées dans le graphique, cliquez sur le bouton *Cellules masquées et cellules vides* de la Figure 9.49 et cochez *Afficher les données des lignes et colonnes masquées*. Le résultat apparaît alors comme à la Figure 9.53.

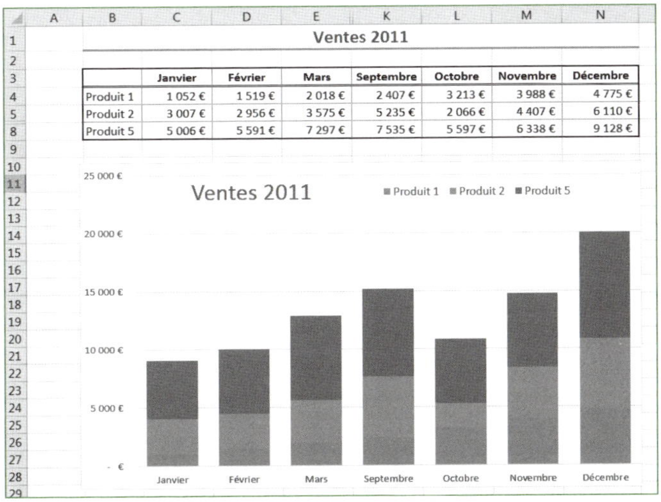

Figure 9.52

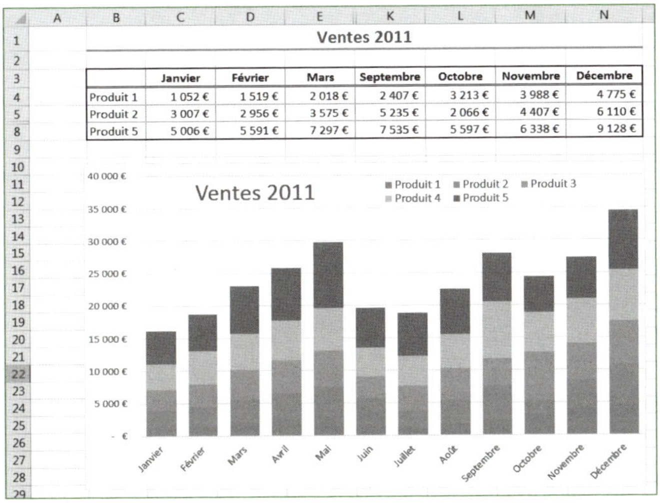

Figure 9.53
Ce graphique affiche l'ensemble des données, même celles qui se trouvent dans des lignes ou colonnes masquées.

Axes des abscisses de type Date

Il est courant dans un graphique de mettre en abscisses des dates. Or, bien souvent, les valeurs des samedis ou des dimanches sont logiquement absentes de vos données sources. Dans un graphique, cela se traduit par des espacements entre vos séries, comme le montre la Figure 9.55.

Pour corriger cela, vous devez modifier le type d'axe des X pour afficher un graphique continu (voir Figure 9.56) :

1. Double-cliquez sur l'axe des abscisses.
2. Dans ***Options d'Axe***, zone *Type d'axe*, sélectionnez *Texte sur les axes* (voir Figure 9.54).

L'option *Date sur les axes* affiche toutes les dates, y compris celles qui ne sont pas dans le tableau source ; évidemment, pour les dates qui ne sont pas dans votre source, aucune donnée ne sera inscrite dans le graphique (voir Figure 9.57).

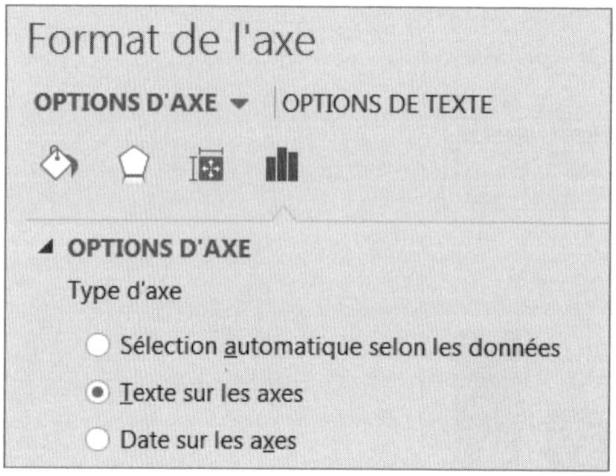

Figure 9.54

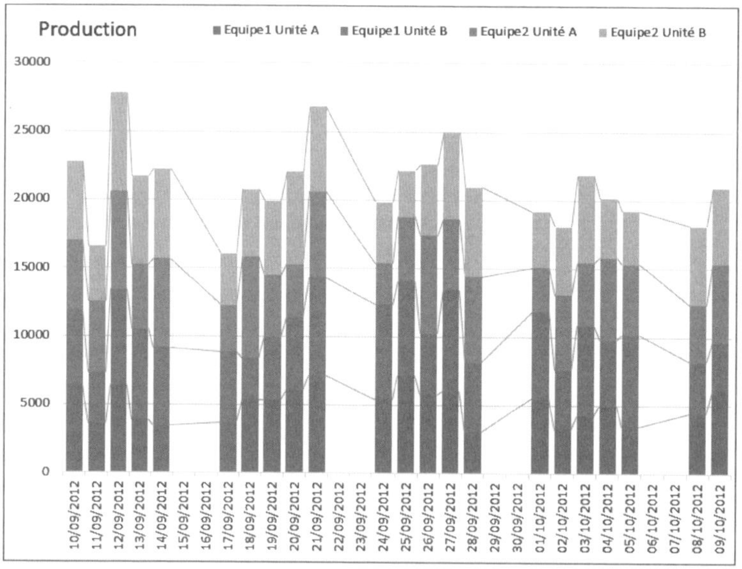

Figure 9.55

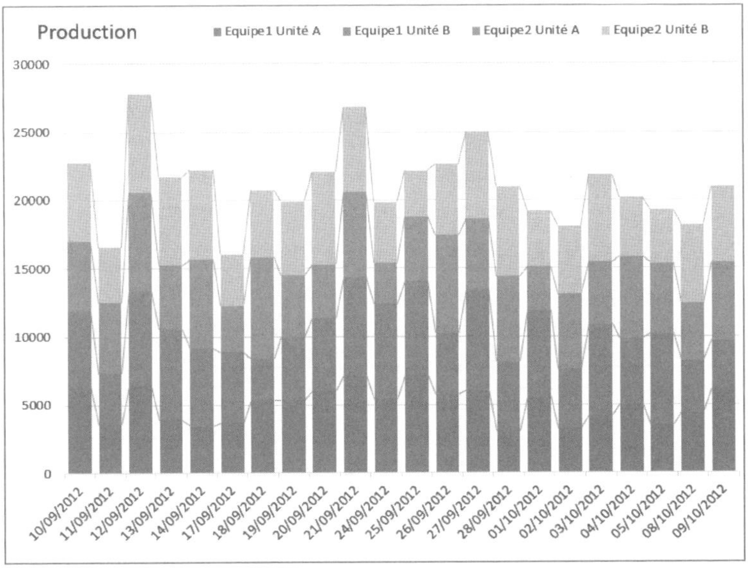

Figure 9.56
Pour ne pas visualiser des trous correspondant aux dates sans données, sélectionnez l'option d'axe Texte sur les axes.

Date	Ventes
10/09/2012	5764
14/09/2012	6198
17/09/2012	6636
20/09/2012	5038
21/09/2012	7252
24/09/2012	4423
28/09/2012	7031
01/10/2012	3068
02/10/2012	3985
05/10/2012	6625
09/10/2012	4850

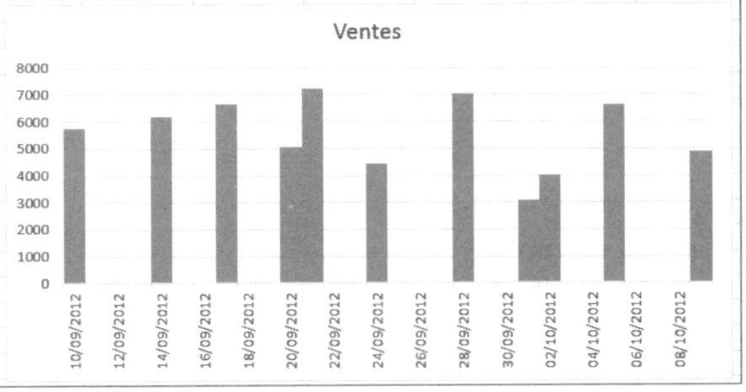

Figure 9.57

Améliorer un graphique à bulle

Un graphique à bulle est utile pour visualiser des corrélations ou des incohérences. Prenons, par exemple, un tableau affichant :

- une liste de salariés ;
- leur classification ;
- leur salaire ;
- leur potentiel (note de 1 à 5 attribuée après l'entretien annuel).

Dans le graphique de la Figure 9.58, chaque bulle représente un salarié, l'axe des Y représente le salaire et la taille de la bulle représente le potentiel. Le graphique à bulle proposé par défaut est assez incomplet pour nous donner des informations pertinentes. Nous devons donc modifier son paramétrage pour le rendre plus visuel.

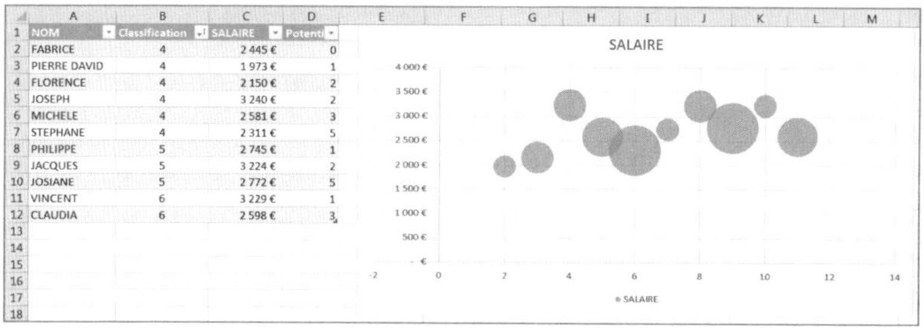

Figure 9.58

Procédons par étapes pour afficher des étiquettes sur les bulles :

1. Ajoutez des étiquettes (voir Figure 9.59), et choisissez *Autres options...*

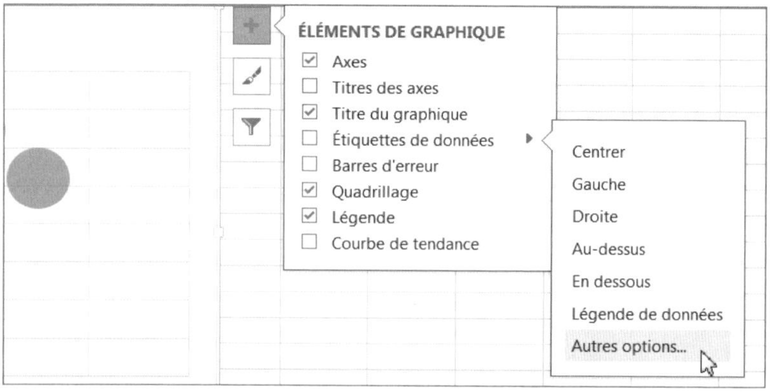

Figure 9.59

2. Dans les *Options d'étiquettes*, cochez *Valeur X*, *Valeur Y* et *Taille de la bulle*. Profitez-en pour indiquer que le séparateur de chacune de ces données est une *Nouvelle ligne*.
3. Il peut être intéressant de visualiser également, dans ces étiquettes, la classification des salariés. Cette donnée ne fait pas partie de la source du graphique ; par contre, l'option *Valeur depuis les cellules* permet de sélectionner une plage de votre choix à ajouter dans les étiquettes. Bien entendu, la plage sélectionnée doit avoir la même taille que celle représentant les X.
4. Pour une meilleure lisibilité, choisissez d'afficher les étiquettes sous les bulles.

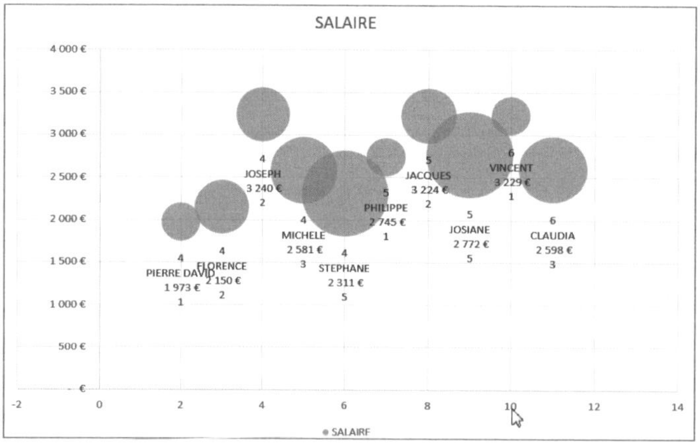

Figure 9.60
Un graphique à bulle avec des étiquettes organisées.

Le graphique est un peu plus clair (voir Figure 9.60), mais il est difficile de comparer les valeurs de chaque salarié et de voir les incohérences entre le salaire et le potentiel. En effet, ces bulles ont tendance à se superposer.

1. Affichez les options de la série.
2. Indiquez que la taille de la bulle représente non pas sa *Surface*, mais son *Diamètre*.
3. Modifiez éventuellement l'échelle de la bulle, attribuez **80** pour 80 % de la valeur.
4. Modifiez l'échelle et les unités de l'axe des X.
5. Triez les données sources sur le champ "Salaires".
6. Modifiez les couleurs des bulles : une même couleur par potentiel.

Vous avez ainsi un graphique très représentatif des salaires de vos employés et du potentiel (voir Figure 9.61). Jacques, Vincent et Joseph ont un salaire bien élevé en rapport à leur potentiel, tandis que Josiane et surtout Stéphane pourraient certainement être mieux rémunérés.

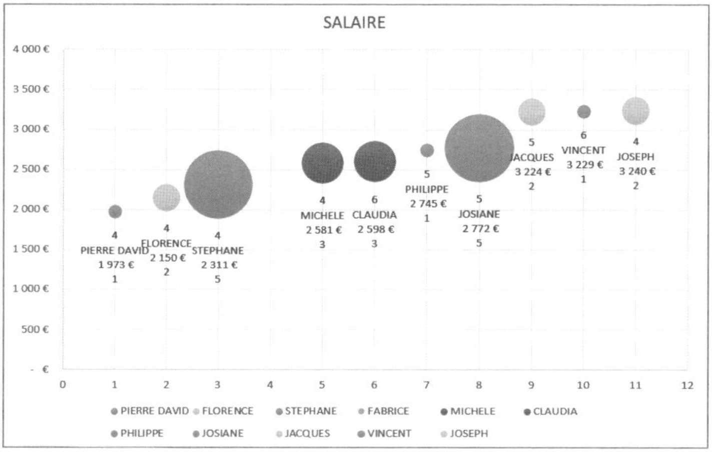

Figure 9.61
Un graphique à bulle personnalisé.

Éclater un secteur ou un anneau

Dans Excel 2013, vous n'avez plus la possibilité de choisir un graphique en secteur ou anneau éclaté dès la sélection du type de graphique. L'éclatement d'une ou de plusieurs parts doit être réalisé manuellement.

1. Sélectionnez l'ensemble du camembert ou d'un anneau.
2. Affichez le volet ***Options des séries***.
3. Modifiez la valeur de l'*Explosion* du secteur ou de l'anneau. Attention ! Vous ne pourrez séparer que l'anneau extérieur.

Dans le cas d'un anneau, vous pouvez également modifier la taille du centre de l'anneau pour agrandir l'épaisseur des anneaux (voir Figure 9.62).

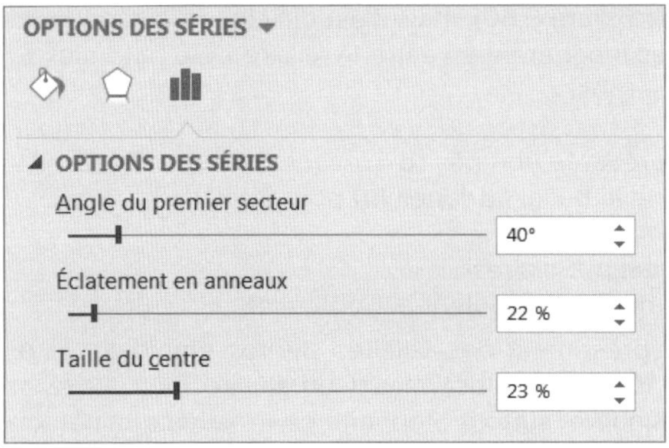

Figure 9.62

Vous pouvez attribuer un pourcentage de séparation différent pour chacune des parts :

1. Sélectionnez la part à exploser : un clic sur le secteur ou sur l'anneau, puis un nouveau clic sur la part.
2. Modifiez la valeur d'explosion.

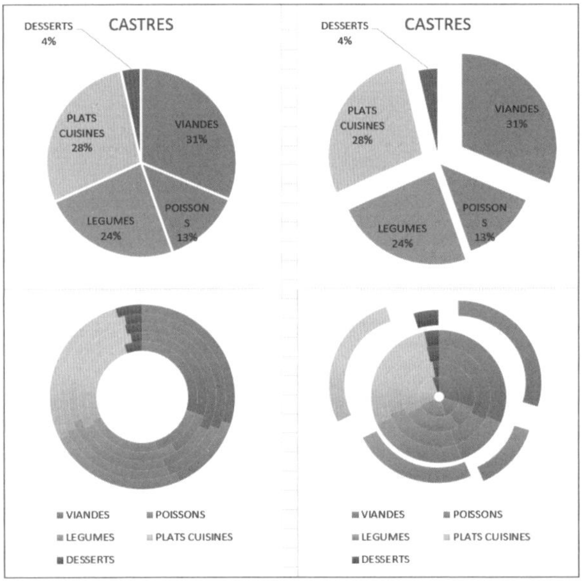

Figure 9.63
Différents secteurs ou anneaux éclatés.

Modifier la vue 3D

Quand vous concevez un graphique 3D, vous pouvez :

- Gérer l'orientation de votre graphique selon un à deux axes (X et Y).
- Modifier la *Perspective*. Vous devrez au préalable décocher l'option *Axes à angle droit*.
- Diminuer ou augmenter l'échelle de la profondeur et de la hauteur de votre graphique. Décochez au préalable l'option *Échelle automatique*.

Pour atteindre les options 3D, sélectionnez l'aire de traçage du graphique et affichez le volet ***Options de Zone De Traçage*** du graphique (voir Figure 9.64).

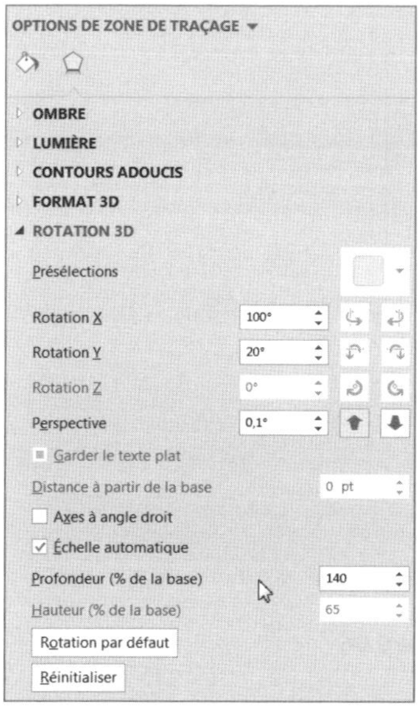

Figure 9.64
Avec les options 3D, il est très aisé de modifier l'affichage d'un graphique en 3D.

Déplacer un graphique sur une autre feuille

Par défaut, le graphique que vous concevez s'insère sur la feuille contenant le tableau source des données. Mais vous pouvez le déplacer :

- sur une autre feuille de calcul, par exemple une feuille tableau de bord ;
- sur une feuille graphique, très pratique pour le visualiser en plein écran.

Sélectionnez votre graphique puis cliquez sur le bouton *Déplacer le graphique*, tout à droite de l'onglet ***Création***. Dans la fenêtre qui suit, choisissez votre emplacement :

- *Nouvelle feuille*. Ce sera alors une feuille de type graphique et non une feuille de calcul.
- *Objet* dans une feuille de calcul existante.

Concevoir un graphique combiné Nouveaute EXCEL 2013

Lorsque vous avez des données de types différents, voire d'échelles différentes, il est souvent conseillé de concevoir un graphique combiné. C'est-à-dire un graphique composé de plusieurs types de graphiques, comme un histogramme avec une courbe.

Étudions l'élaboration d'un graphique combiné à partir de l'exemple illustré à la Figure 9.65 : le nombre de jours d'ensoleillement et la durée d'insolation sur plusieurs villes de France.

	A	D	E	F
1	Ville	Nb J avec faible ensoleillemen	Nb J avec fort ensoleillemen	Durée d'insolation (heures /an)
2	Ajaccio	64	150	2726
3	Albi	119	94	2077
4	Alençon	157	48	1615
5	Aurillac	126	103	2084
6	Bastia	70	115	2533
7	Besançon	152	69	1797

Figure 9.65

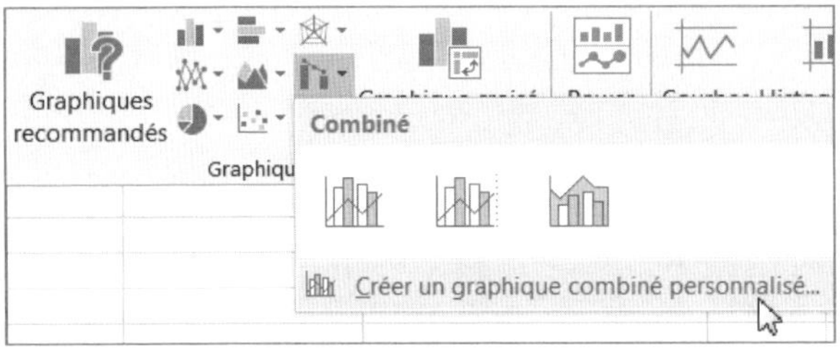

Figure 9.66

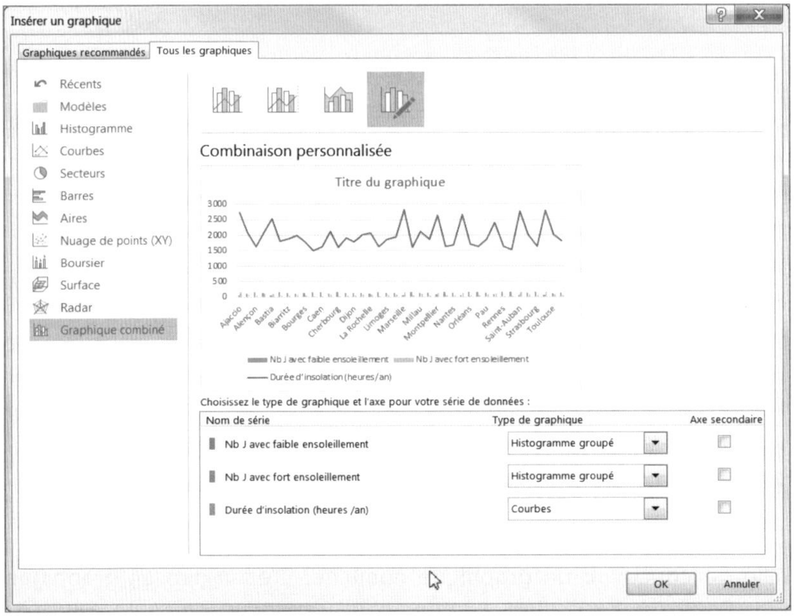

Figure 9.67 *La fenêtre* Insertion d'un graphique *permet une mise en place très simple d'un graphique combiné.*

Pour créer ce graphique simplement, utilisez la commande *Créer un graphique combiné personnalisé* dans l'onglet ***Création***.

Dans la zone inférieure de la fenêtre *Insérer un graphique*, l'ensemble des séries de votre tableau de données s'affiche ; vous pouvez alors aisément indiquer pour chaque série un type de graphique différent et lui attribuer éventuellement l'axe secondaire. Comme dans l'exemple illustré aux Figures 9.67 et 9.68.

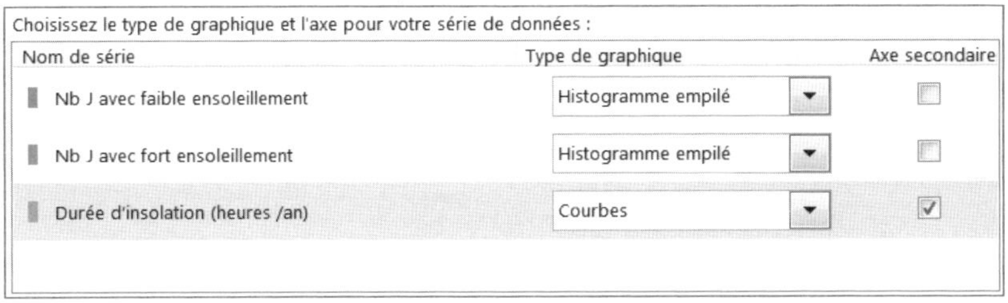

Figure 9.68

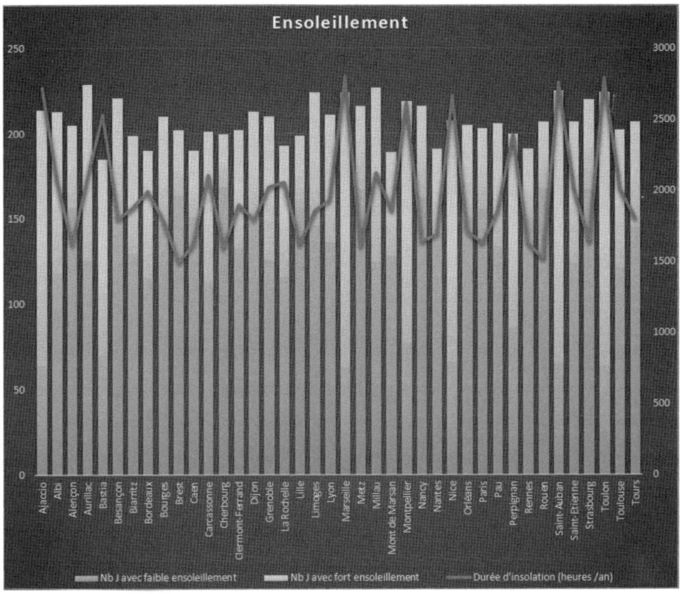

Figure 9.69
Un exemple de graphique combiné (Histogramme empilé et Courbe).

Afficher un objectif

Suivre une production ou les ventes avec un graphique peut être très parlant, mais y ajouter une ligne visualisant l'objectif et le seuil de rentabilité rendra votre graphique encore plus lisible. Nous utiliserons deux méthodes différentes pour ces valeurs.

Seuil de rentabilité

Pour facilement visualiser cette valeur dans votre graphique, vous allez déplacer l'axe des X afin que celui-ci s'affiche non pas sur la valeur 0 de l'axe des Y, mais à la valeur minimale de rentabilité (voir Figure 9.71) :

1. Sélectionnez l'axe des X.
2. Attribuez *Bas* à l'option de *Position des étiquettes*. Pour l'instant, cela ne modifiera rien mais ce sera utile dès que l'axe des X sera déplacé à la valeur minimale de rentabilité.
3. Modifiez la couleur et l'épaisseur de la ligne.
4. Sélectionnez l'axe des Y.
5. Attribuez la valeur minimale (voir Figure 9.70) à l'option *L'axe horizontal coupe > Valeur de l'axe*.

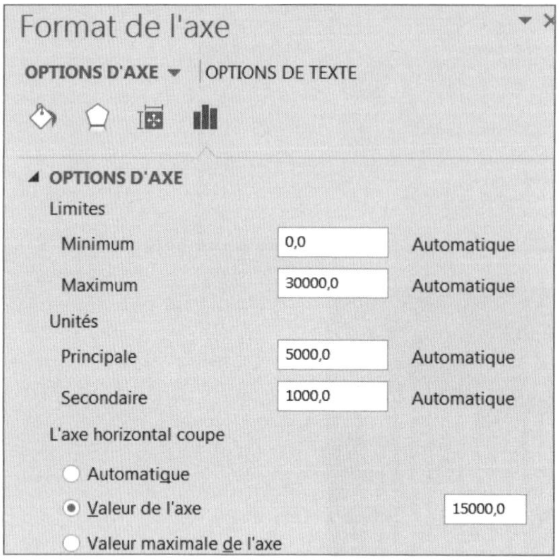

Figure 9.70

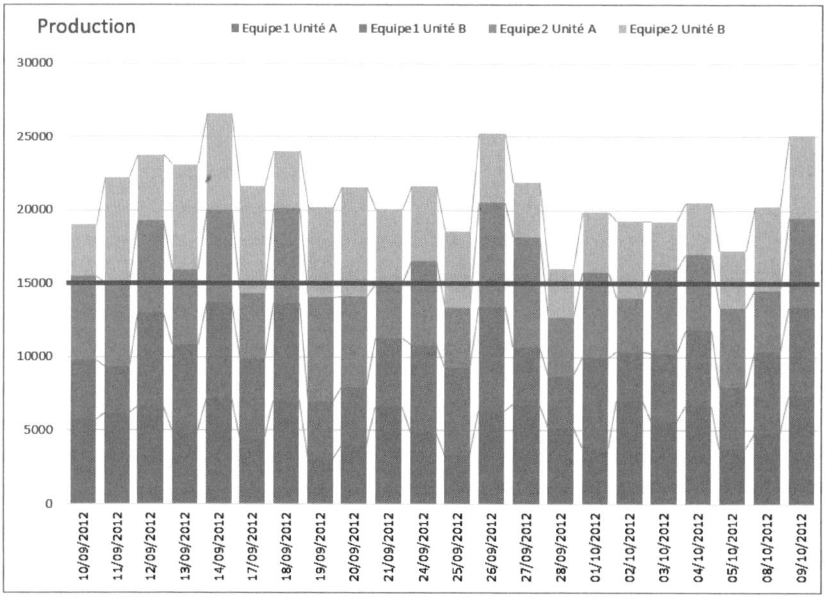

Figure 9.71
Un seuil de rentabilité a été mis en place grâce au déplacement de l'axe horizontal.

Objectif

Pour visualiser l'objectif à atteindre, nous ajouterons une série à notre graphique (voir Figure 9.72) :

1. Ajoutez une colonne au tableau source, avec le titre "Objectif" et la valeur de l'objectif sur chaque ligne du tableau.
2. Ajoutez une série et sélectionnez cette nouvelle colonne "Objectif".
3. Cliquez sur le bouton *Modifier le type de graphique* et attribuez le type de graphique *Ligne* à cette nouvelle série.

4. Modifiez la couleur et l'épaisseur de cette série.

	B	C	D	E	F	G
1						
2	Date	Equipe 1		Equipe 2		
3		Unité A	Unité B	Unité A	Unité B	Objectif
4	10/09/2012	5764	4047	5703	3515	27000
5	11/09/2012	6198	3153	5665	7234	27000
6	12/09/2012	6636	6378	6260	4488	27000
7	13/09/2012	5038	5810	5133	7142	27000
8	14/09/2012	7252	6486	6289	6577	27000
9	17/09/2012	4423	5452	4466	7313	27000
10	18/09/2012	7031	6632	6462	3894	27000
11	19/09/2012	3068	3922	7073	6137	27000
12	20/09/2012	3985	3963	6166	7472	27000
13	21/09/2012	6625	4667	3652	5134	27000
14	24/09/2012	4850	5989	5696	5093	27000
15	25/09/2012	3320	5958	4103	5208	27000
16	26/09/2012	6346	7111	7082	4708	27000
17	27/09/2012	6785	3927	7487	3709	27000
18	28/09/2012	5197	3547	3961	3357	27000
19	01/10/2012	3859	6156	5741	4126	27000
20	02/10/2012	7071	3317	3647	5254	27000
21	03/10/2012	5615	4671	5675	3308	27000
22	04/10/2012	6680	5168	5170	3504	27000
23	05/10/2012	3802	4179	5384	3911	27000
24	08/10/2012	4838	5575	4145	5707	27000
25	09/10/2012	7389	6023	6105	5597	27000

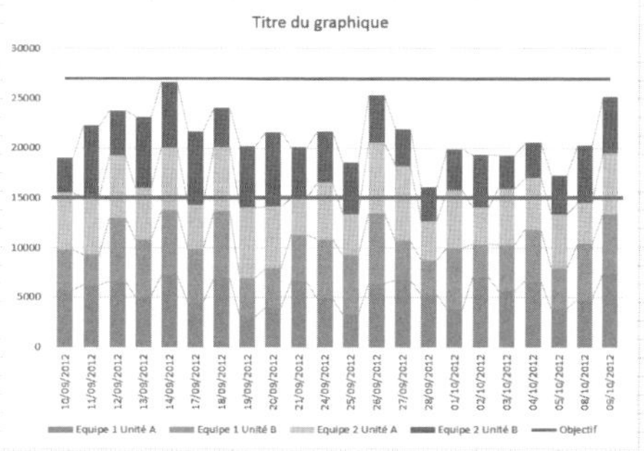

Figure 9.72 *Une ligne d'objectif est mise en place grâce à une série supplémentaire et un graphique combiné.*

Visualiser une date particulière sur l'axe des X

Afin de mieux visualiser une date spécifique sur l'axe des abscisses, grâce à l'insertion d'une flèche, comme dans l'exemple illustré à la Figure 9.72, nous allons procéder comme suit :

1. Ajoutez une nouvelle colonne à votre tableau source.
2. Dans cette colonne, ajoutez la formule suivante, où H1 contient la date à afficher sur le graphique et B3, la première date de votre axe des X (voir Figure 9.73) :

=SI(B3=$H$1;1;NA())

3. Recopiez cette formule sur toute votre colonne.
4. Insérez une série au graphique et sélectionnez cette colonne.
5. Cliquez sur le bouton *Modifier le type de graphique* et attribuez le type de graphique *Ligne* à cette nouvelle série.
6. Modifiez l'aspect des marqueurs et de la ligne de cette série :
   – Aucun trait pour la ligne.
   – Marqueur personnalisé de type Flèche et modifiez les couleurs de remplissage et de bordure des marqueurs (voir Figure 9.73).

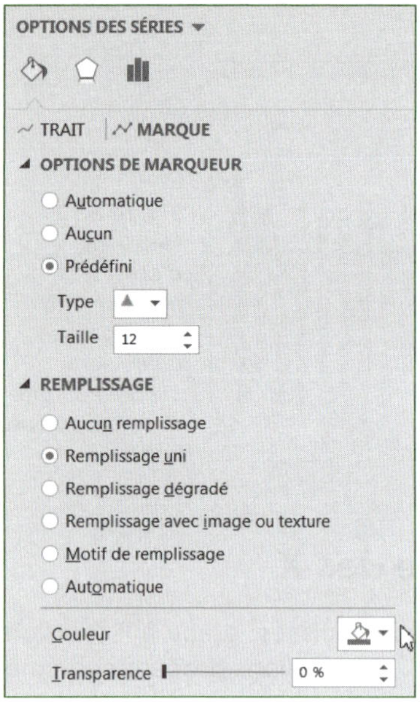

Figure 9.73
Une marque spécifique est ajoutée sur l'axe des X.

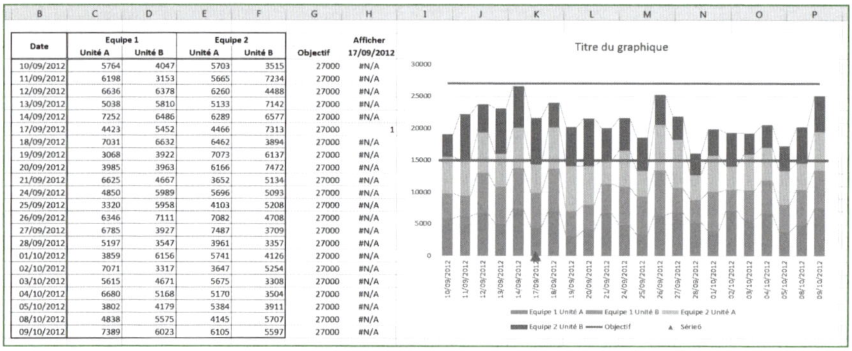

Date	Equipe 1		Equipe 2			Afficher
	Unité A	Unité B	Unité A	Unité B	Objectif	17/09/2012
10/09/2012	5764	4047	5703	3515	27000	#N/A
11/09/2012	6198	3153	5665	7234	27000	#N/A
12/09/2012	6636	6378	6260	4488	27000	#N/A
13/09/2012	5038	5810	5133	7142	27000	#N/A
14/09/2012	7252	6486	6289	6577	27000	#N/A
17/09/2012	4423	5452	4466	7313	27000	1
18/09/2012	7031	6632	6462	3894	27000	#N/A
19/09/2012	3068	3922	7073	6137	27000	#N/A
20/09/2012	3985	3963	6166	7472	27000	#N/A
21/09/2012	6625	4667	3652	5134	27000	#N/A
24/09/2012	4850	5989	5696	5093	27000	#N/A
25/09/2012	3320	5958	4103	5208	27000	#N/A
26/09/2012	6346	7111	7082	4708	27000	#N/A
27/09/2012	6785	3927	7487	3709	27000	#N/A
28/09/2012	5197	3547	3961	3357	27000	#N/A
01/10/2012	3859	6156	5741	4126	27000	#N/A
02/10/2012	7071	3317	3647	5254	27000	#N/A
03/10/2012	5615	4671	5675	3308	27000	#N/A
04/10/2012	6680	5168	5170	3504	27000	#N/A
05/10/2012	3802	4179	5384	3911	27000	#N/A
08/10/2012	4838	5575	4145	5707	27000	#N/A
09/10/2012	7389	6023	6105	5597	27000	#N/A

Figure 9.74

Filtrer le graphique Nouveaute EXCEL 2013

Le bouton *Filtre* qui s'affiche automatiquement à droite du graphique dès qu'il est sélectionné, comme sur la Figure 9.75, vous permet de filtrer les données :

1. Cliquez sur le bouton *Filtre*.
2. Passez la souris sur une série ou une catégorie et, aussitôt, les autres séries ou catégories seront estompées.

Pour filtrer, cochez et décochez les séries ou catégories de votre choix puis cliquez sur le bouton *Appliquer*.

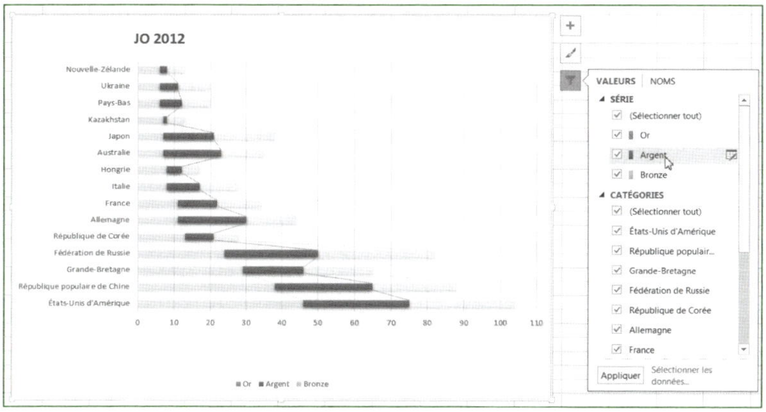

Figure 9.75
Le bouton Filtre vous permet de filtrer les données du graphique.

Graphique croisé dynamique

Introduction

Un graphique croisé dynamique est une combinaison des outils "tableau croisé dynamique" et "graphique". Vous pouvez donc les gérer en utilisant les méthodes spécifiques aux TCD ou aux graphiques.

Graphique sur une plage de donnée

Pour créer un graphique croisé dynamique vous pouvez agir comme suit :

1. Concevez un tableau croisé dynamique puis cliquez sur le bouton *Graphique croisé dynamique* du groupe *Graphiques* de l'onglet ***Insertion.***
2. Sélectionnez une cellule de votre tableau source (plage de donnée normale ou tableau).
3. Cliquez sur le bouton *Graphique recommandé* et choisissez celui qui vous convient ou cliquez sur le bouton *Graphique croisé dynamique*.

Dans les deux cas, vous avez un tableau et un graphique croisé dynamique qui sont totalement liés (voir Figure 9.76). Dès que vous déplacez un champ dans le graphique, le champ est également déplacé dans le TCD et inversement.

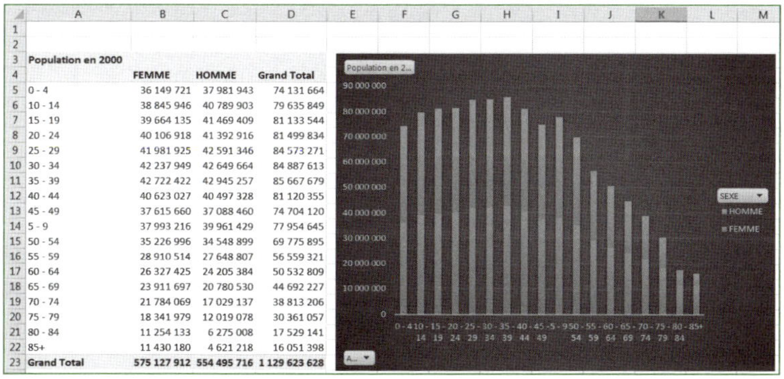

	A	B	C	D
1				
2				
3	**Population en 2000**			
4		**FEMME**	**HOMME**	**Grand Total**
5	0 - 4	36 149 721	37 981 943	74 131 664
6	10 - 14	38 845 946	40 789 903	79 635 849
7	15 - 19	39 664 135	41 469 409	81 133 544
8	20 - 24	40 106 918	41 392 916	81 499 834
9	25 - 29	41 981 925	42 591 346	84 573 271
10	30 - 34	42 237 949	42 649 664	84 887 613
11	35 - 39	42 722 422	42 945 257	85 667 679
12	40 - 44	40 623 027	40 497 328	81 120 355
13	45 - 49	37 615 660	37 088 460	74 704 120
14	5 - 9	37 993 216	39 961 429	77 954 645
15	50 - 54	35 226 996	34 548 899	69 775 895
16	55 - 59	28 910 514	27 648 807	56 559 321
17	60 - 64	26 327 425	24 205 384	50 532 809
18	65 - 69	23 911 697	20 780 530	44 692 227
19	70 - 74	21 784 069	17 029 137	38 813 206
20	75 - 79	18 341 979	12 019 078	30 361 057
21	80 - 84	11 254 133	6 275 008	17 529 141
22	85+	11 430 180	4 621 218	16 051 398
23	**Grand Total**	**575 127 912**	**554 495 716**	**1 129 623 628**

Figure 9.76
Un graphique croisé dynamique est lié à un tableau croisé dynamique.

Sur le graphique, chaque champ est représenté par un bouton déroulant. Ces derniers permettent de filtrer directement les données dans le graphique (voir Figure 9.77).

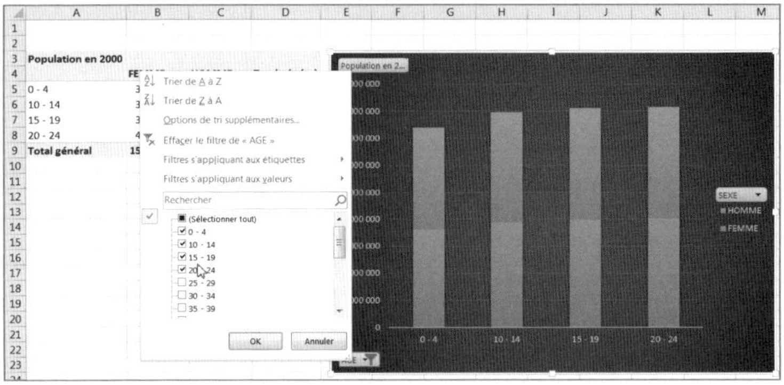

Figure 9.77
Sur le graphique, chaque champ est représenté par un bouton déroulant permettant de filtrer les données à afficher.

Graphique sur plusieurs tableaux avec relations Nouveauté EXCEL 2013

Vous pouvez faire un graphique croisé dynamique reprenant des données **depuis plusieurs tableaux** dans les mêmes conditions que le tableau croisé dynamique avec relation. Ce graphique sera alors basé sur le modèle de données du classeur (voir la section, "TCD à partir de plusieurs sources"). Pour la création de votre graphique :

1. Sélectionnez une cellule de votre tableau.
2. Cliquez sur le bouton *Graphique croisé dynamique* du groupe *Graphiques* de l'onglet ***Insertion***.
3. Cochez l'option *Ajouter ces données au modèle de données*.

Seul le graphique s'affichera sur la feuille et, contrairement au graphique croisé dynamique basé sur un seul tableau, vous n'aurez pas de tableau croisé dynamique lié à votre graphique. Vous pourrez néanmoins le gérer comme indiqué dans le chapitre des TCD avec relations.

Dès que vous sélectionnez une série de ce graphique, une petite loupe vous propose d'*Explorer* les données pour ce point. Dans l'exemple illustré à la Figure 9.78, le graphique affiche le nombre d'habitants en 2000 par pays et par âge. Sur cette figure, nous allons explorer les États-Unis par sexe, ce qui donne le graphique illustré à la Figure 9.79.

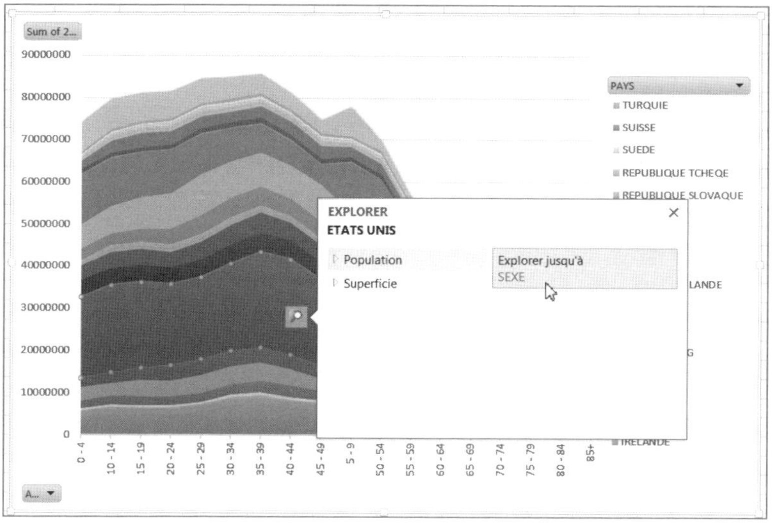

Figure 9.78
Si un graphique croisé dynamique reprend des données depuis plusieurs tableaux, dès que vous sélectionnez une de ces séries, une petite loupe vous propose d'explorer les données pour ce point.

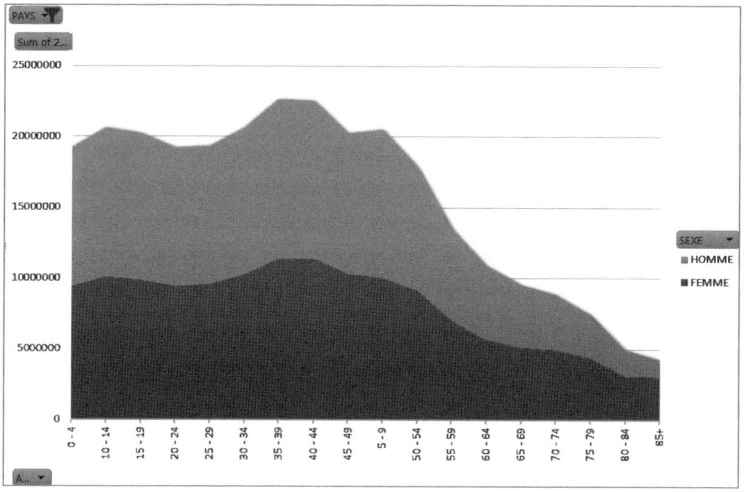

Figure 9.79

Exercices

***Retrouvez les fichiers d'exercices et leurs corrigés sur le site compagnon* http://moneformation.pearson.fr**

Courbe filles-garçons

Ouvrez le classeur "7-04 Tailles enfants 0-5 ans.xlsx" que vous avez créé au cours des exercices du Chapitre 7.

Ajoutez-y deux feuilles de graphique afin d'afficher en courbe les données des deux feuilles existantes comme indiqué à la Figure 9.80 :

- une feuille pour les tailles des filles ;
- une feuille pour les tailles des garçons.

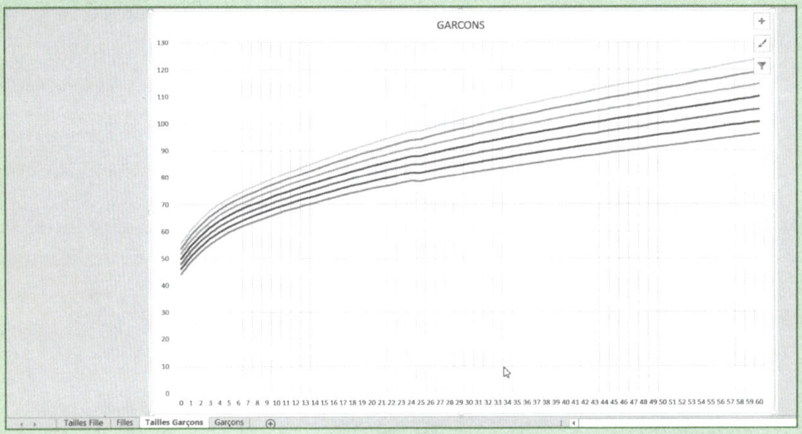

Figure 9.80

Production

Téléchargez le classeur "9-02 Production.xlsx". Celui-ci contient un tableau sur les résultats d'une production pour le mois de novembre 2012.

Établissez les graphiques suivants afin de représenter au mieux cette production :

- un histogramme groupé visualisant la production de chaque équipe et le total ;
- un graphique en courbe pour comparer les productions de chaque équipe sur l'unité A.

Ces graphiques doivent correspondre à la Figure 9.81.

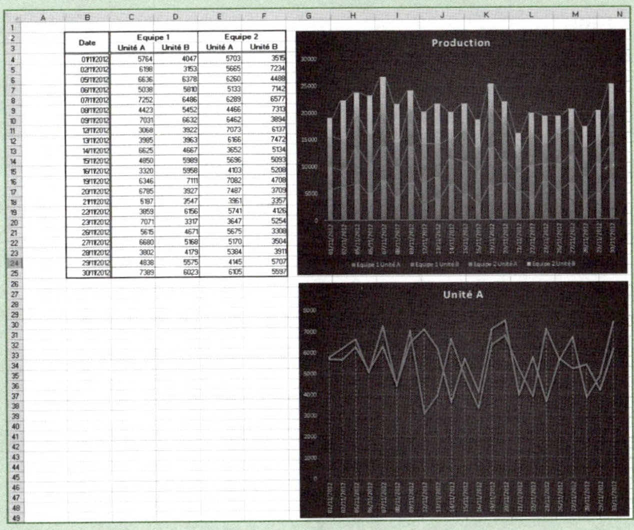

Figure 9.81

Taux emploi

Téléchargez le classeur "9-03 Taux emploi.xlsx". Celui-ci contient deux feuilles avec les statistiques de l'OCDE-2012 sur le taux d'emploi des femmes et le taux d'emploi de la population sur certains pays.

Ajoutez une feuille au début de ce classeur et placez-y deux graphiques, un par tableau, afin de visualiser les données de l'année 2011. Faites en sorte que ces graphiques n'affichent que les données des pays européens, comme à la Figure 9.82.

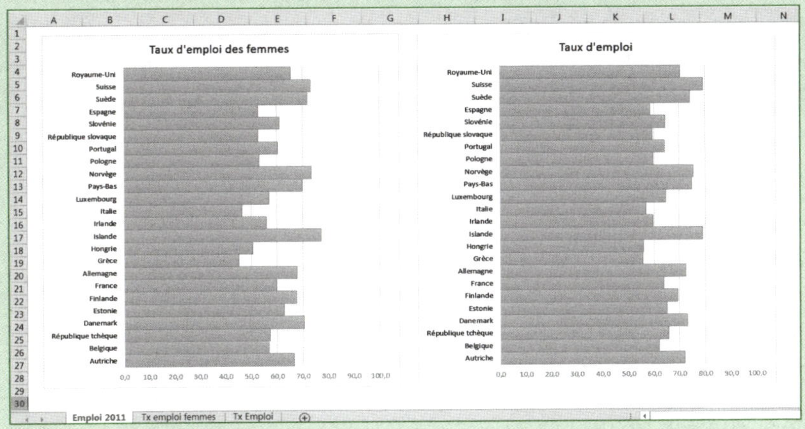

Figure 9.82

Ventes et stock

Téléchargez le classeur "9-04 Stocks-ventes.xlsx". Sur la feuille "Suivi du stock", le nombre de pièces produites et vendues est inscrit sur trois années afin de comptabiliser le stock.

1. Établissez un graphique (voir Figure 9.83) afin de représenter les données de l'année 2012.
2. Ajoutez une courbe de tendance sur les données "ventes" et "production". Ne faites pas apparaître les intitulés de ces deux courbes dans la légende.
3. Ajustez l'échelle de l'axe des Y.
4. Mettez en forme le graphique comme à la Figure 9.83.

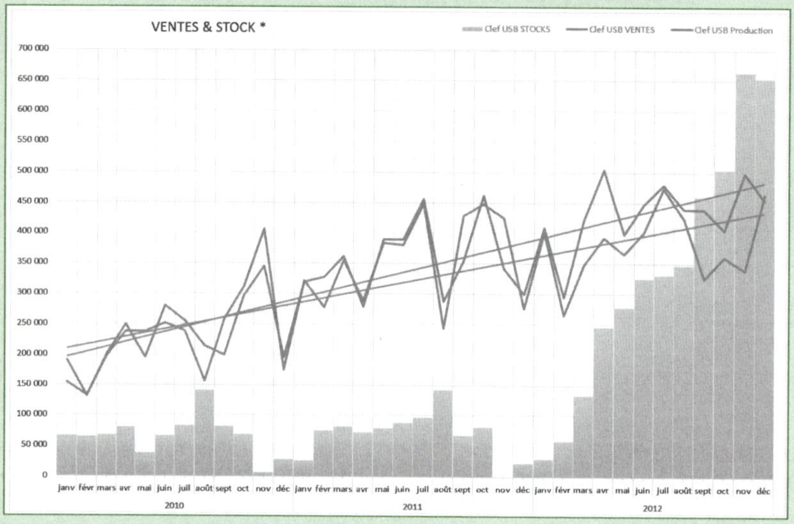

Figure 9.83

Analyse du chiffre d'affaires

Téléchargez le classeur "9-05 Facture.xlsx". Celui-ci reprend les données saisies lors de votre facturation sur la feuille "Suivi Factures".

Établissez un graphique croisé dynamique correspondant à celui de la Figure 9.84 afin de visualiser la répartition de votre chiffre d'affaires :

- par année ;
- par trimestre ;
- par mois ;
- par catégorie.

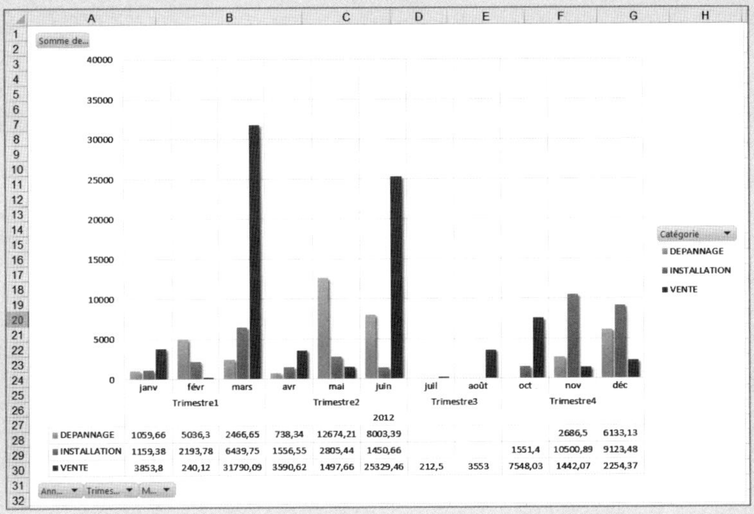

Somme de...
40000
35000
30000
25000
20000
15000
10000
5000
0
janv
févr
mars
avr
mai
juin
juil
août
oct
nov
déc
Trimestre1
Trimestre2
Trimestre3
Trimestre4
2012
Catégorie
DEPANNAGE
INSTALLATION
VENTE
DEPANNAGE 1059,66 5036,3 2466,65 738,34 12674,21 8003,39 2686,5 6133,13
INSTALLATION 1159,38 2193,78 6439,75 1556,55 2805,44 1450,66 1551,4 10500,89 9123,48
VENTE 3853,8 240,12 31790,09 3590,62 1497,66 25329,46 212,5 3553 7548,03 1442,07 2254,37

Figure 9.84

10

Macro

Les macros (ou programmation sous Office) sont un élément important de l'utilisation d'Excel. Ne pas connaître les macros n'est pas pénalisant dans l'utilisation d'Excel mais savoir programmer peut grandement vous aider au quotidien pour des tâches répétitives.

Les macros (ou anciennement macro-commandes) sont les noms donnés aux programmes écrits en Visual Basic pour Application (VBA) dans l'environnement d'Office. Dans Office, écrire une macro signifie écrire un programme. Vous pouvez par exemple :

- dupliquer une feuille de calcul ;
- ouvrir plusieurs classeurs dans un même répertoire, les uns après les autres ;
- parcourir une liste de cellules ;
- etc.

Dans ce chapitre, nous allons voir les bases de la programmation et surtout comment l'utiliser au quotidien dans notre utilisation d'Excel. Bien sûr, ce chapitre ne donne qu'un aperçu de la programmation. Si vous souhaitez approfondir cette dernière dans l'environnement d'Office, il serait préférable que vous vous reportiez vers un livre qui traite exclusivement du sujet.

L'enregistreur de macro

Excel possède un outil remarquable qui est l'enregistreur de macro. Quand vous l'activez, toutes vos actions (mais vraiment toutes) sont enregistrées en ligne de code.

Mise en route de l'enregistreur

Pour lancer l'enregistreur de macro, vous avez trois possibilités :

- depuis l'onglet ***Affichage*** (l'option la plus à droite, voir Figure 10.1) ;

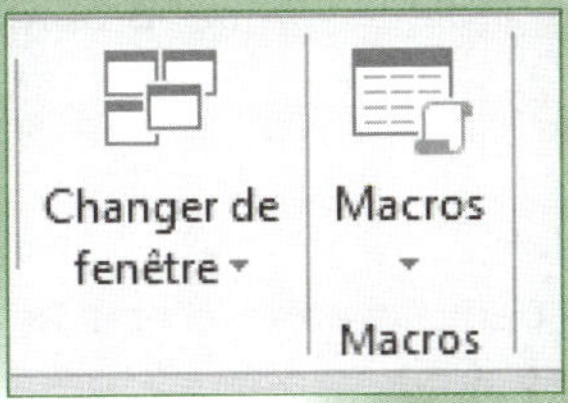

Figure 10.1

- depuis l'onglet ***Développeur*** (voir Figure 10.2) (voir le chapitre sur le ruban pour savoir comment ajouter l'onglet ***Développeur*** dans le ruban) ;

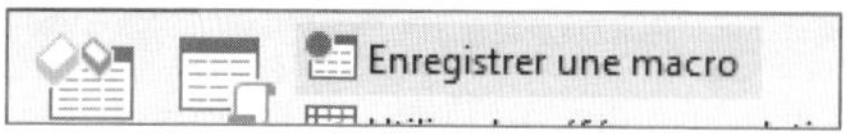

Figure 10.2

- depuis la barre d'état (icône en bas à gauche, voir Figure 10.3).

Figure 10.3

Options d'enregistrement

Juste après avoir cliqué sur l'un des menus pour enregistrer une macro, la boîte de dialogue de la Figure 10.4 s'affiche :

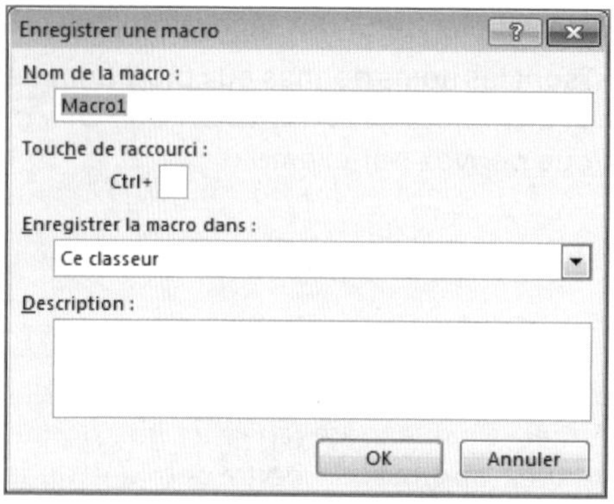

Figure 10.4
Dans la liste Enregistrer la macro dans, *l'option* Classeur personnel *vous permet de mettre la macro à disposition de tous vos classeurs Excel.*

Dans la zone *Nom de la macro*, vous pouvez saisir un nom plus explicite que celui proposé. Utilisez les caractères selon les règles suivantes :

- des lettres de a à z (minuscules et majuscules) ;
- les chiffres de 0 à 9 (mais jamais au début) ;
- le soulignement (celui du 8) ;
- **jamais** d'espace ni de tiret (touche 6).

Vous pouvez associer une touche de raccourci (**Ctrl**+une lettre de votre choix) pour lancer par la suite votre macro. Nous vous recommandons de ne pas utiliser cette fonctionnalité pour ne pas rentrer en conflit avec les autres touches de raccourci d'Excel.

Dans la liste *Enregistrer la macro dans*, sélectionnez *Ce classeur*. L'option *Classeur personnel* vous permet de mettre la macro à disposition de tous vos classeurs Excel.

Dans la partie *Description*, supprimez ce qui y est écrit et indiquez votre propre explication.

Enregistrement de vos actions

Une fois que l'enregistreur est activé, vous voyez apparaître dans la barre d'état un bouton carré qui symbolise l'arrêt de l'enregistrement (voir Figure 10.5).

Figure 10.5

Tant que ce bouton est affiché, toutes les actions que vous faites seront enregistrées en ligne de code.

Arrêt de l'enregistrement

Pour arrêter l'enregistreur de macro, il vous suffit de cliquer sur le carré de l'arrêt de l'enregistrement dans la barre d'état ou sur le bouton *Arrêter l'enregistrement* de l'onglet ***Développeur***.

Suppression d'une macro

Pour supprimer une macro, vous pouvez soit l'effacer depuis l'éditeur de Visual Basic soit, plus simplement, en suivant la procédure suivante :

1. Dans l'onglet ***Développeur***, cliquez sur le bouton *Macros* (voir Figure 10.6).

Figure 10.6

2. Dans la boîte de dialogue *Affecter une macro*, sélectionnez votre macro dans la liste (voir Figure 10.7).
3. Cliquez sur le bouton *Supprimer*.

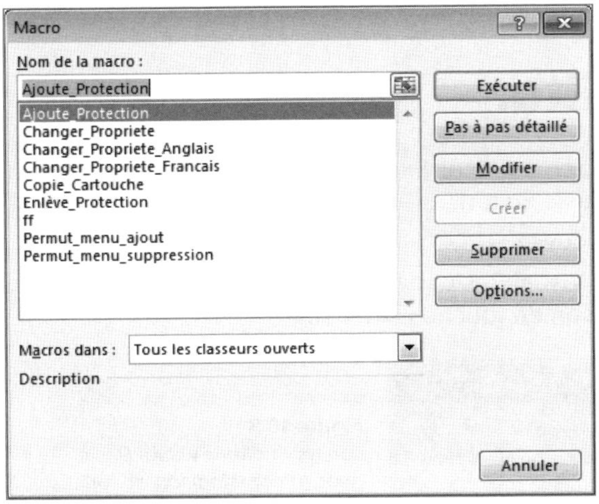

Figure 10.7
La boîte de dialogue Macro permet de gérer les macros : exécuter, supprimer, attribuer un raccourci clavier.

Sécurité des macros

Dès qu'un classeur contient des macros, la sécurité par défaut d'Excel empêche ces macros de s'exécuter.

Il est donc important, pour pouvoir utiliser vos propres macros, de modifier cette sécurité, mais attention à ne pas permettre l'exécution de toutes les macros sans aucune intervention de votre part !

1. Sur l'onglet ***Développeur*** cliquez sur l'icône *Sécurité des macros*.
2. Dans la fenêtre qui suit, cochez l'option *Désactiver toutes les macros avec notification*. Évitez les autres options qui sont soit trop sécurisées soit totalement permissives et dangereuses.

Vous pouvez aussi autoriser l'exécution de macros pour des répertoires spécifiques (vos répertoires de travail, par exemple) :

1. Cliquez sur le menu *Emplacements approuvés*.
2. Cliquez sur le bouton *Ajouter un nouvel emplacement*.
3. Sélectionnez le dossier dans lequel vous avez enregistré des macros.
4. Vous pouvez également cocher l'option *Les sous-dossiers de cet emplacement...* pour autoriser l'exécution des macros pour les sous-répertoires.

Si votre dossier est situé sur un disque en réseau, cochez au préalable l'option *Autoriser les emplacements approuvés sur mon réseau*.

Ainsi, les macros des classeurs enregistrés dans les emplacements que vous avez approuvés activeront automatiquement les macros. Alors que les autres classeurs afficheront une barre de message au-dessus de la barre de formule, cliquez alors sur le bouton *Activer le contenu*.

Le Visual Basic Editor

Le code des macros n'apparaît pas directement dans Excel. Pour afficher vos codes il faut ouvrir l'éditeur de macro (ou le Visual Basic Editor).

Pour ouvrir l'éditeur des macros, vous pouvez :

- soit activer le menu ***Développeur*** > Visual Basic ;
- soit lancer l'éditeur avec la combinaison de touches **Alt+F11**.

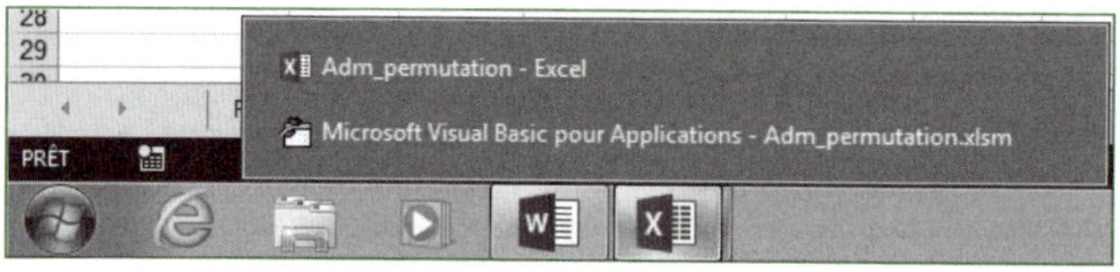

Figure 10.8
Lancer l'éditeur Visual Basic avec la combinaison de touche **ALT+F11.**

Comme vous le montre l'image ci-dessus, **Microsoft Excel** et **Visual Basic Editor** sont deux applications qui apparaissent distinctement dans la barre de tâches. Cependant, bien que VBE soit une application à part, ***elle ne peut être lancée que depuis Excel***.

L'interface du Visual Basic Editor se compose de l'explorateur de projet (**1**), de la fenêtre de propriété (**2**) et de la zone de travail (**3**) (voir Figure 10.9) :

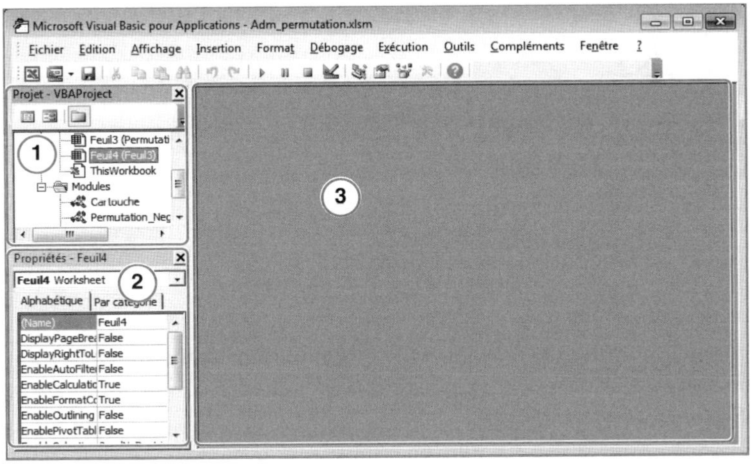

Figure 10.9
L'interface du Visual Basic Editor se compose de l'explorateur de projet (1), de la fenêtre de propriété (2) et de la zone de travail (3).

Les modules

Les **modules** sont le cœur de la programmation. Un **module** se présente comme une feuille blanche dans laquelle vous allez écrire vos lignes de code. Pour insérer un **module** :

1. Allez dans l'explorateur de projet.
2. Faites un clic-droit sur votre projet.
3. Sélectionnez le menu *Insertion > Module* (voir Figure 10.10).

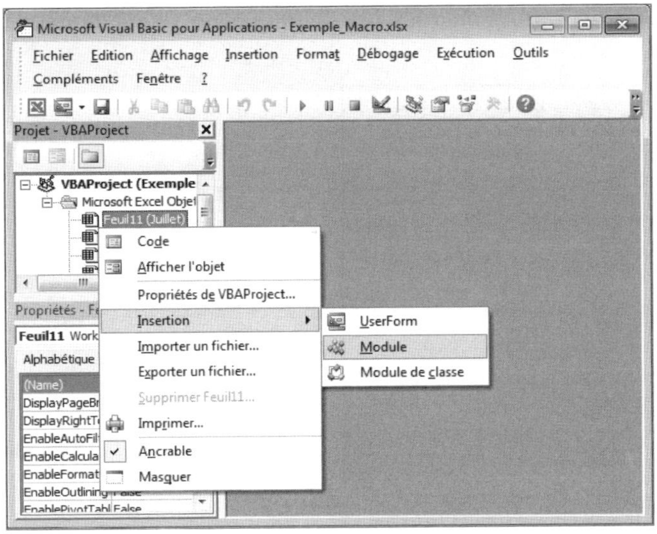

Figure 10.10

La zone de travail contient maintenant un module qui se présente comme une feuille blanche. Après l'ajout, vous voyez apparaître ce module dans l'explorateur de projet comme le montre la Figure 10.11.

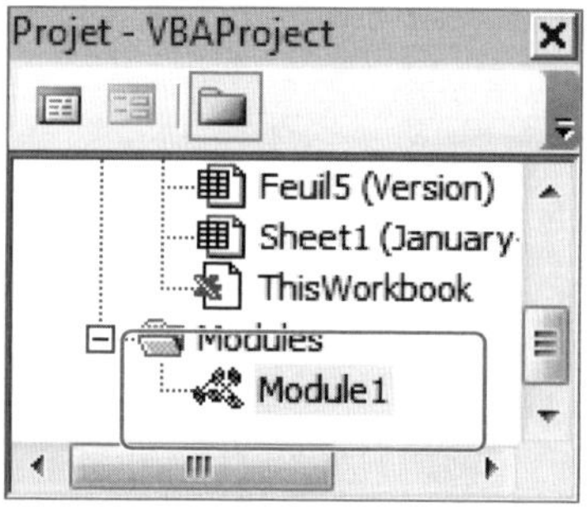

Figure 10.11
L'explorateur de projet affiche l'ensemble des feuilles et des modules de votre classeur (projet).

L'enregistreur de macro écrit par défaut le code dans le module nommé ***Module1***. Si votre classeur contient déjà d'autres modules, il écrira vos nouvelles macros dans un nouveau module à chaque réouverture d'Excel.

Pour afficher le code d'un module, il vous suffit de double-cliquer sur ce module dans l'explorateur de projet pour afficher le code du module correspondant.

Les boîtes de dialogue personnalisées

Avec le Visual Basic Editor, vous pouvez aussi créer vos propres boîtes de dialogue. Celles-ci, totalement personnalisables, vous permettront de créer une interface de saisie entre le classeur Excel et l'utilisateur. Pour insérer une boîte de dialogue (ou Userform) :

1. Allez dans l'explorateur de projet.
2. Faites un clic-droit sur votre document.
3. Sélectionnez le menu *Insertion-Userform* (qui est la traduction d'une boîte de dialogue) (voir Figure 10.12).

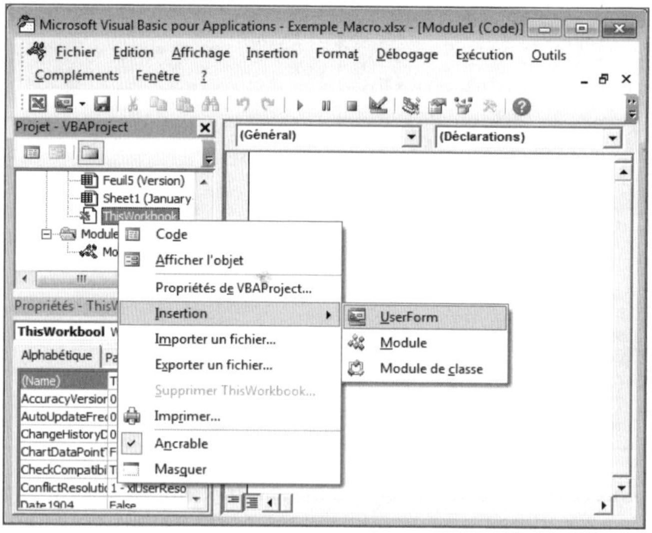

Figure 10.12

Une boîte de dialogue vierge de tout élément apparaît dans la zone de travail (voir Figure 10.13).

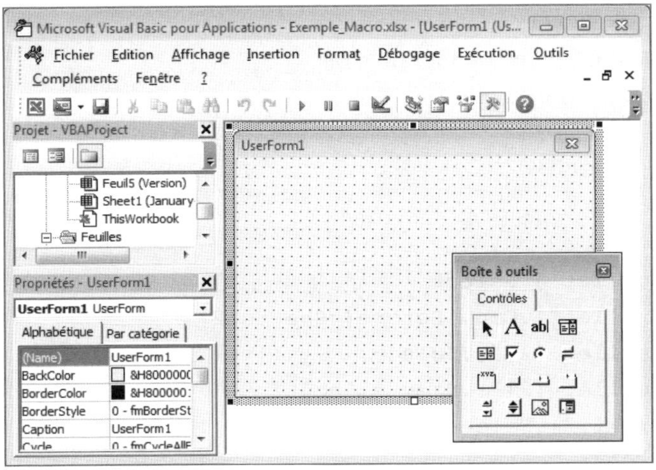

Figure 10.13
Un UserForm permet la création de vos propres boîtes de dialogue.

La fenêtre des propriétés

Sous l'explorateur de projet se trouve la fenêtre des propriétés des éléments sélectionnés. Pour les modules, cette fenêtre est uniquement utilisée pour les renommer. Mais, pour les feuilles de calcul, le classeur et les boîtes de dialogue personnalisées, cette fenêtre est incontournable.

Votre première macro avec l'enregistreur

Maintenant que l'environnement de travail des macros nous est plus familier, nous allons créer notre première macro. Prenons l'exemple du classeur de la Figure 10.14.

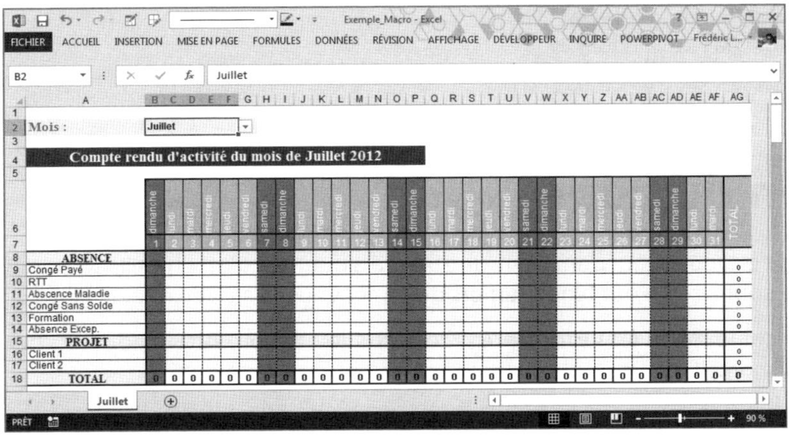

Figure 10.14

Lancez l'enregistreur de macro et effectuez les opérations suivantes, dans le même ordre :

1. Dupliquez la dernière feuille du classeur.
2. Renommez cette nouvelle feuille pour qu'elle corresponde au mois courant (dans notre exemple juillet).
3. Effacez le contenu de la plage B8:AF17.
4. Changez la valeur de la cellule B2 pour changer de mois.

En ouvrant l'éditeur de macros, vous obtenez le code suivant :

```
Sub Macro1()
'
' Macro2 Macro

    Sheets("Juillet").Select
    Sheets("Juillet").Copy Before:=Sheets(2)
    Sheets("Juillet (2)").Select
    Sheets("Juillet (2)").Name = "Août"
    Range("B8:AF17").Select
    Selection.ClearContents
    Range("B2:F2").Select
    ActiveCell.FormulaR1C1 = "8"
    Range("B3").Select
End Sub
```

Comme vous le constatez, l'enregistreur de macro **enregistre toutes les actions** que vous effectuez. Ceci a l'avantage de vous aider pour apprendre les termes de programmation mais cela conduit aussi à écrire beaucoup, beaucoup mais beaucoup de code inutile.

Attention !

L'enregistreur de macro se révèle un ami remarquable pour se familiariser avec la structuration du code et des termes à employer mais également un ennemi redoutable car il n'est pas intuitif pour la modification.

Exécution du code

Comme nous l'avons évoqué précédemment, une macro a pour but d'être réutilisée autant de fois que vous le souhaitez. Pour lancer un programme, vous avez deux possibilités :

- Vous pouvez lancer le menu ***Développeur*** > *Macros* (ou encore **Alt+8**) pour afficher la fenêtre de la Figure 10.15.

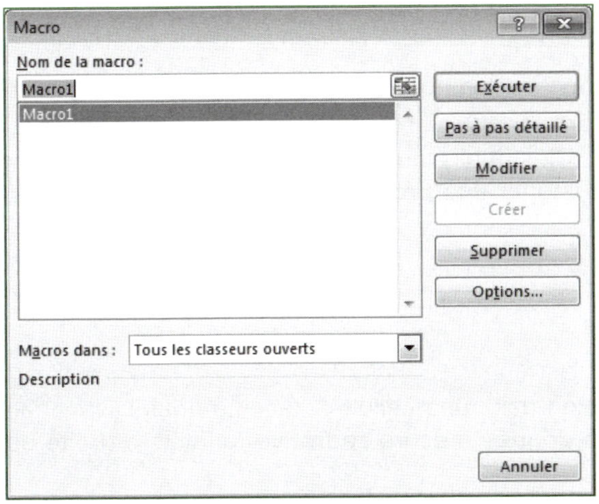

Figure 10.15

- Vous pouvez aussi, depuis le Visual Basic Editor, cliquer sur l'icône ou appuyer sur la touche **F5**. Votre curseur doit être à l'intérieur d'une procédure pour l'exécuter.

> **Attention !**
>
> Si vous relancez deux fois le programme exemple, celui-ci va s'arrêter. En effet, vous allez tenter de recréer une nouvelle fois la feuille Août alors qu'elle existe déjà. Les explications du code viennent juste après.

Lecture du code

Remarque générale

Tout le code est écrit en anglais. Même si la langue anglaise vous est peu familière, le code est facilement compréhensible. Régulièrement, vous rencontrez des termes comme **Sheets** (feuilles de calcul), **Cells** (cellules), **Range** (plage de cellules)... qui vous indiqueront les actions qui seront réalisées par le code.

Les commentaires

Dans notre code nous avons tout d'abord des lignes vertes qui commencent toutes par des apostrophes. Ces lignes sont des **commentaires**. Toutes les lignes qui commencent par des apostrophes ne seront pas interprétées par le programme.

Les commentaires sont en fait un moyen, pour vous, d'exprimer en langage courant ce que le programme va réaliser. Vous pouvez donc laisser ou retirer ces lignes de votre code, cela n'a pas d'incidence sur son exécution.

Mettre des commentaires dans un programme permet d'expliquer à ceux qui vont relire votre code de comprendre la logique employée.

Codification du Visual Basic

Vous constatez que chaque ligne de code se compose de deux termes séparés par un point.

Le Visual Basic est un langage dit ***objet***. C'est-à-dire que pour un objet donné (feuille de calcul, cellule, classeur) vous allez lui assigner une ***propriété*** ou une ***méthode*** (Copier, Coller, Déplacer, Renommer) :

```
Objet.Méthode
```

Ou

```
Objet.Propriété
```

Quand vous voulez écrire une information dans une cellule – comme nous l'avons fait pour mettre un titre à notre feuille –, la donnée à écrire se trouve toujours à droite du signe égal.

Ici, **le signe égal** ne signifie pas le résultat d'un calcul mais plutôt ***la transmission d'une information*** dans un objet (feuille ou cellule).

Unicité des objets

Quand vous réalisez un programme, il est ***indispensable*** de spécifier l'objet sur lequel vous travaillez. Comme vous le constatez dans notre exemple, chaque feuille est nommée de façon que le programme sache exactement sur quelle feuille il doit effectuer les actions demandées.

Il en va de même pour tous les objets – comme les cellules, les feuilles, les classeurs, les graphiques, les TCD... Vous devez ***impérativement*** préciser leur nom ou leur numéro.

Dans l'exemple enregistré précédemment, vous avez dû remarquer le chiffre 2 après l'opération de copie :

```
Sheets("Juillet").Copy Before:=Sheets(2)
```

Le 2 signifie que vous allez copier (Copy) votre nouvelle feuille avant (Before) la seconde feuille de votre classeur sans connaître son nom.

Remarque

Bien que les deux méthodes (nom ou numéro) fonctionnent, il est recommandé de travailler avec le nom des feuilles car l'utilisation des nombres est très aléatoire selon la position des feuilles dans votre classeur.

Données fixes

Quand vous utilisez l'enregistreur de macro, TOUTES les données comme le nom des feuilles, le nom d'un classeur ou la référence d'une cellule sont écrites directement dans votre programme. Ceci est très, TRÈS bloquant en programmation.

En effet, si vous voulez exécuter le même code pour le mois de septembre (soit le mois suivant dans notre exemple), ce ne sera pas possible car la valeur Août est inscrite directement dans notre programme.

Cette notion est fondamentale lors de l'apprentissage de la programmation avec Excel.

Info

L'enregistreur de macro est un outil remarquable pour comprendre les termes des actions réalisées sous Excel mais à proscrire quand vous souhaitez répéter plusieurs fois des actions (voir la section sur les boucles).

Quelques objets usuels

Dans Excel vous serez souvent amené à travailler autour de trois objets usuels.

Les cellules

C'est l'objet le plus communément utilisé. Aussi est-il important de comprendre comment se code une cellule.

Avec l'enregistreur de macro, la sélection de la cellule A1 se traduit de la façon suivante :

```
Range("A1").Select
```

Range se traduit par plage. Il est compréhensible que l'enregistreur considère toute sélection comme étant une plage, mais en fait cette approche est peu performante quand nous voulons travailler sur une seule cellule car l'écriture entre guillemets ne nous permet que de faire varier le paramètre de la ligne mais pas celui de la colonne.

C'est pourquoi nous privilégierons, dès que nous aurons besoin de faire varier la colonne, l'écriture d'une cellule sous la forme :

```
Cells(index_ligne, index_colonne)
```

Pour sélectionner la cellule A1, nous écrirons alors :

```
Cells(1,1).Select
```

Si vous voulez écrire la valeur 100 dans la cellule B6, vous allez écrire :

```
Cells(6,2) = 100
```

Les feuilles

Bien souvent, vous travaillerez non pas sur une feuille mais sur plusieurs. Il est donc important de préciser dans votre programme dans quelle feuille vous voulez travailler :

- soit en la sélectionnant avant toute autre action ;

```
Worksheets("Feuil1").Select
```

- soit en accolant votre instruction sur la cellule avec la feuille.

```
Worksheets("Feuil1").Cells(2,4) = "J'écris en cellule D2"
```

Les classeurs

De la même façon que pour les feuilles, vous pouvez préciser dans quel classeur vous voulez travailler en mettant son nom, **avec l'extension** entre guillemets.

Il faut bien sûr que votre classeur soit déjà ouvert pour pouvoir l'appeler.

```
Workbooks("Mon_Classeur.xlsm").Activate
```

Données variables

Si vous avez vous-même écrit un programme semblable à celui vu dans la section "Votre première macro avec l'enregistreur" et que vous l'avez relancé, vous vous êtes rendu compte que le programme ne s'est pas exécuté correctement. Un message d'erreur comparable à celui de la Figure 10.16 s'affiche à l'écran.

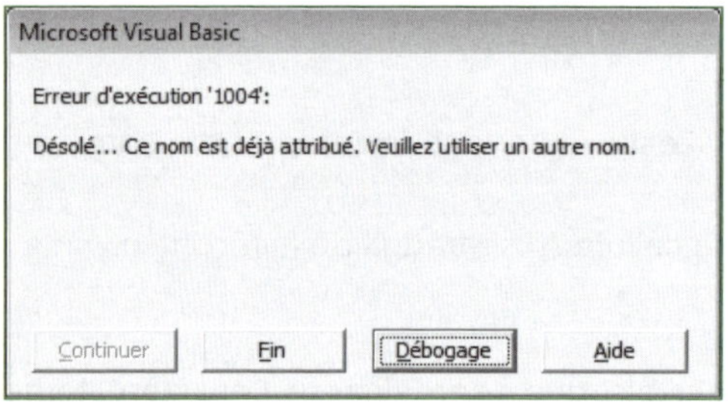

Figure 10.16

En fait, le problème vient du fait que le programme essaye de renommer votre nouvelle feuille avec un nom qui existe déjà. Pour éviter cela, il faut écrire un programme avec des variables et non plus des données fixes comme le fait l'enregistreur de macro.

Qu'est-ce qu'une variable

Une variable est une donnée du programme qui va varier au cours de son exécution.

Dans notre exemple, les variables seraient par exemple le nom de la nouvelle feuille qui chaque mois doit avoir un nouveau nom ; ou cela peut être la position de recopie de la nouvelle feuille, qui dépend du nombre de feuilles présentes dans votre classeur.

Une variable, c'est un nom que vous choisissez librement et que vous attribuerez pour les différents éléments que vous souhaitez voir varier dans votre programme.

Le cas le plus fréquent d'utilisation de variable est tout simplement le fait de parcourir toutes les cellules d'un tableau, et les deux variables seront le positionnement de la ligne et également celui de la colonne. Pour rappel, l'enregistreur de macro retranscrira `Range("D3")` sans pouvoir modifier ni la ligne ni la colonne.

Déclaration d'une variable

Les variables se déclarent en début de procédure ou en début de programme. Dans le cadre de cet ouvrage, nous n'étudierons que les variables déclarées dans une procédure.

Une variable se déclare de la façon suivante :

```
Dim Votre_Variable As Type
```

Dim, diminutif de dimension, indique que vous allez dimensionner (ou réserver) de la mémoire pour votre nom de variable en respectant un certain type de données.

En programmation sous Excel et sous n'importe quel autre langage informatique, les variables doivent être déclarées selon un type précis.

Type de variable

Les variables se découpent en plusieurs familles et certaines peuvent avoir des subdivisions, mais nous ne détaillerons ici que les quatre principaux types de variables.

Les variables Textes

Quand vous souhaitez mettre une chaîne de caractères (un texte) en variable, vous allez indiquer à Excel que votre variable va contenir exclusivement du texte grâce à l'instruction String.

```
Dim Variable_Texte As String
```

Si votre variable reçoit une autre donnée que du texte (comme des chiffres), le programme générera une erreur et s'arrêtera.

Dans notre exemple de duplication de feuille de calcul, nous pourrions par exemple créer une variable ***Nom_Feuille_Calcul*** qui déterminera le nom de notre nouvelle feuille.

```
Dim Nom_Feuille_Calcul As String
```

Les variables Nombres

Les variables ***Nombre*** sont particulières car il faut distinguer les variables entières des variables décimales.

```
Dim Variable_Nombre_Decimal As Double
Dim Variable_Nombre_Entier As Long
```

Si vous utilisez une variable en nombre décimal pour balayer une feuille de calcul, vous risquez de générer une erreur si le programme essaye de localiser la ligne 12,25. À l'inverse, si vous n'utilisez que des variables en nombre entier vous engendrerez des erreurs de calcul lors d'opérations avec des fractions (pourcentage, ratio...).

Dans notre exemple, nous pouvons définir le nombre de feuilles dans notre classeur en Entier car il est inconcevable d'avoir un nombre de feuilles partiel dans un classeur.

Les variables Dates

Les Dates sont une sous-division des variables Nombres. Néanmoins, une date est un nombre décimal particulier. C'est pourquoi en informatique les dates ont leur propre type de déclaration afin de pouvoir les manipuler dans des calculs facilement et sans perte d'information.

Les variables Objets

Nous avons vu précédemment que le langage Visual Basic manipule des objets. À ce titre, il est donc possible de déclarer également des objets (des feuilles de calcul, des cellules, des graphiques, des classeurs...) en tant que variable.

Vous pouvez ainsi balayer toutes les feuilles de calcul d'un classeur sans connaître initialement le nombre de feuilles de calcul qui constituent ce classeur ni leurs noms.

Boucles

Les boucles sont le cœur même de la programmation. Un ordinateur est conçu pour réaliser des calculs très rapidement (plusieurs millions par seconde) ; alors, répéter la même action plusieurs centaines ou milliers de fois ne lui pose aucun problème.

Une boucle s'exécute autant de fois que vous le lui indiquez (par exemple douze fois si vous voulez créer une feuille pour chaque mois de l'année) ; ou encore vous pouvez créer des boucles qui s'arrêtent quand une condition (un test) est atteinte.

Remarque

L'enregistreur de macro n'est pas capable de créer de boucles. Vous seul pouvez les coder.

For... Next

```
FOR Index= Départ TO Fin [STEP pas]
   [Instructions]
NEXT [Index]
```

Cette boucle est la plus simple à construire. Vous avez les valeurs suivantes :

- ***Index*** = correspond à la variable. Sa valeur va évoluer tout au long de la boucle.
- ***Départ*** = est la valeur qui va commencer la boucle.
- ***Fin*** = est la valeur qui va terminer la boucle.
- ***Pas*** = est l'incrément de la valeur de la boucle. Cette valeur est facultative, et la valeur du pas est par défaut égale à 1.

Vous pouvez par exemple effectuer des calculs un certain nombre de fois :

```
Sub Programme_Principal_1()
Dim Val_Data As Long
For Val_Data = 1 To 10
```

```
    Cells(Val_Data, 1) = Val_Data
    Cells(Val_Data, 2) = Val_Data + Val_Data
    Cells(Val_Data, 3) = Val_Data * Val_Data
Next Val_Data
End Sub
```

Ou dupliquer douze fois la première feuille de votre classeur et renommer les feuilles avec le nom du mois :

```
Sub Programme_Principal_2()
Dim Val_Data As Long
For Val_Data = 1 To 12
    Sheets(1).Copy Before:=Sheets(Sheets.Count)
    ActiveSheet.Name = Format(DateSerial(2012,Val_Data,1),
"mmmm")
Next Val_Data
End Sub
```

For Each... Next

```
FOR EACH Variable_objet IN Collection
    [Instructions]
NEXT [Variable_objet]
```

Cette boucle est également simple à construire. Elle permet de parcourir chaque élément d'une collection d'objets. Vous avez les éléments suivants :

- ***Variable_objet*** = correspond à la variable. Elle est de type objet (cellule, feuille, classeur). Sa valeur va évoluer tout au long de la boucle.
- ***Collection*** = est la collection d'objets à parcourir ; comme les cellules d'une feuille ou les feuilles d'un classeur.

Par exemple, nous souhaitons parcourir toutes les feuilles de calcul du classeur et les renommer avec le contenu de la cellule A1. Il est évidemment impératif que le contenu de chacune de ces cellules A1 soit renseigné et unique, sinon cela provoquerait une erreur lors du nommage de la deuxième feuille avec le même intitulé.

```
Sub Programme_Principal_3()
Dim Feuille As Worksheet
For Each Feuille in Worksheets
    Feuille.Name = Feuille.Range("A1")
Next Val_Data
End Sub
```

While... Wend

```
WHILE condition
    [Instruction]
WEND
```

Contrairement à une boucle **FOR... NEXT** qui impose de renseigner le nombre de fois que la boucle sera exécutée, une boucle **WHILE... WEND** s'arrête quand un test est vérifié.

Par exemple, il est possible de faire un test sur le contenu d'une cellule (renseigné ou non) et, de cette façon, quel que soit le nombre de cellules non vides dans une colonne, la boucle s'arrêtera quand votre programme atteindra la première cellule vide.

```
Sub Boucle_While()
Dim Val_Data As Long
Val_Data = 1
While Cells(Val_Data, 1) <> ""
   INSTRUCTION
   Val_Data = Val_Data + 1
Wend
End Sub
```

L'avantage d'utiliser une boucle **While... Wend** est que c'est vous qui indiquez quand la boucle doit s'arrêter grâce à une condition. Si votre liste de cellules en colonne A ne contient que quelques lignes ou bien plusieurs centaines (voire milliers), votre programme s'arrêtera toujours quand la dernière ligne sera atteinte.

Il est important de noter qu'avec une boucle **While... Wend** c'est à vous **d'incrémenter** votre indice dans la boucle (`Val_Data = Val_Date + 1`) ; il vous faut aussi **initialiser** votre variable avant de commencer votre boucle.

Attention !

Faites très attention à ce type de boucle car vous pouvez bloquer votre classeur jusqu'à saturation.

Bibliothèques de fonction

À l'instar des fonctions Excel, la programmation en Visual Basic fait appel à des fonctions pour simplifier la programmation. Là encore, tous les noms des fonctions sont en anglais.

Les fonctions mathématiques en Visual Basic sont moins nombreuses que les fonctions d'Excel mais il existe une passerelle qui vous permet d'appeler n'importe quelle fonction d'Excel depuis le VBE. Il s'agit de la fonction `Application.WorksheetFunction`.

Après l'ajout du point, vous voyez apparaître l'ensemble des fonctions Excel en anglais. Il ne vous reste plus qu'à indiquer entre parenthèses les arguments attendus par la fonction Excel. Par exemple, pour additionner les cellules de A1 à A10 vous allez écrire :

```
Result = Application.WorksheetFunction.
Sum(Range("A1:A10"))
```

Exercices

***Retrouvez les fichiers d'exercices et leurs corrigés sur le site compagnon* http://moneformation.pearson.fr**

Numéro de facture automatique

En reprenant votre document de facturation "9-05 Facture.xlsx" vous souhaitez incrémenter automatiquement de 1 unité votre numéro de facture.

1. Créez une macro qui ajoute 1 au chiffre en F2.
2. Reliez cette macro à l'image du logo.

Table de multiplication

Afin de bien maîtriser les boucles et les variables vous allez construire une table de multiplication 10 × 10.

1. Écrivez une macro pour afficher une table de multiplication 10 × 10 avec toutes les valeurs de 1 à 100.
2. Améliorez le programme et ajoutant les valeurs des en-têtes (voir Figure 10.17).
3. Colorez en gris les valeurs au carré (soit les chiffres sur la diagonale).
4. Comme les valeurs de part et d'autre de la diagonale sont les mêmes, n'affichez que le triangle inférieur sous la diagonale (voir Figure 10.18).

	A	B	C	D	E	F	G	H	I	J	K
1	1	**1**	**2**	**3**	**4**	**5**	**6**	**7**	**8**	**9**	**10**
2	**1**	1	2	3	4	5	6	7	8	9	10
3	**2**	2	4	6	8	10	12	14	16	18	20
4	**3**	3	6	9	12	15	18	21	24	27	30
5	**4**	4	8	12	16	20	24	28	32	36	40
6	**5**	5	10	15	20	25	30	35	40	45	50
7	**6**	6	12	18	24	30	36	42	48	54	60
8	**7**	7	14	21	28	35	42	49	56	63	70
9	**8**	8	16	24	32	40	48	56	64	72	80
10	**9**	9	18	27	36	45	54	63	72	81	90
11	**10**	10	20	30	40	50	60	70	80	90	100

Figure 10.17

	A	B	C	D	E	F	G	H	I	J
1	1									
2	2	4								
3	3	6	9							
4	4	8	12	16						
5	5	10	15	20	25					
6	6	12	18	24	30	36				
7	7	14	21	28	35	42	49			
8	8	16	24	32	40	48	56	64		
9	9	18	27	36	45	54	63	72	81	
10	10	20	30	40	50	60	70	80	90	100

Figure 10.18

Création d'une table de navigation

Pour améliorer l'utilisation de votre classeur, vous voulez créer une table de navigation qui vous permette de vous déplacer facilement entre les feuilles du classeur "10-03 Navigation feuille.xlsx". Pour faire cela, vous allez :

1. grâce à une macro, extraire le nom de toutes les feuilles de votre classeur dans la feuille "Sommaire" ;

2. améliorer la macro en insérant un lien hypertexte qui va pointer sur chacune des feuilles de votre classeur (voir Figure 10.19) ;
3. sur chacune des feuilles en D1, insérer un lien qui pointe sur la feuille "Sommaire" avec la mention "Retour".

	A
1	Janvier
2	Février
3	Mars
4	Avril
5	Mai
6	Juin
7	Juillet
8	Août
9	Septembre
10	Octobre
11	Novembre
12	Décembre
13	

Figure 10.19

Index

Symboles

85
#DIV/0! 85
% du total de la colonne 207
% du total de la colonne parente 208
% du total de la ligne 207
% du total de la ligne parente 208
#N/A! 85
#NOM! 85
#NOMBRE! 86
#NUL! 85
#REF! 86
#VALEUR! 85, 267

A

Accès rapide 36
Access 182
Accueil 17
Actualiser 183
Add-in 12
Adjacent 260
Affichage 18, 49, 92
Afficher
  Colonne 54, 55
  Feuille 53
  Ligne 54, 55
  Niveaux - Power View 221
  Ruban 19
AGREGAT 244
Aire 328
Ajouter
  Feuille 51
  Ligne 165
  Ligne vide 200
  Modèle de Données 197
  Série 352
  Source de données 188
Ajuster
  Feuille 89
ALEA 257
ALEA.ENTRE.BORNES 258
Alignement 67, 338
AMORDEGRC 310
AMORLIN 309
AMORLINC 309
Analyse 95, 203
  Analyse rapide 4, 75
  Classeur 14
  Données 14
  Graphique 5
  Loupe 4
  Mise en forme conditionnelle 5
  Sparkline 5
  Tableaux 5
  Tableaux croisés dynamique 5
  Totaux 5
Anneau 327, 357
ANNEE 290
Années 203
Aperçu avant impression 36, 93
Aperçu avant impression plein écran 36

ARABIC 258
ARC 260
Arguments 87
Arrêter l'enregistrement
  Macro 375
Arrière-plan 45, 219
ARRONDI 246
ARRONDI.AU.MULTIPLE 247
ARRONDI.INF 246
ARRONDI.SUP 246
AUJOURDHUI 290
Axe 340
  Axe animé 226
  Axe de lecture 226
  Barre de données 135
  Date 229, 354, 363
  Échelle 350
  Échelle logarithmique 350
  Étiquette 338
  Graduation 338
  Power View 227
  Secondaire 341
  Sparkline 100
  Titre 341

B

Barre 223, 327, 337
Barre d'outils 75
Barres de données 126
Barres d'erreur 345
Boîte de dialogue 378
Bordure 67
  Effacer 68
  Tracer 67
Boucles 386
  For Each Next 387
  For Next 386
  While / Wend 387
Boursier 328

C

Calcul 18, 49, 84, 194, 210
Calculs matriciels 311
Camembert 224, 327, 357
Carte 11, 230
Cellule 56, 383
  Collage spécial 57
  Coller 57
  Copier 57
  Recopier 61
Cellules masquées 353
Cellules vides 352
Centile 136
CENTILE 251
Champ 195, 220
Champs calculés 210, 213
CHAR 304
CHERCHE 300
CHOISIR 281
Chronologie 200, 202
Classeur 384
  Ouvrir 30
Cloner l'étiquette 344
Cloud 31
  Office 365 7, 37, 42
  SharePoint 7, 37, 42
  SkyDrive 7, 37, 42
  SkyDrive pro 32
  Web Apps 8, 11
CODE 303
COEFFICIENT.CORRELATION 253
Coller 17
  Cellule 57
  Collage spécial 17, 57, 59
  Coller avec liaison 58
  Image 59
Colonne
  Afficher 54
  Largeur 58
  Masquer 54
COLONNE 281
COLONNES 282
Colonnes masquées 353
COMBIN 256
COMBINA 256
Commentaires 381
Compléments 12, 18
  Compléments COM 12, 216
Comptes 42
CONCATENER 303
Concaténer 64, 66
Connexion 189
Constante 78
Copier 17
  Cellule 57, 61
  Feuille 52
  Mise en forme 61
  Valeurs 61
Cosinus 260
Cotangente 260
Couleur 18, 68, 76, 225, 231

Barres de données 126
Cellule 109
Cellule - Mise en forme conditionnelle 118
Graphique 335
Nuance de couleurs 127
Onglet 53
Sparkline 99
Courbe 98, 224, 327
Courbe de tendance 349
COVAR 252
COVARIANCE 252
COVARIANCE.P 252
Critères 175
CSV 183
Cumul 209
CUMUL.INTPER 308
CUMUL.PRINCPER 308

D

Date 71, 187, 354
DATE 291
DATEDIF 293
DECALER 282
Décomposer 64
Déconnexion 46
Définir un nom 80, 284
Définir Zone d'impression 91
DEGRES 260
Déplacer
Cellule 60
Feuille 52
Graphique 359
Désactiver
Macro 376
DETERMINAT 317
Développeur 18, 373
Onglet 22
Différence 209
Dispositions du graphique 340
Dissocier 56
Feuilles 50
Sparkline 102
Dollar 83
Données 18
Access 7
Analyse 6, 14
Comparer 206
Externes 181
Extraction 174, 195
Filtrer 169, 171, 232
Importation 181
Modèle de Données 6, 197
PowerPivot 13
PowerView 14
Relation 191
Série 63
Tableau 155, 163
Validation de données 18, 156
Dossier 33
Doublon 18, 122, 144, 161, 166
DROITE 299
DROITEREG 253
Dupliquer
Saisie 63
Style 74

E

Écart-type 144, 345
ECARTYPE 252
ECARTYPEP 252
ECARTYPE.PEARSON 252
ECARTYPE.STANDARD 252
Échelle 18, 89, 92, 95
Couleurs - mise en forme conditionnelle 133
Échelle d'un axe 350
Échelle logarithmique 350
Éclater
Camembert 357
Secteur 357
Edition 19
Effacer
Bordure 68
Élément calculé 210, 211
Éléments du graphique 332, 340, 342
Empilé 224
Emplacements approuvés 376
Enregistrer 33
Macro 373
Thème 77
Enregistrer sous 42
ENT 245
En-têtes 17, 94
Envoyer 39
EPURAGE 302
EQUIV 85, 278
ESTNA 280
ET 262
Étiquette 342, 361
Axe 338

Evaluer
  Formule 87
Évolution 209
Exécuter
  Macro 380
EXP 259
Exploration rapide 214
Explorer 221, 366
Extraire 174, 195

F

FACT 255
FACTDOUBLE 256
FAUX 260
Fenêtre 18
Feuille 383
  Afficher 51
  Dissocier 50
  Onglet 51
  Renommer 52
Fichier 17, 27
Filtre automatique 169
Filtre avancée 173
Filtre personnalisé 235
Filtrer 18, 169, 171, 174, 200, 218, 232, 364
  Critères 175
  Graphique 332, 364
  Mosaïque 232
  Par couleur 170
  Segment 234
  Tableau croisé dynamique 193
FILTRE.XML 321
FIN.MOIS 292
Flash Fill 64
Fonction 18, 78, 86
Fonction matricielle 316
Fonctions
  AGREGAT 244
  ALEA 257
  ALEA.ENTRE.BORNES 258
  AMORDEGRC 310
  AMORLIN 309
  AMORLINC 309
  ANNEE 290
  ARABIC 258
  ARRONDI 246
  ARRONDI.AU.MULTIPLE 247
  ARRONDI.INF 246
  ARRONDI.SUP 246
  AUJOURDHUI 290
  CENTILE 251
  CHAR 304
  CHERCHE 300
  CHOISIR 281
  CODE 303
  COEFFICIENT.CORRELATION 253
  COLONNE 281
  COLONNES 282
  COMBIN 256
  COMBINA 256
  CONCATENER 303
  COVAR 252
  COVARIANCE 252
  COVARIANCE.P 252
  CUMUL.INTPER 308
  CUMUL.PRINCPER 308
  DATE 291
  DATEDIF 293
  DECALER 282
  DEGRES 260
  DETERMINAT 317
  DROITE 299
  DROITEREG 253
  ECARTYPE 252
  ECARTYPEP 252
  ECARTYPE.PEARSON 252
  ECARTYPE.STANDARD 252
  EPURAGE 302
  EQUIV 278
  ESTNA 280
  ET 262
  EXP 259
  FACT 255
  FACTDOUBLE 256
  FILTRE.XML 321
  FIN.MOIS 292
  FREQUENCE 319
  GAUCHE 299
  IMPAIR 258
  INDEX 276
  INDIRECT 285
  INTPER 308
  INVERSEMAT 317
  JOUR 290
  JOURSEM 295
  LIGNE 281
  LIGNES 282
  LN 259
  LOG 259
  LOG10 259
  LOI.BINOMIALE.INVERSE 257
  LOI.BINOMIALE.N 256

LOI.NORMALE 257
LOI.NORMALE.N 257
LOI.POISSON.N 257
MAINTENANT 290
MAJUSCULE 302
MATRICE.UNITAIRE 318
MAX 243
MEDIANE 250
MIN 243
MINUSCULE 303
MOD 248
MODE 250
MOIS 290
MOIS.DECALER 292
Moyenne 242
MOYENNE.SI 270
MOYENNE.SI.ENS 270
NB 243
NBCAR 300
NB.JOURS.OUVRES 296
NB.JOURS.OUVRES.INTL 296
NB.SI 264
NB.SI.ENS 266
NBVAL 243
NB.VIDE 244
NOMPROPRE 303
NO.SEMAINE 295
NO.SEMAINE.ISO 296
NPM 304
OU 263
OUX 263
PAIR 258, 259
PDUREE 307
PGCD 248
PI 258
PLAFOND.MATH 247
PLANCHER.MATH 247
PPCM 249
PRINCPER 307
PRODUITMAT 317
QUARTILE 251
QUOTIENT 248
RACINE 259
RADIANS 260
RANG 250
RECHERCHEV 271
ROMAIN 258
SERIE.JOUR.OUVRE 297
SERIE.JOUR.OUVRE.INTL 297
SERVICEWEB 320
SI 261
SIERREUR 270
SI.NON.DISP 270, 280
SOMME 241, 314
SOMMEPROD 249
SOMME.SI 267
SOMME.SI.ENS 269
SOUS-TOTAL 244
STXT 299
SUBSTITUE 302
SUPPRESPACE 301
TAUX.INT.EQUIV 307
TEMPS 298
TENDANCE 255
TRANSPOSE 318
TRONQUE 245, 248
TROUVE 300
TYPE 304
UNICAR 304
UNICODE 304
URLENCODAGE 322
VA 304, 305
VAR.P.S 252
VAR.S 252
VC 304, 305
VPM 304, 306
Fonctions financières 304
Fonctions hyperboliques 260
Fonctions trigonométriques 259
Fonction volatile 83
For Each Next 387
Format
Format de Cellule 67, 75
Nombre 70, 71
Formule 87, 210, 213, 242
Mise en forme conditionnelle 145
Formule matricielle 311
For Next 386
FREQUENCE 319

G

GAUCHE 299
Graduation
Axe 338
Graphique 5, 96, 233, 327
Carte 230
Choix 328
Dispositions 334
Étiquette 342
Filtrer 233, 364
Ligne 224
Nuage de points 225

Objectif 361
Power View 223
Seuil de rentabilité 361
Graphique 3D 358
Graphique à Bulles 355
Graphique combiné 328, 359
Graphique croisé dynamique 189, 365
Graphique recommandé 330, 365
Graphiques
Camembert 224
Multiples 228
Secteurs 224
Grouper 55, 206
Sparkline 102

H

Hauteur
Ligne 54
Heure 71
Histogramme 98, 223, 327, 337
Hypothénuse 260

I

Icône 137
Icônes 128
Image 94
IMPAIR 258
Importation 189
Imprimer 89, 90
Incrémenter 62, 63
INDEX 85, 276
INDIRECT 285
Insérer
Colonne 55
Feuille 51
Ligne 55
Insertion 17
INTPER 308
INVERSEMAT 317
Inviter 37

J

JOUR 290
JOURSEM 295

L

Largeur
Colonne 54, 58
Largeur de l'intervalle 337
Légende 203, 347
Lentille 65
Lien 38
Ligne 224
Afficher 54
Masquer 54
LIGNE 281
Ligne de repère 343
LIGNES 282
Lignes de projection 348
Lignes de séries 349
Lignes Haut-bas 348
Lignes masquées 353
Limites 50
Liste déroulante 159, 162
Liste déroulante dynamique 284
Liste des champs 218
Listes de données dynamiques 288
Listes personnalisées 168
LN 259
LOG 259
LOG10 259
Logo 94
LOI.BINOMIALE.INVERSE 257
LOI.BINOMIALE.N 256
LOI.NORMALE 257
LOI.NORMALE.N 257
LOI.POISSON.N 257
Loupe
Analyse rapide 4
Lync 40

M

Macro 18, 49, 373
Arrêter l'enregistrement 375
Désactiver 376
Emplacements approuvés 376
Enregistrer 373
Exécuter 380
Nom 374
Sécurité 376
Supprimer 375
MAINTENANT 290
MAJUSCULE 302
Marges 18, 91
Masquer
Colonne 54, 55
Feuille 53
Formule 84
Ligne 54, 55
Matrice 221, 311

MATRICE.UNITAIRE 318
MAX 243
MAX.SI 314
MDX 199
MEDIANE 250
Menu contextuel 4, 75
Message électronique 39
messagerie 41
MIN 243
Miniature 34
MINUSCULE 303
Mise en forme 140
Mise en forme conditionnelle 95
Mise en page 17, 36, 90
MOD 248
MODE 250
Modèle 27, 28, 30
  Groupe de travail 29
  Personnel 29
Modèle de données 197, 212, 366
Modifier
  Nom 81
  Type de graphique 362
Modules 377
Mois 203
MOIS 290
MOIS.DECALER 292
Mosaïque 222, 232
Mots-clés 34
Moyenne 242
MOYENNE.SI 270
MOYENNE.SI.ENS 270

N

Navigateur 34
NB 243
NBCAR 300
NB.JOURS.OUVRES 296
NB.JOURS.OUVRES.INTL 296
NB.SI 264
NB.SI.ENS 266
NBVAL 243
NB.VIDE 244
Nom 80
Nombre 70, 186, 195
  Personnaliser 70
Nom de la macro 374
NOMPROPRE 303
NO.SEMAINE 295
NO.SEMAINE.ISO 296
Nouveau
  Classeur 1
  Groupe 22
  Menu 21
  Nom de feuille 52
  Onglet 21
  Règles de mise en forme condionnelles 130
  Relation 191
  Style de cellule 74
  Style de chronologie 203
  Style de segment 172
NPM 304
Nuage de points 225, 328
Numéro de page 94

O

Objectif 361
ODBC 181, 187
Office 365 7, 31, 37, 42
Office Store 43
Office Web Apps 11
Onglet
  Fichier 27
Onglets 17, 20
Opérateur 78
Opérateur de concaténation 303
Options 34, 216
  Graphique 335
Orientation 18, 91
OU 263
OU exclusif 263
Ouvrir 30
  Thème 77
OUX 263

P

PAIR 258, 259
Paramètres 34, 45, 46, 173
Paramètres du champ 195, 207, 211
Partager 37, 38, 39, 40
PDF 39, 42
PDUREE 307
Période 203
Personnaliser
  Champ 195
  Nombre 70
  Ruban 21
PGCD 248
Photo 46

PI 258, 260
Pied de page 17, 94
PLAFOND.MATH 247
Plan 18
PLANCHER.MATH 247
Police 67
Positif/Négatif 98
Pourcentage 136, 345
PowerPivot 199, 210, 212, 213
Power View 189, 217
  Filtrer 232
PPCM 249
PRINCPER 307
PRODUITMAT 317
Propriétés 36, 183, 379
Protection 84
Publier 39

Q

Quadrillage 346
QUARTILE 251
QUOTIENT 248

R

RACINE 259
Radar 328
RADIANS 260
Rafraîchir 183
Rang 209
RANG 250
Rapport de tableau croisé dynamique 189
RECHERCHEV 85, 271
Recopier
  Cellule 61
Récupérer 32
  Classeur non sauvegardés 32
Référence
  Cellule 86
  Mixte 83
  Nom de plage 79
Règle
  Mise en forme conditionnelle 111
Regroupement 200, 204
Relation 190, 366
Remplissage 63, 336
  Remplissage instantané 6, 64
Renommer
  Feuille 52
Répartition 208
Réseaux sociaux 39
Révision 18
ROMAIN 258
Ruban 17
  Afficher 19
  Masquer 19
  Onglets 17

S

Saisie 62
  Tactile 3
Sauts de page 92
Secteur 224, 327, 357
Sécurité
  Macro 376
Segment 171, 200, 234
  Filtrer 234
Sélectionner
  Feuille 50
Séparateur 185, 187
Série 63
SERIE.JOUR.OUVRE 297
SERIE.JOUR.OUVRE.INTL 297
Service 42
SERVICEWEB 320
Seuil de rentabilité 361
SharePoint 7, 37, 42
SI 261
SIERREUR 270
SI.NON.DISP 270, 280
Sinus 260
SkyDrive 7, 31, 32, 37, 42
  Stockage 8
Somme 195
SOMME 241, 314
SOMMEPROD 249
SOMME.SI 267
SOMME.SI.ENS 269
SOUS-TOTAL 244
Sous-totaux 200
Sparklines 97
SQL Server 181
Statistique 249
STXT 299
Style 72, 76
  Chronologie 203
  Graphique 332
  Tableau 164
  Tableau croisé dynamique 199
SUBSTITUE 302
Superposition des séries 337
SUPPRESPACE 301

Supprimer
  Champ 220
  Colonne 55
  Compte 46
  Feuille 52
  Flèches d'audit 87
  Ligne 55, 165
  Macro 375
  Mise en forme conditionnelle 116
  Relation 192
  Saut de page 93
  Sparkline 102
Surface 328, 357
Synthèse 194, 220

T

Table 221
Tableau 96, 163, 182, 190, 193, 219
Tableau croisé dynamique 6, 96, 192, 201, 202, 214, 219
Table de données 344
Tactile
  Saisie 3
Taille de la bulle 356
Tangente 260
TAUX 304
TAUX.INT.EQUIV 307
TEMPS 298
TENDANCE 255
Thème 45, 76, 219
Timeline 202
Titre d'axe 341
Titre du graphique 341
Titres 93
Totaux 96, 164, 200, 221
Tracer
  Bordure 68
TRANSPOSE 318
Transposer 58
Trier 18, 166, 167, 227
  Listes personnalisées 167
Trimestres 203
TRONQUE 245, 248
TROUVE 300
TXT 183
TYPE 304
Type de graphique 335
Type de variable 385

U

UNICAR 304
UNICODE 304
URLENCODAGE 322
Userform 378

V

VA 304, 305
Valeurs 194
Validation de données 18, 156, 284, 289
  Non valide 158
Variable 78, 384
VAR.P.S 252
VAR.S 252
VC 304, 305
Visual Basic Editor 376
Volatile 83
Volet 18
VPM 304, 306
VRAI 260
VUE 235

W

Web 9, 34
Web Apps 8
While / Wend 387
Windows Live 43
WordArt 335
WorksheetFunction 388

X

XML 18, 320

Z

Zone de Filtre 234
Zoom 18, 49, 229
  Graphiques 229

IMPRIMÉ EN ESPAGNE

Imprimé par **GraphyCems**
31132 Villatuerta (Espagne)

Suivant sa politique de développement,
amélioration continue, qualité et gestion de l'environnement,
GraphyCems possède les certifications **ISO 9001**,
ISO 14001 et **FSC** (Forecast Stewardship Council).

Excel 2013 - Raccourcis et astuces

Raccourcis clavier

Actions	
Ctrl + X	Couper
Ctrl + C	Copier
Ctrl + V	Coller
Ctrl + D	Dupliquer les objets sélectionnés (Graphiques, Formes, SmartArt, ...)
Ctrl + Z	Annuler
Ctrl + Y ou F4	Refaire la dernière action
Alt + =	Ajoute la fonction SOMME à la cellule active et pré-sélectionne les cellules à additionner
Format	
Ctrl + G	Bascule en gras
Ctrl + I	Bascule en italique
Ctrl + U	Bascule en mode soulignement
Ctrl + R	Format numérique Standard
Ctrl + %	Format pourcentage
Ctrl + J	Format Date
Navigation	
Ctrl + Flèche home	Retour en cellule A1
Ctrl + Flèche (gauche, droite, haut, bas)	Atteint la prochaine cellule vide / non vide contigüe
Sélection	
Ctrl + A	Sélection de toute une feuille de calcul
Ctrl + *	Sélection de toutes les cellules contigües
Ctrl + 7	Sélection des cellules qui ne contiennent que des formules
Ctrl + Maj + Flèche (gauche, droite, haut, bas)	Sélection depuis la cellule active jusqu'à la prochaine cellule vide / non vide contigüe
Insertion	
Ctrl + +	Insertion d'une ligne ou colonne
Ctrl + -	Suppression d'une ligne ou colonne
Ctrl + ;	Insertion de la date du jour
Boîtes de dialogue	
F3	Coller un nom
F5	Atteindre
F12	Enregistrer Sous ...
Ctrl + F	Rechercher
Ctrl + H	Remplacer
Ctrl + P	Imprimer
Ctrl + 1	Format cellules
Cellules	
F4	Bascule les références des cellules dans une formule du mode relatif au mode absolu en passant par les modes mixtes
Ctrl + E	Remplissage instantané
Classeurs	
F9	Recalcule le classeur
Ctrl + S	Enregistrer le classeur
Ctrl + N	Nouveau classeur
Excel	
F1	Affiche l'aide en ligne
Ctrl + F1	Affiche / Masque le Ruban

Formules

Saisissez les références aux cellules à la souris afin d'éviter les erreurs de frappe. Si vous préférez la saisie manuelle tapez votre formule en minuscule. Ainsi vous pourrez vérifier les erreurs de saisie lors de la validation de la cellule : les références et fonctions passeront automatiquement en majuscule.

Nommez les plages que vous utilisez dans une formule ou celles que vous voulez atteindre rapidement.

- Sélectionnez vos cellules.
- Saisissez le nom voulu (voir les règles de nommage) dans la zone Nom de la barre de formule.

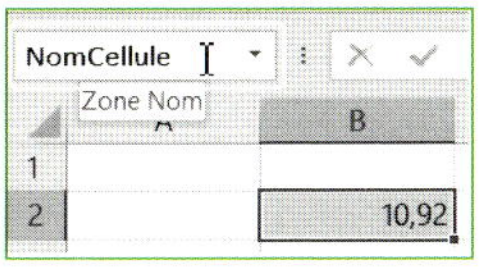

- Validez en appuyant sur la touche Entrée.

Différencier les références absolues et relatives.

- Placez le point d'insertion, dans la barre de formule, sur l'adresse de la cellule ou plage concernée.
- Appuyez sur **F4**. À chaque pression de cette touche **F4** vous passez d'une référence relative à la référence absolue puis mixte et ainsi de suite.

Protégez vos formules.

- Sélectionnez au préalable les cellules devant rester modifiables après la protection afin de les déverrouiller (clic-droit > ***Format de cellule*** > ***Propriétés***).
- Puis sur l'onglet ***Révision***, groupe ***Modifications***, cliquez sur ***Protéger la feuille***. Le mot de passe n'est pas obligatoire, sinon ne l'oubliez pas, sous peine de ne plus pouvoir modifier votre feuille.

Évaluez vos formules directement dans la barre de formule avec la touche de raccourci **F9**.

- Sélectionnez la partie que vous voulez évaluer dans la barre de formule.

- Appuyez sur la touche **F9**. Le résultat s'affiche aussitôt dans votre barre de formule à la place de votre sélection.

```
=SI(ET(B2>=100;B2<=200);"ok";"")
```

```
=SI(VRAI;"ok";"")
```

Fonctions

SOMME / MOYENNE /NB / MIN / MAX

Sélectionnez la cellule devant contenir la somme puis cliquez sur l'icône Σ de l'onglet ***Accueil*** ou ***Formule***.

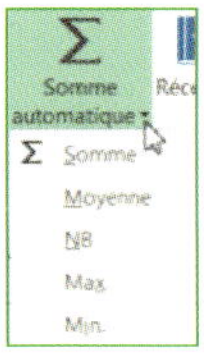

SI

La fonction SI se décompose en trois parties :

- Le test qui ne peut renvoyer que deux valeurs - **ET UNIQUEMENT 2** - VRAI ou FAUX ;
- Le résultat si le test est vrai ;
- Le résultat si le test est faux.

NB.SI / SOMME.SI

Ces deux fonctions ont besoin des deux paramètres suivants :

- Une plage de données où se trouve la donnée que vous cherchez.
- La donnée à rechercher ou le critère de recherche.

Pour la somme, vous pouvez renseigner le 3ème paramètre : la plage à additionner si celle-ci n'est pas similaire au premier paramètre.

NB / NBVAL / NB.VIDE

- **NB** retourne le nombre de valeur numériques dans une plage de cellules.
- **NBVAL** retourne le nombre de cellules non-vide.
- **NB.VIDE** retourne le nombre de valeurs vides.

RECHERCHE

Pour construire une fonction RECHERCHEV, il vous faut quatre paramètres :

- Le premier paramètre de la fonction contient une valeur à rechercher, celle-ci sera recherchée dans la première colonne du tableau de référence.
- Le deuxième paramètre représente la plage de données du tableau de référence.
- Le troisième paramètre désigne la colonne qui va être lue.
- Recherche exacte (0 ou faux) ou approchante (1 ou vrai).

Recopier une cellule

Utilisez la poignée de recopie pour recopier une cellule ou créer une série de valeurs.

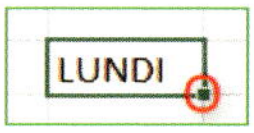

Selon le contenu de votre cellule, la recopie aura un fonctionnement différent, utilisez la lentille de recopie pour modifier le comportement par défaut :

- **Texte** ou **Nombre**. Le contenu est recopié.
- **Texte avec un nombre au début ou à la fin de ce texte**. Le texte est recopié et le nombre est incrémenté de 1.
- **Date**. Incrémentation d'une journée.
- **Heure**. Incrémentation d'une heure.
- **Jour de semaine** (en lettres). Le jour est incrémenté.
- **Mois**. Le mois est incrémenté.

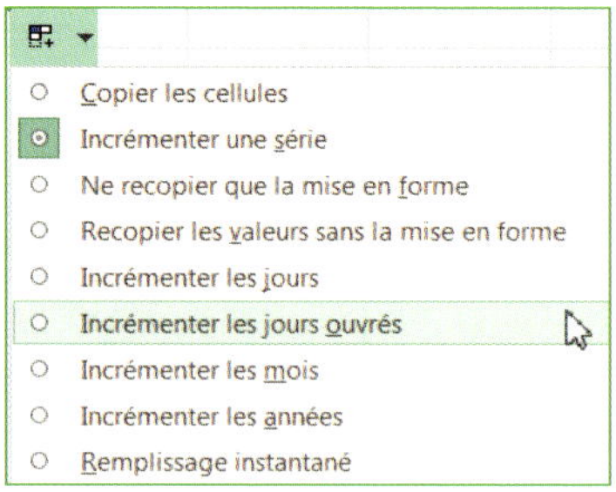

Mettre en forme

Utiliser les mises en forme conditionnelles afin de visualiser :

- des valeurs spécifiques ou les doublons – règles de mise en surbrillance des cellules ;
- les valeurs les plus ou moins élevées ;
- une proportion des données – Barres de données ;
- une comparaison entre les différentes valeurs – Nuances de couleurs ;
- des seuils d'alerte – Jeux d'icônes.

Impression

Pour n'imprimer qu'une partie de votre feuille définissez la zone d'impression.

- Sélectionnez la plage à imprimer.
- Cliquez sur la commande ***Définir*** de la commande ***ZoneImpr*** sur l'onglet ***Mise en Page***. La commande ***Annuler*** permet d'effacer toutes les zones d'impression déjà définie.

Affichez les ***Sauts de page*** ou le mode ***Mise en page*** pour visualiser et modifier les différentes pages d'impression.

Données

Pour transformer votre plage en tableau vous pouvez au choix :

- Sélectionner la plage et utiliser la lentille d'***Analyse rapide***.
- Sélectionner une cellule de la plage et cliquer sur l'icône ***Mettre sous forme de tableau*** de l'onglet ***Accueil***.
- Sélectionner une cellule de la plage et cliquer sur l'icône ***Tableau*** de l'onglet ***Insertion***.
- Raccourci clavier **Ctrl** + **T**

Pour démarrer un TCD, sélectionnez l'une des cellules de votre tableau de données et cliquez sur l'un des boutons suivants :

- onglet ***Insertion*** > ***Tableau croisé dynamique*** ;
- onglet ***Insertion*** > ***Tableaux croisés dynamiques recommandés*** ;
- onglet ***Outils de tableau*** > ***Création*** > ***Tableau croisé dynamique.***

Graphique

Pour insérer un graphique :

- Sélectionnez votre tableau de données.
- Cliquez sur le bouton ***Graphique recommandé*** de l'onglet ***Insertion***.
- Ou cliquez sur le bouton correspondant au type désiré, puis sur le sous-type.

Pour mettre en forme ou manipuler un graphique, utilisez :

- ***Éléments du graphique***, pour ajouter rapidement un élément au graphique.
- ***Style du graphique***, pour mettre en forme en un clic tout votre graphique.
- ***Filtre du graphique***, pour filtrer les données du graphique, un peu comme dans une liste de données.

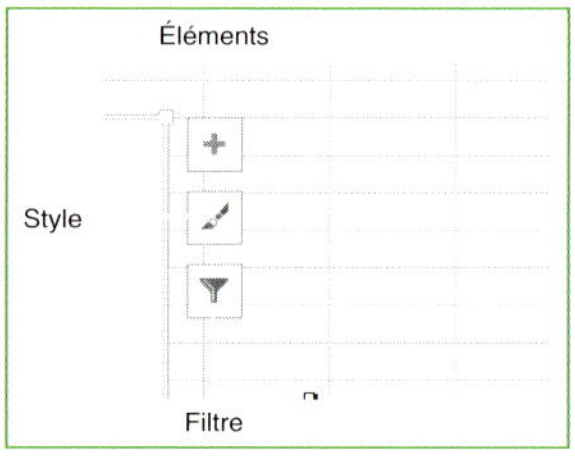

Application

Pour afficher ou masquer le ruban, double-cliquez sur le nom d'un onglet.

Pour afficher l'onglet ***Développeur*** effectuez un clic-droit sur le ruban et choisissez ***Personnaliser le ruban***.

Cochez l'onglet correspondant dans le volet de droite.

Pour Naviguer entre les feuilles, utilisez les deux flèches situées à gauche des onglets, ou effectuez un clic-droit sur l'une des flèches de déplacement, la liste des feuilles s'affiche. Double-cliquez sur l'une d'elles.